评《服务学习指导大全》

此时此刻,复兴学校的公共使命变得更加紧迫。《服务学习指导大全》能够同时应对品德教育和服务学习。

——约翰·明克勒博士,《积极国民》《增强美国青少年能力》及与唐·希尔合著的《公共事务教育和服务学习教师工具书》的作者

当我需要与合作伙伴组织交流主意或者有人问及服务学习时,《服务学习指导大全》一直是首选的参考资料。书中具有丰富的资料、主意和实用的建议。它激励着我并常常提醒我青少年的重要性以及他们可以有多大的贡献。凯瑟琳的这本《指导大全》把服务学习带进了日常生活。

——伊莱恩·李伯逊,美国希望联盟

凯瑟琳·伯杰·科的精力、投入、知识和热忱,是一种激励。《服务学习指导大全》包含了这些特质、切实可行的建议和多年教育青少年的经验。当你在课堂上把这些主意付诸行动时,就会永远改变你的学生,甚至可能帮助他们改变世界。

——詹姆斯·豪,《吸血兔》和《不合群者》的作者

一本带有分解步骤、便利技巧和实用建议的奇妙指南。一本不可缺少的优秀参考资料。

——青少年倡导之声

对于那些有兴趣创建或管理服务学习计划的人来说,这是一本内容丰富的《指导大全》。

——今日青少年

一本资料丰富的参考书。

——图书馆媒体连接

教师如何在他们的教室或学校开始或支持服务学习计划?服务学习在课程里扮演什么角色?社会和学生得到了什么益处?……有关这些问题精辟的解答、新颖的见解、实用的指导方针和有用的资讯,使这本书成为服务学习必不可少的经典范本。

——课程连接

服务学习专家凯瑟琳·伯杰·科写了一本激励学生、教师和青少年领袖的强有力的指导大全。实用的服务学习策略和多样化的专题将唤醒和吸引那些甚至是最懒惰的学生。

——丹尼丝·克拉克·波普,斯坦福大学教育学院讲师,《办学校:我们正在造就一代压力重重、物质至上、教育失当的学生》的作者

对于服务学习领域的新人和有经验者，《服务学习指导大全》都是令人难以置信的资讯。这本全面详尽的指南，内容易读易懂，能够帮助教师规划和实施与学校学习有清晰关联的社会行动项目。这不仅是一本关于最优质的服务学习实务的书，还是一本关于最优质的教学实务的书。如果你想让你的课程内容更贴近本地和全球正在面对的议题，或者你想让学生们对你必须讲的课程内容更感兴趣，本书会提供资讯、案例和样本教案。从教育哲学到易于复制的文本资料，无所不包。这本书会帮助你真正把21世纪技能融入你的课堂教学，这无疑会在整个学校以及校园外的社会上产生良性的连锁效应。

——阿曼达·勒基，大学预科学校（加州奥克兰市），
服务和社会实践学习部主任

THE COMPLETE GUIDE TO SERVICE LEARNING

服务学习指导大全

〔美〕凯瑟琳·伯杰·科 著
益公益交流中心 译

商务印书馆
创于1897　The Commercial Press

2016年·北京

Cathryn Berger Kaye
THE COMPLETE GUIDE TO SERVICE LEARNING
Proven, Practical Ways to Engage Students in Civic Responsibility,
Academic Curriculum, & Social Action
Copyright © 2010, 2004 by Cathryn Berger Kaye, M.A.
根据美国自由精神出版社 2010 年版译出

本书的出版得到北京益公·公益基金会部分资助

译 序

读者朋友，对您来说，虽然服务学习的概念还很陌生，但服务学习的实践却跨越时代和文化，广为人知，是社会生活，特别是有效教育的重要组成部分。服务学习与教育家孔子倡导的"学而时习之"以及学以致用的教育思想不谋而合，也是当代探索实践教育的工作者共同总结出来的方法论。

21 世纪的人类社会急剧变化并复杂交织，对人的学习和发展提出了新的挑战。在学校教育中，传递单一学科知识的传统课堂教学模式，已经无法满足培养 21 世纪人才所需的视野和能力等综合素养。新型人才乐于不断学习，能够观察并了解现实、收集并处理所需信息、认识并尊重差异、有效决策、快速应变、合作共享，为人类共同的利益和未来努力。学习的内涵和模式正在发生本质变化，学样教育也随之面临着前所未有的挑战。

如何改善课堂教学效果并提升学习兴趣？

如何让课堂成为有效探索和吸收知识并综合利用所学知识的学习型社区？

如何让各门学科的教学相互呼应并与学生自身的生活和所处的环境相关联？

如何快速有效地转变教师的角色并提升教师组织有效学习和综合应用的能力？

服务学习为关心教育下一代以及自身不断成长的教育工作者和社会各界人士提供了一个有效、实用的方法论。服务学习把课堂教学转化成将吸收知识、认识自身和社会、培养能力等不同目标结合在一起的平台，帮助学生培养学习兴趣、养成良好的学习习惯以及提高合作解决问题的能力等综合素养。相信读者在阅读和参考此书的过程中会有自己的心得体会。服务学习教学法仍在发展中，期待国内的教育工作者在此做出适合国情的贡献，并进行互惠互利的国际交流。

本书的一个特点是列出了数百本推荐书籍。师生和其他读者都可以从了解和阅读这些书籍中受益。其中很多是美国学校和家庭普遍使用的经典书籍，是孩子在牙牙学语时就耳熟能详的故事。它们影响着一代又一代人，构建了美国人民热爱社会、服务社会的文化和志愿精神。一部分书籍已经译成中文在国内出版，希望本书能带动国内的教育工作者和有关学者专家，选出适合我国不同年龄段孩子的兴趣和能力的书籍，推荐给学校、家庭和社区，为建设全民阅读的文化提供必要的准备。辅助材料中的作者访谈，对培养学生阅读与写作的兴趣和能力都会有启发。

对服务学习的理解和实践难免存在一些误区，书中有所提及。这里特别指出几点：

1. 理解服务的广泛内涵。服务不仅包括公益服务，也包括各行各业的服务（如医疗服务、护理服务、法律服务、餐饮服务），后者更容易被忽视。学生需要在学校学习的各个阶段就对不同服务及其职业有所了解，并逐渐为自己的职业选择做好准备。服务既包括对他人的服务，也包括对自己和家人的服务。每一个人都可以不断学习，改进自我服务，善用自身和现有资源，

照顾并发展好自己，这本身就是对社会有益的服务。在服务他人之前，要认真思考服务的效果，先在自己身上试一试，如同中医的理念，这是对自己和社会负责的态度。

2. 遵守循序渐进的规律。 美国大、中、小学在服务学习上的一个教训是，学生在意识和能力准备不一的情况下，一刀切地参与社区服务项目，会导致效果不佳：各方面准备较好的学生收获较多，准备不足的学生不仅收获不佳，还把自身的各种问题带入社区，造成"负面服务"。服务学习的设计要遵循认知发展规律，先从自身所需服务开始渐进尝试，逐渐应用到家庭、邻里、小组、班级、年级、学校，再延伸到社区、城市、省、国家、国际范围。在这个过程中，不断加强学习，认识自身盲点，进行自我塑造和提高。

服务学习不仅是培养学生全面发展的有效工具，更是教师不断自我完善和提高的有效工具，对校长及其他教育工作者、父母、各行各业的从业人员、社会各界人士也同样有效。特别是中国在经济快速发展30年后，民众在社会发展和公众利益方面普遍有了更高的追求，服务学习为慈善公益领域正确认识自身的定位和工作效果提供了实用工具。

本书及所附光盘的翻译、校对、核准、排版和流程进度管理等工作复杂，工作量巨大，所需的人力资源标准较高、投入不菲。配合北京益公公益基金会、商务印书馆的资金和专业力量的支撑，益公益交流中心（美国）组织了一批在美国生活多年、翻译能力较强的华侨和国内有志于教育和社会发展的不同领域的专业人士义务提供翻译和校对服务。这种将社会零散的人力资源整合起来与专业出版社的合作，起到了显著的杠杆效应：不仅用较少的资金投入完成了翻译出版全过程，更锻炼了一批愿意在服务中学习和在学习中服务的志愿者——从二十几岁的年轻人到年近八旬的长者。我们翻译组感谢北京益公公益基金会和商务印书馆勇于创新尝试，以及由此给我们每一个参与者带来的服务学习机会。

张素梅担任翻译项目总协调人并组织海外志愿者，苏建华和林江斌组织国内志愿者。基础翻译和校对组：孙博龙、李林、吴宁兴、王莹、刘璐、顾新、王琬、张素梅、刘怡、Alfred Lin、Jenny Wang、孙丽梅及国内志愿者团队（林江斌、刘溢、苏建华、杨媚、杨艳秋、王琴、徐单单、Mary Cheng、何安琪、韩娟）。统稿翻译组保证翻译质量及用词与风格上的统一（其中词语对照表作为专业工具书的标配，用以规范翻译工作），成员有吴靖、曾辉、张素梅、吴宁兴，他们也参与了大量校对工作。众志成城，感谢每一位志愿者的辛勤工作和配合。

商务印书馆太原分馆李智初总编和本书责任编辑冯淑华女士为我们提供了专业指导，确保书的内容符合专业规范标准，保证翻译质量。冯编辑的敬业精神和耐心让我们感动，英文编审周彩萍老师的专业实力和细致的反馈信息让我们有效地提高了翻译功底。商务印书馆王陆军先生、李智初先生、武强先生重视并支持本书的出版工作，特此感谢。

益公益交流中心（美国）执行主席 吴靖

2015年12月1日于美国加州

序 一

苏霍姆林斯基说："人的内心里有一种根深蒂固的需要——总想感到自己是发现者、研究者、探寻者。"我深知这样的心理需要会燃起学生求知的欲望，激发他们强烈的好奇心，若能保持这样的需要，那么学校的功课便不再是压力，而是礼物了。"在儿童的精神世界中，这种需要特别强烈。但如果不向这种需要提供养料，即不积极接触事实和现象，缺乏认识的乐趣，这种需要就会逐渐消失，求知兴趣也与之一道熄灭。"如何向这种需要提供养料呢？如何让求知的兴趣之火不熄灭呢？这正是我国中小学校长的困惑之处。读到了《服务学习指导大全》的书稿，惊喜地发现，服务学习正是解决他们困惑的途径之一。书中提到服务学习的五个阶段，包括调研、准备和计划、行动、反思及展示，就是一个发现、研究和探寻的过程，也是学生的创意不断被激发的过程。作为一本服务学习领域的工具书，整体来看，它结构严谨、资料翔实，有助于教师引领学生走进服务学习；有助于家长辅助孩子推进服务学习；有助于学生树立人生梦想，实现自我；有助于政府官员、社区组织以及其他教育者理解、支持与帮助学生的服务学习活动。

一、有助于学生树立人生梦想，实现自我

陶行知说："人像树木一样，要使他们尽量长上去，不能勉强都长得一样高，应当是：立脚点上求平等，于出头处谋自由。"但是，我们的教育却常常希望大家有一样的高水准，结果就是少数人成为标准衡量下的优秀者，更多的人成为普通人，甚至失败者。这样的衡量抹杀了个性，塑造了千篇一律的优秀模型。服务学习最大的一个特点是，它尽可能发掘每个人的优点，使其在项目进行中发展潜力，发挥作用，"让每一个学生在学校里抬起头来走路"。书中大量可供选择的项目，能够激发学生的创意，让他们最大可能地设立项目并持续参与，此外与主题相关的大量书籍，均是作者根据多年的服务学习经验精心选择的，几乎每本书都能够让人有所得，甚至爱不释手，这为服务学习的推进提供了丰富的资料，同时也有助于学生从喜爱的书籍中发现自己的特长与兴趣点。服务学习在最初准备阶段需要确认每个成员的特长，从而安排相应的任务，这样就使每个人都能发现自己的特长及兴趣所在。在项目进行过程中，每个人运用自己的特长，发展自己的特长，并接触与此相关的职业，这样，他们慢慢就会发现自我，树立人生梦想，进而实现自我。

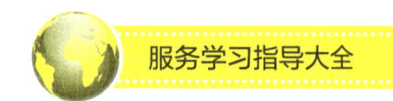

二、有助于教师引领学生走进服务学习

服务学习,对于大部分教师来说,可能是一个相对较新的理念,《服务学习指导大全》在前三章就帮助新老师理解什么是服务学习,解答可能会有的疑问,使得老师们对服务学习及这本书有一个整体的认识。

服务学习最大的特点是将社区需要与课堂学习相结合,让学生在解决社区存在问题的同时,运用所学知识,解决实际问题,并在这一过程中提升学生的求知欲望。对于老师们来说,最重要的可能是如何引领学生进行服务学习。这就需要老师做好一些前期的准备工作。首先,引导学生找到社区需要,提出要解决的问题。孩子们天生就爱发问,如何让疑问变成一个议题,就需要老师的引导。《服务学习指导大全》附属光盘中有大量模板,这些模板可以在服务学习的整个过程中运用,老师们可以指导学生运用这些模板调查社区的需要,了解团队人员的能力,做出行动计划等。

最初进行服务学习的时候,学生对服务学习也不了解,老师可以选择书中已有的主题,让学生去思考社区可能存在的问题。全书从第四章到第十六章一共有十三个专题,它们分别是艾滋病教育和意识,动物保护与照顾,老年人,应急准备就绪,环境,园艺,健康生活和健康选择,饥饿、无家可归和贫困,移民,读写能力,安全和强大的社区,社会改变:议题和行动,特殊需要和残障。

其次,在服务学习过程中,教师要将课程内容与项目相结合,在书中的所有专题章节中均有课程关联图,可以作为借鉴。教师也可以根据项目的具体情况自制课程关联图,提高课堂效率。大量的服务学习实例证明,将课堂学习与社区需要相结合,让学生带着需要解决的问题学习,会大大提高学生的学习兴趣,很多学校的整体成绩也有所提升,辍学率也降低了。

除此之外,《服务学习指导大全》中每一个专题章节中均有大量的服务学习案例简介,附属光盘中有大量已完成的服务学习规划实例,可供教师参考。每一个专题章节有大量相关的图书及简介,附属光盘中有很多图书作者的访谈及实地工作者的短文,可以帮助老师选择符合主题的图书供学生阅读,以推进服务学习的顺利进行。

最后,在反思和展示时教师要起到一定的辅助作用。引导学生运用光盘中的模板,在服务学习的各个阶段进行反思,及时根据具体情况,调整计划。帮助学生展示服务学习的成果,这对学生是一个巨大的鼓励,同时也能扩大学生所推行服务学习项目的影响。

服务学习能够让学生在课堂学习中更主动,他们不会再问为什么要学这个,因为他们已经知道自己所学的用处,这让他们对学习充满热情;服务学习能够让学生获得很多不同的生活体验,而这也是教育不可或缺的一部分,正如杜威所言:"教育是生活的过程,而不是将来生活的预备"，这些体验不仅让他们获得知识，更让他们懂得为人处事的方式，了解不同职业的特点，树立自己的人生志向。

三、有助于家长辅助孩子推进服务学习

福禄培尔说："国民的命运，与其说操纵在掌权者手中，倒不如说掌握在母亲的手中。"我们常常说父母是我们的第一个老师，他们带领我们在自己的人生画布涂抹最初的色彩；他们引领我们认识世界、面对世界，逐渐地改变自己、改变世界；他们帮助我们解答成长中的困惑，为我们指点人生的方向。但是我们也知道，成长就是逐渐离开父母的怀抱，学会独立，当我们走入校园，开始集体生活时，便与父母之间有了越来越大的距离。

每个父母都爱自己的孩子，但是不得不承认，面对孩子成长中的烦恼，父母并不是总能提供合适的解决方案。比如，很多孩子不爱读书，家长常常无计可施，在书中的《读写能力》一章中，就有很多由学生发起的各种各样关于阅读的服务学习项目，孩子们自己寻找阅读困难的原因，并想办法解决，这无疑改变了很多孩子的阅读习惯。比如，很多孩子有在学校被排挤、被欺负的经历，有的孩子甚至因此而辍学，这样的事情，家长和老师介入作为主导力量来解决，常常得不到理想的效果，但是由学生自己发起的反对校园欺凌的项目，却在很大程度上减少了校园欺凌事件的发生。

在这些服务学习项目中，家长可以作为辅助者参与到学生的教育之中，因为家长与学校的配合，能够为孩子的成长提供更好的教育环境。而且家长们可以为服务学习提供宝贵的资源和信息，帮助学生做一些他们想要做却无法承担的事情，推进服务学习顺利进行。

四、有助于政府官员、社区组织及其他教育者理解与支持服务学习

服务学习，其实是以学校和社区为基础的，青少年作为主导，调查社区的需要，提出服务学习计划，无论是解决老年人的问题，还是帮助儿童学习阅读，抑或是改善食物银行的食物等，都需要社区组织的配合，服务学习才能顺利进行，在这个过程中服务学习双方都有所付出，也有所收获，是双赢的。有些服务学习项目，除了需要社区组织配合之外，还需要相关政府机构及其他教育工作者的参与。《服务学习指导大全》可以让他们更快地理解服务学习，从而更好地协助学生完成服务学习项目。

"孩子提出的问题越多，那么他在童年早期认识周围的东西也就愈多，在学校中越聪明，眼睛愈明，记忆力愈敏锐。要培养自己孩子的智力，那你就得教给他思考。"这是苏霍姆林斯基给

家长的忠告。其实在一个人成长的各个阶段，思考都非常重要。会思考的人，容易发现问题，也知道如何找到解决问题的办法，而创意在这个过程中自然会源源不断地涌出。服务学习就是让每个学生学会思考的方法。

华东师范大学终身教授　陈玉琨
2015年11月25日于华东师范大学丽娃河畔

序 二

"要解放孩子的头脑、双手、脚、空间、时间,使他们充分得到自由的生活,从自由的生活中得到真正的教育",这是陶行知先生对教育的解读。看到《服务学习指导大全》时,我第一个想到的就是这句话。我们从来不缺乏对完美教育的想象,我们缺的是让美好的设想在地上扎根的方法,而这本书给我们提供了这样一个方法。

"服务学习"这个概念,对于大部分人来说,相对比较陌生,书中是这样写的:"在学校环境和其他学习情境下,可以将服务学习定义为一种以研究为基础的教学方法,用来把由他人引导的学习或课堂学习应用到满足社区真正需要的行动之中。在这个过程中发挥青少年的主动性,安排时间反思服务体验并展示所获得的技能与知识。"简单地说,服务学习就是让学生走出课堂,走入社区,学以致用。不过,服务学习的独到之处在于不仅让学生走出课堂,还让学生回归课堂。他们因为走出去了,所以知道了自己生活在一个什么样的世界,明白了为什么要学习,更懂得自己的所学会给社会带来怎样的改变。这样,当他们回归课堂时,学习效率就会有极大的提高,也更愿意去学习了。书中提到很多因为厌学而快辍学的学生,因为参加了服务学习而重拾学习的热情。可见,这种学习方式对提高学生学习兴趣有巨大作用。

服务学习起源于20世纪前美国的青年志愿者活动,由教育学家罗伯特·西蒙和威廉·拉姆齐于1967年共同提出。目前,服务学习已经影响到了世界很多地方,在美国、加拿大、日本、新加坡及我国的香港和台湾等地都有服务学习,其中美国的服务学习发展更为完善。从20世纪80年代末开始,经过十年的推广,服务学习在美国的中小学以及大学逐渐普及;1999年,几乎有一半美国高中开展了服务学习;2000—2001学年,1.3亿美国学生的评估都会涉及服务活动。在韩国,服务学习在考试成绩中占有一定的比例。在中国香港,服务学习最初只是被作为课外活动的一种。但是2000年之后,社会服务已经成了学校课程的基本学习体验之一。比如参与香港浸会大学的"社区为本教学计划"的学术部门就非常多。

服务学习在中国大陆也影响了个别地方,但是尚未普及。现在很多中小学过于注重应试成绩,忽视了学生的全面发展,使得很多学生对于自己的未来没有规划,到高考填志愿时,才发现自己对于将来可能从事的职业所知甚少,这让很多人进入大学后茫然无措,找不到人生的方向。对于大部分学生来说,服务学习可能会帮助他们开启不同的人生之路。它不仅能够让学生在服务学习中巩固、运用所学的知识,更能够让他们了解各种职业并找到人生方向。服务学习还可以帮助学生去关注他人,学会处理矛盾,提高社交能力,解决自己的小问题等。

《服务学习指导大全》这本书正是对"服务学习"的很好阐释,它不仅告诉我们什么是服务学习，还告诉老师如何指导学生有效进行服务学习，把课堂内容与服务学习有机结合起来。这本书的作者凯瑟琳·伯杰·科女士是国际知名教育专家，也是CBK[①]专业事务所和ABCD[②]书源的总裁。2005年，她获得美国国家与社区服务专署"美国学习和服务队"项目首届"激发精神奖"，奖励她在服务学习领域的创新工作。科女士以其在21世纪竞争力教育方面的卓越工作及高超的培训能力赢得国内国际声誉，曾在世界各地进行讲演，她的课程也被多国的初高中使用。她在教育相关领域出版的教学工具书，不但赢得行业最高奖项，更是行业必备的经典用书，如《服务学习指导大全》英文版，就曾获得美国卓越服务学习委员会的"卓越奖章"，在世界各地大中小学和相关教育组织广泛使用。

书中汇集了服务学习活动中用到的模板、各种获奖的服务学习活动实例、服务学习创意、相关参与人员的反思、文献资料，以及数百篇书评推荐、作者访谈和专家文章。全书分为三个主要部分，第一部分介绍怎样开始服务学习和如何使用专题章节的各种方法。第二部分是一系列的专题章节，包括：艾滋病教育和意识，动物保护与照顾，老年人，应急准备就绪，环境，园艺，健康生活、健康选择，饥饿、无家可归和贫困，移民，读写能力，安全和强大的社区，社会改变：议题和行动，特殊需要和残障。第三部分是关于如何在你的学校、学区或机构推行服务文化，你可以在发展和壮大服务学习的时机成熟时，阅读此部分。此书是来自国际服务学习与社会参与研究会、斯坦福大学公共服务中心及美国高中学校的专业人士首选且唯一推荐的实用工具书，是服务学习领域的经典。

这本书把"服务学习"的理念带到了中国，它具有全面性、互通性和实用性，能够吸引更多的学校和老师走进服务学习，也能让更多的学生感受到服务学习的魅力，从此爱上学习。梁启超说："少年智则国智，少年富则国富，少年强则国强，少年独立则国独立，少年自由则国自由，少年进步则国进步，少年胜于欧洲则国胜于欧洲，少年雄于地球则国雄于地球。"也许服务学习可以让更多的少年学会独立和自强，感受理解和包容，找到梦想和方向，拥有爱和远方。

山西省教育厅副厅长　张卓玉
2014年10月27日

---

① CBK 是作者凯瑟琳·伯杰·科的英文全名 Cathryn Berger Kaye 的首字母缩写。
② ABCD 是英文字母前四位，ABCD 书源的使命是化词语为行动。

作者的话——关于中文版

我为《服务学习指导大全》这部著作能被翻译成中文版本感到荣幸。为此我向商务印书馆、北京益公公益基金会和吴靖博士表示最大的谢意。

吴靖博士向自由精神出版社询问关于翻译这部著作的可能性，该出版社是美国第一个出版我的著作的机构。我得知这个消息之后第一时间联系了吴靖博士，并在北加州安排了一次会面。

我们见面的那天非同寻常，首先我们在加州旧金山中国领事馆与中国教育部驻馆参赞徐永吉先生会面。我们就服务学习的过程进行了很长的对话，包括服务学习的五个阶段，以及它对21世纪学生学习的促进作用。正如我们所讨论的那样，服务学习不仅仅是学生参与到社区中去。服务学习通过增进学生的参与，提高积极性以及应用知识的能力而改善教学，从而引发创新和灵感，这些都是青少年发展的重要层面。

当我们讨论到合作的新方向时，已经是晚饭后了。在我谈及对中国文化和历史极度欣赏的同时，我讲述了年轻时怎样开始学习太极拳，甚至还在太极拳的课堂上遇到了我的丈夫。我们的谈话继续着，我分享了学习中国哲学的成果，包括五行理论。接下来发生的事情具有非同寻常的意义。我们注意到了五行理论与服务学习的五个阶段的相互联系。我们怀着激动的心情测试了这个想法，并把每个服务学习的阶段简单地与五行理论逐个用图示联系起来。结果非常符合！

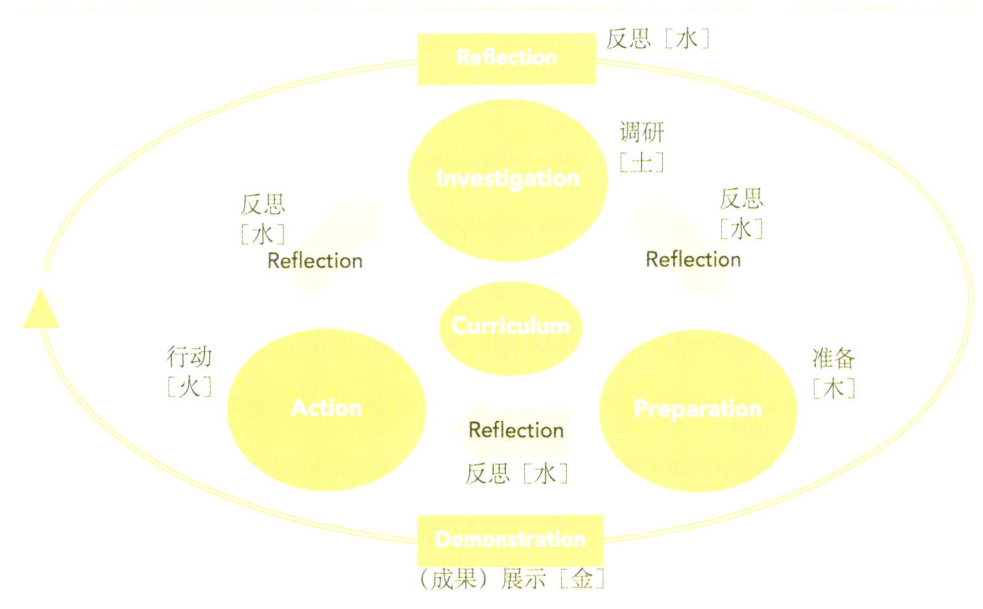

我们的合作从这本书开始逐渐增多，吴靖博士通过益公益交流中心协助北京益公公益基金会及国家教育部中学校长培训中心联合邀请我去中国发表关于服务学习的演讲。这本书出版的过程中，我去中国访问了多次。我感到非常幸运，因为我见到了当地的教育工作者——管理者和教师，还有教育部门的官员。我还为高中生做了演讲。在所有场合里，我的方法都是把服务学习植根于中国传统文化（如五行理论）之中，同时，服务学习也是一个意义重大并与学习直接相关的过程，促进学生获得一个成功创造自己社区福祉的参与者所要具有的知识、技能和品性。我认为在中国历史悠久的优秀传统文化背景下，将服务学习融入中国教育系统是很有意义的。

在阅读本书时，请记住：在遵循服务学习的五个阶段时，书中所提到的理解和应用各种主意的所有方法，被证实是最有效的。无论是在小学、中学还是大学，它引导教育工作者朝学习和服务两方面都获得最大收益的方向努力。不管我到世界任何地方介绍这些主意，调研、准备、行动、反思和展示这五个阶段都是我讲授的核心，这也是教育工作者如何把服务学习要素转变为他们的教学实务的核心。即便是资深的服务学习教育工作者也仍在继续使用这五个阶段作为基本操作面。在中国，服务学习的五个阶段和五行理论的相关性，让这一模式可以更易于并更有效地调整适用于中国文化的社会环境。最大限度地利用这些重要理念的连贯性与一致性，完全是为了让学生和社区受益。

当你阅读并使用这本书在学校或社区推进服务学习时，请了解这本书是针对所有关心儿童和青少年的不同读者群体的：

- 制定政策的政府官员
- 培养教师和教育管理者的大学教员
- 为促进学生向未曾有的可能成就拓展而提供教学环境和课程的教师
- 想了解当今的教育如何让孩子准备好在社会中进行有意义的参与并取得成功的家长们
- 为促进有意义的参与而致力于与学校合作并作为面向所有年轻人的学习实验室的社区组织

通过我们大家共同的战略眼光和行动，年轻人会找到运用自己的知识、技巧、能力和才干的参与方式，让我们的世界变得更好。

我想再一次感谢商务印书馆在本书上所付出的辛勤劳动，感谢益公益交流中心翻译组和吴靖博士，感谢北京益公公益基金会。我最为感谢你们。我还最深切地感谢我最初的太极拳老师，马歇尔博士，我现在的太极拳老师——董继英大师和我的丈夫巴里·科博士，感谢他们的智慧。

请在服务学习的探索中收获快乐！

凯瑟琳·伯杰·科

CBK 专业事务所和 ABCD 书源总裁

A Word From The Author
About This Chinese Edition

Having my book *The Complete Guide to Service Learning* translated into Chinese is an honor. For this I am most grateful to The Commercial Press, Beijing Public Advancement Foundation and Dr. Wujing Harrison.

Dr. Harrison approached Free Spirit Publishing, who first published my book in the United States, inquiring about the possibility of the translation. Once I heard this news, I immediately contacted Dr. Harrison and arranged a visit to northern California where we would meet.

Our day was quite remarkable, beginning by meeting with the Educational Attaché at the Chinese Consulate in San Francisco, California. Afterwards, we had lengthy conversations about the process of service learning, including the Five Stages of Service Learning, and its relevance to improving student learning for the 21st century. As we discussed, service learning is more than student engagement in the community. Service learning improves teaching and learning through increased student participation, engagement, and the students' ability to transfer knowledge to new applications. This leads to innovation and ingenuity, all valued aspects of youth development.

However, it was over dinner when we discovered a new aspect of our partnership. In conversing about my deep appreciation for Chinese culture and history, I described how I began studying tai chi chu'an as a young woman, and even met my husband in a tai chi chu'an class. Our conversation continued as I shared my studies in Chinese philosophy, including The Five Element Theory. What occurred next was quite significant. We saw the interconnection between the Five Stages of Service Learning and The Five Element Theory. With genuine excitement we tested our idea, mapping each service learning stage easily with one of the five elements. An ideal fit!

As our partnership grew, beginning with this book, Dr. Harrison worked along with Beijing Public Advancement Foundation and The National Training Center for Secondary School Principals of Ministry of Education and invited me to speak in China on service learning. As this book is being published, I have been most fortunate to have made a few trips to China, presenting to local educators—administrators and teachers—and education officials. I have also presented to high school students. In all cases, my approach has been to show service learning rooted in The Five Element Theory, as well as being a meaningful and relevant process to advance how students gain knowledge, skills and the attributes of successful participants in the well-being of their communities. What occurs to me is with

the grounding within the excellent Chinese traditional culture, integrating service learning into the Chinese education system makes perfect sense.

When reading this book, keep in mind that of all the approaches to understanding and applying the ideas presented, adhering to the Five Stages of Service Learning proves the most effective. This is truly the foundation of service learning. This guides educators whether in primary, secondary or university levels toward the greatest benefits in both learning and service. Wherever I travel in the world presenting these ideas, the Five Stages of investigation, preparation, action, reflection, and demonstration are the core of what I teach and how educators transfer the core elements of service learning into their teaching practice. Even advanced service learning educators continually use this as their fundamental platform. In China, having the correlation between the Five Stages of Service Learning and the Five Element Theory, makes this model easier and more effective to adapt within the social context of Chinese culture. The convergence and coherence of these central ideas can be maximized all to benefit students and communities.

As you read and use this book to advance service learning in your schools and communities, please note this is aimed at multiple audiences who all care about children and youth.

- Government officials who set policy

- University faculty who prepare teachers and administrators

- School administrators on all levels who seek to support their teachers

- Teachers who provide classroom environments and lessons to promote students to extend and stretch to new possibilities of achievement

- Parents who want to understand how education today prepares their children for meaningful participation and success in society

- Community organizations seeking to partner with schools as learning labs for youth all to promote meaningful involvement

Through our collective vision and action, our youth will find ways to participate by applying their knowledge, skills, abilities and talents in ways that will improve our world.

Again, I would like to express deep appreciation to The Commercial Press for their diligent efforts on behalf of this book, to the Yigongyi translation team, to Dr. Wujing Harrison, and to Beijing Public Advancement Foundation. I am most grateful. And also deepest gratitude to my first tai chi chu'an teacher, Dr. Marshall Ho'o, my current tai chi chu'an teacher, Grand Master Kai Ying Tung and my husband, Dr. Barry. L. Kaye, for their wisdom.

Enjoy the service learning adventure!

Cathryn Berger Kaye

CBK and ABCD Associates

献 词

向每天践行服务学习的学生和老师们致以崇高的敬意。

向我的母亲致敬,她总是相信我能成功。

感谢语

正如养育一个孩子需要举全村之力,一群人为本书做出了贡献。这是在服务学习领域中许多人的影响之下带着承诺和热情的一段历程。下述人士为此做出了超常的贡献。我真诚并全心地感谢你们。特别感谢:

- 非常棒的作家们,感谢你们激动人心的书籍和访谈,你们是我的"摇滚明星"!
- 乔·福尔曼,就职于佛罗里达州学习和服务队,为第一版手稿提供了宝贵的反馈意见,并慷慨撰写了(原)序。
- 纳恩·彼得森,就职于布莱克学校,给予鼓励和温馨的讯息,提醒我们为何如此深切地关心青少年和服务学习。
- 阿泰米斯·博尔德和阿里尔·科两位研究助手。
- 感谢朱迪·加尔布雷思的远见,以及自由精神出版社的员工们,感谢他们全身心地支持这一工作,尤其要感谢我的编辑梅格·布拉驰的远见卓识。
- 还有我的家人——我的姐妹玛莎·鲁夫和贝蒂·伯杰,她们始终是我的啦啦队,还有我的好丈夫巴里和女儿阿里尔及德沃拉,他们挑战我的思维,展现无限的耐心,提供绝对的支持,并天天用爱滋润我。

我要感谢全国各地阅读并推荐书架书目中一些新书的同事们:朱莉·罗杰斯·巴斯科姆、贝蒂·伯杰、特雷西·哈金斯、安妮·希尔、唐·希尔、里莎·尼克尔、纳恩·彼得森、劳拉·罗格、弗兰·鲁道夫、苏珊·斯内勒、维瑞·威克姆以及阿泰米斯·博尔德(他读了这么多书,爱上了儿童文学和青少年文学作品)。

感谢托尼·普卢默和贝蒂·伯杰,他们协助提供《健康生活、健康选择》与《特殊需要和残障》两章中的"服务学习规划"模板。

几位学生、教师及服务学习倡导者们为"来自实地的推荐"书籍做出了贡献。感谢下述人士的有价值的贡献:吉尔·艾迪生-雅格布森、贝蒂·伯杰、罗伯特·巴尔曼、迈克尔·布兰肯内格、内尔达·布朗、格雷丝·科菲、戴维·M.多纳休、丹尼丝·道尔、马蒂·达肯菲尔德、克里斯托弗·加林、卡罗莱娜·古德曼、芭芭拉·格伦纳、唐·希尔、阿里尔·科、德沃拉·科、盖儿·M.孔、纳恩·彼得森、特丽·皮克洛尔、丹尼丝·克拉克·波普、安托瓦妮特·C.罗克韦尔、奥默·罗森布利斯、苏珊·斯塔克韦瑟、萨拉·格里姆克·泰勒以及苏珊·弗米尔。

我还要为"来自实地的声音"中的短文（全文在光盘中）表示感谢。感谢提供者：苏珊·阿布拉瓦内尔、罗泽·巴特列、安妮·蒂德曼·弗伦奇、埃达·格拉博夫斯基、迈克·休里维兹、罗恩·佩里、纳恩·彼得森、唐娜·里特、伊芙琳·鲁宾逊和乔恩·施密特。

最后，感谢所有的学生、教育工作者、社区团体及同事们，人数太多，无法一一列出，他们对服务学习的卓越贡献激励了书中对服务学习成功故事的描述，非常感谢！

目 录

原序 ·· i

作者的话 —— 关于第二版 ·· iii

导读 ·· 1

第一部分　服务学习手册

第一章　什么是服务学习？ ·· 8
　一、服务学习的定义 ··· 9
　二、开始之前：经常提到的问题 ·· 10
　三、什么能使服务学习获得成功？ ··· 14
　四、服务学习全过程：纵览全局 ·· 17
　五、一个全过程实例：服务学习遭遇罐装食品募捐活动 ································ 21
　六、接下来做什么？ ··· 24

第二章　服务学习蓝图 ·· 25
　一、启动：蓝图 ·· 25
　二、超越基本面：推进服务学习实务 ·· 38
　三、走向全球 ··· 50
　四、服务学习中的曲线球和路障 ·· 54

第三章　专题章节和服务学习书架 ··· 67
　一、导览：关于专题章节 ·· 67
　二、关于服务学习书架 ··· 69
　三、书架上有什么？服务学习书架的特点 ·· 70
　四、使用服务学习书架 ··· 78

第二部分　服务学习专题

第四章　艾滋病教育和意识 … 92
　　一、准备：为艾滋病教育和意识方面的服务学习做好准备 … 92
　　二、建立与所有课程的关联 … 94
　　三、服务学习情形：行动创意 … 94
　　四、艾滋病教育和意识书架 … 100

第五章　动物保护与照顾 … 105
　　一、准备：为动物保护与照顾方面的服务学习做好准备 … 105
　　二、建立与所有课程的关联 … 107
　　三、服务学习情形：行动创意 … 109
　　四、动物保护与照顾书架 … 116

第六章　老年人 … 124
　　一、准备：为老年人方面的服务学习做好准备 … 125
　　二、建立与所有课程的关联 … 127
　　三、服务学习情形：行动创意 … 127
　　四、老年人书架 … 135

第七章　应急准备就绪 … 141
　　一、准备：为应急准备就绪方面的服务学习做好准备 … 141
　　二、建立与所有课程的关联 … 143
　　三、服务学习情形：行动创意 … 145
　　四、应急准备就绪书架 … 149

第八章　环境 … 156
　　一、准备：为环境方面的服务学习做好准备 … 156
　　二、建立与所有课程的关联 … 158
　　三、服务学习情形：行动创意 … 158
　　四、环境书架 … 169

第九章　园艺 … 179
　　一、准备：为园艺方面的服务学习做好准备 … 179

二、建立与所有课程的关联……………………………………………………… 181
三、服务学习情形：行动创意……………………………………………………… 181
四、园艺书架……………………………………………………………………… 188

第十章 健康生活、健康选择……………………………………………………… 194
一、准备：为健康生活、健康选择方面的服务学习做好准备…………………… 194
二、建立与所有课程的关联……………………………………………………… 196
三、服务学习情形：行动创意……………………………………………………… 198
四、健康生活、健康选择书架…………………………………………………… 204

第十一章 饥饿、无家可归和贫困………………………………………………… 215
一、准备：为饥饿、无家可归和贫困方面的服务学习做好准备………………… 216
二、建立与所有课程的关联……………………………………………………… 217
三、服务学习情形：行动创意……………………………………………………… 219
四、饥饿、无家可归和贫困书架………………………………………………… 224

第十二章 移民……………………………………………………………………… 234
一、准备：为移民方面的服务学习做好准备…………………………………… 234
二、建立与所有课程的关联……………………………………………………… 236
三、服务学习情形：行动创意……………………………………………………… 238
四、移民书架……………………………………………………………………… 244

第十三章 读写能力………………………………………………………………… 254
一、准备：为读写能力方面的服务学习做好准备……………………………… 254
二、建立与所有课程的关联……………………………………………………… 257
三、服务学习情形：行动创意……………………………………………………… 257
四、读写能力书架………………………………………………………………… 265

第十四章 安全和强大的社区……………………………………………………… 276
一、准备：为安全和强大的社区方面的服务学习做好准备…………………… 276
二、建立与所有课程的关联……………………………………………………… 278
三、服务学习情形：行动创意……………………………………………………… 278
四、安全和强大的社区书架……………………………………………………… 285

第十五章　社会改变：议题和行动 ················· 297
一、准备：为社会改变方面的服务学习做好准备 ················· 298
二、建立与所有课程的关联 ················· 300
三、服务学习情形：行动创意 ················· 300
四、社会改变书架 ················· 307

第十六章　特殊需要和残障 ················· 323
一、准备：为特殊需要和残障方面的服务学习做好准备 ················· 323
二、建立与所有课程的关联 ················· 325
三、服务学习情形：行动创意 ················· 325
四、特殊需要和残障书架 ················· 331

第三部分　服务文化

第十七章　开创服务文化 ················· 338
一、为什么需要服务学习文化？ ················· 338
二、在你的学校发展服务学习 ················· 347

附 录

附录一　作者的一次反思 ················· 360
附录二　可复制模板清单 ················· 361
附录三　光盘中的内容 ················· 363
附录四　资讯 ················· 366
附录五　地名对照表 ················· 369
附录六　人名对照表 ················· 374
附录七　组织机构、项目名称对照表 ················· 386
附录八　作品对照表 ················· 397
附录九　"服务学习"的本质、价值与实施 ················· 421
附录十　作者简介 ················· 431

原 序

在充满挑战的世界上和学校里，服务学习越来越被认为是一种有效的解决方法。这是什么原因呢？为什么仅仅一个教和学的策略就能提高教育水平，并解决诸如扫盲、战争、社会公正、气候变化和贫穷等全球性的问题呢？答案在于有效的服务学习过程中所发生的事情和积累的经验对服务者和被服务者所产生的影响。

在以学校或社区为基础的服务学习中，青少年调研问题，然后设计、实施、反思并告诉或教导别人他们是如何满足现实需要的。他们辅导年幼的学童阅读、学习数学或科学，提高防止暴力、防止少女怀孕的意识；开发社区菜园为无家可归者提供食物；捕捉被忽视的重要历史及声音；设计并展示节省能源的方法；在社区示范如何预防和应对自然灾害；并同政府官员一起为改善他们的学校、城镇、国家和世界而努力。

通过这些有意义的不同体验，年轻人运用他们需要学习的知识、技能和行为，去设计并实施服务项目。这种学习和服务的融汇就是服务学习的特性，也是它与其他形式的给予所不同的地方。服务学习的秘诀是互惠：它同时帮助提供和接受服务的双方。

研究显示，设计良好的服务学习，除了满足所找出的社区需要，更能使参与其中的青少年在学业、社交、公共事务和技能上有所发展。年轻人渴望有机会让自己有所作为，他们抓住所有机会运用在课堂里学到的知识去帮助他人，走出教室投身到社会中，让成年人聆听自己的心声，探索自己将来的职业。当这样的机会摆在面前时，他们就更希望在学校学习了。奇怪的是，许多学校和服务青少年的社区组织要用那么长的时间去发现这种现象！

你是一个发现家，这本书就是你的重大发现，它可以帮你开始、扩展并持续发展青少年服务学习。凯瑟琳的《服务学习指导大全》在2004年发行第一版后，立即成了服务学习领域必备的参考书和指导手册，并为美国各地以及国际的参与者所接受。凭着清晰的定义、实例、可复制的模板、简易实用的规划建议，以及将服务学习应用于不同专题与需要的各种做法，这本《服务学习指导大全》成了不可缺少的工具书。第二版保留了原版的实用资讯，并增加了许多新内容。更新后的《服务学习指导大全》，不仅整合了新的学前班—12年级服务学习教学质量标准，还为促进全球扫盲和开创服务文化添加了新的主题、情形、书目、作者访谈、可复制的模板和主意。

在教育和青少年培养方面，服务学习已经远远超越了只是一时兴起的新潮流，它并非教育工作者们必须做的众多事情之外的另一件事，它其实是一个让教育工作者在满足现有教学目标的同时，更好地教导学生如何认识自己和世界的奇妙且灵活的教学方法。服务学习可以并已经成为用于所有学科和年级的教学方法，而且在学校环境之外也同样有效。

凯瑟琳·伯杰·科，做过教师，并作为地方、州、全国及国际上服务学习的开发者和顾问，以及全美领先的服务学习教练之一，非常深入地参与了服务学习的方方面面。她协助确定服务学习的定义，并为帮助我们认识文献和展示在高成效项目里所扮演的重要角色铺平了道路。

新的《服务学习指导大全》为你拼接好了服务学习的蓝图。它帮你跨出第一步、第二步或者第二十步，为培育儿童并改善学校、社区、我们的国家乃至世界而将学习与服务相结合。

乔·福尔曼
佛罗里达州教育局和佛罗里达州立大学
领导力与公共事务教育中心合作项目的主任

作者的话——关于第二版

你注意到没有？我们正经历着一个全球性的服务风潮。作为一个全球共同体成员，我们所面对的问题日益严重，需要更多的人行动起来。通过服务学习，我们能够让年轻人认识到这些严重的问题并参与解决——气候变化、人口迁移、饥饿、失去家园、文盲等，同时，为自己和他人的福祉做出贡献。让年轻人认识这些问题并且拥有解决这些问题的能力非常重要。为他们提供技能和知识，使他们在自己的社区或更大的世界里做这些重要的工作，这让教育更有意义。这就是我当初写这本书的原因，也是更新、修改和扩充这本书的原因。

第一版反映了我作为一个教育工作者花了几年时间在我的课堂上整合服务学习，以及作为服务学习方案的设计者和示范者在美国协助他人开拓服务学习的经验。通过几十年来与学生、教师、校长、学校、青少年团体和社区领袖一起工作，我不断发展和改善这一教学法的实施。服务学习提高了学生学习知识和技能的教育质量，而它包含的内容远远超过了单纯把服务学习项目和现有教案加以连接。这是一个教育、吸引、启发和鼓舞年轻人成为真正的学生、学者和投身社会的积极分子的出色且实用的方法。

教师们确认，通过服务学习，学生会超越学业要求，显露潜能，发挥自己的智慧，记住所学，并能在不同的情形下运用自己的技能和知识。有了富于学术性的服务学习体验，当学生为社区做应急准备、修复珊瑚礁、保护动物、建造退伍军人纪念碑和陪伴孤独老人的时候，他们所做的工作是惊人的。

自从这本书出版以来，服务学习一直在演变。而我也在第二版注入了新的主意、资讯和可能性。这个版本有哪些新内容呢？

- 学前班[①]—12年级服务学习优质实务标准。

- 关于服务学习的五个阶段及其在服务学习中的重要性的讨论。

- 增加了两个专题章节反映当前问题和介绍年轻人如何响应：《应急准备就绪》和《健康生活、健康选择》。

- 《开创服务文化》一章，为你提供创意和资讯以推动服务学习的实践，提高服务学习在你的学校、学区或组织内的可行性。

[①] 美国小学一般从学前班开始，接着是1—5年级不等。——译者

- 新的和更新过的模板，其中包括"准备个人清单""针对社区需要收集信息""进展监控"和"文献小组"。

- 新增的学前班—12年级服务学习情形，供读者借鉴，启发其行动。

- 为所有专题章节更新了网页资料。

- 更新了服务学习资讯列表。

- 为所有专题书架增添了新书，其中包括最新出版的书，为服务学习注入文学和读写能力素养。

- 新的作者访谈，揭开写作过程的神秘面纱，启发学生成为作家。

- 一张光盘，载有可根据个人需要而改动的模板，包括更多推荐书目列表、作者访谈以及由服务学习专业人员所提供的关于推行服务学习的心得文章——"来自实地的声音"。（欲知更多详情，请参见5—6页。）

您参与高品质的服务学习，会在现在和将来把您所接触和教导的年轻人培养成最优秀的学生和对大众福祉最有价值的贡献者。我最深切地感谢您所做的一切。

凯瑟琳·伯杰·科
CBK专业事务所和ABCD书源总裁

导 读

在20世纪80年代中期的一次服务学习研讨会上，我提议12位教师回顾他们关于服务的最早记忆——给予服务、接受服务或观察服务。他们非常乐意地分享了他们的一些早期印象：和青少年团体一起探访养老院，为联合国儿童基金会募捐，在读高中时到医院做义工，辅导一个有阅读困难的年幼邻居等。一名女士讲述了小时候在乡村的生活。虽然经济拮据，但她母亲仍然每周准备食物，然后父亲用小货车送给那些比他们更困难和更需要帮助的家庭。她记得当时自己看着父母的行为，感到疑惑："为什么他们把我们的食物送给别人呢？"她顿了顿，思索着，然后说："或许那就是我收养儿童和选择做老师的原因吧。"

多年来，我不断地向不同的人提出这个问题。也不断地发现，人们早期的个人经验和服务他人的记忆往往使得他们后来成为教师或儿童工作者。教师——连同服务行业的工作者——明显地和服务学习有自然的共通点。吸引我们选择这个职业的部分原因是有机会接触儿童，并能持久且深入地改善他们的生活。服务学习为我们达到这个目的提供了深刻和奇妙的方法。

我自己的服务学习体验远远早于这个词语被广泛使用之前。我在缅因州乡间一家很小的学校任教，一天早上，一名7年级学生带来一篇新闻报道。

"那是我住的街道"，她指着照片说，"看到那棵树了吗？在两幢房子开外的地方。"

"那棵树怎么啦？"另外一个学生问她。

"荷兰榆树病。"

当时，我们班上没有人熟悉这个词，但是到这天结束时，我们全都学到了很多关于威胁着我们社区雄伟榆树的这种植物病。学生希望参与进来，做点什么。很快，他们打电话给国家和地方农业部门并访问了当地大学的一个科学系。不到一周，他们得到了评估榆树的培训。他们拿着笔记板，从这条街走到那条街，诊断和记录每棵榆树的情况。

霎时间，我们初中和高中学生的课业学习变得生动起来。植物细胞的学习有了新的意义。在数学课上，保存记录的方法，统计学以及百分比得到了前所未有的重视。学生在日记和故事里叙述了自己的兴奋、沮丧以及其他学生和老师的反馈。他们工作的高潮是学生向国家机关提交了他们的发现，并在大学课堂上做了总结报告。

当然，学生并未能拯救每一棵树，但他们确实帮助保护了很多榆树。在这个过

> 你应该知道教育人心非常重要。这是你和其他人的不同。教育自己很容易，但教育我们自己去帮助他人，进而帮助社会就困难多了。
>
> 西泽·E.查维斯，社会实践家

程中，他们学习和运用了科学的记录方法，认识了政府人员的职责，和大学生建立了伙伴关系。因为有了目标，我们的学生骄傲地以一个社会实践家的姿态轻松自如地谈论公共责任。

自从我初次体验服务学习以来，我曾经作为一名任课老师开展工作，在国内和国际上开发服务学习项目，在教师培训及认证工作方面协助推进服务学习，在大小会议中进行会议主题演讲或互动会谈，并担任学区和学校教育研讨会的主持人。《服务学习指导大全》是我的经验总结，既反映了我作为教育工作者讲授服务学习并对其理念及实践经验的发展和完善，也反映了我作为一名学生从所接触的人那里获取创意的经验。

把服务学习纳入教育的愿望正在全球各地呈几何级数增长。教师通过整合服务学习，加深了学生的参与度，由此提高了他们教授知识和技能的质量，并且更有活力了。学生可以建立基本和必需的社会关系，由此促进他们尽其所能，帮助他们得到有意义且与自身相关的实践经验。服务学习是所有参与者的真正共赢。

为什么服务学习那么重要？

你可能由于各种不同的原因接触到服务学习。也许你被服务学习吸引是基于你做学生时的体验，又或者是出于个人和社区的价值认同。当你听闻服务学习这个实用的教学方法在不同方面让学生更加积极并投入后，你可能想要把服务学习引进你的班级或学校。你可能是出于应对特定的社区需要或考虑，或是为了让更多人关心社会公正问题而接触服务学习。你可能看到过同事的成功经验，听过一次激动人心的演讲，或者读过一篇记载孩子们如何用在教室里学到的知识和技能服务他人的新闻报道。许多教育工作者看到了服务学习与公共责任、扫除文盲、社会情感发展以及改善学校的文化和风气之间的直接联系。或许你正在响应学校和学区把服务学习纳入课程和教学方法的要求，并且要使所有参与者的收益最大化。无论你觉得哪种情形最似曾相识，你都可能会提出或需要回答这个问题："为什么服务学习那么重要？"

- 服务学习为学生、教师、管理人员、社区机构和成员提供有意义的方法，让他们以深思熟虑的想法和行动朝着互惠互利的共同目标一起迈进。

- 学生在学业、社会交往和情感方面获益，他们有机会培养技能并探索不同的职业选择，还可能因为体会到公共责任的价值而积极投身于社区工作。

- 教师们让学生看到学校和教育与他们的现实生活相关联，在这个过程中学生茁壮成长，先前尚未开发的潜力得以开发；与同事和社区伙伴合作，共同开发令人兴奋的课程；教师自己也能在事业上重现活力。

- 学校行政人员会看到，当所设定的学业指标可以实现时，员工和学生的士气同时提高，学校在社区的形象和知名度也得到提升。

导读

- 家长找到与孩子交谈的新途径，帮助支持校内的服务学习，还可能开发家庭参与服务的体验。
- 社区伙伴得到急需的帮助，他们在教导学生和与学生互动的同时，自己也能学到东西。

当一个社区鼓励和支持学生经过深思熟虑后介入和参与公共事务活动时，整个社区都会获益。年轻人获得认可，对自己善用资源和知识广博有了信心，想要做一个可以运用自己的好奇心、创造力、创意、精力和热情去为大家谋福利的推动改变者。

服务学习的美妙之处在于其效果真实且具体。让学习增加了新的多维空间。当学生带着理智和情感去参与一个话题时，他们会获得新的灵感，或将以前相互独立的两个想法联系起来。他们会突然发现在学校的学习是那么重要，并且会全心全意地投入进去。教师们也经常积极地回应服务学习，并发现学生的学习欲望和好奇心得到激励和振奋。当教室由学校伸展到社区时，教育就变得切合实际。数学、科学、社会研究、语言、文学、艺术、技术——所有的科目都能够在合适的环境下真正得到学习和应用。

除了教育效益，社会的繁荣也有赖于其成员的积极参与。我们的服务行为可以塑造我们所生活于其中的社会。甚至连小孩子都会因自己的思考、规划和行动能够有所作为而感到惊奇和骄傲。服务学习使各种或大或小的"作为"得以实现。人与人之间的关系伴随着相互理解和求同存异的心理而得到良好发展。我们的眼睛变得更能洞察社会需要并找到改进的机会。

虽然服务学习让教师和学生感到兴奋，但是将服务学习融入日益复杂的课程架构，这个想法可能会让你感到气馁。如果是这样，你并不孤单。初次参加我带领的服务学习研讨会的老师们常常因为新的教学规定而感到疲累和沮丧。当听了全国各地的学校同行们尝试服务学习并反复使用其经验的故事后，他们在黑夜里看到了一盏明灯。如醍醐灌顶般，他们看到了达到教学指标、增强义学修养、提高考试分数、增强自身教学能力并享受教学过程的可能性。

服务学习的研究已经展开！

幸运的是在不断扩大的服务学习世界里，教育研究人员正在积极探索服务学习如何提高教育的质量，并找出成功的项目和经验中最令人信服的因素。本书366—368页的《资讯》一章包括了那些随着服务学习在世界各地不断繁荣而为最新研究结果提供介绍平台的组织。

关于这本书

本书的目的是帮助你在课堂上、青少年团体或教师培训计划中成功地使用服务学习。你会

学到如何在你的学校、学区或社区播下服务学习文化的种子，以及如何规划开启专业性学习的交谈。你会学到建立坚实的服务学习基础、推进精心琢磨的实务和成为服务学习领导者的理念和策略，以及实行适合所有年龄段儿童的服务学习实用方法。专题章节涵盖了各种各样的服务学习时事议题并将其作为出发点。有些专题概念是大家所熟悉的，有些则不然。所有这些议题都很重要，而其概念和建议也已经在美国和世界各地的学校得到应用。

如何使用本书

这本《服务学习指导大全》有三个主要部分，必须按照既定的顺序使用。第一部分针对服务学习的各种组成元素，介绍怎样开始服务学习和使用专题章节的各种方法。第二部分是一系列的专题章节。先读完第一部分再进入专题章节，你就能够更巧妙地把握服务学习的原则。第三部分是关于如何在你的学校、学区或机构推进服务文化，在发展和壮大服务学习的时机成熟时，阅读此部分。

第一部分：服务学习手册

包括三个章节，提供服务学习的定义和背景资料，并描述成功实施的必要组成部分。第一章详细讨论服务学习的性质。第二章提供了如何开始在课堂上使用服务学习的蓝图，并包括对许多可复制的文件和模板的讨论及索引，供你在服务学习实务工作中或与同行交流想法时调整使用。请记住，所有模板和其他资料都装载在附属光盘中，可供使用。第三章介绍了专题章节的用法和服务学习书架 —— 每个专题章节都包括带注释的参考书目。

第二部分：服务学习专题

由十三个章节组成，为你提供在具体领域里实施的主意。专题包括：动物保护与照顾；安全和强大的社区；饥饿、无家可归和贫困；健康生活、健康选择；特殊需要和残障等。每个专题章节都包括以下内容：准备活动，可以帮助您将本专题与所有学科建立关联的课程关联图，特定专题的资讯，服务学习情形实例，以及包含非虚构类书籍、图画书和虚构类书籍的丰富书架。每个专题书架都分成不同的话题。例如，在《环境》一章的书架里，话题包括："历史借鉴""环境概述""自然资源""回收""感恩"和"积极行动"等。非虚构类和虚构类书籍都按年级标明阅读程度。当一本书适用于一个以上的专题章节时，就会被交叉引用，正如在易于参考的列表中显示的。每一本书都有注释。对某些书的作者所做的访谈载在附属的光盘中。

第三部分：服务文化

包括我多年来在服务学习领域与其中的参与者一起工作时发展出来的概念和策略。本章包括理论支撑，满足学校和学区首要工作的策略，以及如何通过专业发展和在职研讨会分享

导读

服务学习。关于开展交谈的建议有助于把其他利益相关者带入服务学习过程中。还包括在"实地"推动服务学习工作的人所提供的短文摘录，所有"来自实地的声音"全文都载在附属的光盘中。

本书最后以作者的反思和一个通用资讯列表作为结尾，帮助你进一步探索服务学习。

关于书架：服务学习和文献资料之间的重要关联

书籍和阅读是培养文化修养和学习的根本，我发现它们对服务学习也同样至关重要。多年来，我阅读并收集了许多令人难忘的优秀书籍——虚构类和非虚构类——都与服务学习的专题有着真实的联系。一本精心挑选的书可以成为整个服务学习体验或单元的关键，它让学生在实行想法和计划时联系到实际问题。有吸引力的书可以让学生思考自己的努力所带来的影响，并激发他们不断反思。教师和学生都会被引人入胜的故事所吸引。

我到外地主持服务学习研讨会时，行李箱都装满了书籍。这些旅伴使得服务学习的主题演讲和介绍变得生动，因为教育工作者看到了书籍与他们的学生以及与满足真正社会需要的服务之间的相关性和连接点。我在本书专题章节中的服务学习书架部分引进了数百本我最喜欢的书。更多的书目可以在附属光盘中找到。

关于附属光盘

《服务学习指导大全》第二版的附属光盘中拥有丰富的资讯，是非常值得探索的。看看这些重点：

可根据需要改动的模板。所有在本书中讨论过的模板都可以填写，然后保存重复使用。这使我们可以编辑一个完整的规划模板或社区联络信息的数据库。这种数据库可以容易地被不同的受众改编。

规划模板。第二章在57—58页提供了服务学习规划模板的缩印版。附属光盘中包括39个完整的实例。书中13个专题章节，每个章节都各有一个小学、初中和高中的实例。这些实例为新教师和有经验的教师在实施课程关联、确认社区需要和遵循服

将光盘中的内容打印出来

为了从光盘中广泛和丰富的材料中得到最大的收获，你可以选择把所有的PDF文件用三孔纸打印，并将它们放进带有分隔页的三孔夹里。这样，光盘本身就变成一种宝贵的资讯和《服务学习指导大全》不可缺少的辅助资料。如果你知道有一名老师正在寻找一个有关健康生活的小学服务学习例子，一个与长辈互动的初中例子，或应急准备就绪的高中例子，那么，你手头上就有一系列的实例可以分享。如果你想寄给同事对作家詹姆斯·豪的访问，就到三孔夹里找吧。正在主持关于课程关联的教师培训课程？所有14种课程模板都在这里，很容易找到。就像这本书一样，你的三孔夹将会得到很好的利用！

务学习的五个阶段上提供了指引。

课程模板。每一个专题章节都有一个课程关联图，示范服务学习如何可以在深层次上连接并加强所有学科的学习目标。附属光盘中载有一个空白的课程关联图，对服务学习研讨会特别有帮助。（参考 352 页，在《开创服务文化》一章中。）

更多的书目。当你阅读 13 个专题章节时，你会发现每个章节都有一个特定的专题书架。在附属光盘中，你可以找到更多的书目，其中包括新出版的、经典的、可能已经绝版但仍然值得阅读的各类书籍。光盘中还包括"来自实地的推荐"所列出的所有书籍和服务学习经验。

作者访谈。每一个专题章节的结尾都注明附属光盘中所载有的相关作者访谈。此版本包括 11 个精彩的新访谈，再加上对以前访谈的更新和补充，总共有 28 篇访谈，或者"故事背后的故事"，希望你喜欢并分享给学生和其他老师。

短文"来自实地的声音"。由于服务学习领域的成长，本书所容纳的知识包括了由服务学习第一线的实地工作者所提供的更多建议。在本书的第十七章有所有短文的摘录；附属光盘中载有所有完整短文。

服务学习适合你吗？

无论你是一名教师、实习教师、青少年工作者、小组长、辅导员、校长、行政管理人员，还是家长，如果你愿意帮助孩子们更投入、更有效地学习，引导他们在社区承担责任，那么《服务学习指导大全》就是为你而写的。虽然这本书主要针对由学前班—12 年级的中小学服务学习，但是服务学习也盛行于许多学院和大学。社区组织、青少年团体以及课后托儿项目也利用服务学习去丰富他们的项目。无论何时何地，只要年轻人的学业成就和个人成长是我们期望达成的目标，服务学习就越来越能帮助我们达到这个目标。

最重要的是，这本书的目的是鼓励服务学习的实践——提供多种方式，帮助你将服务学习方法融汇到不同的课程里，提高年轻人的参与程度，让更多的年轻人从中获益。在提高教学质量的同时，年轻人在积极参与社会活动的过程中学到了公共责任的概念，为所有年龄段的年轻人提供了更多受教育的机会，这也等于是给你的学生、社区和你自己的一份礼物。

在阅读这本书时，你会发现，我对服务学习的参与和承诺非常深入。我是一个极具活力的群体中的一员。这个群体当中有无数的教育工作者、社区成员、作家、社会实干者、艺术家和各个年龄段的年轻人，相信我们是改变的推动者，可以修复、改善和拯救这个世界——我和那些相信这就是最美好的工作的人们站在一起。欢迎您的加入！

凯瑟琳·伯杰·科

CBK 专业事务所和 ABCD 书源总裁

第一部分
服务学习手册

第一章 什么是服务学习？

简单地说，服务学习就是把学校课程与年轻人对世界的关心联系在一起——无论是在他们的校园、本地的"食物银行"[①]，还是在遥远的热带雨林。服务学习的结果是让学生获得终生难忘的启迪，并为我们大家营造更强大的社会。

服务学习可以这样来描绘：

- 一位教师向1年级学生朗读《在你属于我之前》一书，帮助他们为走访本地一家动物关爱协会做好准备。这次活动是学生学习"我们的社区"课程中最重要的一部分。这些学生讨论了尽责照顾宠物的必要性以后，决定编一本小册子，《照顾你的宠物》，并分发给本校其他学生和附近幼儿园的孩子们。

- 一些高中生来到当地一所小学，为2年级学生演出《丑丑的蔬菜》，演示如何安全使用园艺工具和准备土壤。他们第二次过来时，和小同学一起在社区菜园里种菜，在这个过程中，利用数学知识去度量并适当播种。后来再拜访该校时，他们还一起护理菜园，一起阅读图画书《土拨鼠种菜园》，一起合作设计并涂刷菜园中的壁画，以便让庄稼常年"枝繁叶茂"。当地一家食物配餐间感激地接受了他们收获的蔬菜。

- 初中语文课的学生在为1—3年级的小学生辅导读写技能之前，先阅读《谢谢你，法尔克先生》。以此书为起点，全班讨论如果小同学阅读不如同龄人时会有什么感受。在辅导之前和之后，学生在个人日记里写下各自的故事。

- 在公共事务课上，学生阅读《阿卡德的诅咒：气候剧变撼动人类历史》一书，为本学区[②]开发了一项提案，以减少碳足迹并节省大量开支。他们讨论在全球范围内，人类何以流离失所、不同社会之间的相互关联以及让民众知情如何有助于创造机会去实现建设性的社会变革。他们做好的提案被学区理事会采纳。

- 一所小学的每个班都要阅读《跺脚兽和毛毛虫》《阻止欺凌俱乐部》和《不合群者》等书，作为全校性消除欺凌及侮辱计划活动的一部分。在各种学习活动之后，学生全都提高了和平相处的策略技巧，为大家创造了安全的学校环境。这也是"全国无侮辱周"活动的一部分。

[①] 食物银行是非营利性公益组织，主要为经济困难、买不起足够食物的人士提供膳食，第一家食物银行于1967年在美国成立，现在世界各地有数千家。美国的食物银行是仓库作业，不直接发放食物，而是把食物配发给"食物配餐间"，由食物配餐间发放给个人。——译者
[②] 美国的学区类似国内的市、镇、乡一级的教育局。——译者

第一章　什么是服务学习？

- 一个青少年团体决定学习交际舞并请常在附近老年活动中心的跳舞者当老师。在掌握狐步舞、华尔兹舞及东岸摇摆舞的基本功后，青少年学舞者与老年活动中心的工作人员见面讨论了如何表达对舞蹈课的欣赏和感谢。他们一起计划并举办了一次共有60多位老年舞者参加的"老年人与应届毕业生舞会"。

注：列出的所有书籍，后文都有注释说明，请到相关的专题章节中查找。

本章的目的是对服务学习进行概要介绍，包括常见术语和确保成功的准则。问答部分将回答关键性问题，以帮助你上手。本章还会介绍服务学习的整体过程——这是构成所有服务学习活动的基础，并告诉我们如何让学生获得最大的成功。你可能发现本章中的问答有助于你反思服务学习对自己意味着什么，针对那些与你一起工作的年轻人，服务学习可以采用哪些方式。例如，你可能发现自己在思考社区的意义是什么，需要如何定义社区才最能体现你的想法。或者你可能思考在你的班上哪些服务形式会最有吸引力或最有成效。所有这些问题之中，最基本的问题也许是："服务学习到底是什么？"

一、服务学习的定义

服务学习可以部分地由它为你的学生做什么来定义。当服务学习以一种结构性的方式把课堂内容、文献及技能与社区需要相连接时，学生便会这样做：

- 应用学术、社交和个人等层面的技能去改善社区。
- 做出的决定会有真实而非虚拟的结果。
- 每个个体得到成长，受到同伴尊重，并增进对公共事务的参与。
- 体验成功，不论其能力水平如何。
- 更深入地理解自身、所在社区和社会。
- 培养领导力：发挥主动性，解决问题，团队协作，并且能够在帮助他人的过程中展示自己的能力。

这些重要并存档的学术和社会成果已经帮助验证了服务学习作为一种宝贵的教育方法受到的尊重和广泛认可。这可能是你已经在使用服务学习或正在寻找方法把它引入你的课堂、项目或青少年团体的原因。

无论你计划在何处实施服务学习，你都需要一个可靠的定义，在你所处的具体状况中引导你。你不必从零开始创建自己的定义，但你可能想要或者需要调整服务学习的通用定义来反映学生、课程和社区的具体需要。尽管服务学习的基本结构和过程不变，但是最终活动所采取的形式可以灵活多变。在学校环境和其他学习情境下，可以将服务学习定义为一种以研究为基础

的教学方法，用来把由他人引导的学习或课堂学习应用到满足社区真正需要的行动之中。在这个过程中发挥青少年的主动性，安排时间反思服务体验并展示所获得的技能与知识。这一定义也适用于非传统的、不太正规的教育环境，诸如课外项目及青少年团体。在这类情况下，工作人员可以找到有意义的时机把将要学习的内容融入帮助他人的社区经历中。

二、开始之前：经常提到的问题

定义服务学习仅仅是一个开始，往往会引出其他重要问题。这些问题需要在开始使用或完善服务学习之前予以回答。下面是在我的研讨会中遇到的一些常见问题。

问题：服务学习与社区服务或志愿工作有什么区别吗？

服务学习不同于社区服务或志愿工作等其他形式，因为教育学生和年轻人始终是它的核心。学生在为改善社区而努力时，会积极地去理解、整合并应用各学科的知识。学生在帮助老年人、记录选民登记信息或致力于恢复一个脆弱的生态环境时，他们能看到自己在行动中学到了什么，不会再问："我为什么要学这些？"

问题：服务学习适合每个人吗？或者它只适合年龄较大的孩子？或者天才孩子？

服务学习适用于从学前班到大学各年龄段的学生。所有年龄段和不同能力水平的学生都能成功地参与其中，几乎每个学科或技能都可以通过实施服务学习而得到加强。服务学习可以用于几乎每个学科领域，自然而然地促进跨学科整合，这有助于学生成长，记住学到的知识并且在诸多领域同时进步。

问题：我怎么能让学生对服务学习感兴趣呢？

服务学习的一个重要层面是学生能够参与整个过程：从确定（社区）需要开始，到研究潜在的问题，再到为规划服务学习出力。当学生在选择和设计一项服务上有发言权时，他们本能地投入自己的感情和才干。因为服务学习的过程往往让学生发挥在日常课程中不易察觉的长处和才干，从而可能激发学生在课堂内外取得惊人的成就。从小学一直到高中，教师利用这种方法取得的成绩远远不止是满足教育的要求或达到学业标准。不管教授的内容是什么，服务学习都能使其与学生有关联，有明确的目的和意义。学生在把自身能力运用到公共事业的同时，也在积累个人和集体的技能与才干，并从中体会到学习的热情。

> 真正的学习直指人生意义的核心内涵。通过学习，我们重塑自身。通过学习，我们有能力做到以前做不到的事情。通过学习，我们重新感知世界，以及我们与世界的关系。通过学习，我们增强自己的创造能力并成为生活中创造性过程的一环。在我们每个人心中对这样的学习都有着深深的渴望。
>
> ——彼得·M.森奇，教育工作者和作家

第一章 什么是服务学习？

问题：服务学习是否意味着我会增加工作量？

最初，当你在学习运用服务学习教学法并设法将更多具有可参与性且能发挥青少年主动性的创意整合到课程中时，你可能发现它所占用的时间比常规课程要多。然而老师们一致认为，随着他们在实践中逐渐适应并增强信心后，找到课程关联、值得做的项目和可能合作的社区伙伴都会变得容易得多。你还很可能发现自己参与多少、有多热忱，服务学习中所指导并一起工作的年轻人就参与多少，有多热忱。每个人的努力都会有很好的回报，不管是体现在学业成绩上还是在社区取得的成就中。

问题：服务学习意味着与社区接触。社区是什么？我如何来定义它呢？

有关服务学习的任何讨论都涉及社区。服务学习帮助学生建设和改善社区，但有时并没有搞清楚社区中的人和事。在服务学习中，社区可以有不同的含义，它受地理、文化、具体情况和需要等影响，所以它的定义往往取决于服务学习活动的性质，或是下定义的人。

对某些学校而言，服务学习活动可能旨在改善人际关系、校园安全，设立跨年龄段辅导项目或美化校园等。在这类情况下，社区可以被定义为学校校园及其群体。它也包括校园紧邻的周边区域、家长以及任何协助所指议题的外部机构。

其他学校则在地理和社会层面上扩展其社区的定义，包括周边的街坊邻里、城市或地区。有些社区实质上是国际性的，即便学生从未离开过学校范围。校园以外的服务学习场所实例包括：一个有利于植物再生的本地蓄水区；一家难民中心，在成人上英语课时，学生协助照看孩子；或者一家无线电台，学生在此录下公共服务广播信息。在这些情况下，社区通常包括合作机构。

无论你的社区定义包括什么，参与服务学习的学生将会认识到社区是在互动、互惠的过程中以及有关民众、地方、组织、政府及体制的知识上发展和建设起来的。通过服务学习，通常难以捉摸的"社区"概念变得有形了，并且对参与其中的所有人员都更具有实质意义。认可社区并成为社区中的积极力量是培养公共责任的基石，其影响远远超出在校时间。

问题：我了解服务学习意味着什么，但服务是什么呢？

在服务学习的语境中，"服务"是指学生执行由自己策划或受自己影响的某个计划，在这个过程中将课堂学习与满足社区真实需要相结合。在某些情况下，所针对的需要很明显甚至很迫切，例如小学生从正待收割的稻田里营救鸭蛋。在其他情况下，学生可能作为一个社区所做的更大努力的补充或支持——例如帮老年公寓的老人写信，或者绘制一幅乡村地区紧急疏散路线图。在所有情况下，服务旨在唤起所有参与者的关爱精神并且为他们获取知识提供建设性环境。

问题：服务有不同类别吗？

服务可以有许多形式。但通常服务学习中的"服务"可以分为直接服务、间接服务、倡导和研究。

- 直接服务：学生的服务直接影响并且涉及服务对象。是人对人和面对面的交往互动，如辅

导年龄较小的孩子或为难民服务。参与直接服务的学生，学习照顾与自己的年龄或经历不同的人，提高按步骤解决问题的能力，并学习看到社会公正问题的"大局"。与动物的互动也属于直接服务，还有环境领域的实地工作，如维修湿地或修建公园座椅，也属于此类。

- 间接服务：在间接服务中，学生见不到服务对象，不过，他们的行动让整个社区或环境受益。实例包括在食物配餐间储放食品，为幼儿园的阅读项目捐赠图书，为住在收容所的家庭收集衣服，或者为退休人群创立一份通讯录。参与间接服务的学生学习相互合作、团队协作、担当不同角色、合理安排及分清轻重缓急，等等。学业内容在应用中得到强化，学生还获得了相关的专业技能和知识。

- 倡导：倡导的目标在于引起对某项公共事务议题的注意或推动相关行动。倡导（advocacy）的中心词是"voc"，其拉丁词义为声音。通过倡导，学生就有关议题发出声音，尤其是在相关群体可能无法为自己讲话的情况下。有关的活动包括写信，资助一个城镇会议，演出一台剧目或做公开演讲。学生倡导者们学习坚持不懈，并领会规则、体制及过程。他们还参与公共事务活动并与成人一起工作。

- 研究：研究活动让学生去发现、汇集和报道公益信息。例如，学生可以开展调查或进行正规的研究、评估、实验或访谈。他们可以测试水或土壤，检查汽车在经过他们学校时的车速或者进行与环境相关的调查。在导读一章中提到的学生调查本地荷兰榆树病害便是这种服务的良好范例。通过参与基于研究的服务学习，学生学习如何汇集信息、鉴别判断以及系统地工作，从而增强组织、鉴定和评估方面的技能。

问题：会不会有某种类别的服务学习比其他类别更好呢？

服务学习的每种类别对社区和学生都有独特的好处。学生对一项议题产生的根本原因及其影响进行调查并开始理解后，各种类别的服务都可以启发学生提出问题，这些问题将不断吸引学生继续投入到研究和学习中。参与服务的学生不断应用并扩展他们的知识，从而满足并丰富教学课程体系。

虽然如此，仍有必要就间接服务提出警示。如果学生已经具备了体验所有这四种服务的能力却只有间接服务的机会的话，那就传递了一条微妙的信息：我们与议题或问题接触与否，无关紧要。但是研究证实，特别是对高中学生，直接服务和倡导对他们获得知识和认同个人价值有着最大的长期影响。而年幼的孩子，他们在具体的参与中学得最好。

> 我们需要你的服务，就在此时，就在历史的这一刻。我不会告诉你，你需要担任什么角色——这需要你自己去发现。我请你起身参与，我请你帮助改变历史进程。
> ——巴拉克·奥巴马，总统，于签署爱德华·M.肯尼迪服务美国法令，2009年

第一章 什么是服务学习？

问题：如果我被分派从事协调班级、学校、机构的服务学习工作，我要做什么呢？

祝贺你！协调员的职位会带来多方面优势，尤其是这个人（你）可以领导教师或职工通过专业发展机会更好地了解服务学习。你可以在管理者和教师的理念中巩固服务学习的优先地位。协调员常常通过鼓励、提供资讯和同事间交谈，来支持教师们不断努力，不管这些老师对服务学习领域很陌生还是已经有很多经验。

本书可以为你这些努力提供指南。它包含各种各样的活动，可以用于或长或短的服务学习教学法的演示中。问题和解答可以作为持续交流的起点。第二章和第三章的蓝图与模板中提供了工具，让教师可以更容易集中关注于学生的参与，而且服务学习的具体过程和青少年的领导力——服务学习的核心——也都可以得到发展。课程关联图、服务学习情形以及各专题章节中的书目注释，为协调员提供所需要的资讯，随手可及。本书的第三部分，收录很多创意和建议供协调员参考（见337页）。此外，《资讯》一章（见366—368页）提供了与不断壮大的国际服务学习群体联系并且参与进去的方法。

问题：服务学习能开发青少年领导力吗？

绝对可以。一个设计良好的服务学习体验会为学生提供充分的机会，让他们考虑自己和他人的想法，思考辨别所出现的情况，预期可能得到的成果，调整计划，用书面和口头形式讲清自己的意图，鉴定所做努力的效果——这些全都是基本的领导力技能。每一种形式的沟通都在这个过程中得到加强：听、说、写、算，使用符号和肢体语言，诠释。通过一系列的服务学习体验，领导力技能开发的可转换性就会凸显，学生也积累了专长。领导实力体现出来了，需要进一步改进和增强的领域也显现出来。自始至终，教师或成人引导者的角色就是要注意到学生所需要提高的领域并帮助他们提高。学生需要学习访谈技能吗？学生在即将完成问卷调查时准备好做问卷分析了吗？社区里谁能协助青少年准备一场新闻发布会或联系学区理事会代表或立法委员呢？服务学习实际上就是领导力在行动。

问题：参与服务学习有助于学生留校就读吗？

研究证实，大多数"辍学"的学生回答说，如果他们的课程中包括服务学习过程或类似服务学习的教育法，他们当时应该会留在学校就读。这有一定道理。当学生体验到学习过程与他们有关，他们能承担角色和责任来取得集体成功并能让人信任时，他们会更想参与其中，并会继续参与和投入到学习中。学生运用内在和后天培养出的技能、才干后，会进一步促进服务学习，进而强化服务学习的成功方法。服务学习促进参与式教学的实践，而参与是学生学习效果最好的途径。

> 在2006年"悄无声息的流行病：高中辍学生的视角"研究中有个问卷调查发现，81%的回答者说："如果学校提供现实世界中的学习机会……我从高中毕业的可能性会更大。"

真正的参与式学习采用分析性思维、创造性思维以及实用性思维。心理学家罗伯特·斯滕

> 一只水罐喊着要去运水，一个人想要做实事。
> ——玛吉·皮尔西，
> 摘自诗歌《有所用》

伯格[①]在《什么是"专家型学生"？》一文中，描述获得"成功智慧"所包含的三个组成部分，即分析性思维、创造性思维和实用性思维。想想有多少课堂时间是花在分析性思维上的。加进创造性思维的成分，要动用学生的才干和技能，同时拓展他们的知识基础。创造性思维其实是在提高孩子的分析技巧，因为这是加入新视角并跳出固有模式的认知过程。实用性思维回答"我为什么学这个"的问题，阐明学习的目的。实用性思维也是整合分析性思维和创造性思维的关键，促发学习者以崭新的方式应用已有的知识。

斯滕伯格继续提到，通过教导儿童"善于思考并且明智地思考"来提高教育的层次。我们能让学生走向智慧吗？按照斯滕伯格的定义："智慧，与愚昧相反，是使用成功的才干和经验去实现公共利益。"服务学习可以涵盖的范围何其之广！

问题：服务学习能让学生认识到自己可能的职业方向吗？

学生通过服务学习可以认识、了解无数的职业，它为我们的青年学生增加了激动人心的层面——如果没有服务学习，这些层面很可能会被错过。绝大多数服务学习的体验包括向学生介绍在政府、企业及非营利机构工作且有不同背景的社区成员。这里是一些例子：一位新闻记者同准备到一家食物配餐间工作的学生见面，解释媒体如何报道无家可归的问题。为有特殊需要的孩子做辅导的学生聆听有关语音和艺术疗法方面的职业介绍。在为仁人家园建造住房时，学生跟随熟练的行家一起工作，安装水电系统。每一个服务学习体验都可能将学生同政府机构连接起来，从而让学生有接触众多公共服务的机会，包括与环境或农业部门一起工作，或是开发保护我们老龄化社区的政策。

我有幸帮助孩子们通过服务学习体验开发领导力技能并探寻职业目标。一位名叫詹姆斯的高中生临近毕业时，我问他计划在大学里学什么。他答道："商务。"我当时感到失望的刺痛，因为我相信他能在社会服务领域做出很有意义的贡献。接着，他的话让我茅塞顿开："最棒的是我已经直接看到许多非营利组织多么缺乏开发良好业务计划的能力，将来我能作为专业人士贡献时间并帮助他们。"多好的追求啊！我们需要有服务意识的青少年，选择每个职业都是为了继续把自己的广博技能和知识奉献给社会。服务学习让学生走向充满意义的工作和参与公共事务的未来。

三、什么能使服务学习获得成功？

为了获得服务学习过程的最大价值和益处，理解学前班—12年级服务学习优质实务标准是

[①] R.J.斯滕伯格，《什么是"专家型学生"？》，《教育研究者》，2003年，第32卷，第8期：第5—9页。

关键。任何超级配方都要用各种精选的原料。当你使用优质实务标准来丰富服务学习过程时，学生能收获更好的体验。那么，每个优质实务标准始终都是服务学习设计中的一部分吗？理想情况下确实如此。研究已证实，当把所有这些标准要素作为服务学习的基准时，就更可能对学生产生重大影响。[①]然而，服务学习是一个过程，而且每项活动和体验都是独特的。所以，特定的设计以及采用的途径，可能会使某些标准要素显得相对更加明显。还有，如果你和学生以及社区伙伴们对服务学习的策略越熟悉，就越有可能将所有的标准完美地结合到服务学习过程中。记住，把这些标准融入一项活动中的责任主要落在教师或其他成年人身上，而学生则关注通过服务学习的各个阶段取得进步。

学前班—12年级服务学习优质实务标准[②]

保证服务学习体验获得成功的基本要素是什么（见56页）？

1. 有意义的服务

服务学习让学生积极参与到重大的且与个人相关的服务活动中。学生识别、探究、学习并且清晰地描述真实并得到认可的社区需要。这种社区需要通常可以通过媒体信息、问卷调查、观察或访谈了解情况的社区伙伴等途径来核实。有了深思熟虑的计划后，学生可以看到他们运用所学知识和技能的行动有了真实的效果。当服务体验有意义并让学生看清目的时，他们的参与和行动一定会随之而来。

2. 课程关联

当服务学习作为一种教学方法，用来传授指定的课程和技能之后，学业也就变活了。知识得以透彻地应用，让学生把课程内容与在社区环境中的应用明确地连接起来，由此激发学生的内在愿望，即为了让自己的行动有成效而去学习所需要的内容和技能。课程内容和社会环境可能会变化，但学生学到和得到锻炼的技能是可以转换使用的。在理想情况下，学习与服务交织在一起并且互相强化，服务充实着课程，课程充实着服务。

3. 反思

通过服务学习，学生对社会事务与自身生活形成认知，加以思考，并参与到思考和感性反应的系统整合过程中。随着学生把关于自己、他人及周围世界的新认识加以应用和转化，这种感性和理性思考的结合能够深化服务学习。那些能够把所学所见个人化的年轻人，在应对挑战的同时为自身和他人着想，并且认识到在这个快速发展的世界中需要经常地按暂停键——如果

---

① S. H. 比利希，《质量真的很重要吗？测试新的学前班—12年级服务学习优质实务标准》来自 B. E. 莫利、S. H. 比利希及 B. A. 霍兰（编辑），《服务学习进展：第9卷，在服务学习与社区参与中创建我们的身份特征》，夏洛特市，北卡罗来纳州：信息时代出版社，2009年，第131—157页。
② 根据"学前班—12年级服务学习优质实务标准"，全国青少年领导力委员会，www.nylc.org。

我们想要培养这样有深度的思想者，那么，反思是必不可少的。虽然所有的标准要素都很重要，但"反思"是本书中再三重复的词语。书中包括很多有关反思途径和提示的实例，以此显示出反思在当前所有教学方法中是不能缺少的。

4. 差异性

想象一下服务学习所用到的让年轻人接触差异性概念的各种可能的方式。参加服务学习会让学生接触到各种不同的背景、观点以及思考和解决问题的方式，无论交往的对象是社区伙伴、社区中退休的老年人、刚从战争中回来的退伍军人、新移民，还是政府官员。与其在课本上观察了解人类状况，不如让学生用自己的最佳方式学习，即通过体验用准确的信息取代偏见，开放思想，并创办有纪念意义的活动。差异性这个术语带有更深刻的意义和关联性。相互联系与相互尊重形成共振，从而弱化了在社会和文化上的分隔界限。

5. 青少年的声音

年轻人需要广泛的机会表达他们的主意和见解，做出建设性的选择并见到结果。服务学习能让学生采取主动，做出决定，与社区代表互动；学习政府在社会事务中的角色，发展辨别性思考的技能，把自己的想法付诸行动；评估鉴定事态发生的情况。在容许犯错误和获得成功的安全环境中，学生接受适合其年龄段的重大挑战，承担那些要求他们思考、采取主动、解决问题和担当责任的各种任务。责任心意味着对本地和全球的重大事务"有响应能力"或者说"有能力去响应"，责任心是培育积极民众的根本所在。当年轻人认识到他们在改进社会、为社会公正而工作或在关心环境等方面所扮演的重要角色时，他们就会真正理解民主的概念。当这些能力通过服务学习的反复体验而得到加强时，就会形成青少年领导力。学生会认识到参与其中和应对真实需要的能力如何改善着社区的生活质量，由此形成乐于服务和参与公共事务的终生品德。

6. 伙伴关系

学生参与到同社区成员、家长、其他学生、其他组织、工商企业及政府里的人们发展伙伴关系并分担责任。这样的关系为学生提供了与不同背景的人在多种多样的情境中交往的机会。通过这些动态交往，学生和社区成员们相互学习并取得相互之间的尊重、理解和欣赏。参与服务学习体验的所有人都会相互交换信息、主意和技能。当每个人看见其他人能有所分享时，当角色与责任界定清晰时，当共同的愿景带动团队向前迈进时，他们之间就形成了互惠互利。

7. 进展监控

"我们的服务学习要紧吗？我们造成改变了吗？"即使是出于最好的动机，服务学习也有可能一无所成，或者需要大幅修改。服务学习的体验一般发生在青少年团体中或课堂里，因而它是学习和体现功效的实验室。即便某件事情出了差错，仍然可能有益处。例如，学生可以从中学习持之以恒的必要性，或寻找更佳策略把好主意变成一项城市政策。当然，某些服务学习的成果看上去光彩夺目——事实上，可能每个人都这么认为。但是，无论是否出问题，学生怎么

知道这些结果是必然的呢？通过进展监控，学生在过程开始时设立一个现状基线，并学习把基线和结果加以比较的技能。他们一路进行观察、报告和测算，找出前进的方向，并允许不断地修改。当社区伙伴们也参与投入到进展监控中时，学生就能捕捉到社区的声音，用来改进自己的方法。

8. 持续时间和强度

服务学习过程应该有多长时间呢？长到一次优质体验所需要的时间。足够的持续时间使参与者们能够完成服务学习的五个阶段——调查研究、准备和计划、行动、反思、展示，用充足的时间去印证并解决所选定的社区需要，获取学习成果。重点是过程而不只是盯着一个预设的目标。服务学习在于向着目标前进，灵活变通，允许难以避免的曲折以及"真实世界"里固有的意外发生。

> 没有人生来就是一个好公民，没有国家生来就民主。两者都是不断演变的诸多过程。年轻人必须从出生起就开始这个过程。一个社会如果与青少年割开，它也就割断了自身的生命线。
>
> ——科菲·安南，联合国前秘书长

四、服务学习全过程：纵览全局

至此，你已经考虑了有关服务学习的含义、怎样选择界定社区、什么服务类别对学生最合适，以及能带来深刻体验的优质实务的标准和要素是什么。现在是考察实际过程的时候了：学生到底遵从怎样的顺序流程，这是每个服务学习活动的根基。如果我们认定优质实务标准就是服务学习的要素的话，"服务学习的五个阶段"就是配方。成功的服务学习包括五个最基本且相互依存的阶段：

- 调查研究（或简称调研）
- 准备和计划
- 行动
- 反思
- 展示

这些阶段汇集起来组成一个全过程，这个过程对学生的学习效果起着关键作用，并且对学生学习可转换的技能和内容起决定性作用。尽管这里对每个阶段分别加以剖析，但请记住这些阶段是相互关联的，并且往往是同步的体验。想象一下一本解剖学书籍如何用叠加图层来逐一揭示人体每个系统中所发生的状况。服务学习的每个阶段就像是这些叠加图层的一个层面，揭

示着在相互依存的整体中的一个部分。当你继续读下去时,会发现每个阶段都有详尽的说明和可复制的文件,供你与学生在他们从构思向实践迈进的过程中一起使用。

调查研究

> 系统并真实地进行调查研究的能力全部来自于你在生活中的观察。再没有如此之强的力量来拓宽思想了。
> ——马库斯·奥里利厄斯,罗马帝王

所有的服务学习都从调查研究开始:(1)学生群体中的资源调查,被称为"个人清单";(2)社区需要调查。个人调查是极有价值的,学生相互访谈以便找到每个人的兴趣、技能和才干,加以整合并列出清单。这份清单往往保存在教室里显眼的地方,并在服务学习的五个阶段中加以参考、利用和开发。其次,年轻人找出自己感兴趣的社区需要,并开始研究来认证这种需要。在这个过程中,即通常所说的"社会分析",学生通过问卷调查、访谈、使用诸如书籍和互联网等各种媒体以及依据个人体验和观察等方式,来评估需要。学生随后把这一需要的范围和性质记录成文件资料,确定一条基线来监测学生的进展。社区伙伴往往也在这个阶段选定。如果这个需要是由一家社区伙伴选择的,学生仍然要进行调查,去认证并记录这一需要。

准备和计划

> 我不能预测风,但我可以备好帆。
> ——E.F.舒马赫,作家

准备和计划涵盖范围广泛的各种活动,因为这是教师和学生为学习和进行社会行动而创建舞台的过程。认识到自己的兴趣、技能和才干,并且确认了所针对的需要,学生现在要学习更多关于议题的知识内容。随着准备和计划的进行,教师和学生开始留意需要获得或改进哪些技能才会更有成效。学生通过种种方式探索、研究和讨论有关话题,如使用书籍和互联网,进行专家访谈(会让年轻人接触到各种职业),经常做实地考察,等等。他们检查主要的原始材料(诸如某所学校的电气账单,如果学生想要减少学校的碳足迹的话)。他们还可以进行角色扮演或更复杂的模拟(例如把课堂模拟成埃利斯岛上的移民等候室,为关注移民问题做准备)。在这一积极学习和思辨的过程中,学生逐渐理解潜在的问题以及相关联的主题。分析力、创造力和实践力最终形成行动计划。也就是说,整个班级动用每个人的技能、才干和兴趣等资源去塑造即将来临的服务。学生还可以寻找或发现提供资源的其他老师及班级、本地机构、学院/大学或全国性组织,并和他们建立伙伴关系。

行动

行动是准备和计划的直接结果。扎实的准备能使学生充满信心地完成他们的行动计划，用已经学到的东西让社区受益。他们也许种花来美化校园，也许收集学习用品送给本地庇护所的学生或非洲孤儿，也许开始一项回收倡议运动，等等，有无限可能。总而言之，这些行动是为了有价值、目标和意义，让学生不断获取学业技能和知识。这些独特的体验有着真实的成果，并且为学生学习、犯错及成功提供了一个安全的环境。

> 如果你需要帮手，你会在自己手臂的末端找到它。
> ——犹太语[①]格言

计划方案可以在一学年、一学期、两周或一天内完成。行动从开始到完成，可以循序渐进连续或者分段进行。比如学生可以在高中某个学期里完成起始阶段，下一个新班级可以接着该过程继续进行并加上自己的主意，这样就能保证连续性。这种连续性对解决一个复杂或耗时的需要而言可能是必需的。在所有情况下，行动参与的持续时间要足够长，与学习的深度和体验的完整性相对应。当学生把自己的计划落实到行动中时，他们逐渐清晰地认识到教室里的课程如何切合他们的日常生活，并塑造他人的生活。

在行动阶段，学生继续开发知识和技能。实际上，学生往往会在行动阶段发现某些信息或某项技能的缺失，他们会热切并努力地学习这些必要的东西，让其社区行动更有成效。随着学生了解并接触到政府和社区机构，以新的方式与新的群体互动，并且获得对所在环境的新视角，"资源"的概念就会逐渐成形。在整个体验过程中，学生提出各种问题，这些问题让他们加深了解自身努力所处的社会大环境。他们见证自身行动的实际结果，观察到自己的长处及其人际关系的属性特征，这让他们对自己的同学和所遇到的具有不同角色和责任的人们有了一种全新的理解。通过采取行动，年轻人把自己当作社区的一员和利益相关者，并且随着时间的推移，学习如何在社会体制内工作。把计划转变成行动，让他们能够利用内在的力量——他们的创意、精力、才干、技能、知识、热情以及对他人和周边自然环境的关注——为共同的利益而付出。

反思

反思是服务学习中的标准之一，也是五个阶段中的一个。它是一个充满活力、不断发展的过程，把学习和体验与个人的成长和认知整合在一起。利用反思，学生思索如何

> 回头看一看，是为了让眼睛清亮复原，并更切合向前看的首要功能。
> ——玛格丽特·费尔利斯·巴伯，作家

[①] Yiddish，意第绪语，是犹太人使用的国际语。本书中简称为犹太语。——译者

把获得的体验、知识和技能同他们自己的生活和社区联系起来。学术项目通常排得太满，很容易把细节背后或体验中的意义遗漏掉。反思是一个暂停键，它给学生时间去探索他们正在学习的内容所具有的影响效果以及对自己的思想和未来的行动所起的作用。

在反思过程中，学生把体验中的认知、社会和情感层面放到自己、社区及整个世界的更大背景之中。这有助于他们评估自己的技能，能换位思考并理解自身行动对自己和他人的影响。为了达到真正的效果，反思绝不仅仅是学生对自己正在做或已经做过的事情进行报告或描述。当学生把他们最初的设想与在现实世界中所见到和体验到的加以比较时，反思便可以称为超越性的体验。他们可以提出问题并且对议题做更深入的探究，把全班带向调查和理解的更高层次。他们可以利用诗词和音乐表达所出现的情感变化或对某个同学的谢意。他们还可以考虑对某项特定活动做哪些变动或改进。

的确，服务学习中的反思是安排好的，并且其时间和活动内容通常是由教师确定好的；但是，反思也会自发出现，如学生的一篇评论或班级对某篇报纸文章的讨论就能激发反思。通过使用不同的途径或策略，反思在行动之前、当中或之后，都可能出现。最后的反思可能包括测量结果的方式，它能够增进理解与综合。参加这种相互交流的社区伙伴和其他人也可以分享他们的反思。在所有情况下，来自成年人的反馈有助于学生利用反思提高他们观察和提问的能力，以及把所积累的知识应用到其他情况的能力。为取得成效，与学生交往的成年人必须做反思行为的典范。你会很快发现，学生能设计自己的反思策略并互相引导走过反思过程。

展示

> 教育者的工作是教学生看到自己的活力。
> ——约瑟夫·坎贝尔，作家

服务学习的第五个阶段是展示，或者是我通常所说的"哇"，巨大的惊喜！在这个阶段，学生让大家看到他们在社区参与中学到了什么、怎么学习以及有何成就。他们通过公开介绍来展示自己的专长，如展览、演出、给编辑写信、照片展示、播客（网络新闻）、班级讲课等形式，这些都是出自他们体验中的调查、准备、行动和反思阶段。展示所学到的东西，能使学生在教授他人的同时，识别并承认自己已经学到了什么和如何学习——这是高级认知发展的一个关键层面。学生通过展示对服务学习全过程所进行的综合集成，把握自己的学习。

庆祝和认可又是怎么回事呢？在服务学习的定义中，往往把庆祝列为服务学习过程的一个关键部分。庆祝成就和良好的工作确实有价值，但展示更符合坚持服务学习的目的，因为学生确认了已经学到的东西，就会继续这个过程。学生清楚并公开展示其所学，本身就是重大的成就。庆祝活动可以交织安排在其中。例如，学生可以邀请社区成员来观看他们在自然保护区内新修建的远足小道并且安排一次野餐和歌会。庆祝，如果用心安排，会有利于服务学习。

庆祝是为了在精神层面上共享体验和成就，不是为了专注于"获胜"。把竞争纳入服务学习

之中，就会把重点放在外在的奖励上，从而失去服务学习作为个人从内在动力中获益的方法所具有的深刻价值。学生想要并且需要外界认真对待他们的努力和行动。虽然应该强调学习的内在好处以及帮助社区实现其需要所获得的满足感，但是以公开方式承认学生的成就，可以让学生看到学校和社区成员理解并珍视他们的贡献。对许多学生来说，这可能是他们在学校所取得的成绩受到认可的唯一机会。

五、一个全过程实例：服务学习遭遇罐装食品募捐活动

把服务学习的所有部分拼在一起会怎样呢？用一个你可能在某个时间参与过的活动为例来解释也许更好：罐装食品募捐活动。一般的罐装食品募捐活动通常是社区服务，而不是服务学习。

通常而言，罐装食品募捐活动的操作方法范围很广，既有常见的大众通告，诸如"带罐装食品来，放在学校办公室旁的箱子里"，也有那种捐赠罐头最多的班级赢得一次比萨餐会的竞赛，等等。不管采取什么形式，这样的活动对学生参与的激励性较弱，学生在活动中的学习可以忽略不计。结果是，学生对社区中饥饿问题的了解并没有比开始时多，而他们收集的罐头往往不能满足接收单位或者那些依靠食物银行的社区成员的需要。

一位小学教师，贝克先生描述了一名学生通过偶然把服务学习概念引入到他的学校而改变了学校罐装食品募捐活动的例子：

> 多年来，学校一直采用相同的程序，广播里要学生带罐头来，放到办公室旁的箱子里。我刚进学校不久，就被安排去负责把箱子运送到本地的食物银行去。学生贾马尔，一个出名的"捣蛋鬼"，被叫来帮我把仅有的几只小箱子搬到我的车上。贾马尔朝各个箱子里看了一眼，有白扁豆、九层塔青酱汁，还有荸荠，"这些食物真难吃。"我赞同并问道："你认为我们应该怎么办呀？"贾马尔脸上笑开了花，把他的主意告诉我。结果怎样？我们没有运送这些箱子，而是自作主张办了一次午餐会，感谢老师们帮助罐装食品募捐活动。菜单？你猜着了！贾马尔和他的朋友们——那些"不大可能"当领导的人——主导了一次很有必要的和老师们的对话。在看到用罐装食品募捐活动所得到的低劣食品做成的午餐之后，在学生的带动下，教师们对募捐活动做了一番改进，并考虑与每门课程中真正的学习有何关联。孩子们开始阅读有关饥饿的书籍，对自己的社区做研究，同来自本地食物银行的代表交谈，并创作出各种有说服力的书面资料让每个人都热心参与。我们借用贾马尔和其他学生的创意和领导力，形成了最有产出和最有意义的罐装食品募捐活动。当大家与家长和社区伙伴谈论所取得的成就、分享自己的体验并商讨未来的合作计划时，学生和教师之间的交流也得到改进。更出乎意料的是，我们发现了在整个学年期间与食物银行合作的其他方法。

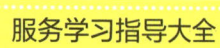

贝克先生所在学校的这种新的食品募捐活动,为学生提供了学习和应用技能的机会,同时造福社区。在后续的讨论中,教师们注意到一群学生作为新的领导者涌现出来,学校亦与某个社区组织建立了伙伴关系。对社区事务感兴趣的学生,就有关本地的其他需要以及学生如何计划并参与其中的方式等内容,发起课堂讨论。服务学习的过程通过体验变得清晰起来。

下面介绍更多真实有效的案例,它们都与罐装食品募捐活动有关。虽然标注了年级,但大部分的学习资料、使用的资讯以及实际采用的方法都适合多个年级或是可以容易地根据年级程度做适当调整。

1年级学生和威利叔叔

在做"社区"调研时,1年级学生通过阅读《威利叔叔和热汤坊》来辨认人们参与有意义服务的多种方式。该班进行了一次实地考察,到当地一家向有需要者运送食物的机构帮助组装食品包。回到学校,学生安排了一次食品收集募捐活动,收集那些有助于该机构准备营养均衡的健康食品。在4年级同学们的帮助下,他们制作了海报和传单,分发到每个班级;把收集到的各种食品分类,在一张大图上跟踪并记录食品数量;并且检查罐头是否过期和损坏。大家一起书写反思的故事和体验,做插图并汇编成书。在学校集会上,他们送给图书馆一本,送给伙伴机构一本。食物银行收到这些书之后,还想多要一些,去送给向该机构捐赠食物的每个学校,以改进学生的学习,并且让机构收到更好的食物。

4年级学生和"长征"

一位4年级老师大声朗读《让孩子先吃:爱尔兰大饥荒回忆录》(一本描写爱尔兰大饥荒的书)和《长征:乔克托部落为赈济爱尔兰饥荒献出的礼物》。该班同学了解到,在1847年,乔克托部落送了170美元(相当于今天的5000多美元)帮助挨饿的爱尔兰人。家庭作业是让学生找一个成年人描述在过去,需要食物的人们是如何得到帮助的。随着深入学习美国印第安人的历史,学生将美国原住民失去土地、移居到保护地的经历与当今因贫困而失去家园的人们进行平行比较。当学校一年一度的罐装食品募捐活动开始时,学生在每个班介绍爱尔兰人和他们远在美国的乔克托原住民朋友们的故事,并提供有意义罐装食品募捐活动的信息。学生坚持写日记——这些日记成为他们活动文档的一部分。

7年级学生学习社会服务

一位中学社会研究教师大声朗读一篇报纸文章,文中描述该地区增高的失业率以及当地社会服务机构(包括食物银行)与日俱增的负担。大多数学生对社会服务机构都不熟悉,认识到这一点启发了他们的研究。学生提出很多问题:现在有哪些社会服务;什么环境条件导致对服

务的需要；有哪些组织在社区中提供帮助；他们想知道：谁接受这些食物，哪些食品是这群人的主食，这群人有开罐头器和烹调厨具吗，还是他们更喜欢预制好的食品，哪些营养食物或食品种类供不应求。各个学生团队承接具体的研究任务，包括联系食物银行拿到一份能满足现有需要的食品清单。他们与学生委员会合作，在学校里通告社区中所存在的饥饿情况，以及他们能帮助做些什么。在"重返学校之夜"，学生制作了一次展览并且充当讲解员，向家长及其他来宾展示他们从研究问题到把食物运到食物银行的整个计划。学生还让愿意在暑假时直接去食物银行做义工的学生家庭报名登记。

高中健康课

在9年级健康课上，学生复习营养膳食的基础。他们与一位来自食物银行的演讲嘉宾跟进联系，学习更多关于营养不良问题的内容，尤其是儿童饥饿如何影响身体成长、学习和机能。他们利用网上资讯对所在地区和其他地区（包括其他国家）儿童饥饿的统计数据加以比较。然后，学生开发出一项全校推广计划以促使学生参与罐装食品募捐活动并重点宣传对儿童健康有益的食品。他们创作了一本关于水果和蔬菜的涂色画册，通过食物银行送给儿童，圆满完成活动。

美国历史，触及《五分一毛》

在一节美国历史课上，学生阅读《五分一毛：在美国捉襟见肘的日子》一书，并摘取书中语句用于讨论。学生受到启发，通过自己设计的项目继续对社区中的贫困问题做调查。为了学得更多，各个学生委员会联系了本地社会服务机构以确定机构的需要并找出影响社区里低收入和贫困人群的政策。他们讨论"食品不足"一词，并体会到一些有职业也有住房的人都有可能不知道下一顿饭在哪里。三周即将结束时，学生根据自己的兴趣和才干，制作了一段原创视频，在商会的一次会议上放映。影片反映了他们对本地、本州和全国无家可归及饥饿人口政策所做的分析，勾画出社区服务机构的需要和社区有可能做出什么样的响应。一份报纸刊登了一个学生就本班的研究和发现所撰写的编辑稿。许多读者来信感谢学生对社区公众的教育。

高中选修课，参与其中

戏剧课的同学们应某机构之邀，为发起一个全市的罐装食品募捐活动，将《有所作为的感恩节》一书改编成戏剧，用于小学的全校集会。

摄影学生拍摄有关捐助食品需要的照片。他们创办了一个带有个人评论的照片展览，在学校和本地公共图书馆展出。

一次合唱音乐会上，孩子们为听众带来惊喜。在演唱一首关于无家可归的歌曲中间，学生展示了在社区拍到的反映社区需要的照片，并分发关于如何参与的信息小册子。

在计算机课上，学生创作了一本小册子，题为"改进罐装食品募捐活动的简易步骤"，贴在网上，并发送给本地所有学校和许多机构。

六、接下来做什么？

在你把本章及全书所介绍的术语、定义和创意加以分类时，记住每个教师在接触服务学习的过程中都会有第一次。大多数人都从实际可行、可管理的尝试开始，让自己熟悉服务学习的过程。下一章为首次尝试服务学习的老师提供指南和详细的蓝图。随着时间的推移，教师、学生和机构伙伴会体验到服务学习的价值和影响，这种尝试和合作都可能得以扩展。如果你已经在使用服务学习作为教学方法的话，这本书会给你提供新的资讯和创意，并且可能帮助你改进在课堂上或机构中的实践。有经验的服务学习教师们会不断寻找创造性的主意和资讯，并寻找新的伙伴、合作及方法，去激发学生的领导力和主动性。当然，本书能够帮你辅导和教授他人如何成为这个不断壮大的服务学习世界的一部分。无论你处在服务学习生涯中的哪个位置，服务学习的可能性和前景都会随着每一个活动而增长。

第二章 服务学习蓝图

服务学习提供了众多激动人心的机会、选择和挑战。如果你正在考虑进行第一次服务学习活动,就可能会问:"我从哪里开始呢?"即便你很有经验,可能也会想要了解改进服务学习的策略和方法。本章将介绍服务学习过程的每一个步骤,为你提供一个可供遵循的蓝图。本章还会介绍服务学习的常见问题,以及如何从根本上解决服务学习刚启动时和实践中可能出现的问题及意外情况。

> 在实践中学习。
> —— 乔治·赫伯特,诗人

一、启动:蓝图

服务学习的启动工作可能会带来难以承受的压力,因为你需要处理和平衡许多问题。不过,你可以通过制订计划,为学生进行服务学习活动建立坚实的发展基础。请使用本章重点介绍的服务学习过程之分步骤蓝图,帮助你在方法途径和课程关联上成功地订出计划,并为可能遇到的各种问题做好准备。这个蓝图详细介绍了一个易于遵循的步骤序列,供你和学生在计划和实施服务学习体验时参考。服务学习过程可能始于你在课程中发现了切入点,或是学生有了某些想法,或是社区有了明显的需要;这个过程逐步推进,直到最后的重要一步,即评估整个体验。每一个步骤中都列出了书里提供的相关模板,帮助你保持条理清晰并最大限度地利用这些资料。随着你逐步积累经验,书中还有可供参考的建议,进一步推进服务学习实务。

> **注:** 本章结尾处列出了蓝图和正文中所引述的各种模板的缩印版,从第 56 页开始。光盘中有全尺寸模板。

服务学习蓝图综述

以下将分步骤全面介绍服务学习的整个过程,每个步骤均包括可参照使用的模板,括号中注明了模板所在页码。学生可以根据其年龄和能力大小提供协助,并参与这些步骤,随着经验的积累,他们可以承担更多的责任。其他相关人员,如同事、家长和社区成员,都可以成为这个过程中的重要伙伴。

第一步:切入点

想一想教学内容,如果你正在教一个专题单元,想想,你希望学生掌握的基本技能和内容是什么？这些都是服务学习的切入点，并且可以帮助建立与课程的关联。学校正在进行的项目、学生自己找出的实际需要和社区所确定的需要也是寻找切入点的好方法。

模板："建立课程关联：切入点"（56 页）

第二步：回顾学前班—12 年级服务学习标准

要让自己熟悉服务学习优质实务的八个关键要素。熟悉之后，它们可以时刻提醒你，什么会对学习和公共参与产生最大的影响。

模板："学前班—12 年级服务学习优质实务标准"（见 56 页）

第三步：制订详细计划

下一步是确定细节，开始拟订详细计划。找到并记录社区需要和服务学习的主意，包括所要讲授的内容和技能，建立与各门课程的关联，学生要读的书籍，找到并培养能提供帮助的社区联络人。记住，这个初始设计只是一个总体框架，用来帮助你达到规定的学业标准。当学生在塑造服务学习体验上拥有充分的发言权时，特别是当你启动服务学习的五个阶段（调研、准备和计划、行动、反思、展示）后，服务学习的效果最好。

模板："服务学习的五个阶段"（见 57 页）、"服务学习规划"（见 57—58 页）

第四步：阐明伙伴关系

在此阶段，你要寻找能支持并优化服务学习的伙伴。学生参与到这个过程中，会有助于他们了解伙伴的价值，以及如何找到并建立伙伴关系。与合作者建立联系，包括教师、家长、社区成员、机构代表及其他想参加的人，跟所有参与者进行讨论，阐明各方的具体角色、责任以及相互之间的互惠关系，以免服务学习过程中出现任何困扰。

模板："社区联络信息"（见 63 页）

第五步：审阅计划安排，汇集资讯信息

与学生一起审阅计划安排，确定所需资讯的种类，并加以汇集整理。这些资讯可能包括书籍、报纸文章以及伙伴机构提供的参考资料。另外，随着学生技能和经验的增长，可以让他们负责下面这些任务：安排所有的参观访问、演讲嘉宾（见 28 页）和实地走访活动。

第六步：开始进行服务学习

现在可以在课堂或小组里开始进行服务学习，启动服务学习全过程的五个阶段：调研、准备和计划、行动、反思、展示。在推进服务学习时，鼓励年轻人发言并做出选择。保持灵活性是相当重要的，原因有二：可能发生意想不到的事情；当学生能在行动中看到自己的想法得到落实时，服务学习的效果最好。要不断寻找机会进行反思。

模板："服务学习的五个阶段"（见 57 页）、"服务学习规划"（见 57—58 页）、"针对社区

需要收集信息"（见62页）、"个人清单"（见61页）、"采取行动"（见63页）、"服务学习提案"（见63页）、"进展监控"（见64页）、"四方格反思工具"（见65页）

第七步：评估服务学习体验

在服务学习过程的各个阶段，让学生定义眼前的情况并为实现所期望的改变而设定奋斗目标，这种预期的改变必须是显而易见且可以用某种方式衡量的。在完成展示和最终反思以后，需要审阅这些步骤及各种数据，对所完成的学习、服务的影响、计划过程、对所有参与者的互惠性以及下次要做的改进等进行评估。听取所有伙伴（包括学生）的情况汇报。

> 即便是在正确的轨道上，如果你只是坐在那儿，也会被撞倒。
> ——威尔·罗杰斯，幽默作家

模板："进展监控"（见64页）、"社区反响"（见65页）、"服务学习评估"之第一部分和第二部分（见65—66页）、"学生自我评价"（见66页）

当你开始遵循蓝图工作时，问题也会不断出现。常见问题包括：

- 服务学习是一种项目型学习吗？
- 怎样才能想出与课程有很强关联的服务学习主意呢？
- 如何确保服务学习能促进学生学习，让他们达到并超越学业期望值呢？
- 慈善行动在服务学习中的合适定位在哪里？
- 竞赛适合作为服务学习的激励机制吗？
- 在提前做计划时，如何为"青少年的声音和选择"留出空间？
- 如何鼓励学生培养公共责任心？
- 怎样在学校和社区建立伙伴关系？

下面列出对这些问题的回答，对书中模板在何处使用及如何使用的建议，以及对服务学习启动时常见问题更为详细的探究。这些都会有助于规划第一次服务活动，也会为更有经验的服务学习实践者提供精神食粮。

服务学习是一种项目型学习吗？

服务学习与项目型学习、体验式教育和其他致力于使学生参与到人们常说的"真实世界"交往之中的方法相比，有很多共同之处。服务学习的特别要素包括：学生对所要解决的需要进行调研并甄别其真实性，反思贯穿于服务学习的整个过程，服务行动对所有参与者都明显互惠，等等。当然，这些要素在项目型学习和体验式教育的案例中也可以找到。不过，这些做法更深深植根于服务学习的教学方法中。另外，"项目"一词表示有开始、中间和结束。就服务学习而

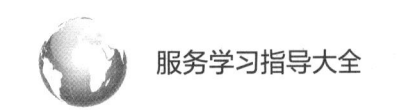

成功安排嘉宾演讲 —— 保证成功！

演讲者可以极大地提升服务学习的体验，并让学生了解职业选择，尤其是当这个过程采取市镇会议①的形式时，效果更明显。这是怎样一个过程呢？与其让演讲嘉宾不停地讲话，不如让学生积极参与和探究，思考并提出问题。为确保成功，演讲嘉宾和学生都要提前做好准备。

确定演讲嘉宾　与学生讨论什么样的信息会有助于他们为采取行动做好准备，谁能提供这些信息。学生可以请校长、家长或其他社区伙伴推荐人选，确定演讲者。报纸文章可以提供线索，教师或成人也可以提出建议。

发出邀请　无论何时，尽可能让学生参与邀请过程，无论是写信、写电子邮件，还是打电话。通过学习如何有效地打电话或撰写适当的书面请求，学生可以学到必需的技能。

收集简历　请每位演讲者提前至少一周发来个人简历，把简历印发给所有学生。讨论简历的格式和目的：向可能的雇主或任何感兴趣的人介绍自己。请学生向来宾提出与其服务学习经历相关的问题。提前得到演讲者的简历能节省宝贵的时间，因为学生已经有了此人的信息，在与演讲者见面之前就能学习更多与主题有关的内容。学生学习如何构建有意义的问题，积极地参与采访问答过程，并获取更多他们认为重要和有价值的信息。

开发话题　写下你想让演讲者谈论并指导学生的所有话题，建立类别目录。通常目录的范围包括将演讲者引向其职业生涯的个人发展之路，演讲者"生活中的一天"是什么样的，与话题有关的各种问题，以及学生如何参与到演讲者所在的工作领域并做出贡献，等等。随后，学生选择加入各自的小组并与小组成员合作提出问题。每个小组提出他们最关心的问题并收集反馈信息。

举办演讲活动　确保演讲者事先知道活动采用"市镇会议"的形式，并请演讲者准备一个简短的开场白，接着开始问答环节。

汇报体验　学生会根据这个经历写出一篇文章吗？故事展板能最好地表现他们学到的东西吗？一连串的采访能针对公共服务领域中振奋人心的各种职业做出一套连环画系列吗？与学生讨论所经历的过程以及所做的准备起到哪些作用。问学生打算怎样用创造性的方式而不是常用的感谢信来对演讲者表达谢意，例如，把与演讲者合拍的全班照放入自制的相框并加上一首每个学生写一行的小诗，送给演讲者。

结果如何呢？　这个过程参与性强、内容充实，让学生感到享受并从中受益，而且常常让演讲者印象深刻！

---

① 市镇会议是社区所有人都能来参加的公开会议。——译者

言,"结束"通常是另一个开始——对一项需要进行调研并采取行动会引出另外的状况,驱使学生继续参与下去。本书为简便起见,偶尔也会使用"服务学习项目"一词,但更确切的术语是"服务学习体验",它更好地表达了在这个过程中可能会出现的个人成长和连续性。

怎样才能想出与课程有很强关联的服务学习主意呢?

首先,思考一下已经在讲授的技能、内容和主题。"建立课程关联:切入点"模板(见56页)中列出的五个策略可能有助于你发掘服务学习的创意。该模板还提供了课堂实例和文献索引。在本书的后续篇幅中将更加详细地探讨这些切入点。

在想主意,准备启动时,要记住:"团体活动"是想出服务学习主意的最佳方式。吸纳他人参加筹划会议,与学生、同事及他人一起动脑筋构想可能的活动,保证会得到大量可选方案并激发人心。团体活动往往导向合作型的服务学习活动:提出建议的教师更可能参与进来,学生因其想法得到认真对待而更加投入,合作机构也更为积极。

切入点之一: 找出一个现有项目或活动,把它转变为真正的服务学习

第一章中提到的大家熟悉的罐装食品募捐活动,可以很容易变成一个让班级和接收机构都明显受益的服务学习体验。教师、学生和社区伙伴很容易找到相关的学习机会,如学习营养知识,访谈接收机构以了解谁收到食品、需要哪些食品,走访食物银行,调查潜在的贫困问题、当地的住房成本、食品保障和失业率,等等。学习过程可以包括阅读《灵魂月亮汤》《世界吃什么?》等书。同样的思维方法可以用在任何大型活动上,诸如很受欢迎的"收集一分钱硬币练耐心"或"为心脏健康而蹦跳"。学习有关议题、术语、活动背后的实际需要等,将服务的主意加以升华,强化其关联度,并且提供参与的理由。

切入点之二: 从标准课程、学业内容及技能出发,找到通向服务学习的自然延伸路径

为了达到学业标准或实现课程效果,在课堂上需要针对哪些具体内容和技能呢?首先填写"服务学习规划"模板(见57—58页),考虑一个服务重点,它能把课堂学习延伸到动手体验之中。例如在学习关于美国历史上的战争时,你想让学生改进口头交流技能,就可以考虑让他们访谈老年人,听老人们讲述从军经历。这对小学生和高中生同样可行。《逐渐变老:年轻人应该对衰老有何了解?》《学犹太语还太小》之类的书籍,可以引发关于衰老过程的讨论。《镜子里的陌生人》《我们也经历过!美国历史上的年轻人》《皇帝的眼睛》等书籍在应对具体的学业标准时,可以开阔历史视角。对于平时无法理解的情形,有关当代历史事件的书籍,诸如《费卢杰的日出》等,可以带来直接、感性化且伸手可及的感觉。社区伙伴也可以提供在课堂教学中可能缺失的信息。

切入点之三: 从一个主题或学习单元出发,找出与内容和技能的各种关联

被最广泛采用的主题或话题,如"相互依存"或"热带雨林"等,都具有服务的内涵。找

出所涉及的内容和技能领域，然后考虑实际需要，由学生来选择适合所有参与者发展程度的一种服务型应用。例如，在"个人在社会中的作用"的专题学习中，年幼的孩子可以先阅读《从阿梅莉亚到佐拉：改变世界的 26 位女性人物》，然后把自己钦佩的人物编成剧本，重点展示她们的毅力、想象力、力量以及她们各不相同的贡献。学生通过给其他班级、老年民众团体表演或在社区庆祝活动中表演来分享所学知识，既强化学习，又教育和激励他人行动起来。年长的学生可以阅读非虚构类的模范人物行动故事，如《一位竞选总统的女性：维多利亚·伍德哈尔的故事》和《甘地之后：非暴力抗争一百年》等书。带着这些关于社会改变如何出现的知识，学生可以随后研究那些满足社会需要的组织机构，研究潜在的社会问题。在研究之后，学生能够创作出关于这些机构的系列介绍册——面向年轻人且信息充实。

切入点之四：从学生认定的需要开始

以学生确定的需要作为出发点，有几种做法。全班一起用 61 页上的"个人清单"模板，找出学生的技能、才干和兴趣。随后让学生思考他们的兴趣或才干有可能处理的当地问题，用 62 页上"针对社区需要收集信息"模板研究并找出一个真实的具体需要。接下来，学生找出问题的原因，列出谁已经在提供帮助（也许是你班上的一个学生），动脑筋思考年轻人可以提供帮助的方法，做研究以加深学习，并开发出一项行动计划。63 页上的"采取行动"模板为这个过程提供了工具。随后，学生可以用 63 页上的"服务学习提案"模板准备一份正规的提案。另一种做法是，不给学生提示，而是由他们自发提出主意和关注的问题。例如，一名学生可能走进教室宣称"必须要在学校旁边的空地上做点事情"，并建议做一次清理或建一个社区花园；另一个学生可能闯进教室气恼地说"滑板场要关闭了"，想让人们知道这是多么不公平；或者一位学生可能会描述火灾如何烧毁了邻居的家，想知道如何帮助这个家庭。这些意料之外的"可教育机会"，能够启动服务学习流程，确定社区最直接的需要并确定参与的方法。无论是通过阅读《撒种人》了解清理场地和修建花园，还是就公共场地的使用采访一位市议员，或是积极做好应急准备，每一个机会都可能成为学生进行学习的丰富领域。在这个过程中把学业知识结合进来，会让师生们都充满激情。

切入点之五：从找出社区的需要开始

好事传千里。一旦学校有了提供服务的信誉或是建立了社区伙伴关系，机构和组织就可能找你的学生帮忙。当地媒体上的故事是确定社区需要的另一种常用方法。一篇报纸文章或晚间新闻报道也可以让学生看到需要。例如，这两种方法都可能引导学生，去为一家儿童看护中心提供一对一的读写辅导服务，或许是面向不会说英语的孩子。学生可能开发介绍基本语言技能的课程，或带领年幼的孩子进行活动，如用身体组成字母形状等。年长和年幼的学生结对，由年幼的孩子选择主题，一起书写和绘画双语书籍。儿童们可以把这些书的副本带回家，把副本赠给图书馆、儿童看护中心以及其他需要书籍的地方，如诊所和家庭庇护所。此外，《我枕头里的一部电影》或《蝴蝶》等都是准备过程中可以使用的优秀书籍。

第二章 服务学习蓝图

> **注**：本章中提及的所有书籍均可在第二部分的服务学习书架中找到。各专题章节中参见的双语书籍目录在84页上可以找到。

如何确保服务学习能促进学生学习，让他们达到并超越学业期望值呢？

有两种主要方法。第一种方法包含计划安排。当教师为了建立真实的课程关联而预先做计划安排时，服务学习会推进并加强学生的学习。57—58页上"服务学习规划"两页长的模板，能帮你绘出服务学习体验的路线图并找出学习机会。在该模板上，你可以写下每个步骤，包括学习的具体内容、有待开发的技能、年轻人发言的机会、使用的文献以及要联络的社区人员，还有与各种课程之间的关联——都是用很容易使用的格式。模板第2页鼓励学生考虑一些要素，诸如领导技能、职业接触、全球关联以及需要应对的社会情感层面。许多教师发现，这个模板可以为后续环节以及所要考虑并整合的优质标准做参考和提示。随着新的学习机会在服务学习过程中或结束时出现，你可以更新模板内容，用于文档记录，并同他人分享。

使用这个模板时，先填写你在开始时拥有的任何信息，例如重点学习内容、几个必须要开发的技能，或许还有结合信息技术的方法。然后，最好是与同行、社区伙伴和学生合作，利用这些信息产生服务学习的主意。如果你是一门学科的老师，当你找出有关的学习领域和其他想尝试服务学习合作的教师时，就可能找到了跨学科合作的机会。

为了让你了解使用此模板的不同方法，特提供四个填好的模板案例。小学案例（见58页）始于一间教室，发展了四年后，有许多学生和教师参加。几位教师交流想法后，发展出环境专题和活动。每个教师根据年级高低、班级需要和个人教学风格有所调整。在执行计划时，学生增加或修改主意并找出社区伙伴关系，教师们也随之做出相应的调整。初中案例（见59页）是课堂上有关移民内容的自然延伸。学生的积极性和兴趣驱使任课教师参与社区宣传，在满足社区真实需要的同时，也提升了班级的学业成绩。高中读写项目（见59页）始发于高年级学生给年幼的孩子读书的一次性活动。在学生的主导下，该计划逐渐演变成一个三周长的综合性书籍制作活动，包括大量准备工作和多次班级走访。第四个案例（见60页）中，小学和初中各年级的自闭症儿童学习植物知识，既帮助了邻居，也增强了社区（交往）技能。

> **注**：本书所附光盘中有39个填好的"服务学习规划"模板——本书第二部分的13个专题章节中每章都各有一个小学、初中及高中的实例。

我们可以确保学生通过服务学习取得学业进步的第二种方法是，特别要注意服务学习中出现的技能开发。服务学习的专题有可能改变——从饥饿到气候变化，到动物保护，到应急准备——但基本的技能保持不变。服务学习是开发学生需要掌握的小增量技能的理想方式，这些技能在所有学科和课堂间都能转换使用，并且能真正使学生增强能力、建立信心，同时在学习方面也得到提高。我经常在研讨会上问老师"谁在服务学习中做得更多，老师还是学生"，回答往往是"老师"。但是，学生需要一种环境，让他们能在其中开发、审视、再应用并融会贯通各

31

种技能，同时这些技能也将推动他们获得能力和信心。用服务学习的方法，使学生通过积极参与而茁壮成长，不再是被动的接受者。通常会让他们头晕的复杂技能和概念可以得到审视、讨论、体验并结合起来构建出成功学习的丰富语汇。

通过服务学习，学生可以有各式各样的机会去：

- 提问题。
- 倾听并记住。
- 观察。
- 找出相似和差异之处。
- 独立工作、与伙伴们一起工作、在团体中工作。
- 找出并应用学生的技能和才干。
- 获取所需的帮助。
- 善用资源。
- 收集并管理信息。
- 概括。
- 测试假设。
- 按步骤有效解决问题。

慈善行动在服务学习中的合适定位在哪里？

慈善公益通常让人联想到捐钱或收集捐赠物品。学校里似乎总是在进行某种收集活动，从硬币到学校用品到冬季外衣。通常看来，学校员工和家长做了绝大部分的组织工作，而孩子们则只是把美元或物品从家带到学校。一般而言，这种操作只是社区服务；然而，随着真正的学业关联建立起来，越来越多的学校正在把慈善转变为服务学习。例如，学生学习儿童白血病，把所学的知识传授给他人，然后再发起一场一分钱募捐活动。或者学生用小果汁袋做成再生手提袋，作为回收学习的一部分，并开发出一项通过推销手提袋为临时有困难的家庭募款的计划方案。如果所有慈善行动都用课堂学业关联的透视镜过滤一遍，那会是一幅怎样的图景啊？那时，谁会做大部分的工作？学到的又是什么呢？

有的学校报告说，一些参与其中的学生也是慈善行为的服务对象。教师们描述了在这种情况下如何让每个学生都看到自己也是贡献者。

你是否听到成年人说，年轻人应该参与到"回报（社会）"的服务之中？这意味着孩子们

"应该"参与到慈善捐赠行动中。不过,"回报"也许更适用于成年人,而不是还在成长的孩子,他们还在从塑造人生的体验中发展自我认识。而且,在每个社区中,我们都可以找到感觉受过排斥的年轻人。对于他们来说,听着"你应该回报",可能激起的回应是"首先我得到什么啦"。那么,如果不是为了回报,孩子们为什么要参加服务呢?因为他们有能力。因为孩子们有着惊人的才干和主意,并早已在世界范围对社区产生了重大影响。在学校和青少年服务组织里,当慈善变成服务学习时,既可以与学业相关联,又可以更多地用到这些才干和主意。

竞赛适合作为服务学习的激励机制吗?

回答是:不适合。每个胜利者都与失败者相伴。对参与服务学习的孩子们来说,把竞赛转变为合作总是会让大家更有动力。每个人都赢。话虽如此,对于模范级服务,总可以偶尔给予奖励或认可,主要是因为如果让大家看到年轻人的故事,就会鼓舞其他人考虑采取主动或加入一项事业。这与一开始是为了竞赛获奖而参加大不相同。要记住,通过让孩子们了解儿童饥饿的根本原因而参与进来,远比因为带来最多(捐赠)食品而赢得一个比萨饼,能更有力地激励孩子们参与。因为孩子们有同情心,他们想要解决问题并改进我们的生活方式。所以最强有力的奖励就是参与。长期以来,人们总是问我:"你怎样激发学生?"有一天,我认识到,我不能激发任何人,激发动力来自内心。我们能做的就是让一个人参与进来,参与可能引导这个人选择被激发。内在的激发动力才是我们瞄准的目标!

在提前做计划时,如何为"青少年的声音和选择"留出空间?

设计良好的服务学习框架为学生的学习提供了充足的机会。通常,先有规划,再有行动。标准、课本和来自各方的规定通常意味着,你必须在下学年开学第一天之前做好深思熟虑的计划。把服务学习当作一种教学方法的最初框架可能是这个计划的一部分。学前班—12年级服务学习优质实务标准之一是,让学生做出真实的决定、发出自己的"声音",那在服务学习中怎样给孩子们留出空间呢?关键是要保持灵活性,在学生和(社区)伙伴引入新主意时,要修改计划。

即使初始的计划安排保持不变,也仍然有大量的机会供学生选择:

- 有位一年级教师决定,让班上的学生绘制一幅有关当地社区的壁画,作为她教的语言艺术和社会研究课程的一部分。学生看过三个地方后,选择了一家儿童看护中心,那里最需要壁画。他们首先讨论社区的含义,实地考察消防站和食品市场,朗读很多书籍,然后确定壁画的内容和图案。

- 初中学生为某个社会研究项目采访了社区里的退休老人。他们发现许多老人有丰富的园艺经验。尽管园艺并不是这个项目最初的关注点,学生还是做了调整。学生和老年朋友们决定一起种蔬菜并合写一本跨代人园艺工作指南。在一次提倡健康生活的社区活动中,他们一起分发这些蔬菜植株和园艺指南。

- 高中生物课的学生用实际使用的一套水质测试方法研究水质。他们必须分析土地的利用情况，要考虑饲养场或建筑项目等因素来设定采样地点，并收集和分析数据。他们必须找出在当地使用这些方法的最佳做法，这为学生增加自己的信息和把握工作方向提供了许多机会。

- 有个青少年小组的成员同意学做儿童博物馆的讲解员，他们收到博物馆项目资料以及欢迎和引导参观者的文本。博物馆让他们浏览所有文件并提出改进建议。学生对博物馆介绍册提出修改意见，还提议优化参观路径、调整活动中心位置，认为这样更能吸引儿童，更有参与性。

鼓励青少年发言并开发技能，就需要让学生承担明确的任务和责任，这些任务和责任会增加项目的产出效率和实效，并且在很长时间之后，有可能减轻你的工作负荷。学生可以形成有指定任务的团队，诸如：

- **通讯专家**：制作并坚持做电话和书面函件的项目记录。

- **摄影员**：拍照，这些照片把有纪念意义的瞬间组成视频时间表。

- **宣传员**：学习如何写出吸引人的新闻稿，发给学校校委会成员和媒体。

- **史学工作者**：汇编一本手工艺剪贴簿——项目资料、照片、新闻稿——讲述服务学习的完整故事。

团队的成功取决于为任务做好准备，这就要求有相关的课程和实践活动，来磨炼所需技能。不过，一旦完成技能培训，学生会以此为基础，在不断的支持和建设性的反馈中，经过实践练习，越来越强。有些学生编写了一本指导手册，用来教其他学生了解自己的角色，甚至带领此类研讨会，在其他班级中建立团队。学生也可以帮助决定设立哪些团队，并轮换工作以便学习和开发多种技能。什么年龄段可以开始使用这种做法呢？回答是：只要你能找到与适龄技能相匹配的项目和计划，任何年龄段都可以。一所乡村学校的一年级学生组成"迎接者""感恩者（写致谢便条）"和"剪贴簿保管者"等团队，成为他们学校自然小径项目的一部分。喜欢电话聊天的初中生，学习适用于调查社区代表的电话礼仪。高中生惊喜地发现，开发住房时需要建游乐场，在进行价格比较时，喜爱购物就很有用。

你对服务学习过程及学生特有的才干越熟悉，你就越能更早地引领学生进入计划过程。（这一做法和改进服务学习实务其他做法的更多相关建议，见40页"激发青少年的主动性"。）

> 为什么不够到枝头？水果不是长在那儿吗？
> ——弗兰克·斯库利，作家

如何鼓励学生培养公共责任心？

参与服务学习让学生有机会增加公共事务知识，增强社区意识，提高读写能力。通过诸多活动，增加对个人、集体和政府在蓬勃发展的民主社会中各自扮演不同角色的理解，学习相关知识，激发学生的公共责任心。考虑以下述活动为策略，为在服务学习体验中树立公共责任心打好基础。

个体的影响。包括那些个人采取主动和合作努力为社会的福祉和进步做出贡献的故事。书籍提供许多故事，诸如《种植肯尼亚之树：万加里·马塔伊的故事》，讲述一位肯尼亚环境学家和人权活动家决心种植 700 万棵树来保护和改善其社区的经济、卫生、教育和土地使用的故事。《贝尔瓦·洛克伍德：平等权利的先驱》一书讲述一位女性为妇女和所有缺乏代表声音的人们寻求社会公正而斗争的故事。

会见自己社区中积极参与的志愿者、服务提供者、公共事务领袖和民选官员，这会让每个年龄段的学生都受益。学生可以会见和采访他们知道的或在当地报纸上读到的人物，这些人一直在自己的工作中做贡献，诸如警官、议员，甚至教师。采访的问题可能包括："'服务'和'公共责任'对你来说意味着什么""你在工作中如何为我们的社区做贡献"。这可以引导学生讨论一个人所做贡献的重要性，以及他们每个人希望通过服务学习完成的事情。

合作的经历。引用人类学家玛格丽特·米德的话："绝不要怀疑一小群认真思考、坚持担当的民众可以改变世界，事实正是如此。"让学生分小组讨论这句话的意思，并寻找支持或反对这个观点的证据。学生可以从正在学习的历史时期或正在学习的作品（虚构类或非虚构类）中为自己的看法举证。使用文献可以让鲜为人知的历史瞬间重生，如《长征：乔克托部落为赈济爱尔兰饥荒献出的礼物》一书，记载了一个美国原住民族群如何对需要帮助的遥远人群做出重大贡献，尽管他们自己还处于贫困之中并且资源有限。

政府的角色。让学生找出与其服务学习相关的政府机构，并与之联系。对于较为年幼的学生，教师或家长可能要在这个任务上帮忙。例如，有的州级机构负责规范康复设施场所的规则条例；许多州提供有关回收物品和有毒垃圾的免费教育资料；市议员及其工作人员可以提供面向无家可归者的服务信息。当学生熟悉了政府的各种办公室、服务和政策后，政府的角色也变得生动起来。学生可以通过电话、互联网、信件或者直接拜访等方式，主动联系市政官员。学生还可以在校委会和市议会的会议上，或向州立法机构做介绍展示，或者只是列席了解这些会议是如何进行的，明白政府是由各种办公室组成的，在其中工作的人代表着民众，这种了解催生知情民众。当学生学习政府如何受普通民众影响时，他们会受到激励去采取出色的行动。

繁荣的民主。讨论民主社会的基础和原则以及谁在维持这个民主机制。服务学习活动可以基于学生自己想出的、能够支持这些原则的主意来展开。例如，4 年级一个班启动了一个"为美国投票"的本地动员活动，这是一个为增加选举注册人数和实际投票人数而做的非党派努力。初中社会研究课的学生安排并主持召开了一次关于如何使用本镇公园的全镇会议。高中西班牙

语课的学生与成人教育公民入籍课的学生合作，在提高高中生西班牙语会话技能的同时，也为成人学生提供有关宪法的辅导。学生学习民主代表着什么，理解非营利组织、草根的努力（包括学生自己的付出）以及服务学习如何在社会改变方面起作用，并可能在这个过程中成为繁荣民主的热心守护者。

怎样在学校和社区建立伙伴关系？

合作可以说是服务学习的生命之血。伙伴们为服务学习过程增添了各种不同的视角，这可以为辩论和反思增加素材，同时有助于学生增进对社会问题的理解并为改良公共事务出主意。合作能为获取知识和专长提供额外的机会。教师们往往会问及怎样与其他教师、社区成员和家长建立建设性伙伴关系。

与教师的伙伴关系

同事之间的有效沟通为那些用活泼的方式把服务学习带入校内的教师们建立了关系网。通过把服务学习的价值、运作方式以及个人体验告诉同事，你可能引发某人的好奇心，或发现愿意参与的伙伴。分享教育刊物上的某篇文章或在互联网上找到某个实例，是引起会话和激发创意的另一个办法。行政支持也能给作为一种教学方法的服务学习带来重要信誉，这可以引出员工发展培训课的开设，以此增加相关知识和提升教师的兴趣。

考虑以下带动其他教师参与的方法：

- 哪怕是非正式的讨论，也往往会激发同事们对服务学习的好奇心和可能参与的意愿。例如，在午餐交谈时，有位教师提到她教的2年级学生想为一家儿童看护中心捐赠一本原创图画书。另一位教师提议她的学生可以创作一本算术涂色簿搭配赠送。第三位教师建议接触一位在当地高中教西班牙语的朋友。这次简单交谈的结果是，儿童看护中心收到了一本双语图画书、一本涂色簿，还建立了两个学校三个班级之间的友好关系。

- 也可以用更正式的会议来启动各种合作。在4年级教师或初中教学组或高中英语系的一次小型小组计划会上，你可以请求大家花时间为你在课程中开发一个服务学习单元出主意。57—58页上的"服务学习规划"模板可以提供一个路线图，它有助于新手理解不同的视角，小组成员可以帮助填写此模板。一些教师可能自愿参与进来，其他一些人可能想先观察，以后再参加。要让同事们明确地知道他们的投入如何影响这一过程。还要让大家知道你会与学生分享这些信息，因为学生可能会选择用口头或书面方式对这些教师表达感谢。

- 你是否在寻找适合初高中各年级跨学科合作的好主意？你可以与学生一起动脑筋想出创意。学生常常可能去找其他学科的教师，请他们帮忙满足特定项目的需要。这里举一些例子：有位计算机教师同意让她班上的学生帮助社会研究课的学生为当地一家"上门送餐"机构

设计介绍册；高中科学课的学生指导 5 年级学生一起做化学实验，摄影课的学生为他们记录；几个音乐课的学生为家庭消费者教育课中有关营养和锻炼的公益广告创作背景音乐。

- 陈列展示学生的成就！让学生在一次教员会议上展示他们的学习和服务。对所获得的知识、开发的技能和完成的社区参与项目进行创造性展示，这可能会鼓励其他教师更多地学习或参与到服务学习中。

在社区里建立伙伴关系

服务学习为传统学校环境以外的伙伴方参与教育提供了绝好的机会。每个人都关心效益，尤其当大家都理解并珍视服务学习的概念和过程时更会如此。伙伴方的参与通常取决于具体需要和投入程度。某家社区伙伴可能只是提供书面材料，来帮助一个班级学习如何在学校设立一个回收项目。另外一些合作伙伴可能参与更多，例如，某家康复院委派一位员工到学校，为准备前来实地走访的一班学生做一次衰老过程的模拟活动。有时，社区伙伴能在其机构内部找出切实的学习机会，而且能够与学习内容和技能开发的课堂目标相匹配。当对所有参与者都能界定出清晰明确的目的、任务、责任和利益时，伙伴关系发展得最好。

> 如果机会没来敲门，就去建一扇门。
> ——米尔顿·伯利，喜剧家

谁可以成为伙伴？非营利组织、服务型俱乐部、企业单位及政府办公室全都是服务学习领域中的潜在伙伴。这些群体的成员对与孩子们频繁交往感兴趣，尤其当他们发现自己能丰富学生的学习而年轻人正在做出有意义的贡献时，更是如此。

社区学院和大学也可以成为优秀的服务学习伙伴。在全美范围内，学院和大学在各领域的课程中融入服务学习，结果产生了大量的合作机会。这些机会可能包括：联合式服务学习体验；小学、初中或高中学生在大学课上展示他们的专长；课程教师辅导见习师范生（反之亦然）的项目；跨年龄段学生的辅导项目，其中学生之间的关系包括了服务学习的层面。许多高等院校在通识教育上配有服务学习协调员，并且正在把服务学习教学方法、体验和实务融入教师培养准备课程之中。

寻找伙伴时，首先要明确建立伙伴关系的目的：怎样满足所有伙伴的兴趣以及如何使其相互贯穿交织；这种伙伴关系如何支持并巩固项目中的学习和服务，有哪些互惠利益。教师和学生有可能列出另外的潜在伙伴，学生有可能从多方面获得更多的主意：从他们的家庭，通过采访学校校长、阅读当地报纸和浏览网站或者在学校附近走访参观，去发现那些可能想参与的机构、组织、企业单位或其他社区团体。

教师或家长频频主动与潜在的伙伴联系。不过，在学习和锻炼了有效的沟通技能以后，学生能够精通如何寻找潜在的社区伙伴并与他们打交道。学习打电话、书写往来信件，甚至利用电话或网上人名录等课程，可以与学业标准相匹配。这些技能一般而言很宝贵，在学生更加主动地去安排和准备服务学习时，尤其有用。即使年幼的学生也可以开发这些技能，当然成年人通常会先打电话做一般性介绍，为孩子们做好基础工作。

建立关系之后，63页上"社区联络信息"模板可以帮助该班或该校坚持做好交往记录，年复一年，所有的教师和学生都可以用得上。在某些学校，学生想要针对有参与意向的合作伙伴创建记事本、人名录或者数据库，他们为此采访了很多机构。人名录在指定的项目中及之后都是有用的参考资料。

一旦你找出伙伴并与之建立关系后，要让他们了解情况并适当参与到你的服务学习的所有阶段当中。你还可以让他们参加反思环节——65页上的"社区反响"模板就是为这个目的而设计的。该模板为学生提供了一个工作框架，来收集反馈信息并更多了解学生所做贡献的影响。往往社区伙伴们还喜欢参与到服务学习过程中的所有公开展示环节。学生已经向社区团体的理事会和当地商会做了展示，并在市议会的会议上以及其他场合做了展示，现场有伙伴方人员参加而且有时会一起做展示。在对伙伴关系表达感谢时，学生可以通过卡片、演示、短剧、歌曲或者其他有创意的方法设计自己特殊的方式说"谢谢你"。

家长作为伙伴

学校想让家长们参与到孩子的教育之中。实际上，学校—家庭之间的积极关系为所有儿童提供了最好的教育氛围。就服务学习而言，家长们可以贡献宝贵的资源、信息和想法。他们可以帮助安排和实施服务学习、寻找社区伙伴、协助小组工作、参加实地走访、收集和准备活动用品、做活动文档资料、帮助写资金申请。甚至在学校上课期间工作的家长，也可以帮助打电话或为缝被子项目裁剪方形布料。不过，要明确表示，家长只能担当学生做不了的角色，这样，成人的良好动机就不会替换掉孩子们所能取得的成就。组织一个家长会议，概述服务学习并明确任务和责任，这有助于搭建平台，与家长建立伙伴关系，而家长们在这个平台上扮演支持者的角色，为孩子们提供技能，并且在必要时提供帮助。

为了帮助每位家长找到自己的角色，可以先从找出你的家长资源和项目需要开始。从3年级到12年级的学生向家长和其他家庭成员做问卷调查，开发一个信息数据库：家长何时有时间帮忙，他们的个人爱好和才干，他们的社区关系和参与情况。某些学校甚至有服务学习方面的家长联络人。一旦有家长领头人出现，他们可以协调全校范围的家长参与，组织研讨会提供服务学习的信息和参与方式，甚至找出在学校教学时间之外学生家庭可以一起参与服务的机会。

二、超越基本面：推进服务学习实务

也许你已经对服务学习的基本问题比较熟悉了，所以你解决这些问题毫无困难。如果你正在寻找加强你的服务学习实务的办法，就需要关注一些重要信息：

- 明确你的目标。

- 在规划服务学习活动时,激发青少年的主动性。

- 在准备、行动和展示阶段融入反思。

- 评估学生的学习和服务。

- 宣传学生的活动。

- 走向全球。

明确你的目标:服务学习的基本要求

要让学生实现什么目标?了解目标后,它会指导你沿着这条有价值的道路前进。在你进一步阅读之前,思考一下,你最想让学生在服务学习参与中达到什么目标?你的答案会影响你的学生怎样调研、准备与计划、行动、反思及展示。它还可能影响你去找哪些社区伙伴,学生是分大队还是小组工作,以及你把学业融入服务学习过程中所采用的方法。例如,如果你想提升班级中的集体感,那么多种多样的伙伴和小组是理想的方式。如果一位教师想让她的班级学习数学在实际生活中的应用,而另一位老师想让他的学生提高说服型写作的能力,这是否会影响服务体验呢?当然会!你的主导性目标与想要解决的社会问题可能有关或无关,但知道这个目标本身将会影响服务学习过程的独特结构,并且特别会影响反思的过程(后面将深入讨论)。

这里是教师们分享的首要目标主题实例:

- 改进观察和分析技能。

- 了解在古代文明课上所学议题的现代应用。

- 学习如何写编辑评论。

- 了解州/省级政府的内部工作机制,将其与地方(市级)和联邦部门加以比较。

- 通过与老年人交往,学习行为礼仪。

- 考查全球变暖对日常选择的影响。

- 弄清对某种人群的误解、感受和偏见。

- 用相互尊重取代欺凌。

- 在学习战争的同时,思考解决冲突的策略。

- 通过应用记住知识。

在"服务学习规划"(见57—58页)文档中写下你的主导目标。

激发青少年的主动性

你为什么要努力激发青少年在服务学习规划活动中的主动性呢？因为青少年的主动性意味着年轻人的参与。学生若能在选择和确定服务活动的过程中扮演关键角色，他们的责任心和满足感便能得以强化。他们对自己的行动会变得更加自信，并且能更好地认识他们对社区产生影响的效果。如果学生希望在服务学习体验中能够让自己真正作为个人和领导者成长的话，他们必须走好这一步。

发起服务学习体验之后，让它在学生集思广益和规划项目的过程中发展变化，这似乎很冒险。毫无疑问，它可能让人觉得会有很多未知性。但你的角色始终如一——做一个踏实的引路人和导师。有时，你提供了一个总体框架，往往设定好界限，鼓励并确保服务学习整个过程与学业有清晰的关联。要牢记服务学习的一个关键诀窍：技能、技能、技能。有时，我们往往认为学生理所当然地已经有了某些技能，但事实并非如此。例如，他们知道怎样打电话，可是他们知道与社区伙伴联系时的适当礼节吗？（比如，对话开始时先问："这个时间谈话合适吗？"）我们认为他们知道如何承担某项任务，可是他们是否知道如何把任务委派给他人以免自己承受不了呢？适量的时间管理和优先选择技巧会对他们有帮助吗？花时间开发技能，最终会节省时间，学生也能学到可转换使用的经验教训，并培养参与公共事务的能力和领导力。

帮助青少年界定自我

激发青少年主动性的另一个重要层面与儿童发展有关。在一次研讨会中，有位教师讲道："我的学生只想着他们自己。"我回答道："正如预期——他们还是孩子！"孩子们和青少年努力想搞明白他们所在的世界和自己所处的位置，所以他们

蹦跳理论

有一次在学校做咨询时，我访问了1年级的一个班，一个小姑娘站在过道里，又蹦又跳大胆地告诉我："我能阅读！我会跳舞！"然后蹦跳着乘兴离去。在这阵风中，我感受到她那随着成就和自信而来的、感染人的快乐。我开始问老师们：从哪个年级开始我们就剥夺掉了这种"蹦跳"？大家几乎一致认同是在大约3年级和4年级。随着影响重大的考试开始出现，学生往往受到警告——将精力集中在学业上，把个人故事留在家里。很可能，学校的这种强行限制，让孩子人生的一个重要层面消失了，也消除了"蹦跳"。虽然不是每个学生都以这种蹦跳的步伐表达热情，但大多数孩童确实用独特的方式展现激情的一面，"蹦跳"只是个比喻。如果没有场合可以找出并表达兴趣和能力，一个儿童可能经历自我压抑并且缺少一个自我探索和表达的平台。让学生参与到"个人清单"活动中，把他们同"蹦跳"重新连接起来。有关对儿童热忱的赞美，可以阅读《看起来像我》（见291页）。

第二章　服务学习蓝图

记录学生技能和知识的清单

每个学生都能为班级带来技能、才干和兴趣。你的首要任务之一是找出这些技能、才干和兴趣。创建一个关于这些有用信息的班级数据库或图表，帮你了解学生并且便于他们之间相互了解（年长的学生可以帮助创建这个数据库）。他们会不断发现意想不到的共性和时而惊人的差别。

这些信息可能以多种方式帮助这个班级。比如，一个喜欢打电话的学生，加上一点技能的开发和锻炼，就成了一种集体财富，能为一次外出服务活动联系和安排具体活动。在你们中间是否有购物专家？要运用这种专长，帮助获取物品捐赠，或以最适宜的价钱，买到"必须购买"的物品。发现谁会种地，也很有用。兴趣呢？如果你了解到有的学生对阻止乱涂乱画或帮助动物有兴趣，这可能会为你的服务学习活动设定出一个具体方向。

利用61页"个人清单"，让学生两人一组互相采访，找出双方的能力和兴趣，这些都会对班集体有利。（从语言开发的角度，澄清技能、才干及兴趣等不同术语，具有启发意义。）在采访之前，用"准备个人清单"模板（见61页），就主动倾听、做笔记、提出探究性问题等，一步步指导学生，从而让采访产生更多具体的内容并且开发出有用的技能。注意，采访的学生要把同伴的回答记录在同伴的模板上。

在"为获取信息而提问"的部分，预习提醒词"如果回答者说'我不知道'时，要准备好'……'之类的回应"。这是"个人清单"中的一个关键部分。当被问及"你的兴趣是什么，你擅长什么"时，太多的学生会很快回答"我不知道"或"没有"。提醒学生，我们每个人都是有价值的。社会上流行不褒言自己，学校也常常如此并且过多地强调"踏实工作"，限制年轻人表达个人想法。我们告诫孩子们不要自夸，却没有让孩子们知道让别人了解自己的才干、看法和主意也很重要。

还有，像"准备个人清单"模板中所注明的，要提探究性问题。一个学生可能说，他或她对音乐感兴趣。采访者便可以问："你是弹乐器还是听音乐？你喜欢哪种音乐？"采访者在模板上记下同伴的回答。

活动还应包括让学生询问同伴，他们什么时候帮助过别人和别人什么时候帮助过他们，这样会培养学生认识到服务学习全局中的个体互惠性。通过磨炼他们的采访技能并与同伴更为熟悉，学生为服务学习体验做了准备，同时也培养了对未来工作和进行大学面试的信心。

对于幼儿，尤其是还不会写字的孩子，你可以采用艺术形式，让他们画图显示自己喜爱的活动和才干。他们也可以进行班级讨论或同一位学长一起探索技能、才干和兴趣。任何情况下，你都可以列出有关整个班级的技能、才干和兴趣清单。

对于所有年龄段的孩子，都可以把这份清单张贴出来并邀请学生在学年开始后，添加新的技能和兴趣。在不断设计和安排服务学习计划时，参考这份清单。

针对社区需要收集信息

不管是本地的还是全球性的需要，一个人怎样才能发现一项社区需要呢？要求学生两人一组用一分钟时间讨论这个问题并列出回答。引导学生把他们的主意按以下四种研究方法分类：

媒体——包括书籍、互联网、广播、电影、杂志、报纸。媒体把大家普遍感兴趣的议题情况告知公众并教育大家社区有什么需要。例如，如果报纸每月三次在封面刊登无家可归的报道，那就指明一个需要。让学生举例说出自己最常受哪些媒体影响。

采访——通常采访对象是在所讨论题材方面，在实践或学术上有专长或研究的人。向拥有信息、技能或资讯的人提问题，会让我们了解需要是什么；这也可以用在采访通常所说的"焦点人群"上。问学生在哪里做过采访或不久可能要做的采访。

体验和观察——体验通常来自我们自己过去的经历，而观察是我们仔细留意到的。体验和观察可以结合形成新的机会，例如在"食物银行"或受污染的溪流旁。学生通常自然而然地倾向于这种研究形式，因为这种研究更加积极主动并且借鉴了多重智慧。问学生他们观察到哪些显示社区需要的事例。

问卷调查——从对研究对象了解程度各异的不同群体中找出大家的意见。让学生创建一张问卷表，去发现大家的知识或意见。这些信息随后可以汇编起来，转变成对当前情况的统计分析或描述。询问学生关于他们以任何形式参加过或见证过的问卷调查。

让学生动脑筋，想出在学校直接影响他们或在社区中影响民众的一个需要。把学生分成四个小组——每组关注"针对社区需要收集信息"模板（见62页）中四种研究类型之一。可以在同一类型中分出更小的组。给每个小组5—7分钟讨论。按研究类型分别进行报告，让所有学生在自己的模板上记录推荐了哪些主意和学到了什么。

就采取哪些研究策略，征求大家的意见，并实施获得统一认可的意见。实施这些研究方法后，让学生报告他们的发现。学生将会在行动中用到这些信息。

必须思考自己。服务学习的美妙之处是，如果与青少年主动性一起落实，孩子们会看到他们自己是有影响力的人。当学生美化校园时，他们看到自己的影响范围扩展到了学校；当他们同新来的难民合作种植并看管社区蔬菜园时，他们看到自己的影响范围扩展到了城市中的某些地方；当他们帮助成人进行选民登记时，他们的影响范围扩展到了整个国家；当他们与全球年轻人一道参加支持国际和平日的活动时，他们的影响超越了国界。当你支持青少年有意识的主动行动时，也帮助孩子们把自己定义为服务他人的人。

针对社区需要收集信息，制订行动计划，书写计划提案

学生可以主动从"针对社区需要收集信息"模板（见62页）开始。这个过程会澄清一些看起来很神秘的、关于研究的概念。对于许多学生来说，"研究"这个词让人胆怯。一位老师在给出一项研究任务时常常听到一个问题"你要我干什么"或"我应该做什么"，接下来往往是"什么时候截止""要多长篇幅""这对我的成绩会有多大影响"。

在应对一项真正的社区需要而进行的服务学习过程中，学员们通过下面几种关键方式参与进来：

- 把"研究"的概念变得清晰可行。神秘的面纱揭开了，学生了解到做研究只有四种方式：使用媒体，采访专家，做问卷调查，提取自身的体验和观察。学生使用这样的"研究"语言时，也理解了研究的架构。在日后给定的研究任务上，学生会运用这种知识并且立即考虑："这次我会用四种方式中的哪种呢？"

- 当学生有了目标，并且知道有人在信赖他们所做的研究时，激励因素就不再只是为了成绩和满足基本期望，而可能被帮助他人或参与一项公共事业的内在愿望所取代。这是一个巨大的转变。"何时截止"这样的问题可能被"我什么时候可以开始"所取代。

- 学生通过以上描述的步骤学习该过程时，他们将练习如何展开研究，这就是方法论。到了要确定采用哪种方法的时候，允许学生选择至少一种方法。你可以为他们选定第二种方法，好让他们使用其他技能。下一次再用另外两种方式。

通过服务学习，学生能成功进行原本常常难以捉摸的"研究"，从而获得自信，在班级和社区出色地工作。

使用63页上"采取行动"模板来指导学生拟订计划，首先对"针对社区需要收集信息"模板上所收集的证据加以概括总结。随着每一步进展，学生会弄清哪些是已经知道的，还有什么是需要去发现的，这些都有助于他们采取行动去帮助解决问题或改善现状。如果有可能，社区伙伴应该参与到这个过程中，以便学生学习如何建立和维持相互尊重的合作关系。

"采取行动"模板为计划安排的初始过程提供了指南，最终计划可以记录在63页"服务学习提案"模板中。

寻找服务学习的资金

63页上"服务学习提案"模板是基于一个标准基金申请表而设计的。在写了几次提案之后，许多学生已经成功地把写提案的技能应用于申请服务学习基金。你对申请服务学习基金的机会感兴趣吗？在366—368页上的《资讯》一章列出了一些基金。另外，在所在社区进行调研——高年级学生也可以做侦探工作——向服务型组织、企业单位、当地基金会、市议会办公室，甚至学区教育局，寻求资金支持。你可能发现，出资方在得知学生参与了基金申请的书写过程时，往往会做出对学生有利的回答。

在写提案时，学生清楚地表达想法，沟通以下内容：他们想要采取的行动、行动的目的、各种伙伴方的角色、预期的结果、用品及交通等预算、测量努力成效和监察进展的各种方法，甚至整个过程的时间进度表。学生可能形成各种委员会进行工作，来完成指定的任务。提案中描述的计划安排可能且通常会在执行中有所变动。计划文件只是为学生在前进时提供概述和准备方向。定稿的文件资料亦可提交给学校管理部门审批，提交给伙伴方以确认他们的参与，如果需要金钱或物品，也要提交给资金来源方。学生可以根据需要对其加以变更，并且最后可以在反思和评价中使用这些资料文件。

学生要多大年纪才能参与制订行动计划及书写提案？在教师的指导下，3年级学生已经可以用"采取行动"模板和提案模板修改版（"我们的服务计划"，在63页上）。即便在低年级里，通过班级讨论和分组工作，也可以完成很多事情。例如在1年级和2年级里，你可以把班级讨论中产生的行动创意做成图表。这些主意可以引向具体计划、行动以及有收获的结论：我们做过这事了！

找出社区资源

在你的指导下，初中和高中学生可以参与到找出社区资源以及相关任务中。使用64页上的"宣传——将设想付诸行动"模板，学生从大家一致同意的一个服务主意开始，分小组进行工作，来找出可能的新联盟、资金来源（如果需要的话）、展示机会、媒体选择等。现有的社区伙伴可能参加到活动中来，让学生练习合作，从而形成社区关系网。

行动和进展监控

当学生首次完成"针对社区需要收集信息"时，他们就在参与行动研究了：他们为整个状况设定了基线并制订调整或改善该状况的计划。让学生用64页上"行动记录"模板来收集视频和亮点——体验用蒙太奇手法将其拼接成剪贴簿形式，你可以收集或复制这些学生的文件，并进行一次展示，或者把它们放在给学校领导、参与机构和赞助方的报告中。最重要的是，让学生往64页的"进展监控"模板中不断添加信息。观察、陈述、统计并得出最终结论：哪些事情保持不变、哪些在短期内发生了改变和哪些可能造成长期系统性的变化——这些工作都需要大量的技能。

对反思进行反思

对于整个服务学习过程来说，反思是必不可少的，它巩固了每个参与者在智能和情感上获得的知识。通过反思，学生可以把所完成的学习和服务融进他们个人的体验框架之中。因为反思是如此重要，反思的设计和执行也就很重要。反思可以从思考在服务学习过程中"我们还需要做的其他事情"开始，但随着学生开始看到课程关联以及所提问题的深度和意义，反思过程发生快速的变化，他们开始理解自己用心参与的目的。

反思在巩固学业知识上起重要作用。如果服务体验包括采访老兵作为学习"二战"内容的

一部分，反思活动可以是给温斯顿·丘吉尔写封信，告诉他学生想要从服役者那里听到什么故事。如果学生把学习绘图设计作为服务学习体验的一部分，那么让他们用最多八个字来体现这次体验的精华，并做出视觉效果，这是非常好的反思。或者，你可以从引述格言开始，如约翰·菲茨杰拉德·肯尼迪总统所说的"领导力和学习是互不可少的"。鼓励学生写一篇反思性分析短文，根据自己的服务体验说明是否同意这个说法。反思的目的始终是为了推进服务学习并扩展有意义的服务内容。

反思对教育工作者和学生一样，都是不可缺少的。你对反思过程进行反思是为了给学生设计有意义和合适的反思活动。在把反思编入服务学习的过程中，要记住这些想法，这会令你不断改变反思的策略和方法，比如如何利用杂志、避免讨论失控、反馈的重要性、提供学生领导力的机会等。64页上"反思顺序"模板可以帮助指导你与学生一起反思，或者用它作为一个清单。在整个服务学习过程中坚持写反思日记，这可能对你将来做评估有帮助和启发。

反思的机会

正如前面强调的，反思在整个服务学习的所有阶段里，在由教师安排好的活动和自发的活动中都会出现。在你计划服务学习策略时，除了在实际的反思阶段，你还要在调研、准备和计划、行动、展示的过程中包含反思的可能性。反思是为了展现可能被错过的学习层面，让你知道主导目的是如何实现的。

调研期间的反思。这是抓住学生在主导性目的上所处基线位置的时机。如果你想让学生认识到他们在改变或影响公共政策方面的效力，就可以从如下提问开始："你认为年轻人能主导公共意见吗？当你设想成年人倾听孩子并认真对待他们讲的话时，你会有什么样的感觉？"在完成"个人清单"和"针对社区需要收集信息"模板之后，重新提问。如果答案有所不同，那就表明这些活动已经让个人的态度和视角发生了转变。

准备和计划期间的反思。找到有哪些与服务主题有关的信念、假设和态度已经在起作用？它们从哪里来，又是如何学到的？学生期望行动的结果会怎样？学生可以在想象中将会出现的情形里扮演角色，来练习、准备并消解各种焦虑和澄清各种误解。学生可以考虑这样的问题"如果你所辅导的孩子不听你讲故事，你会怎么办""你认为康复之家看上去、听起来或闻着如何"。根据不同情况，你可以向学生提出一个想法或问题，把他们带进服务体验中。这可以鼓励他们更具有观察力，增强他们对某个具体需要或所要采取的行动的意识，或推动与某个课程层面的连接。

行动期间的反思。当学生服务时，你要好好观察。你注意到学生在关注什么？你无意中听到什么样的议论？你看到哪些行为举止？做笔记并在服务之后的反思中将其作为参考。随着服务的实际展开，你可能有时间召集学生一起做现场反思和回答。你可以从自己的观察中引出交谈。学生还可以主动地提出关注议题，分享他们的兴奋点或提出问题。或者你可以提出这样的问题："有更好的回收分类方法吗？"在这种反思场合，有时学生的观察或提出的建议，既能在此时此地改善他们的体验，也能改善他们自身的努力对当时当地情况所产生的效果。

了解想法和感受之间的差别

想法和感受在社会上通常会被混淆，因此这一现象也出现在学生的口头和文字沟通中。学生的感受可能不适合用于短文或分析型写作。这两种写作方式应该只包括意见。意见也可能伪装并被误以为是感受。学生可能缺乏词汇来回答："你有什么感受啊？"当我们协助学生弄清想法和感受之间的差别时，我们帮助他们，使他们在一般性沟通和对具体问题的反思上都更为熟练。这里是区分想法和感受的简单方法：

- 想法通常是对主意、意见、事件回顾等的表述。例如：我们去看电影吧。学校应该在上午 8:30 开始上课。上周末我去了外地。天很冷，所以我穿了外套。

- 感受直接表达一种情感"我感到愤怒（悲伤、快乐、困惑、疲倦、精力充沛）"或者，"我高兴（感兴趣、欢快、不安、满意）"。我们往往试图把想法当作感受说出来，诸如这样的话"我觉得我们应该在比赛前吃些点心"。"我们应该在比赛前吃些点心"是一种感受吗？不是，这是一种想法，发言者更确切地应该说"我想我们应该在比赛前吃些点心"。学生会很快掌握这种概念，尤其是当你引导他们去倾听或注意成年人和同伴如何以同样的方式混淆想法和感受时，会更快。还有，让学生创建一份感受清单，这可以增加他们的词汇量和自我表达的准确性。

一旦学生理解了想法和感受在表达上的差异，他们往往会变得更注意人们是如何沟通的。他们的写作和会话通常会有所改进，变得更加清晰有效。你也会看到他们在反思性表达上的变化。让你的学生用"四方格反思工具"（见 65 页），这会为你提供反馈信息，看他们是否知道如何表达想法和感受。

服务之后的反思。提供了服务之后，可以使用各种各样的方法进行反思：艺术、诗歌、音乐、角色扮演、日记、哑剧、雕塑、戏剧、动作、照片。因为人们自然而然地用不同的方式反思，你更有可能得到各不相同的回答，并且还要采用不同的方法让更多的学生参与进来。学生可以为开发青少年领导技能写配方，或者创作一台讽刺短剧来展示他们所面对的困境，并请其他人进来做回答。或者，每个学生都能写一首日本俳句诗去沉思并描述自己在花园里劳作一上午的体验。他们也可以尝试使用不太传统的反思方法，例如，在一次服务体验之后，让学生回到班上，他们发现自己的课桌上放满了蜡纸。在寂静中，学生通过艺术形式表现出他们对服务体验的想法和感受。在公共壁画上绘制 10 分钟之后，每个学生加上一个词。然后每人从壁画中选五个词写一句诗或说唱词。然后，学生对这个过程和结果进行讨论。这种反思方法已经成功地用于所有年龄段的群体。

展示期间的反思。 当学生准备公开展示时，无论是为另一个班做演示，还是为学校报纸写一篇文章，都会让他们从反思中汲取思想，甚至采用"反思"一词，以便向其他人具体明确地解释这个基本动态过程。

写日记

你可以考虑让学生在日记中写下反思。坚持写日记能促进写作和个人表达，通常比短文写作的正式结构更加不受拘束。一旦年轻人开始写日记，很多人会自己坚持下去。使用 65 页上"四方格反思工具"将其作为写日记入门的策略之一。这种方法要求学生记下四种类别的回答：

- **发生了什么？** 这属于认知范畴，学生可以在此描述他们所想到和观察到的东西。他们报道具体细节：我们为食品架收集了 553 盒罐头食品。

- **你的感受如何？** 学生的情感反应可能不同于他们的认知反应。把社交和情感层面与认知层面区分开来，有助于学生形成更完整的画面。他们表达自己的感受：灾难呀！食品架上有许多捐赠的罐头已经过期了，我们花了大部分时间去扔掉这些罐头。我很难过人们没想到更好的方法。

- **你有什么主意？** 他们可能建议用新的方法做计划安排，或与一个机构合作，或想出能满足社区其他需要的新的服务活动。所有的主意都受到欢迎，诸如：我们中有几个人想在周六去食品架帮忙设计传单，以便通知社区里的人食品架到底需要什么食品。

- **你有什么问题？** 作为这次体验的结果，学生想了解什么？这个问题有助于引导他们自己调查研究或协助全班计划下一步的学习。为了培养会提问题的年轻后代，需要成年人为学生提供充分的机会，让他们因为提出问题而受到鼓励，而不是批评。例如，学生可能会问：我们怎样能在电台广播里做一项公益声明，来为食品架收集所需的食品呢？

学生可以参照这些填好的"四方格反思工具"模板，根据他们的服务学习体验进行讨论、演示和完成其他写作任务。

反思提示

不管反思采用了哪种形式，写诗或散文、拍照、讨论，采用诸如跟进提问等反思提示，对这一过程都可能起到促进作用。对幼儿来说，可以把问题简化并调整适用于所做的活动。在服务学习的每一个阶段，都可以使用这些问题，它们会根据意图的不同而变化。有些问题是为了掌握学生学到了什么或正在领会什么，更有普遍性；另一些问题则关系到服务层面以及学生是否看到自身参与的全局或细微差别，更为具体。还有一些问题直指主导性目的的核心。

- 今天这次活动有什么特别之处？

- 这次体验让你回想起什么？

- 你学到了哪些你以前不知道的东西？（你学到的东西可以与你自己有关，或与一个同伴、我们正在帮助的人们/地方、你想进一步调研的主意有关。）

- 你在服务现场的感受如何？从初来现场直至离开，你的感受发生了怎样的变化？

- 今天你引起了哪些改变？

- 五年以后，你对于这次体验会记住的是什么？

- 考虑一下为了准备这次活动你所阅读的书籍。在亲身参与服务之后，你更加理解书中人物了吗？

- 与开始时相比，哪些科学术语更有道理？

- 哪些格言最好地抓住了你现在的感受？

- 我们如何让我们付出的时间和努力更有影响？

谨防"难闻的大象"

你带过一群年幼的孩子去动物园吗？想象一下在出行之后，学生在班级讨论时会对这次出行所做的反思。老师问："今天的活动有什么特别之处？"第一个孩子回答："大象很难闻。"大家都笑起来了。你还没明白是怎么一回事呢，每个孩子都在描述难闻的大象，然后是难闻的猴子，等等，似乎来来回回没完没了。在一般的班级讨论中，当学生用讨论的形式反思他们的服务学习体验时，这种情况可能很危险。怎么补救？在全班开始讨论之前，让学生针对提示问题写下简短回答。这样，他们在讨论时可以参考自己写下的想法（幼儿可以用画画代替写字）。这个简单的做法保持了每位学生体验的完整性，使其不受他人印象的影响，并且保证每个人都贡献一些内容。许多老师发现这种对付"难闻的大象"的补救方法非常有效，频频将它用于各种各样的班级讨论中。

> 一旦人的思维延伸到一个新主意，就永远不会回到它原有的范围。
>
> ——奥利弗·温德尔·霍姆斯，
> 法学家，作家

形成完整回路：给出反馈

学生的反思需要有你的反馈才完整。你的不带评判的反馈和对学生反思的回应，对于他们个人以及服务学习的整体过程而言都很重要。如果学生坚持写日记并且你能读到这些日记的话，问他们你是否可以在日记中附上纸片写下回应。在讨论中，仔细倾听并提出问题。不管哪种方

法，重要的是你欣赏所揭示和发现的东西，并且用自己的想法或反思性格言、诗词或书籍中的段落坦诚地做出回答。

反思中的学生领导力

学生变得能够熟练地为其他同学开发反思提示。在某些班级，学生两人一组，热忱地接受引导反思的任务。这往往会让孩子们想到使用音乐，找到与本班正在学习的历史人物的联系，开发有奖竞赛式的互动，或者其他别致的做法。即便二年级的学生都会高兴地为自己的同学设计问题，去思考服务的价值和体验。教师们总是可以审阅计划并且在动手之前向学生提供反馈意见。

评估学生的学习和服务

对于学生来说，展示好像是整个服务学习过程的终结，然而，把这个阶段与"结束了""做完了"这样的词联系起来，通常是错误的。因为不仅会有衍生的项目和惊奇发现——它们引导学生为某个公共事业或服务主题继续坚持努力，你还需要安排出时间去评估实际发生的活动成功与否，学生学到了什么，以及你的计划安排和伙伴关系是否有成效。这是一个连续的过程，而具体的过程在每次体验中，可能都有所不同。教师们想要保证服务学习过程让学生获得适当的学习并且对社区有切实的价值。就学生学习而言，传统的评估方法——短文、测验、研究论文——都可以使用，此外，还可以用其他方式的调查和分析，包括审阅学生文件夹中的资料、制作的成品，或学生和其他参与者在服务之前和之后的调查问卷、学生展示或反思的作品、与社区伙伴的讨论以及来自任何接受服务者的评语。与没有直接参加项目的同事交谈，也能帮助教师回顾和改进服务学习过程并找到方法去加强所使用的教学方法。

无论采用什么方式，评估都可以聚焦在下列问题上：

- <u>学生的学习</u>。规定的内容和技能目标完成了吗？出现了预料之外的结果吗？学生显示出主动性或增强领导技能了吗？学生能够反思并把他们的体验放在社区或社会的大环境中思考吗？学生能感知自己在认知和情感上的成长吗？

- <u>服务的影响效果</u>。学生能清晰地陈述他们的服务所解决的需要以及服务的目的吗？他们做出了哪些贡献？服务是有助于还是妨碍了社区的发展？学生完成了什么？合作机构或被服务的人对相互交往满意吗？形成新的关系了吗？安排的服务项目、活动或产品完成了吗？

- <u>过程</u>。计划安排有多少成效？有没有具体想改进的地方？如何做总体改进？在未来的活动中，学生如何更多地参与和担当，有更大的自主性？你怎样继续发展社区伙伴关系？

65—66页上由两部分组成的"服务学习评估"模板为审阅这些问题提供了基本方法。模板中第一部分是学生的学习、服务的影响效果和服务学习过程。第二部分要求你找出服务学习的五个阶段中每个阶段所采用的方法，并评价"学前班—12年级服务学习优质实务标准"中的每一项

是否进行,以何种方式进行的。你可以从模板中选出一些问题问学生,让他们可以参与评估自己的服务学习体验。

利用 66 页上"学生自我评价"模板让学生分析他们的学习和贡献。几个服务学习组织已经开发出成熟的评价工具。关于这方面更详细的信息,参见《资讯》(见366—368 页)。如果学生在"行动"阶段开始使用"进展监控"模板的话,他们现在就可以审阅此模板并同其他人一起讨论他们认为已经完成的事情、过程中的亮点以及还需要哪些东西。

> "人们不会相信不可能的事情。"
> "我敢说是你练习得不够",女王说道。"当我像你这么大时,我总是每天练习半小时。啊,有时我在早饭前就已经相信多达六件不可能的事情了。"
> —— 刘易斯·卡罗尔,《爱丽丝奇遇记》

讲述你的服务学习故事

服务学习已经在美国各地产生了许多有新闻价值的故事。公开宣传服务学习活动的行动本身就包含着宝贵的学习机会。对服务学习的公开宣传可以持续进行;在服务学习的整个过程中,有许许多多的好故事。确定你的目标听众:其他教师?学校群体?学校理事会?立法官员?街坊邻居?张贴一张学生制作的吸引人的宣传单——介绍即将开展的实地走访,其他教师可能会受到鼓舞而参加进来。学校报纸上的一篇学生文章可能会让其他孩子想要参加此类很"酷"的活动并与现实世界互动。地方报纸上的一篇要点新闻可以让公众了解学校院墙内正在发生的事情和学生在社区中产生的正面影响。一篇发送给一位本地市议员的新闻稿,可能会让一位当选官员参与进来,并带上一位摄影记者。

你可以在哪里讲述你的服务学习故事呢?任何地方。通过州级和全国性的服务学习组织和新闻通讯在互联网上张贴故事(见 366—368 页《资讯》)。寻找机会让学生向其他学生、社区团体展示,上有线电视或当地电视台、机构通讯或广播电台等各种场合展示。当地报纸常常在寻找好新闻,有时就是学生写的文章。《社会行动儿童指南》(见附带光盘中社会改变书架)中有一个部分题为"强大的媒体报道及广告",里面有如何引起关注的建议,以及学生在服务体验之前和之后可以使用的、宣传推广服务体验的办法。你的服务学习故事可以成为青少年、学校和社区骄傲的源泉。

三、走向全球

服务学习应该走向全球吗?确实,在我们每一个"后院"里,都有足够的议题和社区需要,需要予以关注。但还是有这个问题。我常常问教育工作者们:把当地议题和全球大环境连在一起，会有什么附加价值呢？讨论通常会集中于学生拓展意识、超越日常生活范围、着眼于他人。这就是价值。这里是四个更有说服力的理由，为什么现在走向全球是必需的：

走向全球会增强思辨力。 我们的学业计划目的在于增强学生的思辨能力；然而，我们真的在为辨别性思考提供富有挑战性的信息吗？当学生为一家当地机构规划食品募捐活动时，让他们讨论世界上怎么会有 10 亿人每天饿着肚子上床睡觉，这可以激发他们的深思和思辨，为什么在发达国家和发展中国家都存在这种可怕的饥饿状况。

走向全球使"抽象"的东西具体化。 把真实的面孔展现给远方的人们，会使抽象的东西变得具体。书籍是进入这种转变过程的有效途径。《像我一样的生命：世界各地的孩子们如何生活》

开演了——了解你的观众

这项活动可以帮助小学高年级学生、初中生和高中生，在面向某个特定观众群宣传自己的主意和计划时，找出可以采用的最佳方式。例如，一个学业辅导项目中，学生面向二年级学生做介绍，与面向家长群时会有很大的不同。这个活动让这种差异极其明显。

进行这类角色扮演活动时，首先选定服务主意，最好是学生很感兴趣的主意。设立小组，每组面向不同的观众群提供信息。学生可以先从动脑构思向每个观众群讲话的理由开始。这里列出可能的观众群体：

- 小学生（指出具体年级）
- 初中生
- 高中家长
- 教师会议
- 社区机构
- 有希望的资金来源方
- 商会
- 新闻记者

当学生考虑他们为什么要向选定的观众群演讲时，他们应该开始思考什么样的演示方法会最有效地表现他们的信息。鼓励学生在他们的展示中增添创意和活力，甚至让观众一起参与进来。学生还可以采用视频辅助手段（张贴画）、短剧或歌曲来丰富他们的演示。在每个小组做完演示之后，留出时间让全班提出建设性的反馈信息。随之出现的各种主意可以用在实践中，在更广的社区范围内宣传学生正在做的服务学习。

是每个班级都有的、由联合国儿童基金会出版的三本系列读物之一。附近的和远方的儿童照片加上叙述，吸引学生一遍遍地来回看这本书。《第三世界近距离接触》用虚构的形式，把读者带到尼泊尔，与一个女孩一起陪伴父亲投入到医疗服务中。《摄影师》用绘本小说的形式，生动地再现了"无国界医生"计划。"那边的那些人"之类的想法消失了，以知识取而代之——我们全都一起在"这边"。

走向全球有助于开拓世界性视野。 面对复杂的全球问题以及用文化敏感型的创新方案解决这些问题的需要，拓展微观和宏观两方面的视野会让学生受益。他们通过服务学习要着手解决的每个问题——不论影响到的是学校社区、街坊邻里还是国家——都有一个更大层面的故事。这个认识，会帮助他们在现在和将来去领悟和迎接全球性挑战。

走向全球关系重大，因为我们相互依存。 美国高速公路上的汽车所排放的二氧化碳使整个地球大气层变暖。中国燃煤发电厂冒出的污染烟雾不分国界穿越太平洋飘到美国加利福尼亚州。非洲国家之间为了获得洁净水甚至发生战争，并影响到世界各地。全球化、互联网、气候变化以及相互连通的各大洋和水路，让我们每个人都生活在他人的"后院"。学生需要明白这一点。

从本地行动到走向全球

> 绝不要怀疑一小群认真思考、坚持担当的民众可以改变世界；事实正是如此。
> ——玛格丽特·米德，人类学家

如何实现走向全球呢？在所有服务学习体验之中，包含本地行动是绝对必要的。这正符合我们所知道的儿童发展常识。本地服务让学生有一个更加贴近自身且具体的体验。本地服务始终是起点，随后，我们可以重点从三个方面进行扩展，来增加全球元素。

本地行动→学习相关的全球议题

所要解决的本地问题在其他地方如何影响人类呢？要让学生增加相关的知识，增强意识。在应对当地饥饿问题时，阅读报纸上一篇关于印度旱灾引起饥荒的文章。书籍是一个关键的门户。当学生阅读由坦桑尼亚辛巴营村奥伟初中的学生所创作的《在我们的村庄》一书（见266页）时，他们得知在那个村庄中人的预期寿命如何受艾滋病影响，学生上完小学后就必须付费上学，在这个村子里只能用上很少的电，而且，在坦桑尼亚每五万人只有一名医生。对信息有足够了解是采取深思熟虑的行动的前提条件。

本地行动→对相关的全球议题采取行动

在协助当地食品募捐活动时，学生还可以通过免费大米网（www.freerice.com）为有需要的

社区捐赠大米。洛杉矶一所初中的学生在读了《在我们的村庄》一书之后，决定为一家当地的家庭庇护所收集衣服，还把几箱衣服送到了危地马拉，学校里的一个学生在那里有亲戚，知道那里有这个需要。学生阅读了上文提到的辛巴营村孩子们的事，受到他们的激励，把自己的行动响应从当地扩展到了全球。

本地行动→与全球伙伴一起行动

为了增强社区对国际饥饿议题的意识，高中学生与国际乐施会合作赞助了一次乐施贫富宴，这次贫富宴模拟了全世界饥饿的统计数据。此外，有十几个国家的学生已经阅读了《在我们的村庄》一书，并根据原著创作了他们自己的书，加入了"在我们的地球村"社区（www.inourvillage.org）。通过参与这个青年作者组成的国际社区，学生与同伴交流，构建着关于远方的知识体系。照片和学生的叙事用准确的信息取代了误解和成见。

保护我们的历史

在本书修改接近完成时，我拜访了一位服务学习同事，听到在纽约州阿尔比恩市开发出来的精彩的服务学习体验。学生研究埋葬在当地墓地里的逝者的生活，并且通过戏剧公开表演"鬼走路"，把这些故事再现出来。这种体验把历史课的研究技能同戏剧和艺术技能相结合，学生很兴奋他们能把生活在过去的人们与他们现在的社区联系起来。例如，一位学生可能扮演格雷丝·比德尔——给林肯总统写信的女孩，告诉他蓄上胡须看起来更特别（他听从了这个建议），并解释她在一家五金商店的房子里如何生活。另一位学生可能"成为"首位纽约市梅西百货商店感恩节游行中的圣诞老人。在学生向热心的观众讲述特别故事的过程中，他们保存了社区中的知识和自豪感，使过去和现在交汇在一起。

无论在哪里，历史保护都会使社区更强：在加利福尼亚州尤里卡市，学生制作了挂历，上面显示"当时"和"现在"的照片；在得克萨斯州汉布尔市，学生慰问退役军人；在波兰的华沙市，学生记载了"二战"期间隐藏在卡巴蒂森林里的士兵们所做的历史性努力；在俄克拉何马州布里格斯市，学生记录下自己学校的百年历史；在田纳西州纳什维尔市，一年级的学生为他们的公共图书馆创建了老年人生命大事记。随着学生深深扎根于社区的历史中，他们在不断学习。

你将在本书中《安全和强大的社区》一章中找到保存历史的实例（见276—296页）。安全是在我们社区中必须实现的一个重要部分。另一个需要实现的重要部分是建筑在这些深深的历史根基之上的力量和活力。

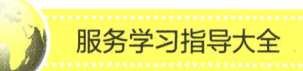

用这三种方式的任何一种走向全球，对于我们的学生、我们的社区以及我们的世界而言，都合乎情理。

四、服务学习中的曲线球和路障

这种情况时有发生。做好了所有的安排与合作，并且两天前刚刚电话确认，你的4年级学生准备就绪，来到老年活动中心开始口述历史访谈。可是在接待台，你发现你的联系人突然辞职了，没人接替。口述历史访谈怎么办？"抱歉，我们没有为你们做安排"，这种情况可能极端，不过服务尝试偶尔会出错。你怎么办呢？

在对老年活动中心访问"失败"的情况下，这群学生在停车场召开紧急会议，进行讨论。学生提出问题并寻找他们在考虑和安排方面的漏洞。在回顾了他们的应急安排措施之后，他们把这种情况归到"真的超出我们的控制之外"一类。受阻了？不是，只是推迟了。一组学生返回老年活动中心，请求与负责安排具体活动日程的人做简短会面。学生讲述了他们的计划，并运用他们的沟通技能，即用了一点儿劝说技巧，就确定了一个新的联系人并同意重新安排时间。

服务学习中的挑战，不足为奇，很像现实生活中的挑战。当学生努力改变这些状况时，他们学习去制订可能的方案，同时培养应变能力、解决问题的技巧、毅力以及第二方案的概念——一种重要而实际的概念。所有年龄段的学生都能贡献主意和策略，帮助临时修补并时常改进初始计划。何时能比在学校时学习用周到的思考和决心去面对障碍更好呢？

把其他学校或组织的项目与服务学习的实践对接，会是摆在你面前的一个完全不同的挑战。例如，在一所小学的一项由家长运作的强大的社区服务计划中，几位家长抵制一项基于课堂的服务学习计划。补救措施是教育所有参与人员了解服务学习的好处，并解释如何为了学生的最大利益而合作。在另一所学校，学生在"做好事被抓"时，会收到小贴画和奖品。虽然用意是宣扬服务道德，但实际上儿童们会因此本来想做却故意克制不去做好事，除非他们确定某个成年人正在注视着并准备拿出报酬。当学校管理者终于认识到服务学习适当的重点是来自合作和公共责任的内心奖励时，该计划被取消了，没有一个孩子反对。

> 我们都想活在此时此刻，但时间不够。
> ——戴维·扎斯洛夫，音乐家

有些学校管理者和老师提出"没有时间做服务学习"，因为有其他要紧的工作，如提高数学成绩或创建安全的校风。然而，服务学习可以成为支持很多（如果不是最多）学校重要工作的有效策略，包括改善出勤率、提高考试成绩、降低辍学率、改进学业、提升家长参与度、品德教育以及学校安全（减少欺凌、取笑和辱骂）。有关服务学习的这些实证性结果的更多信息可以在本书各处及366—368页上的许多资讯中找到。

你可能遇到的其他挑战更为系统化。对服务学习体验而言，学校的日程安排灵活机动吗？有资金可以用于日常用品和交通吗？

> 不犯错，就做不成事。
> ——玛娃·N.柯林斯，教育家

学区里会有基金拨款来支持员工发展和其他专业进修的机会吗？如果学区或学校的政策要求学生留在校园的话，他们会为与课堂有关的服务学习外出走访破例吗？许多坚持做服务学习的学校和学区，建立了顾问组来解决这些和其他问题。你可以通过州级和全国性教育机构、其他服务学习组织以及互联网，找到（服务学习的）模型和雏形。有经验的服务学习实践者通常更愿意分享主意和资料。

关于更多的主意，请见 338—358 页《开创服务文化》一章。

---

* 本章结尾处第 56—66 页列出了正文中所引述模板的缩印版，光盘中有全尺寸模板。

建立课程关联：切入点

1. 找出一个现有的计划或活动，把它改造成真正的服务学习活动
- 选择一个在校园已有的活动或项目。
- 考查它是否具备在各门学科中学习的条件，满足或提高学业水准。
- 与教师、学生和社区伙伴交换资讯和主意。

实例：罐装食品募捐活动

在学生带来罐装食品之前，他们的课堂活动包括修读营养学，参观接收机构以确定所需食品，阅读相关文献。学生带领研讨以社会问题，了解他们社区的饥饿情况，取代各种误解。学生就这项服务的影响和持续需要撰写相关文章，并附图显示食品收集过程，刊登在学校和社区的报纸上。

书架上的建议：《有所作为的感恩节》《灵魂月亮汤》和《无家可归的青少年》

2. 从标准课程、内容和技能开始，延伸到一个既能满足学生所找到的社区需要又能适合其年龄段的服务
- 确定所要讲授的具体内容和技能领域。
- 选择一个支持增加课堂学习以及探讨学习目标或州级标准的重点领域。
- 在学生调查相关的社会需要并应用课堂学习内容制订以改善现状或使他人受益的计划时，引导学生。
- 当计划转化为行动时，寻找更多的学习机会。

实例：与老年伙伴讨论，学习历史

为了更好地了解时事、改善倾听和沟通技能，学生每周到老年活动中心与老人会面。共同的体验包括：学习新闻事件，了解老龄化，讨论、合作整理口述历史和照片短文，在学校和公共图书馆展示成果，并建立一个面向更多受众的网页。

书架上的建议：《镜子里的陌生人》《逐渐变老》和《我们也经历过！美国历史上的年轻人》

3. 从一个主题或学习单元中，确定（服务学习）与内容和技能之间的关联
- 从通常带有明显服务内涵的宽泛主题或话题开始。
- 确定基于学业标准而要开发的具体内容和技能领域。
- 选择一个由学生证实确有需要的服务应用，包括一个状况基线，以便他们能够监测进展。

实例：个人在社会中的角色

在关于个人在社会中的角色的一节课上，教师鼓励学生考虑参与公共事务的可能选择。课程内容包括阅读关于成年人和青少年对他们社区所做贡献的非虚构类故事，研究本地机构的需要，定期为一家机构提供协助，出版面向青少年发布的信息小册子，介绍这家机构。

书架上的建议：《姐妹实力：美国妇女有所作为》和《解放儿童：一个年轻人反对童工的斗争》

4. 从学生找出的需要开始
- 确定学生的技能，才干和兴趣。
- 学生定义一个问题，确认一项需要，通常用社区提供的信息制订出解决方案。
- 在老师的引导下由学生带领实施，加上跨学科的学习机会。

实例：把空地改造成一个社区花园

一名学生发起对话：如何把学校附近一个空地改造成社区花园。在老师的指导下，学生就地产使用与政府和机构沟通，在互联网上研究寻找资助机构，与有特殊需要的学生合作维护花园，并将收获的农作物捐赠给当地一家庇护所——这些做法符合学业标准。

书架上的建议：《撒种人》《还是孩子：探访特殊需要孩子的班级》和《社会行动儿童指南》

5. 从社区找出的需要开始
- 社区请求帮助，可能是通过一个与学校合作的机构。
- 由教师、学生和社区伙伴找出学习机会。

实例：课业辅导/读写能力

一所学校收到邀请要去参与全市范围内的募书活动，将书送给当地儿童。几个不同年级的教师合作了一个跨年龄的项目，让高年级学生帮助年幼的孩子就一个双方认同的主题创作双语图画书。把书捐赠给青少年俱乐部、医院和托儿所。学生代表担任城市委员会的委员，计划未来的读写活动。

书架上的建议：《蝴蝶》《只是果汁》和《谢谢你，法尔克先生》

学前班—12年级服务学习优质实务标准

有意义的服务。 服务学习让参与者积极投身于有意义且与个人相关的服务活动。

学生找出、证实并了解公认的社区需要。学生的行动让双方受益，为社区认可并珍视，既有真实的结果，又有机会让学生把刚学到的学业技能和知识应用到实践中。

课程关联。 服务学习旨在作为一种教学策略，以达到学习目标或学业标准。

该过程包括与各门学科的缜密关联，让学生通过各种各样的学习技能和内容，这些模式满足学业标准的要求，并能将学到的技能和内容用到新的应用中。内容充实服务，服务充实内容。

反思。 服务学习融合多种具有挑战性的反思活动，这些反思活动持续进行，激发大家深入思考并分析自身及其与社会的关系。

学生参加系统化的各种反思过程，这些反思过程把关于社会议题和自身生活的认知思维和设身处地的感性反应融合起来。随着学生把关于自己、他人和世界的各种新理解加以应用和转化，这种认知和情感上的交融会深化他们的服务学习。

差异性。 服务学习促进对差异性的理解以及所有参与者之间的相互尊重。

学生的亲身参与能够产生机会，塑造多层面的理解和有意义的交流，这个过程可以让学生客观看待世界，学会相互尊重和赞赏他人，用准确的信息取代偏见。

青少年的声音。 青少年在成人指导下规划、实施和评估服务学习体验。服务学习为青少年提供了强有力的声音。

随着学生在容许犯错误和获得成功的安全环境中，展现出负责和决策的能力，他们在那些要求思考、采取主动和解决问题的任务中，体验适合其年龄段的重大挑战。

伙伴关系。 服务学习伙伴关系是合作互惠并针对社区需要的。

学生参与到同社区成员、家长、社区组织和其他学生发展互惠关系并分担责任。这些关系让他们能够有机会与不同背景和经历的人交往，形成相互的尊重、理解和欣赏。

进展监控。 服务学习让参与者参与到对实施质量和实现具体目标的进展情况不断进行评价的过程中，并将评价结果用于改进和可持续发展。

当学生找到并验证了某个需要时，他们会使用各种方法来观察及跟踪在进行服务学习的过程中所发生的变化和改善。他们检测朝着理想或发展中的结果所做的推进，以及所用步骤的功效和公众的互惠之处，并与利益相关方分享调查结果。

持续时间和强度。 服务学习要有足够的时间跨度和强度，以应对社区的需要并取得具体的成果。

体验的时间跨度足够服务学习的五个阶段所阐述的一个全面彻底的过程，包括适龄的内容、技能发展和学习资料的深度。

第二章　服务学习蓝图

服务学习的五个阶段

个人清单和调研

学生采用访谈和社会分析的其他方法：
- 将同学和伙伴方的兴趣、技能和才干加以分类。
- 辨别某项需要。
- 分析潜在的问题。
- 建立关于该需要的一个基线。
- 开始积累伙伴方。

准备和计划

学生在老师的指导下：
- 借鉴以往获得的知识和技能。
- 通过多种参与式手段和方法获取新信息。
- 与社区伙伴协作。
- 制订一个鼓励担当责任的计划。
- 识别对服务和学习的整合。
- 为提供有意义的服务做好准备。
- 阐述所有参与者的角色和责任。
- 制订切合实际的实施参数。

行动

学生通过直接服务、间接服务、研究、倡导或这些方法的组合，将采取具有下述特点的行动：
- 具有价值、目的和意义。
- 使用以前学过以及新获得的学业知识和技能。
- 提供独特的学习体验。
- 有真正的结果。
- 为学习、犯错和取得成功提供一个安全的环境。

反思

在系统性的反思中，老师或学生使用各种模式引导反思过程，如角色扮演、讨论和写日志。

参与的学生：
- 描述发生了什么。
- 检查产生的变化。
- 讨论想法和感受。
- 把个人经验放在大环境中。
- 考虑项目改进。
- 想出一些主意。
- 找出问题。
- 鼓励合作伙伴和受助者提供意见。
- 接受反馈。

展示

当学生展示自己学会了什么和如何学会时，他们亦展示了技能、见解和向某一外部群体提供服务的成果。学生可能会：
- 向同学、教师、家长和（或）社区成员做汇报。
- 就市民关心的问题向当地报纸投文章或信件。
- 创建出版物或网站，帮助他人从学生的经验中学习。
- 展示和表演。
- 创建公共艺术的壁画或摄影展览。

服务 + 学习 = 服务学习

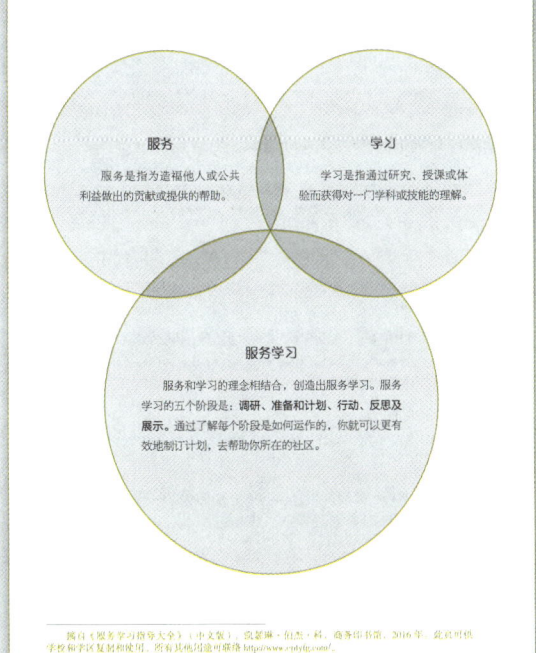

服务

服务是指为造福他人或公共利益做出的贡献或提供的帮助。

学习

学习是指通过研究、授课或体验而获得对一门学科或技能的理解。

服务学习

服务和学习的理念相结合，创造出服务学习。服务学习的五个阶段是：**调研、准备和计划、行动、反思及展示**。通过了解每个阶段是如何运作的，你就可以更有效地制订计划，去帮助你所在的社区。

服务学习规划：

年级：_____

基本目的或问题：

学习内容：

服务需要：

服务主意：	
调研该项需要：	
准备和计划：	
行动：	
反思方法：	
向他人展示：	

青少年的声音和选择：

课程关联：
- ☐ 英语/语言艺术：
- ☐ 社会研究/历史：
- ☐ 数学：
- ☐ 科学：
- ☐ 外语：
- ☐ 艺术和音乐：
- ☐ 技术：
- ☐ 其他：

开发的技能：

所用书籍和其他传媒：

社区伙伴：

57

让学生有机会：

- 体验和探索差异性：

- 参与进展监控：

- 了解相关职业：

- 提高社交、情感和品德上的素质：

- 连接全球：

- 培养领导力：

服务学习体验的持续时间（大致的时间表）：

教师协作：

公众意识或所计划的展示（包括传媒、提醒公职人员、认可及庆祝活动）：

从体验中获得的有形产品：

备注：

小学服务学习规划实例：环境

年级：3 年级

基本目的或问题：
通过教导他人爱护环境，帮助我们自己成为更好的学生和公民。

学习内容：
- 生态
- 减少废弃物
- 堆肥制作
- 回收

服务需要：
我们的社区也许有大量能回收的垃圾，如果学生和社区居民知道垃圾可制作堆肥，他们就能选择参与了。

服务主意：送给虫儿们
在学校和社区里提倡堆肥制作。

调研该项需要：
称量午餐时扔掉的可做堆肥的食物；采访学校清洁工。

准备和计划：
研究生态系统，聆听来自固体废物一体化管理委员会（简称 IWMB）特邀嘉宾的讲座，绘制图表记录废物量及其减少情况，准备废物管理的视频展示。

行动：
安装堆肥箱和虫箱，监测学校粮食浪费情况，把堆肥土捐给学校花园或附近的

（续表）

老年居住区（由老人打理园艺），为家长组织夜晚信息会，其中包括参观项目点和讲授堆肥制作知识。

反思方法：
用再生纸记日志，每周例会上回顾项目阶段性成果，并与固体废物一体化管理委员会伙伴一起进行年度进展回顾。

向他人展示：
向学校社区分发《虫儿之道》通讯，组成一个长长的虫儿形状加入到中国春节游行队伍，同时发放《送给虫儿们》小册子，其中介绍了虫箱的作用和堆肥制作方法。

青少年的声音和选择：
作为持续进行的项目，每年学生都可以根据自己的主意增加一个新组成部分（比如，记日志，排成虫儿形状加入游行队伍）。

课程关联：
☑ 英语 / 语言艺术：
设计一个促进学校制作堆肥与减少废品的活动，编写视频脚本，写信给家长讲述项目内容，撰写《虫儿之道》通讯，编撰《送给虫儿们》小册子。

☑ 社会研究 / 历史：
研究环保人士雷切尔·卡森。

☑ 数学：
绘制废物数量表。

☑ 科学：
研究生命周期，评述生态系统、废物减少与堆肥制作；维护堆肥和虫箱。

☑ 外语：
在堆肥和虫箱旁贴上西班牙语标签。

☑ 艺术和音乐：
设计海报宣传活动。

☑ 技术：
在高中生的帮助下制作如何堆肥的视频。

☐ 其他：

开发的技能：
- 段落结构组织
- 图表编制
- 词汇量
- 时间管理
- 遵循指示

- 排序
- 公众演讲，包括拟订谈话提纲
- 耐心

所用书籍和其他传媒：
- 《堆肥的小动物们》
- 《我想成为环保人士》
- 《堆肥！从你的垃圾里种出花园》
- 《雷切尔·卡森》

社区伙伴：
- 固体废物一体化管理委员会
- 中国春节筹备委员会
- 家长教师学生联合会（简称PTSA），参与"返校夜"活动
- 附近的老年居住区

让学生有机会：

- 体验和探索差异性：
学生通过制作堆肥来探讨人们各种不同的饮食及其文化关联。学生对中国春节有了更多了解之后，对差异性的理解也会提升一个层次。学生制作手册时，会考虑谁是他们的读者群，写给他们社区中的广泛群体。

- 参与进展监控：
学生们观测了学校垃圾的减少情况，并在年初走访每个教室宣传堆肥，2月初时再次访问，查看有多少学生在使用堆肥，有多少打算使用。

- 了解相关职业：
学生了解有关废物治理和城市（市民）委员会里的职业。

- 提高社交、情感和品德上的素质：
学生培养了韧性和耐心。他们在项目初期往往迫切见到结果，想要每个人都可以用上虫肥并看到堆肥的神奇效果。因此，要保持耐心对于学生来说颇具挑战性。他们通过绘制项目进展

图而变得更有耐心，并随着时间的推移看到活动是怎么开展的，成功是如何取得的。

- 连接全球：
与中国春节产生关联增进了我们对全球各地佳节风俗的感受，这是一个学生会理解的兴奋点。

- 培养领导力：
学生努力提高作为领导者的具体素质，即组织能力。他们规划如何收集堆肥、组队宣讲、跟踪对进展至关重要的细节。

服务学习体验的持续时间（大致的时间表）：
该服务最初只承诺做一年。由于学生的兴致与成功，项目已成为持续提供学习机会的年度体验。项目开始时，我们每周花一天的时间，在多学科领域展开。随着项目的进一步巩固，我们每周花两个小时到三个小时维持与监督。学生在午餐和课后时间承担各自的角色，这都是他们很高兴去做的。

教师协作：
所有的教师都乐意把我们班推荐的制作堆肥的书纳入到他们的课程教学中，还欢迎我们的学生去他们的课堂演讲和做报告。

公众意识或所计划的展示（包括传媒、提醒公职人员、认可及庆祝活动）：
一篇报纸上的文章报道了在中国春节游行中的"虫儿"。学生每年向家长和包括老年居住区在内的社区居民做展示和巡讲。

体验中获得的有形产品：
《虫儿之道》通讯、《送给虫儿们》小册子、与高中生搭档一起制作的如何堆肥的视频。

备注：
此活动由加利福利亚州帕洛阿尔托市的一位小学教师小规模试点开始，逐步扩展丰富。这项计划展示了四年时间里会有什么样的发展变化。

第二章 服务学习蓝图

初中服务学习规划实例：移民

年级：6—7年级

(续表)

基本目的或问题：
学生的学习能否从模拟迈向产生真实的社区影响？

学习内容：
- 移民美国
- 成为公民的过程
- 难民安置
- 公共参与

服务需要：
成为美国公民需要有值得社区群体敬重的奉献和努力。这能增强不同文化间的宽容和理解。

服务主题：向新公民致敬
赞助一场在学校举办的公民入籍宣誓仪式。

调研该项需要：
采访移民归化局（简称INS）的官员，了解入籍宣誓仪式以及参与社区活动的需要。

准备和计划：
与移民归化局的官员会面，阅读入籍者祖国的信息，策划入籍仪式活动，取得食物捐赠，装饰礼堂和图书馆，安排教育频道的采访。

行动力：
布置房间，迎接宾客，采访新公民，照相。

反思方法：
记日志，带领小组讨论，确认这些入籍家庭的孩子们对于书面资料和资讯的需要，给移民归化局写信，分享所学到的东西并为下一次活动提出建议，给合作组织者信息反馈并收集意见，阅读并分享来自新公民家庭对这项特别活动的感谢卡件。

向他人展示：
为每个家庭做采访和照片汇编，为这些家庭的儿童准备欢迎包，其中带有：卡通形式的本地区地图，所推荐的运动和娱乐场所，课后和周末活动的清单，一本青少年成长指南，一个小日记本和一支笔。

青少年的声音和选择：
开发该主意，确立合作伙伴，组成多个委员会，计划采访，设计并制作为这些家庭的儿童所准备的欢迎包。

课程关联：

英语/语言艺术：
写募捐信和感谢信；记日志，阅读关于民族经历的文献，写新闻稿，学习新闻汇。

社会研究/历史：
参与一次埃利斯岛模拟；听来自移民归化局嘉宾的讲话；研究入籍者祖国的情况——包括历史、当前事件和文化（食物、音乐、传统）；就新移民向公民的过渡采访这些新移民。

- □ 数学：
- □ 科学：
- ☑ 外语：
  找出所学语言国家的问候语，包括正确的发音；把问候语用在横幅上。
- ☑ 艺术和音乐：
  收集来自众多文化的音乐；让学校合唱团参与进来，演唱一首借鉴不同文化的混编歌曲。
- □ 技术：
- □ 其他：

开发的技能：
- 组织和计划
- 写信
- 采访
- 解决问题
- 团队合作

让学生有机会：

- **体验和探索差异性：**
  学生在计划移民入籍宣誓仪式时，调查移民的祖国，开会讨论人们移民美国的不同原因以及人们寻求政治庇护的特殊情况。他们从一代人和下一代人身上看到了需求差异。

- **参与进展监控：**
  不适用。

- **了解相关职业：**
  学生了解在政府以及国内外致力于难民援助的非政府组织中的职业。

- **提高社交、情感和品德上的素质：**
  学生用关于他们社区居民的准确信息取代成见。他们也更加为他人着想，有爱心，思想开明。

所用书籍和其他传媒：
- 《那条裙子》
- 《猎转》
- 《突破》
- 《在世界中间：世界难民来到我们镇》（节选）
- 《群山后面》
- 《说悄悄话的织布：一个难民的故事》
- 《社会行动儿童指南》
- 《移民：该怎样掌控？》
- 《非常重要的一天》

社区伙伴：
- 移民归化局
- 城市里的不同文化计划
- 教育电视台频道
- 波特兰出版社

- **连接全球：**
  学生增加了对人们移民原因的认识，并且增加了对存在于世界各地的当代全球问题的认识。

- **培养领导力：**
  该体验为青少年的主动性和创造力提供了极佳的机会。学生开心地学习其他文化、创造友好欢迎的环境。他们在学习中展现了主动性，并在帮助同学更好地理解复杂问题上做了榜样。

服务学习体验的持续时间（大致的时间表）：
大约两至三个月，在项目刚启动和进行之前会多用一些时间。每个班在做这项学习活动，已经持续了几年。

教师协作：
全校教师看到了这项活动对于他们班级以及整个社区的重要价值，在活动临近时从课堂教学中让出时间来配合。许多班级热情参与，他们制作海报和装饰品，帮助翻译并阅读相关资料来精通活动的主题。

公众意识或所计划的展示（包括传媒、提醒公职人员、认可及庆祝活动）：
学生从社区寻求捐助，并就他们所做的活动以及要解决的议题教育当地的企业。学生撰写媒体新闻稿并邀请媒体参加入籍宣誓仪式。另外他们也邀请了当地官员和学校理事会成员。此项活动以向新公民庆祝画上句号。

从体验中获得的有形产品：
欢迎包样板，区域地图，社区信息列表。

备注：
这项服务学习体验在缅因州波特兰市的莱曼·穆尔初中开展。这项活动由埃利斯岛模拟活动所引发的学生兴趣和创意活动发展而来，模拟活动教给学生更多关于他们所在的社区的东西，来自世界各地的人们在这里重新开始生活。与移民归化局和市政办公室的合作是项目的必要组成部分。

高中服务学习规划实例：读写能力

年级：9年级

(续表)

基本目的或问题：
辅导与被辅导的关系如何帮助学生更好地认识自己的学习方式？

学习内容：
- 人际关系
- 公共参与
- 儿童心理学
- 书籍制作
- 以身作则

服务需要：
在辅导关系中，年长的学生和被他们辅导的年幼学生相互学习，共同受益。年幼的学生在读写方面需要鼓励。

服务主题：读书伙伴
指导年幼的孩子制作书籍，合作为社区制作书籍。

调研该项需要：
访谈学前班老师，了解他们所需要的书籍产品，在儿童发展专家的参与下，与年幼的孩子互动。

准备和计划：
针对童年生活和所喜欢的书反思；参加有儿童心理学专家参与的互动式研讨会，了解学习的类型和加德纳的多重智能理论；阅读儿童书籍；分小组讨论关于和孩子

做故事的方法；设计体现不同智力类型的课程；以新书的主题达成共识（选择"友谊"来对抗欺凌）；获取制作书籍的材料，学习书籍装订技术；安排物流和交通。

行动：
走访一个学前班二次。(1) 认识孩子们，一起读书。(2) 以友谊为主题，讨论写书的点子，并开始故事创作。(3) 完成故事创作并配上插图。将做好的书分发给孩子，学校和公共图书馆。

反思方法：
与年为"日记伙伴"的同学合作记日记，"日记伙伴"阅览日记条目并提供反馈，老师会每周阅读日记并给予反馈。每次访问学前班后，用角色扮演和解决问题的方式，参与班级讨论。撰写反思短文，探讨如何将多重智能理论应用到学生的日常生活中。

向他人展示：
在学区的服务委员会会议上，展示这项与学前班学生的服务体验。

青少年的声音和选择：
制订项目计划，找到学前合作班级，撰写读写能力基金申请书，打电话，获取捐助，设计回访活动。

课程关联：

英语/语言艺术：
撰写基金申请书；阅读并分析儿童读物

的内容、格式和风格；创作一本书；写信寻求捐助和优惠商品。

☐ **社会研究 / 历史：**
儿童心理学研究。

☐ **数学：**
对从本校或某项读写能力基金收到的拨款做预算管理。

☐ **科学：**
研究大脑在处理多重智能时是如何运转的。

☐ **外语：**
在西班牙语老师的帮助下，准备和能说双语的年幼孩子对话。

☐ **艺术和音乐：**
艺术课的学生做有关插图的展示，让学生了解各种风格；和孩子们共同创作插图；装订书籍。

☐ **技术：**
使用电脑技能为书籍制作的流程创作设计方案和模板。

☐ **其他：**

让学生有机会：

- **体验和探索差异性：**
和不同族裔、不同语言的孩子们在一起，与他们的兴趣对接，进行有深度的谈话。学生也了解到双语发展是一个优势，并惊叹于那些在幼年时期就熟练掌握了两种语言的孩子们。

- **参与进展监控：**
在每一次到访学前班时，学生特别重视在两个层面进行评估：社交舒适度和学业进展状况。他们利用来自儿童心理学家的信息，观察孩子们的反应，并施予积极的影响。他们还观察记忆持续力，哪些事情孩子在下一次访问时还会记得。在头两次访问结束时，他们留下一个问题"你想从这次的访问中记住什么？"，而后对每个孩子进行跟进。在每次访问结束后，他们也会询问老师，在观察孩子的互动时，她注意到了哪些进步。

开发的技能：

- 组织力
- 领导力
- 计划
- 各类文体写作——提案书、感谢信、叙事文
- 沟通——电话联系供应商，和小学老师打交道，计划小组内部沟通，和孩子合作

所用书籍和其他传媒：

- 《胆小的鸭子》
- 《操脚鸭和毛毛虫》
- 《玛格丽塔和玛格丽特》
- 《蝴蝶》
- 《喃，小蚂蚁》

社区伙伴：

威尔·罗杰斯小学
凯利纸业供应商
学区服务学习顾问委员会

- **了解相关职业：**
学生了解了儿童心理学和教育（老师和管理者）方面的职业。

- **提高社交、情感和品德上的素质：**
学生掌握了以下方面的技能：自我反思，特别是对比自己和这些孩子的学习风格和偏好；关爱他人；幽默感；以积极支持的态度与同龄人和年幼的孩子交往。

- **连接全球：**
不适用。

- **培养领导力：**
学生修订了老师最初提议对他们给小学生读书的计划，重新安排体验内容，与孩子们一起度过一段时间，以便更深入地领会这个学习过程，并为社区创作书籍。学生撰写的服务计划，得到校长的批准，他们找出一位与小学对接的班级联络人、几个物流专家、一位预算经理和几个赞助演说者，并派代表在学区服务学习顾问委员会会议上做报告。

服务学习体验的持续时间（大致的时间表）：
体验长达三周。

教师协作：
两个不同学校的老师合作。

公众意识或所计划的展示（包括传媒、提醒公职人员、认可及庆祝活动）：
学生在学区服务学习顾问委员会会议上做报告，当地报纸专门报道了这项活动，并附有照片。

从体验中获得的有形产品：
送给学前班学生的书，把多余的书放在学校图书馆和班级教室里长久使用。

备注：
这项服务学习体验被作为一项服务要求开始于加州圣莫尼卡高中。通过学生的创意活动和规划，使该计划从为小学生朗读的一次性活动转变为一个长达三周的阅读项目和书籍制作尝试。在这些班级和学校之间建立了持续的联系。

初中服务学习规划实例：特殊需要和残障

年级： 预备学前班到 8 年级[①]

基本目的或问题：
有特殊需要的孩子在学习中转换使用的技能的同时，如何为他们的社区做贡献？

学习内容：

- 我们的邻里社区
- 老年人
- 植物的生命周期
- 慷慨行为

服务需要：
两个人群很接近，但没有交往；交流对双方都有好处。

服务主意：做好邻居
为居住在养老院的老人们送盆花。

调研该项需要：
一群有特殊需要的学生和他们的老师走访了附近的养老院，带去了万圣节鬼饺花。他们注意到养老院里除了假花外，没有鲜花和植物。他们还看见人们坐在户外一个空空如也的台阶旁上。学生正在学习植物，想到老人需要更新鲜、美丽的东西。

准备和计划：
学习有关植物的知识，从种子开始育幼苗，用闪光的颜色给花盆上色，用丝

（续表）

带装饰花盆，和环境科学课的高中生们一起在花盆里种花苗。

行动：
到养老院送植物，和老年人交流，为中心创作图画故事。

反思方法：
学生写书或口述让老师写下他们对体验的反思。老师们反思并讨论每个学生的参与和发展程度。

向他人展示：
由于这次成功的活动，在接下来的一个周末，学生和他们的家人一起在养老院的户外花园里种花。老人们和养老院的职员或是帮忙或是照看孩子们并与他们互动。大多数家长告诉我们，这是他们的孩子第一次参与社区活动。

青少年的声音和选择：
对于自闭症的孩子，做选择是一项重大技能。这个项目提供了很多做选择的机会：选颜色、选择种的植物，为他们的家庭选择种盆花。

课程关联：

☐ **英语 / 语言艺术：**
通过故事书和城市板游戏，学习植物的生命周期，制作关于植物生命周期的序列书，和老人们练习会话能力。

☐ **社会研究 / 历史：**
了解社区（那所高中和养老院）；讨论社

区参与、服务和慷慨付出。

☐ **数学：**
测量植物的生长情况，制作图表。

☐ **科学：**
把种子种在塑料袋里，观察它们发芽，将幼苗移植到土里，画植物图。

☐ **外语：**

☐ **艺术和音乐：**
画图并做标签，写图画故事。

☐ **技术：**
使用电脑技能，打字输入故事内容。

☐ **其他：**

开发的技能：

- 艺术——剪裁、粘贴、描摹

让学生有机会：

- **体验和探索差异性：**
大部分学生从来没有到过养老院。这是一个走访和会见老年人的机会。通过体验，学生了解到他们也可以为老年人付出。他们和高中生一起工作，这些高中生帮助他们准备植物，送给养老院。

- **参与进展监控：**
学生监测他们的种子的生长情况，决定什么时候可以把植株送到养老院。

- **了解相关职业：**
学生亲自了解了医生、护士、护理员和食堂师傅的工作。在一次工作庆祝活动中，每个学生选择一个职业，穿上制服，展现自己在从事该职业一样。

- **提高社交、情感和品德上的素质：**
学生练习社交欢迎信，对他人展现慷慨、关心、合作和善意。

- **连接全球：**
学生接触了来自不同国家的老人，引发出有关移民的课堂讨论。

- 手写
- 绘画
- 做选择
- 坚持到底
- 从一个处境到另一个处境过渡
- 社交和互动

所用书籍和其他传媒：

- 《杰克的花园》
- 《巴德》
- 《收获色彩：种菜园》

社区伙伴：

高中环境科学课老师
养老院

[①] 有自闭症的孩子，由 10—11 年级的高中生提供部分协助。

第二章 服务学习蓝图

- 培养领导力：
  一些学生帮助那些需要帮助的同学做艺术作品，栽种或运送植物。当学生和他们的家庭在花园劳动时，他们一起劳动，完成诸如挖洞和在洞里种下植物等任务——无论孩子的能力高低，都能参与进来。

服务学习体验的持续时间（大致的时间表）：
这个项目从培育幼苗到赠送植物需要三到四个月。

教师协作：
所有教职员工都帮忙计划。

公众意识或所计划的展示（包括传媒、提醒公职人员、认可及庆祝活动）：
无。

从体验中获得的有形产品：
养老院的每一位老人都收到一盆花。老人们有了一个长满花的花台。他们常坐的凉台旁也种了绿色植物。学生也开始在养老院做义工。

备注：
养老院变或我们密苏里州圣路易斯市巨大步伐学校这一项目的特殊需要学生长期服务的对象。在节日里，我们到养老院分享节日装饰，进行节目演出、体操表演，教老人做力所能及的锻炼。有一个学生每星期到养老院为他们讲故事。其他一些学生到食堂帮助准备好饭桌，或为老人们送信件、年历和报纸。

这个项目是根据孩子的能力加以个性化设计的。这所学校位于一所高中的校园里，所有自闭症学生都到该校的环境科学课堂参观。高中学生也来他们的班上。有些学生要求多栽几盆花，连同描述他们服务学习体验的故事书一起，送给自己的父母。

准备个人清单

每一个学生都会为班级带来他们的兴趣、技能和才干。你的任务是通过制作个人清单发现这些兴趣和才能。用个人清单模板去采访另一名学生，发掘其对小组有帮助的能力和兴趣。填写此模板作为准备。

熟悉术语
这三个术语之间有什么区别？
兴趣：
技能：
才干：

主动倾听
列出良好倾听者的三个标志。
1.
2.
3.

列出倾听时应避免的三种行为。
1.
2.
3.

组成三人小组，一个人就某题目讲两分钟，另外一个人倾听，第三名成员竟察倾听者并记录如下内容：
- 良好倾听的例子：
- 改进意见：

现在，交换角色，重复进行。

访谈

获取信息式提问
看看个人清单模板，你会提出什么样的问题来找出这个人的兴趣？

鼓励性提问
有时，人们需要一点鼓励去回答问题。如果你采访的人说："我不知道。"你可以这样回应：
1. "每个人都有兴趣。例如，我对_____感兴趣。你呢？"
2. 添加其他回应：
3. 添加其他回应：

探究性提问
探究性提问能够更加深入。例如，如果你问："你的兴趣是什么？"你访谈的对象回答："音乐。"接下来你会问什么？提示：一个人可以是听音乐和（或）演奏一种乐器，而音乐又分很多种。

写两个探究性提问的案例：
1.
2.

记笔记的窍门
- 书写清晰，稍后你可以看清自己的字迹。
- 留意关键词。
- 不要使用完整的句子，记笔记的目的是以短语和单词来抓住关键想法。
- 添加你自己的窍门：

个人清单

我们每个人都有兴趣、技能和才干。它们是什么？

兴趣是你思考和想更多地了解的东西，例如：外太空、流行音乐或如同一场世界大战的历史事件。你对动物、电影、不解之谜或探访遥远的地方有兴趣吗？你收集什么东西吗？

技能和才干是与你喜欢做的事、擅长做的事或做起来很轻松的事情有关的。你有特别喜欢做的活动吗？你在学校有一门喜爱的学科吗？你唱歌、吹萨克斯管或学习芭蕾舞吗？你懂得一种以上的语言吗？你能做饭吗？你有花园吗？你喜欢画画或踢足球吗？你有什么特殊的计算机能力吗？

找一个伙伴轮流互相采访，找出对方的兴趣、技能和才干，并发现如何帮助过别人，以及用人怎样帮助过你。然后，把你们的发现编成一个班级图表。这个图表在你的服务学习之旅中将会派上用场。

兴趣： 我喜欢学习和思考……

技能和才干： 我可以……

帮助别人： 描述一次你帮助他人的经历。

接受帮助： 描述一次别人帮助你的经历。

针对社区需要收集信息

你的社区需要什么？用以下四大类别的问题作为导引，发现社区的需要。整个班级可能会同意探讨某个话题，例如，孩子们在学校如何融洽相处、饥饿和贫困或共同关注的环境问题。或者，你们可能会决定去了解学校或周边地区的普遍需要。

建立几个小组，每个小组专注于一个类别并以不同的方式去收集信息。

找出有关 _____

媒体

你的社区有哪些媒体（报纸——包括学校报纸、电视台、广播电台）可能会提供有用的信息？列出与不同媒体合作去了解的社区需要的方式。

访谈

想想在你的区域里，谁会是了解该话题的内行——也许是学校里或在当地一家组织或政府办公室的人士。写四个相关的访谈问题。

接受访谈者 _____

问题：
1.
2.
3.
4.

问卷调查

问卷调查可以帮助你找出人们对一个话题有何了解或想法，并获得提供帮助的灵感。谁是

问卷调查的对象——学生、家人、邻居？你想对多少人进行调查？列出三个调查问题。

问卷调查对象：_____ 问卷调查数量：_____

问卷调查问题
1.
2.
3.

观察和经验

如何通过自己的观察和经验去收集信息？你会去哪里收集？你在那里会做什么？你会如何记录你的发现呢？

下一步：分享你的想法。制订一个使用这四种类别收集信息的计划。如果你们是以小组为单位，每个小组可能想要与其他组的人一起参与。例如，每个人都可以帮助实施问卷调查和收集结果。把你了解到的信息编成一个社区需要列表。

谁在帮忙？
政府和社区团体

谁正在帮助解决你所找出的社区需要？了解谁在着手解决这一需要，可以帮助你规划服务学习体验，寻找伙伴在一起工作，并让他的贡献有用。

政府机构和社会团体是帮助解决社区需要的两类群体。他们努力满足眼前的需要并寻找长期的解决方案。政府机构和社会团体是：

- 本地性的——你所在的城镇和城市里
- 区域性的——你所在的州或省里
- 全国性的——全国范围
- 国际性的——全球范围（虽然没有某个政府机构是国际化的，但联合国组织是许多国家的政府一起工作以满足各种需要的途径之一）

从哪儿开始？为了解政府和社会团体，联系社会服务部门或你所在地区的民选官员办公室。你也可以从一家帮助解决该问题的组织开始，比如食物银行或动物收容所。

研究小窍门
  电话簿——开头几页通常会列出本地、州和联邦政府机关的电话号码。
  互联网——政府部门和许多社区组织都有易于使用的网页，列出关于各种议题的信息以及如何了解更多。
  学校办公室——询问是否已经与学校合作的社区组织名单。
  民选官员——他们往往有工作人员来回答问题，提供联系方式和资讯。

打电话小窍门
1. 列出你想提的问题。
2. 在拨打电话之前，找个朋友练习。
3. 首先自我介绍，并简要说明你在做的事，然后问对方是否方便讲话。
4. 让对方知道这通电话要多长时间。
5. 打完电话后，送一张感谢卡或电子邮件跟进。

填写下页模板，了解政府和社会团体针对你所选择的社区需要是如何提供帮助的。你可以决定是自己做，还是与伙伴方或以小组为单元来做。

政府和社区团体就 _____ 正在做的工作

找出属于下述类别的团体	关键议题	网站/其他联系方式	他们在做什么	孩子们可以如何帮忙
本地性：				
区域性：				
全国性：				
国际性：				

第二章 服务学习蓝图

采取行动

第1步： 想想自己社区里的需要。做一个列表。

第2步： 找出你所知道的。
- 挑选一项社区需要；
- 是什么原因造成的？
- 谁在帮助解决；
- 我们可以帮忙的方式有哪些？

第3步： 了解更多。
- 针对该项社区需要以及谁在帮忙，我们还需要了解什么？
- 我们怎样去了解？

第4步： 规划行动方案。
- 为了帮助我们的社区，我们将：
- 要做到这些，我们将承担这些责任：

谁做	将做什么	何时完成	所需资源

摘自《服务学习指导大全》（中文版），凯瑟琳·伯杰·科，商务印书馆，2016年。此页可供学校和学区复制和使用。所有其他用途可联络 http://www.cptsfg.com/。

服务学习提案

学生或班级：_____
老师：_____
学校：_____
地址：_____
电话：_____ 传真：_____ 电子邮件：_____

项目名称：_____

需要——为什么这个方案是必需的：

目的——这个方案将如何提供帮助：

参与——谁会帮忙，会做什么：
    学生：_____
    老师：_____
    其他成人：_____
    机构或者团体：_____

结果——我们期望自己工作的结果是：

我们怎样查验结果——我们会收集哪些证据以及如何使用：

资源——我们需要什么资源才能把工作做好，比如物资等（在背面逐项列举）：

签名：_____

摘自《服务学习指导大全》（中文版），凯瑟琳·伯杰·科，商务印书馆，2016年。此页可供学校和学区复制和使用。所有其他用途可联络 http://www.cptsfg.com/。

我们的服务计划

学生或班级：_____
老师：_____
学校：_____
地址：_____
电话：_____ 传真：_____ 电子邮件：_____

项目名称：_____
我们的主意：_____
这如何有助于他人：_____

学生的姓名和工作：
姓名：_____ 所做工作：_____
姓名：_____ 所做工作：_____
姓名：_____ 所做工作：_____

其他会帮忙的人：
学生：_____
老师：_____
其他成人：_____
机构：_____

所需物资：_____
我们的预期：_____

签名：_____

摘自《服务学习指导大全》（中文版），凯瑟琳·伯杰·科，商务印书馆，2016年。此页可供学校和学区复制和使用。所有其他用途可联络 http://www.cptsfg.com/。

社区联络信息

机构名称：_____
关键人员：_____
地址：_____
电话：_____ 传真：_____ 电子邮件：_____

位置（注：是否靠近学校）：

服务需要（注：持续性或短期性）：

学习机会：

联络日期：_____
联络负责人：_____

后续跟进信息（记录所有电话沟通、来访等。必要时可继续在背面或另一张纸上做笔记。）

摘自《服务学习指导大全》（中文版），凯瑟琳·伯杰·科，商务印书馆，2016年。此页可供学校和学区复制和使用。所有其他用途可联络 http://www.cptsfg.com/。

宣传——将设想付诸行动

我们已经知道的

服务主意：

社区需要：

社区伙伴：

新的想法和可能性

新的社区联结：跳出框框思考

证据：记录我们的活动、成就和结果

捐赠：需要哪些物品（如：传单、T恤、气球）？谁可能会捐赠物品？

媒体热播：新闻稿、广播节目、有线电视、新闻报道、博客等

筹款的点子和资源：

展示机会：学校、社区活动和社区组织

后续跟进

角色和职责：谁负责做什么？

行动记录

在你把计划付诸行动时，使用此页作为剪贴簿，记录发生的事。可以添加艺术作品和照片，或用胶水贴上剪报文章。

> 一页纸可能不够。你可能想在笔记本里写下自己的服务学习日记，或是让全组人使用一个大剪贴簿。

今天发生了什么事？

有没有帮助服务体验变得更好的新主意呢？

捕捉瞬间！添加一幅你所做或所见的照片或图画。

进展监控

你会采用什么样的方法监控进展？

☐ 观察
☐ 收集数据
☐ 访谈
☐ 问卷调查

其他方法：
☐ _____
☐ _____

日期：_____
第一步：建立基线——有何需要？

日期：_____
第二步：造成什么显著变化？

日期：_____
第三步：有何其他变化？

日期：_____
第四步：描述进展的证据。

日期：_____
第五步：提供调查结果总结。

反思顺序

此文件可以用作检查表以记录自我反思。记得反思要与基本目的或问题一致。

准备时

当服务学习过程开始时，找出学生知道的：有哪些想法和假设？他们是在哪里学的，怎么学到的。学生期待会发生什么？他们期待学到什么，有怎样的感觉？根据不同的情况，可以给学生一个想法或问题，引导他们感受服务体验。这会鼓励他们更细心地观察，并增强他们对某项具体需要或要采取的行动的意识。

发生了什么：

行动过程中

细心观察。学生重视什么？你听到哪些议论？你看到哪些行为？你可以做笔记，日后在服务后的反思环节做参考。在现场反思时，学生有时会提出能够改进其体验和贡献效果的见解或建议。

发生了什么：

服务之后

变换不同的反思方法。在讨论该服务之前，要求学生先写下对讨论提示的回应。这能保障每个学生体验的完整性并确保每个人都有贡献。当学生更加娴熟时，要他们为自己和同学设计一个反思过程。让学生在展示服务学习成果时借鉴反思。

发生了什么：

反馈

提供非主观的反馈。如果你可以读（学生的）日志，问（他们）你能否在日志中或另附一张纸写下回应。好好倾听，提问题。欣赏所揭示与发现的内容。

发生了什么：

第二章　服务学习蓝图

四方格反思工具

发生了什么?	我有何感受?
有哪些主意?	有哪些问题?

社区反响

机构名称：_____
地址：_____
电话：_____ 传真：_____ 电子邮件：_____
联系人：_____
教师/班级：_____
访问日期：_____
访问目的：_____

请回答下列问题，来帮助我们了解今天的服务体验，以及将来怎样更好地满足贵机构的需要。

今天的体验对贵机构有何好处？

您对将来的访问或互动有何建议？

您有何服务需要是我们学校将来可以协助的？

您和贵机构其他人对孩子和我们学校有哪些是以前不了解而此次有所了解的？

感谢您的其他意见：

谢谢！请将填好的模板按下面地址寄回给上面列出的教师。

一有所知，即做展示！

你已经把计划付诸行动，并看到了结果。现在该是展示的时候了。在这个阶段，告诉别人你对该话题的了解，你是如何了解的，你对社区有何贡献。服务学习的展示可以采取自己喜欢的任何形式：信件、文章、视频、小册子、艺术展示、演出或幻灯片演示。

为了让展示达到最佳效果，请回答下列问题：

谁是你的观众？

关于你所学到的，你最想告诉大家的是什么？

关于你如何提供服务，你最想告诉大家的是什么？

你想让社区伙伴参与这个展示吗？

你喜欢用什么样的展示形式？

用另外一张纸，写下你的展示计划。

> 如果你是班级或青少年团体的一部分，那么与一起工作的人分享你的展示想法。你如何能把每个人的才干和技能最好地用于展示之中呢？

服务学习评估：第一部分

服务学习体验

回答与你的服务学习活动相关的问题。

学生的学习
- 达到课堂内容和技能上的预定目标了吗？
- 有何未能预见的结果吗？
- 学生有创新精神或发展领导技能了吗？
- 学生是否能够进行反思，并把他们的体验置于更大范围的社区或社会背景中？
- 学生可以识别出他们在认知和情感上的成长吗？

服务的影响
- 学生能够明确说明其服务工作的需要和目的吗？
- 做出了什么贡献？
- 服务如何帮助或阻碍了社区的改进工作？
- 伙伴机构对互动满意吗？
- 新的关系是怎样形成的？
- 完成了既定的服务计划、活动或产品吗？

过程
- 这个体验如何影响或改变了教师教导和儿童学习的方式？
- 规划过程的效果如何？
- 你对整体改进有什么想法？
- 在将来的活动中，学生如何能拥有更大的自主权？
- 怎样才能改善或加强社区伙伴关系？

服务学习评估：第二部分

服务学习体验：＿＿＿＿＿＿＿＿＿＿

识别每个阶段所用方法以及每个标准是否呈现。

服务学习的五个阶段

调研
- ☐ 收集个人清单
- ☐ 验证社区的需要
- ☐ 其他：

准备和计划
- ☐ 研究
- ☐ 文献
- ☐ 实地走访
- ☐ 访谈
- ☐ 其他：

行动
- ☐ 直接服务
- ☐ 间接服务
- ☐ 研究
- ☐ 倡导

反思
- ☐ 讨论
- ☐ 日志
- ☐ 角色扮演
- ☐ 其他：

展示
- ☐ 演示
- ☐ 表演
- ☐ 文章
- ☐ 其他：

学前班—12年级服务学习优质实务标准

☐ 有意义的服务
服务学习让参与者积极投身于有意义且与个人相关的服务活动。

☐ 课程关联
服务学习旨在作为一种教学策略，以达到学习目标或学业标准。

☐ 反思
服务学习融合多种具有挑战性的反思活动，这些反思活动持续进行，激发大家深入思考并分析自身及其与社会的关系。

☐ 差异性
服务学习促进对差异性的理解以及所有参与者之间的相互尊重。

☐ 青少年的声音
青少年在成人指导下规划、实施和评估服务学习体验，服务学习为青少年提供了强有力的声音。

☐ 伙伴关系
服务学习伙伴关系是合作互惠并针对社区需要的。

☐ 进展监控
服务学习让参与者参与到对实施质量和实现具体目标的进展情况不断进行评价的过程中，并将评估结果用于改进和可持续发展。

☐ 持续时间和强度
服务学习要有足够的时间跨度和强度，以应对社区的需要并取得具体的成果。

学生自我评价

姓名：＿＿＿＿＿＿ 日期：＿＿＿＿＿＿

服务学习体验：＿＿＿＿＿＿＿＿＿＿

学习

- 从开展服务的准备工作中，你学到了哪些信息？

- 通过这些活动，你开发了何种技能？

- 这次体验如何帮你更好地理解我们一直在研究的主题和课题？

- 通过这一服务学习体验，你学到了以下哪些相关内容：
  ——自己？

  ——与他人合作，包括你班里的同学？

  ——所在社区？

- 你将如何把此次体验所学习到的知识在不同的情况下加以运用？

服务

- 你提供的服务是针对什么需要的？

- 你做出了哪些贡献？

- 全班整体上做了哪些贡献？

- 你的服务是如何影响社区的？

过程

- 你和其他学生是怎样帮助做规划的？

- 你是怎样做决定和解决问题的？

- 最初的计划和实际行动之间有何不同？

- 你有何主意以进一步改善此次体验？

课程关联图

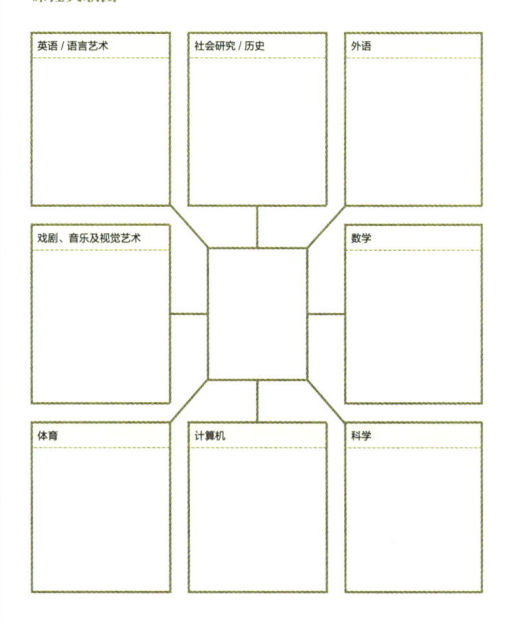

英语/语言艺术	社会研究/历史	外语
戏剧、音乐及视觉艺术		数学
体育	计算机	科学

第三章 专题章节和服务学习书架

现在你已经了解到什么是服务学习以及如何使用它，我们可以开始了。你已经做好准备去探索供你和学生选用的常见服务专题和文献资讯了。本书第二部分包括服务学习活动通常选用的 13 个不同专题，这些专题是由美国各地的师生相互交流而确定的。在这些专题章节中，有概述、活动、主意、课程关联以及资讯等内容，帮助你围绕给定的专题，开发并通过适度调整创建适当的服务学习体验。服务学习书架是每个专题章节的一个主要部分，其中列出涉猎广泛并适用于不同年龄的代表性书目，供你和学生使用。本章阐释各专题章节的结构和资讯，以及如何使用其中的内容和主意，来加强你的服务学习活动。

一、导览：关于专题章节

在你考虑设计服务学习计划的过程中，你可能会琢磨：

- 在服务学习中，哪些是最经常受到关注的社会问题呢？
- 什么活动可以帮助学生做好服务的准备？
- 有哪些经过检验并真实可行的服务学习主意？
- 哪些书籍可以用来教导年轻人，激励他们阅读和行动？

各专题章节中有大量服务学习实务中所采用的主意和资讯，来回答这些问题。专题章节涉及：艾滋病教育和意识，动物保护与照顾，老年人，应急准备就绪，环境，园艺，健康生活、健康选择，饥饿、无家可归和贫困，移民，读写能力，安全和强大的社区，社会改变：议题和行动，特殊需要和残障等。为简便起见，各专题章节按英语原文的字母顺序排列。

每个专题章节包括：

- **介绍性评述**：关于该专题及服务学习的评述。为你提供有关该专题的基本信息，让你对其重要性有一个概念。
- **启发性格言**：这些格言可以用在服务学习体验的整个过程中，激发学生去调查研究、准备和自省，并且可能在行动中直接应用。"可引用的格言"（见 90 页）中列出一些格言，供你和学生使用。

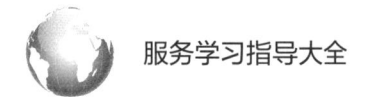

可引用的格言

如何使用在本书随处可见的格言呢？如何用它们促进读写技能和服务学习呢？在我们当前的成人和青少年文化中，人们过于频繁地随意用词，可能造成相互伤害，有时甚至是故意的。通过教育，我们能够以身作则，矫正用词，并为孩子提供机会以积极的心态用词。词语可以用来升华个人自身的知觉、感受和创意，然后把那些创意转变为行动——这是服务学习全部的根本所在。

在"可引用的格言"（见90页）中所提供的10个步骤序列，已经由世界各地的教师们极其成功地采用过。例如，所有年龄的学生都能为格言作画，展示他们的理解力及其对格言中常有隐喻的理解。然后考虑如何把这些画用于服务学习：

- 学生在学校里寻找可以利用格言来改善的地方。他们在体育馆旁放置文斯·隆巴尔迪教练的格言："信心有感染力，缺乏信心亦如此。"在图书馆放置喜剧演员格劳乔·马克思的这句格言正是地方："我必须说，我觉得电视很有教育性，每当有人打开电视，我就立即去图书馆读本书。"各班轮流，每月变换格言，这样会触发一场激动人心的地毯式搜索，让每个人留意寻找可引用的格言。

- 作为计算机实验室的一部分，学生开发出屏幕保护程序来显示可引用的格言，并发给教工和学校理事会。

- 在拜访退休社区的老年人时，学生询问"你最喜爱哪些格言"。许多老年人都有他们在生活中所遵循的格言或谚语，往往反映着他们的文化传承。这个问题引发出关于籍贯和家庭背景以及这些词语如何影响了他们一生等的对话。在学年快结束的最后一次访问中，学生呈上自己创作的艺术作品，上面使用了他们在首次访问时分享的词语——一份细心的礼物，纪念着一起度过的美好时光。

- 在你们社区的哪些地方可以用格言艺术来增添色彩？在人们排队的地方，从医院诊室到银行——让学生开出一份可以让孩子们展示画作的地点清单。还有，对学校来说，一条简单的标语可以是提高知名度的重要机会："格言艺术由（插入学校名）学生带给你。"

在你通读10个步骤时，寻找扩展读写技能的方法，将自己的创造加以实际应用并进行整合，你会从中发现创意。

第9步是："（别人）会因什么样的格言记住我？"老师们给我发来学生用于结束语的格言样本。这句由得克萨斯州一名3年级学生创作的格言始终深受喜爱："生命如同一根枝条，不要折断它。"

- **活动**：帮助你让学生做好准备，去做有关该专题的服务学习。某些活动会引起初步的想法和讨论，另一些活动则可能促进与该专题有关的学习和技能开发。这些活动可以适用于所有年龄、不同的年级程度和不同的情形。
- **机构组织和网上资讯**：都是针对专题的具体内容，而不是泛泛地针对服务学习。这会引导你找到有信誉的组织或信息丰富的网站，能帮助你和学生启动研究和计划。
- **一个课程关联图**：向你提供（服务学习）与各门课程之间有何关联的宽泛样板，你可以根据专题加以调整。
- **服务学习实例**：已由小学、初中和高中的学生成功实施的案例。其中可能正好有你一直在寻找的主意或资讯，或者某个实例能启发你想出另一个主意——更适合学生和社区的需要。注意：书中所提供的年级程度仅供参考，绝大多数实例和主意都可以越出其年龄组，经过调整后用于更为年幼或年长的学生。
- **服务学习书架**：针对每个专题。你会在此找到综合性文献书目，帮助你把课堂学习及读写，与为社区所做的服务联系起来。这些书架共有300多本书，每本都带有注释并进行了分类，以便查找、参考和使用。在光盘中可以找到更多书目，包括最近出版或者已绝版但仍有查找价值的书。

在你采用第二部分专题章节中的活动时，请继续参考第一部分，尤其是当服务学习实务对你来说还是相对较新的领域，或者你正在领导教工发展研讨会，向其他人提供服务学习知识，或者你只是提醒自己服务学习的五个阶段和学前班—12年级服务学习优质实务标准时，更要如此。在你持续应用这些关键性概念的过程中，第二章结尾部分各种可复制的模板，可以帮助你启动计划和组织工作。

二、关于服务学习书架

清理出一个书架，开始收集书！每个专题章节的服务学习书架装满了为提升你的服务学习活动所选的非虚构类、图画书、虚构类等书籍。每个书架包含以下类别的书目：

- 描述他人的服务经历。
- 介绍重要的社会话题。
- 讲述历史故事。
- 提供带有原始来源的参考资料。
- 展示各种写作风格。
- 示范讲故事的不同方式。

- 增加学生阅读兴趣。

- 鼓励思辨（辨别性思考）和讨论。

- 让学生准备好与各种人群进行交往。

- 提炼学生在社区中的体验。

- 激发学生做服务。

不管你是朗读还是默读，每个书架上的书籍都保证会让你和学生微笑、欢愉、哭喊、思考、琢磨、梦想、计划、希望和行动。

文笔好的书可以提供诸多好处。它们直接触动学生的好奇心和求知欲。它们给学生提供所需要的信息，帮他们迈向更高一级的能力水平，或激发他们思考重要话题。作家们示范如何写作、如何创造性地思考，以及怎样讲述自己亲身经历的故事。当那个故事表达着学生共同关注的话题时，就会呈现出学生自己的行动可能。

> 阅读健脑如同运动健身。
> ——约瑟夫·艾迪生，诗人

阅读是学习的基础，但是书籍的力量有限。在课堂上，我们需要用书籍激发学生去行动——书籍提供了相关知识，并激发出学生参与服务的内在动机。服务学习书架上的每本书都是基于这样的考虑而选择的。许多书还可以为教师、项目人员或家庭成员提供重要资讯，使他们用来介绍一个话题、扩充知识或者开发探究性思维。

三、书架上有什么？服务学习书架的特点

每个书架包括以下特点：

- 与该专题章节有关的作品目录及注释。这份目录按非虚构类、图画书及虚构类等一般分类排列。非虚构类和虚构类中可供选择的书籍，还包括书的总页数和推荐适用的年级水平等信息。

- 一个快速参考图表，按该专题中的主题对书目加以分类，从而可以更方便地查找你想要的书籍。

- 服务学习实务工作者的推荐，以及服务学习活动的创意。

- 作者访谈——提供"故事背后的故事"——以及更多（与课程之间的）服务关联，都在光盘中。

本节更详细地描述上述特点及其使用方法建议。对书架目录中的另外两个重要方面也做了讨论：在许多书籍中都会出现的艺术作品和图解，以及特别挑选的青少年作家的作品。

第三章 专题章节和服务学习书架

非虚构类书籍

非虚构类书籍涵盖的话题范围广泛、形式多样，从简明直接的叙事散文到歌曲及中间种种。它们可以是剧本、歌曲和诗词的汇编，如《口水病防疫针：针对偏执顽固（症），为孩子、家长和老师提供话剧式防疫针》（光盘中安全和强大的社区书架），该汇编倡导宽容；也可以是摄影短文，例如《大米的一生，生命的一生：一个关于可持续农业的故事》（园艺书架），它显示大米这一重要粮食作物生长的自然节奏和生命周期；甚至可以采取涂色书的形式，诸如《搭话易如 ABC、一二三：如何跟丧失记忆的人开始交谈》（老年人书架）。

> 关于书架书目的注解：即使是大家都喜爱的书，也会停印。在本书出版时，几乎所有书架上的书都是在印行的。少量几种绝版书因其内容和表达非常突出而仍列在其中。这些书籍会标注为绝版书。这些绝版精品书有可能在图书馆、旧书店和互联网上找到。光盘中有附加的书目。

历史往往是非虚构类书籍的话题，大量的非虚构类书籍把历史研究与当代事件联系起来。《孤单在世：美国的孤儿和孤儿院》（饥饿、无家可归和贫困书架）内有照片，图解美国孤儿院的历史兴衰。《林肯如何学习阅读》（读写能力书架）显示在 12 位有影响力的人物的生活中教育是何等重要，包括亚伯拉罕·林肯、海伦·凯勒以及猫王埃尔维斯。《我们的故事，我们的歌：非洲儿童谈论艾滋病》（艾滋病教育和意识书架）把照片、信息以及进行参与和提供支持的方式相结合。

其他书籍描述服务活动，如《幼海雀之夜》（动物保护与照顾书架），告诉幼儿如何拯救小鸟，使其脱离城市危险并把它们放飞到海浪上空。幽默小说《快走开》（环境书架）中描绘了青少年的行动。学生会在《克劳德特·科尔文：再次向正义进发》（社会改变书架）一书中惊喜地读到，亚拉巴马州蒙哥马利市一名青年行动者如何直面民众权利问题，这甚至发生在罗莎·帕克斯拒绝在公共汽车上让座之前。

> *读书。书对我们有益。*
> ——纳塔莉·戈德堡，作家

图画书

所有年龄段的人都能阅读和欣赏图画书。图画书中用来传达信息的语言和艺术作品超越年龄。因此，在向各个年级讲授概念和创意时，图画书都可能是有效的工具。年长一些的学生可能会吃惊地发现，在讲述复杂的社会议题和主意时，如记忆损失或被强制劳动的儿童难民的挣扎，以图画书为媒介，更易于让年幼的孩子理解。

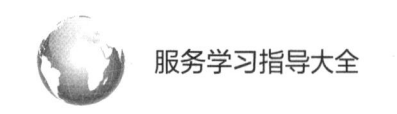

文献小组活动

服务学习"文献小组"（见90页）是让学生探索可能引向服务学习的文本并提高活动能力的过程。大家常常认为这种"文献小组"只是用于语言艺术及语文课，但实际上，它可以调整用于各门课程，好处如下：

- 提升文本与学生本人、其他书籍、课堂学习和服务的相关性。

- 示范如何有效交流主意。

- 对文本的含义和解释可能有相同或不同之处，提高这方面的意识。

- 要求有积极倾听和会话的技能。

- 含有引导讨论和以组员身份参加讨论的机会。

学生分成四组，担任如下指定的角色，轮流引导讨论，每人4—6分钟：

个人连接者：这方面讨论的重心是："这段文字与我及我所知道的社区和世界有什么关系呢？"学生寻找这些相关性以及一个安全的环境氛围来一起讨论文本内容对个人有什么意义。把文本与个人情况联系起来，可以发展同伴间的相互尊重和理解。学生通常可以把从文献和学术上衍生出来的个人意义，不断用口头或书面的形式加以清晰表述。个人连接者提出问题，把文本中的故事与小组成员的经历联系起来，如：

1. 文中的角色让你联想到你认识的哪些人？怎么联想到的？
2. 你曾面对书中所描述的情形吗？发生了哪些情况？
3. 你或你所知道的人如何解决类似的情况？

文献连接者：就像一个音乐家会建起一个歌曲库一样，读者也会把一本书或一个故事与另一本书或故事相联系。这个过程有助于记忆，用于帮助学生重视阅读。文献连接者提出问题，把所读的故事与小组成员们已经读过的其他故事联系起来，如：

1. 哪些角色让你联想到其他小说中的角色？
2. 哪些情节与其他小说的情节类似呢？
3. 这个故事中的某位角色就其他书中的角色或情况会说什么呢？为什么？

服务连接者：每一段文字都可能与某个需要以及对该需要所做出的响应有关联，即使是虚构的文本也可能代表某种情形或现实状况。找出这种实际需要，这样会提升与学生的相关性，增加学生的参与，并且可能将其转变成学生的响应行动。学生的主意可能发展成由学生发起的服务学习提案。服务连接者提出问题，把该故事与服务的主意联系

起来，如：

1. 这种情形下，需要改进什么？
2. 在这个故事中，有任何角色参与过服务活动吗？
3. 在阅读这个故事时，你考虑过哪些服务的主意？

学习连接者：凸显出与课堂的关联，帮助学生弄清所读文献与不同学科的学习有何关联。讨论他们正在学习的内容并增添与各门课程的关联，会消除学术领域中的伪边界。一个课程主题或课题与另一个课程主题或课题相关联。一旦学生认识到这一点，他们就更有希望把这种观察扩展到其他学习状况中。学习连接者提出问题，把这个故事同学习联系起来，如：

1. 读完这个故事，你还想再多学些什么呢？
2. 在这个故事中，你学到的或在学校中体验过的主意有哪些呢？
3. 你认为同龄人从阅读这个故事中，会学到什么呢？

"文献小组的角色"模板（见90页）对学生的角色做了解释。会话时，学生可以在配套的"文献小组"图上记下自己和他人的主意，增强笔记技能。

当学生以"文献小组"的形式讨论故事时，他们探索对文本的深入理解，分享所发现的体验，并与同伴一起互为榜样，积极想到并思考文本与个人和社会的联系。随着经历的增加，学生慢慢可以确定自己在讨论中的角色和所提的问题。这种阅读和分析文本的方式可以应用于各门课程。教师们已经把这种"文献小组"的设计方案成功地应用于阅读历史课本、报纸、科学信息和数学中。几乎任何虚构类和非虚构类的文本，甚至一件艺术作品都可以由学生用这种形式加以讨论和分析。

一旦学生了解了这个过程，"文献小组"活动通常只占用20—30分钟，分配给每个连接者角色的时间是可以变化的。首次介绍的时间通常需要一个小时，因为需要你来演示整个过程。文献段落可以大声朗读或作为家庭作业独立完成。如果一本书的章节、短篇故事和图画书内容完整，都可以使用。对于幼儿，可以把这样的活动改成两人一组交谈。学生甚至与家长和社区学习小组一起将此类活动做成了全城阅读计划的一部分。"文献小组"的可能应用范围很广，各种运用都将提升读写技能，并激励热衷读书的一代又一代人。

大多数人都喜欢有人为他们朗读，可是一旦学生升到初中，我们就会停止为他们朗读。听一个朗读故事不同于自我阅读。在完整的大脑学习中，两者都是必要的过程。在课堂环境里，大声朗读一本图画书，会为讨论创建一个共同经历，并激发学生对某项重要论题的兴趣或好奇心。大家都知道，高中学生会专心投入地聆听《一位竞选总统的女性：维多利亚·伍德哈尔的

故事》（光盘中社会改变书架）中一位女性与尤利西斯·S.格兰特对阵竞选总统的故事和《镜子里的陌生人》（老年人书架）中一个突然变老的儿童的故事；当听到《烦人村的奇人》（环境书架）中垃圾会飞回并粘在乱扔垃圾者身上的滑稽故事时，学生会开怀大笑。

不用说，年幼的孩子对图画书爱不释手，喜欢《一直通向海洋》（环境书架）和在《我从这里到那里的日记》（移民书架）中引人深思的启示。这些书目也成为所有年龄段的学生学习如何写作和构思他们自己为社区服务的故事样板。

书籍也能与服务活动直接联系起来。《注意听那个球》（特殊需要和残障书架）一书讲述与一个盲童相遇并一起玩球的故事，这是让任何年龄的学生准备好去跟有特殊需要的青少年交往的理想图书。

许多图画书提供了优秀的题材让儿童积极参与并使其受到启发。例如，《一直通向海洋》（环境书架）一书中审视了一片垃圾掉进排放雨水的下水道时所发生的事，表达了保护我们的自然居住环境的重要性。在《蝴蝶》（读写能力书架）一书里，出色的故事讲述与想象力和现实交织，可以用来帮助一名西班牙语儿童适应只讲英语的课堂。这些书和其他书目对于学业辅导和语言开发以及鼓励年轻人更多地学习他们的专题都是有用的。

越来越多的图画书传播着关于个人勇敢而坚定的行动，他们通过领导力和服务迎接挑战。寻找这样的书去启发和鼓励学生跟进做全面研究，学生能学到更多。包括《实现公正：W. W. 劳和争取民众权利的斗争》（社会改变书架）和《通向自由之路：杉原的故事》（社会改变书架），都是很出色的书。

虚构类书籍

虚构文学无所不在，从易读的初级章回小说、青年小说，到青年畅销书等。这些入选的小说都是写得很好的故事，能鞭策读者。例如，《飓风之歌：一本关于新奥尔良的小说》（应急准备就绪书架）描述一名十几岁的少年，在社区经历卡特里娜飓风的挣扎过程中，与父亲一起搬进"超级圆顶"体育馆经受磨难。《骨骨相连》（社会改变书架）展示了一个男孩在种族隔离中成长并与父亲的种族歧视想法做斗争的生动画面。《撒种人》（园艺书架）一书中，每一章分别代表不同社区成员的声音，他们把自己的种子和故事带到邻里花园，承认现实的挣扎和个人的梦想。《规则》（特殊需要和残障书架）一书中，一个女孩有一个患有孤独症的兄弟，为了一个有多重残障的十来岁少年，她挺身说话，即便这可能影响她和朋友们的关系。《我是一辆出租车》和系列丛书《神圣的叶子》（社会改变书架）描述玻利维亚监狱中的一个男孩的故事，他的父母被误控犯罪。他无意中涉足毒品买卖后，在一次返乡的旅程中，接触到国家所面临的经济问题，随后变成一位致力于有所作为的青年行动者。有些小说适于朗读。推荐的书籍中很多都把英语和语言艺术与其他学术课程结合在一起，使读者针对人类的状况以及我们社会的意识、敏感性和理解力有所提高。

尽管高中阅读作业往往忽略青年文学作品中可以加以发掘的财富，我希望这份清单会鼓励你去寻找或想起在这些书籍中可以找到的瑰宝。青年文学的得名有其正当理由。这些故事反映着这个年龄段的孩子所面临的独特挑战、困境及人际关系。它们所展现的复杂性和矛盾，往往折射了学生所观察和经历的种种状况。无论你选择《那一晚那条狗的怪事》（特殊需要和残障书架）、《昨夜我为怪兽唱歌》（健康生活、健康选择书架）、《偷书贼》（读写能力书架），还是其他众多选择之一，款待你自己，阅读一本青年小说，你可能会吃惊地发现那个故事多么令人信服，语言的力量会促使你把这本书和其他类似的书纳入服务学习课程中。

请注意：有几本书标注着"有成人主题"，这类书多是高中读物。如果你有顾虑的话，一定先检查一下内容。

查书：书架总图

书架总图按照常用服务主题的相关话题排列，可以帮助你快速寻找那些适合你的特定服务学习活动的书籍。例如，在《安全和强大的社区》一章中，书目总表把书籍按主题分成个人自信与安全、欺凌、冲突化解、地方暴力、仇恨犯罪、我们的今日世界、历史保护以及社区建设等类别。这些主题中所列出的书籍通常包括非虚构类、图画书和虚构类各种书籍，覆盖的阅读水平广泛。以提供服务的青少年角色为主线的书籍，在总图中标上星号。可以用于一个专题章节以上的书，会对照参考，标出在光盘章节中出现的页码。绝版但仍有价值的书，亦予以标明。

插图及艺术作品的重要性

可视图像传递的故事信息不亚于文本。书架上的书采用了无数插图技巧和样式，既有教育性，也有激励性。插图和其他艺术作品向我们展示发生的事件和地点。有时，它们还提供其他方式无法提供的信息。例如，在帕特里夏·波拉科的《星期日鸡宴》（光盘中安全和强大的社区书架）中，有张图片显示了一位老年店员在前臂上刻了一个数字，这表示在"二战"期间他住过集中营，这个事实在故事文本里从未提及。《咯哩、咯啦、哞：会打字的牛》（光盘中社会改变书架）的最后一张插图，由贝齐·卢因绘图，展示了一群鸭子钻研潜水板的决心，虽然页面上没有一个字。

这个书架向那些在为原创故事做插图或帮助幼儿创作等方面寻找主意和方法的学生，提供了一批可选书目。下面是一些样本实例：

- 艺术家保罗·亚洛维茨在《哈奇先生，有人爱你》（老年人书架）的故事开头用凄凉的颜色与哈奇先生的情绪相配。随着哈奇先生想着"有人爱我"，色彩变得明亮起来。

- 杰拉尔多·苏珊在《蝴蝶男孩》（光盘中老年人书架）中的多彩画面是具象主义流派与现代

艺术的结合。

- 在《我的图书馆员是头骆驼：如何把书带给世界各地的儿童》（读写能力书架）中，作者玛格丽特·鲁尔思利用互联网收集来自许多遥远国家的照片。

- 艺术家及《听风》联合作者苏珊·罗思用艺术拼贴画与故事相伴，这是一个儿童版的《三杯茶》（社会改变书架）故事。

- 伊丽莎白·戈麦斯在《我枕头里的一部电影》（移民书架）一书中巧妙地使用色彩和奇思妙想，都可以启发人创作壁画了。

- 莉萨·塔克·麦克尔罗伊创作的《爱你的莉齐：给一位现役母亲的信》（光盘中安全和强大的社区书架）把文字融入配图中，并且用各种各样的角度，以更为自由的书信体风格展现一本书。

- 陈志勇创作的感人小说《到达》（移民书架）是一本无文字图画小说，完美地激发学生去思考和构思故事。其他图画小说也让许多读者动心，你务必去找出丹妮卡·诺夫哥罗多夫的小说《慢风暴》（应急准备就绪书架）来读。

> 一些画家把太阳变成一个黄色斑点，另一些则把黄色斑点变成太阳。
> ——巴勃罗·毕加索，艺术家

年轻作者和插图者在创作

书架上有几本书在出版时，作者还不到20岁。这些年轻作者是楷模，与你一起做事的年轻学生可以向他们借鉴，激励自己努力创造、实现可能获得的成就。如果你想向学生强调年轻作者的成就和作品，下面是各个书架上由年轻人创作、合著或绘图的书目：

- 《嗨，小蚂蚁》（安全和强大的社区书架）是从一首歌翻版出来的书，用问题"你该干什么"结尾。

- 《搭话易如ABC、一二三》（老年人书架）和《增进和平：宽容ABC》（光盘中安全和强大的社区书架），都是采用字母ABC的写作格式。

- 《土豆：来自大萧条的传说》（光盘中饥饿、无家可归和贫困书架），由一个8岁孩子讲述从她家流传下来的故事。

- 《我们需要去上学：地毯标识孩子们的声音》和《解放儿童》（光盘中社会改变书架）都是关于国际童工的。

- 《在我们的村庄：本村青少年眼中的辛巴营》（读写能力书架），由坦桑尼亚奥伟初中的学生

来自实地的推荐：光盘中的古典文学作品及更多

"我想让学生参与服务学习，但这学期我们在读《罗密欧与朱丽叶》，我能做什么呢？"

替换插入你喜欢的任何书名，《芒果街上的小屋》《埃玛》《华氏451度》，你就已经找出了老师们的难题：如何把课程要求的文学作品与服务学习联系起来。为解决这个问题，我问过许多服务学习的同行，包括全国各地的成年人和青少年，让他们选择并阅读一本课程经典读物，就如何能把它用于服务学习提出建议。参加评阅工作的师生来自服务学习的各个领域，包括一名4年级学生、一名大学新生、亲子组合团队，学前班—12年级的老师、大学教授、项目主管以及政策制定者。这些书目贡献者中有一位是自闭症患者。

他们评阅的书籍大多数都是大家熟悉的作品，像学前班孩子最喜欢的《为小鸭子让路》（动物保护与照顾书架）和高中经典《悉达多》（安全和强大的社区书架）。其他书籍则是"古典文学"的延伸，包括比较现代的文学作品，这些作品以高质量的写作，讲述有意义的故事。大家选书的方式多种多样。我在研究的基础上，提出了一份书目推荐清单。许多评阅者推荐了他们自己最喜欢的书。有几个人提到，这个项目让他们有机会拿起自己一直想读的一本书。一位书目贡献者终于读完了一部她在高中时躲过的长篇小说，如释重负，给她的高中老师写信说："我终于读了这本书！"

在随书附送的光盘中，每个推荐书目都包括故事摘要及其与服务学习相关联的主意。其中许多书目还包括一些问题，供你在开展与服务专题有关的讨论中使用。在大多数专题章节中，你可以找到这些标着"来自实地的推荐"的书籍。所有这些书目全部汇总在光盘的列表中，便于参考。

你最喜爱的一本书被漏掉了吗？如果有，这正是一个理想的机会，去开创你自己的服务学习与经典作品的关联。

创作，他们还发起了一个国际服务学习项目"在我们的地球村"。

- 《四十美分小费：纽约移民工人的故事》（移民书架），由纽约三所国际高中的学生创作，他们记录了这座城市里移民的生活。
- 《我的生活像本书》（读写能力书架），由杰克·塔什吉安绘图，主角是火柴人，风趣幽默。

光盘中的作者访谈

你对故事背后的故事感到好奇吗？有时你是否想拿起电话打给唐·马登（环境书架）这样的作者，问："那么你为什么让那个烦人村的奇人具有垃圾魔力呢？"也许你想找作者讨论《午夜驾车者的笔记》（健康生活、健康选择书架）中的亚历克斯如何从一个自我中心者演变为照顾一位爱作对却不得不待在一起的老年伙伴。或者，你也许会问什么原因让理查德·米切尔森在《学犹太语还太小》（老年人书架）中讲述延续语言和传统的故事。

在附送的光盘中，作者访谈提供了作者为什么选择写作这个故事背后的故事。这些有启发性的文章帮助读者重视人们写作的各种理由以及他们在白纸上创作的不同方式。访谈包括这些问题：

1. 是什么灵感激发你出这本书？
2. 你是如何进入写作过程的？
3. 你想象这本书会如何引导学生走向服务呢？

每个访谈都是走进故事创作过程的一扇窗，每个访谈都印证了作者的才干、接触他人的愿望以及对文字的热情。所有作者都对写作过程和题材提供了启迪性的感悟，有的人甚至描述了他们从读者那里听到的服务学习的主意。

光盘中还包括如何与作者和插图者联络的信息，以及关于在课堂上使用这些作者访谈的建议。

四、使用服务学习书架

在服务学习的整个过程中，你可以用多得惊人的各种方式，使用服务学习书架里的内容。本节将向你展示如何在各种情况下使用书籍，如在服务学习过程的每个阶段里、与项目的不同合作伙伴一起或是作为对学生的激励源泉，等等。有几个图表可帮助你快速便捷地形成课程关联，并且在你动脑筋想主意和计划时作为有用的对照参考。"把书架与服务学习的五个阶段联系起来"一表（见 79 页）给出如何把阅读与服务学习的每个阶段联系起来的主意建议。"双语书籍"一表（见 84 页）给出你可以使用的英语和西班牙语书目。"书架中的历史"一表（见 86—89 页）按历史时期列出一些书架书目。

出版、出版、出版

服务学习书架上的书目可以激励学生写出他们自己的服务经历，我们可以以此作为讲述有关重大社会问题的故事的好模板。学生的故事和书籍作品可以捐给医院、图书馆、家庭庇护所和其他教室。如果社区伙伴能够贡献一些时间和资料，学生甚至能够出版他们的书并用来筹款。

把书架与服务学习的五个阶段联系起来

在"调查研究"阶段，使用书籍来：
- 介绍话题。
- 做关于需要的综述。
- 找到如何做研究的例子。
- 进行研究。

在"准备和计划"阶段，使用书籍来：
- 探索话题，增强意识。
- 形成着眼点和视角，尤其是涉及那些绝大部分学生永远也不希望经受的情形，例如，战乱地区的难民或住在无家可归庇护所。
- 通过同时阅读小说和图画书，加强对某个历史时期的理解（见86—89页）。
- 对相似的专题，可以有不同的着手方式和写作风格。
- 把孩子们已经取得的成绩记录归档。

在"行动"阶段，使用书籍来：
- 用所有参与者的共同活动经历开始服务活动。
- 帮助儿童学习阅读。
- 讲授概念或主意。
- 把一个教育计划改编成戏剧。

在"反思"阶段，使用书籍来：
- 介绍与服务经历有关的启发性想法。
- 分享其他人的反思评论。
- 展示与其他人相似的服务经历的结果。
- 回应某个学生表达出的想法和感受。

在"展示"阶段，使用书籍来：
- 展示哪些书是以前学生学习的资讯。
- 大声朗读并分享一个故事的影响效果，类似于学生在班级或其他状况中经历的事情。
- 以唱诗班朗读或者演讲选读片段的形式，讲出学习范围和服务经历，强调具体信息。
- 用推荐读物清单的形式，帮助他人更好地了解这一话题。

可以考虑让学生录音，尤其是对听力比阅读能力更强的儿童和老年人。也可以考虑把这些故事用多种语言翻译出版。

在许多专题章节中都可以找到学生的创作得以出版的实例。在马萨诸塞州哈得孙镇，学前班的儿童用照片写出一本书，展示食物银行举办捐赠动员活动的步骤过程。此外，在南卡罗来纳州默特尔海滩市，4年级学生将艺术画、日本俳句诗和环境研究相结合，创作出一本优美的书——《我，海龟卡雷塔》，去保护沿着当地海岸线发现的海龟。《搭话易如ABC、一二三》（老年人书架）和《增进和平》（安全和强大的社区书架）的字母ABC写作格式被复制，我知道这个，因为我女儿是该书的作者！我们不断收到全球各地的学生寄来的书，这些书都是用她的写作格式创作的，如《家庭ABC》的第一卷和第二卷、《无家可归ABC》《从苹果到西葫芦：园艺ABC》和《全球变暖ABC》。在"在我们的村庄"网站上（见256页），你可以下载学生创作的服务学习书籍，它们来自超过12个国家，是"在我们的地球村"项目的一部分。服务学习可以真实地创建出一个作者的世界。

把它演出来：演出就是要做的事

学生还可以把最喜欢的小说改编为演出，甚至是音乐剧，那将有助于听众了解社会问题。演出可以成为服务学习活动的一个基本部分。下面的书籍可以很容易地改编为演出或短剧：

- 《跺脚兽和毛毛虫》（光盘中安全和强大的社区书架）表现一个"粗鲁的无赖"如何通过照看弯弯曲曲的蓝色毛毛虫而转变成一个更善良的家伙。

- 《嗨，小蚂蚁》（安全和强大的社区书架）一开始是一首歌，现在配有活页乐谱，并且已经被改编成歌剧和音乐剧搬上了舞台。

- 《万达的玫瑰》（园艺书架）讲的是一个女孩决心让她的玫瑰花盛开的故事。

- 甚至小说也被改编成演出，如《不合群者》（安全和强大的社区书架），它讲的是初中孩子在学校里努力制止侮辱行为的故事。

- 《哈奇先生，有人爱你》（老年人书架）是一部真诚的小说，完全适合在情人节重视所有社区成员的主题，尤其是那些与世隔绝和孤单的人们。

- 《烦人村的奇人》（环境书架）描绘了小镇上乱扔垃圾者的身上沾满垃圾的滑稽图景。

- 《有所作为的感恩节》（饥饿、无家可归和贫困书架）展现出，通过了解罐装食品的去向，学生造成的改变。

- 《人们如何交朋友》（光盘中安全和强大的社区书架）内含这样一个情节，即学生可以用表演来示范友谊和解决冲突的技能。

- 传记类书目中的任何一本，都可以改编成"活着的历史"剧，学生可以扮演当时的人物，讲述他们的故事。

图书馆的合作伙伴

书籍，也可以是社区伙伴的来源。考虑你可以与学校和公共图书馆合作的所有可能的方式，用服务学习有关的专题，为书籍做宣传。学生可以搭建各种展台，提供书评，设计带推荐书目的书签。一个1年级班级为当地四家图书馆创作了吸引人的年历，上面介绍他们喜爱的园艺书籍。每个月，他们宣传一本广受喜爱的新书。问你的学生都想干什么，他们会有很多主意。

> 未来属于那些能把希望的理由给予下一代的人。
> ——德日进（皮埃尔·泰亚尔·德夏尔丹），哲学家

学业辅导计划

书架上的许多书目，尤其是读写能力、安全和强大的社区以及移民书架中的图书，对小学、初中和高中学生辅导年幼的孩子或同辈，以及在计划的准备或实施过程中，从各方面都会有帮助。

- 非虚构类书籍，如《不通读写和学习障碍》（光盘中读写能力书架）提供背景信息。

- 有几本书描述有阅读困难的读者所经历的挫折和难堪，如《谢谢你，法尔克先生》（读写能力书架）和《飞行》（读写能力书架）。这类书籍帮助学生理解孩子们会有技能差异，受到生活经历的影响，同伴的逗弄和嘲笑可能造成学习障碍。

- 学习英语，将其作为第二语言是艰难的，这在《辗转》《突破》（移民书架）中有所描述。

- 在《乔赛亚斯，拿住这本书》（读写能力书架）中，一名海地男孩在家里的园地工作，没有上学。当乔赛亚斯认识到书里有他需要获取的庄稼生长的信息时，他的父亲送他上学了。

- 《我的名字是玛丽亚·伊莎贝尔》（光盘中社会改变书架）和《小小善举》（移民书架）提醒学生和成人尊重所有儿童的重要性，包括在课堂上。

- 通过《多少个熊猫宝宝？》（动物保护与照顾书架）可以增强技能，如计数。这本书有鼓舞人心的照片，还有关于一个濒危物种的信息。

- 当学生阅读幽默作品《书店老鼠》（光盘中读写能力书架）时，他们会发现，对文字的爱可以感染人。这本书用带有诙谐的幻想讲述一只带着彩色词汇表的老鼠。它帮助一位年轻的中世纪抄写员从一条龙的手中营救出讲故事的人们。

- 在《亲爱的胡须》（光盘中读写能力书架）一书中，一位年轻的少女表达了在跨年龄辅导计划中对一名同伴的失望，后来，她逐渐认识到欣赏差异性和学习的重要价值。

- 让每个学生，包括失聪的孩子，都有自己的位置，这样的教室在《新老师阿格尼丝小姐这一年》（读写能力书架）一书中可以找到。
- 《非凡女孩撒哈拉》（光盘中读写能力书架）讲述一个女孩抗拒参加学校活动，不过她有秘密的写作才华，这可能鼓舞辅导者寻找并鼓励被辅导者的秘密（或者并不太秘密的）才华（并认识到自己的"秘密"才华）。
- 阅读技能低的高中生，在准备为幼儿阅读优质图画书时，能发展自己的能力。
- 辅导者可以向较年轻的读者朗读图书，来交流阅读的乐趣。
- 利用书架寻找一些被辅导者感兴趣的、内容具体的书籍。书目反映出不同的文化和经历，应该为每一个人都提供一些东西。

关于学业辅导和服务学习的更多信息，见《准备》一节中的"活动：阅读技能的跨年龄辅导"（见254页）。此外，我已经写了一本相关的书，名为《帮助他人阅读并成功之儿童指南：如何采取行动！》。

学校、城市和州的阅读计划

通过阅读增进读写能力和社区建设的计划正在普及壮大。书架清单是大规模阅读计划的良好资源。例如，一个学区所有初中生，可以阅读《小小善举》（移民书架），它是一位搬到东洛杉矶的青年的人生经历大事记；也可以邀请全城的人阅读《华氏451度》（光盘中读写能力书架）或《杀死一只反舌鸟》（光盘中社会改变书架），并参与有关的讨论。一项全州性阅读计划的书单中可能包括《愤怒的葡萄》（光盘中饥饿、无家可归和贫困书架）。与这些计划相关的社区事件可能包括与专题相关的艺术展览、由该书改编的舞台演出、阅读活动和演讲者讲座。

如果全城或全州性的阅读项目在你的社区举办，一定要参与。如果入选的书更适合成年人，你可以建议适合年轻人的附加书目清单，并在学校或图书馆举办跟进活动。孩子们可以选择要读的书，并创造出既值得做又激动人心的学习机会。一开始只不过是班级或学校的活动，最终可能在全城举办。看一下在《读写能力》章节（见261页）中来自伊利诺伊州查尔斯顿市的例子，它描述了小学生成功引导全城阅读计划的故事。

社区机构和组织

尽管对服务学习书架的讨论集中针对学校，但社区机构和组织也可以使用这些书目清单。倡导种族各异和宽容的组织，在为初中或高中班级寻找推荐读物时，可以参考社会改变书架。退休之家的员工可以为前来参加服务活动的小学儿童朗读一本书，如《阳光之家》（老年人书架），以帮助他们了解该机构。许多食物银行已经参考了饥饿、无家可归和贫困书架，汇编出了

支持年度食品收集活动方面的推荐读物。学生可以就某个机构的特别需要（或另一个专题）编辑一份阅读清单，加上他们自创的注解和评述，在这个过程中发展分析和书写技能。与社区伙伴分享书目清单，去寻找更多办法，让这些资讯能够得到利用。

兴趣高，阅读易

寻找让逃避阅读或阅读水平偏低的学生感兴趣的书籍并不容易。这就是我为什么在本书所提供的每个清单内都包括一些这样的书。这些书全都具有吸引你翻页读下去的故事。每一个故事都有与个人经历相联系的可能性，即使读者对主人公或其他人物不熟悉。例如，在阅读《那一晚那条狗的怪事》（特殊需要和残障书架）中一个15岁英国自闭症男孩的故事后，夏威夷一个普通的同龄人，表面上与书中人物没有共同点，却可以自证有"这么多"相同之处。类似地，一位家长也从头到尾读了这本书，因为他的儿子"以前从未读完过一本书"。也许在这些书中，我们能把人物和叙事与一次探索、一次奋斗和一个解决方案相关联。每个故事都涉及一个根本性的社会问题，它能使心和脑相连。我们想要知道，在《小小善举》（移民书架）中的阿图罗是否会对施加于他家的帮派暴力行为进行报复。我们问自己：当所有人都认为《搞砸了》（饥饿、无家可归和贫困书架）中的青少年会失败时，他能证明别人都错了吗？《爆！》（安全和强大的社区书架）中描述一个青年男子在越战中的经历，我们目睹他与一条狗的关系如何让他集中注意力，帮他生存下来。《灵魂月亮汤》（饥饿、无家可归和贫困书架）采用散文诗形式，使我们无论能力大小，都更容易理解无家可归庇护所的内部情况，同时使我们审视给予和接受的行动。务必要读《我的生活像本书》（读写能力书架），对于那些需要找到阅读进入路径的学生，这本书再适合不过了。

试一试下面这个书目样本，作为开始；其他许多书目，可以在每个专题章节的书架书目中找到。

《小小善举》（见250页）

《斗牛士》（见292页）

《爆！》（见293页）

《那一晚那条狗的怪事》（见334页）

《如果我长大》（见231页）

《搭顺风车》（见319页）

《搞砸了》（见231页）

《我的生活像本书》（见274页）

《灵魂月亮汤》（见232页）

《价值》（见233页）

你需要一些策略吸引不情愿的读者吗？把一本书交给学生，问："你能不能读一下这本书的前三章，让我知道它是否适合这个班，好吗？"一本细心选择的书便可能会被学生从头读到尾。

双语书籍

老年人书架

《还记得我吗？一个孩子眼中的阿尔茨海默症》

Remember Me? Alzheimer's Through the Eyes of a Child/¿Te acuerdas de mí? Pensamientos de la enfermedad, Alzheimers a travez de los ojos de un niño

园艺书架

《卡洛斯和玉米田》

Carlos and the Cornfield/Carloso y la milpa de maíz

《收集太阳：西班牙语和英语字母》

Gathering the Sun: An Alphabet in Spanish and English

移民书架

《我枕头里的一部电影》

A Movie in My Pillow/Una película en mi almohada

《我从这里到那里的日记》

My Diary from Here to There/Mi diario de aquí hasta allá

读写能力书架

《切罗基人塞阔雅：把书写带给他的人民》（英语和切罗基语）

Sequoyah: The Cherokee Man Who Gave His People Writing (English and Cherokee)

安全和强大的社区书架

《本不该如此：一个关于街坊邻里的故事》

It Doesn't Have to Be This Way: A Barrio Story/No tiene que ser así: Una historia del barrio

《一把打开心扉的钥匙：阿富汗民间故事集》

A Key to the Heart: A Collection of Afghan Folk Tales (English and Afghani Dari)

社会改变书架

《是的，我们能行！洛杉矶清洁工罢工》

¡Sí, Se Puede!/Yes, We Can! Janitor Strike in L. A.

《这不公平！埃玛·特纳尤卡争取正义的斗争》

That's Not Fair! Emma Tenayuca's Struggle for Justice/¡No Es Justo! La lucha de Emma Tenayuca por la justicia

特殊需要和残障书架

《黄金街的珍宝》

The Treasure on Gold Street/El tesoro en la calle oro

十大"必选"读物

虽然由于读者的年龄、书的风格和题材偏好不同,读者会被不同题目所吸引,但困境往往都一样:如此众多的精彩书目,从哪儿开始呢?

我承认,我有数百本最喜爱的书,我把它们当作"好朋友"和传播服务学习信息的固定伙伴。然而,为了简化你的选择过程,尤其是帮助作为服务学习协调员的你,这里是我目前的十大首选,你可以带着去会见教师或拟定自己的研讨会。

> **绘本小说**
>
> 书架上有几本书是绘本小说,被标注为"GN"。这些绘本小说可能是虚构类、非虚构类或者图画书,它们为那些不愿看书的读者和视觉型的学习者,提供了丰富的替代性读物。

1. 《阿卡德的诅咒》(见 170 页)
2. 《在我们的村庄》(见 266 页)
3. 《杰克侠》(见 320 页)
4. 《像我一样的生命:世界各地的孩子们如何生活》(见光盘中社会改变书架)
5. 《长征:乔克托部落为赈济爱尔兰饥荒献出的礼物》(见 228 页)
6. 《不合群者》(见 294 页)
7. 《撒种人》(见 192 页)
8. 《哈奇先生,有人爱你》(见 138 页)
9. 《那年夏天,我父亲 10 岁》(见 191 页)
10. 《烦人村的奇人》(见 176 页)

书架中的历史

在寻找某个特定历史时期或议题的书籍时，请参阅本目录。历史日期是大致估计的。

一般世界历史

《甘地之后：非暴力抗争一百年》（社会改变书架）
After Gandhi: One Hundred Years of Nonviolent Resistance

《从阿基拉到佐尔坦：改变世界的26位男性人物》（社会改变书架）
Akira to Zoltán: Twenty-Six Men Who Changed the World

《从阿梅莉娅到佐拉：改变世界的26位女性人物》（社会改变书架）
Amelia to Zora: Twenty-Six Women Who Changed the World

《那幢房子》（安全和强大的社区书架）
The House

《诗章：献给杰出的女性》（光盘中社会改变书架）
Vherses: A Celebration of Outstanding Women

一般美国历史

《被拒、被拘、被驱逐：美国移民黑暗面的故事》（移民书架）
Denied, Detained, Deported: The Dark Side of American Immigration

《林肯如何学习阅读：12个伟大的美国人以及造就他们的各种教育》（读写能力书架）
How Lincoln Learned to Read: Twelve Great Americans and the Education that Made Them

《唤醒大众：20位有所作为的女性》（光盘中社会改变书架）
Rabble Rousers: 20 Women Who Made a Difference

《我们也经历过！美国历史上的年轻人》（社会改变书架）
We Were There, Too! Young People in U.S. History

中世纪

《傻瓜相伴》（健康生活、健康选择书架）
A Company of Fools

《书店老鼠》（光盘中的读写能力书架）
The Bookstore Mouse

《跑得远，跑得快》（健康生活、健康选择书架）
Run Far, Run Fast

《当瘟疫袭来：黑死病、天花和艾滋病》（艾滋病教育和意识书架）
When Plague Strikes: The Black Death, Smallpox, AIDS

《白女巫》（健康生活、健康选择书架）
The White Witch

世界历史

1800—1865年

《爱冒险的厨师：亚历克西斯·索耶》（饥饿、无家可归和贫困书架）
The Adventurous Chef: Alexis Soyer

《黑土豆：1845—1850年爱尔兰大饥荒的故事》（饥饿、无家可归和贫困书架）
Black Potatoes: The Story of the Great Irish Famine, 1845—1850

《让孩子先吃：爱尔兰大饥荒回忆录》（饥饿、无家可归和贫困书架）
Feed the Children First: Irish Memories of the Great Hunger

《校舍禁地：普鲁登丝·克兰德尔和学生戏剧性的真实故事》（读写能力书架）
The Forbidden Schoolhouse: The True and Dramatic Story of Prudence Crandall and Her Students

（续表）

《长征：乔克托部落为赈济爱尔兰饥荒献出的礼物》（饥饿、无家可归和贫困书架）
The Long March: The Choctaw's Gift to Irish Famine Relief

《弗雷德里克·道格拉斯的人生自述》（光盘中读写能力书架）
The Narrative of the Life of Frederick Douglass

《切罗基人塞阔雅：把书写带给他的人民》（读写能力书架）
Sequoyah: The Cherokee Man Who Gave His People Writing

1865—1910 年

《我可以！埃丝特·莫里斯为女性争得投票权》（社会改变书架）
I Could Do That! Esther Morris Gets Women the Vote

《印第安人学校：教授白人之道》（读写能力书架）
Indian School: Teaching the White Man's Way

《它们来自布朗克斯区：拯救水牛免于灭绝》（动物保护与照顾书架）
They Came from the Bronx: How the Buffalo Were Saved from Extinction

《开往远方的列车》（饥饿、无家可归和贫困书架）
A Train to Somewhere

《一位竞选总统的女性：维多利亚·伍德哈尔的故事》（光盘中社会改变书架）
A Woman for President: The Story of Victoria Woodhull

1910—1939 年

《加利波利的驴子：第一次世界大战中关于勇气的真实故事》（安全和强大的社区书架）
The Donkey of Gallipoli: A True Story of Courage in World War I

《孤儿火车的搭乘者：一个男孩的真实故事》（饥饿、无家可归和贫困书架）
Orphan Train Rider: One Boy's True Story

《温妮的战争》（健康生活、健康选择书架）
Winnie's War

《园丁》（园艺书架）
The Gardener

《埃斯佩兰萨的崛起》（移民书架）
Esperanza Rising

《愤怒的葡萄》（光盘中饥饿、无家可归和贫困书架）
The Grapes of Wrath

《搭顺风车》（社会改变书架）
Hitch

《那个图书女人》（读写能力书架）
That Book Woman

1939—1955 年

《艾伦的战争：军人艾伦·科普的回忆》（安全和强大的社区书架）
Alan's War: The Memories of G.I. Alan Cope

《偷书贼》（读写能力书架）
The Book Thief

《送给凯杰的盒子》（光盘中安全和强大的社区书架）
Boxes for Katje

《大黄蜂》（社会改变书架）
Brundibar

《黄星猫：在泰雷津集中营成长》（安全和强大的社区书架）
The Cat with the Yellow Star: Coming of Age in Terezin

《皇帝的眼睛》（光盘中安全和强大的社区书架）
Eyes of the Emperor

（续表）

《巴黎大清真寺：穆斯林在大屠杀期间如何营救犹太人的故事》（安全和强大的社区书架）
The Grand Mosque of Paris: A Story of How Muslims Rescued Jews During the Holocaust

《难解之谜：为美国印第安纳波利斯号航空母舰正名的年轻人》（光盘中安全和强大的社区书架）
Left for Dead: A Young Man's Search for Justice for the USS Indianapolis

《一千个描图：医治第二次世界大战的创伤》（安全和强大的社区书架）
One Thousand Tracings: Healing the Wounds of World War II

《通向自由之路：杉原的故事》（社会改变书架）
Passage to Freedom: The Sugihara Story

《六百万个曲别针：儿童发起的大屠杀纪念活动》（光盘中安全和强大的社区书架）
Six Million Paper Clips: The Making of a Children's Holocaust Memorial

《多重打击》（光盘中社会改变书架）
Slap Your Sides

《胜利菜园》（园艺书架）
The Victory Garden

1955—1968 年（民众权利时代）

《小巷对面》（社会改变书架）
Across the Alley

《伯明翰，1963 年》（光盘中社会改变书架）
Birmingham, 1963

《骨骨相连》（社会改变书架）
Bone by Bone by Bone

《克劳德特·科尔文：再次向正义进发》（社会改变书架）
Claudette Colvin: Twice Toward Justice

《实现公正：W.W. 劳和争取民众权利的斗争》（社会改变书架）
Delivering Justice: W.W. Law and the Fight for Civil Rights

《去一个特别的地方》（读写能力书架）
Goin' Someplace Special

《杀死一只反舌鸟》（光盘中社会改变书架）
To Kill a Mockingbird

《我之所见》（光盘中社会改变书架）
Through My Eyes

《请记住：废除学校种族隔离的历程》（光盘中社会改变书架）
Remember: The Journey to School Integration

《我们是一体的：贝亚德·拉斯廷的故事》（社会改变书架）
We Are One: The Story of Bayard Rustin

近期和当前事件

拉丁美洲

《蝴蝶飞舞时》（光盘中社会改变书架）
In the Time of the Butterflies

东欧

《科索沃女孩》（光盘中安全和强大的社区书架）
Girl of Kosovo

《一个战争故事的笔记》（光盘中安全和强大的社区书架）
Notes for a War Story

东南亚

《泥土弹珠》（移民书架）
The Clay Marble

《爆！越南最好的狗》（安全和强大的社区书架）
Cracker! The Best Dog in Vietnam

（续表）

《拍摄月亮》（安全和强大的社区书架）
Shooting the Moon

《缠绕的丝线：一个苗族女孩的故事》（移民书架）
Tangled Threads: A Hmong Girl's Story

《士兵的重负》（光盘中安全和强大的社区书架）
The Things They Carried

《说悄悄话的织布：一个难民的故事》（移民书架）
The Whispering Cloth: A Refugee's Story

伊拉克和阿富汗

《阿富汗梦想：阿富汗年轻人的声音》（安全和强大的社区书架）
Afghan Dreams: Young Voices of Afghanistan

《斗牛士》（安全和强大的社区书架）
Bull Rider

《战争儿童：伊拉克难民之声》（安全和强大的社区书架）
Children of War: Voices of Iraqi Refugees

《巴士拉市的图书馆员：一个来自伊拉克的真实故事》（读写能力书架）
The Librarian of Basra: A True Story from Iraq

《摄影师：与无国界医生进入战火纷飞的阿富汗》（社会改变书架）
The Photographer: Into War-Torn Afghanistan with Doctors Without Borders

《无声的音乐：巴格达的故事》（安全和强大的社区书架）
Silent Music: A Story of Baghdad

《费卢杰的日出》（安全和强大的社区书架）
Sunrise Over Fallujah

2001年9月11日

《给美国14头奶牛》（安全和强大的社区书架）
14 Cows for America

《双焦点》（社会改变书架）
Bifocal

《闪耀，椰子月亮》（社会改变书架）
Shine, Coconut Moon

卡特里娜飓风

《飓风之歌：一本关于新奥尔良的小说》（应急准备就绪书架）
Hurricane Song: A Novel of New Orleans

《两个博比：一个关于卡特里娜飓风、友谊和幸存的真实故事》（应急准备就绪书架）
Two Bobbies: A True Story of Hurricane Katrina, Friendship, and Survival

---

* 本章结尾处第90页列出了正文中所引述模板的缩印版，光盘中有全尺寸模板。

文献小组的角色

四人一组,讨论故事

分配组里的每个人,使其各自承担下列四个"连接者"角色之一。每个"连接者"带领小组从一个特定的角度来讨论这个故事。他或她根据清单(或其他人当时想到的)提问题,并鼓励小组成员做出回应。在"文献小组"页上记下笔记和设想。

开始之前,先温习这些窍门

> **有效的小组讨论窍门**
> - 使用积极倾听的技巧。
> - 提问题。
> - 轮流发言。
> - 欢迎所有的意见。

个人连接者

提问题,将这个故事与组员个人的体验联系起来,如:
1. 故事人物让你想起自己认识的人吗?怎么想起来的?
2. 你经历过书中所描述的类似情况吗?发生了哪些事?
3. 你或你认识的人是如何解决类似情况的?

文献连接者

提问题,将这个故事与组员读过的其他故事联系起来,如:
1. 故事中哪个人物让你想起其他故事里的人物?为什么?
2. 哪些情况与其他故事里发生的情况类似?为什么?
3. 故事中的某个人物会对其他故事里的人物或情况说些什么?为什么?

服务连接者

提问题,将这个故事与服务方案的主意联系起来,如:
1. 在这种情况下,要应对哪些需要?
2. 这个故事中所有人都参加服务活动吗?
3. 当你读这个故事时,想到哪些与服务相关的主意?

学习连接者

提问题,将这个故事与学习机会联系起来,如:
1. 你读了这个故事后,更想了解些什么?
2. 你在学校学到或体验到这个故事里的哪些话题?
3. 你认为同龄人阅读这个故事后会学到什么?

文献小组,关于 _____

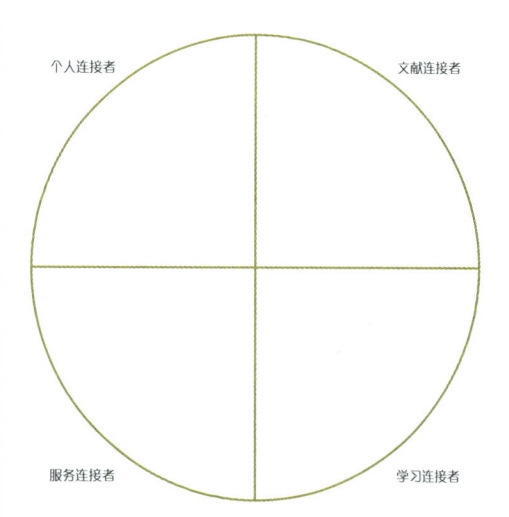

- 个人连接者
- 文献连接者
- 服务连接者
- 学习连接者

可引用的格言

选择一个格言,遵循以下10个步骤。

第1步:画出格言。
画一张图,形象地代表这一格言。把格言中的词语融进图或框架中。考虑用独特的方式来展示所完成的艺术作品。

第2步:找出意义。
写一段文字解释这一格言对你意味着什么。

第3步:见解与感受。
你对这个格言有何见解?你同意还是不同意?将你的想法写成文字。这一格言让你感觉如何?另写一段文字描述你的感受。

第4步:要有创意!
写一首诗、一个短篇故事、一首歌曲或其他富于创意的作品,其中包含此格言。

第5步:历史上是谁?
找出是谁说的格言以及何时说的。在当时,这样的陈述受哪些全球事件影响,它和现在有何关联?

第6步:这个故事的道理是……
写一个简短的故事,讲两个角色之间的冲突。这两个角色可以是人、动物或物体,故事的结尾是一个能用此格言解说的人生经验。最后一句话可以是这样的:"这个故事讲述的道理是……(插入此格言)。"

第7步:比较研究。
选择第二个格言与第一个进行比较。两者含义有何异同?如约翰·杜威的"教育不是为生活做准备,教育即生活"和海伦·凯勒的"人生要么是一场大胆的冒险,要么是零"。

第8步:把格言付诸实践。
怎样用此格言来教导或影响他人?怎么把它用在服务学习活动中?

第9步:(别人)会因什么样的格言记住你?
自己创作一个让别人由此记住你的格言。

第10步:通过回答下列问题之一,进行反思。
- 这个格言让你最难忘的是什么?
- 写封信给这位格言的作者,分享你的想法和感受。
- 你想与谁分享此格言,为什么?描述如何将此格言分享给此人以达到你想要的效果。

第二部分
服务学习专题

第四章　艾滋病教育和意识

> 地球上任何战争都没有艾滋病的大流行更具有毁灭性。
> ——科林·鲍威尔，美国前国务卿

教育是预防艾滋病毒和艾滋病传播的主要办法。我们教育年轻人，让他们有能力去应对个人、社会以及全人类所面临的挑战。世界在不断变小，我们的邻居不仅近在咫尺，也遍布亚洲、非洲和南美洲，而在这些地方，艾滋病毒阳性或罹患艾滋病的人数正以惊人的速度增长。即便在医疗先进的富裕国家，这个问题也远未得到控制。思索一下2007年的事实：

- 全球3300万人携带艾滋病毒或患上了艾滋病。
- 200万人死于艾滋病，大部分是在撒哈拉沙漠以南的非洲。
- 这些人中，27万是儿童（数字从2003年的峰值32万降下来，是因为抗逆转录病毒疗法使用数量的增加以及新生儿受感染人数的下降）。

艾滋病毒和艾滋病的影响远超出健康问题的范围。设想一下一个儿童被感染时所出现的情况，他（她）要面对歧视、隔离和失去受教育的机会，在许多国家，甚至无家可归。资源受限，可能使年轻的生命就此过早结束。为了给所有儿童带来幸福和机会，有必要学习有关艾滋病毒和艾滋病的知识。

在变化无常的时代，我们可以通过提供信息、资讯和预防策略来帮助年轻人应对现实。我们教育他们，让他们有能力做出健康的个人选择，成为一个健康社会的倡导者，在世界的各个角落为人们带去福乐安康。我们必须参与其中，根据现有的信息和资讯，不断创造教育机会，帮助年轻人区分虚幻与现实并采取预防行动。

一、准备：为艾滋病教育和意识方面的服务学习做好准备

下列活动可以用来促进有关艾滋病毒与艾滋病教育和意识方面的学习和技能开发。这些活动在调查研究、准备和计划等阶段很容易调整适用于不同年级，帮助学生通过研究来审视关键问题，分析社区的需要，并获取所需的知识，从而有效地为设计服务计划出力。文献资料往往是准备过程的一个重要部分，你可以在本章后面的艾滋病教育和意识书架中查找与该专题有关的推荐书目。

活动：理解引发行动。提供适龄信息，会有助于学生获得能引发行动的知识。对于幼儿至

第四章　艾滋病教育和意识

3年级的小学生，艾滋病教育通常与其他健康问题的信息一起介绍。重点是保持健康——良好的饮食以及适当的锻炼和睡眠。通常还可以教儿童区分传染病和非传染病。大多数儿童知道他们可能"被传染"感冒，要让年幼的孩子放心，知道与一个有阳性艾滋病毒或艾滋病的人交朋友或玩耍不会被传染，是安全的。

年轻人也会非常同情住院病人和送到急救室或诊所抢救的人。通过回顾自己生病或看医生的亲身体验，学生可以想出主意，向艾滋病毒阳性或患上艾滋病的人们伸出援助之手。通过阅读书架上的书籍资料、研究和班级讨论，引导学生的同情心。在你的社区中，开始寻找那些帮助艾滋病毒感染者或艾滋病人的机构或制止艾滋病传播的组织。在项目的早期阶段就与这些机构合作，可以帮助学生发掘项目创意，去满足当地甚至全球的真正需要。可能的项目创意包括：

- 年幼的学生写"祝您愉快"问候卡，夹在午餐包里送给有艾滋病毒或艾滋病的人。
- 为艾滋病毒阳性或有艾滋病的婴儿缝制毯子。
- 为艾滋病人选择拼装假日礼物篮的物品和装饰材料。
- 开发新项目，传播有关艾滋病毒和艾滋病的准确信息，以取代不实传言。
- 年长的学生帮助组装和递送餐食给有艾滋病毒或艾滋病的人，帮助照料宠物或参与其他宣传服务。

活动：讨论与研究。通过阅读，学生可以继续学习关于艾滋病教育、研究和预防方面不断变化的内容。想要了解关于艾滋病毒和艾滋病传播、预防策略以及治疗探索方面有哪些最新的信息，学生可以从阅读本章所列出的任何一本非虚构类书开始，如《当瘟疫袭来：黑死病、天花和艾滋病》，然后进行小组讨论，并提出问题。如果需要的话，你可以添加以下任何问题：

- 研究资金是多少？
- 社会经济因素是否影响谁能得到艾滋病治疗？能得到哪些治疗？
- 发展中国家如何对抗艾滋病毒和艾滋病的传播？
- 哪些人群最容易感染艾滋病毒和艾滋病？
- 有哪些面向儿童的资料，尤其是在那些有许多艾滋病人或艾滋孤儿的发展中国家？

以小组为单位，学生可以利用互联网、报纸、杂志以及当地组织，去找出这些问题的答案，然后分享他们的发现。他们可以考虑去采访社区中某个博学的人——此人熟悉现有的医疗状况和社会项目。这种研究有助于学生确定哪些项目有价值、有意义，能帮助教育其他人，阻止艾滋病的传播，或是协助社区或世界上其他地方受艾滋病毒影响的人们。学习艾滋病在当地和全球范围的影响，能帮助学生了解人类，特别是第三世界的人们所面临的挑战。

> 更多关于艾滋病教育和意识的信息：
>
> 要更多地了解这些议题并获得服务和行动上的创意，可以上网访问这些网站和组织：
>
> **联合国儿童基金会**（www.unicef.org/programme/hiv/overview.htm）与各国政府、非营利组织和其他联合国机构密切协作，以改善儿童、青少年和妇女的生活状况。
>
> **凯泽家庭基金会**（www.kff.org/hivaids/index.cfm）提供与艾滋病毒／艾滋病有关的政策、艾滋病知识与公共舆论以及媒体伙伴等方面的信息。
>
> **疾病控制中心**（www.cdc.gov/hiv/dhap.htm）是关于艾滋病毒和艾滋病现有信息及统计数据的良好资讯。这些中心在网上都有常见问题部分，回答一些普遍性问题，诸如什么因素导致艾滋病，它是如何传播的，如何预防，等等。其中一个页面专门揭露关于艾滋病毒和艾滋病的常见骗局和不实传闻。

二、建立与所有课程的关联

某些服务学习活动自然而然地适合于跨学科工作及建立与所有课程的关联。这些课程关联，加强并扩展学生的学习，帮助他们达到学业标准。很可能甚至在学生开始进行服务学习活动之前，你就在寻找这些关联以及鼓励学生的方法了。在整个服务学习过程中，要保持灵活性，因为任何时候提出的问题或学生所确定的社区需要都可能自发地形成某些课程关联。为了帮助你思考与所有课程的关联以及在哪里找到这些关联，本章的课程关联图（见95页）就该专题如何用于不同学科领域，给出了许多不同方法的实例。（本章下一节列出的服务学习情形，也展示了该专题如何用于不同学科领域的各种方法。）

三、服务学习情形：行动创意

做好行动的准备了吗？下列对服务学习的描述，是小学、初中或高中学生在校内或与社区组织一起成功完成的实例。这些情形和实例中，大多数明确包括调查研究、准备和计划、行动、反思及展示的某些层面，并且全都有很强的课程关联。这些情形可以成为激发你取得创意的丰富源泉。请记住，年级水平仅做参考，大多数情况可以调整适用于更低或更高年级的学生，许多情况适合跨年龄的合作。

艾滋病教育和意识课程关联图

英语 / 语言艺术
- 讨论与带艾滋病毒或有艾滋病的孩子交朋友的重要性。
- 阅读一家诊所提供的预防艾滋病毒／艾滋病的书面资料，把它改编成适用于十几岁青少年或幼儿的版本。
- 研究媒体报道、娱乐圈和大众市场宣传的影响，以消除对有艾滋病毒或艾滋病的人的误解。

社会研究 / 历史
- 设立一个艾滋病历史时间表。
- 研究中世纪历史和瘟疫时期的替罪羊模式（对某些人或团体的非理性不容忍心态）。
- 比较不同政府所采取的艾滋病预防措施。

外语
- 发现艾滋病毒／艾滋病如何影响世界各国。
- 阅读由不同国家准备的、用所学外语书写的艾滋病毒／艾滋病信息。
- 为社区组织和宣传工作翻译艾滋病毒／艾滋病的预防信息。

戏剧、音乐及视觉艺术
- 研究如何用戏剧和故事讲授社会问题，包括美国及国外的艾滋病意识。
- 发现如何用音乐通过筹款活动和歌中表达的信息来影响艾滋病毒／艾滋病预防。
- 调查"艾滋病纪念被"作为国际艺术项目是如何发展起来的。

艾滋病教育和意识

数学
- 研究各种疾病的住院费用。
- 绘制政府投入研究和预防艾滋病毒／艾滋病的资金分配图。
- 评阅艾滋病毒和艾滋病按年龄和性别统计的数据。

体育
- 研究体育锻炼在健康生活中所起的作用。
- 找一位理疗师展示适用性广的锻炼计划。
- 为有健康限制的儿童和十几岁的青少年制作简单的身体锻炼标准。

计算机
- 设计带有社区健康资讯信息的袖珍信息卡。
- 为一门与艾滋病毒／艾滋病有关的课程制作多媒体展示。
- 利用互联网学习非洲国家如何应对艾滋病危机。

科学
- 学习人体调节和免疫系统以及健康的生活习惯。
- 就流行病学访谈当地卫生所的医生。
- 研究让年轻人置身风险中的传染因素。

埃塞俄比亚的戏剧通用语言：1—12年级

分享预防艾滋病的信息在全世界都非常重要。在埃塞俄比亚，有些"阿瓦萨儿童项目"和"同一份爱剧场"有儿童表演。许多儿童演员，自己就是艾滋孤儿，通过筹款可以住在阿瓦萨儿童中心。他们在全国各地传递生命援救信息的同时，自己也得到教育、食品和衣物。服务，让这些青少年演出重要角色，为他们提供新机会。你可以访问 www.awassa.org 网站，了解他们的工作。

为婴儿制作的毯子：4年级

4年级学生轮流带来新闻文章，进行班级讨论。一名学生带来的文章是关于出生就携带艾滋病毒的婴儿。全班同意要以某种方式提供帮助，决定制作婴儿毯。他们看了（美国早期）开拓疆土的女性们自制棉被的图片，决定采用类似的图案装饰。他们选用柔软的布料和布料用的画笔，用舒缓的色彩画出几何图案。一位家长志愿者缝好毯子的边角。做好的毯子在校园中巡回展出，向其他人讲授这一重要话题。学生开发了微型课程，进行互动式课堂演示。他们还收到了接受毯子的组织发来的感谢信。

讲授尊重：5年级

5年级学生了解到人们因为得了诸如艾滋病之类的疾病而被不公平地对待，便考虑用各种办法传播"每个人都应得到尊重"这一信息。他们决定创作一个漫画人物，让这个人教更年幼的孩子善待有艾滋病毒或艾滋病的人。在咨询了当地一家健康组织之后，学生提出了几条故事线索，把它们合在一起做成一期杂志，并为小孩子们做了副本。做好后在校内和一个社区健康集会上进行分发。

利用"艾滋病纪念被"活动：7年级

在学习预防艾滋病毒感染和艾滋病的方法时，宾夕法尼亚州的两个初中班级决定把这些信息带入社区。他们了解到"艾滋病纪念被"的活动，这是一个持续进行的社区艺术项目。纪念被共有47000多块 1×2 平方米的纪念方格，每一格纪念一位艾滋病死者。学生想要参与这个活动。他们收到 11 个尚未包括在纪念被中的艾滋病死者的名字和个人介绍，就制作并添加了 11 个纪念方格。他们掌握了缝制、丝印以及收集和回收各种纤维及材料的技能。学生自豪地向社区展示了他们的艺术作品。

把科学与行动关联起来：7—8年级

旧金山市布兰代斯·希勒尔走读学校，把 7 年级和 8 年级有关艾滋病毒／艾滋病的科学课

程与社区行动关联起来。除了学科学习，学生还听演讲者介绍艾滋病毒和艾滋病的复杂性及其对人类的影响。7年级学生与"张开手项目"合作，这是一家提供营养服务的草根组织。8年级学生到金门公园参观全国艾滋病纪念林，一方面从管理员那里了解纪念林对感染艾滋病毒和患上艾滋病的人们的意义，一方面也贡献园艺劳动。

信息手册：8年级

一位初中英语教师给学生阅读《遥不可及》，来引发关于我们社会中的艾滋病毒和艾滋病的对话。由此触发了一场涉及失去（亲人）和新研究这两方面个人经历的大讨论。学生可以选择一个能够开发并利用说服型写作技能的项目，他们决定要帮助打破围绕艾滋病的一些传言。他们在互联网上找到一套有关艾滋病毒/艾滋病的测验题，并得到许可用作教学工具。他们以小组为单位制作了介绍册（其中包括这套测验题）以及在当地几所学校使用的信息袋。

安全活着——影片制作的经历：8—12年级

这是一个美洲原住民青少年制作关于艾滋病毒和艾滋病危险影片的项目，让13—18岁各年龄段的青少年参与影片制作的各方面工作。学生学习美洲原住民的历史、文化以及艾滋病对这一人群的影响。学生轮流参与到许多工作中以获得多方面体验。这部纪录片是在课后制作的，由圣迭戈媒体艺术中心指导，长10分钟，片名为《这是你的生命，安全活着》。它让观众体验一个十几岁原住民青少年决定做艾滋病毒检测的经历。社区里的原住民老人来看望这群各不相同的学生，分享人生智慧。电影专为老人们放映过，也在美洲原住民电影节上放映过。

> 每一代人都会有一次机会，被历史带到一个重要的十字路口。有时生命中的某个瞬间可以做出改变，让世界更美好，此时便是那样的瞬间。
>
> 伊丽莎白·格拉泽，
> 儿童艾滋病基金会创办人

构建关注意识：9年级

加州奥克兰市的高中学生利用《艾滋病：能阻止它的流行吗？》一书和互联网研究，以小组为单位，以影响艾滋病毒携带者/艾滋病人的因素为主题，组织了一系列活动。他们举办了一次"意识日"活动，有演讲、课堂研讨会和报告；他们为9年级的健康课准备了一节短课时教学；为当地报纸写了一篇评论，提倡给予艾滋病毒携带者/艾滋病人更多尊重。

宽容运动：10年级

明尼苏达州的学生把《当瘟疫袭来：黑死病、天花和艾滋病》作为班级阅读课本，了解到

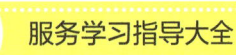

历史上有些人群因为疾病的传播而成为替罪羊。他们针对某些十几岁的青少年在学校里如何成为替罪羊，进行了一个平行研究。学生组成不同的策略小组，筹划安排各种活动，以帮助消除那些损伤同伴自信心并孤立他们的嘲笑和骚扰。他们的策略包括张贴公共服务布告，与学校管理人员会面讨论政策问题，提出有关"安全学校指南"的提案，以及开展一次宣传会专门用音乐和诗歌对十几岁青少年进行熏陶，让他们构建相互之间的宽容。学生通过问卷调查，查看学校里的人对他们的这些努力有什么样的回应。调查表明，相当多的学生开始更周全地考虑自己的行为，并且更有可能制止朋友的不礼貌行为。

烹饪：10年级

纽约州北部地区的两个班级合作，准备向社区中艾滋病人发放的膳食。两个班都是生物班，一个班是常规学生，另一个班是有特殊需要的学生。为了筹备该项目，每个班都要学习有关艾滋病、营养、特殊饮食、预期事项以及如何作为团队一起工作等内容。每个人都原以为常规班的孩子会带头，然而，特殊需要班的一名男生，尽管不能讲话，但会烹饪。他管理厨房，分配工作，示范如何切片和切块，给每个人留下了深刻的印象。两个班都渴望再次合作。

坚定发出青少的年声音：高中

参与开发帮助十几岁青少年免受艾滋病毒感染和远离艾滋病的创意和策略，是学生的既定权益。这就是纽约州北部的高中生要求在学区艾滋病顾问委员会上拥有席位时所持的立场。（被青少年认可的）几名学生带着他们协商好的、真正"代表青少年的声音"的创意和方法，向当地学区理事会做了强有力的说明，他们随后获得了顾问团队的任命。

理解的团队：高中

艾滋病毒阳性或患有艾滋病的高中学生与未受感染的同学合作形成演讲团，去向初中生和高中生讲授有关疾病的知识。在专业人士的指导下，学生创作演讲文本、练习公共演讲技能。他们在班上排练如何回答问题，并且制作传单，包括事实、数据、传闻、实情以及提供更多信息的网站等内容。

艾滋病终结之梦筹款舞会：高中

密歇根州有一家由青少年创建的非营利组织，叫青少年能力增强计划（简称YEP）。该组织开发了一个"与非洲艾滋病抗争"项目，有12所公立高中的一百多名十几岁青少年参加。这个项目持续进行，青少年参与者用互联网为西非的年轻人提供教育和领导力方面的信息，让他

们有能力帮助防止艾滋病在他们本国的 30 个村庄里蔓延。"艾滋病终结之梦筹款舞会"义演所得的款项，用来购买了笔记本电脑、视频设备、电力发电机和其他相关技术设备，使持续交流更有实效。舞会在以布基纳法索的首都命名的"瓦加杜古咖啡馆"进行，有爵士乐和诗朗诵，以非洲主题为装饰，用视频提供关于布基纳法索国内艾滋病情况的有用信息。

戏剧有用：高中

密苏里州北部的高中学生，经过研究和学习之后，在当地艾滋病积极分子的指导下，准备并演出小喜剧，描写必须做出选择的年轻人的故事。这些短剧呼吁观众参与，演出后接着有辩论和讨论。学生希望通过演出强化健康行为，提供对待同伴压力的策略，增强社区在这方面的意识。不断进行的角色扮演和反思活动，帮助演员们改进技能，应对具有挑战性的教学状况和观众反应。

世界艾滋病日：高中

在加州，穆列塔谷地高中的学生俱乐部纪念世界艾滋病日，用歌曲、诗词、舞蹈和统计数据来展示这种致命病毒正在持续造成严重破坏。合唱时，受艾滋病感染的年轻人的图像闪现在屏幕上。该校有"是的，你行"和"民俗舞团"等俱乐部，其成员表演英语和西班牙语诗歌，同时展示艾滋病如何影响拉美裔的统计数据。美国卫生职业学生协会、国家荣誉协会、诗歌会和黑人学生联盟等俱乐部也把艾滋病统计数据与诗歌和音乐编织在一起，使更多人提高这方面的意识。这些活动一起传播信息，增强意识，以求将艾滋病的影响降到最低。

学习政策和大胆表达意见：高中

全球新感染艾滋病毒的人中，50% 是 15—24 岁年龄段的年轻人[①]。一群年轻的积极分子参加了一个艾滋病国际会议，发出自己的声音，通过研讨会，学生学到了有关政策和当前的策略。他们回到自己的社区，为学校的报纸写文章、组成学习小组、帮助一家当地艾滋病预防组织设计有关保密检测的信息介绍册。

纪念壁画：高中

15 名生活受到艾滋病影响的年轻人参加了纽约市的一个青少年计划，设计了一幅面向繁华街道的壁画。所有的青少年参与者都来帮助刷漆涂色，创作这幅 46 米长、3 米高的杰作，于世

---

① 《听、学、活！与儿童和年轻人一起做世界艾滋病宣传：事实和数据》，联合国艾滋病规划署（简称 UNAIDS），联合国在艾滋病毒／艾滋病方面的联合项目。

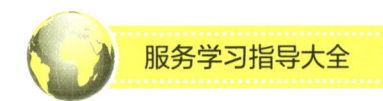

界艾滋病日为社区揭幕。民选官员、社区成员、家长和朋友们欢聚一堂,观赏这幅艺术品并聆听这群年轻人创作的诗歌。

四、艾滋病教育和意识书架

艾滋病教育和意识书架(见101页)入选的书与其他主题的书相比数量没那么可观。不过,这些书仍然为学习并发展出有实际意义的服务关联展示了一系列机会。为帮助你找到与你的具体项目有关的书籍,书目总表把书籍按几个主题分类:历史回顾、我们的故事、人际关系。

总的来说,本书架有以下特点:

- 书目带注释,按非虚构类(N)、图画书(P)和虚构类(F)进行一般分类,根据书名字母的顺序排列。对于非虚构类和虚构类,还注上总页数,并推荐适用的年级水平。图画书的所有书目都没有推荐的年级水平,因为它们可以成功地用于各年龄段。

- 有一张按照主题和类别分类的图表,帮助你找到具体项目的相关图书。

- 来自服务学习同行和专家的书目推荐,包括摘要介绍和与服务学习相关联的创意。(推荐的书籍数量在每个书架中有所不同。)

- 请注意:该类别的附加书目列在光盘中,一些是绝版书但仍有查找价值。

> 我们得到的,让我们活着;而我们付出的,才创造了生活。
> ——阿瑟·阿什,运动员

非虚构类:艾滋病教育和意识

《对抗艾滋病和艾滋病毒感染大流行:一场全球战斗》

Fighting the AIDS and HIV Epidemic: A Global Battle

作者:Maureen J. Hinds   出版方:Enslow Publishing   出版时间:2007年6月

在这个综合性读本中,作者解释了艾滋病毒感染和艾滋病如何首次出现,并描述了紧随而来的破坏。书中还有关于预防、治疗、病情未来可能发展的历程,以及它对我们世界的影响等信息。共128页,适用于3—6年级。

《有关艾滋病和艾滋病毒的常见问题》

Frequently Asked Questions About AIDS and HIV

作者:Richard Robinson   出版方:Rosen Publishing Group   出版时间:2009年

知情是走向明智选择和尊重他人的第一步。本书通过一系列问题和回答,勾画了关于艾滋病毒/艾滋病的基本信息。随着好奇心的增强,学生想要了解更多,他们会找到自己所需要的

内容。共64页，适用于青年。

《艾滋病毒和艾滋病：在变化着的世界中应对》
HIV and AIDS: Coping in a Changing World
作者：Paula Johnson　出版方：Rosen Publishing　出版时间：2007年

全世界超过4000万人罹患艾滋病，这是现在公认的人类历史上破坏性最大的疾病。这份应对手册提供艾滋病定义，解释它如何在体内运作，讨论治疗方案，并提出预防建议。书中还包括针对患病者或认识患病者的十几岁青少年的综合指南。共112页，适用于青年。

《我们的故事，我们的歌：非洲儿童谈论艾滋病》
Our Stories, Our Songs: African Children Talk About AIDS
作者：Deborah Ellis　出版方：Fitzhenry & Whiteside　出版时间：2005年

艾滋病教育和意识书架主题

主题	书籍	类别
历史回顾 我们对这种以惊人速度传播的疾病已经有哪些了解？	《对抗艾滋病和艾滋病毒感染大流行：一场全球战斗》	非虚构类（N）
	《有关艾滋病和艾滋病毒的常见问题》	非虚构类（N）
	《艾滋病毒和艾滋病：在变化着的世界中应对》	非虚构类（N）
	《像我一样的生命：世界各地的孩子们如何生活》* （见光盘中社会改变书架）	非虚构类（N）
	《当瘟疫袭来：黑死病、天花和艾滋病》	非虚构类（N）
我们的故事 艾滋病毒携带者、患艾滋病的人或他们身边的人的故事，在事实和统计数据的基础上，加上个人体验。	《钱达的秘密》	虚构类（F）
	《天堂商店》	虚构类（F）
	《我们的故事，我们的歌：非洲儿童谈论艾滋病》*	非虚构类（N）
	《流沙：我们生活中的艾滋病毒/艾滋病》	非虚构类（N）
	《你可以叫我威莉：一个写给儿童的关于艾滋病的故事》	图画书（P）
人际关系 富有意义的人际关系展示出家庭和社区对艾滋病危机的关怀。对这些互动关系的学习，提醒我们伸出手去，创建类似的人际关系。	《生命不息》*	虚构类（F）
	《远远超越》	虚构类（F）
	《阳性》	虚构类（F）
	《遥不可及》△	图画书（P）

注：对出现在其他书架中的书籍，列出参照页码。

＊：这些书籍中包括年轻人在提供服务的角色上的实例。

△：这些书籍是绝版书但仍有查找价值。

照片、信息和参与方式的结合，让学生很容易理解这本出色的汇编。作者花了数月在非洲的一些国家与当地救援组织一起工作，接触家庭和儿童。即便从这个破坏性大流行的角度来看，作者富有见识的工作为增强意识和采取行动提供了机会。共 104 页，适用于 4 — 12 年级。

《流沙：我们生活中的艾滋病毒 / 艾滋病》

Quicksand: HIV/AIDS in Our Lives

作者：Anonymous　　出版方：Candlewick Press　　出版时间：2009 年

作者选择匿名是出于对她的姐夫，一位艾滋病毒感染者的尊重。由于一贯将感染这种病毒的人当成耻辱，他们认为有必要保护隐私。书的形式很有帮助：给出信息，接着是大多数人想要知道的关于这一特殊话题的典型问题。从"虚假的恐惧"到"慢慢窃取生命"到"生命线"，尽管"杰伊"被疾病折磨并且死去，在最后一章《希望的愿景》中，表达了作者的期盼，那就是尽快"在美国或任何地方，艾滋病毒感染者 / 艾滋病人不再需要匿名"。共 103 页，适用于青年。

《当瘟疫袭来：黑死病、天花和艾滋病》

When Plague Strikes: The Black Death, Smallpox, AIDS

作者：James Cross Giblin　　出版方：HarperCollins　　出版时间：1995 年

本书探讨了相隔数个世纪的三种致命流行病，令人信服的研究展现出社会、政治及文化反应上的相似性。每种疾病都带来了医学的进步。同时，在每种情况下，指责落到某些人群头上，但其实并非任何人的错。它对人类行为的洞察像历史研究和医学进步一样具有启发性。共 212 页，适用于 6 — 12 年级。

图画书：艾滋病教育和意识

《遥不可及》

Too Far Away to Touch

作者：Lesléa Newman　　出版方：Clarion Books　　出版时间：1995 年

小佐薇和她的伦纳德叔叔喜欢一起冒险。在天文馆中，佐薇问道："星星有多远？""远得摸不到，又近得看得见。"她的叔叔答道。当伦纳德叔叔因艾滋病变得虚弱时，天文馆中的信息有了特别的意义。

《你可以叫我威莉：一个写给儿童的艾滋病的故事》

You Can Call Me Willy: A Story for Children About AIDS

作者：Joan C. Verniero　　出版方：Magination Press　　出版时间：1995 年

威莉诉说关于她的艾滋病生活。她描述从祖父母、最好的朋友以及其他成年人那里得到的关爱。这一切中最主要的是，她想拥有自己的朋友并能打棒球。

虚构类：艾滋病教育和意识

《生命不息》
The Beat Goes On

作者：Adele Minchin　　出版方：Simon & Schuster　　出版时间：2001 年

　　当莱拉知道她最佩服的表姐感染艾滋病毒时，她失声痛哭。但很快，她开始支持表姐度过刚知道诊断结果时受到冲击和震惊的阶段，并支持她度过整个治疗过程。当她与自己喜欢的男生开始恋爱时，莱拉认识到艾滋病毒诊断永远改变了她的生活，而且沉默和羞愧使问题更加严重。于是，她采取行动，参与青少年中心的活动，在那里，十几岁的青少年就是青少年，不带任何标签。共 224 页，适用于 10—12 年级。

《钱达的秘密》
Chanda's Secrets

作者：Allan Stratton　　出版方：Annick Press　　出版时间：2004 年

　　这是一个信息丰富、感人的故事，描述一个女孩用自爱自尊反抗残酷现状的勇气，直指非洲围绕艾滋病的羞耻和恶习。当她的家庭受到打击并且多人死去时，钱达打破社会禁忌，承认这种病毒，从而让她和那些还活着的人可以有尊严地活着。作者在准备本书写作时，去了南非、博茨瓦纳和津巴布韦旅行。共 196 页，适用于青年。

《远远超越》
Far and Beyon'

作者：Unity Dow　　出版方：Aunt Lute Books　　出版时间：2002 年

　　小说中的故事发生在博茨瓦纳，取材于作者为妇女权益奋斗的经历，展现了一个现代家庭由于艾滋病而失去亲人的痛苦。这是一个充满矛盾的家庭，无论是家人之间还是个人心里。主人公莫拉，17 岁时，目睹了两个兄弟的死亡，在祖先传统与西方医学和文化之间痛苦地挣扎着。在经历了一次怀孕和流产之后，莫拉回到学校，只能面对腐败的学校体制中对女生的辱骂。但是莫拉冒了一次险，还有其他女生也加入进来，她们采取引人注目的举动去制止暴力并赢得了荣誉。共 199 页，适用于 9—12 年级。

《天堂商店》
The Heaven Shop

作者：Deborah Ellis　　出版方：Fitzhenry & Whiteside Limited　　出版时间：2007 年

　　13 岁的宾蒂在马拉维有着不平凡的生活：她是电台明星！当社区获悉她的父亲正如她母亲一样死于艾滋病时，宾蒂和她的兄弟姐妹们被送至远离家园的地方，与亲戚一起生活。她以往所知的生活戛然而止。通过描述经历罹患艾滋病和死亡的非洲家庭的困境，年轻人可以换位思考，并选择参与其中。共 186 页，适用于 5—9 年级。

《阳性》

Positively

作者：Courtney Sheinmel

出版方：Simon & Schuster

出版时间：2009 年

在母亲去世后，埃默森感到很孤寂，她与父亲及继母一起生活。她深信他们搞不懂艾滋病毒感染呈阳性是怎么回事。她去了一个艾滋阳性儿童夏令营，惊奇地发现其他儿童也能理解她，由此真正造成了她所需要的改变。共 224 页，适用于 5—9 年级。

光盘中

作者访谈：故事背后的故事

在随书附送的光盘中，你会找到对《当瘟疫袭来：黑死病、天花和艾滋病》的作者詹姆斯·克罗斯·吉布林和《钱达的秘密》的作者艾伦·斯特拉顿的采访。他们讲述了书的"故事背后的故事"。

第五章 动物保护与照顾

> 每个人都很重要，每个人都能发挥作用，每个人都能带来改变。我们要做出选择：我们想带来什么样的改变？
>
> ——珍·古道尔，灵长类动物学家和人类学家

自然界就是万物的平衡，交织成网的各种物种能存活下去，才能保持自然界的理想平衡。对于动物而言，世界在缩小。它们受到人类发展的威胁，我们的扩张型生活方式不断侵占自然栖息地并扰乱动物的迁徙模式。尊重物种间的共生关系需要有关注意识、教育和行动。如果我们想阻止物种的灭绝、保护生物的差异性，重要的是在它们依然存在时，看清楚并理解我们有哪些选择。

儿童似乎自然地对动物感兴趣，渴望了解亚洲大象、蓝鲸和大犰狳。学生往往吃惊地得知，在他们生活地域内的动物可能很稀

> 有志者事竟成。
> ——中国谚语

有，或是受到威胁、易受攻击或濒临灭绝。当他们发现遥远的地方也有这类情况或是了解到动物庇护所过于拥挤时，他们通常会热心去参与。当年轻人观察、比较和对照、分类、分析及报道他们对自家后院或地域内的动物的发现时，他们也是在开展科学探究的实践并应用自己的知识。学生在研究中可能遇到的争论，会活跃社会研究课、公共事务课和政府课，也让他们熟悉当地和全国性的倡导团体。

由于全球变暖、气候变化以及经济困难时期动物遗弃增多，各大洲都有更多的动物面临灭绝，我们必须行动起来。保护和照顾动物是切实存在的需要，我们必须做出响应。

一、准备：为动物保护与照顾方面的服务学习做好准备

下列活动可以用来促进有关动物保护与照顾方面的学习和技能开发。这些活动在调查研究、准备和计划等阶段很容易调整适用于不同年级，帮助学生通过研究来审视关键问题，分析社区的需要，并获取所需的知识，从而有效地为设计服务计划出力。这些活动往往可以融入反思和展示的阶段中，因为学生可以带领有关活动，与他人一起建立关注意识。文献资料往往是准备过程的一个重要部分，你可以在本章后面的动物保护与照顾书架中查找与该专题有关的推荐书目。

活动：协助野生生物回归自然。野生生物回归工作者援救并照顾动物，然后将它们放生到野外。年轻人给予了当地从事这一重要工作的非营利组织巨大的帮助。学生可以在本地区安排研究，找到一些此类机构并与之建立持续的关系。

年轻人怎么参与野生生物回归的工作呢？《野生世界的治疗师》作者香农·雅各布斯就如何帮助野生生物回归中心和保护野生动物的方法，提供以下建议：

- 向当地野生生物回归工作者要一份"愿望清单"。当学生找出需要并开始寻找满足需要的方法时，就会出现各种各样的活动。他们可以通过各种方式收集日用品：每天从杂货店收集捐赠的产品，在果树下拣拾落果，收集社区花园没人要的农产品，或是组织社区捐赠野生生物回归中心可能需要的其他用品。

- 询问野生生物回归中心需要哪类帮助。他们可能需要帮助清理笼子，或许他们欢迎学生协助募捐和宣传工作——让学生写文章、致信给编辑、写新闻发布报道，或为当地动物作画用于展览或出售。他们也可能会欢迎学生安装并维护有关计算机程序，用来帮助跟踪志愿者工作时数、动物接收和放生的数据、捐赠及预算等。

- 与野生生物回归中心的专家们一起做研究和咨询，学生可以从中学习如何设计和修建鸟巢、蝙蝠屋或哺乳动物的笼子。

- 研究和咨询的结果也可能是：以当地引人入迷的野生生物及其保护方法为主题做学校报告或设计社区项目计划；合成信息资料，帮助更年幼的学生培养对野生生物的同情心；邀请野生生物回归中心工作者到学校演讲；或者设计并组织一次在校园、公园或海岸边捡垃圾的清扫运动。

活动：从新闻标题到研究，再到行动。因为动物的健康幸福是孩子们最喜爱的话题，可以利用孩子们天生的求知欲，让他们投入到动物研究中。报纸和杂志上的文章可以提供许多激发创意的新闻标题，这些新闻立足于采用各种消息来源的研究。要求学生搜索浏览报纸和杂志，发掘出一个主题和一项行动计划。也许他们会写出一系列的新闻文章，或者为当地一家动物爱好者团体创作演讲介绍，写互联网播客、为最喜爱的广播电台写广告，或是设计广告牌。下列新闻标题是从新闻上改编过来的：

- 孩子们希望为被遗弃的狗找到新家

- 为执法需要而受训的动物

- 因斗狗活动被拘留

- 当地河流沿线鸟类总数下降

- 狗熊西出觅食

- 更多的动物列入受威胁的名单

- 经过拍电影训练的动物——它们受到良好对待了吗？

更多关于动物保护与照顾的信息：

要更多地了解这些议题并获得服务和行动上的创意，可以上网访问这些网站和组织：

ASPCA 专业网（www.ASPCApro.org/service-learning），是美国防止虐待动物协会（简称 ASPCA）的网站，为那些帮助实现 ASPCA 使命的教育工作者、学生和家长提供优质的材料和资讯。

孩子的星球（www.kidsplanet.org），是野生动物守护者的青少年网站，这是一家致力于保护所有当地野生动植物在其自然群落中生活的组织。这个网站提供世界上濒危物种的大量信息。

美国大自然保护协会（www.nature.org），是全世界自然保护的领军组织，在他们的网站上可以查看各大洲的动物在天然栖息地受到救助的大量实例。

根与芽（www.rootsandshoots.org），是珍·古道尔研究会面向青少年的国际环境与人道计划。该计划鼓励所有的参与者进行服务学习，旨在改善动物、人和环境所处的状况。在他们的网站和频繁的快讯中可以找到许多资讯。

学生可以结对或以团队为单位，就他们选定的主题一起工作。总结一下优良新闻工作的"五个 W"：何人（Who）？何事（What）？何地（Where）？何时（When）？为何（Why）？学生应该去寻找不同的资讯。如果一篇报纸或杂志文章被用到，学生能联系作者提出更多的问题或者找出作者的信息来源吗？他们能查找到文章中提及的机构吗？

回顾媒体、访谈、问卷调查、观察和体验等不同的研究方法。学生将会采用哪些方法呢？

二、建立与所有课程的关联

某些服务学习活动自然而然地适合于跨学科工作及建立与所有课程的关联。这些课程关联，加强并扩展学生的学习，帮助他们达到学业标准。很可能甚至在学生开始进行服务学习活动之前，你就在寻找这些关联以及鼓励学生的方法了。在整个服务学习的过程中，要保持灵活性，因为任何时候提出的问题或学生所确定的社区需要都可能自发地形成某些课程关联。为了帮助你思考与所有课程的关联以及在哪里找到这些关联，本章的课程关联图（见108页）就该专题如何用于不同学科领域，给出了许多不同方法的实例。（本章下一节列出的服务学习情形，也展示了该专题如何用于不同学科领域的各种方法。）

动物保护与照顾课程关联图

英语／语言艺术
- 寻找讲授尊重动物的书，读给年龄更小的孩子。
- 创作一本关于濒危动物以及援助方法的 ABC 字母书。
- 从濒危动物的视角写短文，寻求人类的帮助。

社会研究／历史
- 走访一家动物庇护所或动物园，了解它在社区的作用。
- 研究监管濒危动物的政府机构。
- 了解进步年代（1890—1913 年）和动物保护组织的开端。

外语
- 找到不同国家由孩子们运作的动物救助项目并通过电子邮件联系。
- 制作有关当地濒危动物的多种语言信息手册。
- 用所学的语言向其他班级介绍有关动物保护的主题。

戏剧、音乐及视觉艺术
- 创作和表演以动物为角色的戏剧，讲授如何照顾和保护它们。
- 学习和演唱体现尊重动物和自然的歌曲。
- 用素描、彩绘、摄影或任何视觉艺术媒介，创作动物在危险和受保护的两种环境中的艺术表现作品。

动物保护与照顾

数学
- 制订照顾宠物的每周费用预算。
- 学习修建小动物庇护所或鸟类栖息地所使用的数学概念。
- 比较濒危动物状态变化的统计数据。

体育
- 用自主开发的或从瑜伽和其他运动体系中借鉴的方法模仿动物的自然动作，来锻炼身体。
- 学习不锻炼对饲养动物有何影响。
- 研究本地情况，找出社区需要多少人帮助带动物散步或跑步。

计算机
- 找出使用计算机追踪动物的迁徙模式的方法。
- 创建一个网站，帮助宣传和促进宠物领养。
- 研究并告知各班带有濒危动物信息的网站。

科学
- 研究动物照顾，包括营养、生理学和心理学；学习和比较它们在野生状态下的关系。
- 了解所在地域中的濒危动物和从事救援与恢复工作的团体。
- 访问一处自然野生生物栖息地，进行观察、学习有关生态系统以及保护在那里生活的动物的方法。

三、服务学习情形：行动创意

做好行动的准备了吗？下列对服务学习的描述，是小学、初中或高中学生在校内或与社区组织一起成功完成的实例。这些情形和实例中，大多数明确包括调查研究、准备和计划、行动、反思及展示的某些层面，并且全都有很强的课程关联。这些情形可以成为激发你取得创意的丰富源泉。请记住，年级水平仅做参考，大多数情况可以调整适用于更低或更高年级的学生，许多情况适合跨年龄的合作。

照顾动物：学前班

大多数儿童都喜爱动物并乐于学习如何给它们提供可能的最好看护。学前班的儿童听过许多关于动物的书中故事，包括《幼海雀之夜》和《在你属于我之前》。有位动物专家和一位医院陪伴犬的主人来过孩子们的班上，孩子们也走访了一家动物援救组织。他们帮助策划和宣传了一次全校性募捐活动，为这家援救团体收集旧的床上用品，还制作了狗领巾供当地防止虐待动物协会（简称SPCA）销售。

一只援助之手，一只接纳之爪：学前班—5年级

社会研究、数学、科学、语言艺术，都与伸出援助之手的服务学习体验结合。密歇根州贝利湖小学有一个全校参与的"通过服务与学业相关联"项目（简称C.A.T.S.）：高年级学生制作玩具和毯子并收集日用品；低年级学生为宠物的新主人装配物品袋。每个人都为动物收养者写感谢卡。当一位濒危物种专家访问该校时，学生又学到了新的东西。

鸭子和有机大米：1年级与高中的伙伴

在加利福尼亚州的中央谷地，有着对野生动物友善的农业产业，并形成了河流保护地上的社区伙伴关系，那里每年耕种接近4平方千米的有机稻米，秋天收获稻米之后，田地被注满水，为迁徙的鸭子、天鹅、雁、鹤等提供极好的栖息地。春天，在犁地和耕种之前，鸭子在田里筑巢。1年级的5个班把营救鸭蛋的经历融入动物生命周期的学习之中。秋天，学生游览湿地保护区，观察岸禽和水禽。在随后的几个月里，学生学习多种动物的生命周期。4月，就在犁地之前，学生又回到保护地。在保护区的员工、志愿者和一个高中生物班的帮助下，1年级学生跟着农夫走过稻田，从拖拉机轮下挽救了几个鸭巢。学生把鸭蛋带回学校，放在孵化器里孵化，坚持记孵化日志，绘制幼鸭成长和发育图，并且阅读许多有关鸭子和鸟类的故事和诗歌，包括《幼海雀之夜》，该书讲的是一群年龄很小的孩子在冰岛救助幼鸟的真实故事。1年级学生还给他们的鸭子读书，办公室和行政管理人员自愿在周末帮助喂养。与州水禽协会一起工

> 如果你认为自己太小发挥不了什么作用的话，试着和蚊子一起睡觉。
> ——安妮塔·罗迪克，女企业家

作的志愿者在夏季喂养鸭子。这些鸭子被成群地放回野外保护地。这些学生开创了先例，形成一年一度的优质环境行动的合作型体验。

为了动物，迈出巨大步伐：1—8年级

巨大步伐学校是为自闭症的孩子们开设的，学生了解到在密苏里州圣路易斯市外围有一家动物救援与养老的农场，叫"香农基金会"。100只动物以这所农场为家，包括猫、狗、马、鹿、猪、驴和美洲驼——它们肯定需要帮助。巨大步伐学校的孩子们学习了解不同的动物以及如何照顾它们。他们列出所需物品的清单并开始收集、分类和折叠用过的毛巾、毯子和被子等。为了募集资金以购买必须采购的物品，学生烤制并出售狗饼干。起初，他们以为饼干只是短期的尝试，可是，众多的需要让这个项目持续下来。

学生第一次访问香农基金会时，一名记者跟着来了解孩子们和动物如何互动。再次访问时，学生带来更多做床垫的毛巾，并捐出他们不断出售狗饼干所得的现金。这些学生帮助刷马毛、剔马蹄；他们为狗刷毛，与两窝被救的幼犬一起玩耍。在帮助他人的同时，也更轻松地学习了生活技能。每个人都获得了巨大的成功！

动物园故事：2年级

加利福尼亚州圣莫尼卡市有位2年级教师通过一个动物园的项目把社区研究和她教的科学专题"有生命的东西"联系在一起：学生为灵长目动物设计"头脑挑战"。研究表明动物在积极用脑时比无聊时更健康。在学生的帮助下，动物接受从容器中取食的挑战。孩子们热切地同意组装手纸筒和松果，塞满灵长目动物爱吃的食物。学生在首次访问动物园时，了解了灵长目动物以及动物园的生活。回到学校，他们确定收集用品的方法，用品包括：手纸筒、无糖谷物、干果及松果。他们向学生的家庭和邻里分发他们的计划传单，装饰箱子，放在当地两家超市收集捐赠品。学生研究灵长目动物并写出报告，绘制所收到和所需要物品的图表，对他们要组装的东西做数学方程计算，模仿大猩猩和狐猴的肢体动作，确定储存大量手纸筒的办法。他们讨论为什么捐赠的回收物品（手纸筒和松果）多于较贵的物品（无糖谷物和干果）。随后在第二次访问动物园时，他们与动物园的教育工作者一起把食物放入手纸筒，并用纸浆封住手纸筒，把花生酱和干果塞进松果中。通过这个项目，两组灵长目动物——动物园里的大猩猩和学校里的孩子们都征服了头脑挑战。

第五章　动物保护与照顾

海龟艺术家、作者和保护者：4 年级

默特尔海滩中间学校① 4 年级学生与当地一家画廊合作，这家画廊专营回收材料制作的艺术品。这些学生学习了海龟以及它们在南卡罗来纳州海岸如何处于危险之中。学生把学习濒危物种红海龟与学习日本俳句及艺术结合起来，出版了《我，海龟卡雷塔》一书。卡雷塔是这只海龟的拉丁名字。书的每一页都混合了艺术、诗歌以及照顾这些海龟的实用建议。

学校里的野生生物栖息地：5 年级

华盛顿州弗农山市 5 年级学生科学课的一部分是学习本地鸟类迁徙的模式。他们建造鸟巢盒和喂食器，吸引并帮助鸟类。家长们周末与学生一起建造教室外面的喂食器。当鸟飞来时，学生便悄悄走到窗边观看，并把他们的观察记入笔记本。艺术项目则显示出学生对这些羽毛客的色彩和细节有更强的关注意识，并对自然有更深入的鉴赏和了解。

别打扰蜥蜴：5 年级

得克萨斯州圣安吉洛市的 5 年级学生要选择一种濒危动物做研究。他们想要研究家附近的某种东西，便选择了得克萨斯带角蜥蜴。经过大量研究之后，学生成为该课题方面的专家并被邀请到社区学院的课堂讲解，还在当地的有线电视上露了面。为了展示所学知识，这些学生准备了一套"不要打扰得克萨斯带角蜥蜴"用具，完成了一项蜥蜴法规（与政府课学习连接起来），提出了保护他们长满尖刺的棕色朋友的方法。这些东西被分发到他们学区内 5 年级的每个班。

同情动物：6 年级

在马萨诸塞州布鲁克莱恩市，6 年级的教师们为学生读了《流浪狗》和《拯救大象莉莉》等书的节选。前者是关于一位十几岁的少年在一家动物庇护所做志愿服务的故事，后者是关于学生努力救助一头被虐待的马戏团大象的故事。他们访问了一家庇护所，亲眼看到庇护所里的动物所面临的困境，并从员工那里学习宠物受虐待的信息和如何适当地照顾它们。在考虑了帮助办法之后，学生开始策划工作。他们决定收集捐赠的床单来提高庇护所动物的舒适度。为宣传他们的募捐活动，学生制作了书面和口头的告示，给学校社区写信，设计招贴画等。他们把不断变大的床单堆命名为"捐献之山"。学生组织了两次烘焙食品销售，募集了 700 多美元。他们学习关于宣传、活动管理及合理定价。在研究庇护所的预算分配之后，他们决定把从烘焙食

---

① 该校只有 4—5 年级。——译者

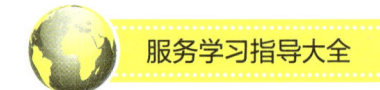

品销售得来的钱用于庇护所的急救医疗基金。学生与信息技术课教师一起制作了几个视频，帮助培养年幼的孩子学习看护宠物的技能。在每次播放视频和幻灯片之后，6年级学生派发书签，书签上带有如何照顾动物的提示。学生还把他们的视频放在互联网上，并与朋友和家人分享。他们还写信与书的作者之一交流。通过不同的媒体为不同的听众准备材料，帮助培养学生的沟通技能。学生在该项目整个过程中的热情和投入，以及他们对庇护所动物所表现出的巨大同情，激励了学校的管理人员和教师们。

感谢陆地和水：6—8年级

位于佛罗里达州米德尔堡市的一所初中，利用位于乡村的优势，开发了环境类的服务学习项目，教学生担当个人责任以及如何爱护自然资源。例如，学生与当地水务局一起工作，维护和开发一个供公共使用的3.6平方千米的自然保护区。学生在保护区建立了一个鹰类观测点，观光者可以在安全距离观察一个活生生的鹰巢并了解鹰的需求和习性。这一经历帮助学生认识到保护珍贵的陆地和水资源的必要性。

别让马车到处跑！6—8年级

纽约市的初中学生了解到街道上单马双座出租马车的一匹马死了。他们对在城里工作的马匹问题做了研究并制订了一项行动计划。他们递交了一份就此情况教育他人的请愿书，试图影响市议会。他们提议更好地监管马车行业并限制马匹的工作地点和时间。这是公众参与的有益一课。

训狗突击队：6—8年级

在佛罗里达州梅里特岛上，50名初中学生盼望每月乘巴士去当地的动物庇护所。这些庇护所里有许多狗在见到人时会出现兴奋或撒野的行为，因而被忽视、得不到收养。一半学生教狗五个基本指令："看着我""坐着""趴下""别动"和"过来"；其余学生用点击器训练狗停止吠叫和蹦跳。在这些全心投入的学生的驯养下，这些动物更容易被收养。

完全自然——自然保护项目：6—12年级

得克萨斯州奥马哈市的学生与得克萨斯州公园和野生动物局合作，学会了如何把学校后面的一片空地作为动物栖息地加以保护。他们围绕集中生活在那里的鹿进行尝试。因为在学校地产上不准捕猎，学生打算在捕猎季节为鹿创建一个安全区域。学生采用隐蔽的侦察照相机观察鹿的行为并确定它们喜欢的食物——玉米棒是鹿的最爱。学生为这些鹿提供过冬的食

物，而在一年的其他时间里，鹿自己能找到食物。学生通过自然步行道以及与自然和谐的雕塑（由艺术班创作）来继续改善这一区域，而农学班的学生负责修建户外大棚。总体结果是他们建成了一个所有生物和平共处的和谐乐园。

国际交流：7年级

学生在秋冬季节参观加州中部的科森尼斯河保护区，观察壮观的沙丘鹤群。它们飞行数千千米来到这些湿地过冬。当学生了解到鹤类及其传奇的生命故事时，恢复湿地的努力变得更为重要。在课堂上，学生阅读有关世界各地的鹤，学习鹤的解剖构造和生理机能，创作关于鹤的故事和诗歌，鹤在许多文化中是和平与美丽的象征。学生与国际鹤类基金会合作，创作出200多件艺术作品和诗歌，在古巴谢戈德阿维拉省的沙丘鹤节上展出。同时他们借此机会将急需的学校用品捐赠给古巴孩子。四位（加州）当地的生物学家和教育工作者访问了古巴，就鹤的课程与古巴教师进行合作，并讲授鹤及湿地保护的课程。古巴小学生参与了服务学习，与生物学家们一起寻找稀有且濒危的古巴沙丘鹤，作为鹤的种群数量年度统计工作的一部分。学生记录了目击情况、鹤的行为及叫声。

动物行为丰富化活动：7—9年级

特立尼达和多巴哥共和国的学生与当地动物园的专家们聚在一起，为动物园里的动物制订了丰富化[①]体验活动项目。学生结成团队工作，选择从水獭到虎猫等各种各样的动物。选择水獭的小组给一只河獭制作了一个喂食环，还买了一只球供水獭在水中玩耍。学生记录了引入丰富化体验活动前后的动物行为。

拯救我们的物种：8年级

一个初中小组集中精力帮助当地物种中的海峡岛屿狐狸，这是一种在加州八个岛屿中的六个岛屿上发现的小型犬科动物，其种群数量正在下降中。他们制订出岛屿狐狸认养赞助表，出席教育界集会，并在圣巴巴拉动物园设立了一个年度狐狸节。这个专门小组向校委会[②]做演示，获得很多奖励，并得到该市政府和国家公园服务局的认可。

遗失的动物：9年级

一个9年级英语阅读补习班写了一本名为《动物迷路了，会发生什么？》的书。学

---

① 丰富化：enrichment。——译者
② School Council，校委会是经选举产生的负责学校总体决策的群体，一般由教师和家长组成。——译者

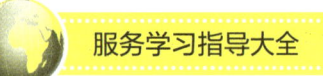

> 我问人们为什么在墙上挂鹿头？他们总是说因为它是如此美丽的动物。好吧，我认为我母亲很美，但我只保存她的相片。
> ——埃伦·德杰尼勒斯，演员和喜剧作家

生与本郡动物庇护所和防止虐待动物协会一起工作，制作教育材料，强调动物执照和身份标识牌的重要性。他们还在学前班和2年级教课，并在当地电视上演讲。

写儿童书：9—11年级

作为高中生物班的一个期末项目，学生可以选择很多活动。最受欢迎的是为儿童写一则关于濒危或灭绝物种的故事，这个作业包含两个方面：研究什么因素造就一本有吸引力的儿童书籍；学习关于所选动物的足够多的知识，丰富书的内容。教师用《皮帕卢克和鲸鱼》和《天性亲密：女性与动物的联系》等书呈现出讲故事的各种手法。学生同意制作三份拷贝——一份保存，两份捐赠给当地的学校或他们选定的组织。在日记中，学生称这个项目是他们最喜爱的一项活动。

宠物数量控制：9—12年级

被列为"危险类"的高中生致力于改善阅读和写作策略。他们的老师用有关当地宠物数量过剩的社区问题的文章，将学生引入非虚构类文献领域。他们分析这些文章，发现问题，帮助他们不用抄袭就写出一篇关于这个主题的报告。他们想出的提问包括：为什么存在这个问题？有哪些事可做？太多的猫狗会造成什么后果？在练习社交技能，特别是如何与成人交谈的技能之后，学生邀请了两位发言人来班上讲演，其中一位是动物控制官员，一位是兽医。学生决定为学前班儿童设计课程，每个小组关注一个不同的问题：照顾狗、照顾猫、避免狗咬以及尊重野生生物。每个主题小组都要编写并讲授五节课。为示范所学到的知识，学生就宠物数量过剩向市议会做报告并给出建议。学生还协助本地的狂犬病诊所，用西班牙语技能讲授为何需要切除宠物的卵巢或阉割宠物，他们还用西班牙语制作公共服务广告。

科学和政府课的关联：10—12年级

哪些休闲活动会威胁我们的濒危物种或者干扰敏感的栖息场地呢？高中学生开始在科学课上研究这个问题，由此引导他们去找政府课的老师寻求帮助。通过电话联系和电子邮件，学生找到愿意提供州政策信息的州政府官员。他们与当地的公园和休闲服务局工作人员合作，准备关于安全利用当地休闲场地的信息手册。学生还制作了关于该地区濒危动物的涂色书，发给到公园来的年幼参观者。

第五章 动物保护与照顾

非洲野生动物捕猎品身份鉴别：10—12年级

圣迭戈市高科技高中的自然保护辩论课的学生，把他们的科学技能应用到远离他们社区的非洲，帮助制止非法的野生动物偷猎活动。首先，学生学会利用DNA手段鉴别处于野生动物捕猎品危机的物种。学生与圣迭戈动物学会的本地科学家、生命科技公司以及珍·古道尔等其他伙伴合作，简化了物种鉴别所需的技术。他们的DNA条形码方法使科学家及环境组织能找出非法野生动物捕猎品属于本地哪个动物群体。接着，学生去非洲受到影响的地区做实地研究。他们生活在马赛伊、伊拉奎和哈扎三个部落中，学习野生生物管理实务。他们会见反偷猎官员，并与机构和大学发展持续的伙伴关系。学生和非洲野生动物捕猎品远征考察队再次返回坦桑尼亚并举办了一次野生动物捕猎品身份鉴别专题研讨会。通过他们鼓舞人心的获奖影片《敢于担当的学生》以及他们的网站（www.africanbushmeat.org），学生将他们的觉悟运动继续进行下去，提供了大量信息，并展示了年轻人如何真正地改变世界。

鸟类实地指南：10年级及以上

在坦桑尼亚的姆贝亚地区，十几岁的青少年和年轻人注意到他们社区所发生的变化。随着越来越多的人在这里定居，越来越多的鸟离开了。建筑、耕作、牲畜饲养、砍树为柴、木炭生产，以及来自人、车和音乐的噪声污染，全都严重地影响着这个地区。作为当地"根与芽"俱乐部——珍·古道尔研究会面向青少年的全球性环境和人道计划——的成员，姆贝亚地区十几岁的青少年在一本双语书中通过言语和鲜艳的插图讲述他们的鸟类故事（用斯瓦希里语和英语写作），书名是《姆贝亚地区鸟类实地指南》。为此书做研究和出版，有助于这些青少年更深刻地思考他们周围的自然界以及日常活动如何影响这个脆弱的生态系统。这是"在我们的地球村"项目的一部分，见263页。

年轻的科学家们：11和12年级

在佛罗里达州水晶河市的科学课上，学生就学校附近湿地中的动物数量展开问卷调查并收集来自政府机构的数据资料，以跟踪野生生物的迁徙模式。学生分析信息，并在学校开放日和社区环境活动中分发带有这些信息的手册。延伸的活动还包括帮助收养和放生红鱼[①]、水保护计划以及在小学做示范课。持续合作的伙伴包括州立公园、一所动物医院、一家海水养殖中心，以及政府渔业及野生生物机构。

---

① 红鱼在美国泛指红色的鱼，常见的有红鲷、眼斑拟石首鱼、太平洋鲈鱼等。——译者

四、动物保护与照顾书架

动物保护与照顾书架（117页）为探索濒危物种及爱护我们地球上其他生命的过程增加了许多内容。阅读有关动物的内容，教给我们生活的方方面面，包括自然环境和物种之间的伙伴关系。我们生态系统中的所有参与者都有一个位置和角色。有时，《爬到树上的猫》需要帮助才能下来。有时在学校里学到马戏团的动物受到虐待，会像在《拯救大象莉莉》中那样出现可信任的营救者。在《它们来自布朗克斯区：拯救水牛免于灭绝》中，一群想要保护濒临灭绝动物的人士合作，在美国东部地区养大成群的水牛，再用火车送至西部。也许爱护动物就是要提醒我们爱护所有生命。为帮助你找到与你的具体项目有关的书籍，书目总表把书籍按几个主题分类：为了未来，抢救和恢复，人道关系。

总的来说，本书架有以下特点：

- 书目带注释，按非虚构类（N）、图画书（P）和虚构类（F）进行一般分类，根据书名字母的顺序排列。对于非虚构类和虚构类，还注上总页数，并推荐适用的年级水平。图画书的所有书目都没有推荐年级水平，因为它们可以成功地用于各年龄段。

- 有一张按照主题和类别分类的图表，帮助你找到具体项目的相关图书。

- 来自服务学习同行和专家的书目推荐，包括摘要介绍和与服务学习相关联的创意。（推荐的书籍数量在每个书架中有所不同。）

- 请注意：该类别的附加书目列在光盘中，一些是绝版书但仍有查找价值。

非虚构类：动物保护与照顾

《幸存的湿地动物》

Animal Survivors of the Wetlands

作者：Barbara Somervill　出版方：Watts Library　出版时间：2004年

走进湿地，去接触因栖息地逐渐消失而受到威胁的各种动物，去发现人类干预如何能够有所帮助。了解关于动物及其生存环境的事实，以及政府机构、科学家和个人拯救这些动物社区的行动。共63页，适用于4—7年级。

《热带雨林里的早餐：探望山地大猩猩》

Breakfast in the Rainforest: A Visit with Mountain Gorillas

作者：Richard Sobol　出版方：Candlewick Press　出版时间：2008年

世界上仅有不到700只山地大猩猩存活，全都住在中非洲的国家公园里。通过它们所在环境的照片和大猩猩的特写镜头，我们了解到它们的家庭习惯和行为，以及为保护它们而工作的人们。由莱昂纳多·迪卡普里奥所写的后记详细描述了置这些动物于高危境地的各种威胁。共44页，适用于1—6年级。

动物保护与照顾书架主题

主　题	书　籍	类　别
为了未来 这类书籍讨论当我们考虑如何保护动物免于灭绝时所必须思考的问题。	《失控：濒危动物字母表》	图画书（P）
	《狼回来了：恢复黄石公园的自然平衡》	非虚构类（N）
抢救和恢复 许多组织和个人积极地为保护、援救和挽救动物免于灭绝而工作，为我们做好自己的工作做出榜样。注意，这些积极分子中也包括年轻人。	《幸存的湿地动物》	非虚构类（N）
	《热带雨林里的早餐：探望山地大猩猩》	非虚构类（N）
	《水牛音乐》	图画书（P）
	《吃动物》	见 204 页
	《伊万杰琳·马德的水貂大援救》	虚构类（F）
	《闪点》	虚构类（F）
	《多少个熊猫宝宝？》	非虚构类（N）
	《只为大象》	非虚构类（N）
	《韦林顿先生》	虚构类（F）
	《锄足蟾之夜》	虚构类（F）
	《幼海雀之夜》	非虚构类（N）
	《特拉维斯·基廷的九条命》	虚构类（F）
	《拯救大神鸟的竞赛》	非虚构类（N）
	《它们来自布朗克斯区：拯救水牛免于灭绝》	图画书（P）
人道关系 这类书籍包括虚构类和非虚构类故事，关于动物邻居触及人类生活的故事。	《在你属于我之前》	图画书（P）
	《别开枪！蔡斯·R.不搬到乡村的十大理由》	虚构类（F）
	《高速公路上的猫》	虚构类（F）
	《如何医治折断的翅膀》	图画书（P）
	《儿童为动物带来改变》	非虚构类（N）
	《为小鸭子让路》（见光盘中）	图画书（P）
	《妈妈：一头河马宝宝在海啸中失去妈妈，又找到一个新家和新妈妈的真实故事》	图画书（P）
	《为大象募集一分硬币》	图画书（P）
	《小马岛》	图画书（P）
	《获救：得救的动物和它们所改变的人们》	非虚构类（N）
	《流浪狗》	虚构类（F）
	《靠近：珍·古道尔》	非虚构类（N）
	《温特的尾巴：一只小海豚如何再次学会了游泳》	非虚构类（N）

注：对出现在其他书架中的书籍，列出参照页码。

《多少个熊猫宝宝？》

How Many Baby Pandas?

作者：Sandra Markle　出版方：Walker & Company　出版时间：2009年

　　在这本可爱的计数书中，生活在中国卧龙大熊猫繁育中心的熊猫的照片和信息将激励每位读者去保护我们的濒危物种。阅读为什么"大熊猫很酷"，以及2008年5月12日在它们生活地附近发生地震时，这些熊猫们怎么样了。共32页，适用于预备学前班[①]—3年级。

《只为大象》

Just for Elephants

作者：Carol Buckley　出版方：Tilbury House　出版时间：2006年

　　该书按时间顺序记录了马戏团大象雪莉退休后搬到大象禁猎区的新家的故事，在那里她可以自由地生活，与其他大象一起散步。照片和故事讲述随着大型动物的茁壮成长而出现的身体转变和个性变化。共32页，适用于3—6年级。

《儿童为动物带来改变》

Kids Making a Difference for Animals

作者：Nancy Furstinger 和 Sheryl Pipe　出版方：Wiley Publishing　出版时间：2009年

　　结合信息和实例，展现孩子们如何帮助动物维持良好的健康状况并得到妥善的护理。这些鼓舞人心的故事为孩子们树立了非常棒的榜样。共96页，适用于4—6年级。

《幼海雀之夜》

Nights of the Pufflings

作者：Bruce McMillan　出版方：Houghton Mifflin　出版时间：1995年

　　跟着本书一起去冰岛的赫马岛旅行。那里的孩子们整夜不睡，等待幼海雀准备好进行第一次飞行的时刻。许多幼海雀被村庄的灯光所迷惑，飞向村镇而不是空旷的大海。孩子们救助它们远离猫和汽车的危险，并把它们带到合适的飞行路线上。共32页，适用于学前班—4年级。

《拯救大神鸟的竞赛》

The Race to Save the Lord God Bird

作者：Philip Hoose　出版方：Farrar, Straus and Giroux　出版时间：2004年

　　一个关于现代濒危动物大神鸟充满悬念的故事。政策、环境法律以及栖息地的减少是如何让这种鸟濒临灭绝的？找出谁伸出了援助之手，以及初露头角的积极分子如何能吸取经验教训并应用于未来的情况。共208页，适用于青年。

---

① preK，是学前班之前的预备学前班。——译者

《获救：得救的动物和它们所改变的人们》

Saved: Rescued Animals and the Lives They Transform

作者：Karen Winegar　出版方：Da Capo Press　出版时间：2009 年

　　这本书汇编了从美国东海岸到西海岸的 28 个真实故事，关于那些帮助受到伤害的动物得以恢复的人们，以及使历经苦难的人类得以恢复的动物。共 256 页，适用于 4—12 年级。

《靠近：珍·古道尔》

Up-Close: Jane Goodall

作者：Sudipta Bardhan-Quallen　出版方：Viking　出版时间：2008 年

　　这本书讲述珍·古道尔的故事，从她对经典儿童书《多利托博士》的喜爱，到她童年时立志与非洲动物一起工作，以及她在贡贝丛林中革命性的野外工作。这本激励人的传记描述了她作为所研究领域的开拓者的崇高热忱：保护动物和我们的环境，以及她如何围绕这一热忱，创造性地重塑个人生活。共 218 页，适用于 5—8 年级。

《狼回来了：恢复黄石公园的自然平衡》

When the Wolves Returned: Restoring Nature's Balance in Yellowstone

作者：Dorothy Hinshaw Patent　出版方：Walker Books　出版时间：2008 年

　　我们的各种生态系统需要一个平衡的自然体系。当黄石国家公园的狼灭绝时，这一点显而易见。看看在狼灭绝以后的这段时期生态系统如何改变，以及让狼重返公园之后的 10 年中出现的变化。无论你生活在哪里，本书都是考虑生态系统相互作用的优秀指南。共 40 页，适用于 3—5 年级。

《温特的尾巴：一只小海豚如何再次学会了游泳》

Winter's Tail: How One Little Dolphin Learned to Swim Again

作者：Juliana Hatkoff, Isabella Hatkoff 和 Craig Hatkoff　出版方：Scholastic　出版时间：2009 年

　　想象一下，三个月大的宽吻海豚带着严重受损的尾巴从蟹夹下被救出来。它能活下来吗？这是温特的故事，这只勇敢的海豚，得到救助者的支持和爱护，游客到水族馆来看它，它还得到全世界支持者的来信以及一只定制的义肢，它又可以游泳了。它的义肢制作技术也被用于为伤口敏感的战争老兵制作义肢。共 30 页，适用于 2—6 年级。

图画书：动物保护与照顾

《在你属于我之前》

Before You Were Mine

作者：Maribeth Boelts　出版方：Putnam　出版时间：2007 年

　　一个男孩想知道，他家新养的小狗被从庇护所救出之前，曾经有过什么样的生活。想象他

的狗曾经无家可归或许遭到过虐待，多么艰难，多么可悲啊！不过，到了为他的新小狗修建一个新家时，他知道要做些什么。

《水牛音乐》

Buffalo Music

作者：Tracey E. Fern　　出版方：Clarion Books　　出版时间：2008 年

　　取材于一则发生在 19 世纪的真实故事，一名女子和她的丈夫认识到他们所熟悉的猎枪的响声导致邻里野生水牛的消失。倔强的莫莉开始饲养朋友带来的两头牛犊孤儿，以帮助恢复水牛群。

《失控：濒危动物字母表》

Gone Wild: An Endangered Animal Alphabet

作者：David McLimans　　出版方：Walker & Company　　出版时间：2006 年

　　象形文字和字母结合组成了由濒危和临近濒危的物种所列出的字母表，这些既直白又简练的图解表达着让每一物种生存的单纯愿望。

《如何医治折断的翅膀》

How to Heal a Broken Wing

作者：Bob Graham　　出版方：Candlewick Press　　出版时间：2008 年

　　在这则都市寓言中，一个男孩在城市交通堵塞中看到一只受伤的鸟，便与父母一起照料这只鸟直到放生，"……鸟的翅膀拍了一下，就飞走了……"寥寥数语加上博大的胸怀，让这篇故事非常感人。

> **光盘中**
>
> **来自实地的推荐**
>
> 《为小鸭子让路》
>
> *Make Way for Duckings*
>
> 作者：Robert McCloskey　　出版方：Viking
>
> 出版时间：1941 年

《妈妈：一头河马宝宝在海啸中失去妈妈，又找到一个新家和新妈妈的真实故事》

Mama: A True Story in Which a Baby Hippo Loses His Mama During a Tsunami but Finds a New Home and a New Mama

作者：Jeanette Winter　　出版方：Harcourt Books　　出版时间：2006 年

　　当海啸袭来时，一只年幼的河马正在与妈妈和群里其他河马一起游泳，处于灾害危险之中。伴着零星的描述和生动的想象力，我们注意到在夜里侥幸生存下来的河马宝宝，在寻找妈妈。早晨，河马宝宝被野生生物官员发现并带到当地的动物园，在那里小河马接纳了一个出人意料的代理妈妈。

《为大象募集一分硬币》

Pennies for Elephants

作者：Lita Judge　　出版方：Hyperion　　出版时间：2009 年

那是 1914 年，马萨诸塞州波士顿市。孩子们需要筹集 6000 美元，为他们的动物园购买三只经过训练的大象。在整个新英格兰地区，孩子们自愿捐出储蓄，努力为他们的事业添加每一分钱。作者的描述基于当日报纸的新闻提要，展现了决心、足智多谋以及真正的合作精神。

《小马岛》
Pony Island
作者：Candice F. Ransom　出版方：Walker & Company　出版时间：2009 年

生活在马里兰州和弗吉尼亚州外一个岛上的钦科蒂格矮种小马，赋予作者写这诗一般的故事所需的创作灵感。虽然不能断定它们是怎样到达小岛上的，小马和它们的"小马节"，还有当地志愿者对它们的看护，现在已经是当地传统的一部分。

《它们来自布朗克斯区：拯救水牛免于灭绝》
They Came from the Bronx: How the Buffalo Were Saved from Extinction
作者：Neil Waldman　出版方：Boyds Mills Press　出版时间：2001 年

在 1907 年 10 月的某天早晨，一位科曼奇[①]奶奶和她的孙子在等待一辆火车，它载有要重新引回俄克拉何马州的一群水牛。两则故事交织在一起：一则故事显示这种强壮的动物接近于灭绝，另一则故事显示出生态环境保护者所带领的救援努力。在这个历史记录中，还描述了为在加拿大和美国的原生土地上恢复水牛种群的其他尝试。

虚构类：动物保护与照顾

《别开枪！蔡斯·R. 不搬到乡村的十大理由》
Don't Shoot! Chase R.'s Top Ten Reasons NOT to Move to the Country
作者：Michael J. Rosen　出版方：Candlewick Press　出版时间：2007 年

蔡斯的家从城里搬到了农村社区，这对一个十几岁的少年来说，是一次非同寻常的转变。庆幸的是，他有计算机并用电子邮件与城里的朋友们保持联系。不幸的是，当地猎手和他们的猎物让他卷入了复杂的困境。蔡斯能容忍猎手和打猎行为吗？共 160 页，适用于青年。

《伊万杰琳·马德的水貂大援救》
Evangeline Mudd's Great Mink Rescue
作者：David Elliot　出版方：Candlewick Press　出版时间：2006 年

伊万杰琳·马德和亚列克西·亚列克西，都是世界上跳得最高的舞蹈者，他们开始一项冒险行动，要放生伊万杰琳表兄囚禁在马德的"神奇水貂"里面的水貂。他们能骗过伊万杰琳自

---
① 科曼奇是美国印第安原住民的一个部落。——译者

私的监护人拉斯普京吗？伊万杰琳和亚列克西能骑着他们的独轮车找到用笼子困住水貂的秘密地方吗？伊万杰琳是最特别的保护动物权益积极分子。共 192 页，适用于 3—5 年级。

《闪点》
Flash Point
作者：Sneed B. Collard III　出版方：Peachtree　出版时间：2006 年

在蒙大拿州哈特伍德市，路德①只想每天准时放学，骑着自行车去野生生物保留地帮忙。尽管父母和朋友们更喜欢他像以往一样在足球场上参加比赛，路德却发现，他的愿望是要在大自然中与所喜爱的鸟类相伴。然而，在他试图给他真心喜欢的新来的女孩亚历克丝留下深刻印象时，生活的方方面面都事与愿违。当一场大火威胁着整个保留地时，路德冒着巨大的危险，做出了正确的决定。共 214 页，适用于青年。

《高速公路上的猫》
Highway Cats
作者：Janet Taylor Lisle　出版方：Philomel　出版时间：2008 年

在树林中自主生活的一群猫惊讶地发现三只小猫被抛弃在高速公路中央，它们奇迹般地穿越危险的高速公路，逃到树林里。当并不总是很明智的老猫们，试图从扩展的路边小商店群和贪婪的开发商手中挽救它们的树林时，这些小猫不断施展出可爱又神奇的魔法。共 118 页，适用于 3—5 年级。

《韦林顿先生》
Mr. Wellington
作者：David Rabe　出版方：Roaring Brook Press　出版时间：2009 年

一则愉快的故事，用两种声音传达了一个重要信息——一个声音是"韦林顿先生"，从树上掉下来的年幼松鼠，另一个声音是乔纳森，救助这只松鼠的十几岁少年。乔纳森和哥哥善意地想要照顾这只虚弱的松鼠，但没起作用，于是，他们联系了一位野生动物恢复员。她建议他们尽快把松鼠带来，并解释道："它属于外面的树木，与其他松鼠……，你的气味、房间里的气味、声音，这一切对它来说都不是天然的，我遗憾地说——是在威胁着它。"共 87 页，适用于 3—6 年级。

《锄足蟾之夜》
Night of the Spadefoot Toads
作者：Bill Harley　出版方：Peachtree　出版时间：2008 年

本从他所热爱的亚利桑那州沙漠搬到了又冷又湿的马萨诸塞州。他的新科学老师向他介绍锄足蟾，来培养他的户外爱好。锄足蟾在条件刚好合适的时候一年只交配一次。但是开发商们

---

① 也译成卢瑟。——译者

想毁掉这些蟾蜍的繁殖场所——一个春天时出现的水池,并在许多野生生物栖息的地方修建房子。本鼓起勇气,与一家当地环境机构联系求助。本的故事提醒我们,一个年轻人可以为保护脆弱的环境发挥作用,奇迹般地影响处于危险中的生态系统。共 224 页,适用于 3—7 年级。

《特拉维斯·基廷的九条命》
The Nine Lives of Travis Keating

作者:Jill MacLean　出版方:Fitzhenry & Whiteside　出版时间:2008 年

　　特拉维斯勉强同意与他的父亲在纽芬兰省生活 365 天。母亲的死带来的悲伤和学校里欺凌者的紧盯,让一切都忍无可忍。然而,在发现一群被遗弃的猫之后,特拉维斯开始关心这些动物、他的周围环境以及所遇到的人。面对大量要克服的困难,特拉维斯会用掉他的"九条命"吗?共 192 页,适用于 3—7 年级。

《流浪狗》
Straydog

作者:Kathe Koja　出版方:Speak

出版时间:2004 年

　　十几岁的雷切尔在一家动物庇护所做志愿者。当一只凶狗到来时,雷切尔感受到一种感情纽带,促使她去冒险援助它,却惨遭失败。这本书以雷切尔和"格尔"的口气来叙述,"格尔"就是这只不可能被驯服的动物。共 128 页,适用于青年。

> **光盘中**
>
> **作者访谈:故事背后的故事**
>
> 　　在随书附送的光盘中,你会找到对作者凯西·科亚的访谈。她讲述了小说《流浪狗》的"故事背后的故事"。

第六章　老年人

> 想象一下，如果每个人，无论老少，都分享一点他擅长做的事，这将是多么和谐的社会。
>
> ——昆西·琼斯，音乐人和制作人

不同代际的联系，在服务学习领域有着长期而活跃的历史——青少年和老年人很自然地结合在一起。他们的交往常常基于共有的兴趣，每个参与者都获得个人成长。当一个老年人辅导一个孩子，或者一名青少年教一个退休者计算机技能时，很容易产生双向的服务和学习。这些合作关系唤起相互间的关爱并提供重要的交流。两个群体往往发现他们的相似性远超过差异性：如对棒球或园艺的爱好，对音乐的欣赏，对家庭的关爱，或者享受传统带来的乐趣。

无论是结识所在社区中活动积极的老年人，还是那些体弱或失忆的老年人，年轻人都会从中受益。不同的群体以自己独特的方式交往，并创建富有意义的人际关系。人们常说，我们流动的社会分隔了家庭内的各代人。虽然通过服务学习所创建的人际关系不能替代家庭关系，但它们提供了丰富的回报和交流，以及可能会错失的跨代接触机会。

通过跨代经历，年轻人可以探索：

- 人生经验的学习。
- 不同文化如何对待老年人群体。
- 如何保持身心健康。
- 生活的快乐。
- 通过个人的体验和知识了解相关历史，那是课本上难以找到的机会。
- 不同年龄的人之间可以形成的互惠关系。

在为跨代情况和活动做准备时，你要确保学生和老年人双方都是自愿的参与者和接受者。服务学习的一个关键目的就是创建互相尊重的关系。进行跨代结合时，要特别注意可能发生的双方之间的不平衡关系，甚至可能是一方对另一方的屈尊俯就。要探究和陈述参与体验的年轻人和老年人双方的价值，并务必使服务针对真实而非假设的需要。

一、准备：为老年人方面的服务学习做好准备

下列活动可以用来促进有关老年人方面的学习和技能开发。这些活动在调查研究、准备和计划等阶段很容易调整适用于不同年级，帮助学生通过研究来审视关键问题，分析社区的需要，并获取所需的知识，从而有效地为设计服务计划出力。这些活动往往可以融入反思和展示的阶段中，因为学生可以带领有关活动，与他人一起建立关注意识。文献资料往往是准备过程的一个重要部分，你可以在本章后面的老年人书架中查找与该专题有关的推荐书目。

活动：了解老年群体。你们社区中的老年群体由谁构成？他们如何度过时光？回答这些及其他问题可以帮助创建服务学习的具体可能性。有时，获取所需信息的最好办法是直奔信息源。邀请几位老年社区积极分子——企事业人士、志愿者、教育工作者、历史记录者——来到课堂与学生对话，比率以 1 : 5 到 1 : 7 为佳。为找到可能的来访对象，可以请学生或其他老师推荐，或从当地志愿者那里和到老年活动中心查询。请社区里的每位老年成员在采访之前，提供一份简要的个人传记或简历。然后让学生以小组的形式阅读这些传记，准备好会面时要提的问题。你和学生可以讨论与课堂学习直接关联的会话题目，提前通知客人有关话题。你可以安排多次见面，既有采访时间也有话题讨论。作为这些会面的结果，学生和老年来访者可能决定在社会行动项目上进行合作。对于年幼的孩子，一到两位教室来访者就足够开启一次讨论了。让学生在会面之前列好问题，确保每个儿童都有一轮参与机会。

活动：准备口述史项目。把不同年代的人带到一起可能最让人满足了，尤其是当每个人都有所准备时。对于口述史项目，如果可能的话，试着与一位在老年人事务上有经验的合作机构的员工共同带领这些活动。本章书架中的许多书籍可能也会有帮助，例如《威廉斯先生》，就是作者孩提时期在家里厨房桌边听到的一位家庭朋友的口述史。多年之后，这些难忘的描述变成了一本好书。许多口述史收藏资料现在都放在学校和社区的网站上了。要让你的口述史项目有一个良好的开端，可以尝试下述过程。

从分别与学生和老年人会面开始。与学生开会时，问他们"你怎么看老年人"。大多数学生认为老年人有某种残障。提供信息或者让学生进行研究——证实这种看法并不真实。许多老年人很健康，即使是那些体弱的人也可以积极生活。

类似地，可以问老年组的人，"你预期学生会是什么样"。他们往往预期学生粗鲁、不礼貌，并担心走访高中时的安全问题，你可以利用这种机会提供准确信息。

为准备好第一次互动，学生可以用小组的形式想出"打破沉默"的提问。学生可以演练初次会面的角色，从欢迎客人到练习做介绍。可以把学生要提的问题提前通知这组老年人，以帮助每个人相互熟悉。

考虑一下由高中学生所提出并使用的这份问题清单：

- 我应该怎么称呼您？

- 是什么促使您今天来这里？

- 您有最喜爱的并对您有重要意义的格言或谚语吗？

- 您经历过多少个年代？（"您多大年岁"的不同问法）

- 您有子女或其他直系亲属吗？

- 在您还是孩子时，您想长大后做什么？

- 您最享受自己生命中的哪段时光？

- 您有什么爱好？

- 您是怎么遇到人生伴侣（们）的？

- 您生活中有哪些想要改变的地方吗？

- 从您的青少年时代至今，世界上发生了什么变化？

- 您生活中经历或参与过哪些主要历史事件？这些事件如何影响了您的生活选择？

更多关于老年人的信息：

要更多地了解这些议题并获得服务和行动上的创意，可以上网访问这些网站和组织：

跨代同心会（www.gu.org），是一家促进跨代策略、计划及政策的全国性组织。

老年人服务队（www.seniorcorps.org），是一个项目群网络，它借用老年民众的经历、技能和才干去迎接社区的挑战。它让青少年和老年人一起为自己的社区服务。

全国老龄化教学学院（www.cps.unt.edu/natla），推动与老年有关问题的教育，拥有课程和以项目为导向的资讯。

给予时间进行互动，并且在结束时，了解对这个过程的反馈。对这个初次会面的反思可以分别单独举行，以便每一方都能表达对新关系的满意或任何担忧。

即使是非常年幼的孩子也能与老年伙伴成功合作创作口述史。较年幼的还不会写字的孩子可能需要向高年级学生或其他人口述他们的故事以便记录成文。有时，这些书采取共享历史的形式——例如，"我们双方都喜欢……"或者"我们最喜爱的动物是……"。准备过程也包括熟悉那些来帮助自己的高年级学生。

二、建立与所有课程的关联

某些服务学习活动自然而然地适合于跨学科工作及建立与所有课程的关联。这些课程关联，加强并扩展学生的学习，帮助他们达到学业标准。很可能甚至在学生开始进行服务学习活动之前，你就在寻找这些关联以及鼓励学生的方法了。在整个服务学习的过程中，要保持灵活性，因为任何时候提出的问题或学生所确定的社区需要都可能自发地形成某些课程关联。为了帮助你思考与所有课程的关联以及在哪里找到这些关联，本章的课程关联图（见128页）就该专题如何用于不同学科领域，给出了许多不同方法的实例。（本章下一节列出的服务学习情形，也展示了该专题如何用于不同学科领域的各种方法。）

> 人的贡献是必不可少的成分。只有在把自己奉献给他人的过程中，我们才真正地活着。
> ——埃塞尔·珀西·安德勒斯，
> AARP（原美国退休人士协会）创始人

三、服务学习情形：行动创意

做好行动的准备了吗？下列对服务学习的描述，是小学、初中或高中学生在校内或与社区组织一起成功完成的实例。这些情形和实例中，大多数明确包括调查研究、准备和计划、行动、反思及展示的某些层面，并且全都有很强的课程关联。这些情形可以成为激发你取得创意的丰富源泉。请记住，年级水平仅做参考，大多数情况可以调整适用于更低或更高年级的学生，许多情况适合跨年龄的合作。

1年级历史记录者：1年级

田纳西的一位小学教师描述了20多年来，她的1年级学生如何记录当地老年民众的生活，并把收集的故事放入公共图书馆。这位老师和学生通过收集介绍老年社区成员所做贡献的报纸故事（由老师向班级大声朗读），以及在当地老年活动中心发放传单宣传该项目等方法，找出采访人选。全班列出一份问题清单并做了大约10次采访，书中还加上老年人的素描以及对其活动的图画说明。家长们拍摄采访照片，并在获赠该书的图书馆举办陈列展览。每年，这些故事和艺术作品都被人喜爱和欣赏。

共享时光：1—3年级

艾奥瓦州的老年志愿者们参加了一家当地机构举办的关于与年幼的孩子一起阅读的研讨会（一个学区也可以资助这样的研讨会），研讨会包括三个部分。志愿者们随后进入教室作为阅读

老年人课程关联图

英语 / 语言艺术
- 讨论：为什么年轻人应该关心老年人？
- 为老年人做口述笔录，帮他们写信或其他往来函件。
- 与一位老年伙伴一起阅读和讨论一篇经典文本。

社会研究 / 历史
- 了解美国联邦医疗保险、社会保障以及联邦医疗补助制度。
- 在老年活动中心建立一个与老年人共议时事的讨论组。
- 就社区历史或重大历史事件采访老年人。

外语
- 与老年活动中心联系，寻找在所学语言上很流利的老年人来班上与大家对话。
- 比较不同文化和国家是如何关心老年人的。
- 学习在这门语言中老年人用的俗语和谚语。

戏剧、音乐及视觉艺术
- 创作一个包括各种年龄的人们所写段落的戏剧读物。
- 学习和演出上一代人所喜爱的音乐。
- 学习和研究来自你的社区或地区的民间或传统艺术。

老年人

数学
- 找出你所在区域按年龄划分的人口统计数据，并绘制统计图。
- 学习税务表格并帮助老年人准备报税表。
- 开发一项有关老年人的"真假"问卷调查，并找出同辈群体的意见；制作一份统计报告并用来教给别人。

体育
- 学习和传授轮椅锻炼操。
- 研究面向老年人的体育项目和比赛，观察参与者并为他们加油。
- 安排一次跨代体育活动或锻炼的经历。

计算机
- 在一个网页上记载老年人的回忆、照片和故事。
- 对老年学和老年医学方面的职业进行互联网研究。
- 对老年人进行问卷调查，了解他们对技术的态度和使用情况。

科学
- 为老年人做营养教育。
- 研究老年人的医疗保健和饮食需要；与年轻人做比较。
- 为一次"老年人与应届毕业生"舞会提前做计划并种植做胸饰的花卉。

伙伴，帮助各种水平的学生提高阅读技能和文学鉴赏力。学生想对阅读伙伴表示感谢，于是，他们写下特别的故事，大声读给他们的伙伴，然后把故事送给他们。每则故事都配有一件艺术作品，显示阅读伙伴和受助的学生在一起。老年参与者们把这段经历描述为一种"真正的跨代交流"。

口述历史项目 —— 有价值的主题之各种变体：1—12年级

这些经过实验证明的服务学习活动，让年轻人和社区的其他成员们能够从老年人的集体经验中学习。而精心的准备会形成有意义的长期伙伴关系。通过书架上的许多书目可以形成与文献资料的关联。例如，《"粉红"和"说"》的后记验证了把故事代代相传下去的重要性；《学犹太语还太小》说明了可以很容易失去或保留下来的东西；《日渐年迈》讲述背景不同的老年人的趣闻往事。许多书中都探讨了回忆和借用老年人故事的好处。

诗意之旅：4年级

马里兰州的4年级学生与社区中的老年人有长期的全学年合作。学年开始时，学生举办了一个"欢迎茶会"。随后是一个个诗会，老年人和学生写诗，制作成一本诗集，还创作诗歌招贴画放在沿街店铺里。学生与其老年伙伴们举办节日派对，制作拼贴画，在大学生的支持下参与科学实验，制作剪贴簿，还办了一个讲故事活动。学年结束时，他们办了一次聚餐会以示对老年伙伴们的敬意。

传统的礼物：4—8年级

俄克拉何马州东北部的100多位学生参加了由切罗基部落赞助的一次文化活动。社区志愿者们带领学生学习如何制作手工制品，这些手工制品曾经是日常生活用品而现在被当作艺术品，包括曲棍球杆和篮筐。学生也制作玉米皮娃娃，这种传统的玉米皮娃娃是母亲和祖母们为孩子制作的玩具。学生与切罗基部落的代表们一起开会，确定捐赠玉米皮娃娃的合适地点。每个年级的学生代表去实地走访，亲自送去礼物。一个小组去了当地幼儿园，其他人去了当地养老院。学生现场展示如何制作玩具娃娃。许多收到娃娃的老年人是切罗基人，他们分享了自己制作这种娃娃和其他物品的回忆。

把过去和现在编织在一起：5年级

作为"过去的学校"学习单元的一部分，佛蒙特州的学生学习了儿童们在"二战"期间如何帮忙的故事，他们为出国的士兵缝制毯子和编织袜子。虽然许多儿童都认为非常难，他们还

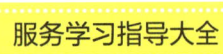

是决定学习编织。他们还发现，附近一家养老院里的老人曾经在战争期间得到手工做的毛衣和毯子。全班同意这是捐赠他们的手工编织毯的理想地点。学生去信描述自己的项目，询问养老院是否愿意接收毯子，以及老人们是否愿意与该班会面并讨论他们的"二战"经历。在对养老院的一次访问中，学生聆听老人们描述他们在20世纪40年代的经历。还有一个好处是：编织用到的小肌肉运动技能改善了学生的草书技巧。

宾果游戏纽扣：5年级

纽约市的5年级学生每周都去访问一家康复护理院，他们注意到老年朋友们喜爱玩宾果游戏，但他们拾取宾果筹码有困难。学生想办法让游戏更容易玩。在与中心的职工商议之后，他们开始收集纽扣取代传统的宾果筹码。这个班启动了一项全校范围的纽扣收集活动，整个学校都了解了他们的走访经历，以及他们多么享受花时间进行跨代活动。这个纽扣收集活动最终的结果是一首原创说唱歌曲，一次向老人们献唱的纪念仪式，以及有史以来最好的宾果游戏。

适合所有年龄的舞蹈：5年级

两个群体聚在一起创作了一个多媒体表演，把书面文字与动作结合起来。在马里兰州，对运动、写作和合作都感兴趣的老年人和5年级的学生，共同加入到这个项目中。一位高中舞蹈老师举办了一系列研讨会，把这两个群体带到一起。老年人写出"老了是什么样"，小学生则写"老了可能会像什么样"。由此创作出与文字相伴的舞蹈，并在学校家长教师会、老年活动中心和一次州级跨代会议上进行了多媒体表演。

网上执行：6年级

6年级的学生阅读并讨论了《网上执行》一书，对该小说的众多方面做了反思。因为一个玩笑造成了伤害，一名学生被要求与一位住在养老院的老人在网上通信。这名学生最初持怀疑态度，但通信产生了惊人的益处，并培养了两人的关系。学生谈论要去寻找自己的"老年电邮笔友"并且开始研究这种伙伴关系的可能的社区来源。他们找到八位家里有计算机的老年人，另有四人定期在老年活动中心上网。他们就这样开始与这些老年人用电子邮件通信。有时，学生或老年人对邮件回复得较慢，还有几位老年人不得不离开该项目。尽管如此，好处仍在：友谊、经验交流，以及每学年三次聚会时的面对面会谈。

古老的节日：7年级

得克萨斯州阿尔文市的一位数学老师，在与本校7年级教学组各科老师开教师会时，提出一个想法，她最近刚去一家养老院拜访了年长的姑姑，认为走访当地一家类似场所对学生学习

第六章 老年人

"古老的节日"会是一个良好的补充。通过合作，所有的学科都参与进来了。学生热心贡献主意并显示出领导力。甚至一个纪律差的年轻学生，为了可以和大家一起参与都表现得好了。英语教师用文学作品——《午夜驾车者的笔记》来展示社会对老年人的看法，它是一本大家特别喜爱的书。历史课上，学生计划并练习采访，以便采访老人们，向他们询问"二战"期间得克萨斯州的情况，居民们怎样庆祝特殊活动和节日。健康课上，学生找到老人们的饮食限制，并把合适的食谱发给作为志愿者的烘烤师们。数学课上，学生制作几何形饰品装饰树木。科学课上，学生研究衰老的过程。艺术课上，学生制作纸壳画框留作礼物。在访问之前，养老院的职员为学生和选择参加活动的老年人提供迎新培训。访问远远超出了所有参与者的预期，教师们成为服务学习的坚定倡导者。

一份老年人的史迹注册：7年级

学生从非裔美国老人那里收集口述史故事，这些老人在附近一家就要被关闭的教堂里做礼拜。在准备过程中，学生研究了教堂建造时期的年代。他们记录采访并编成故事，照片来自所有的贡献者。学生写信帮助教堂得以进入史迹注册名录并得到保护。在最后庆祝时，学生给每位老年人赠送了一本他们编写的教堂故事书。他们还向众多组织、历史学会以及图书馆赠送此书。

烹饪和餐桌服务项目：7年级

马萨诸塞州的初中老师们注意到，许多学生缺乏社交技巧和举止礼仪来与同伴或成年人进行适当的对话。他们决定在与老年活动中心的现有合作关系上进一步发展，"烹饪和餐桌服务"项目就此诞生了。通过老年活动中心员工和教师之间的合作，7年级学生和老年人士一起学习营养知识（这符合学业标准），并一起参加了一个烹调班。随后，学生就礼仪规则采访了他们的老年伙伴，在班上报告他们的发现，并练习所学到的东西。作为最后的高潮，学生在老年活动中心准备了午餐，用适当的礼节提供食物，并愉快地会谈。不过这个计划并未结束——学生和老人们决定合写一本社区烹调书。烹调书完成之后，学生仍通过频繁的电子邮件和偶尔的访问与他们的老年朋友保持沟通。老师们观察到，学生与学生和学生与老师之间的口头交流更加礼貌恰当了。学生在反思日记中写道，阅读《男孩手册：一本小说》让他们能更加理解和欣赏老年人，以及通过友谊可以学到的东西。

诗歌伙伴：7年级

作为诗歌单元的高潮结束，威斯康星州的初中学生邀请祖父母和当地老年活动中心的其他老年人来参加一次诗歌活动。学生表演诗歌，分享如诗的音乐，并投入到诗歌创作活动中，诸如创作最长的押韵句等。然后，跨代的"诗歌伙伴们"合写诗歌，少年们写关于"当我老了，

我会……"的主题，而祖父母们写"回首人生"。午餐之后，有人大声朗读自己的诗作，每个学生都把提前写好的诗"我的祖父母／祖辈朋友的颂歌"赠给自己的来客。

促进交谈：8年级

在康复护理中心或失忆者日间看护所中与老人共度的时光，可以设计成激励和互动的机会。在阅读《镜子里的陌生人》和《搭话易如ABC、一二三：如何跟丧失记忆的人开始交谈》以后，中学生提出关于跟这个群体合作的问题和担心。他们观看了一个视频，参加由失忆者日间看护所的员工带领的三次信息会，来更多地了解阿尔茨海默症[①]。学生花时间设计并尝试帮助型的活动，包括手工艺、"大家唱"音乐编曲和时事讨论。学生从自己的日记中发掘出原创诗歌和艺术，为看护所制作了一次艺术展览及信息手册。他们还向本校其他班级介绍自己的项目，让学生熟悉服务学习并讲授阿尔茨海默症。

当时你在何处：8年级

"当时你在何处？"口述史项目所采用的策略是从寻找被采访老年人感兴趣的话题开始。对马里兰州一家老年活动中心的参加者所做的一次简单的问卷调查，引出了一系列引人入胜的话题：一位认识罗莎·帕克斯的女士想要讨论公民权利；一位女士的兄弟曾为查尔斯·林德伯格修飞机，她可以分享照片；一位男士想要讨论肯尼迪总统谋杀案如何影响到他的生活；"二战"期间的一名女铆工有很多亲身经历的故事。8年级学生查阅了这份清单，每个人都选了一个自己感兴趣的话题。学生对自己的话题做了研究，为第一次访问做准备。第一次访问是采访和午餐的结合。这些准备让大家在一定程度上放松并使双方的交流更加顺畅。在第二次访问期间，老人们听了学生写的报道。每个参与者还有图书馆，都得到了一份关于这些会谈的汇编本。

跨代科技：9—10年级

如何处理你不想要的计算机呢？马里兰州一家非营利组织想出了一个主意：把高中生和老年人合在一起，培训他们修理和重新组装计算机。一所高中创立了一个技术中心，有熟练的志愿者培训师，修理设备，有需要的接收机构和个人，中心就此开张了。学生完成了培训计划，还为毕业积累了学分。

跨代学习：9—10年级

马里兰州的30名高中生和30位老年人组成了一个微型大学，互相了解对方和共同感兴趣

[①] 这是一种脑退化失忆症。——译者

的话题。相聚之前，每个群体各自开了研讨会，表达对未来伙伴的担心和忧虑，如在125页上所描述的"了解老年群体"活动。由双方代表组成的委员会挑选话题并安排研讨会，研讨会通常由群体成员领导。每月一次，每次介绍两个话题。例如，在"咱们做饭吧"计划中，参与者们要做的事如下：（1）准备并把他们最喜爱的食谱带来分享；（2）观看当地厨师的一次烹调表演。对于第二语言为英语（简称ESL[①]）的学生和英语口语能力有限的老年人来说，该项目提供了一个改善会话能力的安全环境。此外，高中学生还了解了涉及老年人领域的职业。在他们寻找支持该计划所需资金的过程中，他们也学到了申请基金资助的技能。老人们赞许地评论他们与新少年朋友们的关系。项目的结果是，学生还开发了其他服务活动，如"老年人与应届毕业生舞会"，极受赞赏。

打网球，谁来：9—12年级

老年网球球员们正在为准备一场本地锦标赛寻找好的训练对手，他们在本地高中找到了。他们成了学校的常客，在练习期间，每周与校网球队练习一次。高中球员在锦标赛上成了啦啦队，老年人给了年轻运动员们一个惊喜，捐款帮他们买了球队运动衣。

有一座桥：9—12年级

芝加哥公立学校学区的罗伯托·克莱门特高中的学生参与了"记忆桥"计划。学生在阿尔茨海默症患者和失忆者居住的养老院中找到结对的"伙伴"。在12周互动学习期间，学生围绕丧失记忆、善解人意和身份认同等种种概念进行探究。他们观看视频、扮演角色、为准备首次伙伴访问提出问题，共安排了四次伙伴访问。在首次访问中，学生分享从家里带来的照片，帮助激发记忆；他们问及家庭、旅行、宠物和重大历史事件；最重要的是，无论通向何处，都紧随着"伙伴"的沟通线索。他们受到指导，即使同学们得不到伙伴的语言回应，也要注意观察非语言的交流沟通，保持对伙伴情感上的关注和连通。12周之后，罗伯托·克莱门特学校的教工注意到"记忆桥"的所有参加者的行为表现都有了提高——他们能彬彬有礼地对话，对自己和他人都显出更大的耐心，并把反思的方方面面融入日常行动。这些学生成为下一组"记忆桥"参加者的好榜样，并且继续积极参与服务学习。（见 www.memorybridge.org。）

把你的故事告诉我：10年级

华盛顿州斯波坎市一所学校里，10年级"美国经历"课开始了一项口述史项目，与邻里委员会合作，记录曾在该社区生活过的人们的历史故事。当地新闻记者教学生采访技能，帮助学生为采访做准备。经过一次社区会议，学生找出了20世纪30年代和40年代生活在该居民区的

---

① ESL: English as Second language，即第二语言为英语。——译者

人士。随后,学生收集了反映这 20 年间该社区历史的故事。学生录下历史故事,整理成文字,并把文字历史故事和录音带的副本送给参加者。副本也保存在合作的社区组织的档案中。几位参加的老年人来信表示他们的谢意,既因为有机会分享自己的故事,也因为获赠采访录音带,以后可以留给他们的子孙。

在网吧:10—12 年级

在老年活动中心的"网吧"里,高中学生担任上网教练。学生在锤炼技能的过程中,帮助老年人,使他们觉得上网更轻松。这些帮助有利于许多老年人与生活在异地的家人保持联系。老人们说,他们特别喜欢给孙辈们写邮件和收到孙辈们(回复)的邮件。

健康问题:10—12 年级

佛罗里达州萨拉索塔市一所高中的学生正在学习健康课,他们把学到的知识和技能直接带给了他们社区中的老年人。在六次访问期间,10—12 年级的学生练习测血压,示范心肺复苏术以及食道阻塞排除法等技能,学生和他们所服务的老年人之间建立了关系。经过老龄敏感性训练以及对老化、影响老年人的疾病以及死亡和临终期等方面的广泛研究和讨论,学生做好了充分的准备。访问中都安排了社交时间,包括年轻人向老年朋友学习跳排舞。学生坚持写了一学年的日记,学业上的进展超出了课程要求。

老年人的倡导者:11—12 年级

高中学生完全沉浸于阅读本州对康复护理院的条款规定?这听上去可能并不"正常",但确实发生了。在对一个康复和护理型住院设施进行多次走访之后,明尼苏达州的学生觉得护理很差,对此很不满意。在审阅本州的规定并辩论各自的解释之后,学生写了一封信,叙述他们的担心以及他们认为可能帮助该护理院的一些方法和建议。还补充说,他们准备把信的副本送交给州执照注册机构。之后,他们得到了有利的回答。住院护理主管认真对待他们的建议,拟定出行动方案的纲要,甚至还感谢学生,邀请他们回来。两个学生受雇夏天在这所护理院工作。

记住妇女儿童:12 年级

为了一个聚焦"二战"的口述史项目,政府课的学生分成小组采访退伍老兵。一个学生随后问:"妇女们是什么情况?"对

> 每隔一段时间,我们不得不重复轮子的发明,不是因为我们需要大量的轮子,而是因为我们需要大量的发明家。
> ——布鲁斯·乔伊斯,教育工作者

这个询问的回应把该项目活动扩展开来,包括从那些在战争期间留在家里的妇女和在20世纪40年代早期还是孩子的成人那里收集故事。问题包括:"你承担过哪些不同的角色""战争有哪些预想不到的影响"。该项目的结果之一是一本独特的出版物,它阐述了战时生活的多种视角和回忆。

四、老年人书架

我们的老一辈提供了从多年经验中获得的智慧和见识。在老年人书架(见137页)中找到的书目可以为激励和维系跨代互动提供知识和支持。为帮助你找到与你的具体项目有关的书籍,书目总表把书籍按几个主题分类:老年人概观、积极的老年人、跨代关系、记忆损失和/或养老院。

总的来说,本书架有以下特点:

- 书目带注释,按非虚构类(N)、图画书(P)和虚构类(F)进行一般分类,根据书名字母的顺序排列。对于非虚构类和虚构类,还注上总页数,并推荐适用的年级水平。图画书的所有书目都没有推荐年级水平,因为它们可以成功地用于各年龄段。
- 有一张按照主题和类别分类的图表,帮助你找到具体项目的相关图书。
- 来自服务学习同行和专家的书目推荐,包括摘要介绍和与服务学习相关联的创意。(推荐的书籍数量在每个书架中有所不同。)
- 请注意:该类别的附加书目列在光盘中,一些是绝版书但仍有查找价值。

非虚构类:老年人

《搭话易如ABC、一二三:如何跟丧失记忆的人开始交谈》
Conversation Starters as Easy as ABC 123: How to Start Conversations with People Who Have Memory Loss
作者:Devora Kaye　出版方:ABCD Books　出版时间:2000年
　　由一位8年级学生所写。这本ABC涂色书是一本为正在与失忆者打交道的年轻人提供的友好指南。共29页,适用于所有年龄段。

《逐渐变老:年轻人应该对衰老有何了解?》
Growing Older: What Young People Should Know About Aging
作者:John Langone　出版方:Little, Brown and Company　出版时间:1991年
　　到2025年,美国65岁及以上的老人总数将是青少年的两倍。这本书澄清了有关衰老的传说和误解,并提供了关于文化差异和身体疾病的信息。它还问道:"你会成为什么样的老年人?"已绝版但仍有查找价值。共162页,适用于6—12年级。

图画书：老年人

《奶奶的唱片》

Grandma's Records

作者：Eric Velasquez　出版方：Walker　出版时间：2001年

埃里克喜爱夏天与祖母一起待在西班牙哈莱姆①。在炎热的日子里，祖母用伴随她在波多黎各长大的萨尔萨辣酱和梅伦格音乐填满了整个公寓。她的侄子萨米·阿亚拉是拉斐尔·科尔蒂霍乐队的击鼓手。当这家"波多黎各最好的乐队"到来时，祖母和埃里克是乐队在纽约音乐会首演时的特殊宾客。这次表演增强了两代人之间的情感纽带。

《记忆盒》

The Memory Box

作者：Mary Bahr　出版方：Albert Whitman　出版时间：1992年

当爷爷意识到他开始有阿尔茨海默症症状出现时，他与孙子扎克一起开始制作"记忆盒"，来保存对他们共享时光的回忆。

《威廉斯先生》

Mr. Williams

作者：Karen Barbour　出版方：Henry Holt and Company　出版时间：2005年

作者用简单的陈述和优美的绘画，叙述了她从威廉斯先生那里听到的他在大萧条期间在路易斯安那州农庄长大的故事。通过对典型的一天、一周和一年的描述，我们看到了简单的乐趣、季节性忧虑，以及一个南方黑人家庭在20世纪30年代的美国有时经历的苛刻不公。这是一个令人振奋且可复制的获取口述史的实例。

《卡茨太太和塔什》

Mrs. Katz and Tush

作者：Patricia Polacco　出版方：Bantam　出版时间：1992年

一名非裔美国男孩把一只叫塔什的小猫送给了一名孤单的犹太寡妇。男孩和老妇人之间的文化和年龄差异反而增加了他们的特殊友谊，友谊不断发展并持续一生。

《还记得我吗？一个孩子眼中的阿尔茨海默症》

Remember Me? Alzheimer's Through the Eyes of a Child?/¿Te acuerdas de mi? Pensamientos de la enfermedad, Alzheimers a travez de los ojos de un niño

作者：Sue Glass　出版方：Raven Tree Press　出版时间：2003年

一个年轻的女孩子被难住了。她不明白为什么祖父不记得她了。她做错了什么事？让他生气？伤了他的心？当她把这个疑问告诉母亲时，母亲向她解释了阿尔茨海默症。她们两人都学

---

① 西班牙哈莱姆位于纽约市的东北部，也译作哈勒姆。——译者

老年人书架主题

主　题	书　籍	类　别
老年人概观 衰老是一天一天逐渐发生的。这个"大局"显示了衰老的复杂性，包括健康关注、家庭生活以及文化与社会的变化。	《逐渐变老：年轻人应该对衰老有何了解？》△	非虚构类（N）
积极的老年人 认识到老年人扮演的众多角色，丰富了我们的生活，也修正了误解。	《一天的工作》（见光盘中移民书架）	图画书（P）
	《埃德温娜胜利了》*	见318页
	《威廉斯先生》	图画书（P）
	《彩虹乔和我》（见光盘中特殊需要与残障书架）	图画书（P）
	《不老泉》（见光盘中）	虚构类（F）
跨代关系 这些书籍继续着"积极的老年人"主题，并且强调跨代关系，捕捉在青少年和老年人之间出现的特别事件。	《星期日鸡宴》（见光盘中安全和强大的社区书架）	图画书（P）
	《城市绿地》	见191页
	《网上执行》	虚构类（F）
	《奶奶的唱片》	图画书（P）
	《男孩手册》	虚构类（F）
	《装有一百个一美分的盒子》（见光盘中）	虚构类（F）
	《玛西娅给人化妆》	虚构类（F）
	《卡茨太太和塔什》	图画书（P）
	《皮迪》	虚构类（F）
	《哈奇先生，有人爱你》	图画书（P）
	《那年夏天，我父亲10岁》	见191页
	《学犹太语还太小》	图画书（P）
记忆损失和/或养老院 随着衰老而来的记忆损失或其他情况，老年人需要帮助。这些故事的作者带着尊重和尊严，分享了诸多经验和回忆。	《接骨师的女儿》（见光盘中）	虚构类（F）
	《搭话易如ABC、一二三：如何跟丧失记忆的人开始交谈》	非虚构类（N）
	《杰克·穆恩毕业了》	虚构类（F）
	《记忆盒》	图画书（P）
	《还记得我吗？一个孩子眼中的阿尔茨海默症》	图画书（P）
	《同娄姥姥一起唱歌》	图画书（P）
	《镜子里的陌生人》	图画书（P）
	《阳光之家》	图画书（P）

注：对出现在其他书架中的书籍，列出参照页码。

＊：这些书籍包括年轻人在提供服务的角色上的实例。

△：这些书籍是绝版书但仍有查找价值。

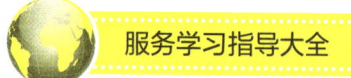

到，当一名家庭成员出了状况时，学习并分享有关的知识，对涉及的所有人都更好。该书为英语和西班牙语双语版。

《同娄姥姥一起唱歌》

Singing with Momma Lou

作者：Linda Jacobs Altman　　出版方：Lee & Low　　出版时间：2002年

9岁的塔米卡每周探望住在养老院的姥姥时感到很沮丧，尤其是现在，阿尔茨海默症已经夺去了娄姥姥的很多记忆。当塔米卡开始带来并向姥姥展示旧照片、年度相册，还有姥姥在一次民众权利游行时被捕的报纸剪辑时，记忆和两人之间的火花又重新点燃了。

《哈奇先生，有人爱你》

Somebody Loves You, Mr. Hatch

作者：Eileen Spinelli　　出版方：Aladdin　　出版时间：1996年

一张匿名的情人节卡把性格孤僻的哈奇先生变为每个邻居的朋友。当他得知这张情人卡其实是给别人的，哈奇先生变回了原样，直到他的真朋友前来救援。这本奇妙的书可以跟孩子们一起表演。

《镜子里的陌生人》

Stranger in the Mirror

作者：Allen Say　　出版方：Houghton Mifflin　　出版时间：1995年

萨姆，一个亚裔美国男孩，不愿像祖父那样变老。可是一天早晨，他带着一张老人脸醒来。因为脸变了，他的家人、老师和朋友们不再把他当成原来的萨姆对待。"我才不在乎我的长相呢。我是萨姆。没人能改变这一点。"这是对社会对待老龄态度的微妙且敏锐的审视。

《阳光之家》

Sunshine Home

作者：Eve Bunting　　出版方：Clarion Books　　出版时间：1994年

蒂莫西来看望奶奶，她的髋关节骨折了。蒂莫西和父母对把奶奶留在养老院感到很为难。他们知道一个身体衰老、有困难的人仍然需要关爱。

《学犹太语还太小》

Too Young for Yiddish

作者：Richard Michelson　　出版方：Charlesbridge　　出版时间：2002年

阿伦爱他的扎德①，尽管扎德的怪语调和摇摆的手臂让他难堪。阿伦渴望阅读扎德的犹太语藏书，但扎德说，"你还太小……像其他人一样讲英语吧。"随着岁月的流逝，阿伦和祖父认识到保存家庭历史和文化的重要性，他们同意学习犹太语永远不会太小或太老。这本书包括一个词汇表和作者的注释。

---

① zayde，祖父，犹太语。——译者

虚构类：老年人

《网上执行》

Doing Time Online

作者：Jan Siebold　　出版方：Albert Whitman　　出版时间：2002 年

12 岁的米切尔因为自己的"恶作剧"导致一位老妇人受伤，很是懊悔。为承担行为的后果，他必须参加一个警察局计划，包括每周两次同伍蒂·海斯——一位养老院居民——网上聊天。尽管最初有些疑虑，米切尔逐渐信赖伍蒂的建议和劝告，并与伍蒂发展出一段宝贵的关系。共 90 页，适用于 4—7 年级。

《杰克·穆恩毕业了》

The Graduation of Jake Moon

作者：Barbara Park　　出版方：Aladdin　　出版时间：2000 年

14 岁的杰克·穆恩珍惜他和祖父斯凯利的关系。不过，过去四年很困难，因为阿尔茨海默症改变了一切。现在的角色倒过来了，杰克成了照顾者。虽然杰克有些叛逆，但他对祖父的爱没有变。当老人走丢时，杰克决心一定要找回他。共 115 页，适用于 4—7 年级。

《男孩手册》

Handbook for Boys

作者：Walter Dean Myers

出版方：HarperCollins　　出版时间：2002 年

当不情愿的吉米遇见三位老人时，年龄的智慧展现出来了。放学后，为了不用去少管所，16 岁的吉米必须参与一个社区辅导计划，在一家名为"杜克的店"的理发店中度过下午时光。当理发店里的"老家伙们"谈论自己的生活时，吉米开始为自己思考，如何不再惹麻烦、做出更好的选择，以及什么是真正的成功。共 179 页，适用于 6—12 年级。

> 光盘中
>
> **作者访谈：故事背后的故事**
>
> 在随书附送的光盘中，你会找到对以下作者的采访，《阳光之家》《开往远方的列车》《一个青苹果》和《我们的图书馆》的作者伊芙·邦廷，《学犹太语还太小》的作者理查德·米切尔森以及《哈奇先生，有人爱你》和《英雄猫》的作者艾琳·斯皮内利。他们讲述了书的"故事背后的故事"。

《皮迪》

Petey

作者：Ben Mikaelson　　出版方：Hyperion　　出版时间：2000 年

1922 年，皮迪两岁时，被父母送到州精神病院，其实他只是患有严重的脑瘫症。他在那里一直生活到 70 岁，偶尔，看护者能意识到他有交流能力，对学习和生活保有热忱。老了以后，皮迪生活在养老院，在那里遇到特雷弗，一名因没有朋友、缺乏家长关注而沮丧的 8 年级学生。他们的深厚友谊陪伴对方，并带来很多快乐。本书来自一则真实故事，探究了误诊及照顾不当造成的悲剧。共 256 页，适用于 5—9 年级。

光盘中

来自实地的推荐

《接骨师的女儿》

The Bonesetter's Daughter

作者：Amy Tan　出版方：Ballantine Books　出版时间：2001 年

共 403 页，适用于青年。

《装有一百个一美分的盒子》

The Hundred Penny Box

作者：Shannon Bell Mathis　出版方：Viking　出版时间：1986 年

共 47 页，适用于 1—4 年级。

《不老泉》

Tuck Everlasting

作者：Natalie Babbitt　出版方：Farrar, Straus and Giroux　出版时间：1985 年

共 139 页，适用于 5—8 年级。

第七章 应急准备就绪

> 缺少先见之明，在行动本可以简单有效时不愿采取行动，缺乏清晰的思考，莫衷一是，直到紧急情况发生，直到自我保护的尖叫声响起——这些就是历史不断重复的构成特点。
>
> ——温斯顿·丘吉尔，英国前首相

飓风、龙卷风、冰风暴、洪水——大自然就是这样，紧急情况往往在我们最意想不到的时候发生。即使科学家和其他人告知我们这类事件有可能会发生，我们做好准备了吗？在海啸袭击东南亚及卡特里娜飓风袭击美国南部期间，民众蜂拥加入营救队伍，参与提供食物和水。世界各地的儿童和青少年都在问"我们能做什么"，并参与到各种短期或长期的救灾响应工作中，改变着世界。

虽然大自然母亲总是对环境造成各种或大或小影响的背后力量，但人类对环境的影响也极受关注。也许曾经有段时间大自然母亲是造成自然灾害的唯一元凶，但是，农业耕作改变了人类对土地的使用，造成水土流失；人造水坝改变了水路，引起意想不到的洪灾；还有，工业革命引发运油船大量出现，偶尔发生的危害性泄漏，要花许多年才能清理干净；它们污染海洋和海岸，危及野生生物，并把有毒废物留给子孙后代。环境学家、科学家以及政策制定者不断地衡量和评估我们为保持生活质量所做的日常选择，这些选择是否把环境置于风险之中，人为地增加了"自然"灾害发生的比率。

这些事件和经历发生在全球的每个角落，因此，每个社区都面临这个问题：准备就绪到底意味着什么？人们，包括年轻人在内，如何能够事先得到信息并有能力做出响应？有哪些独特的方法，可以让最年幼的孩子的主意和才干也能有所贡献？幸运的是，服务学习领域拒绝消极旁观，我们采取行动。而且，我们已经创建了这样的先例，让儿童参与减灾、解决问题，并成为我们全球社会中"有责任心的"成员。

一、准备：为应急准备就绪方面的服务学习做好准备

下列活动可以用来促进有关应急准备就绪方面的学习和技能开发。这些活动在调查研究、准备和计划等阶段很容易调整适用于不同年级，帮助学生通过研究来审视关键问题，分析社区的需要，并获取所需的知识，从而有效地为设计服务计划出力。这些活动往往可以融入反思和

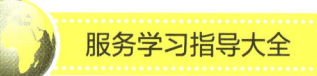

展示的阶段中，因为学生可以带领有关活动，与他人一起建立关注意识。文献资料往往是准备过程的一个重要部分，你可以在本章后面的应急准备就绪书架中查找与该专题有关的推荐书目。

活动：爱心世界。"我们为什么要关心呢？我们不知道什么是海啸，也不知道印度尼西亚在地图上的什么地方！"在我最近带领的一次教员服务学习专业发展课上，一位初中老师报告了学生的意见。于是讨论变成：当他人受灾时，什么会让孩子们对此关心？这种全校性会话值得在任何一所学校的教师群体中进行。当你要培养所有学生做好准备并在有需要时自愿并热切地参与时，可以考虑下述救灾响应的方式：

- **始于本地，延向全球。**每个社区都有一些灾害史并且可能要面对未来的种种困难。审视本地的历史及普通民众如何响应，会增进学生的理解，并引导他们研究其他地点，决定什么会让他们处于危险中，以及人们能做些什么。

- **绘制世界地图。**通过报纸、互联网、书籍和其他资讯，学生能够找出各大陆的人们面临着什么样的危机。《环境灾害》一书提供了一张世界地图，标出发生过灾害的六个地点，包括因核泄漏灾害声名狼藉的乌克兰切尔诺贝利，和发生过致命毒气泄漏的印度博帕尔。

- **了解真人真景。**《像我一样的生命：世界各地的孩子们如何生活》一书（光盘中社会改变书架）向所有年龄的学生介绍生活在他们熟悉或不熟悉的环境中的年轻人，以及一系列不同的情形如何让这些年轻人容易成为灾难的伤害目标。在另一本优秀的《海啸：互相帮助》一书中，读者们邂逅两位年轻的幸存者，在世界各地志愿者的帮助下，他们重建了被海啸摧毁的生活。这两本书都使用照片，把世界带到读者眼前。

- **编制职业一览表。**在紧急情况下，哪些专业人员提供帮助？《自然灾害：飓风、海啸和其他破坏性力量》一书每章结尾处，都包括一份职业清单，并对每种职业的工作责任做了简要说明。进一步的调研可以引发学生制作关于这些职业的"播客"，并激发他们考虑选择这些职业。

- **设身处地。**从150页上开始的书目中选择一本小说，大声朗读或安排学生独立阅读。每个故事中的人物都身处挑战中，注定会引发讨论和进一步的研究。例如，在阅读《吹走了》一书之后，学生可能选择学习更多有关佛罗里达群岛1935年飓风的历史，或者讨论在《杀戮海》中所描述的当代事件。你也可以在"文献小组活动"（见72—73页）时阅读一本小说的选段，这往往会激励学生阅读整本书。

- **添加名人榜样。**一位老师最近在一个服务学习论坛上提供了一个有帮助的想法："我录下一段新闻，是关于一个电视综艺节目主持人飞到印尼受灾难影响的地方，花时间与其他志愿者一起帮助解决困难的。我的学生可能会与他产生共鸣，从而也想去提供帮助。"有许多名

人正在着手应对各种问题,并在紧急情况出现时做出回应。帮助学生以这些人为榜样,你可以由此激励他们去行动。

活动:准备就绪。美国联邦紧急事务管理署(简称FEMA)建议在制订应急准备计划时保持对四个层面的关注:减灾防灾、准备就绪、灾害响应和灾后恢复。让学生熟悉这些层面并让他们考虑:对于他们想做的项目,哪些层面看起来最适合或最为必要。就每一层面向学生提供一个实例,帮助他们理解概念,随后让他们对关键词语做出定义。伊芙琳·鲁宾逊,是位于佛罗里达州中部的湖泊郡学区的服务学习协调员。在佛罗里达州学习和服务队为致力于"家乡安全"[1]的全州倡议行动而出版的文献资料中,她概述了这个过程。下面是摘自湖泊郡学生的服务学习努力"'吹走了'行动"中在每个层面的实例:

- **减灾防灾**:学生创建了一个应急用品室,教育学生和社区做好应急准备。这些努力有助于防止焦虑、困惑,减少在未来灾害期间可能会出现的混乱状况和人身危险。

- **准备就绪**:学生在他们的应急用品室储存合适的用品,指导学生和社区成员准备下一次灾害出现之前要做的事情。

- **灾害响应**:学生做好准备在灾害期间帮助管理应急避难所,包括分发日常用品及安慰年幼的学生。他们还创作特别书籍,用来读给年幼的孩子,帮助他们保持平静。

- **灾后恢复**:学生将评估避难所在灾害期间的运作情况,提出改进建议,并落实这些改变。

二、建立与所有课程的关联

某些服务学习活动自然而然地适合于跨学科工作及建立与所有课程的关联。这些课程关联,加强并扩展学生的学习,帮助他们达到学业标准。很可能甚至在学生开始进行服务学习活动之前,你就在寻找这些关联以及鼓励学生的方法了。在整个服务学习的过程中,要保持灵活性,因为任何时候提出的问题或学生所确定的社区需要都可能自发地形成某些课程关联。为了帮助你思考与所有课程的关联以及在哪里找到这些关联,本章的课程关联图(见144页)就该专题如何用于不同学科领域,给出了许多不同方法的实例。(本章下一节列出的服务学习情形,也展示了该专题如何用于不同学科领域的各种方法。)

> 在灾害准备、灾害响应、灾后恢复和减轻灾害影响的过程中,每个人都在发挥作用——我们需要每一个人!
>
> ——亚历克斯·安帕罗,紧急事务管理及全员参与立法事务主任,佛罗里达州志愿服务队

---

[1] 《吸引学生投身于家乡安全的服务学习项目指南:佛罗里达州SPaRC的经验教训》,2007年第二版。

应急准备就绪课程关联图

英语 / 语言艺术
- 阅读动物如何救助处于困境中的人们的故事。
- 为幼儿改编应急准备就绪的信息。
- 准备关于紧急情况下该怎么办的口头表述,可改编适用于不同人群,诸如年幼的孩子、老年人或者家长。

社会研究 / 历史
- 制作一张地图,标出过去已有的和未来可能出现的社区紧急情况。
- 比较市镇、州和国家各级机构在应对紧急情况,如卡特里娜飓风时的作用。
- 阅读历史上人们如何应对紧急情况,以及社区如何联合起来提供帮助。

外语
- 学习不同语言中的应急响应术语。
- 创作双语社区介绍,教育人们在紧急情况下该做什么。
- 制作某个使用所学外语的国家的紧急威胁分布图。

戏剧、音乐及视觉艺术
- 帮助模拟一种紧急情况并做出响应行动;据此制作视频,可以用作教具。
- 为公共服务公告创作音乐,将要传达的信息蕴含其中。
- 发起媒体运动向参与应急和维护社区安全的人们致敬。

应急准备就绪

数学
- 学习周长和面积的测量方法,在学校周围创建防护带。
- 考虑如何使用数学来预报地震、绘制飓风路线图、控制火灾,以及为社区内可能的其他灾害做准备。
- 考虑如何使用预报和概率来确定灾害发生的可能性。

体育
- 在学校或社区除去可以引起火灾危险的枯灌木丛,同时锻炼身体。
- 参加心肺复苏术训练。
- 重建一个老式"救火线",人们排成一行,迅速传递水桶进行灭火。水桶传到救火线的另一端时,还剩下多少水?需要多少体能?

计算机
- 弄清如何使用全球定位系统为当地消防部门或其他紧急响应方绘制社区地图。
- 用谷歌地图找出红十字会避难所和医院的地址,并向社区提供这些信息。
- 学习跟踪飓风或其他灾害的新技术。

科学
- 对引发灾害的自然因素和人为因素加以比较和对照。
- 查明火灾对森林健康的重要性。
- 与紧急响应人员一起讨论在一个复杂的疏散情况下如何照料宠物。

更多关于应急准备就绪的信息：

要更多地了解这些议题并获得服务和行动上的创意，可以上网访问这些网站和组织：

美国红十字会（www.redcross.org/disaster/masters），网站上的"灾害教育"专题提供了对教师和家庭都很有价值的应急准备教育工具，其中包括一套完整的"灾害大师"课程可供下载。

救助儿童会（www.savethechildren.org），在"我们做什么"标签下的"应急响应"部分，有一张地图和全球应急热点地区的具体信息，以及我们能做什么来帮助保护和协助在这些地区生活的儿童的内容。

FEMA 和美国国土安全部（www.ready.gov/kids），联合提供"'做好准备的孩子'网"。该网站指导年轻人通过四步，来创建准备就绪工具箱、制订计划、了解实情，并经过测验从"准备就绪的你"学校毕业。

发现教育（readyclassroom.discoveryeducation.com），免费提供学前班—8 年级关于多种情况下应急准备就绪的学习资讯，包括互动式地图。高中学生在为家庭和年幼的孩子准备材料时，这些资讯也能有帮助。

三、服务学习情形：行动创意

做好行动的准备了吗？下列对服务学习的描述，是小学、初中或高中学生在校内或与社区组织一起成功完成的实例。这些情形和实例中，大多数明确包括调查研究、准备和计划、行动、反思及展示的某些层面，并且全都有很强的课程关联。这些情形可以成为激发你取得创意的丰富源泉。请记住，年级水平仅做参考，大多数情况可以调整适用于更低或更高年级的学生，许多情况适合跨年龄的合作。

我们可以共同成长：1—5 年级

路易斯安那州查尔斯湖市郊区多尔比小学的学生，在丽塔飓风破坏了他们的社区之后，开发出一项校园美化计划，随后还把这个计划带给了当地养老院。他们修建花园，并用长凳、鸟屋、鲜花、天气测试仪等装饰其中。学生还绘制了一组天花板彩砖来图示他们独特的社区，并将其作为服务学习经历的展示。他们为什么这么关注美化呢？因为对学生的调查显示，飓风过后，人们的社区自豪感一直很低。通过这一服务学习经历，学生增加了对环境需要的理解（这加强了他们的科学研究），并且也帮助恢复了社区的士气。

智能信封：3 年级

佛罗里达州一所学校的孩子们，在学习了关于飓风、天气模式以及气候变化的潜在影响等第一手材料之后，想要帮助社区里的其他人做好准备。他们设计了大信封，用来装那些在紧急疏散期间人们需要带走的重要文件。他们在每个信封上清楚地列出保存在信封中的文件，还加上紧急情况期间保护宠物安全的建议。学生把做好的这些实用工具分发到了整个社区。

一本双语气象书：5 年级与 1 年级，及高中生助手

这是一个为了达到州级学业标准而产生的创意。佛罗里达州一所学校里一群 5 年级学生学习了自然灾害——从地震到飓风，并写了一篇短文叙述这些灾害的成因。学生在互联网上做了研究以后，又把视频内容加入短文中。作为神话与传说学习的一部分，学生还创作了关于这些自然灾害的神话集。他们向 1 年级学生朗读他们创作的故事，1 年级学生加进了自己的插图。最后，高中学生把这本由学生创作的优秀书籍翻译成他们正在学习的外语。

要安全！5 年级

探究中心学校是南卡罗来纳州哥伦比亚市的一所学前班—5 年级磁力学校[①]的，学生来自整个学区，大多数要乘车上学。5 年级学生通过参与"组织起来采取抗灾行动的青少年"（简称 YODA）项目，采取行动，使上下学乘车更安全。YODA 是一个服务学习计划，帮助年轻人让他们的家庭、学校及社区为无法预料的紧急情况做好准备。学生创建了一个合伙乘车路线图，研究并修改了学生安全巡逻指南，为安全巡逻队员开发了多媒体培训材料，为家长们制作了安全指南，并且为学前班学生前往初中餐厅建立了一个安全系统。学习活动与数学、技术和语言艺术等课程相关联。

漫步墨西哥湾海岸：5—8 年级

在飓风造成破坏之后，密西西比州、路易斯安那州和得克萨斯州三州共同努力，动员学生参加了全国青少年领导力委员会的"漫步墨西哥湾海岸"计划。参与其中的年轻人经历了灾害剧变，他们正在用自己的行动做出响应，成为社区领导者，重建失去的家园。利用社区地图，

[①] Magnet School，磁力学校，或译成磁铁学校，一般是设有特别课程或全部课程的公立学校，可以跨越学校招生地域，在整个学区内招生。——译者

学生想出了许多创意。教师们把这些项目与环境科学、口述历史和应急准备就绪等课程关联起来。通过写日志、做研究以及与邻里沟通，学生提高了学业技能。以下是许多成就中的几个实例：

- 路易斯安那州新奥尔良市，卡普道特许学校的学生重新修建了被损坏的公共汽车站座椅，还担任小学生的阅读辅导员。
- 在密西西比州皮卡尤恩市，学生在整个社区安放鸟屋，帮助野生动物回到自然栖息地。
- 在得克萨斯州阿瑟港市和格罗夫斯市，当地商会给学生提供日常用品和资金，让他们能够清理和修复街道。

要寻找更多信息，请访问 www.nylc.org，点击"项目"（Programs）和"漫步服务学习计划"（Walkabout Service-Learning Program）[①]。

我能帮忙：6—12年级

在佛罗里达州迈阿密市，迈阿密—戴德郡公立学校学区的初中和高中学生、第一响应人员以及老年团体领导者们，组成了伙伴关系以创建更安全的环境。他们针对年轻人和老年人设计了消防与生命安全教育及公共意识项目。当地消防员和其他第一响应人员向学生讲授消防安全风险、预防意外事件的技巧和技术，以及当地消防部门在公共教育上的需要。学生帮助低收入独居老人在家里安装烟雾报警器。其他学生团队为幼儿园—2年级的学生表演木偶戏，向儿童们介绍消防安全基本知识，包括：使用停步—倒地—翻滚的三步技巧，在烟雾中爬行，厨房中的烫伤危险，以及玩火的后果等。学生设计了带有一些游戏的工具盒，帮助家长和祖父母教孩子熟悉烟雾报警器，教他们遵循家庭逃生计划，以及展示在火灾期间不要躲藏的重要性。学生还设计了一本涂色书，通过木偶剧人物巩固火灾安全技巧。

应急准备：8年级

当地震、龙卷风或飓风出现在社区时，学生通常会亲身了解到"做好准备"的实际含义。他们还会了解到，社会经济阶层较低的人们往往缺乏做准备所必需的资源。在加州，一些学生与一家社会服务机构合作，参与了一个全郡调查，以发现低收入家庭和老年人可以获得哪些自然灾害应急资源，还缺少哪些。他们的活动包括收集捐赠的商品，准备应急用具包，以及告知公众在哪里获得这些用具包。外语班的学生帮助翻译宣传单及用具包的使用说明。学生在成人教育项目中做介绍，在高中运动会上做展览。社区的反应非常好。

---

① 该网站的结构和界面已发生变化。读者请根据现状自行寻找。——译者

全球定位系统制图：9—12年级

在蒙大拿州利比市，中心替代型学校的学生与郡政府官员、美国联邦紧急事务管理署和其他人员紧密合作，改进本郡的全球定位（GPS）数据库及灾害响应工作。学生通过全球定位技术训练，帮助官员们绘制本地地图，这对保证社区为可能发生的洪水做好应急准备是有必要的。这项工作包括用高端技术创建新数据层并进行误差评估。这类工作与数学、科学、技术、社会研究及地理等课程有主要关联，其传授的技能通常要等到大学才教。在这个过程中，学生接触到有关紧急响应的各种职业，并培养了社交技能以及同成人社群交往的信心。

一则社区故事——《洪水和冰》：9—12年级

在不到一年的时间里，俄克拉何马州东北部的社区遭遇了空前的气象灾害——两场冰雹和一场洪水。学生想要讲述他们的故事。一个新闻班创办了一份报纸，面向受到灾害影响的学生，历史班做问卷调查，英语班写诗，艺术班制作招贴画，公共事务课写短文。在社区的支持和切罗基人全国学习和服务队的帮助下，他们集体合作的结晶是《灾害：洪水和冰》，一本带有图像、照片和文字的书，反映了社区的声音。

> 我们遭到洪水的袭击，（其淹没高度）超过1.5米。我们被贴上"红色标签"，它意味着你不能重建或者回迁。我们损失了最有价值的财产——我们的家园。
>
> ——摘自《灾害：洪水和冰》

"吹走了"行动：9—12年级

当南湖高中成为佛罗里达州中部地区的避难所后，学生设计了一份问卷调查，以探明如何让学校成为更好的危急避难所。根据社区返回的结果，他们动手去完成必要的改进，并向参与的班级和合适的社区组织做演示。数学班的学生测量应急用品包的储藏架，制图班的学生设计蓝图，建筑班的学生搭建了这些储藏架。经济学班和青少年委员会的学生收集了应急用品。英语班的学生写故事，创作出关于飓风的纵横填字谜和涂色书。艺术班的学生为这些书做插图，外语班的学生把它们翻译成外文。服务学习的学生与阅读小伙伴一起阅读关于飓风、其他自然灾害以及帮助其他有需要的人的图书。他们把这些书放在避难所。在整个过程中，学生频繁地讨论和反思，同时不断地进行改进。为展示他们的工作，学生为学校电视公告制作了纪录片，并与报纸和电视网络联系做相关报道。

为新奥尔良市做辅导：9—12年级及大学学生

明尼苏达州圣保罗市，哈姆林大学和阿瓦隆高中的学生结成合作团队，指导新奥尔良初中

生，这些初中生经历了卡特里娜飓风之后，学习落后了好几个年级。圣保罗市的学生对位于路易斯安那州新奥尔良市第九区的马丁·路德·金科技磁力学校做了一次为期10天的访问。他们教年幼的学生技术技能，如互联网浏览、"黑板"、文字处理。他们也用艺术进行自我表达，还创作了口语化介绍。回到明尼苏达州以后，学生在余下的学年通过互联网继续辅导新奥尔良市的学生。

组织并做报告：9—12年级

在纽约州扬克斯市的戈顿高中，学生学习健康与安全。在学校参与"组织起来采取抗灾行动的青少年"项目的成员们开发并组装了150套灾害准备用品包，在"戈顿家庭日"活动中分发。他们与扬克斯市紧急事务管理办公室合作，对60名学生进行急救与社区紧急响应队认证，并培训140多位社区成员使用心肺复苏术（CPR）和全自动体外除颤器（AED）。学生还为"职业技术教育日"和一个有2000多名扬克斯市社区成员参加的健康展览会，开发了信息材料及介绍展示。

四、应急准备就绪书架

在做应急准备中，书籍为我们提供有关人们（甚至动物）参与重建过程的信息和实例。无论是火灾、海啸，还是石油泄漏，阅读过去已经发生的事会增强我们对灾害的意识，鼓励我们采取思考周密的行动。这种意识一部分来自于学习他人的经验，如《飓风之歌：一部关于新奥尔良的小说》，书中人物在卡特里娜飓风摧残新奥尔良市以后，进入了混乱的超级圆顶体育馆。应急准备就绪书架（见150页）将众多话题分为两个主题：可怕的灾害和参与救援。请注意，大多数书籍与这两个分类都有关，它们被归入关系最显著的一类里。

总的来说，本书架有以下特点：

- 书目带注释，按非虚构类（N）、图画书（P）和虚构类（F）进行一般分类，根据书名字母的顺序排列。对于非虚构类和虚构类，还注上总页数，并推荐适用的年级水平。图画书的所有书目都没有推荐年级水平，因为它们可以成功地用于各年龄段。

- 有一张按照主题和类别分类的图表，帮助你找到具体项目的相关图书。

- 来自服务学习同行和专家的书目推荐，包括摘要介绍和与服务学习相关联的创意。（推荐的书籍数量在每个书架中有所不同。）

应急准备就绪书架主题

主　题	书　籍	类　别
可怕的灾害 灾害会发生，无论是自然引发的，还是人类行为所致。	《吹走了》	虚构类（F）
	《环境灾害》	非虚构类（N）
	《见证：飓风和龙卷风》	非虚构类（N）
	《见证：火山和地震》	非虚构类（N）
	《火灾！森林再生》	图画书（P）
	《火灾和旱灾》	非虚构类（N）
	《飓风！》	图画书（P）
	《我知道要做什么：自然灾害儿童指南》	非虚构类（N）
	《杀戮海》	虚构类（F）
	《自然灾害：飓风、海啸和其他破坏性力量》	非虚构类（N）
	《龙卷风！》	图画书（P）
	《野火》	非虚构类（N）
参与救援 灾害要求各种不同的响应，以适应具体情况并帮助社区修整和恢复。	《动物英雄：真实的救援故事》	非虚构类（N）
	《消防员！加速！喷射！解救！》	图画书（P）
	《英雄猫》	图画书（P）
	《如何建造一幢房子》	虚构类（F）
	《飓风之歌：一本关于新奥尔良的小说》	虚构类（F）
	《妈妈：一头河马宝宝在海啸中失去妈妈，又找到一个新家和新妈妈的真实故事》	图画书（P）
	《慢风暴》	虚构类（F）（GN）
	《海啸》	图画书（P）
	《海啸：互相帮助》	非虚构类（N）
	《两个博比：一个关于卡特里娜飓风、友谊和幸存的真实故事》	图画书（P）

GN：这些书籍是绘本小说。

非虚构类：应急准备就绪

《动物英雄：真实的救援故事》

Animal Heroes: True Rescue Stories

作者：Sandra Markle　出版方：Millbrook Press　出版时间：2009年

9月11日，迈克·欣森在他的导盲犬罗塞尔的引领下，从世界贸易中心一号大厦走下77层高的楼梯。在冬季通宵远足中，一只狗的体温帮助远足者们幸存下来。一群海豚救助游泳的人们逃脱鲨鱼。这本故事集中每一个惊人的故事都在向我们展示，动物如何以各种难以料到的方式帮助我们。它们为我们提供鼓励和保护，并在最不太可能的情况下提供力量。通过照片和叙事，认识一下这些非同寻常的动物。共64页，适用于2—8年级。

《环境灾害》
Environmental Disasters
作者：Michael Woods 和 Mary B. Woods　　出版方：Lerner Publications　　出版时间：2008 年

　　本书探究了给我们的星球造成惊人损失的人为错误。例如，在乌兹别克斯坦，一个改变农作物栽种的决定和改变水道的运河修筑，造成了一场影响该地区 500 万人的灾害。2002 年，一艘油轮沉没在西班牙海岸外，200 万升汽油泄漏到了大海中。共 64 页，适用于 4—12 年级。

《见证：飓风和龙卷风》
Eyewitness: Hurricane & Tornado
作者：Jack Challoner　　出版方：DK Publishing　　出版时间：2004 年

　　这是对一些大灾难事件的近距离观察，内容包括旋风眼、巨型冰雹，以及在几分钟之内洪水如何出乎意料地出现，避雷针到底是如何起作用的。该书提供了天气预报的历史，揭示今日所用的技术。读者们还可以了解哪些人类行为会导致了气候模式的变化。共 72 页，适用于 4—7 年级。

《见证：火山和地震》
Eyewitness: Volcanoes & Earthquakes
作者：Susanna van Rose　　出版方：DK Publishing　　出版时间：2008 年

　　强有力的视觉材料为学习火山和地震如何发生做好了准备。这是一个多学科的有效混合，涉及科学、地理、历史和数学。共 72 页，适用于 4—7 年级。

《火灾和旱灾》
Fire and Drought
作者：Blake Education　　出版方：A&C Black Publishers　　出版时间：2007 年

　　本书包括孩子们对这些灾害想要知道和了解的内容，提供图表、图形、照片、地图、时间表，甚至包括做实验的创意。共 32 页，适用于 3—5 年级。

《我知道要做什么：自然灾害儿童指南》
I'll Know What to Do: A Kid's Guide to Natural Disasters
作者：Bonnie S. Mark 博士和 Aviva Layton　　出版方：Imagination Press　　出版时间：1997 年

　　这本指南解释了自然灾害是如何降临的，同时提供了在面临不可预知的灾害时，如何最好地做好准备的建议。该书还给出了如何处理这些危机所造成的心理后果的建议。共 64 页，适用于 3—6 年级。

《自然灾害：飓风、海啸和其他破坏性力量》
Natural Disasters: Hurricanes, Tsunamis, and Other Destructive Forces
作者：Andrew Langley　　出版方：Kingfisher　　出版时间：2006 年

　　这本综合性摘要，用吸引人的事实和插图描绘了每一种自然灾害，每一页都提供了丰富的信息。每一章都有摘要、网站资讯、相关职业的描述，以及博物馆列表。这是一本出色的资料书。共 64 页，适用于 4—12 年级。

《海啸：互相帮助》

Tsunami: Helping Each Other

作者：Ann Morris 和 Heidi Larson　　出版方：Lerner Publications　　出版时间：2005 年

　　泰国一个平常的冬日，一对小兄弟在家附近的海边玩耍。一声巨响使他们感到震惊，他们迅速爬上两棵大树，眼见巨浪拍岸，退去，又重来。他们紧抱着树干求生，令人绝望的几个小时过后，他们回到了曾经是家的地方，找到了母亲。尽管父亲未能幸存，在慷慨的捐赠和无数志愿者的支持下，他们重建了自己的家园。这本照片随笔，描绘了对巨大灾难的救援响应过程。本书的部分收入捐给海啸赈灾网。共 32 页，适用于 3—6 年级。

《野火》

Wildfire

作者：Taylor Morrison　　出版方：Houghton Mifflin　　出版时间：2006 年

　　学习关于野火的一切——历史案例、预防，以及当野火出现时，人们如何协调一致地工作，试图在火灾对社区造成大破坏之前，进行预测、发现、处理和控制。弄清植物和动物如何天然地保护自己，把科学和数学融合在一起。共 48 页，适用于 4—7 年级。

图画书：应急准备就绪

《火灾！森林再生》

Fire! The Renewal of a Forest

作者：Celia Godkin　　出版方：Fitzhenry & Whiteside　　出版时间：2006 年

　　本书展现了闪电在森林中击出火焰时所发生的情况。大火之后，生命逐渐再生——这是再生的自然规律。诗一般的故事之后，紧接着的是一幅两页合拼的插图，展示着"荒野森林的景象"及其各个部分，比如老的和新生长的森林。与此类似，第二幅拼图展示了"火灾之后，生命如何重返森林"。作者的注解提供了更多的信息和资讯。

《消防员！加速！喷射！解救！》

Firefighters! Speeding! Spraying! Saving!

作者：Patricia Hubbell　　出版方：Marshall Cavendish　　出版时间：2008 年

　　简单的艺术，简单的词语，即便是最年幼的孩子，也能了解在社区日常生活中和紧急情况出现时，都会为人们提供帮助的消防员们。（另请参阅：《警察：加紧！帮助！解救！》。）

《英雄猫》

Hero Cat

作者：Eileen Spinelli　　出版方：Marshall Cavendish　　出版时间：2006 年

　　根据作者所言，"英雄猫"是基于"一只流浪猫从一幢燃烧的建筑物中营救出她的猫仔的真实故事"。当消防员们与火焰战斗时，"英雄猫"也多次在火中往返。她的英勇行为得到认可，最终被一个充满爱的家庭收养。

《飓风！》

Hurricane!

作者：Celia Godkin　　出版方：Fitzhenry & Whiteside　　出版时间：2006 年

　　这个故事描述佛罗里达的一个海岸小镇，当飓风来临时，动物和人类都在寻找避难场所。该书对一片红树林沼泽地以及那里的动物生活给予了特别关注。故事后面列出极好的信息、极具细节的图画，以及一张标有红树林和主要热带风暴位置的世界分布图。

《妈妈：一头河马宝宝在海啸中失去妈妈，又找到一个新家和新妈妈的真实故事》

Mama: A True Story in Which a Baby Hippo Loses His Mama During a Tsunami but Finds a New Home and a New Mama

作者：Jeanette Winter　　出版方：Harcourt Children's Books　　出版时间：2006 年

　　简单的文字，"妈妈"和"宝宝"，是故事所需的全部词汇。这则优美的故事源自在肯尼亚因海啸而分离的河马家庭。

《龙卷风！》

Tornadoes!

作者：Gail Gibbons　　出版方：Holiday House　　出版时间：2009 年

　　这本内容丰富的书讲述了关于龙卷风的一切，从该词的意思（来自西班牙语 tronada，意为雷暴），到空气和风如何结合形成漏斗形状。吉本斯描述了龙卷风的级别，并图示每个级别所代表的含义。了解龙卷风路径以及 1999 年 96 次龙卷风如何袭击了同一地区，并且弄清楚在紧急情况下该做的事情。

《海啸》

Tsunami

作者：Kimiko Kajikawa　　出版方：Philomel　　出版时间：2009 年

　　在日本一个偏远的村庄里，有一天一位智慧老人说"感觉有些不对头"，就选择待在家里。他预测这是一次地震，地震真的发生了。他见到远方一个异乎寻常的景观——大海正飞速撤离陆地[①]！这是海啸波，这位老人选择牺牲自己的财产去挽救 400 个人的生命。书中用纸、麦秆和

[①] 潮起潮落是海啸波的特点。这里观察到的是潮退时的现象。一般的潮退在远方是很难观察到的。——译者

布料制作的拼贴画营造了紧张氛围，显出了戏剧效果。

《两个博比：一个关于卡特里娜飓风、友谊和幸存的真实故事》

Two Bobbies: A True Story of Hurricane Katrina, Friendship, and Survival

作者：Kirby Larson 和 Mary Nether　　出版方：Walker Books　　出版时间：2008 年

　　猫和狗会是最好的朋友吗？在可怕的飓风袭击新奥尔良期间，这两只动物之间看似不可能的友谊让它们双双活了下来。被迫逃离的人们不得不留下这两只宠物。它们在没人照顾的情况下生活了四个月后，被人找到并带到一个临时动物庇护所。人们将它们分开放在不同的房间，但它们的表现让志愿者们清楚地认识到，它们俩需要在一起。后来，有人意识到这只昵称"博比猫"的猫咪实际上是一只盲猫，而伙伴博比实际上是它的导盲犬。

虚构类：应急准备就绪

《吹走了》

Blown Away

作者：Joan Hiatt Harlow　　出版方：Aladdin　　出版时间：2007 年

　　1935 年，杰克和一家人生活在佛罗里达群岛，像任何其他 13 岁的青少年那样享受着夏天，直到"世纪风暴"飓风带来毁灭性后果。在后记中，作者描述了这部小说所依据的真实事件。共 272 页，适用于 3—7 年级。

《如何建造一幢房子》

How to Build a House

作者：Dana Reinhardt　　出版方：Wendy Lamb Books　　出版时间：2008 年

　　17 岁的哈珀·埃文斯决定远离家里的种种烦恼去过夏天。这些烦恼包括父亲的离婚，她自己同一个小伙子的困惑关系，以及与异母姐姐之间似乎无法修复的裂痕。她来到田纳西州贝利市，一个正在努力从龙卷风的破坏中恢复的乡村社区。她与其他来自美国各地的青少年一起，参与了一项任务：建造一幢房子。她亲眼见到了灾害所能造成的破坏——自然引发的和人为导致的，她好像还找到了心中的"家"。家庭、友谊、爱情和辛勤劳动共同孕育了这部小说中不同寻常的结果。共 240 页，适用于 8—12 年级。

《飓风之歌：一本关于新奥尔良的小说》

Hurricane Song: A Novel of New Orleans

作者：Paul Volponi　　出版方：Viking　　出版时间：2008 年

　　迈尔斯最近来到新奥尔良与他的音乐人父亲一起生活，他热爱足球，就像他的父亲热爱爵士乐。但是生活发生了令人惊恐的转变，在他们试图逃离卡特里娜飓风时，叔叔的汽车坏了，结果他们去了超级圆顶体育馆。当人们鱼贯而入，日用品减少，帮派威胁和伤害他人现象产生，

而警察和军队都没能建立秩序时,迈尔斯了解到,对他的父亲而言,关心家庭和社区非常重要,远超他的想象。共 160 页,适用于 8—12 年级。

《杀戮海》
The Killing Sea

作者:Richard Lewis　　出版方:Simon & Schuster　　出版时间:2006 年

在这部小说中,大海啸袭击东南亚时发生的两则故事交织在一起。故事的场景设在埃克地区的一个遭到破坏的岛屿上,它描述两名青少年的成长经历——一个是因失去全家人而被吓坏了的美国访客,一个是在寻找父亲的当地青年。在不情愿的冒险途中,他们与野兽的威胁、反叛军、记者以及自己的偏见做斗争。共 256 页,适用于 6—10 年级。

《慢风暴》
Slow Storm

作者:Danica Novgorodoff　　出版方:First Second　　出版时间:2008 年

在肯塔基州的乡村,此时正是龙卷风季节。雷电击中谷仓,着火了。这本绘本小说有两条故事主线交织着,一名来自墨西哥的非法移民可能被大火困住,而兄妹消防队员之间的纠葛把两人都置于可怕的危险之中。当消防员厄萨帮助这名移民时,他们之间的短暂关系反映出社会的复杂性,并且显示出:我们的主观假定如何常常导致我们错失个人联系和对他人的真实了解。这本书令人震惊并回想不已,是青少年们会多次阅读的一本书。共 176 页,适用于 10—12 年级,含成年人的语言和主题。

> 光盘中
>
> **作者访谈:故事背后的故事**
>
> 在随书附送的光盘中,你会找到对《慢风暴》和《振作,振作》的作者丹妮卡·诺夫哥罗多夫及《如何建造一幢房子》的作者达娜·莱因哈特的采访,他们讲述了书的"故事背后的故事"。

第八章　环境

> 自然界环环相扣，牵一发而动全身。
> ——约翰·缪尔，自然学家，作家

宏伟壮丽的红杉树，潮汐池附近拱起的波浪，仙人掌和土狼生长的沙漠——这些来自各种不同地形的图景构成我们的环境。为了定义这个包罗万象的术语，我们只需看一看这个词。"环境"（environment）一词的核心是拉丁词根 viron，意思是"圈（circle）"。这个简单而意义深远的图像揭示了，空气、水、植物、动物以及我们的各种生态系统都是紧密关联的。

人类蚕食自然界空间以及全球变暖的后果已在近年显示出来。这一"热点话题"出现在各种头条新闻中，无论是非洲撒哈拉沙漠以南的干旱，还是海中冰架坍塌，珊瑚礁的毁坏，因温度升高而引起的疟疾传播，抑或是西伯利亚冻土带上的气体喷出，均有涉及。某些人自身并未受到多少影响，认为"这与我没什么关系"。但是对于其他人而言，这些变化严重影响了他们的日常生活，想要忽略这个问题是不可能的。世界各地的人们都在寻找创新型的解决办法，为扭转环境变糟的趋势积极行动，对环境方面服务学习的呼声很高。我们教导孩子："如果你弄糟了，就去清理干净。"

各个年龄段的年轻人都有能力理解和尊重我们所在的环境。通过学习，他们可以就诸如酸雨、臭氧层损耗、替代能源、流域分水线、水土流失、海洋酸化以及碳消耗等话题，进行对话，并提出有见地的创意。了解到地球是动态的，他们就能思考，我们人类的哪些行为起着防卫和保护作用，哪些造成不可挽救的危害。还可以把知识和响应能力结合起来，使民众做好准备，确保子孙后代有一个健康的环境。

> 青蛙不会喝干自己池塘中的水。
> ——苏族印第安人谚语

一、准备：为环境方面的服务学习做好准备

下列活动可以用来促进有关环境方面的学习和技能开发。这些活动在调查研究、准备和计划等阶段很容易调整适用于不同年级，帮助学生通过研究来审视关键问题，分析社区的需要，并获取所需的知识，从而有效地为设计服务计划出力。这些活动往往可以融入反思和展示的阶段中，因为学生可以带领有关活动，与他人一起建立关注意识。文献资料往往是准备过程的一个重要部分，你可以在本章后面的环境书架中查找与该专题有关的推荐书目。

第八章　环境

　　活动：从减少垃圾到减少使用。年轻人已经是消除垃圾和宣传回收的最佳倡导者了。你的学校或班级如何能参与进来，或是加深参与的层次？在学校内调研和着手处理垃圾问题，可以形成更加复杂的项目，增加对社区和本地区垃圾处理方法的关注意识，由此鼓励人们回收、再用、少用。下列建议已经成功地帮助小学、初中和高中班级在身边的环境，即学校里，启动服务学习活动了。

- 开发设计一项学校问卷调查，判别垃圾"热点区"（通常靠近午餐区域），学生可以在白天不同的时间段环绕校园步行——课间休息、午餐时间或中学课间刚转换完教室时——找出垃圾汇积的地方。学生可以制作海报，指出这些地方是要清理的"热点"。

- 在学校的一个特定区域里建立无垃圾区。通过种花等方式来美化无垃圾区。学生可以制作标牌，并通过学校的公共广播公告宣传这个活动。如果不同的班级各自承包不同的无垃圾区，所有的无垃圾区汇集起来将形成无垃圾学校。

- 将诸如《垃圾大狂欢》《烦人村的奇人》和《我想成为环保人士》等书籍作为教育其他学生和学校社区成员的资讯，以此来激发有关清理垃圾运动的创意。学生把这些书和其他书改编为戏剧表演或唱诗读本。

- 想一想，在美国每人每天产生约 2 千克垃圾——把所有垃圾加在一起，重量接近两个帝国大厦。[①]"你们学校每人平均多少呢？"在数学班上，坚持记录学校产生的垃圾数量——这是教授图形、统计和百分比的好方法。指导学生深入思考，他们的社区、城市甚至国家正在产生多少垃圾，以及可以做哪些事来减少垃圾的产生。

- 让学生提出关于再用（再使用）的创意，而不是买更多东西。能把纸的两面都用了以后再回收吗？学校食堂的果汁盒在艺术课上可以用来制作手提袋吗？

　　一旦学校走向无垃圾、建起回收系统并少用资源，学生便可以通过公共服务布告和群发短信把他们的专业知识带入社区。激励你的学生做社会企业家，为社区里的其他学校、办公室和组织提供服务。

　　活动：接受气候变化及全球变暖的挑战。你所在的社区在全球变暖问题上是什么态度？有为减少能量消耗而开展的活动吗？例如灯泡以旧换新或减少汽车使用计划等。替代能源，如太阳能板、风能电力或生物燃料，在考虑之中吗？找出你社区中的"热点话题"，以及当地官员、政府机构、非营利组织和企业是如何进行合作的；使用报纸和互联网，采访知情者，来了解正在发生什么；做一个问卷调查，找出哪些信息和资讯会对社区中其他人有帮助；选择一个目前正在影响你的所在地的环境问题，了解这个问题的方方面面。

　　考虑以下层面和事实，看看其中每一项可能会激起哪些提问？让学生从事实出发，再提出

---

① 《今日美国》报，2009 年 6 月 8 日；（美国）环境保护局，统计署，帝国大厦网站：www.esbnyc.com。

问题，然后就当地所受影响寻找更多信息，最后制订出一个"采取行动"（见63页）的计划。

人口事实：在20世纪里，世界人口增加到将近原来的4倍。而我们的碳排放量则增加到12倍。

植物事实：由于全球气温的增高，植物物种正在被迫迁移至更高的海拔高度。

动物事实：格陵兰西部驯鹿觅食依赖于季节性植物，正在为寻找足够的食物而挣扎。

气象事实：预期的干旱可能造成多达2.5亿非洲人缺水。

水土事实：覆盖地球表面70%的各大洋容纳着来自大气且不断增加的热量，导致许多珊瑚礁死亡。

健康事实：较高海拔的地域降雨增加、气候变暖，这对传播疟疾和其他疾病的蚊子有利。

食物事实：食物成熟之后，通常经过包装和超过2414千米的运输后才被消费掉。

> 开始时，我认为我是在为橡胶园的割胶工而战；之后，我想我是在为亚马逊雨林而战；再后来，我认识到我是在为人类而战。
>
> ——奇科·门德斯，雨林行动者

二、建立与所有课程的关联

某些服务学习活动自然而然地适合于跨学科工作及建立与所有课程的关联。这些课程关联，加强并扩展学生的学习，帮助他们达到学业标准。很可能甚至在学生开始进行服务学习活动之前，你就在寻找这些关联以及鼓励学生的方法了。在整个服务学习的过程中，要保持灵活性，因为任何时候提出的问题或学生所确定的社区需要都可能自发地形成某些课程关联。为了帮助你思考与所有课程的关联以及在哪里找到这种关联，本章的课程关联图（见159页）就该专题如何用于不同学科领域，给出了许多不同方法的实例。（本章下一节列出的服务学习情形，也展示了该专题如何用于不同学科领域的各种方法。）

> 想想我们自己的所作所为吧。当我们看到自己也是问题的一部分时，我们才能成为解决方案的一部分。
>
> ——万加里·马塔伊，
> 2004年诺贝尔和平奖获得者

三、服务学习情形：行动创意

做好行动的准备了吗？下列对服务学习的描述，是小学、初中或高中学生在校内或与社区组织一起成功完成的实例。这些情形和实例中，大多数明确包括调查研究、准备和计划、行动、

第八章 环境

环境课程关联图

英语 / 语言艺术
- 就以前的环境，采访当地老人；写故事，比较这些看法和你对环境现状的看法。
- 阅读环境保护者的传记，然后创办一个"活着的博物馆"。在那里，学生装扮成这些人，并讲述他们的人生故事。
- 学习如何利用广告来宣传对环境专题的关注意识。

社会研究 / 历史
- 研究不同的美洲原住民部落与他们生活的土地之间的关系，他们如何与环境互动，以及他们有关"拥有"土地的概念。
- 探讨气候变化如何影响世界历史事件，以及全球变暖如何继续造成不可逆转的影响。
- 研究政府对你所在地区有关环境的敏感领域或问题的政策，对这些政策加以讨论和辩论。

外语
- 找到"少用、再用、回收"在多种外语中的相应词汇，并制作海报。
- 在环境问题上，比较其他不同国家的政治立场与美国的政策。
- 用不同的语言编写关于环境的原创诗歌。

戏剧、音乐及视觉艺术
- 准备一个关于环境的小品或剧目，在自然环境中演出。
- 创作和表演顺口溜或说唱曲，提倡干净的学校和游乐场所。
- 装饰学校的垃圾箱，把它们打扮得吸引人。

环境

数学
- 每天早晨利用学校的公告系统介绍环境统计数据。
- 分析学校里的垃圾处理模式。
- 检查学校的水电费账单，并制订一个资源保护计划来减少费用。

体育
- 研究污染对肺脏和全身健康的影响。
- 创建一个户外活动公共服务告示。
- 做一项计划，到自然保护区或公园进行实地之旅，去爬山远足。

计算机
- 为社区设计和制作有关回收建议的传单。
- 弄清在你的社区里，被丢弃的计算机会被如何处理，并研究再使用的可能方式。
- 研究和讨论：使用计算机会减少纸张的使用量吗？

科学
- 学习有关再生纸的知识，并制作再生纸。
- 研究在深海探索上取得的进展，这些进展引发了化能合成的发现并加大了保护海洋的需要。
- 弄清环境问题和经济如何交叉影响决策者，弄清关于垃圾处理、垃圾场和焚烧装置的布点以及有毒场所的清理等决策是如何形成的。

> **更多关于环境的信息：**
>
> 要更多地了解这些议题并获得服务和行动上的创意，可以上网访问这些网站和组织：
>
> **地球日网络**（www.earthday.org），有为学前班—12 年级教师所准备的环境教育课程和资讯，并宣传自 1970 年开始，每年 4 月 22 日的"地球日"活动。
>
> **地球回声国际**（www.earthecho.org），是一家非营利组织，其使命是增强青少年力量，使他们采取行动保护和恢复我们充满水的地球。
>
> **地球力量**（www.earthforce.org），是一家由青少年主导的组织，吸引年轻人积极投身到解决问题中来，去发现针对他们社区中环境问题的长久型解决方案，并加以实施。
>
> 在**全国植树日**的"青少年教育"网站（www.arborday.org/explore）上，你可以找到许多活动和大量资讯，以及全国各地鼓励植树的计划和项目。
>
> **自然资源保护协会**（www.nrdc.org），有关于各种环境话题的简单易读的信息和照片，包括野生动物和鱼类、全球变暖、能量利用，以及清洁的空气、水和海洋。
>
> **稀有组织**（www.rareconservation.org），发起关于环境问题的社会市场营销运动，诸如保护生态差异性。到目前为止，该组织已在 50 多个国家有成功的业绩记录。

反思及展示的某些层面，并且全都有很强的课程关联。这些情形可以成为激发你取得创意的丰富源泉。请记住，年级水平仅做参考，大多数情况可以调整适用于更低或更高年级的学生，许多情况适合跨年龄的合作。

从青蛙到岩石画：学前班和 2 年级

在加利福尼亚州埃尔塞里托市，学前班和 2 年级四个班级的学生开始学习关于附近溪流和公园的知识。自然学家带领学生在自然中散步，并传授观察技能。他们倾听太平洋合唱蛙[①]的黄昏之歌，寻找蜂鸟的窝巢，并且为各种溪流恢复项目种植七叶树、橡树和柳树。学生发现一棵"拔毛树"——库氏鹰在树中留有它们所捕捉的鸟的细小羽毛。他们收集了羽毛样本并把它们送给金门猛禽观测站——科学家们在那里研究鹰的食物习性。学生研究在池塘边的岩石上蚀刻的岩石画，并学习一些有关该地区以及曾经沿溪流生活的人们的历史。最后，他们出版了一本带插图的指导手册《从树顶到池底》，并把副本发放给邻里的所有家庭，以鼓励其他人继续探索这条溪流的美妙之处。

---

① Pacific Chorus frogs，也称为太平洋树蛙。——译者

第八章 环境

保护希芒河：1—6年级

希芒河把纽约州埃尔迈拉市分成南北两边，学生把这条河作为学习当地历史、环境问题、动植物生命以及该地区休闲活动的机会，以此为分开的两岸架起连接桥梁。以下三所学校与其他人分享了他们从希芒河学到的东西：

- 亨迪大道小学。4年级的每个班都有独特的响应。一组学生写了一部木偶戏，讲述该河的历史并展示保护动物栖息地的需要。另一个班设计了介绍册，向社区发放。一组学生在一次市政厅会议上做了演示。还有一个班建造了一个装满空水瓶的巨型水瓶，以及一块信息告示板讲述空水瓶对环境的影响。

- 比彻小学。学生成为希芒河谷历史博物馆的少年讲解员。他们设计展览，其中包括一组有关水的展览。学生为公众担任讲解员，并讲到他们的学习过程。一位报纸记者采访学生并发表了一篇文章，鼓励其他人去参观。

- 科伯恩小学。1年级的一个班制作了一本《希芒河 ABC 字母书》，分享给当地机构。学生对该地区进行研究，向来到班上的专家们学习关于栖息地的知识，参与河道清理日活动，并且到埃尔迈拉市水务局进行了一次实地考察。1年级学生还在一次社区"河流节"活动上设立了一个信息亭。

减少一辆车：1—6年级

在加利福尼亚州肯特菲尔德市的巴西可小学，图书馆里设立了一个互动咨询台，学生可以监测学校里太阳能发电及使用情况。他们发起"减少一辆车"活动，鼓励学生在家节能。当他们节约的二氧化碳量达到5443千克时，其结果等同于在长达一年的时间里，路上减少了一辆汽车。在六个月的时间内，他们的节能量相当于在路上减少了66辆汽车。家庭产生的温室气体是汽车的两倍。我们应该祝贺肯特菲尔德学区——全国第一个全太阳能学区。

橡树林幼苗：2—12年级

山谷橡树是北美洲最大的橡树树种，加州中部某社区的学生和其他社区成员正在一起为保护和恢复山谷橡树林努力。一个当地的河流保护区拥有尚存最好的橡树林，它们曾经在加州中央谷地繁茂地生长。保护区的大部分区域留作自然再生，然而，在某些局部地区需要人工干预，积极恢复。在某一学年，来自4所小学和1所高中的1000多名学生参加了橡树林保护实地之旅。2年级和3年级的学生收集了超过14000颗橡子。5年级和6年级的学生对橡子进行了清洗、分类和记数，并且将其包装成袋。来自所有4所小学和这所高中的学生帮助栽种了近20234平方米的橡子，它们将会在未来变成一片橡树林。这个项目的成功来自美国大自然保护协会、（美国）土地管理局、加州渔业和狩猎部[1]，以及许多家长志愿者和社区志愿者的共同努力。与这个项目有关联的课堂教学横跨所有课程，包括数学、语言艺术、科学、社会研究和美术。有几所学校还举办了自己的植树活动。

> 植树，树给了我们对于生存至关重要的两个元素：氧气和书。
> —— A. 惠特尼·布朗，作家

把它交给蚯蚓：3年级

一个堆肥制作项目从帕洛阿尔托市的一间课堂开始，经过四年的发展，吸引了许多教师和学生参加，并向整个学校和周围社区宣传堆肥制作的益处。作为科学课程的一部分，学生学习了生态系统。在聆听了固体废物一体化管理委员会一位发言嘉宾的演讲后，学生想要参与垃圾管理。他们创建了一张图表来记录学校的垃圾，并集思广益设想减少垃圾的创意。他们准备了一个视频演讲，向其他班讲解生态学，尤其是如何通过堆肥减少食物垃圾。孩子们成为堆肥和蚯蚓堆肥箱的专家。他们收集学校里的食物垃圾，观察它们如何转化成肥沃的土壤，将其用在学校的花园里，并捐赠给生活在附近老年公寓的园艺师们。学生的下一步计划是社区拓展宣传，他们主办了一次带有实地考察和堆肥制作课的家长信息之夜活动。在街坊中每月分发他们的通讯——"蚯蚓之道"，并且参加了当地的中国新年游行。在游行活动中，他们装扮成一条巨大的蚯蚓，分发《把它交给蚯蚓！》——一本关于蚯蚓堆肥箱和堆肥制作的信息册。

环境课程 + 成本节省 = E-组：4年级

加州帕克·惠特尼小学里10岁的孩子们组成了E-组，通过每周检查，来找出教室灯光、计算机和空调设备的效率和使用情况。E-组的目的是让孩子们更清楚地意识到自己的学校和家庭中的能源浪费，把自己的碳足迹降到最低。有些教师现在只打开教室里一半的灯光。E-组同学还创作了节能海报，并为学校通讯写文章以促进家长的参与。

从垃圾中开发的课程：4年级

新泽西州的4年级学生在一次回收活动期间对学校垃圾做了分析，活动包括练习分数和百分比计算。他们通过计算确定85%的垃圾是可以回收的。作为关注意识和学校改变倡议活动的一部分，学生张贴海报并制作演示文稿以教育学校中的其他人。当学生记录和绘制自家每周垃圾图时，他们也在继续进行数学学习。在科学课上，他们学习并比较可再生与不可再生资源。

---

[1] 已于2013年1月1日更名为加州渔业和野生动物部。——译者

下一步是加上蚯蚓的帮助把午餐剩饭做成堆肥。结果是，他们为学前班学生种的蔬菜园提供了肥沃的新土。

你的碳足迹是多少？5年级

得克萨斯州科佩尔市登顿溪小学的5年级学生组成小组，要找出自己的碳足迹。通过互联网研究，他们估测出自己日常活动排放到大气中的二氧化碳量，然后研究自己的排放对地球有多大影响。他们惊讶地发现要想有足够的资源让全世界的人像他们一样生活，需要六个地球！于是，学生改进了自己的回收计划，在学校新闻节目中讨论食物垃圾，并启动了"周三步行"活动，请学生和他们的家人步行或骑车上学和上班。学生把这些创意汇合成一次集会，教育整个学校和来访家长如何减少他们的碳足迹。

太多的水，到处是水：5年级

"你的用水量是多少？"这个问题把5年级某班的学生带向一个艰巨的任务：估测学校和家庭的用水量。在学校，学生学习阅读水费账单，在维护人员的帮助下查访校园以寻找节水办法。在家里，学生设计了问卷调查，记录每个家庭成员每周的用水量。他们把这些结果与（美国）平均每人每天303—379升的用水量做比较。学生听一位发言嘉宾讲述"降低家庭用水量"，还通过文献和互联网进行研究。他们制作并分发了一个适用于家庭的指南，《节约水——我们需要每一滴水》。他们的下一个挑战呢？削减用电量。

扬基牧场溪流恢复计划：5—9年级

参与课后和暑假预防计划的学生参加了由怀俄明州东北部地区的青少年应急服务赞助局的"扬基牧场溪流恢复计划"，其目的是讲授有关自然栖息地资源保护和恢复的价值。在春夏两季，学生每周去扬基牧场访问两次，每次2—3个小时。他们学习为什么这条溪流正在逐渐干涸（过度放牧、老树仍在、干旱的环境、成长中的新树受到践踏）；学习如何重新恢复溪流（加围栏防止放牧动物进入、重植新树、促进新的植被生长）；种树浇树，观察比较分别用甲烷井和溪流中的水浇灌后，树木生长的情况。学生还得到识别野草、昆虫以及树木的教育，聆听了国家资源保护服务局的合作人员和牧场主人来做的几场演讲。最后的成果是，学生学到了如何更积极主动地保护自然栖息地，并参与到溪流的恢复工作中。

我们的森林——一个社区网站：6年级

华沙美国学校的学生来自世界各地。该校的一个目标是把学生培养成有责任感的世界公民。

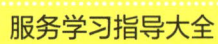

6年级学生在鲍森公园和拉斯卡巴迪森林进行实地考察后，决定创建一个英文网站，向全球的社区提供关于该公园的信息。实地考察期间，学生分配到不同的任务，诸如历史记录者、生物学者、诗人、记者、（公园）热爱者以及地理学家等，从一个可能让他人受益的视角来了解公园。学生想出要提的问题，并认定在社区进行更多的研究将会帮助他们找到答案。学生在市政厅、农学院、华沙起义博物馆，以及植物园与人交谈，查看照片档案。他们还采访了一位也是"二战"老兵的公园管理人。在数学课上，学生设计了一个问卷调查，在当地商场对300人做了民意测验，以此来探明这些人对拉斯卡巴迪森林和鲍森公园已经有哪些了解，以及他们认为网站是否会有用。根据调查结果，学生发现了公园的主要功用，只有2%的受调查者知道该地区有哪些原生动植物，76%的人想知道该公园的历史，并且大多数的人想要为后代保护公园。学生的网站包括：

- 用波兰语、英语和拉丁语书写的公园中所有树木的分类目录。

- 关于该公园原生动植物的信息。

- 公园的历史，包括该森林在"二战"期间如何成为抵抗战士隐蔽的地方。

- 公园里休闲活动的机会。

- 公园远足小径图，标出重要地点（使用GPS设备来保证精确性）。

- 照片和诗歌，灵感来自公园。

在他们的网站上（www.asw.waw.pl/content/view/647/533）可查看更多信息。

一个国际移动科学课堂：6—8年级

PAWS移动（课堂）——空气和水净化系统的移动课堂，是由佐治亚州瓦尔多斯塔市的学生借助英格兰同龄人的帮助而设计的。小学教师们提供了一份该州学业标准中对小学生来说最难以掌握的标准清单。中学生与他们的英格兰伙伴们利用互联网来沟通，并创建了有关动手型学习活动的课程计划，年幼些的学生使用设备收集和分析数据，并解决问题。他们学习关于噪声、空气、水的污染问题，并构想出解决方案。当英格兰学生跨越大洋来访时，他们也作为教师参与进来。

提升社区意识：6—8年级

在马萨诸塞州的北亚当斯市，西尔维奥·康特初中科学班的学生想知道，他们能否做些工作，提升社区在全球变暖和气候变化上的关注意识。在几周时间里，八个学生在午餐时间和课后努力工作，试图回答这个问题——"什么是全球变暖？"他们联系当地的立法者，收到一份概述该州计划的文件。学生对该州学校的环保绿化和风能做了研究,还访问了佛蒙特州的一家小型风力发电厂。他们学习有关风车的位置、风速、旋风、对环境的危害以及噪声的知识。高中生们与一个大学生伙伴合作,帮助宣传在威廉姆斯学院举办的一次关于全球变暖的全城活动。有 60 位嘉宾参加了这次活动,包括一名州参议员。还有其他人通过当地的有线电视收看了这次活动。主要话题包括对全球变暖、绿色建筑(包括学校)和风力发电的概述。这些活动被摄像记录并在当地有线电视台上播放,摄像副本被转发给几位州政府官员,以此来传递对这些话题的关注。

做绿色女童子军:6—12 年级

女童子军西弗吉尼亚州肖尼委员会,通过 FLOW 项目——流域领域未来领袖,一直在参与"做绿色女童子军"这一服务学习项目。几个分队成员参与了一个青少年焦点小组,这个小组为架构整个倡导活动的计划,提供了必要的领导力量。最后的成果是,西弗吉尼亚州卡彭桥市白石镇女童子军夏令营提出了一个湿地管理计划。女孩们学习湿地是如何形成的,湿地为动物提供的栖息地,以及湿地对人类的用处。女孩们测量土地和水,绘制湿地成长变化图。她们收集湿地中大型无脊椎动物和两栖动物的相关信息,衡量动物在湿地中的成长情况。女孩们把侵袭型物种从湿地迁移走,举办了几次迁移活动。焦点小组的参加者在女童子军赞助的活动中做溪流监测、湿地活动和水域常识教育时,与更小的女童分享她们的新知识。

> 在地球这个航天飞行器上,没有乘客,大家都是机组成员。
>
> ——马歇尔·麦克卢汉,
> 作家、教育工作者、哲学家

让美国栗子树回来:6—12 年级

2001 年,马里兰州的卡罗尔郡公立学校学区,开始与索普伍德环境中心和美国板栗基金会马里兰州分会合作,帮助恢复美国栗子树林。这个合作关系为卡罗尔郡科学课的师生们提供了学习议题,帮助发展了科学研究技能,并且教育学生和社区成员如何做好环境公民。这些体验与 STEM 计划的各门课程联系在一起。STEM 计划是一项提高学生从事科学、技术、工程和数学事业兴趣的倡导计划。学生收集重要数据,根据对栗树的研究来确定微生物学前沿话题,在所有学校建立原生栗树园。

环境英雄:7—8 年级

路易斯安那州德斯特里亨市拉布兰奇·赫斯特初中的湿地守望者们,采用综合型方法做服务学习。300名7年级和8年级的学生参与了各种各样的服务活动，来改善当地的栖息地和社区。学生与专家们一起工作，测试水和土壤的质量，鉴别植物，培育和种植树木，捡垃圾，以及创建该地区首条公共自然小径。各个课程领域的学业内容都被融入服务体验之中，从写英语记叙文，到阅读法国拓荒者日记来比较过去和现在的土地使用，到利用历史上的地域图加上网格叠加来计算过去50年来沿海岸线土地损失的百分比，到为合唱式演讲创作保护自然的说唱歌曲。学生利用他们从这些动手体验中所学到的知识，在该学年为超过1000名低年级学生举办了多次校外服务活动。他们还协调了三次周末自然保护活动，有社区志愿者参加并通过拓展宣传活动向数千人讲解。通过教育、服务和（提升）关注意识，学生领导了一场保护湿地的社区活动。一名7年级学生这样反思自己的体验，"要是植物和动物能说话，我想它们会说，我们是它们的英雄。那就是我在湿地工作时的感受。"

天际线项目：7—12年级

阿巴拉契亚地区有一种对环境破坏非常严重的做法——炸开山顶，露天采煤。这种做法齐刷刷砍掉树木，炸飞土壤，对当地的水域和自然生态造成负面影响。在阿巴拉契亚，60%以上的电力来自燃煤发电厂。在这些发电厂周边48千米半径范围内，有550多万人都身处有害污染物的险境，其中包括120万名儿童，煤的使用还产生许多有害排放物，包括造成全球变暖的温室气体。作为"全球青少年服务日"的一部分，女童子军弗吉尼亚州天际线委员会设定了宏伟目标并且努力实现了它们。他们的成就包括：

- 通过向"仁人家园"的家庭和其他住房区分发节能灯泡，在社区里提高了资源效率。
- 通过一项"关灯"倡议活动，减少了西南弗吉尼亚地区的污染。
- 在社区种植当地原生植物和树木，以帮助抵消燃煤发电厂的一部分负面影响。这些树木保持了美丽的天际线，是对未来的投资，通过转化二氧化碳来减少该地区的污染并帮助对抗全球变暖。

海洋行动者：9—12年级

在佛罗里达州群岛北边地区，珊瑚滨高中的学生通过以科学为导向的跨课程学习，在海洋保护方面取得了很大进展。学生已经做到：

- 为约翰·彭尼坎普珊瑚礁州立公园创作了一个水下视频指南。
- 在佛罗里达大沼泽地进行水质测试（测试仍在进行中）。
- 对德赖托图格斯群岛国家公园的植物群与动物群进行研究和报告。

- 繁殖贝壳以替换被观光者毁坏的贝壳群。
- 用人造礁球修复珊瑚礁。
- 在被船桨划伤损坏的浅水区礁石处，安装聚氯乙烯管子，与一团养殖的海草苗相连；当地海鸟，如鸬鹚、蛇鹈属（蛇鸟）、海鸥和鹈鹕，就栖息在管子上，一边进食一边排泄，为海草提供肥料，加快其生长速度。

> 重点不在于你是否能造成改变；而在于你做的每一件事，都在造成改变。
> —— 菲利普·库斯托，地球回声国际

阿拉斯加青少年 —— 采取行动！9—12年级

六个孩子能干什么呢？启动一项全国倡议活动！阿拉斯加青少年环保行动（简称AYEA）从一项承诺开始，要教育他人有关环境的问题；现在全州有超过1200名年轻人参与了行动。除了提高关注意识，他们还汇集签名，推动针对全球变暖的联邦行动，并直接到华盛顿特区传播他们的信息。他们培训领导者，倡导绿色就业，现在是全国野生动物协会的一个项目。请访问www.ayea.org。

> 这个地球不是我们的；它是我们为后代托管的财富。
> —— 非洲谚语

一个"电力充足的"太阳联盟：9—12年级

在加州，圣莫尼卡高中的学生启动了一项骑自行车上学的运动。在一年内，骑自行车上学的学生数量从20人增至120人，他们参与了全市骑车（道路）改善规划，并且在与学校相关的旅行对交通拥堵、空气污染、健康和全球变暖的影响问题上，增强了关注意识。学生现在带领参与"安全上学路线"项目的家长和社区志愿者，宣传推广安全骑车的技能和头盔的使用，并募集资金。

不留痕迹：9—12年级

在加州东部的乡村地区，东塞拉学院高中的学生与美国森林服务局的员工们一起工作，创作了一个既紧张又幽默的视频，它传达户外活动公德并介绍了"不留痕迹"的概念。学生与原野护林员和野生动物学家们见面并提问，对"不留痕迹"进行更深入学习。学生创作各种故事情节、编写剧本，把这个项目与一次定好的野外过夜旅行结合起来。在这次旅行中，他们还与森林服务局和其他当地专家一起，研究了有关大型无脊椎动物的生物学，以及有关东塞拉的地质学。在去胡佛荒野附近的三天两夜旅行中，学生收集岩石和矿石做地质分类，采集水样确定

当地水域的水质状况，并拍摄了影片。他们在现场改编自己的剧本和故事情节，拍摄自己所在的场景来体现尊重原野的重要性。回到学校，他们把拍摄的镜头组合成一个30秒长的公共服务广告，被森林服务局用来做展示介绍。该广告可以在互联网上找到。

一个能量充沛的世界咖啡馆：10—12年级

替代能源听着很好，但我们真的想在自己的后院放一架风车吗？随着替代能源来到纽约上州阿尔比恩市的社区，学生主持了一些重要的会谈。2008年4月，大约80位利益相关人士前来参加世界咖啡馆活动。这种创新做法采用了一种咖啡馆模式：即四位参与者围坐一张小桌，由高中学生引导者给出一个问题进行讨论。先花20分钟做介绍并分享各自对所给问题的意见，然后在一张大厚纸上写下所有意见，接着进行轮换。其中一人留在该桌，其余三人分散到其他各桌。新组成的四人团体，由每个人分享上一场会谈的亮点，填写在大厚纸上，然后讨论第二个问题。讨论和轮换的过程重复三次。这一循环过程带动每个人在当地决策过程中发出声音并提供信息。想了解如何在你的社区中组织世界咖啡馆活动，请访问www.theworldcafe.org。

水力研究站：高中生与小学2—3年级伙伴

在亚拉巴马州奥本市，一个高中科学班对水力学感兴趣并想用鱼来做实验。这些高中生们分成3—4个人一组。首先，他们绘出计划图，并用聚氯乙烯管、一台泵、一只19升的水桶、一只4升的水桶和一只透明塑料箱制作了一个养鱼的小水箱。他们想让当地四所小学的2年级和3年级学生参与，于是就去走访这些小学，邀请他们加入来组成科学研究站。共有12个班参与，每个班收到一个水箱并配发一个标识（ID），如"Field DR5"。小学生作为现场管理员，用水质测试条检测水箱的水质。每个班收到一公一母两条丽鱼，这是一种繁殖很快的南美洲鱼类。他们还创建了一个网站，以便上传数据。2—3年级的学生每周喂两次鱼，并把数据传到网站上。高中生们汇总这些数据，并确定水质是否卫生。小学生通过网站提出问题，高中生们就如何改善水质提供建议。大约250名小学生参加了这个科学实验。高中生们和小学生通过图表学习各种数学形式，通过探究和提问学习工程和科学。

> 老年人有智慧。他们知道，人心一旦远离自然，就会变得冷酷无情；他们知道，对成长着的生命缺乏尊重，会很快导致对人类也缺乏尊重。
> ——讲拉科塔方言的苏族人路德"站立的熊"酋长

四、环境书架

世界很大。很显然，"环境"包括地球的很多方面，其广度反映在这个环境书架（见173—174页）中。为了帮助你找到与与你的具体项目有关的书籍，书目总表把书籍按几个主题分类：历史借鉴、环境概述、自然资源、回收、感恩、积极行动。

总的来说，本书架有以下特点：

- 书目带注释，按非虚构类（N）、图画书（P）和虚构类（F）进行一般分类，根据书名字母的顺序排列。对于非虚构类和虚构类，还注上总页数，并推荐适合的年级水平。图画书的所有书目都没有推荐年级水平，因为它们可以成功地用于各年龄段。

- 有一张按照主题和类别分类的图表，帮助你找到具体项目的相关图书。

- 来自服务学习同行和专家的书目推荐，包括摘要介绍和与服务学习相关联的创意。（推荐的书籍数量在每个书架中有所不同。）

- 请注意：该类别的附加书目列在光盘中，一些是绝版书但仍有查找价值。

非虚构类：环境

《登峰造极的气候行动》

Acme Climate Action

作者：Provacateur　出版方：Fourth Estate　出版时间：2008年

这是一本独特且信息丰富的关于气候变化的书和工具包。里面还有明信片、贴纸、碳计数旋转轮和其他资料。翻开书页，每一页都能触发创意，让这个星球变凉爽。共64页，适用于所有年龄段。

《驾驭风的男孩：产生电流和希望》

The Boy Who Harnessed the Wind: Creating Currents of Electricity and Hope

作者：William Kamkwamba 和 Bryon Mealer　出版方：William Morrow　出版时间：2009年

14岁那年，威廉·坎奎姆巴用废弃的物品制成了一架风车。这是发生在一个社区的真实故事，这个社区有着饥荒、贫困、充足的风，和一个志在把风变成自由的少年。共288页，适用于8—12年级。

《气候变化》

Climate Change

作者：Shelley Tanaka　出版方：Groundwood Books　出版时间：2007年

这本气候变化指南仔细审查了全球变暖的原因和风险，并且提出为改变全球变暖的进程所

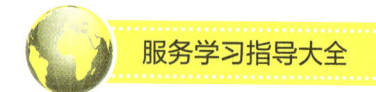

必须做出的牺牲。对策实例记载翔实，富有参考价值。共 144 页，适用于青年。

《阿卡德的诅咒：气候剧变撼动人类历史》

The Curse of Akkad: Climate Upheavals that Rocked Human History

作者：Peter Christie　出版方：Annick Press　出版时间：2008 年

　　本书解释了移民和战争等历史事件与气候之间的关系，对以往人类遭遇到的剧烈气候变化做了原创性和信息充实的综述。从马其顿王国时期，到东欧的政治迫害，到希特勒的权力追求，变化的气候以剧烈的方式影响着我们的历史。本书还讲到我们现在可以如何行动，以遏制逐渐逼近的气候变化灾害。共 160 页，适用于青年。

《全球变暖务实指南》

The Down-to-Earth Guide to Global Warming

作者：Laurie David 和 Cambria Gordon　出版方：Orchard Books　出版时间：2007 年

　　本书用浅显易懂的语言提供科学信息，探讨了全球变暖的话题，提醒我们什么处于风险之中，并且为我们如何参与应对，提供建议。书中出现了一些熟悉的面孔，从海绵宝宝到莱昂纳多·迪卡普里奥。共 128 页，适用于 4—7 年级。

《地球友好型设计》

Earth-Friendly Design

作者：Anne Welsbacher　出版方：Lerner Publications　出版时间：2008 年

　　本书探索了一些激动人心的设计，它们改变着人们消耗能量的方式。它向读者介绍新型汽车、家庭和花园，这些设计不仅改变了我们在生活中与地球相处的模式，还改变了我们相互之间的关系。共 72 页，适用于 4—8 年级。

《地球友好型能源》

Earth-Friendly Energy

作者：Ron Fridell　出版方：Lerner Publications　出版时间：2008 年

　　本书解释了各种各样的能源来源，它们的开发可以为世界提供所需的能量。书中每一节都讨论了具体能源的优劣并给出迄今为止的使用实例。这是对工业界和个人如何使用诸如生物燃料或波浪发电等替代能源来改变世界的探索。共 72 页，适用于 4—8 年级。

《绿色的一代：生态友好型生活之青少年终极指南》

Generation Green: The Ultimate Teen Guide to Living an Eco-Friendly Life

作者：Linda Sivertsen 和 Tosh Sivertsen　出版方：Simon Pulse　出版时间：2008 年

　　本书由母子团队创作，面向想要了解或想成为绿色行动者的青少年。话题包括：吃绿色食品、绿色从家庭开始、无内疚购物、绿色交往、更加绿色的学校与职业，挺身而起说出来。青少年文化嵌入每一页，资讯遍布全书，加入绿色的一代很容易。共 272 页，适用于 8—12 年级。

第八章 环境

《走向蓝色：拯救我们的海洋和河道之儿童指南》

Going Blue: A Kid's Guide to Saving Our Oceans and Waterways

作者：Cathryn Berger Kaye 连同 Philippe Cousteau　出版方：Free Spirit Publishing　出版时间：2010 年

　　本书试图告知年轻人围绕我们的水系所存在的问题，并提供年轻人所需的策略和实例，让他们看到自身正是改变的动因。在鲜活的照片和图解的帮助下，加上实用的建议和具体的活动，孩子们遵循服务学习的五个阶段，努力帮助改善我们星球的水系。共 128 页，适用于 6—12 年级。

《钓鱼去了：数字中的海洋生物》

Gone Fishing: Ocean Life by the Numbers

作者：David McLimans　出版方：Walker and Co.　出版时间：2008 年

　　这本计数书用动物形状从 1 至 10 来回计数，明亮的蓝色让人联想到海洋，极具吸引力。每一个动物都代表一种受到人类侵犯威胁的海洋生命。书中充满信息、统计数据和资讯，适合所有人。共 40 页，适用于所有年级。

《环境英雄：帮助保护地球的人们的真实故事》

Heroes of the Environment: True Stories of People Who Are Helping to Protect Our Planet

作者：Harriet Rohmer　出版方：Chronicle　出版时间：2009 年

　　从社区行动者拯救西弗吉尼亚州最古老的山脉，到把太阳能带给霍伊印第安人保留地，读者可以阅读 12 个人的故事，他们站出来引起了改变，其中包括把学生转变成湿地英雄的服务学习教师巴里·吉洛特（见 165—166 页），以及一个帮助书写环境法律的罗得岛州少年。共 110 页，适用于 4—8 年级。

《难以忽视的真相：全球变暖的危机》

An Inconvenient Truth: The Crisis of Global Warming

作者：Al Gore　出版方：Viking　出版时间：2007 年

　　本书"特别为新一代人改编"。它是同名纪录片和同名图书的青少年版本。通过出色的图表、地图以及照片搭配的文字，最终得出的结论是我们所有人都必须要"改变我们的生活方式"。共 192 页，适用于 4—8 年级。

《约翰·缪尔：美国第一个环境保护者》

John Muir: America's First Environmentalist

作者：Kathryn Lasky　出版方：Candlewick Press　出版时间：2008 年

　　本书概述了约翰·缪尔的生活历程和对自然世界的迷恋，以及他在创建国家公园和宣传环境保护上的前沿工作。在书中我们可以看到缪尔从苏格兰草地上的年轻男孩到倡导美国原野保护的老人的人生转变。插图展示了不同风景的美丽之处，既有广阔的景色，也有诸如一次暴风雪的小小细节。共 48 页，适用于 2—5 年级。

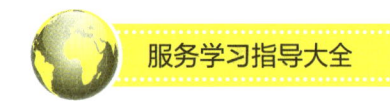

《使命：行星地球——我们的世界及其气候，以及人类正在如何改变它们》

Mission: Planet Earth: Our World and Its Climate—and How Humans Are Changing Them

作者：Sally Ride 和 Tam O'Shaughnessy　　出版方：Roaring Brook Press　　出版时间：2009 年

　　本书开始于一名宇航员随着环境变化与地球变暖所看到的地球，惊人的照片突出了对气候变化的概述。它描绘了生命和气候如何相互交织，人类的疏忽如何引致灾难性变化，这些变化如何影响其他物种及我们自身，以及我们能做什么来拯救我们的星球。另有参考指南。共 80 页，适用于 4—6 年级。

《使命：拯救地球——你可以做些什么来帮助对抗全球变暖》

Mission: Save the Planet: Things You Can Do to Help Fight Global Warming

作者：Sally Ride 和 Tam O'Shaughnessy　　出版方：Roaring Brook Press　　出版时间：2009 年

　　这是一本提供实用方法的互动型指南，它让儿童（和其他人）能够改变习惯和生活方式，从而少用资源，使环境"更绿"。该书通过各种练习引导学生把这些建议融入日常思考之中。共 64 页，适用于 4—6 年级。

《没有一滴水喝：干渴世界需要水》

Not a Drop to Drink: Water for a Thirsty World

作者：Michael Burgan　　出版方：National Geographic　　出版时间：2008 年

　　本书通过时间线、照片、图表和术语呈现了我们时代的一个最重大的问题——需要清洁可用的水。读者可以借此学习科学（机器人海底探索）、历史（取回海洋化石）、现代事件（达尔富尔战争）、全球意识（全球各地的用水），以及解决这一难题的创新型方法（盐溶液）。为有关解决水问题的职业选择提供了极好的资讯。共 64 页，适用于 4—8 年级。

《石油》

Oil

作者：James Laxer　　出版方：Groundwood Books　　出版时间：2008 年

　　这个世界如此依赖石油，本书帮助读者理解当供应萎缩时，围绕石油的政治、企业界以及石油对人类的影响。它还讨论了气候变化、燃煤和石油如何影响我们的肺脏及地球。共 144 页，适用于青年。

《一口井：地球上水的故事》

One Well: The Story of Water on Earth

作者：Rochelle Strauss　　出版方：Kids Can Press　　出版时间：2007 年

　　简单的语言和图画描述了水在其各种各样的循环期间所发生的情况。这本书涵盖了许多学科领域，有信息丰富的资料，包括栖息地、使用权问题、需要、污染、资源保护，并让人随着社会行动和参与的创意而"获得良好的关注意识"。共 32 页，适用于 4—8 年级。

第八章 环境

环境书架主题

主　题	书　籍	类　别
历史借鉴 向过去学习可以帮助我们在开垦、保护和恢复脆弱的环境的过程中向前迈进。	《阿卡德的诅咒：气候剧变撼动人类历史》	非虚构类（N）
	《深入：自然主义者和探险者威廉·毕比的生活》	图画书（P）
	《约翰·缪尔：美国第一个环境保护者》*	非虚构类（N）
	《达尔文看到了什么：改变世界的旅程》	图画书（P）
环境概述 这些"概貌"书籍涵盖了广泛的环境主题。生态系统、气候变化及全球变暖在这里的许多书中都是重点。	《气候变化》	非虚构类（N）
	《全球变暖务实指南》	非虚构类（N）
	《地球友好型设计》	非虚构类（N）
	《绿色的一代：生态友好型生活之青少年终极指南》*	非虚构类（N）
	《难以忽视的真相：全球变暖的危机》	非虚构类（N）
	《像我一样的生命：世界各地的孩子们如何生活》* （见光盘中社会改变书架）	非虚构类（N）
	《使命：行星地球——我们的世界及其气候，以及人类正在如何改变它们》	非虚构类（N）
	《鳟鱼是树做的》	图画书（P）
	《我们是天气制造者：气候变化的历史》	非虚构类（N）
自然资源 这些书籍聚焦于那些维系生命，但岌岌可危并需要更明智地加以利用的资源。	《一直通向海洋》	图画书（P）
	《北极故事》	虚构类（F）
	《驾驭风的男孩：产生电流和希望》*	非虚构类（N）
	《碳日记，2015年》	虚构类（F）
	《地球友好型能源》	非虚构类（N）
	《钓鱼去了：数字中的海洋生物》	图画书（P）
	《树叶》	图画书（P）
	《没有一滴水喝：干渴世界需要水》	非虚构类（N）
	《石油》	非虚构类（N）
	《一口井：地球上水的故事》	非虚构类（N）
	《保护地球的水供应》	非虚构类（N）
回收 少用、再用、回收：这是回收运动的口号。这些书从不同角度讲述这一主题。	《东西！少用，再用，回收》	图画书（P）
	《烦人村的奇人》	图画书（P）
感恩 花时间感恩我们的地球以及资源，这是环境故事的一部分。	《蜜蜂树》	图画书（P）
	《盲从旅馆》	虚构类（F）
	《这棵树》	图画书（P）

173

（续表）

主　　题	书　　籍	类　　别
积极行动 这些书籍讲述把创意转变为行动并激励他人的故事。	《登峰造极的气候行动》*	非虚构类（N）
	《地球女孩》*	虚构类（F）
	《走向蓝色：拯救我们的海洋和河道之儿童指南》*	非虚构类（N）
	《环境英雄：帮助保护地球的人们的真实故事》*	非虚构类（N）
	《最后的蛮荒之地》	非虚构类（N）
	《使命：拯救地球——你可以做些什么来帮助对抗全球变暖》	非虚构类（N）
	《种植肯尼亚之树：万加里·马塔伊的故事》*	图画书（P）
	《瑞安和吉米，以及把他们带到一起的一口非洲井》*	非虚构类（N）
	《真正的绿色儿童：为拯救地球，你能做的100件事》*	非虚构类（N）
	《快走开》*	虚构类（F）
	《你的地球需要你！》*	虚构类（F）(GN)

注：对出现在其他书架中的书籍，列出参照页码。

*：这些书籍包括年轻人在提供服务的角色上的实例。

GN：这些书籍是绘本小说。

《保护地球的水供应》

Protecting Earth's Water Supply

作者：Ron Fridell　　出版方：Lerner Publications　　出版时间：2008年

　　水，到处都是水吗？除非我们更加谨慎地对待我们的水供应，否则我们的星球将处于风险之中。人类诱发的污染和全球变暖正在威胁着我们的水供应。本书讲述关于从雾和空气中收集水的创新型解决办法，以及来自印度阿卢瓦的一位10岁女孩如何自创雨水收集系统来帮助当地农民。共72页，适用于4—7年级。

《瑞安和吉米，以及把他们带到一起的一口非洲井》

Ryan and Jimmy and the Well in Africa that Brought Them Together

作者：Herb Shoveller　　出版方：Kids Can Press　　出版时间：2008年

　　当6岁大的瑞安·勒尔杰克听说非洲缺少可携带的水时，他想："我可以用父母给我的钱去买一口井。"他的努力和乐观成就了瑞安之井基金会，目前已筹集了数千美元为非洲和南美洲打井。瑞安还到乌干达旅行，这是打下第一口井的地方。在那里他见到了笔友阿卡那·吉米。吉米是一位孤儿，曾作为儿童战士在受到圣主抵抗军绑架威胁的地区生活。幸运的是，他逃出来了，并在爱心人士的善意帮助下跨越大洋永久地加入了瑞安的家庭。您可以在www.ryanswell.ca上了解详情。共56页，适用于3—6年级。

《真正的绿色儿童：为拯救地球，你能做的100件事》

True Green Kids: 100 Things You Can Do to Save the Planet

作者：Kim Mckay 和 Jenny Bonnin　　出版方：National Geographic　　出版时间：2008年

本书包括 100 个任何绿色行动者都想知道的小知识以及数不清的行动创意。它促使你思考在家里、学校及与朋友在一起时自己的行动，甚至可能影响你的购物选择。书中的照片展示了参与到服务之中的孩子们，书后还附有一个有用资料的索引。共 144 页，适用于 2—7 年级。

《我们是天气制造者：气候变化的历史》
We Are the Weather Makers: The History of Climate Change
作者：Tim Flannery，由 Sally M. Walker 改编　出版方：Candlewick Press　出版时间：2009 年

写给"将对全球变暖采取行动的一代"，这本书全面概括地讲解了碳循环和温室故事，还提及了许多被危及的栖息地。它的每一章都有一节《行动号召》，另外，十四章讲到"即将来临的是什么"，最后一章介绍采取行动的年轻人的故事。共 320 页，适用于青年。

图画书：环境

《一直通向海洋》
All the Way to the Ocean
作者：Joel Harper　出版方：Freedom Three　出版时间：2006 年

一张口香糖包装纸掉进排水道，这片垃圾将去向何处 —— 一直通向海洋。这些不必要的污染物危害我们的野生生物，让我们的海滩关闭，并且弄脏我们的饮用水。两个男孩组织了一次校园清理活动，并问读者："为阻止暴雨排水道的污染，你和你的朋友们在你们的社区里能做些什么？"

《蜜蜂树》
The Bee Tree
作者：Diana Cohn 和 Stephen Buckmann　出版方：Cinto Puntos Press　出版时间：2007 年

本书源自马来西亚谚语，讲述尼扎姆的传说。尼扎姆是蜂蜜狩猎部落首领的孙子，他迈出了最初的艰难步伐，去继承他祖父蜂蜜猎人的荣誉。他要在一个没有月亮的夜晚爬上高得看不到顶的帝王树。他学习部落的故事、传统及价值观。本书最后的篇幅中对马来西亚及其人民、环境和自然资源进行了一般概述，包括蜜蜂树。

《深入：自然主义者和探险者威廉·毕比的生活》
Into the Deep: The Life of Naturalist and Explorer William Beebe
作者：David Sheldon　出版方：Charlesbridge　出版时间：2009 年

一个小男孩毕比对动物的热爱发展成了职业，即作为"生态学、深海探索与自然保护等领域的开拓者"。本书是跟随他进入野生丛林和海洋深处的激动人心的旅程。通过写作和讲课，他毕生致力于推动保护我们正在消失的原野和濒危动物物种。

《树叶》
Leaf

作者：Stephen Michael King　　出版方：Roaring Brook Press　　出版时间：2009 年

一个男孩发现他的头上长出了一株植物，他尽力让这株芽孢存活。这本有趣而感人的卡通书，通过想象力呵护偶遇和缘分，展现了这些做法的持久效果。

《种植肯尼亚之树：万加里·马塔伊的故事》

Planting the Trees of Kenya: The Story of Wangari Maathai

作者：Claire A. Nivola　　出版方：Farrar, Straus and Giroux　　出版时间：2008 年

本书叙述了万加里·马塔伊的经历，她是第一位获得诺贝尔和平奖的非洲妇女。在她出国去美国寻求教育之前，万加里的祖国肯尼亚覆盖着丰富的绿色景观。当她回国时，她发现土地已被耗尽，几乎成为沙漠，甚至连神圣的无花果树都被砍倒了。她不是向政府找答案，而是为人民提供了一个很简单的解决方法：种树让地球恢复生产力。

《东西！少用，再用，回收》

Stuff! Reduce, Reuse, Recycle

作者：Stephen Kroll　　出版方：Marshall Cavendish　　出版时间：2009 年

平奇是一只爱囤积的老鼠，想保留它拥有过的一切东西。它的朋友说服它把东西捐给一个社区旧物销售活动。它的义卖鼓舞他人也捐出所得的盈利，一同帮助种植了十几棵树！

《这棵树》

The Tree

作者：Karen Gray Ruelle　　出版方：Holiday House　　出版时间：2008 年

通过一棵榆树及其生长的土地的视角，我们看到了纽约市麦迪逊广场公园所经历的 250 年历史。这棵树经历了乔治·华盛顿的就职庆典，目睹了 20 世纪早期的暴动和示威运动，挺过了荷兰榆树病以及城市扩张式的发展。虽然它垂死的枝干被去掉了，但树的主干仍然像一座丰碑一样挺立在城市中央。

《鳟鱼是树做的》

Trout Are Made of Trees

作者：April Pulley Sayre　　出版方：Charlesbridge　　出版时间：2008 年

两个儿童沿着以溪流和河道为中心的生态食物网，发现了自然界的相互联系。本书还为儿童提供了各种可行的建议，帮助保护自然，成为"溪流英雄"。

《烦人村的奇人》

The Wartville Wizard

作者：Don Madden　　出版方：Aladdin　　出版时间：1993 年

一个男子变成"奇人"，与满城的扔垃圾者斗争，他把扔掉的垃圾粘到扔垃圾的人身上！这是一个关于人们如何认识到自身行动后果的故事，色彩丰富，令人难忘，很容易改编成有趣的演出，传达重要信息。

第八章 环境

《达尔文看到了什么：改变世界的旅程》
What Darwin Saw: The Journey that Changed the World
作者：Rosalyn Schanzer　出版方：National Geographic　出版时间：2009 年

借此书我们可以加入 22 岁的自然学家查尔斯·达尔文历经四年两个月零两天的环球科学旅行。书中的插图和文字完美地展现了那些影响达尔文进化论的细节。科学、历史、文化和地理全都包括在这本书里。

虚构类：环境

《北极故事》
Arctic Tale
作者：Barry Varela　出版方：National Geographic　出版时间：2007 年

这是一本与电影同名的图书。读者们学到北极熊一家看世界的角度，跟随它们的日常活动，假想它们可能的想法和感受。通过这个视角，我们瞥见了全球变暖如何影响着我们的野生动物。共 132 页，适用于 3—8 年级。

《盲从旅馆》
The Blind Faith Hotel
作者：Pamela Todd　出版方：Margaret K. McElderry Books　出版时间：2008 年

14 岁的佐薇对这个中西部小镇、她母亲继承的这栋年久失修的老房子和学校都不感兴趣。她只想回到西北海岸和父亲一起生活。不过，她因在商店行窃被抓，不得不去一个自然保护区做社区服务。出乎意料的是，她的世界在那里变得有意义了。她开始理解周围的各种关系，并随之对自然更加感恩。共 320 页，适用于青年。

《碳日记，2015 年》
The Carbon Diaries, 2015
作者：Saci Lloyd　出版方：Holiday House　出版时间：2009 年

这一年是 2015 年，地点是英国伦敦，15 岁的劳拉在写日记。她不喜欢在一场大风暴袭击伦敦之后，"政府把英国人当作愚蠢怪诞的荷兰猪并实行碳配额"。全世界都在注视着这场实验。当你阅读劳拉这年的日记摘录时，设想你、你的家庭和朋友能用的碳数量受到限制，这会改变你的生活。这本书扣人心弦，切合现实，情节紧张。你还可以阅读续集《碳日记，2017 年》。共 330 页，适用于 8—12 年级。

《地球女孩》
Earthgirl
作者：Jennifer Cowan　出版方：Groundwood Books　出版时间：2009 年

一位汽车司机漫不经心地把麦当劳残羹抛出窗外，李子酱落在 16 岁女孩萨拜茵身上，而她

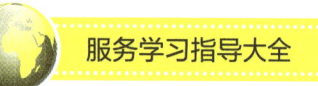

正骑着自行车去会朋友们。故事在此急转弯,萨拜茵变成了一个写博客、注重生态的少女,她更换了工作、朋友、见解,并且差一点身陷政治化的行动主义之中。共 192 页,适用于 7—10 年级。

《最后的蛮荒之地》
The Last Wild Place
作者:Rosa Jordan   出版方:Peachtree   出版时间:2008 年

奇普·马丁在佛罗里达的生活相当好,但他的家庭慢慢发生了改变。事实上,他注意到许多变化,因飓风而流离失所的乡亲们住进了社区中心内的庇护所。一个建筑队想在附近的大沼泽地内树木茂盛的沼泽地上建房。他能动员他最好的朋友路德和初中班上的其他孩子们成为行动者吗?他们能保护已经定居在沼泽地的佛罗里达美洲豹一家吗?跟随奇普和路德去看看他们带领朋友保护环境和动物的旅程。共 256 页,适用于 4—8 年级。

《快走开》
Scat
作者:Cart Hiaasen   出版方:Knopf   出版时间:2009 年

这是一部由故事大师创作的极好的生态惊险小说。也许尼克和玛尔塔应该觉得解脱了,因为斯塔奇女士,那个让人惊恐的生物老师,在一次去黑蔓藤沼泽实地考察之后走丢了。但是感觉就是不对,"烟雾","班里的差生",是否在背后捣了鬼?会是那个可能在潜行觅食的佛罗里达美洲豹吗?有可能是一个以自我为中心并想入非非的石油工造成了这一切问题吗?这是一本真正引人入胜的书。共 384 页,适用于 5—8 年级。

《你的地球需要你!》
Your Planet Needs You!
作者:Dave Reay   出版方:Macmillan   出版时间:2009 年

当超级英雄马克西姆斯开始一项阻止地球发热的使命时,他遇到两个知识渊博的孩子——亨利和弗洛拉,他们成为他的专家指导。利用他的超级能力,这个活跃的三人组飞越全球,看到了雨林遭蹂躏,孟加拉洪水泛滥,冻土带融化。各种实验和漫画页面为这本关于采取行动的幽默书增添了效果。共 176 页,适用于 2—5 年级。

光盘中

作者访谈:故事背后的故事

在随书附送的光盘中,你会找到对《全球变暖务实指南》的作者劳丽·戴维和《烦人村的奇人》的作者唐·马登的采访。他们讲述了书的"故事背后的故事"。

第九章 园艺

> 我是社区菜园的忠实信徒，它们带来了美，也为美国和世界各地的众多社区提供了新鲜的水果和蔬菜。
>
> ——米歇尔·奥巴马，美国第一夫人

甜豌豆和黄瓜，西红柿与黄水仙，草莓还有玉米……菜园是观察和帮助万物生长的地方。在这里，自然周期变得明显，照顾或疏忽的结果差异明显，把因果关系戏剧化地表现出来。播种、生长、转化，这几个常用于描述园艺的词汇，也同样适用于描述人的成长发展和相互关系。菜园既有意义又令人愉悦，并将人们联系在一起。

你注意到了吗？菜园在各处兴起——屋顶上、小公园里、草坪前后，甚至在华盛顿特区白宫的园地上。学校和社区菜园是充满活力的课堂，在那里许多双手可以照料植株。各个年龄段的人都能一起合作让菜园生长。即使是那些不情愿的学生，或是从未播过一粒种子的城市少年，通常也能在菜园中找到某种联系，也许来自其他种植者，也许来自花园中的土壤、植株、花朵和蔬果等。

园艺上的学习机会比比皆是。随着学生在现实生活中辨识植物的构造、认真观察菜园里生命周期的各个阶段逐一展开，科学变得鲜活起来。学生运用计算机和数学技能来设计菜园，测量种植地，估算原料成本。他们为植物播放音乐，绘制彩色壁画让菜园看起来常年充满生机，沿着萝卜和生菜的菜畦摆放诗歌。他们收获食物，与庇护所和食物银行分享，同时学习有关本社区和本地区的健康、饥饿和贫困等议题。青少年可以与老年人和难民们合作，向他们学习如何照顾一切有生命的东西。当学生开始考虑是否种植一块有机菜园，或是杀虫剂对植物可能造成的伤害时，也提出了环境议题。通过服务学习，在种植和管理菜园的过程中，学生开始重视并理解农业、农场工人和环境议题的内在联系。播种、生长、转化：你的花园将如何生长？

一、准备：为园艺方面的服务学习做好准备

下列活动可以用来促进有关园艺方面的学习和技能开发。这些活动在调查研究、准备和计划等阶段很容易调整适用于不同年级，帮助学生通过研究来审视关键问题，分析社区的需要，并获取所需的知识，从而有效地为设计服务计划出力。这些活动往往可以融入反思和展示的阶

段中，因为学生可以带领有关活动，与他人一起建立关注意识。文献资料往往是准备过程的一个重要部分，你可以在本章后面的园艺书架中查找与该专题有关的推荐书目。

活动：一份老式年鉴。农民们从1792年开始使用印刷年鉴，年鉴上包含着各类与农业相关的信息，包括日出日落时间表、种植图、天气变化和预测，还有食谱等。通过浏览图书馆中的农业年鉴，学生能够学到大量知识。学生可以在准备建立自己的菜园并制作自己独特版本的年鉴在社区分发时，确定研究的主题。学生的年鉴可以包括种植时间表、园丁忠告、除虫策略、自己试验过的食谱，还有答疑和解决问题部分。学生甚至还可以基于他们的年鉴创作短剧，就在菜园里（还能在别处吗？）为低龄学生或社区成员表演。

活动：社区菜园和其他社会活动。社区菜园远远不止是一个漂亮的街区场景，这些菜园将人们聚集在一起，鼓励大家锻炼身体，创造合作机会，并提供宝贵的健康资源：新鲜的农产品。

从历史中寻找或搜索当今有关菜园如何成为一种社会运动的例子。例如，"二战"时期的胜利菜园。当时美国政府要求人民大众自己种植粮食，以此来保障将商业种植的粮食供给军队。今天，学生种植向日葵作为生物燃料；非洲妇女们正在学习如何创建菜园合作社，以此来增加收入并把更多的时间用于家庭。同时，有机堆肥常见于许多社区，以此减少垃圾，使土壤肥沃。在经济困难时期，许多人都自己种植，这是家庭可以承受的解决蔬菜和水果需求的办法，当家庭消耗有剩余时，还能够捐献给当地的庇护所和食物银行。

在开辟社区菜园之前，会冒出许多问题：我们社区是否已经有了菜园？如果有，菜园的土地使用政策是什么？人们如何保留或分享菜园中的小块种植地？在维护菜园和增大参与机会方面，需要哪些帮助？社区中哪些人能够受益于菜园产出？如何启动一个社区菜园呢？许多国家和当地组织都为社区菜园的开发提供资金和技术上的支持，它们同样也可以成为学生进

更多关于园艺的信息：

要更多地了解这些议题并获得服务和行动上的创意，可以上网访问这些网站和组织：

少年园艺大师（www.jmgkids.us），是一项国际青少年园艺计划，其使命是通过独特的园艺教育为孩子们点燃学习、成功和服务的热情，从而培养好孩子。

园艺儿童!（www.kidsgardening.org），是全国园艺协会的计划，提供大量资讯，包括书籍、课程、更多网络连接和获得经费的机会。

全国野生动物联合会之野生动物菜园（www.nwf.org/gardenforwildlife/create.cfm），该计划教授学生有关在校园和自家院落中可能出现的现有野生类动物的知识，并提供在校园内创建适合野生动物生活栖息的菜园作为学习基地。

行研究的良好信息来源。除了种植自己的菜园外，学生也可以成为园艺项目的倡导者，与当地政府机构和学校合作。菜园不仅仅是关于种子、堆肥、植株和收获，它也与民众和社区建设相关。

二、建立与所有课程的关联

某些服务学习活动自然而然地适合于跨学科工作及建立与所有课程的关联。这些课程关联，加强并扩展学生的学习，帮助他们达到学业标准。很可能甚至在学生开始进行服务学习活动之前，你就在寻找这些关联以及鼓励学生的方法了。在整个服务学习的过程中，要保持灵活性，因为任何时候提出的问题或学生所确定的社区需要都可能自发地形成某些课程关联。为了帮助你思考与所有课程的关联以及在哪里找到这些关联，本章的课程关联图（见182页）就该专题如何用于不同学科领域，给出了许多不同方法的实例。（本章下一节列出的服务学习情形，也展示了该专题如何用于不同学科领域的各种方法。）

三、服务学习情形：行动创意

做好行动的准备了吗？下列对服务学习的描述，是小学、初中或高中学生在校内或与社区组织一起成功完成的实例。这些情形和实例中，大多数明确包括调查研究、准备和计划、行动、反思及展示的某些层面，并且全都有很强的课程关联。这些情形可以成为激发你取得创意的丰富源泉。请记住，年级水平仅做参考，大多数情况可以调整适用于更低或更高年级的学生，许多情况适合跨年龄的合作。

全校园丁社区：学前班—5年级

路易斯安那州拉斯顿市的资优学生和两个4年级班级，在社区伙伴的帮助下，开发了格伦维优小学园丁社区项目。他们着手建造种植草莓和草药的园圃。收获的草莓被送往当地的养老院，草药植株则装盆在本地一户商家出售，所得收益捐给家庭暴力庇护中心。作为跨学科研究的一部分，他们将科学、数学、语言艺术、社会研究、健康、营养学、经济学等相关学科概念结合起来。例如，学生了解农场设备的历史，并确保他们的菜园中只有本土植物。高年级学生为学前班和1年级学生开设课程，介绍他们学到的内容。4年级学生通过做记录和摘要总结来锻炼自己的写作能力。整个校园都投入进来，从事自然研究、掌握劳动技巧、开发环保意识。如果不是接触到园艺劳动，学生可能不会有机会"感觉地球在自己脚下运动"，并以新的方式成长。

园艺课程关联图

英语 / 语言艺术
- 就园艺和草药进行研究和写作。
- 为社区花园写募捐信。
- 创作关于花草、水果、蔬菜或者是花园方面的诗歌,在学校花园"种植"或展示。

社会研究 / 历史
- 研究本地生长的物种和北美原住民的种植方法。
- 了解本地的园艺组织。
- 学习"二战"时期胜利菜园的历史。

外语
- 学习与园艺相关的词汇。
- 研究使用该语言的国家所种植的蔬菜和水果。
- 制作多语言的植物标识牌,翻译并分发社区园艺资料。

戏剧、音乐及视觉艺术
- 创作并表演戏剧来讲授园艺。
- 演唱描绘种植和生长的歌曲。
- 设计和粉刷壁画,创造一座常青花园。

园艺

数学
- 建立植株和原材料采购的预算和价格列表。
- 测量种植用地。
- 观察并用表格记录植物的生长和变化。计算和比较预期收益与实际收获。

体育
- 设计园艺劳动前需要做的热身准备活动。
- 研究进行园艺劳动时身体弯曲、抬重物和其他动作对身体的影响,寻找最健康的方式去做这些活动。
- 组织幼儿参观花园,让他们想象自己是一粒种子,在发芽成长。

计算机
- 阅读和了解关于园艺设计的资料与软件。
- 制作园艺开发的幻灯片。
- 通过互联网了解景观设计、园艺学、修剪整形和农业等相关职业。

科学
- 识别和比较种子与植株,观察并记录植物的生命周期。
- 检验和测试土壤。
- 观察外来入侵物种。

第九章　园艺

国际合作：学前班—6年级

艾奥瓦州立大学和乌干达的马凯雷雷大学学生一起合作，计划为乌干达卡穆利农村地区的纳马萨加利小学700名学生增加营养。这些年幼的学生每天吃着同样的玉米粥，得不到足够的营养，在学校中也学不到任何可能会对他们将来职业和生活有用的农耕知识。通过互联网，高校的师生与小学的老师、家长、领导者们一起合作，开发了创建一个巨大校园菜园的方案。菜园在6月动工，当学生回到学校时，蔬菜育苗地、8093平方米的木薯、8093平方米的玉米，和一块大豆田正等待着他们。年幼的学生负责园地的除草和浇灌工作，家长们组成管理委员会，提供人工和材料建造栅栏，防止动物侵害。他们共同努力建成了一座新的校园菜园、一口供饮用和做饭的水井、一个鸡舍。菜园既是关于农耕研究与教学的户外大实验室，也为学校补充午餐。儿童们获得了将农业作为一种职业的正面认识，并与他们的家庭分享园艺经验和种植材料。

园艺扎根整个学区：学前班—12年级

在某学区，菜园成为几所学校学生生活的重要组成部分。学生找到许多不同的方式，既为自己的菜园做贡献，也享用自己努力所得的产物。一所小学的菜园通过了有机农产品认证，学生在收获之后开始吃大量绿叶蔬菜，校食堂的菜单上也增加了小白菜和芝麻菜。学区里另一所小学的学生每周将多出的农产品捐给无家可归者庇护所。另外一所小学有广阔的园地，不同年级的学生承担多种园艺任务，从提高浆果和蔬菜产出，到建造池塘和菜园设施等，从中取得进步。学区的中学生在温室为小学生育种，高中生则计划着通过营养课和健康活动为学区的学生传授关于园艺、烹饪和营养等方面的相关知识。低龄学生提供种什么的想法，高中学生则计划并组织健康展览，包括从筹款到宣传的方方面面。从中所获的益处扩展到了各个方面。例如，某校有着大量苗族和拉美裔学生，这些学生在学校里分享专长时，有时会遇到困难，菜园则为这些从事农业实践的家庭提供了积极参与的方法。本地商家（例如育苗中心和能提供优质土壤的挖掘公司）及非营利机构成为合作者，并帮助建设园圃。

一座给予的菜园：1—3年级，初中生和高中生做帮手

威斯康星州西塞勒姆市1—3年级三个班的学生在初中生、高中生和社区成员的帮助下，在校园里设计、建造、种植及维护一座菜园并获得丰收。在听了来自食物配餐间的工作人员关于配餐间及其需要的演讲后，学生产生了通过园艺种植来帮助和服务社区的想法。他们的目标是每月为使用当地食物配餐间的50户家庭生产蔬菜。学生通过这个机会与老师、家长和其他社区成员一起工作来体验社区参与。除了学习园艺技巧，学生还了解到人与植物和野生动物之间的关系，并且在工作团队中锻炼了领导技能。初中部的学生为菜园安置了长椅，高中部的学生来帮忙种植。课堂反思加进了关于社区定义的讨论，以及社区需要食物救济点的原因，

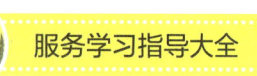

如失业和贫困。学生将整个过程记录在日志里。为了维护菜园常年运转,学生为在暑假期间负责照看菜园的家庭制订了周计划表。

> 单单忙碌是不够的,蚂蚁也一样很忙,问题在于你到底在忙些什么?
> ——亨利·戴维·梭罗,哲学家

为诗意的菜园增添壁画:2—4年级

一所小学的菜园使洛杉矶的一个街道社区更加美丽。当学生忙于种植、育苗或收获时,路过的邻居们都乐意停下来攀谈。邻居们评论着"种植"在菜畦里的诗歌,学生解释自己阅读园艺书籍的过程,并从弯曲的豆藤和硕大的南瓜叶上得到诗歌创作灵感。孩子们的诗歌被固定在硬壳板上并做了塑封,散布在绿色的菜园中。可是,季节过后,这块地方看起来就颇为沉闷,学生聚集在菜园里思考还能做些什么。他们做了计划并得到批准:在菜园里制作壁画。这样,菜园中万物生长的美景便一年常在了。

种植蝴蝶花园:2年级和7年级

小学生读了《蝴蝶男孩》后,希望能够在当地的老年活动中心旁创建一个蝴蝶花园,就坐落在公园里。老师认为,让她的班级独立完成这项任务工作量有些太大,就联络了城市公园与休闲管理局,在申请建造花园的批文时,也请求协助。有人向她介绍了一所中学,7年级的一个班级愿意提供帮助。老师让学生选读《蝴蝶与蜥蜴,贝丽尔和我》,将这一经历与文学阅读交织在一起。众多团体共同协作,包括老年人、社区大学的生命科学课程和当地的环保组织。学生通过研究,确定了适合的植物。老师还要求学生思考如何与老年活动中心的老人们建立关系。结果,学生在老年活动中心举办了"蝴蝶"派对,并在中心艺术总监以及使用该中心的老人们的帮助下,制作了三维蝴蝶标本,在当地图书馆展示。

安全的栖息地:3年级

马萨诸塞州斯普林菲尔德市玛丽·欧·波廷杰学校3年级的两个班在学习有关栖息地的课程时,观看了一部讲述一群学生为受伤的鸟建造栖息地的影片。随后,这些3年级学生想要创建一座让小动物、生物和人类都感到安全的菜园。这个想法启动了带有众多合作伙伴的跨学科园艺体验。学生与当地的景观设计师合作开发这一计划,接下来写信给20户当地商家请求捐款,其中包括育苗中心。春天到来时,他们与当地的大学生在菜园里肩并肩种植、劳作。但一个月后发生了不幸的意外,菜园遭到破坏,许多贵重植物丢失。来自家长、商家还有社区的更多捐款源源不断地涌入菜园计划。如今,菜园终年茂盛。暑假时,参加暑期课外活动的孩子们照看菜园;到秋季时,新的一批3年级学生又接管了菜园。参观学校,你可以坐在菜园的长椅上,欣赏蝴蝶盘绕的灌木、矮牵牛花、绣球花、百合、柏树丛和粉色图钉花。

第九章 园艺

错误的方法和蚯蚓的方法：3年级

在得克萨斯州汉布尔市汉布尔小学，3年级小学生好像是缩微型成功商人：他们已经开始制造和销售蚯蚓堆肥了。在成为堆肥专家的过程中，学生将科学学习提升到新水平，并设计广告和营销策略，制造产品，同时教授社区广大民众关于蚯蚓和堆肥的知识。学生的商业工作有助于他们更加努力地投入学习，还提高了科学考试成绩。

学习、分享并体验和平：3—5年级

有时候，一座菜园有许多功用。在俄勒冈州杜勒斯市，一所小学菜园满足了三方面需要。首先，菜园为儿童提供了动手学习的体验。学生管理温室、气象站、蚯蚓园地、堆肥，栽花种菜。其次，菜园中产出的花果蔬菜可以送给社区中有需要的人们。最后，菜园是一个用来反思和体验和平的地方，在这里学生可以安静地坐下来，写写日记或只是单纯地欣赏周围的美好与和平。

为植物歌唱：4年级

伊利诺伊州一所小学的学生有兴趣在校园四周种植一些本土植物。为了筹集资金购买必要的用品，他们决定做孩子们擅长的事情——大声歌唱！他们计划开演唱会，并选择那些涉及植物对人类、动物和整个地球的重要性的歌曲。学生售卖演唱会门票，用所得的钱帮助他们购买不同种类的本土花卉、蔬菜和草药。他们在学校周围种出美丽的菜园，并学会如何除草、浇水及照看植物。

家禽的历史：5年级

加州戈尔特市5年级的学生，正忙着用锤子敲敲打打，重建鸡舍。学生在帮助当地历史协会开发和重现一个历史农场的同时，学习了过去和现在的不同施工方法。学生还在农场种植了几亩南瓜，给学前班的孩子们在秋季收获活动中带去很多欢乐。

从蚯蚓箱到小萝卜：5年级

加州西好莱坞市的5年级学生，在学年开始时，对园艺知识了解很少，或是根本没有什么概念。但是，在学年结束时，他们都成了园艺能手。在科学课期间，他们播种、育苗，用图表记录植物的生长与变化。这仅仅是开始，接下来，他们为低年级学生朗读《卡洛斯和玉米田》《万达的玫瑰》等有关园艺的书籍；在学校建立堆肥箱并在午餐时间收集食物垃圾；品尝自己种出的第一根萝卜；在当地的农夫市场上展示蚯蚓堆肥箱；带领游客参观并请他们在来宾日志上写下意见；出版《如何开始盆栽种植》小册子，在社区发放。接下来还有什么？第二年，这些园丁们创作了一本涂色书《从苹果到西葫芦：园艺ABC》，分享他们的经验、知识并激励其他青少年园丁。

食谱和草药配方：5—8年级

流传的食谱中蕴含着文化和传统，根据这些食谱来烹饪那些在菜园中生长的食物时，它们变得更加美味。俄克拉何马州的学生在了解了北美印第安人用于烹饪和草药方剂中的传统植物后，他们"烹制"了一本带有艺术创作和详细信息的烹调书，以此与社区分享他们获得的新知识和食谱。

为了成长和学习而种植：6年级

植物的生命周期和人类的生命周期之间有什么相互联系？亚拉巴马州设菲尔德市学校学区的6年级学生将他们对植物知识体系的认识与品德教育相结合。他们研究植物的生长循环、沼气的制造，还有老年病学。接下来他们种下不同种类的花卉和植物，向当地温室学习并合作照料植株。学生走访当地的养老院，与那里的老人分享自己种植的成果。他们通过自己的观察和探索，完成关于植物与人类成长相关性的论文，将这些故事和从中得到的经验教训与合作伙伴分享。在此过程中，学生接触到医疗领域的职业，包括护士、研究人员或是医生，还有在园艺领域的职业。

语言技能和菜园一起长：6—8年级

在得克萨斯州休斯敦市，成人志愿者与学生一起创建了一座带双重目标的菜园：为当地的食物配餐间种植新鲜农产品，学习与园艺活动相关的西班牙语。在这座"说西班牙语"的菜园，学生学习有关各种工具和蔬菜，甚至是产品中富含的维生素等西班牙语词汇。他们同时还学会了用西班牙语跟社区成员谈论菜园的重要性，以及怎样开始创建一座菜园。

卓有成效的过程：6—8年级

亚拉巴马州波拉德·麦考尔初中的学生想知道果树能否在他们的社区生长。他们了解了在本地种植过的果树，还有结成果实所需的时间，研究了树木的生长周期，思考各种潜在问题。7年级和8年级学生帮助6年级学生了解整个过程并种植新的果树。第一次收获时，学生需要决定这些水果的用途。当他们了解到教会为社区里卧病在家的老人们购买水果时，想到这些家庭自种的水果将会更特别，于是送去了装在果篮中的橙子、柑橘和金橘。在项目进行过程中，学生写作记叙文、说明文和议论文，尤其注重描述的部分。他们还确定了科学考察的问题。在每个阶段（种植、看护果树、收获）之后，学生对所经历的过程进行反思，描述发生的过程和发生的原因，许多技能得以锻炼：观察、做笔记、社交、阅读等。学生也了解了不同职业，如农民、商人、企业家、科学家、自然资源保护者等。

一座胜利菜园：7年级

在中学生筹备种植菜园时，老师为他们朗读《胜利菜园》一书的章节，帮助他们了解在第二次世界大战期间美国各地人民种植农产品的那段历史。学生由此开始，通过阅读历史书籍，与社区中那些经历了那段历史并曾经亲手播种过的人们对话，对那段历史加以深入探求。接着他们想到自己要创建的菜园可以代表或者纪念他们当前的生活。学生决定种植一块园地来纪念在2001年9·11恐怖袭击中遇难的人们。为纪念在灾难中失去生命的不同族裔，学生在他们的和平菜园中种下来自世界各地不同地区的植物。

一座睦邻菜园：8年级

作为学校周边社区清洁活动的一部分，得克萨斯州的8年级学生将某位老年人的前院整理得焕然一新。他们被邀请"再回来"，由此开始发展一段睦邻关系。学生获准在这位新朋友的后院建菜园，每周几次过来完成必要的劳作。学生发现这位老年朋友非常喜欢他们的陪伴，园地中产出的农产品，被送给当地食物站分享。学生还帮助他们的邻居递送和归还从图书馆中借阅的书籍。

> 世上的植物都是我们的兄弟姐妹。他们向我们诉说，如果我们仔细聆听，就可以听得到。
> ——阿拉帕霍人（北美印第安人）的谚语

两种文化在成长：8年级

威斯康星州8年级的一班学生与一个历史兴趣社团合作，创建了北美本土菜园和欧洲菜园，以此来显示两种文化之间的差异。学生投入时间和精力，制作美国原住民使用的工具，制作关于菜园的小册子，创建展示柜，活动得到扩展。夏季时，菜园由社区内来自索马里的难民学生维护。该项目的成果之一是，来自索马里的难民们开始种植他们自己的社区菜园。对于这个群体来说，菜园有助于他们从农业社会向现在的生活过渡。

园艺合作伙伴：9—10年级

加州圣莫尼卡市环境生物课的学生停止了虚拟的菜园设计，在他们的校园中建起温室来尝试自己的想法，并将成熟的产品供给当地庇护所。温室开始运作后，学生在社区实践中需要应对更大的挑战。附近的一处老年公寓联络学校，让学生帮助他们在住宅区内创建菜园。当学生带着设计方案去现场走访时,他们发现了计划中的一个巨大缺陷,在这里居住的老人们不便弯腰在菜园中劳作。在劳作课的协助下,学生找到了解决办法:提升菜园园圃的高度。可是这种方案又导致了另一个问题。老年园丁们想要邀请小学生来参观菜园,指导孩子们种植窍门,但是抬高的园圃对孩子们来说实在是太高了!于是在劳作课上,学生又设计建造了可升降平台,让孩子们够得到园圃。

触摸式菜园:9—12年级

作为预防辍学计划的一部分,佛罗里达州迈尔斯堡的高中生被授以责任和必要的技能与知识,创建一座"儿童触摸式菜园"。这需要关于种植和管理、开辟路径、放置长椅等方面的综合性指导和教育。颇具经验的园丁和社区志愿者前来指导学生。这些学生还创作了一本儿童小册子。菜园开放后,数千名儿童在这个多姿多彩精心策划的菜园中感受视觉和触觉上的体验。

获利持续增长:9—12年级

洛杉矶市中心的高中生在他们的菜园中种植各种用于制作沙拉酱所需的配料并出售,将自己转变成企业家。当地的商人贡献时间和专业知识,指导学生完成从配方到推广等诸多必要的任务,所得利润一半用于维持商业运营和发展,余下的利润投入一个大学奖学金基金。这些学生访问了多所学校,分享他们的所学并激励其他人。[①]

> 书是可以随身携带的花园。
> —— 中国谚语

四、园艺书架

园艺书架(见190页)上所列出的书目可以让我们了解园艺的基本原理,很多也展现了如何通过园艺的视角来阐释生活和社区的方方面面。种子播下后,如同婴儿一般需要精心的养护,而收获季节里成熟的蔬果已经成了老朋友。契约在园地与种植人的照看中产生,园艺是美的源泉,它长出果实,哺育灵魂,一起滋养我们的身心。为帮助你找到与你的具体项目有关的书籍,书目总表把书籍按几个主题分类:播种与生长、转化升华。

总的来说,本书架有以下特点:

- 书目带注释,按非虚构类(N)、图画书(P)和虚构类(F)进行一般分类,根据书名字母的顺序排列。对于非虚构类和虚构类,还注上总页数,并推荐适用的年级水平。图画书的

---

① 原文为"A book is a garden carried in the pocket"。——译者

第九章 园艺

所有书目都没有推荐年级水平，因为它们可以成功地用于各年龄段。

- 有一张按照主题和类别分类的图表，帮助你找到具体项目的相关图书。
- 来自服务学习同行和专家的书目推荐，包括摘要介绍和与服务学习相关联的创意。（推荐的书籍数量在每个书架中有所不同。）

非虚构类：园艺

《大米的一生，生命的一生：一个关于可持续农业的故事》
Cycle of Rice, Cycle of Life: A Story of Sustainable Farming
作者：Jan Reynolds 　出版方：Lee & Low 　出版时间：2009 年

让我们跟随作者，踏上去往印度尼西亚巴厘岛的文字之旅，看看那里自然的水稻种植和生长。几代人之前，巴厘岛人已经开始使用一种复杂的水稻旋耕系统，成为世界领先的大米生产国。这种可持续农业的方法尊重自然与野生环境的平衡。通过照片和文字，读者开始关注当今的农业发展及其对世界的未来有何影响。共 48 页，适用于所有年龄。

《可食用的校园：一个通行的做法》
Edible Schoolyard: A Universal Idea
作者：Alice Waters 　出版方：Chronicle Books 　出版时间：2008 年

艾丽斯·沃特斯厨师提供了关于食用教育的理念和令人信服的案例。通过食用教育的理念创建校园菜地，将教学、成长、烹饪、分享健康美味的食物整合在一起。书中彩照展示了孩子们的学习、创造力、饮食以及对这种体验的点评。食谱和各种经验教训也是本书的一部分。共 80 页，适用于所有年龄。

《自己种比萨：儿童园艺计划和食谱》
Grow Your Own Pizza: Gardening Plans and Recipes for Kids
作者：Constance Hardesty 　出版方：Fulcrum Publishing 　出版时间：2000 年

想来一块比萨饼吗？自己种吧。这是一本关于园艺种植尝试的实用指南，里面有可以尝试的挑战，分容易、中等和困难三种程度。共 128 页，适用于 1—4 年级。

《野生动物园艺》
Wildlife Gardening
作者：Martyn Fox 　出版方：DK Publishing 　出版时间：2009 年

这是一本吸引并打开孩子们的眼界、使他们去观察周围世界的视觉性指南，它让孩子们去了解生物成长以及与野生生物互动的可能性。共 80 页，适用于 2—5 年级。

> 书籍是蜜蜂，将头脑的花粉从一个头脑传到另一个头脑。
>
> ——詹姆斯·拉塞尔·洛厄尔，作家

园艺书架主题

主　题	书　籍	类　别
播种与生长 种植方法及植株培育在这些入选的书里占有重要地位，另外还包括那些在该领域辛劳耕耘的杰出人物。	《大米的一生，生命的一生：一个关于可持续农业的故事》	非虚构类（N）
	《可食用的校园：一个通行的做法》	非虚构类（N）
	《收集太阳：西班牙语和英语字母》	图画书（P）
	《自己种比萨：儿童园艺计划和食谱》	非虚构类（N）
	《野生动物园艺》	非虚构类（N）
转化升华 园地里总是发生着变化，一颗小小的种子变成了一个绿色的大西瓜，或是一个鲜嫩多汁的西红柿。种植的人们也随着植株发生着转变。这些便是关于他们的故事。	《卡洛斯和玉米田》	图画书（P）
	《城市绿地》*	图画书（P）
	《奇妙的花园》	图画书（P）
	《园丁》	图画书（P）
	《土拨鼠种菜园》	图画书（P）
	《成长的地方》（见光盘中移民书架）	图画书（P）
	《撒种人》*	虚构类（F）
	《那年夏天，我父亲10岁》	图画书（P）
	《蔬菜梦想》	图画书（P）
	《胜利菜园》*	虚构类（F）
	《万达的玫瑰》	图画书（P）
	《霍奇特和鲜花》	图画书（P）

注：对出现在其他书架中的书籍，列出参照页码。
*：这些书籍包括年轻人在提供服务的角色上的实例。

图画书：园艺

《卡洛斯和玉米田》

Carlos and the Cornfield/Carlos y la milpa de maíz

作者：Jan Romero Stevens　　出版方：Rising Moon　　出版时间：1995年

小卡洛斯不在乎他种的玉米，只想要加快种植来挣到更多的钱。但他的良心让他改正了自己的错误。种瓜得瓜，种豆得豆。该书为英语和西班牙语双语版。

第九章 园艺

《城市绿地》

City Green

作者：DyAnne DiSalvo-Ryan　　出版方：Morrow　　出版时间：1994 年

玛希计划将一块空地变成一个城市菜园，她的想法鼓舞了每个人，大家协力贡献，除了爱抱怨的哈默老先生。结果又会有怎样的惊喜呢？

《奇妙的花园》

The Curious Garden

作者：Peter Brown　　出版方：Little, Brown and Company　　出版时间：2009 年

少年利亚姆发现了一个虽然破败，但还在努力生长的花园，这激发了他帮助花园不断生长的决心，这种决心扩展到了整个社区。

《园丁》

The Gardener

作者：Sarah Stewart　　出版方：Farrar, Straus and Giroux　　出版时间：1997 年

在大萧条时期的困境下，莉迪娅不得不搬去陌生的城市与总爱皱眉头的面包师吉姆叔叔一起生活。她的决定和坚持最终不但照亮了她自己的生活一角，也让叔叔的生活处处鲜花绽放。

《收集太阳：西班牙语和英语字母》

Gathering the Sun: An Alphabet in Spanish and English

作者：Alma Flor Ada　　出版方：HarperCollins　　出版时间：2001 年

本书将 27 首诗歌献给农民和大自然赏赐的美食，以示敬意。它以西班牙语字母为指南，带我们走进田野和果园去了解西裔人民还有他们为之骄傲的文化。其中包括西泽·查维斯的历史介绍。插画者西蒙·席尔瓦成长于一个农民家庭。

《土拨鼠种菜园》

How Groundhog's Garden Grew

作者：Lynn Cherry　　出版方：Blue Sky Press　　出版时间：2003 年

这本图画书中包含了丰富的植物种植知识，是一个甜蜜的小故事。一只饮食健康的土拨鼠在寻找食物时，闯进了松鼠家的菜地。幸运的是松鼠是一位非常好的种地老师，它指导并教会土拨鼠怎样种植蔬果并与大家分享。感恩节的宴会上所有的动物们一起分享什么是合作和给予精神。

《那年夏天，我父亲 10 岁》

The Summer My Father Was Ten

作者：Pat Brisson　　出版方：Boyds Mills Press　　出版时间：1998 年

当故事的叙述者与父亲种植他们的菜园时，每一年她都会听到关于贝拉维斯塔先生和《那年夏天，我父亲 10 岁》的故事。一切始于一次玩笑，恶作剧的孩子破坏了邻居的菜园，把西红

柿当作棒球来打。对这种顽劣的行为，移民来的邻居老先生没有责罚，只是问他为什么要这么做？第二年父亲决定补偿自己的过失，请求帮助邻居一起种植菜地。一次宽恕行为最终演变成一生的友谊和家庭的传统。

《蔬菜梦想》

Vegetable Dreams/Huerto Soñado

作者：Dawn Jeffers　出版方：Raven Tree Press　出版时间：2006 年

　　当埃琳的父母认为她还太小不能自己种植菜园时，一位年长的邻居给了她友善的帮助，借给她工具并花时间一起照料生长的蔬菜，由此成就一段友谊。彩色蜡笔配画完美地展现了夏天这个生长的季节。该书为西班语语和英语双语版。

《万达的玫瑰》

Wanda's Roses

作者：Pat Brisson　出版方：Boyds Mills Press　出版时间：1994 年

　　当万达在一片荒地上发现了一簇荆棘时，她确信那是一株含苞待放的玫瑰。她清理了周围的垃圾并浇灌她的"玫瑰花"。当迟迟等不来"玫瑰花"开放时，她的邻居和朋友们想出了一个让她惊喜的好办法。

《霍奇特和鲜花》

Xóchitl and the Flowers / Xóchitl, la niña de las flores

作者：Jorge Argueta　出版方：Children's Book Press　出版时间：2003 年

　　一个名叫霍奇特的小姑娘跟随父母从萨尔瓦多移民到美国。一家人勤恳辛劳地生活，他们把堆满垃圾的后院清理出来，养育花草，用卖花的收入来维系生活。当房东禁止他们这么做时，小姑娘在她的美国新家发现了社区的价值。根据真实故事改编。该书为西班牙语和英语双语版。

虚构类：园艺

《撒种人》

Seedfolks

作者：Paul Fleischman　出版方：HarperCollins　出版时间：1997 年

　　这些短篇故事介绍了生活在克利夫兰市区形形色色的人们，以及不同年龄和背景的人们怎样一起努力，将这座堆满着垃圾的城市，改造成一个肥沃美丽的菜园。在城市改造的过程中，人们自身又发生了怎样的改变？共 69 页，适用于 5—10 年级。

《胜利菜园》

The Victory Garden

作者：Lee Kochenderfer　出版方：Delacorte　出版时间：2002 年

　　特雷莎·马克斯和整个堪萨斯城的人们都在等待"二战"结束的消息。许多人都在这场战争中服役，特雷莎的大哥杰斯就是一名战斗机飞行员。为了在漫长的等待中找些事情做以分散焦虑，特雷莎和她的父亲，与所有美国人一样，开始种植"胜利"菜园——可以提供新鲜的食物，这样，另外的食物就可以供给在海外作战的部队。春天来了，特雷莎的邻居生病住院，她叫来朋友们轮流照看邻居的菜地。特雷莎想要种出能获奖的大西红柿，在这个过程中，她质疑自己种植的目的，质疑战争的意义。她也发现，她的菜园让她找到了新的友谊。共166页，适用于6—8年级。

光盘中

作者访谈：故事背后的故事

在随书附送的光盘中，你会找到对《那年夏天，我父亲10岁》和《万达的玫瑰》的作者帕特·布里森的采访，她讲述了书的"故事背后的故事"。

第十章　健康生活、健康选择

> 保持身体健康代表对宇宙万物的感激之心，树木、云彩、一切。
>
> —— 一行禅师，和平倡导者

要创造健康生活，个人就要不断做出一系列选择。孩子们面临着各种各样的决定，诸如：我午餐吃什么？是出门玩耍还是在家看电视？我不喜欢戴自行车头盔……我该把它留在家里吗？其他的孩子在吸毒……我想这么做吗？有人说要等到长大了或是结婚后才能有性行为，但面对这么多混杂的信息，我如何决定做什么？很多情况都要求各年龄段的孩子们去考虑多种可能的选项，寻找有帮助的信息，做出有益于个人和集体的选择，即使这些选择可能有难度或是不受欢迎。

让情况变得更加复杂的是，周边环境有时会造成巨大的挑战，需要立即采取应对行动。当心爱的人病危时，家人和朋友们也许不得不寻找新的力量和支持。如果一位同学在醉驾事故中受伤，防止此类事件再次发生的活动将会出现。

健康生活的理念，虽然在许多方面只与个人有关，但仍然涉及社区。每个社区邻里都有供孩子们玩耍的公园吗？当地市场提供人们买得起的新鲜水果蔬菜？孩子们放学后去玩耍的小溪有毒吗？每个社区都可以制作一张地图，标示出好的方面和需要改善的地方，孩子可以发起或参与探索，从而引发出行动创意。

当前，关于健康的讨论也带出众多其他专题——其中大部分是本书其他各章节的专题。例如，你可能会谈到环境，以及全球变暖如何引发干旱，进而引发疾病。或许，你会探讨过度捕捞如何影响水系并导致后代缺乏食物供应。健康也与阶层分化和贫困有关，例如，新鲜健康的食物成本过高；某些社区内的学校没有体育课，体育教育的基本需要得不到满足。

我们能做的，是更多地了解如何改善我们自己的健康状况。我们可以对他人的经历和感受更为敏感和关注，并做出体贴和关爱的回应。我们能够认识到，服务学习提供了一个体验过程，把所学扩展到更为广阔的社区，让其中的年轻人——和他们接触并教育的每个人——都受益。

> 拥有健康的人，才拥有希望；拥有希望的人，才能拥有一切。
>
> —— 阿拉伯谚语

一、准备：为健康生活、健康选择方面的服务学习做好准备

下列活动可以用来促进有关健康生活、健康选择方面的学习和技能开发。这些活动在调查研究、准备和计划等阶段很容易调整适用于不同年级，帮助学生通过研究来审视关键问题，分

析社区的需要，并获取所需的知识，从而有效地为设计服务计划出力。这些活动往往可以融入反思和展示的阶段中，因为学生可以带领有关活动，与他人一起建立关注意识。文献资料往往是准备过程的一个重要部分，你可以在本章后面的健康生活、健康选择书架中查找与该专题有关的推荐书目。

活动：健康形象。你可能听到过这样的话："哇，她就是健康形象呀！""健康形象"看起来到底是什么样子？这个准备活动易于调整适用于各个年级和能力范围。用提问作为讨论的开始，如"健康看上去是什么样的""当听到'健康'或'健康的'这样的词汇时，你脑中出现什么形象"，这两个词可能会引出不同的视觉画面或是想法。接着让学生集思广益，去思考他们会使用什么样的媒介来构造这个"形象"的代表。根据材料和资讯情况，学生可以创作杂志拼贴、绘画、摄影或是使用抽象图片。视觉图像——它们可能完全各不相同——产生之后，让大家一起讨论如何使用它们。通过技术帮助，这些图像可以用数码拍照保存或是扫描成文件，随后转换合成为海报，供有关健康的媒体宣传活动使用。考虑举办一次"健康形象"的展览，展出所有图像。让学生看着自己创作的图像，想象它们张贴在公交车站、广告牌、社区中心，或是提供给致力于社区健康生活的有影响力的组织，并建议写一些鼓舞人并能吸引人注意的标语。也许这些图像可以按照特定的顺序展示或循环讲述一个故事。

学生在酝酿想法和画像时，可以采用单人、双人搭档或是同龄或跨年龄段伙伴小组等形式，这取决于体验的目的。当他们沉浸在创作过程中时，敦促他们从个人和现实的

> 健康和良好的幽默感之于人体，如阳光之于植物。
> ——让-巴普蒂斯特·马西龙，主教

角度加以思考。让学生考虑：这与我有什么关系呢？我已经使用哪些方法做出了健康的选择？让学生用"视觉图像"来创建一个列表：为了健康生活，哪些是我已经做到的？哪些是容易开始做的？哪些是需要长期坚持的？当学生发起活动时，他们能够说："我们正努力成为自己的'健康形象'！"

活动：一系列的可能性。面对如此多与健康有关的问题，年轻人要做什么？在学校里，面对所有要达到的学业标准和标杆要求，这些健康问题将会如何应对？例如，在科学课上，学生通过学习解剖学、营养学来了解健康问题。在社会研究课上，他们阅读有关瘟疫和流感，以及它们对大范围人口产生的影响。在数学课上，学生可以研究与青少年和驾驶有关的保险费用。在体育课上，学习的目的常常是培养个人健康习惯。这些实例都可以与服务学习联系起来：学生可以为讲授健康饮食的免费社区讲座制作多种语言的小册子；可以增进社区认识或支持一家叫作"只要蚊帐"的组织，以帮助减少疟疾传播；可以开展宣传活动，减少发短信造成的车祸事故；还可以为生活在庇护所或是群体合住的孩子们制作健身视频，促进健身活动。

思考全球青少年对健康问题的回应方式：

- **全校活动**。许多学校都参与"收集一分钱硬币练耐心"或是"蹦跳练心脏"这类活动，学

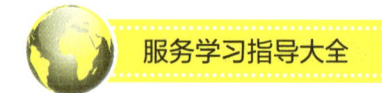

生为了特定的目标去募捐。这些经历可以更进一步，以遵循服务学习的五个阶段。否则，可能最后成年人包办得太多，而青少年却失去了深入了解这些议题并寻找问题答案的机会，问题诸如：我坐在电脑前和玩跳绳时心脏跳动的频率有何不同？总是保持这类活动的非竞争性，让每个人都为了共同的目标努力。

- **突发状况**。当家庭或学校内某个成员得病时，人们想给予帮助。有时必须立即做出反应，如为一个家庭的沉重医疗费用筹款，所有人都会立即进入"计划"和"行动"阶段，理应如此。不过要记住，所有这些状况会生出疑问和顾虑。青少年渴望得到信息和资讯，来弄清周围的世界。当你阅读本书附录光盘中对作者乔丹·索南布利克的访谈时，请注意他所教的一名学生的家长如何找他帮忙。该学生的兄弟患有癌症——这位家长在寻找一本书来帮助自己的女儿理解所发生的一切。当学生能够提出问题、与知识丰富的人交往、阅读各类有帮助的文献，并通过反思把所有零碎的信息放在所处的大环境下时，他们会受益匪浅。

- **共同关心的问题**。年轻人围绕他们关注的问题团结在一起，这个过程甚至让参与服务学习的成年人感到震惊。在不同的情境下，无论是城市还是农村，儿童和青少年们努力创建休闲娱乐中心或咖啡屋，他们可以在此相聚，进行健康的社交活动。学生主动采取行动来清理学校附近的有毒垃圾场。青少年俱乐部带领全市范围的大型自行车骑行活动，以此来支持健康的生活方式。

找出对学生而言最重要的东西。在他们提升技能和体验实践的过程中，提供所需要的支持和指导。接着，放手让他们开始！年幼的孩子们可能需要更多的安排和帮助，但对青少年来说，则是开发青少年领导力的机会。请记住，服务学习的过程包括学生不断进行反思的过程。因此，要随时查看并了解他们的需要和进步。

二、建立与所有课程的关联

某些服务学习活动自然而然地适合于跨学科工作及建立与所有课程的关联。这些课程关联，加强并扩展学生的学习，帮助他们达到学业标准。很可能甚至在学生开始进行服务学习活动之前，你就在寻找这些关联以及鼓励学生的方法了。在整个服务学习的过程中，要保持灵活性，因为任何时候提出的问题或学生所确定的社区需要都可能自发地形成某些课程关联。为了帮助你思考与所有课程的关联以及在哪里找到这些关联，本章的课程关联图（见197页）就该专题如何用于不同学科领域，给出了许多不同方法的实例。（本章下一节列出的服务学习情形，也展示了该专题如何用于不同学科领域的各种方法。）

第十章 健康生活、健康选择

健康生活、健康选择课程关联图

英语／语言艺术
- 阅读一本图画书或小说，寻找书中角色做出了哪些带来健康生活的选择。
- 组织一次有信服力的演讲，说服目标听众（老年人、年轻人、儿童、父母）选择健康的生活习惯。
- 调查烟草行销方式，劝诫人们停止吸烟。

社会研究／历史
- 比较全球饮食结构和平均寿命。
- 研究不同文化中的健康传统和民间疗法。
- 了解当地的农场与工厂和工业养殖业之间的经济效益
- 了解"慢食"运动。
- 采访老年人，找出从他们儿时起各阶段流行的饮食所发生的变化。

外语
- 阅读各种语言的食谱并了解不同文化的食物元素。
- 调查语言障碍在发展中国家和移民人口中对医疗保健的妨碍。
- 观看不同国家为引发学生兴趣所进行的系列健康生活选择的媒体宣传。

戏剧、音乐及视觉艺术
- 创建挑战性状况的戏剧化场景，包括"你会怎么做"的片段，用例子说明健康的回答。
- 找出当代歌曲中描述青年人面临一些困难选择的歌词，创建音乐剧进行回应。
- 通过摄影捕捉社区健康的形象。

健康生活、健康选择

数学
- 比较乡村、郊区和城市社区的医疗成本。
- 对多种加工食品的成分标签进行比较。
- 用表格记录每日饮食中脂肪、蛋白质、盐分、碳水化合物的摄食比例。
- 找出在药物和酒精作用下刹车反应时间的统计数据。

体育
- 开发适用于不同年龄段以及不同生理局限的健身项目。
- 使用计步器，绘制班上学生的体育活动图表。
- 访谈运动员，了解食物选择和锻炼方式对体力和耐力的影响。

计算机
- 研究年轻人花更多时间玩电脑（电脑游戏、社交网络等）会对他们的健康造成怎样的影响。
- 用关于健康选择的正面信息设计屏幕保护程序，向学生和社区分发。
- 创建模板，记录日常健康习惯。

科学
- 了解天气变化对哮喘患者健康的影响。
- 学习什么是血压以及如何测量。
- 研究烟草和酒精对身体的影响。

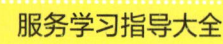

三、服务学习情形：行动创意

做好行动的准备了吗？下列对服务学习的描述，是小学、初中或高中学生在校内或与社区组织一起成功完成的实例。这些情形和实例中，大多数明确包括调查研究、准备和计划、行动、反思及展示的某些层面，并且全都有很强的课程关联。这些情形可以成为激发你取得创意的丰富源泉。请记住，年级水平仅做参考，大多数情况可以调整适用于更低或更高年级的学生，许多情况适合跨年龄的合作。

儿童友好型医院：学前班

马萨诸塞州北亚当斯市的一位学前班老师，听到了学生描述他们对去医院的害怕心理。全班认定这个问题十分重要，于是他们联络地区医院，了解如何帮助生病的儿童放松。他们的计划是：在一间急诊治疗室为孩子们创造一个特别空间。班里的孩子们使用所学到的数学知识和大量胶带，测量并标记医院提供给他们的空间。接着他们集思广益，列出孩子们喜欢的东西，然后开始把想法付诸实施。这些孩子们给医院带来一些游戏、一块黑板、安全的玩具、装饰性壁画和自画像，甚至还包括一本用照片讲述这间房间如何创建的原创故事书。一位医院主管在几个月后走访了这个班，带来一个以前在急诊室内用于捆绑孩子让他们保持安静的约束器具。她报告说，自从儿童友好型的新房间投入使用后，这种约束器具再没使用过。她还描述了一位因自己的健康状况相当心烦意乱的老年病人，被单独留在这间特殊房间里待了一段时间，护士回来时，发现病人满脸笑容，忙着欣

> **更多关于"健康生活、健康选择"的信息：**
>
> 要更多地了解这些议题并获得服务和行动上的创意，可以上网访问这些网站和组织：
>
> **从农场到校园**（www.farmtoschool.org），将学校（学前班—12年级）与本地农场通过以下主题联系起来：为学校食堂提供健康餐，改善学生营养，普及农业、健康和营养教育知识，支持本地和本地区的农民。
>
> **这是我的生命**（www.pbskids.org/itsmylife），这个平台针对儿童和青少年所面临的议题提供了信息丰富的文章，学生可以分享自己的故事、玩游戏、做测试、观看视频、从同龄人和专家那里得到建议、提出自己的评论和问题。
>
> **儿童健康**（www.kidshealth.org/kid），这是为各年龄段儿童提供可靠健康信息，最大且访问量最高的网站。
>
> **我的餐盘**（www.choosemyplate.gov），是美国农业部营养政策与促进中心（简称CNPP）的项目，目标是促进和推广成人与儿童的膳食指南。

赏孩子们的自画像和相册。接下来呢？下一年，这位老师的班级为急诊室候诊登记处创建了一个儿童友好型候诊室。

织一顶，救一个：3年级

得克萨斯州弗伦兹伍德市韦斯特伍德小学"为服务而编织俱乐部"的孩子们参与了全美为海外新生儿织帽子的活动。保暖的衣物在发展中国家有很大需求，尤其是那些出生时体重不足又没有保温毯和保育箱的婴儿，更需要这些衣物。这或许能挽救那些新生儿的生命。学生基于所学，把行动扩展到宣传倡导。一位学生编织者作为韦斯特伍德大使，与一位家长和一位学校辅导员一起，与国际组织"救助儿童会"在华盛顿国会山游说，为"新生儿、儿童和母亲生存法案"（简称HR1410）招募赞助议员。学生还写信（符合学业标准）给奥巴马总统，请他帮助降低惊人的婴儿死亡率。他们找人亲手把这些信交给总统的高级职员。这些学生通过编织，锻炼了精细动作技能；通过倡导，行使了法案第一修正案的权利！

锻炼身体：3年级

加利福尼亚州西好莱坞市的3年级学生在学习瑜伽时，喜欢上了各种各样的瑜伽姿势，但他们最喜欢的是与老年人合作。在每周探望老年活动中心时，学生与老年人分享

> 无论你取得什么成绩，总有人帮助过你。
> ——威尔玛·鲁道夫，运动员

他们学到的瑜伽技巧，他们一起学习如何调整瑜伽姿势，以适用于身体不大灵活的人。学生运用写作和沟通技能制作了"我们爱瑜伽"的小册子在社区分发。为了把信息带给更多老年人，学生创作了系列健身公益广告，在当地的有线电视台上播出。

"收集一分钱硬币练耐心"大进阶：5年级（全校范围）

纽约州阿尔比恩市的罗纳德·L.索多马小学学生的一分钱募捐活动不太寻常。5年级某班以服务学习的专业态度，将一次常规的"收集一分钱硬币练耐心"活动转变为行动来源于知识的活动。募捐活动的服务对象是白血病患儿，学生研究白血病，了解有关的统计数据和健康议题，设计向医疗人员做访谈的提问，阅读埃莉诺·科尔的小说《贞子与千纸鹤》，使用技术手段在全学校每个教室做互动性展示。这些做法达到了学业标准。你认为学校这次筹到的捐款与前些年相比是多了还是少了？显然，他们打破了当地的募捐记录，"收集一分钱硬币练耐心"的员工打电话带来好消息：他们班获得一次比萨派对的奖励！学生一致回应：把奖金捐回他们所支持的事业。对参与服务学习的阿尔比恩学生来说，重要的是自身的内在体验。这个事件被当地的报纸报道后，一位家长给他们班写了一封信，祝贺他们努力所获得的成果，并赞扬他们所支

持的机构。她解释说，自己的儿子患有白血病，已经基本完成治疗。她还创建了网站，上面包含儿子的生病历程，这样，阿尔比恩的学生能够用网站与相距几千米的患儿建立联系，看到他的治疗过程和进展。

表明立场：6—8年级

马里兰州银泉市塔科马公园初中的学生，针对食品行业残忍宰杀动物的行为采取行动。作为服务学习过程的一部分，他们发起了一次活动，包括研究、社区推广和意识提升、通过政策开发做倡导等。学生研究那些设法阻止虐杀动物的团体。他们开始教育其他学生，个人的购买决定怎样直接影响到宰杀动物的方式。他们传达的信息是：宣传那些生产、加工和储藏过程中人道地对待动物的养殖农庄、肉品加工商以及零售商。学生张贴广告并举办街会，宣传那些支持人道地对待动物的商家。他们为一些组织筹集资金并写信给餐馆和杂货店，请求店家检查原料供应商，购买人道宰杀的肉类。学生还在银泉市议会进行演说，请求禁止虐杀动物的做法，并希望马里兰州教育委员会要求州内学校提供的校餐肉类只能是人道宰杀的。这些学生记日志、为网站和通讯写文章，并经常反思他们这样做的效果。

儿童健康很重要：7年级

青少年的不良饮食习惯及其带来的后果已成为新闻头条。但肥胖和糖尿病并不是孩子们所面对的仅有的健康威胁。哮喘，往往与空气污染有关，目前排在15岁以下少年儿童入院治疗病因第三位。家庭暴力也是无声的阴影。而对于生活在人口密度高、社会经济状况差、没有安全玩耍环境的孩子们来说，要时时担心被车撞到。非洲裔儿童车祸受伤率几乎是白人儿童的两倍[①]。在纽约曼哈顿参与"朗氏青少年医疗计划"的7年级学生为这些健康方面的迫切问题制作了四段60秒长的公益广告。他们自己创作、表演并编辑制成音频，在广告中将照片和音频合成在一起。

打破无聊：8年级

"在这个无聊的小镇上真是无所事事"，普通小镇上的青少年常常如此抱怨。在得克萨斯州埃尔多拉多市也不例外。六年前，8年级的语言艺术课上，一群处于危机边缘的学生试图解决这一问题。讨论之后，雄鹰廊青少年中心诞生了。学生一旦明确了自己的目的，就开始着手计划。他们精心设计了一个方案申请书，在郡委员会的听证会上提交，并得到批准去实施提案。郡委员会允许学生把法院隔壁建筑的地下室改造成青少年的梦想空间！每个学生都提出想法，想着

---

① 全国安全儿童运动（简称NSKC），《行人受伤事实表》，华盛顿特区，NSKC（出版方），2004年。

在这个房间里添置哪些物品。随后，他们还在全校范围内对全体学生做问卷调查。在确定了最受欢迎的物品后，学生列出了台球桌、桌面足球、乒乓球台和清单上其他物品的报价。郡委员会表示每年给予适度的活动经费，当地个人也捐款支持。在经过数次购买及长时间筹备后，雄鹰廊青少年中心向一群好奇兴奋的儿童和青少年打开了欢迎的大门。6年之后，这个中心依然存在，8年级的梦想家们已经毕业，但他们对社区做出的贡献仍在继续发挥着作用。

> 哈利，我们的选择，表现出真正的自我，远比我们的能力更重要。
> ——邓布利多校长，《哈利波特与密室》

了解触发点：7年级和8年级

建立自信、减轻压力和完成家庭作业，是佛罗里达州海厄利亚市中学生所讨论的相互交织的话题。在第一学期，7年级和8年级的学生通过学习如何减轻压力和管理愤怒的方法，克服干扰学习的紧张和愤怒情绪。在学习了引发情绪冲突的诱因后，学生制作出为3年级学生进行项目辅导的课件，并指导他们做家庭作业的攻略。学校心理辅导员发现，3年级是学习良好的做作业习惯并成功向高年级过渡的关键时期。第二学期，他们每周继续进行这种辅导。

美胜于肤浅：9—12年级

如果说"吃什么是什么"，那它是否也适用于我们涂抹在身上的化妆品呢？加州马林郡的"青少年安全化妆品网"在网站中指出，许多化妆品致使消费者接触到有毒化学物质。我们因为自以为是，而受到环境毒素的危害吗？"寻找原因"是一家组织，旨在"调查日常生活中的毒素接触如何增加癌症风险"。青少年安全化妆品网受其影响，聚集于在年轻人中传播有关个人护理和美容用品中所发现的潜在致癌成分的知识。根据青少年安全化妆品网的网站信息，一名青少年，通过个人美容产品如眼影、睫毛膏、洗发水、身体除臭剂等，平均每天接触大约200种化学成分。皮肤是我们身体中最大的组织，我们是否应当更为重视这些产品？在网站上，他们张贴了"肮脏的一打"名单——列出12种有毒化学成分以及他们所发现的含有这些成分的日用品。这些实干家年纪虽轻，但他们认真专注地研究，敏锐地进行政治分析，直面600亿美元市场量的美容产业。这项工作将他们带到加州州议会，去游说一项新法案，即要求向政府申报化妆品成分。该法案于2007年1月通过。访问青少年安全化妆品网的网站www.teensturninggreen.org，去看看这些决心同时拥有美丽与健康的孩子们下一步要做什么！

快起床，动起来：9—12年级

缅因州北安顺市的青少年们不但起得早，而且体形健康并带动同龄人一起锻炼。他们直面

青春期肥胖——这一困扰着国内最顶尖健康专家的问题。通过发起成立上学前晨间锻炼小组，这群高中运动者们试图开始改变这一趋势。在这个过程中，他们希望能发现是哪些因素影响了青少年们保持健康的体形。学生使用人体成分电子测试仪，学习测量身体脂肪与肌肉总量的比例，并用图表记录身体代谢率。为监测进展情况和结果，青少年绘制了锻炼小组成员和非成员的进度图表，来确定身体健康与出勤率、学业成绩、违反校规等指标之间的关系。他们的目标是，将事实信息教育和艰苦的体能训练与高中阶段影响力大的社交网络相结合。那么从这个结合中，他们学到了什么？一位学生说："我们学到了很多关于如何更好地做出生活选择的信息，比如说健康就餐和周末不喝酒。我们学会了要做'正确的事'，这意味着公平待人和互相帮助。"

中世纪的教训：9—12年级

伯克利市的高中老师带领学生通过阅读和学习《当瘟疫袭来：黑死病、天花和艾滋病》一书，探讨校园宽容的问题。书中探讨了与所列疾病有关的不宽容、指责、迁怒等议题。学生通过自己的研究，在他们的高中拟定了校园宽容计划，教育同龄人关于迁怒他人的危害，以及创造一个更加宽容和包容的校园的可能性。

散步、骑车、服务爱达荷州：9—12年级

沿着波特纳夫河散步和骑行已经成为爱达荷州波卡特洛市居民们愉悦的休闲方式。这要部分感谢新地平线高中的学生。这群替代型学校的学生认领了一条小道的入口，并为居民们开辟了一条散步的路径。在当地一家基金会的帮助下，他们开辟小道，清理灌木和垃圾，安装介绍当地地理的指示牌。这些参与的学生是阿拉梅达自行车俱乐部的成员，这个俱乐部作为一节选修课程，通过参与有关自行车的服务学习项目来增强青少年的能力。学生上课时还为当地游客中心的"免费骑车"项目修理自行车。

维持生计和社区重建：9—12年级

在阿拉斯加州的农村地带，食物昂贵。阿拉斯加州俄罗斯米申市尤皮克族爱斯基摩人的青少年设计了一套研究村民饮食习惯的流程，来确定人们所吃食物中从野外捕获的食物所占比例。在非营利组织"孩子能做的事"和比尔及梅琳达·盖茨基金会的研究经费帮助下，学生调查了全村所有80户村民（有些居所三代或几代人同住）。结果显示自给食物的部分在上升，调研活动也变成了社区里关于食物、营养和健康的即兴对话。学生认识到自给经济——食用本地所产食物的额外价值。一名村民说："我们曾经认为，不得不从商店买食物，就像我们在电视上看到的那样。现在我们更享受我们能从这里得到的——三文鱼、麋鹿、莓果，以及所有需要储备过冬的食物。我们又开始教孙辈们这些知识和技能，让他们能够过上更好的生活。"那笔经费还资

助学生走访附近的村庄,向学校和部落议事会介绍他们的所学。九名初中学生前往日本东京参加环球自然环境国际学术讨论会,他们跳舞、打鼓、讲演,将他们的文化融入全球和历史的视角。

关爱吸毒者:9—12年级

亚拉巴马州拉塞尔维尔市的富兰克林郡社区教育中心管理着七所高中。每所学校都支持"组织起来采取抗灾行动的青少年"(简称YODA)的服务学习活动。学生与富兰克林郡警察局合作,接受关于冰毒认知和社区教育的训练。YODA学生特别愿意服务从吸毒家庭中救出来的孩子们——他们的个人物品因为受到污染,都不能带离吸毒场所。学生设计了教育小册子,讨论使用冰毒的危害,在社区中分发。他们还调研、设计并制作了装有个人用品的YODA护理包,内装洗发液、肥皂、牙膏等,通过亚拉巴马州人力资源局分发给那些受影响的儿童。

快速,但健康吗?11年级

洛杉矶一名高中11年级的学生想与家人一起去餐馆里享用一餐。但问题是:她的父母都患有糖尿病,而且在她所居住的低收入街区只有快餐店。因此她在公共事务教育课老师的帮助下发起了一项运动。她联络市议员,讨论关于控制在该地区新开餐馆类型的办法。她为餐馆制作关于糖尿病信息的传单,并请他们在菜单上标注出"健康餐饮"的菜肴。随着越来越多的人支持她的项目,其他学生也开始参与,他们不但意识到自己可以做出更好的选择,而且了解到数量众多的消费者可以有强大的影响力。

为青少年远离毒品搭建平台:11年级和12年级

在亚拉巴马州甘特斯维尔乡村,学生组成了马歇尔郡远离毒品青少年委员会,旨在通过同龄人互动和一对一辅导来介绍禁毒教育。这些忙碌的11年级和12年级学生接受禁毒教育,为学前班—6年级的学生做榜样以产生正面影响。经过毒品专案组的警员和预防专家为他们提供的培训,这些青少年领袖们在红丝带周为学生介绍信息。他们的活动包括远离毒品宾果游戏、读书、艺术作品、海报设计比赛以及人行道上粉笔留言。他们还对低龄儿童进行课程辅导,也参与其他的艺术或暑期活动。

在宾夕法尼亚安全驾驶:11—12年级

车祸是导致美国青少年死亡的首要原因。宾夕法尼亚州纽卡斯尔高中汽车启动项目团队以"安全驾驶"为多年主题。他们要传达的信息是什么?鼓励安全驾驶习惯,如增加安全带的使用,严格遵守交通信号和法律,减少驾驶分心,同时强调酒后驾驶的危险。像许多青少年一样,他们知道由于超速、分心驾驶和不系安全带等原因造成车祸而失去朋友的痛苦。他们将这些信

息传播到校园、周边社区，以及整个宾夕法尼亚州。他们瞄准有大量人群参与的社区活动，如足球赛、篮球赛、游行、选举日等，进行宣传。为激励其他青少年倡导者，纽卡斯尔高中主办了一次四国青少年安全峰会。为影响低龄孩子，他们为当地小学创作了一本讲授校车安全的涂色书。访问州立农业保险公司汽车启动项目网 www.sfprojectignition.com，以获得更多信息。

谈谈性：高中

就读于布莱克斯通学院特许学校的高中生们报名参加社区参与课程，与罗得岛州计划生育组织的工作人员见面，了解在社区里与性相关的健康问题和需要。学生与计划生育组织合作，着手开展了一个服务学习项目——教育社区青少年安全性行为。几个星期里，学生参加了全面的伙伴教育者计划，了解有关安全性行为和性传播疾病。然后学生集体讨论了潜在议题，并分成小组选择特定的议题。各小组研究具体主意并筹备研讨会。学生学习演讲和领导力的风范，进行彩排，也根据小组反馈调整自己的演讲。他们在当地学校里，在缅因州儿童联盟年度学生峰会上，在世界艾滋病日的本地活动中，举办研讨会，并在自己的学校举办预防怀孕日活动，就安全性行为教育了超过300名青少年。要了解更多信息，请访问 www.kidsconsortium.org。

四、健康生活、健康选择书架

养成健康的生活方式，并影响他人过健康生活，书籍是最佳的资讯之一。无论是基于事实还是虚构，书籍都是了解他人认知和行动的一种方式，即便那些人只是故事人物。为帮助你找到与你的具体项目有关的书籍，书目总表（见205—206页）把书籍按几个主题分类：历史告诉我们、健康之旅、青少年的关注点、我们需要知道的、行动与支持。

总的来说，本书架有以下特点：

- 书目带注释，按非虚构类（N）、图画书（P）和虚构类（F）进行一般分类，根据书名字母的顺序排列。对于非虚构类和虚构类，还注上总页数，并推荐适用的年级水平。图画书的所有书目都没有推荐年级水平，因为它们可以成功地用于各年龄段。

- 有一张按照主题和类别分类的图表，帮助你找到具体项目的相关图书。

> 光盘中
>
> **来自实地的推荐**
>
> 《吃动物》
> *Eating Animals*
> 作者：Jonathan Safran Foer　出版方：Little, Brown
> 出版时间：2009年
> 共341页，适用于11—12年级。

- 来自服务学习同行和专家的书目推荐，包括摘要介绍和与服务学习相关联的创意。（推荐的书籍数量在每个书架中有所不同。）

健康生活、健康选择书架主题

主　题	书　　籍	类　别
历史告诉我们 回溯历史，看到人类为健康生活所付出的努力和进行的奋斗，以及在面临重大挑战和困境时那种坚韧不拔的力量。	《傻瓜相伴》	虚构类（F）
	《跑得远，跑得快》	虚构类（F）(GN)
	《小步向前：那年我得了小儿麻痹症》	非虚构类（N）
	《当瘟疫袭来：黑死病、天花和艾滋病》	见 102 页
	《白女巫》	虚构类（F）
	《温妮的战争》	虚构类（F）
健康之旅 无论是基于事实还是虚构，这些故事告诉我们，人们如何走向健康，即使一路障碍、困难重重。	《有点蓝》	虚构类（F）
	《给妈妈梳头》	虚构类（F）
	《冰冷的手，温暖的心》	虚构类（F）
	《那个圆点》	图画书（P）
	《我生活中的困境》	非虚构类（N）
	《我饿极了》	图画书（P）
	《我伟大的胖妈妈》	图画书（P）
	《午夜驾车者的笔记》	虚构类（F）
	《威尔玛无极限：威尔玛·鲁道夫如何成为世界上跑得最快的女人》	图画书（P）
青少年的关注点 青少年随着自己的成长，努力认清和确定自己在这个世界的位置，他们因为身边的人际关系、毒品和性等问题而挣扎。阅读提供了一个探讨和减少孤立的窗口。	《相隔遥远》	虚构类（F）
	《水下呼吸》	虚构类（F）
	《药物俱乐部》	虚构类（F）
	《作弊者：一本小说》	虚构类（F）
	《食物、女孩以及我不能拥有的其他东西》	虚构类（F）
	《我生活中的困境》	非虚构类（N）
	《如何建造一幢房子》	见 154 页
	《不可原谅的》	虚构类（F）
	《跳下秋千》	虚构类（F）
	《昨夜我为怪兽唱歌》	虚构类（F）
	《洛勒莱街上的一个房间》	虚构类（F）
	《流星》	虚构类（F）
	《冲撞》	虚构类（F）
	《道》	虚构类（F）

（续表）

主　题	书　籍	类　别
我们需要知道的 这些选读内容帮助学生更全面地了解健康知识，并运用所掌握的知识和信息来找寻解决问题的方法，去帮助他人。	《快餐的恐怖真相》	非虚构类（N）
	《吃动物》（见光盘中）	非虚构类（N）
	《吃对！如何做好食物选择》	非虚构类（N）
	《发人深思：食物背后的故事》	非虚构类（N）
	《与列宁午餐》	虚构类（F）
	《引你注目：广告的工作原理以及为什么你应该了解》	非虚构类（N）
	《奶奶，什么是癌症？》	非虚构类（N）
	《杂食者的困境：食物背后的秘密》（见光盘中）	非虚构类（N）
行动与支持 这些书籍的核心是社会行动——态度、行动及结果。	《鼓、女孩和危险的馅饼》	虚构类（F）
	《医治我们的世界：走进无国界医生》	见 311 页
	《梅丽莎·帕金顿漂漂亮亮的头发》	图画书（P）
	《贞子与千纸鹤》	虚构类（F）
	《抵制毒品》	非虚构类（N）

注：对出现在其他书架中的书籍，列出参照页码。
GN：这些书籍是绘本小说。

非虚构类：健康生活、健康选择

《快餐的恐怖真相》

Chew on This: Everything You Don't Want to Know About Fast Food

作者：Eric Schlosser 和 Charles Wilson　　出版方：Houghton Mifflin　　出版时间：2006 年

在美国快餐业的这段关键历史中，有一些吸引读者的轶事，例如在 1925 年时，相对于汉堡包，纽约人更偏爱吃牛舌和菠菜。同时该书也追溯了快餐工业的发展，质疑是什么样的加工方法和工作环境才能使食物售价如此便宜，对快餐依赖和成瘾，是否会造成威胁生命和健康的问题。共 304 页，适用于 6—12 年级。

《吃对！如何做好食物选择》

Eat Right! How You Can Make Good Food Choices

作者：Matt Doeden　　出版方：Lerner Publications　　出版时间：2008 年

这本易读的指南勾起我们去了解所吃食物的欲望，从营养学和食品科学的角度为我们展现了如何选择更健康的食物。共 64 页，适用于 4—7 年级。

《发人深思：食物背后的故事》

Food for Thought: The Stories Behind the Things We Eat

作者：Ken Robbins　　出版方：Flash Point　　出版时间：2009 年

学生会想把这本迷人的书一口气从头读到尾。书中涉及一些他们喜爱的食物的历史，如橙

子的最早产地可能是中国，谁发明了我们吃炸薯条所蘸的番茄酱。读者也会了解某些表述用语如何产生，如"你是我眼中的苹果（你是我最爱的人）"，或是印度每年种植和食用1088万吨磅香蕉这样的事实。共48页，适用于1—5年级。

《我生活中的困境》
Hole in My Life
作者：Jack Gantos　出版方：Farrar, Straus and Giroux　出版时间：2004年

通过这本坦诚的自传，作者杰克·甘托斯带我们走进他的少年和青年时代，他的选择导致了一段从错误到悲剧的经历。杰克一直努力成为一名作家，他觉得自己缺乏生活经验和冒险精神，在佛罗里达州南部独自生活并完成高中学业后，为了筹措大学学费，他鲁莽地登上了一条从维京群岛驶往纽约的运毒船，并在贩毒过程中被捕。书中他揭示了联邦监狱的恐怖生活，以及坚持写作如何拯救了他，给了他能够原谅自己的过去和塑造自己的未来的办法。共208页，适用于9—12年级。有成人主题。

《引你注目：广告的工作原理以及为什么你应该了解》
Made You Look: How Advertising Works and Why You Should Know
作者：Shari Graydon　出版方：Annick Press　出版时间：2003年

终于有了一本帮助青少年了解媒体专业知识并学会如何避免被广告控制的书。书中揭示了什么是"广告的力量"，让读者明白广告的针对对象，以及对目标人群产生影响的方法。对实干派来说书中有很多想法可供参考：如何讲演、呈现议题以及运用"儿童的力量"。这是必读书目。共120页，适用于5—9年级。

《奶奶，什么是癌症？》
Nana, What's Cancer?
作者：Beverlye Hyman Fead 和 Tessa Mae Hamermesh　出版方：American Cancer Society

当特莎的奶奶被诊断患有晚期癌症时，10岁的特莎对癌症充满了疑问。书中展现了两代人之间真诚的对话以及诚实的回答和深刻的见解。共55页，适用于4—8年级。

光盘中

来自实地的推荐
《杂食者的困境：食物背后的秘密》（青少年版）
The Omnivore's Dilemma: The Secrets Behind What You Eat (Young Readers Edition)
作者：Michael Pollan　出版方：Dial
出版时间：2009年
共352页，适用于青年。

《抵制毒品》
Taking Action Against Drugs
作者：Jacqui Bailey　出版方：Rosen Publishing　出版时间：2009年

你可知道，在2005年之前，咖啡因被奥林匹克运动委员会列在违禁药物清单中？通过这本书，你将了解到毒品在社会上的蔓延和渗透。新闻报道包括：在体育赛事中使用兴奋剂、类固醇等，贩毒集团和烟草公司将目标瞄向青少年，用幼儿进行毒品实验，甚至有时不顾他们的生命安全。这本介绍性书籍将引发孩子们思考和探讨。共48页，适用于5—8年级。

图画书：健康生活、健康选择

《那个圆点》
The Dot

作者：Peter H. Reynolds　　出版方：Candlewick Press　　出版时间：2003年

美术课结束时，瓦什蒂的画纸上仍是一片空白，她的老师向她保证，她可以只在纸上做一个记号，算作她的作品。第二天瓦什蒂发现，她涂的"那个圆点"被挂在墙上展示。不久，她从涂画一个点变成涂画许多五颜六色的点和圆圈。某一天，当一个男孩对她的画表示赞赏并因自己连条直线都画不好而沮丧时，她鼓励男孩去努力尝试，进而看到自己的改变。

《我饿极了》
I Get So Hungry

作者：Bebe Moore Campbell　　出版方：Putnam Juvenile　　出版时间：2008年

当尼基告诉妈妈她打算减肥时，妈妈的回答是："咱们家的女孩都是大骨架胖人。"尼基加入了老师的晨间散步，很快她和妈妈也在周末一起散步了。尼基的故事告诉不同年龄的读者，什么时候都可以做出改变，去选择更健康快乐的生活。

《梅丽莎·帕金顿漂漂亮亮的头发》
Melissa Parkington's Beautiful, Beautiful Hair

作者：Pat Brisson　　出版方：Boyds Mills Press　　出版时间：2006年

每个人都注意到梅丽莎的秀发。那她为什么要抱怨呢？"我希望大家不仅仅是因为头发关注我！"梅丽莎的决心让她剪去了长发，并把它捐献给一家名为"爱之锁"的非营利组织——他们用人的头发为癌症病人制作假发套。现在，梅丽莎肯定自己的头发将对他人有意义和价值，感觉这样做蛮好的。

《我伟大的胖妈妈》
My Great Big Mamma

作者：Olivier Ka　　出版方：Groundwood Books　　出版时间：2008年

这则温暖人心的故事讲述了一位母亲因为他人对自己体形的议论而决定节食，她的儿子向她证明自己有多么爱她的全部，告诉她做现在的自己就很好。

《威尔玛无极限：威尔玛·鲁道夫如何成为世界上跑得最快的女人》
Wilma Unlimited: How Wilma Rudolph Became the World's Fastest Woman

作者：Kathleen Krull　　出版方：Voyager Books　　出版时间：1996 年

1960 年奥运会之前，威尔玛·鲁道夫需要克服很多障碍，来证明她的运动技能。她出生时体形非常小，让人怀疑她是否能存活下来。她经常生病，而在美国南部，非洲裔美国人的医疗条件很差，这对她来说尤其糟糕。这本图鉴完美地诠释了一个女人战胜无数逆境、勇敢前行的故事。

虚构类：健康生活、健康选择

《相隔遥远》

Apart

作者：R. P. McIntyre 和 Wendy McIntyre　　出版方：Groundwood Books　　出版时间：2007 年

高中生杰茜卡没有想到，她登在报纸上寻找失踪父亲的广告，会让她收到一封来信，来自生活在加拿大另一端的少年斯温。在这本记录两个未成年人一整年通信的小说中，他们相互分享那些生活中深感无奈的事件，杰茜卡描述着她的不正常家庭，经常不在家、没有稳定工作、常有非法行为的父亲，有自闭症的弟弟，以及放弃抚养权的母亲。斯温则为狂躁抑郁症和难以融入自己的家庭而挣扎。抛开财富与地位，面对成长过程中的选择和挑战，这两位朋友在通信中找到了支持和安慰，他们最终会面对面相会吗？共 176 页，适用于 7—12 年级。有成人主题。

《有点蓝》

Bluish

作者：Virginia Hamilton　　出版方：Scholastic　　出版时间：1999 年

在 5 年级学生德雷妮的班上，纳塔莉与众不同，她坐着轮椅进到教室，戴着毛线帽，抱着一只坐在她腿上的小狗，苍白的皮肤因为化疗有点发蓝。德雷妮在日记中描述了她的恐惧，但与纳塔莉成为亲密的朋友后，她看到了这个与疾病抗争的女孩的魅力。还有一个叫图莉的女孩，她是德雷妮的混血朋友，非常想变成一个拉丁美女。总体而言，这是一则关于三个女孩一起学习、欢笑和成长的故事。共 128 页，适用于 4—7 年级。

《水下呼吸》

Breathing Underwater

作者：Alex Flinn　　出版方：HarperTeen　　出版时间：2002 年

少年尼克殴打了自己的女友并被实施了禁止令，他试图为自己的行为和生活寻找到原因和意义。读者读到尼克家的暴力行为的后果，会认识到现如今青少年，特别是男孩子可能面临的困难，他们动荡不安的生活让他们无法控制自己的选择。共 272 页，适用于青年。

《给妈妈梳头》

Brushing Mom's Hair

作者：Andrea Cheng　　出版方：Wordsong　　出版时间：2009 年

　　用第一人称讲述故事，这本易读的诗集描述了一个女孩在母亲得了癌症后的一段经历。这个 14 岁的女孩似乎战胜了自己的恐惧和焦虑。舞蹈、艺术、友善的成年人帮助她驱散了孤独感，并提醒她去好好生活。共 59 页，适用于 5—8 年级。

《作弊者：一本小说》

Cheater: A Novel

作者：Michael Laser　　出版方：Dutton Juvenile　　出版时间：2008 年

　　卡尔·彼得罗斯基每次考试都得满分或者 A+，学习对他来说太容易了。对于这个 11 年级的学生来说，学校里的生活是要从外面来看的。在羡慕那些校园里受欢迎的学生时，他发现布莱恩·肖尔在考试中一直盯着手机看，他是在作弊吗？当卡尔卷入了一场由校长助理安装在考场的摄像头所引发的作弊大战后，作为一个"极客"，帮助自己身处"高科技作弊圈"的好友使得他也变得受欢迎起来。这部小说充满了幽默和意想不到的曲折情节，极具技巧而又生动地描述了决定和选择背后的道德规范。共 240 页，适用于 7—12 年级。

《药物俱乐部》

Club Meds

作者：Katherine Hall Page　　出版方：Simon Pulse　　出版时间：2006 年

　　3 年级时，杰克开始需要服用处方药。"药物俱乐部"是一个帮助那些在巴斯比纪念高中读书的患病学生的社团。俱乐部形成的友谊帮助成员避免被其他学生孤立、戏弄或欺负。会员萨姆有勇气直面大龄学生的恐吓。每个人都学会了什么是尊重和接纳。共 176 页，适用于 6—10 年级。

《冰冷的手，温暖的心》

Cold Hand's Warm Heart

作者：Jill Wolfson　　出版方：Henry Holt　　出版时间：2009 年

　　当一名少年运动员阿曼达意外死亡后，先天性心脏错位的丹妮接受了阿曼达心脏的移植，许多人的命运碰撞并发生改变。故事交织着家人和朋友因这种赋予生命的慷慨行为所受到的影响。本书讲述那些期待接受器官移植的年轻人的故事，并包含关于友谊、萌芽的爱情、医院真实状况等情境内容。共 256 页，适用于 8—10 年级。

《傻瓜相伴》

A Company of Fools

作者：Deborah Ellis　　出版方：Fitzhenry & Whiteside　　出版时间：2007 年

　　1349 年当瘟疫席卷欧洲时，在巴黎附近的圣吕克修道院里的两个男孩亨利、迈卡和巴特修

士告诉我们，什么是极大的勇气和同情心。这两个男孩和其他孩子一样都在修道院的唱诗班，他们在那里歌唱、欢笑、照顾病患。不管瘟疫如何，亨利和迈卡总有很多奇遇和乐趣。历史上，那一年有2500万人在瘟疫中死亡。这个故事告诉我们如何应对恐惧和死亡。该书是一部带给你勇气与希望的伟大作品。共192页，适用于5—8年级。

《鼓、女孩和危险的馅饼》

Drums, Girls and Dangerous Pie

作者：Jordan Sonnenblick　出版方：Scholastic　出版时间：2006年

史蒂文·阿尔珀，除了学校爵士乐队的鼓手这一特别之处外，是普通的8年级学生。他的生活还算正常，直到某天史蒂文的弟弟被确诊为白血病。在母亲全力专注照顾弟弟而父亲放弃并退出后，史蒂文努力维持着不让人知道这一切。最终他认识到，身处在一个充满关爱的社区中会让这一切变得不同。他得到了朋友们的帮助，他们以此来提升社区对白血病的认识。作者的智慧和书中角色的适应能力让本书的读者欲罢不能，只想早点儿读完，赶快与大家分享。共288页，适用于5—8年级。

《食物、女孩以及我不能拥有的其他东西》

Food, Girls and Other Things I Can't Have

作者：Allen Zadoff　出版方：Egmont　出版时间：2009年

对于高中2年级的安迪·赞斯基来说，今年自己又要重蹈去年的覆辙：一个超重的怪物、被取笑的对象……除非他做出不同的选择，改变自己。如今他面临两个机会，一个是与他最好的朋友一起参加模拟联合国的会议，另一个是选择参加校足球队的选拔。做出这一次选择之后，他能进入校队吗？能得到女孩的青睐吗？能让所有包括父母离婚在内的烦恼事都消失吗？共320页，适用于青年。

《不可原谅的》

Inexcusable

作者：Chris Lynch　出版方：Atheneum　出版时间：2007年

这个萦绕于心的故事讲述与约会、亲密和信任有关的内容。这是一本关于个人感知和认识的强有力读物。基尔到底有没有做错事？他是好人还是强奸犯？一个扰乱人心、会让青年男女更多地思考关于亲密关系的故事。共176页，适用于9—12年级。有成人主题。

《跳下秋千》

Jumping off Swings

作者：Jo Knowles　出版方：Candlewick Press　出版时间：2009年

四名高中学生讲述关于他们自己的故事，这些故事全都围绕着一次没人想要的意外怀孕。埃莉极度渴望被爱，她的朋友科琳娜总是盯着她，男孩凯莱布一直很关心她，乔希则愿意做任何事情来挽回那一夜。共240页，适用于9—12年级。有成人主题。

《昨夜我为怪兽唱歌》

Last Night I Sang to the Monster

作者：Benjamin Alire Sáenz　出版方：Cinco Puntos Press　出版时间：2009 年

　　这本特别的小说用第一人称讲述了扎克 18 岁的经历。本该在高中读书的他，却在戒酒康复治疗所里治疗他酗酒的毛病。他不记得是如何进戒酒中心的，事实上，他不希望记得任何发生的事情，因为他确信都不是好事情。他不想去感受。通过与他的治疗师，还有一起接受治疗的人相处，扎克有了惊人的自我发现，并认识到他能够再次体验到爱和快乐。这是一部令人信服并爱不释手的写实作品。共 304 页，适用于 9—12 年级。有成人主题。

《与列宁午餐》

Lunch With Lenin

作者：Deborah Ellis　出版方：Fitzhenry & Whiteside　出版时间：2008 年

　　书中包含 10 则短篇故事，以全世界受到毒品贸易和药物滥用影响的年轻人的真实生活为依据。故事中的联系让读者触目惊心，情节也曲折迷人。当罂粟田被毁去后，一个阿富汗家庭失去了生计。一个男孩为生病的祖母寻找治病的大麻。通过描绘这些来自不同背景的故事，作者引领读者认识到，毒品控制这一全球问题迫切需要人们关注和应对。共 192 页，适用于 7—12 年级。

《午夜驾车者的笔记》

Notes from the Midnight Driver

作者：Jordan Sonnenblick　出版方：Scholastic Press　出版时间：2006 年

　　16 岁的亚历克斯·格雷戈里决定报复他分居的父母，他酒后驾车，打算去父亲现在的女友、也是他 3 年级时的老师家去责骂他们。结果车子快开到街角时冲上了邻居的草坪，撞掉了摆放在花园里的地精的头，他意识到自己惹了大麻烦。最终，他出现在法庭上，当法官询问他如何选择自己应受的惩罚时，他选择了做社区服务——去一家养老院照顾一位患有肺气肿的老人所罗门·刘易斯先生。让亚力克斯感到惊喜的是，照顾老人这件事居然成了发生在他身上最好的事情。《鼓、女孩和危险的馅饼》中的角色也出现在本书中。共 288 页，适用于 8—12 年级。

《洛勒莱街上的一个房间》

A Room on Lorelei Street

作者：Mary E. Pearson　出版方：Henry Holt and Co.　出版时间：2005 年

　　17 岁的佐薇面临着进入成人期的未知冒险。为了远离酗酒的母亲，她离家自租公寓。孤独的佐薇仍渴望得到关爱，但她必须学会从以往的错误中恢复并做出明智的选择。共 272 页，适用于 9—12 年级。

《跑得远，跑得快》
Run Far, Run Fast

作者：Timothy Decker　　出版方：Front Street　　出版时间：2007 年

在这本黑白钢笔连环画风格的绘本小说中，那些刺激视觉的插图为我们描绘了 14 世纪被瘟疫笼罩的欧洲。故事是这样的：当一个家庭接受检疫隔离时，母亲把年幼的女儿偷偷藏在了木横梁里，从而使孩子能够有机会逃离这个惨淡凄凉的环境。女儿最终找到办法回来救助她的家人。共 40 页，适用于学前班—3 年级。

> 光盘中
>
> **来自实地的推荐**
>
> **《贞子与千纸鹤》**
>
> *Sadako and the Thousand Paper Cranes*
>
> 作者：Eleanor Coerr　　出版方：Puffin
>
> 出版时间：2004 年
>
> 共 80 页，适用于 4—7 年级。

《流星》
Shooting Star

作者：Fredrick McKissack Jr.　　出版方：Atheneum　　出版时间：2009 年

乔莫·罗杰斯是一名很有天赋的橄榄球运动员，为了突破现有的能力，除了各种更强化的训练外，他还服用了类固醇。当乔莫的生活彻底偏离正常、失去控制后，他意识到这种增强型的药物将为他带来多大的危险。共 288 页，适用于青年。

《冲撞》
Slam

作者：Nick Hornby　　出版方：Putnam Juvenile　　出版时间：2007 年

本书通过一位少年父亲讲述的故事，探索了关于青少年怀孕及非传统型家庭关系的话题。讲述者是位年轻的父亲，他爱好滑板，也是托尼·霍克[①]的粉丝。书中这位父亲与霍克的海报进行对话时，镜头不时跳到未来，读者在这个过程中也对他的处境有了更深的了解。对老师们来说，这本书适用于关于青少年怀孕和使用安全套的启蒙，语言也很适合。作者揭示了为人父母的青少年所面临的挑战，同时也展现了他们感受到的深深的爱，以及他们需要承担的责任。共 304 页，适用于青年。有成人主题。

《小步向前：那年我得了小儿麻痹症》
Small Steps: The Year I Got Polio

作者：Peg Kehret　　出版方：Albert Whitman　　出版时间：1996 年

在 1949 年某天突然病倒之前，佩格一直过着正常的生活。医生给出了可怕的诊断结果：小

---

① Tony Hawk，作家、喜剧演员、滑板运动员。——译者

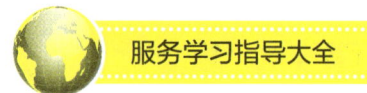

儿麻痹症。12岁的佩格被隔离在医院，离开了她的家人和朋友，她的病情发展也无法预测。在这本回忆录中，作者记录了在接下来的8个月时间里，在医生和临床治疗师的帮助、家人的支持和室友的鼓励下，她重新学会了走路的过程。共184页，适用于4—6年级。

《道》

The Way

作者：Joseph Bruchac　出版方：Darby Creek Publishing　出版时间：2007年

　　科迪多数时间不被人注意，直到最近，他成了长河高中那群总爱欺负人的学生的目标。某天，一位他从未见过的叔叔突然来访，告诉他很多印第安人的传说，并教授他功夫。逐渐地，科迪理解了"道"——即如何在愤怒状态下恢复平静的道。共156页，适用于7—12年级。

《白女巫》

The White Witch

作者：Janet Graber　出版方：Roaring Brook Press　出版时间：2009年

　　母亲去世后，格温德琳·里斯顿通常对关于她的妈妈是个女巫的流言不予理会。当那场可怕的瘟疫在15世纪中期的英格兰蔓延时，年幼的她受到指责——是她带来了这场灾难。她父亲离家前，将她藏了起来。格温德琳听着村民们的怒骂声，也看着他们死亡。随着疫情发展，她最终从自我保护转变为自我牺牲，运用能力来守护村庄，最终实现了自我。书中所用的文字和想象力，带领读者走入那个时代。该书附有文中使用的古英语词汇表。共160页，适用于5—9年级。

《温妮的战争》

Winnie's War

作者：Jenny Moss　出版方：Walker Books for Young Readers　出版时间：2009年

　　1918年，西班牙流感传播到得克萨斯州休斯敦市，有人认为是在欧洲战场作战的士兵带回了这种病毒。年仅12岁的温妮只想不要让她最爱的人们感染上这可怕的疾病，她尽心照顾两个虚弱的妹妹和患有精神疾病的母亲。同时还要帮沉默的父亲打理棺材生意，避开暴躁的祖母。而此时反犹太主义又把目标瞄准了她最好朋友的家。共192页，适用于5—8年级。

光盘中

作者访谈：故事背后的故事

　　在随书附送的光盘中，你会找到对《鼓、女孩和危险的馅饼》《午夜驾车者的笔记》《以后的以后》的作者乔丹·索南布利克的采访，他讲述了书的"故事背后的故事"。

第十一章　饥饿、无家可归和贫困

> 如果你不喜欢现在的样子，就去改变它。你有义务去改变它。你只要一步一步地做下去。
>
> ——玛丽安·赖特·埃德尔曼，
> 儿童保护基金创始人

饥饿和无家可归是全球关注的议题。有时它们会被当作城市病，但现实是，这些情形在每个国度和每个社区都存在，无论乡村还是城市。饥饿和无家可归有许多不同的成因。历史上，人类因为战争和饥荒而被迫离开，失去家园。土生土长的人群，诸如在美国的美洲原住民，被从祖先的土地上赶走。自然灾害也造成影响：洪水、干旱、龙卷风、飓风、地震以及火灾都可能破坏一个社区或毁掉庄稼。有时，事件虽然并不影响整个社区，但给个体的生活造成困难：人们可能因为失去工作、意料之外的医疗费用、经济下滑或者由于技术进步而取代了传统工作技能等，面临贫困和无家可归的状况。

在现代社会，贫困往往对儿童的影响最大。许多儿童生活在贫困线或以下。

- 在美国，将近1400万儿童生活贫困。[1]
- 超过150万美国儿童无家可归——就是说，每50个儿童中就有一个。[2]
- 全世界将近6.5亿儿童生活在极度贫困中。[3]

当儿童看到有人生活在大街上、汽车里或是庇护所，会好奇这是为什么。儿童在上学的最初几年里，学习关于人类的基本需要：衣食和居住方面的内容。不过这些儿童中有一部分还缺少这些基本必需品，大多数儿童已经认识到很多人没有这些保障而生活在挣扎中。

学生通过服务学习，仔细审查造成贫困并导致饥饿和无家可归状况的根源。他们渐渐熟悉当地的需要，和满足这些需要所需的服务。通过饥饿、无家可归和贫困的视角来学习历史，把真实的人放在真实的情况中，政治、权力和阶层之间的斗争也变得鲜活起来。文献资料，有虚构和非虚构两类，都生动地描绘了发生的事件和生活在困境中的人们。这些资料可以帮助澄清

---

[1] 《关于低收入儿童的基本事实：18岁以下的儿童》，Vanessa R. Wight 和 Michelle Chau，全国贫困儿童中心，2009年。
[2] 全国无家可归家庭中心，2009年。
[3] 《全球儿童贫困与差距研究》，孟加拉，联合国儿童基金会，2007—2009年。

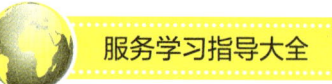

荒谬的说法和错误的假设，这些说法和假设让对这些问题持不同看法的人们之间越来越远，难以交流。今天，全球的年轻人都在为与该专题直接相关的需要做着贡献。同时，他们更善于审视现有体系，质疑当前政策并长期参与有意义的响应行动。

一、准备：为饥饿、无家可归和贫困方面的服务学习做好准备

下列活动可以用来促进有关饥饿、无家可归和贫困方面的学习和技能开发。这些活动在调查研究、准备和计划等阶段很容易调整适用于不同年级，帮助学生通过研究来审视关键问题，分析社区的需要，并获取所需的知识，从而有效地为设计服务计划出力。这些活动往往可以融入反思和展示的阶段中，因为学生可以带领有关活动，与他人一起建立关注意识。文献资料往往是准备过程的一个重要部分，你可以在本章后面的饥饿、无家可归和贫困书架中查找与该专题有关的推荐书目。

活动：你有什么样的金字塔？ 从四类食物到食物金字塔，难道一种模式能适应所有人的饮食结构吗？让学生分享自己家庭在饮食和营养上的具体情况。在差异化的社区里，学生有机会了解众多食物，从青江菜、木豆，到玉米糁、炸素丸子，了解不同的文化和社区如何应对各种饮食要求，这可以帮助学生学习欣赏自己社区的差异性，更好地分析和理解社区的需要。

活动：了解有关议题。 我们如何将饥饿和无家可归与真实的人联系起来呢？我们如何分清虚构与事实，打破传言，增加见识？尝试下列活动的其中一项或全部，引导学生开始思考。

- 给每个学生一张图画纸和一支蜡笔或记号笔（越简单越好）。让学生画一幅饥饿者的图像。告诉他们，5分钟内完成简要画图。鼓励他们独自并安静地画图。所有人都完成后，让学生把他们的画展示出来，描述他们所画的人——年轻的、年老的、单身的、有家庭的、男人、女人、儿童——以及此人如何表现出饥饿。

- 让学生以小组为单位合作。给每个组分配一个群体：老年人、退伍军人、移民、有孩子的家庭、失业者、无家可归者。让学生用5分钟时间考虑为什么这个具体群体会挨饿，或可能需要食物帮助。然后与全班同学分享看法，其他同学可以提问题。作为跟进环节，你或发言嘉宾可以提供关于这些群体的事实信息（当地、州或全国性机构提供的），并（或）让每个小组研究所分配的群体，收集关于饥饿和贫困的信息，向全班展示。

- 邀请当地机构的一名代表过来参与，这位代表的工作是帮助需要食物的人。可以请他回答问题，或帮助学生集体讨论，一起想出办法，提供有意义的帮助。

更多关于饥饿、无家可归和贫困的信息：

要更多地了解这些议题并获得服务和行动上的创意，可以上网访问这些网站和组织：

免费大米（www.freerice.com），是一个非营利组织网站。由联合国世界粮食计划署运作，以帮助消除饥饿。如果对网站上的小问题回答正确，就有大米粒捐赠到全球各地有需要的地方。

仁人家园的青少年项目（www.habitat.org/youthprograms），让青少年参与到该组织消除贫困居所和无家可归的使命中，并把体面的住所当成良心和行动的一部分。

美国乐施会（www.oxfamamerica.org）和**国际乐施会**（www.oxfam.org），致力于寻找解决世界范围的贫困、饥饿和社会不公的长久之计。访问他们的"酷星球"网站（www.oxfam.org.uk/coolplanet/kidsweb）其中有适合儿童的活动和故事。

分享我们的力量（www.strength.org），动员个人和各行各业贡献自己的才干，为对抗饥饿和贫困而募款，并增强大家对这个议题的关注意识，着手于目前直接的和长期的解决办法。其"伟大的美国人糕点义卖"计划，为在美国消除儿童挨饿提供教育课程和工作机会。

二、建立与所有课程的关联

某些服务学习活动自然而然地适合于跨学科工作及建立与所有课程的关联。这些课程关联，加强并扩展学生的学习，帮助他们达到学业标准。很可能甚至在学生开始进行服务学习活动之前，你就在寻找这些关联以及鼓励学生的方法了。在整个服务学习的过程中，要保持灵活性，因为任何时候提出的问题或学生所确定的社区需要都可能自发地形成某些课程关联。为了帮助你思考与所有课程的关联以及在哪里找到这些关联，本章的课程关联图（见218页）就该专题如何用于不同学科领域，给出了许多不同方法的实例。（本章下一节列出的服务学习情形，也展示了该专题如何用于不同学科领域的各种方法。）

> 富裕社会的饥饿问题让人愤慨，这永远不可能靠某地的"专家们"来解决，只有当像你我这样的普通人决定采取行动时，问题才会得到解决。
>
> ——弗朗西丝·穆尔·拉普，作家

饥饿、无家可归和贫困课程关联图

英语 / 语言艺术
- 定义"家"及其特性；与"无家可归"做对比。
- 研究关于无家可归的不实传言和事实，利用这些材料写一篇分享信息的说理性文章。
- 搜寻文学作品中描述无家可归或生活在贫困中的人们的例文。

社会研究 / 历史
- 学习导致饥饿和无家可归的历史事件，诸如爱尔兰饥荒。
- 采访一位市议会成员或副手，了解政府在向有需要的人提供服务方面所承担的角色。
- 针对你所在社区中的饥饿或无家可归者，做一次人口学和经济学研究。

外语
- 查看和比较不同国家中贫困和饥饿的统计数据。
- 讨论在讲该种语言的国家中的贫困问题和各种政府计划。
- 研究各国家庭住房的不同结构并学习有关词汇。

戏剧、音乐及视觉艺术
- 把以无家可归者为主角的文学作品改编成一场演出剧目，并设计与观众讨论的环节。
- 创作一首简单的歌曲，教授数字或色彩等基本概念。把歌曲录音，并在一间家庭庇护所分发。
- 研究当地一家庇护所需要哪些艺术用品，准备艺术用品套件。

饥饿、无家可归和贫困

数学
- 阅读食物标签，找出用量份额和营养价值。
- 创作一张统计图表，来比较全国和当地的饥饿统计数据；讨论如何在食品募捐活动中使用统计数据。
- 画出当地食物银行为了服务目标人群，所需要的和接收到的食物，按罐头数量或重量计算。

体育
- 讨论营养不良对身心健康的影响。
- 为一个家庭庇护所创作适合儿童锻炼身体的视频。
- 访问一家食物银行，在帮助把罐头食物分类并上架的同时，也"锻炼了身体"。

计算机
- 为当地一家提供食物的庇护所创作信息手册。
- 为正在找工作但没有计算机可用的人输入简历。
- 在互联网上，查找口号和格言，用在食品募捐活动的宣传推广中。

科学
- 了解儿童和成人的食物金字塔和营养需要。
- 研究饥饿对在校学生的成绩和正在找工作的成年人有何影响。
- 比较不同食物的营养价值和相关费用。

第十一章　饥饿、无家可归和贫困

三、服务学习情形：行动创意

做好行动的准备了吗？下列对服务学习的描述，是小学、初中或高中学生在校内或与社区组织一起成功完成的实例。这些情形和实例中，大多数明确包括调查研究、准备和计划、行动、反思及展示的某些层面，并且全都有很强的课程关联。这些情形可以成为激发你取得创意的丰富源泉。请记住，年级水平仅做参考，大多数情况可以调整适用于更低或更高年级的学生，许多情况适合跨年龄的合作。

行动者和作者：学前班

在马萨诸塞州哈得孙市，学前班的学生很认真地对待尚未满足的社区需要。他们用心聆听由成年人（包括学区总监[①]）展示介绍的事实和信息。他们走访食物银行并且记录货架上有多少食物。回到班里，通过计算食物银行所需食物数量，他们提高了数学技能。随后，他们开展食品募捐活动，收集这家食物银行所需的食物。他们的贡献不小，并跟踪拍摄数码照片记录食品募捐活动过程的每个步骤，还创作了一本书，向其他人介绍服务学习的重要性，告知公众还需要做些什么。

社区合作：学前班—12年级

在罗得岛州，800名公立学校学生参与了一个跨年龄段的服务学习项目，一起种植农产品，送给他们社区中挨饿的人。过去四年里，当地的食物银行从学生园艺工作中收到的农产品达五吨之多。高年级的学生给低年级的学生讲授公共参与、环境意识，以及每个人的努力在消除饥饿上如何起作用。两个年龄组都喜欢在园圃和温室里劳动——温室是在当地企业家和志愿者的支持下修建的。这个项目涉及面很广，鼓舞整个社区去探索食物、农业、富足、饥饿和社会之间的内在联系。

缝被子：2年级

在一个2年级班里，老师朗读《泰迪熊》一书，引出无家可归者的话题。这些华盛顿州城乡结合部社区的学生热烈地讨论着他们观察到的似乎没有固定住所的人们。儿童们表达了他们的担忧和关注，并且想知道谁在帮助这些无家可归者。从当地庇护所请来的演讲者回答了学生所准备的问题，并聆听了学生关于如何提供帮助的想法。该班决定制作两床庇护所用得上的被子。学生应用数学和艺术技能，并学习缝纫技术。在家长的帮助下，他们做好两套被子并送给庇护所长期使用。

[①] 学区总监：美国的学区类似中国的教育局，学区总监相当于教育局长。——译者

儿童饥饿网络：4 年级和 5 年级

在洛杉矶，韦斯特伍德小学 4 年级和 5 年级混合班的学生创建了一个"儿童饥饿网络"，研究美国地理，探究美国的饥饿和贫困问题，并最终在他们自己所在的洛杉矶社区针对这些问题着手开展工作。在地理课上，学生在美国六个地区各选出一所学校，通过信件、传真和电子邮件，让参与的班级了解他们社区中的饥饿和贫困，找出已经在提供帮助的组织，寻找一种可以有所作为的办法，并汇报他们所学到的东西。一名当地大学生帮助记录结果，所有参与的班级都收到了记录副本。对于发起活动的班级里的学生来说，随着他们与全国范围内也想帮助他人的同龄人建立起联系，美国地理学习变得生动了。各种各样的方法——演讲者、外出考察、书籍、日记——都是学习过程的一部分。学生的直接服务包括：与生活在庇护所的儿童进行艺术交流、捐赠艺术用品供他们使用。

充满艺术的环境：6 年级

一家食物银行搬家之后，它的协调员访问了一个班级，描述在新的等候间里一排排的椅子和光秃的白墙，显得多么"枯燥乏味和没有欢迎气息"。这些初中生制作了张贴画和艺术作品，装饰这个等候间，还创建了一个儿童看护区，其中放有捐赠的艺术用品。

一个供应食物的园圃：6—8 年级

这项园圃活动一开始只是某班级的一个科学项目，学生想要继续种植、除草、收获，活动由此扩展开来。学生历经五年，在学校全学年参与，持续耕耘社区的一个有机园圃，为当地庇护所里的数百名居民和有需要的家庭提供新鲜农产品。一家伙伴机构帮助分发食物。

什么是饥饿？7 年级

每个人都会说："我饿了！""饿"是午餐铃响前咕咕叫的肚子，还是放学后想吃零食的渴望？社会研究班的学生讨论饥饿，试图理解贫困中的人们是如何体验着这个词的。他们发现，不吃或不按常规吃营养均衡餐的人们，免疫系统已经受损，更容易得病，他们的学习和工作能力也会下降。除非提供干预和帮助，这些影响可能导致他们的经济状况不断恶化。学生与当地机构合作，准备书面材料，在学校、图书馆、青少年俱乐部和其他组织分发。这些材料提供了关于当地饥饿状况的事实、人们可以进行帮助的办法，以及开展食物与衣物募捐活动的建议。

孩子为孩子缝纫：8 年级

8 年级家政课上，一个班的学生每两人一组，为无家可归庇护所的孩子选择并缝制一套服

装。这些套装配色协调，每人缝制一件。服装从运动套装到短袖短裤套装都有。有些学生缝制了上学用的背包。他们与当地布料商店建立了社区伙伴关系来资助该项目。

实用数学：8年级

初中的学生将数学课与无家可归研究相结合，以提供社区帮助。学生学习利润、亏损、毛额、净额、折扣、税款等商业数学概念，随后把这些技能应用到一次募捐活动中。这次募捐是为当地一家热汤坊募款，购买食物放入午餐包里。在此过程中，学生、学校、社区食物批发商、潜在的捐赠者以及热汤坊之间，建立了伙伴关系。

理解贫困：8年级

在华盛顿州西雅图市的爱因斯坦初中，120名8年级学生不光只是阅读有关贫困的书籍。在英语课上，他们阅读了《地狱求生121天》，这是一本关于一个在街头生活的男孩的小说。在数学课上，他们查看贫困所涉及的财务问题，例如与住房和就业统计数据相对应的费用。在科学课上，他们了解贫困对健康的影响，从营养不良到缺乏医疗照顾。随后，他们发起了一场乐施贫富宴活动。活动中，他们把同学分成小组，根据世界饥饿的实际统计数据供给不同的餐食。演讲嘉宾讲述这个社区中的贫困状况。了解这一背景后，学生志愿去西雅图市中心机构里准备和递送食物，修剪趾甲，收集所需的卫生用品。接下来，学生写报告、发布电子杂志、创作数码视频，并举办了一个晚间展览以扩大宣传。访问www.hungerbanquet.org，可以了解更多有关乐施贫富宴的信息。

在塔吉克斯坦与孤儿们一起做事：8—11年级

在中亚的塔吉克斯坦，8—11年级的学生参加了青少年领导力俱乐部。他们收集来自塔吉克斯坦各地孩子们的想法，汇集成"做好准备帮助他人"。来自不同组织的志愿者们在全球青少年服务日集合起来，为孤儿院里有残障和无家可归的孩子准备并分发餐食。学生还和孩子们一起玩游戏、制作艺术品。要了解有关全球青少年服务日的更多信息，请访问www.gysd.org。

雄鹰高飞！9—12年级

在得克萨斯州乔治敦市，乔治敦高中体育系主任决定让"雄鹰们"（对学校运动员的称呼）参与服务学习。该校区服务学习协调员与大约1000名运动员会面，大家都承认，无家可归是一个严重的问题，尤其是当他们得知本校有100名学生无处睡觉时，他们更确认问题的严重性。他们合作开办了一个校园食物配餐间，"雄鹰储物柜"。学生在储物架上贮存零食、衣服、洗漱

用品、学校用品和其他物品。田径队取消了昂贵的匾牌和奖章，改为颁发证书，上面写着"为了祝贺你的成绩，我们捐资帮助雄鹰储物柜"。捐款加起来高达数千美元！竞赛之前，客队运动员收到棕色纸袋，内有这个储物柜所需用品的清单——结果募集到的物品一天就装满了3个208升的箱子。学校任何运动项目的第一次主场比赛都是"雄鹰储物柜之夜"，由此建立了社区参与的传统。新闻摄影的学生在橄榄球场的大屏幕上播放雄鹰储物柜的宣传短片。学生的下一个项目是与一家当地非营利组织——"乔治敦项目"合作，开办叫做"鹰巢"的当地少年庇护所。学生的口号是：乔治敦雄鹰在球场内外一起工作。

每月晚餐：8—12年级

马里兰州的一个青少年服务学习咨询委员会，除了在各个学校倡导服务学习之外，还制订计划并购买各种配料，每月两次为一家庇护所的妇女和儿童准备晚餐。

帮助庇护所：9—11年级

在帮助一家妇女儿童庇护所进行房间装饰以后，马里兰州的学生还想继续伸出援助之手。这家机构和学生代表开会，讨论需要和主意。学生就这些主意采取行动，包括制作日记本，送给初来庇护所的年轻人，修建玩具房屋供玩耍治疗。

从活动中心到家庭相册：9—11年级

在加利福尼亚州圣佩德罗市，有一家"随时来"的机构。它为有需要的家庭提供临时住房、食物以及其他所需服务。在那里，年幼的孩子往往等待数小时，无事可做。高中学生创建了一个活动中心，那儿有放玩具和书籍的架子。在修建活动中心的那天，学生与现场的儿童玩游戏并给他们读书。一名学生拍摄照片，为了保护儿童的隐私，他细心注意不拍到这些儿童。可是，一位家长找到照相的学生，问道："你能为我的小孩拍张照吗？我没有我孩子的相片。"于是，学生积极行动起来，解决了这个问题。他们募集到即拍得相机和胶卷，定期回访，保持玩具和书状态良好，并为孩子们拍照送给家长。

要让他们都有饭吃：9—12年级

"要让他们都有饭吃"全城罐装食品募捐活动，由一所替代型高中的学生为加利福尼亚州韦斯特伍德市设计，并与市政府、各学校和当地食物银行等合作伙伴协调进行。

> 无家可归使得孩子们在学业上挣扎，健康受损，得不到足够的食物。
>
> ——无家可归者之家，
> 儿童和贫困研究所的一项计划

第十一章　饥饿、无家可归和贫困

在帮助当地一家食物银行对食物供应进行分类和储存之后，学生了解到食物银行在春夏两季，供应品存量总是很低。学生于是在4月举办募捐活动，这已经成为年度活动。通过街头横幅和放在市场、学校及市政厅带有特殊标记的箱子，该活动得到广泛宣传。这个活动已成为很受食物银行欢迎的意外收获。

捐赠鸡蛋：9—12年级

为一个农业项目养鸡的学生，发现当地的食物配餐间很愿意接受他们的鸡蛋。在更多地了解了社区的需要之后，学生帮助组织和宣传对其他所需资源的收集活动。

捐赠视频：10年级

在参观一家食物银行之后，几个学生表示，除了"捐赠食物"，他们还想做更多的事。他们为这家机构开发了一段视频，主要是拍摄介绍这家机构，并采访一位有过贫困经历的妇女。这些学生，在他们的老师和机构员工的帮助下，写出了一份四页纸的课程计划，其中包括有如何在小学高年级、初中和高中班使用该视频的建议。这个视频现在用于在当地社区进行贫困和饥饿的教育。

建立关联——一次"小说"体验：10—11年级

9月，在印第安纳波利斯市的大教堂高中，一位服务学习协调员兼老师认定，把进阶写作课与社区行动联系在一起，会有重要价值。10月，学生沉浸在对科马克·麦卡锡的后世界末日小说《路》的阅读理解之中。同时，他们安排时间在当地一家食物银行工作，学会更熟练地管理自己的时间。学生的亲身经历成为日记的话题，他们还写文章把《路》与在食物银行提供的服务连接起来。当学生要确定有多少人从他们收集和分类的数以吨计的罐装食物中受益时，数学技能也被应用进来了。学生为教师员工会议制作了一张光盘，还以此参与了全国服务学习伙伴关系的一次视频比赛。参见来自实地的对《路》的推荐（见光盘中）。

在庇护所教课：11—12年级

通过研究，芝加哥的高中学生了解到，生活在极端贫困中或无家可归的儿童，往往没有为上学前班做好准备。学生联系了一家妇女儿童庇护所，为学龄前儿童准备了教育活动，如练习手册和游戏盒。在教师和机构员工的支持下，高中学生在为这些儿童上教育课程的同时，自己也学到了宝贵的技能。

读书俱乐部：11—12年级

当代议题课的学生阅读关于贫困和无家可归的虚构类文学作品和非虚构类文献资料。在聆听了一家男性庇护所主管介绍其机构设施及其为居民开放的项目之后，学生讨论了哪些需要还没有得到满足。一个学生对讲话者所提到的那里有多少男人在晚间阅读的情况加以评论。该班向这家庇护所提交了一份议案：发起一个读书小组，让那里的少年和男人们阅读同样的虚构故事，并且每月有两个晚上开会共同讨论。学生写的反思显示出，他们开始尊重生活在庇护所的男人和他们的知识、勇气及承受力。

> 我们为什么而生活，难道不正是为了让彼此的生活少一些困难吗？
> ——乔治·艾洛特，作家

四、饥饿、无家可归和贫困书架

不管描述过去还是审视现在，饥饿、无家可归和贫困方面的作品表明，这些情况在许多地方已经触动了许多人的生活。为帮助你找到与你的具体项目有关的书籍，书目总表（见226—227页）把书籍按几个主题分类：历史借鉴、今日社区、全国视角和国际需要。

总的来说，本书架有以下特点：

- 书目带注释，按非虚构类（N）、图画书（P）和虚构类（F）进行一般分类，根据书名字母的顺序排列。对于非虚构类和虚构类，还注上总页数，并推荐适用的年级水平。图画书的所有书目都没有推荐年级水平，因为它们可以成功地用于各年龄段。

- 有一张按照主题和类别分类的图表，帮助你找到具体项目的相关图书。

- 来自服务学习同行和专家的书目推荐，包括摘要介绍和与服务学习相关联的创意。（推荐的书籍数量在每个书架中有所不同。）

- 请注意：该类别的附加书目列在光盘中，一些是绝版书但仍有查找价值。

非虚构类：饥饿、无家可归和贫困

《孤单在世：美国的孤儿和孤儿院》
Alone in the World: Orphans and Orphanages in America
作者：Catherine Reef　出版方：Clarion Books　出版时间：2005年
　　书中有摄人心魄的19世纪和20世纪的照片及儿童图像，是关于美国孤儿院历史兴衰的简

短生动的介绍。共 144 页，适用于青年。

《黑土豆：1845—1850 年爱尔兰大饥荒的故事》

Black Potatoes: The Story of the Great Irish Famine 1845—1850

作者：Susan Campbell Bartoletti　　出版方：Houghton Mifflin　　出版时间：2001 年

1845—1850 年爱尔兰大饥荒有着世界性的影响。爱尔兰人挨饿而死。大约 100 万人死亡，200 万人逃离爱尔兰，很多移民到美国。本书通过来自新闻报道和第一人称叙事的生动文字，还原了这场大灾难的历史面目。共 160 页，适用于 6—10 年级。

《让孩子先吃：爱尔兰大饥荒回忆录》

Feed the Children First: Irish Memories of the Great Hunger

作者：Mary E. Lyons　　出版方：Simon & Schuster　　出版时间：2002 年

由真菌引起的爱尔兰大饥荒，毁掉了主食土豆，是 19 世纪最可怕的灾害之一。爱尔兰全国 800 万人中，超过四分之一的人死亡或移居国外。第一人称的讲述让人们回到事发的时间、地点，感受经受的苦难以及最后的幸存。序言包括概述和接受援助的例子。《长征》，列入本书架的另一本书，描述了乔克托部落为赈济爱尔兰饥荒所做的贡献。共 48 页，适用于 4—12 年级。

《如果我有一把锤子：与仁人家园共建家园和希望》

If I Had a Hammer: Building Homes and Hope with Habitat for Humanity

作者：David Rubel　　出版方：Candlewick Press　　出版时间：2009 年

吉米·卡特来自佐治亚州普莱恩斯市，作为美国未来农民协会的成员，他知道怎样使用一把锤子。不过，作为美国前总统，卡特将那把锤子用在不同的目的上：帮助仁人家园在 90 多个国家建造住房。本书用照片和叙事，生动地展现了这个过程和参与其中的人们。共 148 页，适用于 4—12 年级。

> 光盘中
>
> 来自实地的推荐
>
> 《五分一毛：在美国捉襟见肘的日子》
>
> *Nickel and Dimed: On (Not) Getting By in America*
>
> 作者：Barbara Ehrenreich
>
> 出版方：Metropolitan Books　　出版时间：2001 年
>
> 共 221 页，适用于青年。

《孤儿火车的搭乘者：一个男孩的真实故事》

Orphan Train Rider: One Boy's True Story

作者：Andrea Warren　　出版方：Houghton Mifflin　　出版时间：1996 年

"没家的孩子"——从纽约市出发西行的孤儿列车的到站标牌上这样写着。车上的儿童都是孤儿或被无力照管他们的家庭所抛弃的孩子。从 1854 年到 1929 年，超过 20 万名儿童踏上了这去往中西部的旅程。本书讲述了一个男孩的故事，对寄养家庭和无家可归庇护所出现之前的社会状况进行了重要的历史性陈述。共 80 页，适用于 4—8 年级。

饥饿、无家可归和贫困书架主题

主　　题	书　　籍	类　　别
历史借鉴 饥饿是新事物吗？无家可归呢？贫困呢？以史为鉴，找出过去发生的事情和我们能从中学到的教训。	《爱冒险的厨师：亚历克西斯·索耶》△	图画书（P）
	《孤单在世：美国的孤儿和孤儿院》	非虚构类（N）
	《黑土豆：1845—1850年爱尔兰大饥荒的故事》	非虚构类（N）
	《让孩子先吃：爱尔兰大饥荒回忆录》	非虚构类（N）
	《愤怒的葡萄》	虚构类（F）
	《长征：乔克托部落为赈济爱尔兰饥荒献出的礼物》*	图画书（P）
	《孤儿火车的搭乘者：一个男孩的真实故事》	非虚构类（N）
	《开往远方的列车》	图画书（P）
	《价值》	虚构类（F）
今日社区 在当今时代和我们自己的社区里，社会问题使太多的人生活在无家可归或饥饿之中。本类别中的故事显示了各种不同的情况和需要。	《在我母亲脚下》	虚构类（F）
	《有所作为的感恩节》*△	图画书（P）
	《韦厄拉街上的一座城堡》*	图画书（P）
	《芒果街上的小屋》	见319页
	《一百件礼服》	虚构类（F）
	《如果我长大》	虚构类（F）
	《魔术珠》	图画书（P）
	《搞砸了》	虚构类（F）
	《缺钱》	虚构类（F）
	《一片漆黑》	虚构类（F）（GN）
	《路》	虚构类（F）
	《汽车里的庇护所》	图画书（P）
	《精灵鬼》	虚构类（F）
	《素描》	虚构类（F）
	《灵魂月亮汤》	虚构类（F）
	《泰迪熊》*	图画书（P）
	《小小三个字：一份回忆录》	虚构类（F）
	《威利叔叔和热汤坊》*△	图画书（P）
	《我想要的地方》	虚构类（F）

（续表）

主　题	书　籍	类　别
全国视角 一个国家如何响应无家可归者的需要？有哪些根本的问题、争议和可能的解决方法？虽然公共辩论和计划在持续，但露宿街头的人们又如何度日？	《如何建造一幢房子》*	见 154 页
	《五分一毛：在美国捉襟见肘的日子》（见光盘中）	非虚构类（N）
	《针对无家可归采取行动》*	非虚构类（N）
国际需要 饥饿和无家可归没有国界。这些故事在全球发生。	《梦想自由》*（见光盘中社会改变书架）	虚构类（F）
	《第一个十字路口：青少年移民的故事》	见 251 页
	《如果我有一把锤子：与仁人家园共建家园和希望》*	非虚构类（N）
	《像我一样的生命：世界各地的孩子们如何生活》* （见光盘中移民书架）	非虚构类（N）
	《这就是生活：海地人关于希望的故事》	图画书（P）
	《那些鞋》	图画书（P）
	《世界吃什么？》	非虚构类（N）

注：对出现在其他书架中的书籍，列出参照页码。
＊：这些书籍包括年轻人和成人在提供服务的角色上的实例。
△：这些书籍为绝版书，但仍有查找价值。
GN：这些书籍是绘本小说。

《针对无家可归采取行动》

Taking Action Against Homelessness

作者：Kaye Stearman　出版方：Rosen Publishing　出版时间：2009 年

　　这是一本提供事实、提出问题、帮助启动讨论并带有国际视野的信息类书籍。共 48 页，适用于 5—8 年级。

《小小三个字：一份回忆录》

Three Little Words: A Memoir

作者：Ashley Rhodes-Courter　出版方：Antheneum　出版时间：2008 年

　　阿什莉 4 岁时离开了母亲，被迫生活在寄养家庭照看体系中。在收留过她的 14 个家庭中，大多数家庭对她不尊重、不友善。她从一所学校转到另一所学校，有过许多个案工作者。虽然受尽摆布、羞辱和寂寞，阿什莉还是找到了生活中的勇气，并做出了自己的贡献。共 336 页，适用于 9—12 年级。

《世界吃什么？》

What the World Eats

作者：Faith D'Aluisio 和 Peter Menzel　　出版方：Tricycle Press　　出版时间：2008 年

　　人们买什么？人们吃什么？作者把你带到 21 个国家去看看他们的购物清单和他们饭桌上的东西。很显然，一个农村家庭，生活在靠近城市超市的家庭，与生活在难民营中的家庭相比，吃得大不相同。我们看到营养、政策和具体境况之间的关联。或许，这也将帮助我们考虑，随着美国糖尿病和肥胖症发病率的上升，我们需要用全新的眼光来看待食物。共 160 页，适用于所有年龄。

图画书：饥饿、无家可归和贫困

《爱冒险的厨师：亚历克西斯·索耶》

The Adventurous Chef: Alexis Soyer

作者：Ann Arnold　　出版方：Farrar, Straus and Giroux　　出版时间：2002 年

　　在这本独特的传记中，来见一见亚历克西斯·索耶，这个派头十足的厨师和厨房用具发明家。他挑战传统，改造烹调方法，帮助有需要的人。他的慈善工作促使他在爱尔兰大饥荒期间，在都柏林市开创了热汤坊模式，并与弗洛伦斯·南丁格尔护士一起革新和改进克里米亚战争期间的军用炊事方法。这是一本有参考价值的绝版书。

《有所作为的感恩节》

The Can-Do Thanksgiving

作者：Marion Hess Pomeranc　　出版方：Albert Whitman　　出版时间：1998 年

　　当迪伊把一罐豌豆送给学校的罐装食品募捐活动时，她不停地问："我的豌豆会去哪儿？"因为她的不断追问，班上建立了一个项目，在感恩节为有需要的人准备和递送食物。这是把传统的罐装食品募捐活动转变为一个服务学习项目的优秀参考资料。

《韦厄拉街上的一座城堡》

A Castle on Viola Street

作者：DyAnne DiSalvo-Ryan　　出版方：HarperCollins　　出版时间：2001 年

　　在韦厄拉街，一个家庭与仁人家园的志愿者一起修葺一所住房。有一天，他们了解到另一所将要修葺的住房是给他们的。正如父亲所言，"大的梦想都是一点一点地建立起来的"，许多双手已经为建立梦想提供了慷慨的援助。

《长征：乔克托部落为赈济爱尔兰饥荒献出的礼物》

The Long March: The Choctaw's Gift to Irish Famine Relief

作者：Marie-Louise Fitzpatrick　　出版方：Tricycle Press　　出版时间：1998 年

第十一章　饥饿、无家可归和贫困

那是在 1847 年，乔克托部落的一位年轻人乔奥纳得悉爱尔兰的大饥荒。乔克托部落从他们仅有的一点宝贵资源中，收集了 170 美元来帮助挨饿的爱尔兰人。当乔奥纳得知自己部落的长征活动的可怕真相之后，他必须决定是否答应来自远方人们的求救。该书源自真实事件。

《魔幻珠》
The Magic Beads

作者：Susan Nielsen-Fernlund　　出版方：Simply Read Books　　出版时间：2007 年

莉莲在 2 年级时转到一所新学校，她对做"展示和讲述"感到很紧张。在她请求妈妈给她买一些东西向新班级展示时，妈妈提醒说，她们需要为有自己的住所存下每一分钱。莉莲和妈妈正生活在一家庇护所里。莉莲发现，和其他孩子买来的玩具相比，她有更特别的东西拿出来分享：她的魔幻珠和让这些珠子充满力量来帮助她对抗这种受到严峻考验的想象力。

《这就是生活：海地人关于希望的故事》
Sélavi: A Haitian Story of Hope

作者：Youme Landowne　　出版方：Cinco Puntos Press　　出版时间：2004 年

本书取材自海地火灾之后，生活在街头的年轻孩子们真实的努力和付出，他们决心为自己建造住房。他们相信，如果每个人都和大家分享自己的资源，那么每个人就会拥有更多。他们做所能找到的工作，在任何可能的地方修建住房。在警察让人烧毁了他们的第一所住房之后，他们勇敢地反抗，重建并扩大了这所住房，还增加了一个无线电台，广播故事、歌曲和对他们亲身经历的采访，这个电台至今还在运作。

《汽车里的庇护所》
A Shelter in Our Car

作者：Monica Gunning　　出版方：Children's Book Press　　出版时间：2004 年

书中生动的图画讲述了泽蒂和妈妈的故事，她们生活在她们的汽车里，妈妈正在寻找一份稳定的工作。她们想念牙买加的舒适生活和爸爸的陪伴，但也知道她们在这个过程中拥有彼此。

《泰迪熊》
The Teddy Bear

作者：David McPhail　　出版方：Henry Holt　　出版时间：2002 年

小男孩弄丢了他特别的泰迪熊，一个无家可归的老爷爷捡到并爱护着它。几个月后，男孩惊讶地发现他的泰迪熊坐在公园的长椅上。正当他终于与他的熊团聚时，男孩听到一个留着胡子的男人在叫："我的熊！我的熊在哪儿？"这个男孩的行动表现出理解和同情。

《那些鞋》
Those Shoes

作者：Maribeth Boelts　　出版方：Candlewick Press　　出版时间：2007 年

学校里几乎每个人都有昂贵的名牌鞋。可是，当杰里米的祖母带他去买鞋时，祖母被昂贵的价格吓了一跳。杰里米用自己的钱在旧货店买了一双太小的鞋，一直放在他的床头没有穿。当他在操场注意到安东尼奥的鞋底像自己穿的一样破时，杰里米必须做出决定：要不要把那双太小的鞋子送给安东尼奥——当杰里米的辅导员在课间休息时给了他一双鞋换掉旧鞋时，安东尼奥是唯一没有取笑他的男孩。

《开往远方的列车》

A Train to Somewhere

作者：Eve Bunting　出版方：Clarion Books　出版时间：1996 年

1878 年，一个年轻女孩乘坐开往西部的孤儿火车，仍然抱着希望，想要找到抛弃她的母亲。每次列车靠站，她看着其他孩子被收养。在最后一站，远方的一个镇上，她终于找到了家。

《威利叔叔和热汤坊》

Uncle Willie and the Soup Kitchen

作者：DyAnne DiSalvo-Ryan　出版方：Morrow　出版时间：1991 年

威利的侄子在街坊里的热汤坊工作，准备和提供食物，他赢得了人们对援助者的赞赏。此为绝版书但仍有查找价值。

虚构类：饥饿、无家可归和贫困

《在我母亲脚下》

Beneath My Mother's Feet

作者：Amjed Qamar　出版方：Atheneum Books for Young Readers　出版时间：2008 年

纳齐娅是一个年轻女孩，在巴基斯坦的工薪家庭长大。当她家面临困难时，她和母亲必须去做"马西斯"——以打扫屋子为生的女人。纳齐娅不得不辍学，放下对学习的热情，去应付来自传统文化和自身角色转换带来的挑战。她从"马西斯"转变成"梅母萨希布"——房屋的女主人。在这个过程中，纳齐娅开始质疑自己对母亲、对家庭以及对自己梦想的忠诚态度。共 198 页，适用于青年。

《一百件礼服》

The Hundred Dresses

作者：Eleanor Estes　出版方：Harcourt　出版时间：1944 年

万达·彼得罗斯基因为生活在镇上的贫困区并且每天都穿同一件衣服而被同学们取笑。女孩玛迪对这些讥笑，以及万达坚持说她"家里有一百件礼服"的说法，感到不解。当万达的爸爸为了逃避这些无情的取笑而搬家时，玛迪和朋友们直接面对着自己的行为，并看到万达的礼服。这是一个真正的经典故事。共 80 页，适用于 3—7 年级。

第十一章 饥饿、无家可归和贫困

《如果我长大》

If I Grow Up

作者：Todd Strasser　出版方：Simon & Schuster　出版时间：2009 年

德肖恩每天都试图避开在他所住的内城（贫困）住宅项目区横行的帮派团伙。他在学校表现很好，可是，当他意识到加入帮派是他能够获得维持家庭所需金钱的唯一途径时，他所有的美好意愿都瓦解了。对德肖恩来说，帮派团伙不再是关于对与错，而是关于生存。作者因写作顽强不屈的城市生活故事而出名，他采访了帮派成员和纽约市周边这类住宅项目区里的居民。共 240 页，适用于青年。

> 光盘中
>
> 来自实地的推荐
>
> 《愤怒的葡萄》
>
> *The Grapes of Wrath*
>
> 作者：John Steinbeck　出版方：Penguin
>
> 出版时间：1939/1992 年
>
> 共 619 页，适用于青年。

《搞砸了》

Messed Up

作者：Janet Nichols Lynch　出版方：Holiday House　出版时间：2009 年

15 岁的 R.D. 好像是自己生活的无辜旁观者。父亲在他蹒跚学步时就消失了，母亲住在监狱里，祖母跟新男友走了，留下 R.D. 由祖母的前夫厄尔照看。当厄尔突然去世时，R.D. 决定，他最好自己养活自己。他自己申请上学（要重读 8 年级），不惹麻烦（他对学校管理者的帮助让人吃惊），交了意想不到的朋友（有几个他情愿没交），还学会了烹饪。本书从一名墨西哥裔美国男青年的内心视角出发，展现了他与自己的过去做斗争和努力建设未来的过程。共 250 页，适用于 7—9 年级。

《缺钱》

Money Hungry

作者：Sharon G. Flake　出版方：Hyperion　出版时间：2001 年

拉斯伯里·希尔 13 岁了，她知道无家可归的滋味，发誓再也不要这样了。她想尽办法挣钱，存了一点现金，却不足以阻止母亲把她们的行李装进塑料袋中，离开（贫困住宅）项目区，再一次面临没有家的恐惧和沮丧。共 188 页，适用于 5—8 年级。

《一片漆黑》

Pitch Black

作者：Youme Landowne 和 Anthony Horton　出版方：Cinco Puntos Press　出版时间：2008 年

在纽约地铁上的一次偶遇，促成了一个白人女青年和一个非洲裔男青年的合作。这本书以绘本小说的形式，完美地展现了一个生活在庇护所里遭到遗弃的儿童的故事。那里比无家可归更糟,因此他重返地铁通道的深处去生活和创作艺术。这本书以这样的话开始:"只因为你看不到,并不意味着这里什么都没有。"共 64 页,适用于 6—12 年级。

《精灵鬼》
Shifty

作者:Lynn E. Hazen 出版方:Tricycle Press 出版时间:2008 年

索利外号"精灵鬼",13 岁时,已经在许多寄养环境中生活过,他现在住在玛莎的家,是最好的。索利感激养母照看他、茜茜和一个婴儿。茜茜是一个终于走出自我保护壳的小女孩,他们把婴儿叫作钱斯。可是,尽管"精灵鬼"尽了最大努力不惹麻烦,麻烦却总是找上门来。他力图证明他能负责任,是充满关爱的家庭中的一员。书中列有一份致力于帮助寄养儿童的机构清单。共 188 页,适用于青年。

> 光盘中
>
> 来自实地的推荐
>
> 《路》
>
> *The Road*
>
> 作者:Cormac McCarthy 出版方:Knopf
>
> 出版时间:2006 年
>
> 共 256 页。适用于 10—12 年级。

《素描》
Sketches

作者:Eric Walters 出版方:Viking 出版时间:2008 年

达娜不得不从家逃离,加入生活在街头的一帮孩子。当她找到"素描"——一个可以随时去的无家可归少年艺术中心时,她开始面对并解决她过去的问题,并打破沉默去寻找她所需要的帮助。共 232 页,适用于 8—10 年级,有成人主题。

《灵魂月亮汤》
Soul Moon Soup

作者:Lindsay Lee Johnson 出版方:Front Street 出版时间:2002 年

在这篇散文诗中,11 岁的菲比·罗斯描述了"在城市里艰辛贫困"的生活,她和母亲睡在庇护所或门廊里。当她的艺术家梦想被粉碎时,根本没人注意到:她成了隐形人。只有当她被送到乡村与奶奶一起生活时,她才懂得:"当东西散落时,正是你重新排列的机会。"共 134 页,适用于 7—10 年级。

《我想要的地方》
Where I'd Like to Be

作者:Frances O'Roark Dowell 出版方:Simon & Schuster 出版时间:2003 年

12 岁的玛迪,在过够了寄养家庭的生活之后,搬进了东田纳西儿童之家。她找到了一群有不同想法的孩子,大家一起建造堡垒,一个属于他们自己的家。当他们用自己的故事和梦想填

充着这幢建筑时,玛迪在想,她是否会找到一个能真正称为家的地方 —— 至少是找到有家的感觉。共 232 页,适用于 4—7 年级。

《价值》
Worth

作者:A. LaFaye　出版方:Simon & Schuster　出版时间:2006 年

在这部内容丰富的历史虚构小说里,19 世纪后期的孤儿火车生动地呈现出来。讲述者,11 岁的内特,在一次农耕事故中压坏了腿。为了弥补人力缺口,他家收留了约翰·沃思,一名从孤儿火车上来的孤儿。内特承受的痛苦,更多是来自父亲的排斥,而非农耕事故。怨恨让他对人冷淡,对在火灾中失去双亲的约翰毫无同情。然而,当为了庄稼而需要土地的农民和为了牲畜而需要土地的牧人之间的仇恨呈现出危险态势时,两个男孩联合起来了。共 160 页,适用于 4—8 级。

> 光盘中
>
> **作者访谈:故事背后的故事**
>
> 在随书附送的光盘中,你会找到对《灵魂月亮汤》的作者林赛·李·约翰逊和《有所作为的感恩节》的作者玛丽昂·赫斯·波梅兰克的采访,他们讲述了书的"故事背后的故事"。

第十二章 移民

什么原因造成一个人背井离乡,搬到一个语言障碍和文化差异似乎难以克服的新国家?历史提供了许多理由:饥荒、政见分歧、财务困难、战争、革命、强制搬迁、奴隶制,等等。气候变化也一直是诱发源,如因为气象原因产生的旱灾和水灾。当然,人们也出于其他更积极的原因移民,如探险意识、希望获得更好的工作或教育、一个更强大的经济体所提供的前景,或者只是那种对美好生活将会来临的期望。在今天的世界里,移民的原因会有很大不同吗?

> 我们逃离古巴时,能携带的全部东西就是我们的教育。
>
> ——艾丽西亚·科罗,教育家

也许不会。即便原因相同,由于异地搬迁轻而易举,已经引起了料想不到的人口迁移。在全球各地,我们都会看到人们把自己的文化和背景深深植入新的土壤里,这改变了社区面貌,也带来挑战,需要加以审视和应对。政府有职责,普通民众也有。需要考虑哪些事情,以便人们分享、理解、同情,而不是害怕和慌张呢?

移民意味着搬到某地定居——不是休假或路过。这个新地方变成了家园。有时,迁移的家庭要与所爱的人们分离。他们面对孤单和学习新语言的挑战,还要解开异地文化的谜团。尤其是年轻人,可能挣扎在两难之间,究竟要认同他们的原有文化,还是为了融入同伴而抛弃它们,即便这种抛弃只是暂时的。

服务学习为人们提供了跨越语言、经历和文化差异去相互接触的机会,了解新来的邻居,并创建有包容性、差异化的社区。孩子们天生具有好奇心,想去学习了解。我们的挑战是要保证他们好奇的头脑保持开放,对其他人的不同经历表现出关心体贴。人类会继续从一个地方搬到另一个地方,出于选择或迫于生存。如何欢迎他人,结果则大不相同。

一、准备:为移民方面的服务学习做好准备

下列活动可以用来促进有关移民方面的学习和技能开发。这些活动在调查研究、准备和计划等阶段很容易调整适用于不同年级,帮助学生通过研究来审视关键问题,分析社区的需要,并获取所需的知识,从而有效地为设计服务计划出力。这些活动往往可以融入反思和展示的阶段中,因为学生可以带领有关活动,与他人一起建立关注意识。文献资料往往是准备过程的一个重要部分,你可以在本章后面的移民书架中查找与该专题有关的推荐书目。

第十二章 移民

活动：**把世界带回家**。人们从世界何处来？这个信息是任何移民类服务学习项目的基础。必须对要帮助的对象有所了解才能提供帮助。查阅报纸文章或采访政府官员，行动起来。要想找到人们在搬来你的城市或乡镇之前所生活过的地方，问卷调查是一个好办法。调查的目标人群可以是其他学生、学校员工或社区中的一个特定群体，如成人教育班的学员。确定研究的范围，例如，全班可以决定让回答问卷的家庭列出最近住过的三个地方。学生可能还想找出每次搬迁的年份和搬家的原因。提醒学生，对问卷上的所有问题，回答者都有权选择回答与否。

接着，用全国和世界地图、大头针或小贴条和线绳等追踪调查结果，直观地标出移民过程和任何其他的迁移。帮助学生理解国内迁移与迁移他国的差别，讨论移民给新家园带来什么，包括语言、价值观、信息、技能、思想、文化和资讯等。查清学生对他们社区里的移民群体可能有的任何成见，然后，从这些群体或为移民群体服务的机构请来讲演者，讲述并讨论分析不实信息和偏见。一旦学生找出社区中的移民群体并对他们的文化有了更多了解，就会更容易找出与其接触并应对真实需要的途径。

更多关于移民的信息：

要更多地了解这些议题并获得服务和行动上的创意，可以上网访问这些网站和组织：

美国移民归化服务局（www.uscis.gov），提供入籍资格信息、入籍过程、表格、消息、常见问题、公民入籍测验、学习材料，以及入籍指南出版物。

加拿大公民和移民局（www.cic.gc.ca），提供关于移民、难民、永久居留、公民入籍等网上信息和可以下载的有用信息。

国际救援委员会（www.rescue.org），是一个志愿者机构，为全世界难民提供帮助，包括美国。在美国许多城市都有当地办公室，以及参与该计划的信息。

日常民主（www.everyday-democracy.org），致力于寻找办法，让各种各样的人都参与针对关键性社会和政治议题的会话和努力解决的过程。他们有面向初中和高中的免费资料，包括一个关于移民的课程单元，称为"改变面孔，改变社区"，可以引发出各种社会行动项目。

加州学校教育在线资讯（score.rims.k12.ca.us），对优质资讯进行评估、整合并加以解释，从该网站到加州的历史/社会科学内容标准和课程规范，等等，在这些课件中寻找移民话题，其中有大量可以把移民议题与课程学习关联起来的资讯。

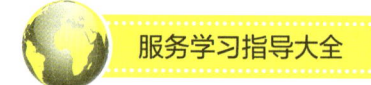

活动：谁帮忙？为移民群体提供协助的社区机构，可以帮助学生更多地了解该地区的新移民，找到帮助他们适应环境的人，为语言和文化上可能的困惑搭建沟通的桥梁，找出年轻人可以努力解决的需要，等等。下列活动很容易根据学生的能力、项目的时间框架和课程规范进行调整。

- 让学生阅读本书架中的一本书，或者向他们朗读一本书，鼓励学生开始思考移民问题。例如，在《我的名字叫允》中，一个少女为了尝试适应这个新国家而改名字。《小小善举》描述在东洛杉矶的一个移民男孩，那里的日常生活既有幸福也有风险。《第一个十字路口：青少年移民的故事》包括许多短篇故事，主人公是出于种种原因移民并处处遇到挑战的青少年。针对年轻人及其家庭所面对的挑战，以及故事中的年轻人可以为缓和这些问题所做的事，这些书会引发学生的讨论。

- 继续教育对于成年移民往往很重要，他们可以学习一种新语言或者其他资讯，以帮助他们适应并在新的家园茁壮成长。继续学习的资讯可能来自当地和州政府办公室、学区，还有非营利机构。成人学校可能有关于第二语言为英语学习班的注册信息。学生可以从该校课程计划协调员那里找到已经提供的服务，以及年轻人的参与是否可以满足某些需要等信息。随后，学生可以根据这些需要，确定值得做的项目，并与机构合作去完成这些项目。

- 学生可以采访移民学生或成人移民，了解他们的经历和需要。为采访过程做好准备是很重要的。为移民群体工作的专业人员可以提供极为有用的帮助。一些学生自己就是移民，或者有移民亲属，他们也可以站出来，义务提供知识和引导。

与移民交往，总是能提供大量交流和互惠互利的机会，丰富每个人的知识和理解。与来自另一种文化的人一起做事，并不是单向帮助的单行道。就像与老年人一起做事时一样，一定要寻找或创办这样的活动，让每一个参与者都能明显看到这种互惠互利的效果。

二、建立与所有课程的关联

某些服务学习活动自然而然地适合于跨学科工作及建立与所有课程的关联。这些课程关联，加强并扩展学生的学习，帮助他们达到学业标准。很可能甚至在学生开始进行服务学习活动之前，你就在寻找这些关联以及鼓励学生的方法了。在整个服务学习的过程中，要保持灵活性，因为任何时候提出的问题或学生所确定的社区需要都可能自发地形成某些课程关联。为了帮助你思考与所有课程的关联以及在哪里找到这些关联，本章的课程关联图（见237页）就该专题如何用于不同学科领域，给出了许多不同方法的实例。（本章下一节列出的服务学习情形，也展示了该专题如何用于不同学科领域的各种方法。）

移民课程关联图

英语 / 语言艺术
- 阅读移居到一个新国家的个人经历方面的故事。
- 学习采访技巧,练习聆听和做笔记的技能。
- 为第二语言为英语计划创作英语词汇书。

社会研究 / 历史
- 对来自同一人口群体中不同年龄段的移民进行采访,比较他们的经历。
- 研究人们离开特定国家的原因,并比较过去几十年中发生了怎样的变化。
- 学习并记载你所在社区中的移民在众多领域里——社会、政治、文化和艺术方面,所做的贡献。

外语
- 寻找来源于所学语言的英语单词。
- 准备课程,辅导移民英语语言技能。
- 为移民群体翻译学校手册。

戏剧、音乐及视觉艺术
- 与从不同国家来的人分享才干,创办合作型戏剧活动。
- 听世界各地的音乐,邀请来自不同国家的音乐人来到课堂。
- 探究多种不同文化对艺术和建筑风格的影响。

移民

数学
- 比较十进制和在世界许多地方使用的公制。
- 学习反映你所在地区的移民人数、来源地和移民原因等统计数据并做出图表。
- 为新移民制作简便易用的钱币换算指南。

体育
- 学习不同文化中锻炼身体的游戏和方法。
- 研究移民运动员或移民子女对体育运动所做出的和继续在做的贡献。
- 创作一本多语言指南,介绍你们地区进行户外锻炼的场所。

计算机
- 为青少年移民创建由计算机生成的口语表达课程。
- 研究如何把互联网用于家谱和祖国研究。
- 研究那些能够帮助学生学英语的语言翻译软件程序。

科学
- 研究本土园艺技术如何受到移民的影响——他们带来自己的方法和植物。
- 讨论食物金字塔是否是一种描述来自不同国家的人们在饮食、锻炼和营养实践上的准确方法。
- 研究移民使用的其母国在健康方面的民间传统和治疗方法。

237

三、服务学习情形：行动创意

做好行动的准备了吗？下列对服务学习的描述，是小学、初中或高中学生在校内或与社区组织一起成功完成的实例。这些情形和实例中，大多数明确包括调查研究、准备和计划、行动、反思及展示的某些层面，并且全都有很强的课程关联。这些情形可以成为激发你取得创意的丰富源泉。请记住，年级水平仅做参考，大多数情况可以调整适用于更低或更高年级的学生，许多情况适合跨年龄的合作。

良性交换：2 年级

当华盛顿州的一名教师开始在课上教授手工折纸时，她很快认识到：需要有人帮忙来指导所有学生做这个手工活儿。一位同事知道当地一所社区学院有日本交换学生，通过交流计划正在该校学习。几次电话联系之后，六名交换学生志愿来帮助这位教师。在两周内，志愿者们几乎每天都来帮忙。他们还带来从日本来的新移民，与学生一起做手工艺项目，讲述他们在日本和搬来美国时所经历的故事。作为报答，孩子们邀请这些大学生和新移民参加一个特别项目和演讲展示。儿童们讲授美国重要人物的事迹，包括来自不同文化和种族群体，对美国社会做出贡献的男女。每位来宾都收到一本学生创作的故事汇编作为礼物。交换学生告诉孩子们，这些交往对他们学习和练习英语技能提供了非常大的帮助。

音乐节：3 年级

加州圣莫尼卡市一家西班牙语双语小学的 3 年级学生，喜欢学习拉美音乐的韵律和歌曲。他们去一家老年活动中心演出，来这个中心的主要是讲西班牙语的老年社区成员。老人们很赞赏学生沉浸在音乐中的欢乐，邀请学生再来，由老人们来教他们跳舞。年幼的学生在学年期间多次回来，一起唱歌、跳舞，当然了，还享用点心饼干。

青少年难民项目：3—12 年级

在宾夕法尼亚州，人们创办了一个服务学习合作项目，组织者包括国际救援委员会和美国红十字会，以满足从非洲和前南斯拉夫搬迁来的青少年难民的需要。大学生为小学、初中和高中难民学生做课后辅导。难民学生随后通过周末所做的服务项目，扩展自己的学习和经历。这些机会对于所有参与者都有多重好处。这些学生通过帮助清理社区、在食物庇护所里工作以及创作描述其国际经历的壁画等，开始了解并建设社区。他们了解社区资源，通过志愿活动学习技能，并且参与到新国家的公共生活之中。

第十二章 移民

刺绣博物馆的故事：4年级

　　加州中部4年级的一些班级，通过阅读《说悄悄话的织布》，去熟悉苗族文化和在他们社区中不断增加的苗族人群。来自柬埔寨的两位家长来到该班，带来了苗族精美的故事刺绣，学生着迷于这些手工艺术技巧和织物上所讲述的故事。他们开发了一个项目，通过制作自己的故事刺绣，向社区讲授苗族文化。在积极参与研究之后，学生把织布绘画和缝纫结合起来以便让图像更有深度，并据此讲述自己家里的一些故事。学生邀请社区人们来观看他们的故事刺绣博物馆，其中包括从当地家庭借来的苗族服装。学生当起了讲解员，解释他们的文化学习并分享家庭故事。让学生高兴的是，一家当地图书馆、一家银行和几家市政府办公室请求展示这些博物馆作品。

孩子对孩子的指南手册：4—5年级

　　移民对美国做出了什么贡献？我们如何分清关于移民的事实与虚构？纽约市有一家动员所有年龄的孩子进行志愿服务的组织，名称是"儿童帮儿童"。在这个组织的支持和引导下，布鲁克林区PS110学校和皇后区PS20学校的学生学到了知识，发展了同理心，活动还带来了实际的成果。他们写作指南手册，帮助移民，让他们感觉在新国家受到欢迎。文字和插图涵盖了一系列关于纽约市的事实和话题，都是其他学生想要知道的：哪里是大家最爱逛、最爱吃和最爱买东西的地方？哪些运动队最受欢迎？你怎样在这个大城市穿行往来？对于孩子们来说，一年到头有什么好玩的事可做？写作、编辑、校对——各种学业技能都汇集在这一本对组织机构和孩子都有帮助的作品中。

移民和行动主义：6年级

　　这是一个充满活力的服务学习实例，在位于华盛顿特区的西泽·查维斯公共政策公立特许学校里，一位初中教师把移民话题编入"移民和行动主义：为我们的信念采取行动"的教学单元中。这项独特的体验要求学生匿名采访在马里兰之家等候工作的零工，这是一家向移民提供多方面协助服务的组织。通过这些采访，学生能听到有关移民真实经历的第一手信息，而不只是在课本上读到的故事或信息。学生还采访了不同组织和政府机构的代表，包括直接参与制定联邦政策的人士，从许多方面收集关于这个议题的知识。为了后续跟进，学生开发了自己的网站，就这一重大问题教育查维斯学校社区相关人员。该网站的一个重要组成部分是移民问卷调查，用图表和地图形式呈现调查结果。网站上还有采访方法、个人叙事（这向学生提供了发展创作回忆录的丰富技能）、移民词汇，以及最重要的，关于人们如何能在自己的社区中有所作为的信息。他们还创作了海报和请愿书，表达他们的集体意见并提出关于移民争论解决方案的创意。

口述史——跨越年代：6年级

学生利用美国国会图书馆收集的从20世纪30年代起的采访和口述史文献资料，了解普通移民的日常生活。随后，在教师的指导下，学生开始收集自己社区中新移民的口述史。步骤包括做背景研究，找出采访对象，提出采访问题，安排日程并进行采访，选择第一手的各种材料作为补充，包括杂志上和移民提供的照片。然后，学生写论文，对几个年代的移民经历加以比较，将这些信息综合汇编成作品集。他们向参与的移民、支持机构以及学校和当地图书馆赠送副本。

咱们聊聊：6—8年级

学英语需要练习，练习，再练习。一所初级中学把学英语的学生与讲英语的学生结成对，在体育课上进行会话练习。两组学生接受项目介绍培训。讲英语的学生与辅导员们和一位语言专家一起开发技能，诸如聆听、减慢讲话速度、重复短语和回答问题等。英语学习者与一名辅导员一起，创建一份针对在这些伙伴关系中可能出现的成见或贬低行为等的文件资料，由此做好准备。两组学生一起合作，创作了一篇如何共同努力形成相互尊重关系的书面协议。随后，他们参加了一个让彼此相互熟悉的活动，找出共同的兴趣和谈论的话题，尽管许多谈话的关注点集中在体育课的内容上。一个意料之外的收获是，一些英语学习者为他们的同伴辅导了体育技能！

邻里资源项目：7—8年级

纽约的一个初中有来自古巴、牙买加、波多黎各、洪都拉斯、墨西哥、尼加拉瓜和海地的学生。他们中的许多人都被确定处于危险边缘，而他们的家庭往往不熟悉政府机构和其他机构提供的现有服务。为了弥补这个不足，学生与当地一家机构合作，为邻里人群提供关于现有服务的信息，包括医疗、课后活动、毒品预防计划、成人读写班，以及语言和职业训练。学生通过走访当地政府会议、公益组织和讲话嘉宾获取信息，出版了一本服务机构名录。学生达到了几项教育目标：对社会问题及其解决方法有了基本的关注意识，并对政府、计算机基本使用能力、移民经历知识、工作技能和文化意识等进行了深入研究。

> ¡Sí, se puede!
> 是的，我们能行！
> ——西泽·E.查维斯，社会活动家

向新公民致敬：7—8年级

缅因州波特兰市一个初中社会研究班的学生，在参加了为期两周的模拟活动——模拟经由

埃利斯岛移民美国的过程之后，想多做一些事情。他们知道自己的社区是一个来自世界各地的难民重新安家的地方。为了进一步学习，他们与移民归化服务局（简称 INS）的职员会面，并想出了一个主意。学生向移民归化服务局递交了一项提案，请求在他们学校举办一次新公民宣誓入籍的仪式。学生找出 32 个宣誓入籍人士的祖国，研究那些国家的文化、食物、艺术以及社会和政治历史。他们向社区求援以获得食物捐赠（包括许多有民族特色的点心）并把房间装饰起来。他们还请来教育电视频道摄录并播放这次活动。在仪式当天，学生欢迎来宾，采访新入籍的公民，然后把他们的故事与面带笑容的家庭照片汇编成书。许多家庭写信感谢学生，称这是一次最有意义和值得回忆的活动。然而，学生并未到此为止 —— 他们又找到了别的需要。他们为移民家庭的孩子创作了"欢迎包"，其中包括本地区卡通式地图、娱乐和运动的场所、校外和周末活动目录、青少年表达指南，以及一个小日记本和笔。

第二语言为英语的辅导者：9 年级

在明尼苏达州，几个 9 年级社会研究班，在整个学年期间，每两周用一个课时为新移民辅导英语和其他基本技能。这些高一新生把他们的经历与所学到的不同文化和现代事件等内容关联在一起。教师出乎意料地注意到，随着学生开始更加注意句子结构和清晰交流，他们的写作技能也得到了改善。

从地震开始：9—10 年级

洛杉矶的一所高中里，一个第二语言为英语的班级完成了一项关于地震的深度研究。把他们的知识用于何处呢？用在传统的科学课上。第二语言为英语的学生开发了互动式讲课，每位学生都同意带领一个小组讨论。这些讲课在多个层面上都很成功：第二语言为英语的学生对自己的英语技能更自信了，那些只在自己文化群体里交往的学生与其他人熟悉起来，科学课上的学生同意组织一项互动课程作为回报来继续交流。尽管该项目是由一位实习老师主持的，但这个互惠互利的教学安排一直持续到了学年结束。

一杯知识：9—11 年级

来自世界各地、有创业精神的高中学生在提供咖啡服务的同时，也提高了语言技能。洛杉矶北部的一家非营利组织创建了一家咖啡店："一杯知识"，把第二语言为英语的学生与他们的社区联系在一起。第二语言为英语班的学生加上学校辅导员选出的其他学生，与该非营利组织的代表一起工作，筹划这间咖啡店，包括设计和市场推销。学生建议了一些让咖啡店更吸引青少年的方法，并一路学习创业和饮食服务技能。学生向年幼些的学生提供免费课程和研讨会，由此改善自己的语言技能。年龄更大的青少年还在咖啡店里组织双语故事会、被子制作课和艺

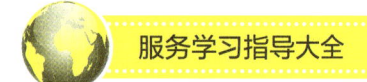

术班，来吸引家庭及其孩子成为常客。为宣传这些课程活动，学生创作了传单，贴在社区布告栏上并发给邻里报纸。

探索"芒果街"：9—12年级

在新泽西州罗塞尔市的亚布拉罕·克拉克高中，第二语言为英语学生在三个星期的单元学习期间，以文学为跳板，把语言艺术、公共事务教育、消费者科学和职业探索结合起来。学生先阅读桑德拉·西斯内罗斯的《芒果街上的小屋》，然后去当地一家食物银行帮助拆分、归类并包装捐赠食品。他们使用这本知名美国小说探索揭示移民经历的普遍性主题，自始至终都能达到学业标准。学生研究了贫困对个人身心健康的影响，并开始对在新泽西州北部地区捐赠并向有需要者分发的食品数量有了概念。他们探索移民所面对的各种议题，审视文化认同问题，包括传统的性别角色和责任分工。学生通过在食物银行的交往互动，了解了一个组织运作所需要的不同职位，以及工作所要求的技能。他们观看了一部电影，它强化了班级讨论并有助于开发语言技能、同理心和公共责任感。活动从各个层面与日常课程计划融合在一起：日记、词汇、图形组织工具、考核指标，以及为在书中找出的比喻所画的素描。

通过故事向查维斯致敬：9—12年级

"你从哪里来？""你之前的生活是什么样的？""你现在生活在芝加哥了，有什么变化吗？"来自芝加哥市的高中学生参与西泽·查维斯服务学习月，向正在准备公民入籍考试的移民进行深入采访。学生随后为当地电台的无线电广播创作了脚本。他们学习和报道的这些故事，超越了在课本上能学到的东西。这些人际交往帮助学生用确切的信息取代成见，理解移民对家庭的关爱和为了维持生活需要长时间从事多项工作的情形，并与自身家庭的情况联系起来。

迎新伙伴：9—12年级

是学校里的新生吗？迎新伙伴欢迎你。在洛杉矶的一所高中里，每学期都有许多移民学生注册，年轻人设计、改进并运作这个持续进行的项目。他们从世界历史课和语言课上招来学生，结成对子，与来该校上学的年轻人会面，欢迎并帮助他们。迎新介绍活动每几个月举办一次，交际和其他活动帮助学生适应环境并积极参与社会和学术活动。"迎新伙伴"项目还能帮助学生熟悉校园、提供午餐伙伴、家庭作业帮手等。

了解移民的大窗口：11—12年级

在马萨诸塞州北亚当斯市的特鲁利高中，"历史之窗"活动着重于通过研究与移民有关的当地历史，向学生讲授他们的社区。美国历史课的学生用主流来源中的信息进行研究，开发网

站，其中包括带有他们讲解的主流来源中的文件资料、采访和手工艺作品等。这些网页现在为北亚当斯社区提供了有关当地历史的数字博物馆。它们还为社区提交故事和档案资料提供了一个渠道，这让人们更容易接触到北亚当斯市的当地历史。该班与当地的历史学会和公共图书馆合作。学生将当地的事件与全国性的主题联系起来，制作关于某个特定地区的编年史，同时将其纳入马萨诸塞州（课程）框架的主题。这锻炼了他们对主流来源中的信息的分析能力，并使其达到历史性思维的衡量基准。学生还开发了科技能力，并对他们的社区以及来自世界诸多地方的人们如何不断做出重大贡献，持更加欣赏的态度。

帮助解决挑战：10—11年级

夏威夷一所高中有大量移民。学校认识到，许多学生在新学校上学和在新国家生活时面临挑战。于是，高中班级与当地一家移民中心合作，学生了解中心所提供的服务，以及社区中的移民可能遇到的困难。学生把这些新信息与在学校学到的技能结合起来，帮助中心对新移民信息手册进行更新。这个项目符合写作、公共事务教育和差异化等（课程）标准。

移民经历 —— 看、帮、讲：11年级

为了更好地理解和学习有关夏威夷及美国各地的移民经历，在檀香山的普纳荷学校，11年级的学生阅读了《喜福会》。这是一本探究四个来自中国的女人及其女儿们的家庭和移民经历的小说。他们考虑了一些重要问题：什么力量把人们"推"离本乡本土？什么力量把他们"拉"向美国？刚来的移民面临哪些挑战？美国的现实生活与美国社会所信奉的美国梦及价值观，诸如自由、平等、公正相称吗？人们根据什么来定义自己的身份呢？这会造成移民家庭的哪些挣扎？为了支持光彩项目——一项全国性服务学习创始项目，学生帮助老年人归化入籍（简称SHINE），各学生小组为当地的华裔社区行动联盟（简称CCAC）设计海报。海报帮助招募志愿辅导者和想归化为美国公民的潜在人群。经过反思，学生写了一篇短文，把自己家庭移民过程留在记忆中的时刻与从海报中学到的经验教训结合起来。在全国"光彩"大会上展示了20多张海报（www.projectshine.org）。

口述史 —— 用西班牙语交流：11年级

为了培养、改善社区关系并强调第二语言读写能力的价值，一个西班牙语高级班的学生，辅导了一个新移民成人读写班。四次班级走访都是在当地社区中心举办的，学生用西班牙语采访移民，创作关于他们移民过程和生活经历的书面历史。学生在学校里用计算机和西班牙语写下这些历史，加上照片和其他图片制作成一本书。在最后聚会时，学生把书送给这些成年人，该书对这些新移民来说是有意义的阅读材料，也为学生改进语言技能提供了一条途径，同时使他们获得课本学习以外的知识。

世界观：11—12年级

作为世界研究课的一部分，芝加哥的学生研究了移民问题。为了让学生进一步了解移民所面临的问题，该课教师与一家社区组织合作开发了一个服务学习方案。首先，老师带领学生做团队建设活动。其次，讲话嘉宾谈论与移民有关的当地议题：零工的工作条件和移民文件问题，特别提到了一个联邦计划，让有移民文件的家庭成员帮助没有文件的家庭成员。学生对他们的可能选择和各种主意进行讨论，决定致力于移民文件议题。专攻移民问题的律师为学生做了培训，这些学生举办了长达一天的活动，帮助移民开始获取证明文件的过程。200位当地居民参加并接受了来自学生和法律专家的协助。这位老师继续把这些经历与课堂学习联系起来，并指导学生进行反思。

语言付诸行动：11—12年级

高中高级语言班的学生把自己的技能用作"文化助手"。在列出主意清单之后，学生单独或成对开展一项将会有助于社区成员的计划。主意包括：帮助准备一份家庭用的双语小册子——介绍如何找到当地资源、为返校夜活动做向导、给健康援助计划帮忙、为当地机构翻译材料、在学校网站上保持双语信息、翻译学校送到家里给家长的通信。这项计划实施之后，语言教师注意到学生技能水平有所提高，随着学生把要解决的现实问题带入课堂，课堂讨论也变得丰富起来。

有目的的公共事务教育：12年级

一个高中公共事务教育班与当地一家难民中心建立了宝贵的伙伴关系。学生利用他们在课堂学到的知识，指导为公民入籍考试而学习的新移民。当学生了解到人们有时要冒生命危险才能搬到新国家时，他们开始重视自己的公民身份。学生还在上课和研究小组活动期间提供幼儿看护。

四、移民书架

> 阅读让我们全都成为移民。它带我们离开家园，但更重要的是，它也让我们重新找到家园。
> ——黑兹尔·罗克曼，作家

移民书架（见246—247页）上的书籍给我们提供机会，穿上别人的鞋子走路，哪怕只是一小会儿。对移民青少年来说，这些书可能帮助他们相对轻松地讲述自己的生活故事。对其他人而言，理解可以增进同理心和同学情谊。为帮助你找到与你的具体项目有关的书籍，书目总表把书籍按几个主题分类：向过去学习、很多人的故事、聚焦于一个故事、合群。

总的说来，本书架有以下特点：

- 书目带注释，按非虚构类（N）、图画书（P）和虚构类（F）进行一般分类，根据书名字母的顺序排列。对于非虚构类和虚构类，还注上总页数，并推荐适用的年级水平。图画书的所有书目都没有推荐年级水平，因为它们可以成功地用于各年龄段。

- 有一张按照主题和类别分类的图表，帮助你找到具体项目的相关图书。

- 来自服务学习同行和专家的书目推荐，包括摘要介绍和与服务学习相关联的创意。（推荐的书籍数量在每个书架中有所不同。）

- 请注意：该类别的附加书目列在光盘中，一些是绝版书但仍有查找价值。

非虚构类：移民

《突破：〈辗转〉之续集》

Breaking Through: Sequel to The Circuit

作者：Francisco Jiménez　出版方：Houghton Mifflin　出版时间：2001 年

这些故事继续讲述着希门尼斯一家在经历离别、贫困、偏见和希望时的挣扎与努力。每一段情节都揭示了辛勤劳作以及"那些投身改善儿童和青少年生活的慷慨人士"所带来的坚韧与顽强的精神。在弗朗西斯科对自己走向成人历程的叙述中，他家人的形象跃然纸上。共 200 页，适用于青年。

《辗转：一个农民工孩子的人生故事》

The Circuit: Stories from the Life of a Migrant Child

作者：Francisco Jiménez　出版方：University of New Mexico Press　出版时间：1997 年

这本自传从作者还是一个生活在 20 世纪 40 年代后期墨西哥村庄里的小男孩开始，后来，当他一家人非法进入加州寻找工作时，他跟随家人辗转，从拾拣棉花到削胡萝卜根，从一个劳动营地转到下一个，从一所学校转到另一所，不断搬迁。尽管极度劳累和贫困，但一家人总是很亲近。这些引人入胜的短篇故事交织在一起，绘出了一幅错综复杂的移民农庄工的生活图画。共 134 页，适用于青年。

《被拒、被拘、被驱逐：美国移民黑暗面的故事》

Denied, Detained, Deported: Stories from the Dark Side of American Immigration

作者：Ann Bausum　出版方：National Geographic Children's Books　出版时间：2009 年

这些关于人们寻求自由和安全港湾但遭受拒绝和否决的故事，严酷但令人信服，将会引起学生的共鸣。在这些信息丰富的故事中有：逃避了集中营大屠杀的犹太人家庭坐船停靠一个又

移民书架主题

主　题	书　籍	类　别
向过去学习 这些故事，取材自不太遥远的过去，它们让人们看到过去移民的经历，并揭示其与当今移民的相似之处。	《泥土弹珠》	虚构类（F）
	《龙翼》（见光盘中）	虚构类（F）
	《埃斯佩兰萨的崛起》	虚构类（F）
	《说悄悄话的织布：一个难民的故事》	图画书（P）
很多人的故事 这些书提供了对移民问题的概述，以及移民对政治、经济和个人的各种影响。	《被拒、被拘、被驱逐：美国移民黑暗面的故事》	非虚构类（N）
	《第一个十字路口：青少年移民的故事》	虚构类（F）
	《四十美分小费：纽约移民工人的故事》	非虚构类（N）
	《在世界中间：世界难民来到我们镇》	非虚构类（N）
聚焦于一个故事 从一个文化群体的视角来看，人们从一个地方搬到另一个地方去寻找新家，背后是怎样的故事？	《接骨师的女儿》	见 140 页
	《突破：〈辗转〉之续集》	非虚构类（N）
	《辗转：一个农民工孩子的人生故事》	非虚构类（N）
	《与爷爷共舞》（见光盘中老年人书架）	图画书（P）
	《亲爱的胡须》（见光盘中读写能力书架）	虚构类（F）
	《四只脚，两只凉鞋》	图画书（P）
	《愤怒的葡萄》	见 231 页
	《翅膀的重要性》	虚构类（F）
	《利伯塔德》	虚构类（F）
	《我枕头里的一部电影》	图画书（P）
	《我从这里到那里的日记》	图画书（P）
	《我的名字叫允》	图画书（P）
	《伸手》	非虚构类（N）
	《探测器》（见光盘中安全和强大的社区书架）	虚构类（F）
	《短裙》（见光盘中）	虚构类（F）
	《那年夏天，我父亲 10 岁》	见 191 页
	《缠绕的丝线：一个苗族女孩的故事》	虚构类（F）
	《学犹太语还太小》	见 138 页
	《霍奇特和鲜花》	见 192 页

（续表）

主　题	书　籍	类　别
合群 这一类书籍展示了移民所经历的挑战——应付一种可能与家庭传统冲突的新文化，经历寂寞，为了被人接受而努力。	《小小善举》	虚构类（F）
	《到达》	虚构类（F）（GN）
	《金缕连衣裙》	虚构类（F）
	《康先生，生日快乐》	图画书（P）
	《美好一天咖啡馆》	图画书（P）
	《新生活》	虚构类（F）
	《不懂英语》	图画书（P）
	《一个青苹果》	图画书（P）
	《龙的影子》（见光盘中安全和强大的社区书架）	虚构类（F）
	《离天堂一步之遥》	虚构类（F）
	《丑丑的蔬菜》（见光盘中园艺书架）	图画书（P）
	《乌云叔叔》	图画书（P）

注：对出现在其他书架中的书籍，列出参照页码。
GN：这些书籍是绘本小说。

一个码头时不断被拒；华人和墨西哥来的劳工先被剥削，随后遭拒绝；还有日裔美国人被拘禁。它暴露了隐藏在政治体制内的种族歧视。这是一个当前议题和最相关的话题，让本书能够在学生中引发讨论和行动。共 112 页，适用于 6—12 年级。

《四十美分小费：纽约移民工人的故事》

Forty-Cent Tip: Stories of New York Immigrant Workers

作者：The Students of Three New York International High Schools　　出版方：Next Generation Press

出版时间：2006 年

　　由公立学校师生们写作的 67 则故事讲述那些移民到纽约工作的朋友、亲戚和邻居的经历。这些叙事和相应的图片把移民的辛劳和希望痛苦地连在一起，也展现了讲述这些移民故事的青少年作者的敏感性和洞察力。共 72 页，适用于 6 年级及以上的年级。

《伸展》

Reaching Out

作者：Francisco Jiménez　　出版方：Houghton Mifflin　　出版时间：2008 年

　　在这本小说式自传中，作者进入了圣克拉拉大学，他是这个墨西哥裔移民家庭中第一个上大学的人。这个转变带来无数挑战，但他的家人和朋友帮助引导他去指导他人，最后他成为一名大学教授。这一直白的人物素描，描绘了那些在家庭里第一个上大学的人。共 200 页，适用于青年。

《在世界中间：世界难民来到我们镇》

The Middle of Everywhere: The World's Refugees Come to Our Town

作者：Mary Pipher　　出版方：Harcourt　　出版时间：2002 年

利姆的爸爸是一名越战战俘。两位少年曾经生活在战时的波斯尼亚北部地区。希琳和米娜两姐妹，跟随一家人从巴基斯坦来到美国。来自塞拉利昂、科索沃、马其顿以及世界各地的难民们，来到内布拉斯加州林肯市 —— 他们的新家。他们的故事启发我们去了解世界，了解其他人是如何认识美国人的。共 390 页，适用于 9 年级及以上年级。

图画书：移民

《四只脚，两只凉鞋》

Four Feet, Two Sandals

作者：Karen Lynn Williams 和 Khadra Mohammed　　出版方：Eerdmans Books for Young Readers

出版时间：2007 年

当莉娜在卡车上的捐赠衣物堆中找到一只凉鞋时，她高兴极了。不过，她立即发现另一位女孩已经拿到了另一只配对的凉鞋。尽管最初她们各走各的路，但在接下来的日子里，这一双鞋把它们的主人带到了一起。这是一个关于在巴基斯坦的难民营中培养友谊的故事。该书描绘了全世界 2000 万难民中的两个人，这些难民中的大多数都像莉娜和费罗莎一样，是因为暴力和战争失去了父母的儿童。

《康先生，生日快乐》

Happy Birthday Mr. Kang

作者：Susan L. Roth　　出版方：National Geographic Society　　出版时间：2001 年

康先生写诗作画，阅读纽约时报，像他的祖父母在中国那样养着一只画眉鸟。周日，康先生提着竹笼里的鸟到曼哈顿的萨拉·德拉诺·罗斯福公园，加入遛鸟的其他华裔移民。当他 7 岁大的孙子问他是否"一个自由人应该保留一只笼中鸟"时，康先生打开了竹笼的门。画眉鸟会飞走吗？

《美好一天咖啡馆》

The Have a Good Day Cafe

作者：Frances Park 和 Ginger Park　　出版方：Lee & Low　　出版时间：2005 年

一个韩裔家庭在公园里用推车卖食品，挣扎着做买卖。所有人都卖热狗和汽水。但是，当祖母来与迈克及父母一起生活时,她带来了一个新主意:卖他们的传统食品!很快,人们为韩式拌饭、炸酱面和牛排等排起队来!

《不懂英语》
No English

作者:Jacqueline Jules　出版方:Mitten Press　出版时间:2007 年

当黛安看到新同桌布兰卡在拼写时间画画时,她飞快地举手报告老师。但当另一个老师进来说她要教布兰卡英语时,黛安认识到她犯了一个糟糕的错误。随着语言障碍的消失,她和同学们找到了尊重布兰卡并与其沟通的方式。

《我枕头里的一部电影》
A Movie in My Pillow/Una Película en mi almohada

作者:Jorge Argueta　出版方:Children's Book Press　出版时间:2001 年

青年豪尔赫从他挚爱的萨尔瓦多搬到旧金山,带来他在家乡农屋的所见、所听和所闻。他还带来了对战争和与亲人分离的悲伤,以及在城市新家与家人重聚的欢乐与困惑。豪尔赫·阿格达的诗歌以及伊丽莎白·戈麦斯的艺术作品使每个故事都很生动。该书用英语和西班牙语书写。

《我从这里到那里的日记》
My Diary from Here to There/Mi diario de aquí hasta allá

作者:Amada Irma Pérez　出版方:Children's Book Press　出版时间:2002 年

阿玛达在日记中写道:"我听到妈妈和爸爸在耳语……讲到离开我们在墨西哥华雷斯市的小房子 —— 我们生活了一辈子的地方,搬到洛杉矶……我是唯一害怕离开的人吗?要是不让我们讲西班牙语怎么办?如果我学不会英语呢?"年轻的阿玛达认识到她有能力去承受既激动人心又让人痛苦的搬家历程。在家人和日记的帮助下,阿玛达找到了新家。本书根据作者的经历,用英语和西班牙语书写。

《我的名字叫允》
My Name Is Yoon

作者:Helen Recorvits　出版方:Farrar, Straus and Giroux　出版时间:2003 年

允的名字意指"闪光的智慧"。用韩语写时,她的名字看起来很开心,写成英语却感觉很孤单。允决定尝试不同的名字 —— 猫、鸟甚至纸杯蛋糕。但是,当她在新国家里找到自己的位置时,她又变回"允"了。

《一个青苹果》
One Green Apple

作者:Eve Bunting　出版方:Clarion Books　出版时间:2006 年

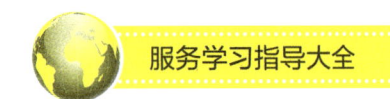

新移民法拉在新学校的第二天，就与新班里的其他同学一起乘坐运干草的马车，拣摘并处理苹果，这使得她更为敏感了。每件事都是未经历过的新鲜事——即使是一些对她不友善的行动。尽管法拉还不能用英语交流，但那些友好又爱帮忙的同学，加上一个共同的目的，让她成为社区中的一员。

《乌云叔叔》

Uncle Rain Cloud

作者：Tony Johnston　出版方：Charlesbridge　出版时间：2001 年

卡洛斯很喜欢听他的叔叔——托马斯叔叔，给他讲关于墨西哥和绕口令神的故事。尽管有时，托马斯叔叔很暴躁，难以适应他在洛杉矶的生活，对英语很沮丧。卡洛斯也有自己在 3 年级的难处。随着他们形成伙伴关系，互教互学，改变来得容易一些了。

《说悄悄话的织布：一个难民的故事》

The Whispering Cloth: A Refugee's Story

作者：Pegi Deitz Shea　出版方：Boyds Mills Press　出版时间：1995 年

年幼的梅在泰国难民营里看着苗族妇女把故事编织到布上。商人们购买这些亮丽的刺绣。梅的祖母教她如何缝边，但只有梅能为自己的织布找到故事。梅的织布低声述说她的故事——逃亡、难民营里的生活和她对光明未来的梦想——她的布不卖！

虚构类：移民

《小小善举》

Any Small Goodness

作者：Tony Johnston　出版方：Scholastic　出版时间：2001 年

11 岁的阿图罗·罗德里格斯从墨西哥搬到洛杉矶，口袋里没装多少英语，他挣扎着理解自己的世界。像他父亲所说："生活中有好有坏。如果你没找到足够多的'好'，你必须自己创造它。"阿图罗的旅程包括回归传统、珍视教师和指导者、营救家里的猫，以及生活在"你所热爱的一切总是处于危难之中"的地方。书内有词汇表翻译所用的西班牙词汇。共 128 页，适用于 4—8 年级。

《到达》

The Arrival

作者：Shaun Tan　出版方：Arthur A. Levine Books　出版时间：2007 年

这本无字绘本小说抓住了移民在应对新环境时的情感易位和敬畏之心，描述了一个男人来到一个新国家的旅程——受到黑暗面的威胁、给他的家庭生活带来阴影。唯一的文字是在一个设想出来的字母表里，它体现了移民在遇到一种陌生的新语言和生活方式时都会有的感受。共 123 页，适用于青年。

第十二章 移民

《泥土弹珠》

The Clay Marble

作者：Minfong Ho 出版方：Farrar, Straus and Giroux 出版时间：1991 年

12 岁的达拉和家人在逃离被战争毁坏的柬埔寨村庄之后，在泰—柬边界的难民营里辗转安家。恐怖是躲不开的，他们在日常生活中所面对的不幸和灾难也同样如此。虽然与所爱的人们分离，达拉还是找到了勇气和信心去寻找家人。共 163 页，适用于 5—8 年级。

> 光盘中
>
> **来自实地的推荐**
>
> 《龙翼》
>
> *Dragonwings*
>
> 作者：Lawrence Yep 出版方：HarperTrophy
>
> 出版时间：1975 年
>
> 共 336 页，适用于 5—9 年级。

《埃斯佩兰萨的崛起》

Esperanza Rising

作者：Pan Muñoz Ryan 出版方：Scholastic 出版时间：2000 年

埃斯佩兰萨在墨西哥她父亲的牧场里过着奢华的生活，她以为这种服饰华丽、有佣人侍候的生活方式将永远延续下去。1930 年，她生日前夜，一场灾难粉碎了她所知道的一切。她和母亲逃到加利福尼亚州，变成了流动的农庄工人。埃斯佩兰萨对艰苦劳动和大萧条年代的财务困境并没有做好准备，但母亲的病患让她克服了压抑的环境成长起来。共 262 页，适用于青年。

《第一个十字路口：青少年移民的故事》

First Crossing: Stories About Teen Immigrants

编者：Donald R. Gallo 出版方：Candlewick Press 出版时间：2007 年

这 10 则感动人的快节奏短篇小说由获奖青年作家创作并通过年轻人的视角来讲述。14 岁的马科躲在一台汽车发动机旁，从墨西哥进入美国。阿米恩为争取在新墨西哥州做橄榄球四分卫球员的公平机会而挣扎。一个韩裔女孩不能"适应"领养她的美国家庭。真实生活中的人物代表着墨西哥、委内瑞拉、哈萨克、中国、罗马尼亚、巴勒斯坦、瑞典、韩国、海地和柬埔寨等国的文化。他们分享着所有年轻人为自我认同以及如何与朋友、家长和学校建立联系所做的努力。这些孩子们还要在用新语言沟通、应对无知和偏见，以及保留文化根基等方面挣扎。每个故事之后都有"关于作者"部分。共 224 页，适用于青年。

《金丝裙》

The Gold-Threaded Dress

作者：Carolyn Marsden 出版方：Candlcwick Press 出版时间：2002 年

在美国，奥伊的老师给她另取名为奥利维娅。奥伊刚从泰国来，不习惯她在学校遇到的许

多行为，游戏时被冷落，甚至遭到嘲笑。当其他孩子知道她的传统丝绸裙时，她们奚落她，许诺如果她把裙装带到学校的话，就做她的朋友。奥伊会背叛家庭来迎合她们吗？共 73 页，适用于 3—5 年级。

《翅膀的重要性》

The Importance of Wings

作者：Robin Friedman　　出版方：Charlesbridge　　出版时间：2009 年

罗克珊与父亲和姐姐一起生活在纽约市，而她的母亲仍住在以色列。她努力做一个合群的美国青少年，但她对做美国人意味着什么以及如何合群的想法，随着另一位以色列女孩的到来而发生了变化。共 176 页，适用于 4—6 年级。

《利伯塔德》

Libertad

作者：Alma Fullerton　　出版方：Fitzhenry & Whiteside　　出版时间：2008 年

利伯塔德和朱利的母亲过世了，他们必须离开在危地马拉城垃圾场里的家。这对兄弟勇敢地开始了一次危险的探险之旅，去寻找他们远在美国的父亲。这本旅行日记讲述了他们怀着对更好生活的期望，徒步几千千米所遇见的人们。这是一首赞美坚韧、勇气和希望的颂歌。共 224 页，适用于 6—9 年级。

《新生活》

A New Life

作者：Rukhsana Khan

出版方：Groundwood Books

出版时间：2009 年

从巴基斯坦一路迁移到加拿大？对于 3 年级的卡迪贾和 5 年级的哥哥哈姆扎来说，适应这个新家需要做出许多调整。虽然有孩子在操场上横行霸道，英语说得太快听不清，但是饮水喷泉中总是有水止渴，还有装满书籍的图书馆。日常生活在对一个家庭经历的真实描述中展开，从适应学校，到父亲在等待教师证书获批准过程中驾驶了两年出租车的经历。对新家所提供的一切怀有的感激之情充满整个故事。共 64 页，适用于 4—6 年级。

> 光盘中
>
> 来自实地的推荐
>
> 《那条裙子》
>
> *The Skirt*
>
> 作者：Gary Soto　　出版方：Delacorte Press
>
> 出版时间：1992 年
>
> 共 74 页，适用于 4—5 年级。

《离天堂一步之遥》

A Step from Heaven

作者：An Na　　出版方：Front Street　　出版时间：2001 年

从韩国搬到加利福尼亚州应该让朴永一家更接近天堂，然而，学英语、财务困境以及父亲的狂暴和虐待让她痛苦不堪。全书描述了一个年轻女孩从4岁到18岁努力奋斗，在地球上找到天堂的梦想并使它变成现实的过程。共156页，适用于青年。

《缠绕的丝线：一个苗族女孩的故事》
Tangled Threads: A Hmong Girl's Story
作者：Pegi Deitz Shea
出版方：Clarion Books
出版时间：2003年

　　杨梅在泰国的一个难民营中度过了10年，之后与祖母辗转来到罗得岛州，与还活着的仅有亲人——五年前离开的姑婶、叔伯和表兄弟们团聚。叛逆的表兄弟们加大了文化差异，但是杨梅用传统刺绣织布的丝线使她与苗族传统保持连接。共236页，适用于4—8年级。

光盘中

作者访谈：故事背后的故事

　　在随书附送的光盘中，你会找到对《辗转》《突破》《蝴蝶》《伸展》的作者弗朗西斯科·希门尼斯和《小小善举》的作者托妮·约翰斯顿的采访。他们讲述了书的"故事背后的故事"。

第十三章 读写能力

> 回首以往,我再次为文学作品赋予生命的力量深深折服。如果我现在是年轻人,正试图在这个世界寻找自我,我仍会通过阅读去寻找,正如我年轻时所做的那样。
>
> ——马娅·安杰卢,诗人

阅读打开通向新世界的大门。纸上的文字可以提供知识和机会,兴奋和冒险,幽默和不幸。对许多人而言,学习阅读很容易;对于其他人,出于多种原因,阅读却是一种挣扎,充满了挫折和难堪。

服务学习提供了很多机会来帮助有阅读困难的人。学习辅导和指导是最常见的做法;年轻人还可以制作图书,用演出激发阅读热情,或在读者的第一语言不是英语时,帮助其开发常规英语语言能力。

为读写能力方面的服务学习机会做准备,尤其是在学习辅导上,需要理解挣扎中的读者,认识到阅读可能需要他们付出多么艰苦的努力。列入读写能力书架的作品,诸如《蝴蝶》《亲爱的胡须》和《谢谢你,法尔克先生》等,可以提供真知灼见。

书架中还包括诸如《新老师阿格尼丝小姐这一年》《我们自己的校车》《那个图书女人》和《印第安人学校:教授白人之道》等书,它们讲述了那些并非出于阅读障碍或语言差别,而是由于社会和文化弱势而出现阅读困难或上学难的人们的故事。诸如《纳斯琳的秘密学校:来自阿富汗的真实故事》提醒我们,在现代社会中,阅读的机会以及能力,与生命、自由和追求幸福的权利紧密相连。

一、准备:为读写能力方面的服务学习做好准备

下列活动可以用来促进有关读写能力方面的学习和技能开发。这些活动在调查研究、准备和计划等阶段很容易调整适用于不同年级,帮助学生通过研究来审视关键问题,分析社区的需要,并获取所需的知识,从而有效地为设计服务计划出力。这些活动往往可以融入反思和展示的阶段中,因为学生可以带领有关活动,与他人一起建立关注意识。文献资料往往是准备过程的一个重要部分,你可以在本章后面的读写能力书架中查找与该专题有关的推荐书目。

活动:阅读技能的跨年龄辅导。把学习辅导从随意的体验提升为高水准的服务学习。这里

第十三章 读写能力

提供一些小建议，帮助学生辅导者们在开始工作之前做好准备，并为持续进行的辅导所需要的后续准备和技能评估提供支持。

- 讨论一些学生在学习上遇到的挑战。让学生思考自己的挑战。可以进行小组讨论，或写日记以得到教师的反馈。

- 用读写能力书架里的虚构和非虚构类作品，来构建知识和同理心。

- 邀请一位阅读专家与全班学生交谈，评估将要接受辅导的儿童的具体需要。

- 让学生从家里或图书馆带来一些他们喜爱的儿童图书。讨论哪些因素让一个故事产生吸引力。两人一组或以小组的形式，练习互相大声阅读。

- 让辅导者利用"个人清单"（见61页）了解所辅导的学生。辅导者可以结对，一起用该模板练习如何进行访谈。讨论如何使用该模板来帮助了解被辅导者，并选出他们喜欢的图书。

- 成对或以小组的形式，让辅导者们设计动作式体验，这能帮助学生学习字母表、标点符号用法或其他写作技巧。例如，用触摸式材料或磁铁制作字母，让学生用手指顺着字母触摸，或者用他们的身体摆成字母形状。（在辅导课之前做简单的伸展运动，可以帮助消除学习中的不安因素。）

- 让学生思考聆听技能为什么对读者和学习者来说至关重要。让学生思索加强聆听的方法——例如，给被辅导的孩子读一段文字，然后让其归纳主要内容。

- 与辅导者一起集思广益，想出与被辅导者一起学习使用格言的办法。好用的格言言简意赅，传达着重要信息，并引出对简短文字的语意分析或对比喻的讲解。某些格言与辅导经历直接相关："无论你取得什么成绩，总有人帮助过你"（威尔玛·鲁道夫，运动员）。另一条隐喻性格言赞美阅读的价值："书是可以随身携带的花园"（中国谚语）。还有一条格言消解总是"要做事正确"的压力："不犯错，就做不成事"（玛娃·N.柯林斯，教育工作者）。在本书中查找更多的格言，查看90页上"可引用的格言"。

- 因为反思是服务学习过程的一个重要部分，建议学生引导被辅导者进行反思。例如，辅导者可以让被辅导者反思诸如"今天我学习了……"和"我想要记住的是……"之类的想法。辅导者可以提供书面回应，让被辅导者在下一节课中进行回顾以加强所学的课程和技能。

- 辅导者可以让被辅导者参与到服务学习中来。被辅导者可以制作字母表图书以展示自己的技能，写故事或诗歌，或者创作其他汇编资料。他们可以把副本送给班级或图书馆，或者与其他学生交换以继续开发技能。还存在其他许多服务学习的可能性，往往可以回头与学生最初的兴趣、技能和才干等清单联系起来。

活动：权利还是待遇？学生上学时通常不必考虑这样的问题：教育是一种权利，还是一种待遇？全世界大约1.34亿名7—18岁的儿童从未上过学[①]，估计约2.18亿儿童参加劳作，他们受教育[②]的权利受到威胁或被阻止。学生可以提出研究问题，对世界许多地方人们的教育历史和今天在学习上的挣扎加以调研。什么样的历史事件让教育为大众所享用？奴隶制、妇女权利和童工法律都是这个故事的一部分。现在世界上有哪些地方，学生因为战争、饥荒、强制童工或其他因素而被剥夺了受教育的机会？例如，在马拉维以及其他非洲国家，只有当学生能买得起课堂用品时，才能去上课。战争期间，学校关闭，而在难民营中可能根本没有学校。在阿富汗，为女孩们办学的人甚至会有生命危险。

更多关于读写能力的信息：

要更多地了解这些议题并获得服务和行动上的创意，可以上网访问这些网站和组织：

《在我们的村庄》（www.inourvillage.org），这本书及相关运动是为了帮助年轻人看到全球各地其他儿童的日常生活而创作的，并且引发出"在我们的地球村"国际读写能力项目。欢迎所有人浏览该网站，下载其他"村"的书，并创作自己的书。

全国服务资讯中心（www.nationalserviceresources.org），是国家与社区服务机构的一项服务，提供信息和多种出版物以帮助加强任何服务学习体验，包括一本辅导者手册《阅读助手》。

国际劳工组织（www.ilo.org），有一个关于童工的虚拟教室，并有针对小学和高中师生的资讯。网站上的信息还包括为了终结童工现象，让所有儿童都能上学，孩子们正在进行的努力。

下一步是利用这种新知识和关注意识来确定采取行动的方法。移民可能需要当地的支持才能充分利用现有的机会。例如，学生可以在语言课期间，提供免费的儿童看护。在其他国家倡导儿童权利，可以通过许多国际组织得以实现，诸如美国乐施会（www.oxfamamerica.org），国际特赦儿童组织（www.amnestyusa.org/aikids）和（美国）和平队之儿童世界（www.peacecorps.gov/kids）。收集学校用品或图书，也可能会有帮助。

---

① 戈登等著，《发展中国家的儿童贫困》（Child Poverty in the Developing World），布里斯托尔，英国，政策出版社，2003年。
② 《童工的结束——可以实现》（The End of Child Labour—Within Reach），向2006年国际劳工大会第95次会议提交的报告。

二、建立与所有课程的关联

某些服务学习活动自然而然地适合于跨学科工作及建立与所有课程的关联。这些课程关联，加强并扩展学生的学习，帮助他们达到学业标准。很可能甚至在学生开始进行服务学习活动之前，你就在寻找这些关联以及鼓励学生的方法了。在整个服务学习的过程中，要保持灵活性，因为任何时候提出的问题或学生所确定的社区需要都可能自发地形成某些课程关联。为了帮助你思考与所有课程的关联以及在哪里找到这些关联，本章的课程关联图（见258页）就该专题如何用于不同学科领域，给出了许多不同方法的实例。（本章下一节列出的服务学习情形，也展示了该专题如何用于不同学科领域的各种方法。）

三、服务学习情形：行动创意

做好行动的准备了吗？下列对服务学习的描述，是小学、初中或高中学生在校内或与社区组织一起成功完成的实例。这些情形和实例中，大多数明确包括调查研究、准备和计划、行动、反思及展示的某些层面，并且全都有很强的课程关联。这些情形可以成为激发你取得创意的丰富源泉。请记住，年级水平仅做参考，大多数情况可以调整适用于更低或更高年级的学生，许多情况适合跨年龄的合作。

关于学前班你需要知道的一切：学前班

想象一下学前班学生在开学第一天到学年最后一天所发生的巨大变化。洛杉矶的学前班老师们把这种成长和转变带进一项创造性且有价值的服务学习活动中。在早春时节，即将升入1年级的学生找出他们已经学到的东西：如何坐成圆圈，把午餐放在哪里，如何爱护图书馆的书，在哪里回收纸张，等等。他们利用自己的知识制作出一本关于他们学前班这一学年的书。学生成对合作，选一个主题，创作书中的一页。在画好插图之后，学生向一个成人口述文字内容。所有的创作都用黑墨水完成以便复印。当家长们为下一年上学前班的孩子注册时，该家庭会收到一份名为"关于学前班的一切"复印本。在开学第一天，一位家长报告说："我的女儿整个夏天都和她的学前班的书睡在一起，这是她在过渡期的保障。"这种做法传播到整个美国和全世界。密苏里州的一个班级制作了一本华丽的书，每个学生都在上面写下自己的话。因为他们采用了创造性拼写，书页中还有打字输入的"翻译"。这些学生对成为作者感到非常自豪！

鸭嘴兽邮递员：学前班—1年级

在澳大利亚昆士兰省黄金海岸的圣公会诸圣学校，5—6岁的学生参与了"鸭嘴兽邮递员"

读写能力课程关联图

英语 / 语言艺术
- 讨论：你最喜爱的书是什么？为什么？
- 学习故事并练习讲故事的技巧，包括来自其他文化的故事。
- 为同学准备带有注释的参考阅读书目。

社会研究 / 历史
- 创建一个来自过去年代的课堂环境，例如，20世纪初，并去"上课"。
- 研究1897年由联邦政府创建的印第安人学校及其在当时和现在对部落文化的影响。
- 了解将会影响你的学校和教育的尚待表决的法案。

外语
- 了解所学语言的国家里的教育，并与自己的国家做比较。
- 开发课程，让更年幼的孩子熟悉这种语言和文化。
- 找出很难翻译成所学语言的成语和俚语表达，并查找所学语言中的相似表达。

戏剧、音乐及视觉艺术
- 创作一出促进阅读的小品，将阅读比作探险。
- 找出并学习促进学习和教育的当代或流行歌曲。
- 从书中、互联网或其他地方找出关于书籍和阅读妙处的格言，然后创作海报。

读写能力

数学
- 研究你所在州的读写达标率，与全国统计数据做比较。
- 准备一套关于基本数学概念的工具包，"盒子中的数学"，其中带有使用指南和游戏。
- 讨论："有数学读写能力"意味着什么？随着计算器和计算机的使用会有什么变化？

体育
- 讨论：体育活动如何帮助儿童学习？
- 设计一项教字母表的活动，让学生用身体（或个人或小组）摆成字母形状。
- 创建一份关于运动或运动员的带注释的书目清单，与年幼的孩子分享。

计算机
- 上网寻找关于文盲的数据，以及本地的资源和计划。
- 用图画书的形式，制作一份计算机词汇及其含义的清单。
- 调研社区中哪些地方需要孩子用的计算机，如庇护所或社区中心，并寻找企业捐赠。

科学
- 研究学习的差异性、不同的学习方式和学习障碍。
- 为年幼的孩子准备科学课程，把各种学习方式结合起来。
- 帮助年幼的学生记录科学实验。

活动。每个儿童贡献一则原创故事，大多数往往是关于他们自己的——他们的生活、他们的家庭。这些故事被编入三本不同的书中，由鸭嘴兽邮递员发送给不同国家和地区的学校：坦桑尼亚、巴布亚新几内亚、澳大利亚瓦代伊市的一个原住民社区。收到书的班级分别编写关于他们自己生活的原创故事，再由这惊人的鸭嘴兽递送！结果是：这种互惠的读写经历打开了孩子们的眼界，使他们了解世界上其他儿童如何生活。这些故事成为教学的切入点，因为它们全都在课程中适用。随着他们对世界的了解，诸圣学校的孩子们问道："为什么这些儿童要走三千米路去取水？他们为何不打开水龙头？"这些问题引出关于相似性、差异性、世界大舞台的重要性等方面的一次课程。可以把一本伟大的书融合进来：《像我一样的生命：世界各地的孩子们如何生活》（光盘中社会改变书架）。

一个广泛的做法：学前班—8年级

明尼苏达州的一所独立学校采取了一种广泛的做法宣传读写能力和服务学习。所有学生都阅读关于服务的书籍，以激发讨论、主意和班级项目。例如，一些5年级学生在附近的一所公立学校为刚开始学习阅读的儿童每月辅导一次，别的学生则在一个老人住宅设施里与老年人分享所选图书。在这所初中，青少年们为2年级学生选择并朗读诗歌，激发关于做出明智选择的交谈。对故事的分析、讨论和反思都与这一全校努力很好地结合在一起。

收集书：1年级（在6年级学生的帮助下）

1年级学生支持一项在全校范围内收集新书和"轻微用过"的旧书的募捐活动来支持图书馆，重点放在提升读写能力上。计数能力派上了用场，还有写作，因为每个学生都要为自己捐赠的一本书写一篇书评。在初中学生的帮助下，儿童们把图书按照阅读程度进行分类。孩子们亲自把这些书送到图书馆。

原创书送给社区：1—5年级

学生写了这么多原创书，但是它们去向何处了？通常是带回家，仅此而已。华盛顿州一所学校的学生把每本书都做成两份（如果该书是全班合作的话，份数会更多一些），这样，一份可以送给需要更多书的地方：图书馆、儿童中心、课外项目、无家可归者庇护所、医院、急诊室或免费诊所。学生在选择送书的社区时，也了解了这个社区。他们通常会自己把书送去，并向幼儿朗读这些书。有些儿童为作品添加多种语言，将其做成双语甚至三语图书，扩大社区宣传的范围。

磁带书：2年级

磁带书在很多地方受欢迎。芝加哥市郊2年级的学生，在为"少年盲人"这家组织录制一

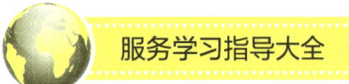

盘合唱阅读的磁带后，发现了这一点。接下来，他们制作了磁带捐赠给急救处等候室、医院以及一个早产婴儿病房。这些早产婴儿在听到可爱的儿童声音时，似乎长得健壮起来。将原创故事录制成磁带，也让学生有动力去改进他们的写作技能。

习语配对：2年级

两所学校，两个不同的社会经济群体，两种语言，都是2年级儿童：一个完美的伙伴关系。来自早期教育中心和加德纳街小学的学生在加利福尼亚州的西好莱坞市相会，进行文化、休闲娱乐和学术交流，由此引发了一次服务学习活动。这个过程的开端是，其中一所学校接待了一个俄罗斯故事演讲剧团，2年级的一个班邀请附近一所学校中大多数都是出生在俄罗斯的2年级学生前来参加。在社交活动（和午餐）之后，两所学校的老师们带领学生做习语活动。掌握习语对英语是第二语言的学生来说非常困难。学生两人一对，抽出一个习语，诸如"别让猫跑出口袋"，并讨论其解释和含义。学生还画了两张图来解释，例如，关于"别让猫[①]跑出口袋"，一幅画是一只猫往口袋外偷看，而另一幅画是一个孩子说"嘘"。这些画被汇编在一本工作手册中，用于这两所学校以及邻里的其他学校。

我的图书馆员是一辆大巴车：2年级

加州北好莱坞市奥克伍德小学的一班学生，受到《我的图书馆员是头骆驼》一书的激发而行动起来。该书展示了令人惊叹的照片——驴子、大象、手推车、骆驼，还有大巴车，他们把书送到遥远的村庄。该班学生用该书做研究，与巴基斯坦的移动大巴车图书馆员联系，了解到他们需要学前英语图书。孩子们马上行动，告知其他班级，图书在世界各地是多么重要。他们收集了书以后，一个大问题就跟着来了："我们怎样把它们运到巴基斯坦去？"他们与巴基斯坦驻美大使馆联系，发现大使馆联络人很乐意免费运送这些书。后来，一位巴基斯坦外交官来校表示感谢，还分享了职业信息以鼓舞未来的外交官们。

关闭电视！3—5年级

在一个3年级到5年级的混合课堂上，孩子们用一张图表，记录他们每个人每周观看电视的时间长短。对于其中两个电视节目，他们对在节目或广告中看到的任何暴力画面进行计数。接下来的一周，他们记录自己在校外玩耍或阅读图书的时间。学生用一张巨大的班级图表把数据综合起来并进行比较。利用关闭电视者网络（www.tvturnoff.org）的信息，该班老师展示了暴力画面如何影响儿童以及"沙发土豆"综合征的信息——缺乏活动如何影响儿童的体重和健康。学生决定教育学校里的其他人。他们向其他班级做演示，用海报和标牌宣传"关闭

---

① 猫是隐喻，指"秘密"。——译者

电视周"。学校里的许多学生宣誓在整个一星期内以书替代电视，高潮是一场朗读和交换图书的活动，让大家继续阅读，关闭电视。

> 我必须说我发现电视很有教育性。电视一开，我就去图书馆读本书。
> ——格劳乔·马克思，演员

特别是对新家长：4年级

缅因州的一位小学教师问学生："你们喜欢让家长或老师给你们读故事吗？"反应是压倒性的"是的"。学生热情地描述了他们喜欢讲故事时间的原因。后来，老师们在员工会议上讨论了他们的发现，即在他们社区里，家长很少花时间为自己的孩子读书。老师们决定邀请学生来解决这个问题。孩子们开始行动，把原创书包装成礼物并写信说明"为什么给你的孩子读书很重要，以及为什么我喜欢有人给我读书"。在当地一家社区组织的帮助下，他们把包好的书捐赠给当地郡公立医院，作为"迎接宝宝"的礼物，送给每位新家长。

辅导伙伴建设社区：4年级

在华盛顿州弗农山市的一所小学，进入4年级意味着一种特殊的待遇。每个4年级学生，无论阅读水平如何，都与一个年幼的学生结成伙伴。这些"辅导伙伴"每周四次，每次20分钟，帮助幼儿提高阅读技能。在每周的第五天，辅导者们继续自己的训练，开发自己的技能。这些伙伴关系改变了学校的氛围。每个学生都是有价值的，能提供某些东西。年龄较大的孩子对教师的角色有了更多的理解。幼儿仰视他们的"辅导者"并以他们为榜样。服务学习交织在这所学校的架构中。

年度社区阅读！4—6年级

在伊利诺伊州查尔斯顿市的杰斐逊小学，老师们想知道：学生如何在提高文献阅读技能的同时，学习为社区服务？答案是：由学生主导社区阅读。每年，学生组成的服务学习委员会会选择一本反映服务和无私精神主题的小说。第一年选的书是《埃德温娜胜利了》（见318页）。在杰斐逊小学的教室里，所有学生都朗读这本小说。老师们引导学生参与文本讨论，促进高层次的思考和提问。阅读一完，该委员会——由该校每班一位学生组成——就开始把这项激动人心的活动推向整个社区。学校购买了300—500本同一部小说，学生准备分发并附上这样的信息"阅读它，再把它送给别人"。在把书发送到30多个地点的过程中，学生了解了他们全市范围内的各种职业。这些书中都放有反响卡，以问卷形式调查社区需要，并收集关于杰斐逊小学的学生如何将查尔斯顿市变得更好的主意。学生还通过小册子、海报、向校务委员会做介绍展

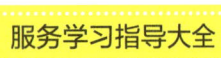

示、全校集会以及当地报纸和电视台的节目，来宣传他们的项目。最后，全校一起着手解决收到的需要请求。结果呢？学生阅读得更多并且更有目的性！

越南的一间儿童图书馆：5—11 年级

在（夏威夷）瓦胡岛上的惠勒小学，图书管理员兼教师秦老师，去越南会安市旅行，遇到了想学习却没有任何图书的孩子们。作为一名图书管理员，她不能想象缺乏书的生活会是什么样。于是，她和另外一名图书管理员，向几家慈善基金会申请并获得了足够的基金拨款，开办了一所小型公共图书馆。会安市图书馆诞生了。如果让年轻人运营这间图书馆会怎样呢？比如来自镇孤儿院、街道中心、足球队的青少年。今天，这些年龄在 10—16 岁的少年图书管理员们维护藏书，教导幼儿们如何爱护图书，他们还采用像木偶戏之类的各种不同的故事讲述方法，带领一对一阅读活动。

> 这是为我开启思维的良好环境，帮助我改善知识结构、改进演讲技能和阅读技能、对世界上许多国家的文化有更多的了解，真好。
> —— 福，14 岁

通过这间图书馆，孩子们发现他们能够照看自己和他人。他们自己运营着这间图书馆。该图书馆向会安市人民提供了生平第一次可以把免费资讯带回家分享和学习的机会。该图书馆甚至还有一台接通互联网的计算机。

数学支持：6 年级

读写能力也扩展到了数学上。在一所学校里，6 年级的学生自愿放弃他们平时在午餐后的活动时间，辅导同学数学。辅导者们花了额外的时间，去学习如何把一项技能分解成易于掌握的多个步骤，并有效地加以传授。数学辅导成了一个很受欢迎的项目。

女性有用！6—8 年级

初中生展示在数学世界的过去、现在和未来"女性所做的贡献"，并在这个过程中开发了数学能力。在马萨诸塞州波士顿市的玛丽·莱昂学校，学生阅读关于在历史上对数学做出过贡献的女性的图书并写出短篇传记。接下来，学生采访了他们学校和社区里的女性，并写短文介绍她们作为专业人士、主妇、家长、教师，在日常生活中如何使用数学。学生还加入了自己对个人未来的想法，以及数学将如何成为实现个人抱负和梦想的一部分等方面的内容。带着所获得的知识，学生开发了数学课程和一个"数学成功工具包"，去鼓励和激发 4 年级学生。中学生还在计算机上创建了一个虚拟数学博物馆，来展示他们的成就，并帮助他人学习生活中的一个重要等式：数学 + 妇女 = 女性有用！①

---

① "math+women=women count！"，这是一个习语。—— 译者

第十三章　读写能力

孩子们做计算机扫盲：6—8年级

在俄克拉何马州堪萨斯市的乡村社区的公共图书馆里没有计算机供使用，许多家庭也没有计算机。初中的孩子们能做什么来帮忙呢？他们决定在周二晚上和周六早上开放学校的计算机室，提供（计算机使用的）指导和帮助。为了做好准备，学生练习开发和主导计算机课程，并学习如何使用计算机里的个人简历模板。他们对家长和社区成员进行调查，找出他们的兴趣所在。然后找到那些能提供社区感兴趣信息的网站。

提早开始阅读：6—8年级

肯塔基州伦敦市乡村社区里的初中学生想要写书。他们沉浸在儿童作品之中，探索自己所喜爱图书的细腻特点和写作风格。在进一步的准备过程中，一位沟通传播专家来到班上，并向学生讲授短篇小说写作。学生提出创意，并针对特定的读者群——学前儿童——进行创作。学生利用计算机和其他技术形式来组织和制作他们的图书。最后，当地一家"提早开始"计划的幼儿们访问了该初中的图书馆，并会见这些为他们读书并给他们的教室放满原创图画书的"大孩子们"。

在我们的村庄：6—12年级

在这个充满数码技术和品牌咖啡的世界里，坦桑尼亚辛巴营村的5000名居民夜晚仍在用灯笼照明，饮用溪流或水泵中往往带有致病原的水。然而，在美国一家非营利组织"孩子能做的事"的帮助下，奥伟初中的350名学生用数码相机和磁带录音机记载了他们村庄里的日常生活。这是他们第一次手持相机和磁带录音机。他们在反思自己的工作时说："这在各个方面拓展了我们的想象力。在此之前，我们从未见过一本带照片的书。对于这个更大的世界，我们只知道老师告诉我们的那些东西。"在全世界已有超过30000名学生阅读了他们的书《在我们的村庄》（见266页）。书的销售让学生获得奖学金继续接受教育。

在我们的地球村：学前班—12年级

阅读上述《在我们的村庄》一书，激励本书作者采取行动。在该书的序言中，芭芭拉·塞沃尼这样描述与她一起工作过的学生作者："在分别时，他们告诉我这个想法：'我们村以外的任何人会关注我们的生活和挑战——这真让我们震惊——我们仍然无法相信。'"这促使我与芭芭拉合作并创办"在我们的地球村"项目，一种以其原型为基础的、国际范围的写书体验。迄今在八个国家已写出超过25本书。要写一本书，年轻人必须积极主动地决定他们要分享当地社区中的哪些内容。他们构思提问，进行采访，拍摄照片，汇编精彩的图书，这些书在该项目的网站上可以找到：www.inourvillage.org。组成这个"村庄"的这些书是由美国各地以及爱沙尼

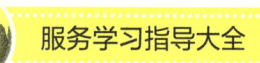

亚、印度、南非和越南的班级创作的。在写作这些书时，学生提高了当地的读写能力并为全球读写能力做出了贡献。

免费优质报税服务：9—12年级

圣巴巴拉高中的"免费报税服务站"（简称VITA）每年为低收入的个人和家庭准备大约600份报税表。所有报税表都是免费填写的，所有学生志愿者都得到美国国税局（IRS）的认证。VITA为学生提供宝贵的经历和训练，同时也为社区节省了一大笔钱。学生运营这项服务已超过15年。通常，会计师准备报税表至少收费200美元。美国国税局洛杉矶分部称该项目为"在质量和功用上可以效仿的最佳实践模式"。有些学生高中毕业后，在就读的大学里开办VITA。

可靠的辅导员：9—11年级

作为高中服务课的一部分，学生每天去当地一所小学为小学生辅导一课时。当地社区学院的讲师向高中学生讲授辅导技能，帮他们做好准备。在学期结束时，学生制作了一个独特的反思作品展示给他人——教师、家长、社区成员和同学。小学老师们对高中学生的表现提供定期反馈，技能开发和培训在持续进行。学生还学到做事要可靠。一个学生写道："我周二没去，我想这没什么大不了。周四，我像没事似的去了。萨拉，我总是给她读书的小女孩，却不跟我讲话。最后，大约20分钟之后，她眼泪汪汪地爬到我的膝上：'你去哪儿了？我想你！'我哑口无语。我不知道她在指望着我。"

罗密欧，罗密欧！10年级

喜爱莎士比亚吗？在亚拉巴马州，10年级英语课的学生对这位大诗人迸发出意想不到的热情。于是，他们想与年幼的学生分享自己的兴奋。他们拜访了小学高年级老师，想弄清这是否有价值。根据老师的反馈，以及他们自己在学习方式上的发现，高中2年级的学生采用了两种不同的策略。一组学生用现代语言演出《仲夏夜之梦》的缩减版。另一组制作了一本故事书《莎士比亚的传说》。年幼的学生很喜欢他们对莎士比亚的介绍，而且全班开始阅读《第十二夜》。

英雄之旅：11—12年级

南卡罗来纳州的学生，在英国文学课中，阅读《贝奥武夫》，还进行了自己的"英雄之旅"。通过响应个人或组织的某个真实需要，每个学生都找到一条成为社区英雄的途径。学生用可以与史诗媲美的语言记载了他们的服务经历。学期的高潮是几位学生制作并配乐的视频展示。接受服务的人被邀请参加展示会，并了解学生从该体验中得到多么大的收获。

第十三章 读写能力

让所有人受教育——在阿富汗：青少年

一个年轻女孩的家庭逃离了阿富汗的暴乱，在巴基斯坦临时安家。作为难民，他们面临许多挑战，不过，女孩被允许去上学。1994年，当14岁的萨迪卡回到家乡的村子时，她受教育的故事令村民大为惊奇。在那段时间，统治当地的塔利班将女孩受教育变成几乎不可能的事。2001年起，限制放宽了一些，但局势仍然动荡不安。2003年，萨迪卡开办了她的第一间阿富汗女子学校——奥鲁赫学习中心。现在，四所奥鲁赫学校支持着寻求教育的1200名女孩。

> 当我拿到图书卡时，我的生命才真正开始。
> ——丽塔·梅·布朗，作家

把学校连接起来：11年级，与小学和大学的学生一起

在澳大利亚的西悉尼大学，社区行动支持计划把任教前的师范生送往北部领地偏远的滕南特溪与原住民社区人员一起工作。任教前的老师们在一门社区研究课程中指导11年级的高中生。这些高中生得到引导，成为有效的小学生读写指导员。该计划还想激励这些高中生上大学，将来可以作为教师回到他们的社区，因为有原住民背景的教师非常短缺。五周的见习期过后，大学生、原住民社区人员和高中生之间通过网上视频继续进行在线指导，保持定期的沟通，他们的关系得以持续下去。

四、读写能力书架

阅读能力是读写能力的一部分，读写能力书架（见269—270页）上的一些书论述了与阅读能力有关的议题。其他一些故事讲述渴望教育的人们，还有的书描述对图书和阅读的欣赏。为帮助你找到与你的具体项目有关的书籍，书目总表把书籍按几个主题分类：寻求教育、学习阅读、图书和阅读欣赏。

总的来说，本书架有以下特点：

- 书目带注释，按非虚构类（N）、图画书（P）和虚构类（F）进行一般分类，根据书名字母的顺序排列。对于非虚构类和虚构类，还注上总页数，并推荐适用的年级水平。图画书的所有书目都没有推荐年级水平，因为它们可以成功地用于各年龄段。
- 有一张按照主题和类别分类的图表，帮助你找到具体项目的相关图书。
- 来自服务学习同行和专家的书目推荐，包括摘要介绍和与服务学习相关联的创意。（推荐的书籍数量在每个书架中有所不同。）

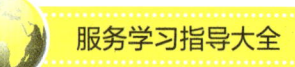

- 请注意：该类别的附加书目列在光盘中，一些是绝版书但仍有查找价值。

非虚构类：读写能力

《校舍禁地：普鲁登丝·克兰德尔和学生戏剧性的真实故事》
The Forbidden Schoolhouse: The True and Dramatic Story of Prudence Crandall and Her Students
作者：Suzanne Jurmain　出版方：Houghton Mifflin　出版时间：2005年

　　这个关于追求公正的勇气的故事，开始于一名黑人妇女询问坎特伯雷女子寄宿学校的校长——普鲁登丝·克兰德尔，她能否来上课。当普鲁登丝回答"可以"时，白人学生便抛弃了这所学校。普鲁登丝为教育年轻的黑人妇女重新开办了学校。无论遇到什么困难——威胁、纵火、抵制、逮捕和审判，普鲁登丝小姐和她的学生都坚持下来了，她们得到了她的家庭和著名的废奴主义者威廉·劳埃德·加里森牧师的帮助，直到一天晚上对该校的恐怖攻击导致它最终关闭。共160页，适用于5—12年级。

《林肯如何学习阅读：12个伟大的美国人以及造就他们的各种教育》
How Lincoln Learned to Read: Twelve Great Americans and the Educations that Made Them
作者：Daniel Wolff　出版方：Bloomsbury　出版时间：2009年

　　教育在12个有影响力的人的生命中有什么作用？读一读本·富兰克林发现"他自己的途径，去了解他所需要知道的东西"并成为学校教育的支持者的相关内容。了解1797年出生的百丽及其观点，即"主流学校都是奴隶制的"。跟随海伦·凯勒的故事，她在自传中写道"知识是爱、光和远见"。了解猫王（埃尔维斯）上学是在"镇上最贫困的白人街区，但学校里有电和室内水暖——'带着自豪和喜悦的共享的资源'"。当然还有林肯的故事，去读这本书吧！共345页，适用于10—12年级。

《印第安人学校：教授白人之道》
Indian School: Teaching the White Man's Way
作者：Michael L. Cooper　出版方：Clarion Books　出版时间：1999年

　　1879年，84个苏族印第安人的男孩和女孩被迫离开他们的部落家庭去卡莱尔印第安人学校就学。这是由联邦政府为教育美国原住民儿童而开设的第一所学校，意在"教化"印第安儿童并教给他们"白人之道"。少数儿童在这个环境中成功了。可是对大多数人来说，这是文化适应上的一次被孤立的痛苦经历。共103页，适用于5—10年级。

《在我们的村庄：本村青少年眼中的辛巴营》
In Our Village: Kambi ya Simba through the Eyes of Its Youth
作者：Students of Awet Secondary School　编辑：Barbara Cervone　出版方：Next Generation Press
出版时间：2006年

在坦桑尼亚一个遥远的村庄，学生用数码相机和磁带录音机记录了他们的日常生活。在我们阅读这些取自 350 个学生的短文和村民采访、简要但带有细节描述的章节时，我们对全球读写能力的意识得到提升。在没有图书、教育远没有统一形式的环境里，这些年轻作者们的成就真是令人惊讶。共 64 页，适用于所有年龄段。

《我的图书馆员是头骆驼：如何把书带给世界各地的儿童》
My Librarian Is a Camel: How Books Are Brought to Children Around the World
作者：Margriet Ruurs　　出版方：Boyds Mills Press　　出版时间：2005 年

从大象、驴、骆驼，到大巴车、船、卡车，这本书向我们展示有志之士想尽一切办法把书带给那些在行程之内很难找到图书馆的孩子们。照片、地图、叙述让这本书的文字栩栩如生。共 31 页，适用于 1—12 年级。

《我的学校在雨林：世界各地的儿童是如何上学的》
My School in the Rain Forest: How Children Attend School Around the World
作者：Margriet Ruurs　　出版方：Boyds Mills Press　　出版时间：2009 年

阅读有关一所漂浮在湖上的学校，一所喜马拉雅地区高高在上的学校，一所经由网路摄影机开办的学校等内容。到阿富汗旅行，去看看女孩们上的一所隐藏在墙后的学校。看一下印度丛林中由志愿者运营的学校。这是一种引人入胜的学习地理的途径。共 32 页，适用于 3—6 年级。

> **光盘中**
>
> **来自实地的推荐**
>
> 《弗雷德里克·道格拉斯的人生自述》
> *The Narrative of the Life of Frederick Douglass*
> 作者：Frederick Douglass
> 出版方：Oxford University Press
> 出版时间：1999 年
>
> 最初出版时间为 1845 年，共 192 页，适用于所有年龄段。

《像我的学校一样：对世界各地学校的独特庆祝》
A School Like Mine: A Unique Celebration of Schools Around the World
作者：Penny Simth 和 Zahavit Shalev　　出版方：DK Publishing　　出版时间：2008 年

来自世界各地朝气蓬勃的学生图像，加上关于 41 名学生的积极人生及其就读学校的真实故事，构成了这本书，提醒我们：教育必须随处可及，教育平等必须优先，追求教育的人们所拥有的梦想和抱负比我们想象的更加相似。共 78 页，适用于所有年龄段。

《你不能读这个：禁书、遗失的作品、误译和代码》
You Can't Read This: Forbidden Books, Lost Writing, Mistranslations, and Codes
作者：Val Ross　　出版方：Tundra Books　　出版时间：2006 年

这 18 则令人震惊的故事讲述了在全球历史文明进程中，个人、学者、信徒、罪犯在写作和阅读上勇敢且坚韧的努力。这些引人入胜的故事，讲述每一个故事所发生的重要时代和地点，也教育读者，那些我们认为理所当然的活动，曾经面对怎样的逆境。共 152 页，适用于 7—10 年级。

图画书：读写能力

《阿马迪的雪人》

Amadi's Snowman

作者：Katia Novet Saint-Lot　　出版方：Tilbury House　　出版时间：2008 年

尼日利亚青年阿马迪认为当一名商人是最重要的事情了。所以，为什么还要学习阅读呢？当他在市场上看到一位年龄更大的男孩在阅读一本关于雪人的图书时，他感到震惊。"那是什么？"他问道。当他了解到有一种从天空落下覆盖一切的东西叫雪时，突然间，阅读变得有了意义和目的了，并且切实会对一个商人有帮助！一次带有好看插图和清晰信息的文化之旅。

《一本书》

A Book

作者：Mordicai Gerstein　　出版方：Roaring Brook Press　　出版时间：2009 年

这则颠三倒四的精彩故事会令你笑个不停。它讲述一个住在一本书里的年轻女孩，试图在书里找到她自己的故事。这本书激发我们所有人心中当作家的火花。

《我们自己的校车》

A Bus of Our Own

作者：Freddi Williams Evans　　出版方：Albert Whitman　　出版时间：2001 年

梅布尔·琼想要上学，而学校离家步行八千米远。她试图寻找办法让黑人儿童有一辆像白人儿童那样的校车。在家人和朋友的支持下，她成功了。根据发生在 1949 年的真实事件而写。

《水晶拖鞋，黄金凉鞋：全世界的灰姑娘》

Glass Slipper, Gold Sandal: A Worldwide Cinderella

作者：Paul Fleischman　　出版方：Henry Holt and Company　　出版时间：2007 年

这本书改编了世界最著名的童话故事，把全球从墨西哥到日本共 18 个版本的灰姑娘故事编在了一起。

《去一个特别的地方》

Goin' Someplace Special

作者：Patricia McKissack　　出版方：Simon & Schuster　　出版时间：2001 年

在 20 世纪 50 年代种族隔离的田纳西州纳什维尔市，特里西娅·安正在去一个特别的地方的途中。她先是坐在公交车上的"有色区"里，然后因差一点坐在一张"仅供白人"的公园椅子上，而遭受了伤人的歧视话语。她终于到了公共图书馆，牌子上写着"欢迎所有人"。

读写能力书架主题

主　　题	书　　籍	类　　别
寻求教育 当社会存在不公时,某些特定群体往往得不到正常的教育。这些书籍包括人们的奋斗故事,他们仅仅是为了去一个能够学习的地方,进到一所学校,或创建一所能去就读的学校。	《一位半印第安人的绝对真实的日记》	虚构类（F）
	《突破》	见 245 页
	《我们自己的校车》*	图画书（P）
	《辗转》	见 245 页
	《加分》	虚构类（F）
	《校舍禁地:普鲁登丝·克兰德尔和学生戏剧性的真实故事》	非虚构类（N）
	《去一个特别的地方》	图画书（P）
	《霍华德·瑟曼的伟大希望》	图画书（P）
	《我如何学地理》	图画书（P）
	《印第安人学校:教授白人之道》	非虚构类（N）
	《在我们的村庄:本村青少年眼中的辛巴营》	非虚构类（N）
	《琳达·布朗,你不孤单:布朗诉学区理事会案判决结果》(光盘中社会改变书架)	非虚构类（N）
	《纳廷加难民营里迷失的男孩们:为苏丹青少年难民开办的一所学校》(光盘中饥饿、无家可归和贫困书架)	非虚构类（N）
	《给老师利特尔小姐的礼物》	图画书（P）
	《我的学校在雨林:世界各地的儿童是如何上学的》	非虚构类（N）
	《纳斯琳的秘密学校:来自阿富汗的真实故事》	虚构类（F）
	《像我的学校一样:对世界各地学校的独特庆祝》	非虚构类（N）
	《切罗基人塞阔雅:把书写带给他的人民》*	图画书（P）
	《圣人的力量》*	虚构类（F）
	《新老师阿格尼丝小姐这一年》	虚构类（F）
学习阅读 学习阅读并不是"一刀切"的事情,对于某些年轻人和成人而言,它可能是一个很有挑战性的过程。语言障碍、难堪困窘和资源缺乏都可能是绊脚石,社区支持则可能改变这一切。	《亲爱的胡须》(见光盘中)	虚构类（F）
	《飞行》	虚构类（F）
	《困难时期的罐子》	图画书（P）
	《林肯如何学习阅读:12 个伟大的美国人以及造就他们的各种教育》	非虚构类（N）
	《蝴蝶》	图画书（P）
	《乔治·贝克先生》	图画书（P）
	《我的生活像本书》	虚构类（F）
	《弗雷德里克·道格拉斯的人生自述》	非虚构类（N）
	《谢谢你,法尔克先生》	图画书（P）
	《那个图书女人》	图画书（P）

(续表)

主　题	书　籍	类　别
图书和阅读欣赏 有些人要走很远的路才能拿到书。欣赏、快乐、乐趣、兴奋——全都可以在书中和书所在的图书馆里找到。	《阿马迪的雪人》	图画书（P）
	《一本书》	图画书（P）
	《偷书贼》	虚构类（F）
	《华氏451度》（见光盘中）	虚构类（F）
	《水晶拖鞋，黄金凉鞋：全世界的灰姑娘》	图画书（P）
	《我讨厌阅读》	图画书（P）
	《乔赛亚斯，拿住这本书》	图画书（P）
	《巴士拉市的图书馆员：一个来自伊拉克的真实故事》	图画书（P）
	《图书卡》（见光盘中）	虚构类（F）
	《我的图书馆员是头骆驼：如何把书带给世界各地的儿童》	非虚构类（N）
	《胡说八道！》	图画书（P）
	《我们的图书馆》*	图画书（P）
	《学犹太语还太小》	见138页
	《你不能读这个：禁书、遗失的作品、误译和代码》	非虚构类（N）

注：对出现在其他书架中的书籍，列出参照页码。

＊：这些书籍包括年轻人在提供服务的角色上的实例。

《困难时期的罐子》

The Hard Times Jar

作者：Ethel Footman Smothers　　出版方：Farrar, Straus and Giroux　　出版时间：2003年

尽管年轻的埃玛·特纳热爱图书，可是她家里一本书也没有。她家是流动工，所挣的钱只能严格用于必需品。所以埃玛工作存钱，直到她的计划被中断：她必须去上学！在那里有很多书，但这些书不能带回家。埃玛会遵守这些规则吗？

《霍华德·瑟曼的伟大希望》

Howard Thurman's Great Hope

作者：Kai Jackson Issa　　出版方：Lee & Low Books　　出版时间：2008年

霍华德1899年出生于佛罗里达州代托纳市，他牢牢地记着父亲为他的聪明、能读会写并且可能会是家中第一个上大学的人而感到骄傲。可是由于种族隔离以及霍华德就读的"黑人"学校只到7年级的事实，他的梦想几乎是不可能实现的。然而，当他的校长主动为他提供学习辅导，而且他的毕业考试取得了满分时，霍华德的未来确定了——一份奖学金，一所大学，以及日后成为一名传教士和民权领袖。

第十三章　读写能力

《我如何学地理》

How I Learned Geography

作者：Uri Shulevitz　出版方：Farrar, Straus and Giroux　出版时间：2008 年

　　"二战"期间，作者的家被炸，不得不搬家，生活在贫困中。一天晚上，父亲带回家的不是面包，而是一张巨大的地图。地图的色彩和形状使这个惨淡的家有了生气，并把少年从饥饿的绝望中解脱出来。

《我讨厌阅读》

I Hate to Read

作者：Rita Marshall 和 Etienne Delessert　出版方：Creative Editions　出版时间：1992 年

　　维克托·迪肯斯厌恶阅读。可是，当一本书中的人物开始在他周围现身时，他认识到自己不想让他们消失。很快他便放不下这本书了！另见：《我仍然讨厌阅读》，2007 年出版。

《乔赛亚斯，拿住这本书》

Josias, Hold the Book

作者：Jennifer Riesmeyer Elvgren　出版方：Boyds Mills Press　出版时间：2006 年

　　乔赛亚斯是一个海地家庭四个孩子中的一个。他的责任是照料家里的菜圃。他的朋友们一直敦促他去上学，可他坚持认为他照料菜圃太忙了，尤其是这一年的青豆长得有问题。不过，他很快就认识到书籍可能为他的问题提供必要的答案。

《蝴蝶》

La Mariposa

作者：Francisco Jiménez　出版方：Houghton Mifflin　出版时间：1998 年

　　在这所只讲英语的学校里，1 年级学生弗朗西斯科一个词也听不懂。他想学习的愿望开始聚焦在书桌旁一只瓶子里的毛毛虫：它是怎样变成蝴蝶的？那要花多长时间？有了决心和想象力，弗朗西斯科克服了困惑和孤单，他的容忍和对学习的热爱也教育了其他人。

《巴士拉市的图书馆员：一个来自伊拉克的真实故事》

The Librarian of Basra: A True Story from Iraq

作者：Jeanette Winter　出版方：Harcourt　出版时间：2005 年

　　阿莉娅·穆罕默德·贝克是生活在伊拉克巴士拉城的一名真实的图书管理员。当战争的传闻开始蔓延，她要求政府帮助她把图书搬到安全的地方。当他们拒绝时，她自己动手干起来，并在紧要关头，在邻居们的帮助下，把图书储存到她所能够找到的任何地方。她还在等待安全地重建她的图书馆，并展出这浩大的古代和现代文献藏品。

《给老师利特尔小姐的礼物》

Miss Little's Gift

作者：Douglas Wood　出版方：Candlewick Press　出版时间：2009 年

本书源自作者儿时的亲身经历，那时他的注意力缺陷多动症（简称 ADHD）尚未确诊。书中讲述了一个少年男孩难以坐下来读书的故事。道格拉斯是利特尔小姐班里最年幼的学生，他找到了所需的帮助，老师耐心地引导他读完了《小岛》一书，他受到激励成为终身的阅读者和作家。

《乔治·贝克先生》

Mr. George Baker

作者：Amy Hest　　出版方：Candlewick Press　　出版时间：2004 年

贝克先生 100 岁了，是一个著名鼓手，但他不会阅读。于是，每天早晨他和年轻的朋友哈里一起等公交车。当公交车开来时，他们乘车去学校，在那里努力把所有的字母拼在一起，就像贝克先生的鼓点一样。

《胡说八道！》

Nonsense!

作者：Sally Kahler Phillips　　出版方：Random House　　出版时间：2006 年

这本书告诉我们，学习新的文字和词语，也是在学习用新工具去思考这个世界和我们在其中可以做的一切。

《我们的图书馆》

Our Library

作者：Eve Bunting　　出版方：Clarion Books　　出版时间：2008 年

当本地热爱图书馆的人们得悉它要被关闭时，他们从阅读中找到解决方案并设法挽救了这个重要的社区中心。

《切罗基人塞阔雅：把书写带给他的人民》

Sequoyah: The Cherokee Man Who Gave His People Writing

作者：James Rumford　　出版方：Houghton Mifflin Books　　出版时间：2004 年

这是一则雄伟大树如何得到命名以及一个非凡的人如何开发出一个文字书写体系的故事。塞阔雅是一名有身体障碍的金属制造工。尽管他从未在部落中身居高位，也不像其他人那样行动自如，但他用一种书写形式保存了切罗基人的本族语言，沿用至今。该书用英语和切罗基语写作。

《谢谢你，法尔克先生》

Thank You, Mr. Falker

作者：Patricia Polacco　　出版方：Philomel　　出版时间：1998 年

最初，特丽莎喜爱上学，但她的阅读困难使她感到自己很愚笨。在 5 年级时，一位老师帮助她终于克服了她的难题。她由此开始了学习上的探险之旅，并在长大后为儿童写书。这则半自传故事激励着学习者、教师和辅导者们!

《那个图书女人》

That Book Woman

作者:Heather Henson　　出版方:Atheneum　　出版时间:2008 年

　　这本动人心弦的书的灵感来自于真实的驮马图书馆员,也称为"图书女人",她们从 20 世纪 30 年代开始穿行在阿巴拉契亚山区,把书带到偏远的社区。我们认识一下卡尔,他是一个"不爱学习"的男孩。可是"那个图书女人"引起了卡尔的好奇心,他终于打开了一本书。以前曾经被卡尔认为是"鸡爪印"的笔画都变成了词语,卡尔变成了阅读者。

虚构类:读写能力

《一位半印第安人的绝对真实的日记》

The Absolutely True Diary of a Part-Time Indian

作者:Sherman Alexie　　出版方:Little, Brown & Co.　　出版时间:2007 年

　　亚历克西与卡通画家和插图画家艾伦·福尼合伙讲述了一个少年的故事。朱尼尔厌倦了受人欺凌,他想获得更好的教育,于是从印第安人保护区的学校转到 35 千米外的一所全白人学校。本书从朱尼尔的视角进行叙述,对他努力去适应新环境并应付家中困境的过程做了诙谐和感人的编年纪事。共 288 页,适用于 7—10 年级。

《偷书贼》

The Book Thief

作者:Markus Zusak　　出版方:Knopf　　出版时间:2007 年

　　该书以独特的方式讲述第二次世界大战的故事,以热爱图书的 9 岁女孩莉赛尔·梅明杰的生活为中心。我们可以跟随她的旅程,从母亲把她留在父亲的熟人家寄养,到她经历适应环境的过程,在此期间,她先后与男孩鲁迪、犹太难民马克斯以及深居简出的市长妻子(诱惑莉赛尔去看她令人惊骇的图书馆)建立了关系。她经历战争的苦难,被迫参加希特勒的青年团,她心爱的养父因去参战而与她分离,等等。作者用卓越的写作技巧把这一切编织在一起,形成了对战争和错综复杂关系的独特一瞥。共 576 页,适用于青年。

《加分》

Extra Credit

作者:Andrew Clements　　出版方:Simon & Schuster　　出版时间:2009 年

　　除非阿比·卡森能改善成绩,否则可能会留级。为了得到加分,她选择与阿富汗的一位笔友互相写信,并发现这些跨越海洋的文字帮她建立了意想不到的友谊,使她得到深刻的理解,还发现了令人惊讶的共同点。共 192 页,适用于 4—7 年级。

《飞行》

Flight

作者：Elizabeth Stow Ellison　出版方：Holiday House　出版时间：2008 年

12 岁的萨曼莎对哥哥埃文忠心耿耿。埃文是高一学生[①]，有体育和美术天赋，但在学校里经常惹麻烦。在父母总是紧盯着他的情况下，萨曼莎能帮助埃文参加本地的美术比赛吗？他需要帮助填写报名表格，因为他不会阅读。这个引人入胜的故事的背景设在 1982 年，故事中有着一个深藏的秘密——不仅埃文是文盲，整个家庭都不会读写。正视这个真相与对家庭的忠诚是这则令人苦恼的故事的核心。共 245 页，适用于 5—7 年级。

> **来自实地的推荐**
>
> 《华氏 451 度》
>
> *Fahrenheit 451*
>
> 作者：Ray Bradbury　出版方：Simons & Schuster
>
> 出版时间：1953/1993 年
>
> 共 190 页，适用于青年。
>
> 《图书卡》
>
> *The Library Card*
>
> 作者：Jerry Spinelli　出版方：Scholastic
>
> 出版时间：1996 年
>
> 共 148 页，适用于 5—8 年级。

《我的生活像本书》

My Life as a Book

作者：Janet Tashjian　出版方：Henry Holt　出版时间：2010 年

德里克想享受夏天并逃避残酷的夏季阅读书单，它使他的生活面临痛苦的威胁。不过，他阅读了报纸上一篇关于一次神秘溺水事件的报道，似乎涉及婴儿时期的他。读的过程中，德里克用有趣的图画解说他遇到的生词。这个技巧帮助他去除了难词的神秘感，并使阅读变得有趣。这本书充满了行动、幽默、真诚的决心，书中还有作者十几岁的儿子所创作的大量图画。共 211 页，适用于 4—6 年级。

《纳斯琳的秘密学校：来自阿富汗的真实故事》

Nasreen's Secret School: A True Story from Afghanistan

作者：Jeanette Winter　出版方：Simon & Schuster　出版时间：2009 年

当纳斯琳的父母被塔里班抓走后，她不再说话了。祖母为她在一间秘密女子学校报名，希望学校会帮助她康复。与有爱心的老师、同学以及图书一起，纳斯琳找到了自己的声音。本书以一个真实的故事为依据。共 40 页，适用于 2—5 年级。

---

① 即 9 年级学生。——译者

《圣人的力量》

The Strength of Saints

作者：Alexandria LaFaye   出版方：Simon & Schuster   出版时间：2002 年

　　故事设定在 1936 年的路易斯安那州哈珀市。14 岁的尼莎·伯根有自己的想法和意志。她是小镇的图书馆馆员，小镇上对种族融合存在狭隘的想法。她创建了"隔离但平等"的图书馆。不过，她仍然受着良心的折磨，想要团结社区。做正确的事情可能并不容易，但尼莎的独立精神和坚定信仰最终获胜。这是第三本关于尼莎的书，但自成一体。共 183 页，适用于 6—10 年级。

《新老师阿格尼丝小姐这一年》

The Year of Miss Agnes

作者：Kirkpatrick Hill

出版方：Aladdin

出版时间：2000 年

　　新老师阿格尼丝小姐来到偏远的阿拉斯加小镇。10 岁的弗雷德丽卡，简称"弗雷"，怀疑新老师能否在这个充斥着鱼腥味的社区里留下。可是，随着一个充满活力的老师带来创新精神，这所单间教室的学校变得活跃起来。她触及并看重每个孩子，包括弗雷 12 岁的失聪姐姐博科。共 113 页，适用于 4—8 年级。

光盘中

作者访谈：故事背后的故事

　　在随书附送的光盘中，你会找到对以下作者的采访：珍妮特·塔什吉安，《拉里的福音》《投票给拉里》和《我的生活像本书》的作者；杰克·塔什吉安，珍妮特的儿子，《我的生活像本书》的插图者；安·怀特黑德·纳格达，《亲爱的胡须》的作者。他们讲述了书的"故事背后的故事"。

第十四章　安全和强大的社区

> 慷慨是迈向和平的第一步。
> 　　　　　　——佛教徒的箴言

在当今世界，安全感和人身安全保障是我们社区中居首位的理念。在学校操场上，面对欺凌行为以及可以欺凌他人的诱惑时，孩子们想知道应该怎么办。青年纠结于同伴的压力，担心受排斥。帮派活动和其他暴力行为让人恐惧、绝望。恐怖活动和战争不分国界。服务学习为梳理这些挑战和复杂事件提供了一种教育策略。文献资料和服务学习过程，帮助学生审视新问题，培养他们对生活在他方、可能永远不会谋面的人们保持敏感和关注。这会有助于他们决定如何参与建设性行动。

应对操场上、邻里之间抑或战争区域发生的意外时，对安全问题的审视会为我们提供审视社区概念的机会。什么是社区？社区是在步行范围内，还是可以广至全球？虽然这个术语是通用的，其实际意思却可能很难把握和定义。每个人都会根据个人和集体的经验，对其有不同理解。有一种视角来自于对这一术语的历史性考量。社区（community）一词可以回溯到印欧（Indo-European）词根 mei，意指"变化"或"交换"，以及词根"kom"，意指"与（他人）"，两者结合产生了"kommein"一词，即"由所有人共享的（shared by all）"①。于是，我们可以把"community"定义为共享的变化或交换。

> 活着，并有建立各种社区的自由，这是不可轻视的特权。
> 　　　　　　——黎乖，芝加哥人类服务局

这一定义把社区描绘为动态的，是一个可以受到影响变化的概念——在这里是指可以受到服务学习的影响。

一、准备：为安全和强大的社区方面的服务学习做好准备

下列活动可以用来促进有关安全和强大的社区方面的学习和技能开发。这些活动在调查研究、准备和计划等阶段很容易调整适用于不同年级，帮助学生通过研究来审视关键问题，分析社区的需要，并获取所需的知识，从而有效地为设计服务计划出力。这些活动往往可以融入反思和展示的阶段中，因为学生可以带领有关活动，与他人一起建立关注意识。文献资料往往是

---

① 彼得·M.森奇、阿特·克莱纳、夏洛特·罗伯茨、理查德·B.罗斯、布莱恩·J.史密斯，第五项修炼，纽约：双日，1994 年。

准备过程的一个重要部分，你可以在本章后面的安全和强大的社区书架中查找与该专题有关的推荐书目。

活动：画出社区。 为了使社区的想法更加具体，可以让学生对社区做形象化的展示介绍。为他们提供诸多大幅纸张和充足的彩笔，并请他们保持绝对安静。随后，只用四个字来布置任务：画出社区。这种安静有助于每个学生的社区概念保持完整，鼓励学生进行不同形式的合作，以加强练习之后的反思。克制自己，不要提供关于该任务的任何进一步的指示或说明。有可能学生全都在同一张纸上忙碌着，也可能分成每组至少四个学生围在小一些的纸张上，描绘自己眼中的社区。在5—10分钟的绘画之后，让学生讨论他们的画作和观察。学生是独自作业还是有所合作？安静对这一过程有何影响？他们留意到别人所画的东西了吗？别人画的东西对他们有影响吗？在他们的画作中最明显的是什么——人、建筑，还是动物？缺少某些东西吗？画里反映出社区最好的一面或社区面临的挑战了吗？他们会增添什么去改善自己的社区？具体又如何做到呢？一旦学生经历了这个活动，他们往往喜欢带领其他学生或成人团体做这个活动，并随后带领大家讨论，就是为了阐明社区这一概念。

活动：观看冲突和社区建设。 探索冲突的本质对审视社区安全议题是有价值的。询问一群人，冲突是正面的，还是负面的？大部分人可能会回答"是负面的"。然而，"冲突（conflict）"的拉丁词根——confligere，意思是"to strike together（一起撞击）"。这意味着摩擦对于向前运动和诱发变化而言是绝对必要的。也许，那些用于解决必然会出现的冲突的个人和集体的关键技能，比冲突本身更加重要。用这些想法帮助你和学生一起探索冲突的本质及其重要性。

在课堂上，朗读选自安全和强大的社区书架里的任何一本图画书或虚构类故事书，在故事主线中查找冲突。冲突在哪儿？书中人物面对哪些困境？随时暂停故事阅读，提问："你会怎么办？"让学生创作后续部分。深入探究冲突，它是在所有故事形式——包括文献作品、电视、电影以及歌曲等——之中引人入胜的要素。鼓励学生要具体明确，甚至列出"变化时间表"，展现一个人物或事件的演变过程。接着，让学生找出这些书中的人物们是如何建设社区的。学生在安全需要、修复冲突以及促进正面的社会交往方面，有什么想法？他们认为高年级学生在提倡健康体贴的行为方面，能如何为低年级学生做榜样？他们认为哪些共同的经历可以把社区成员聚拢在一起？

把这些对虚构的冲突和社区的审视，与日常生活中的新闻事件加以比较。哪些做法与现实中人们改变社区的做法相似？媒体如何报道那些远在他方的冲突——它们塑造着他人的生活而且可能影响并触及我们自身的生活？

所有这些问题都能帮助你和学生为搭建并促进各种不同类型有关安全和强大社区的服务体验打下基础。

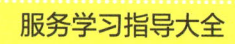

更多关于安全和强大的社区的信息：

要更多地了解这些议题并获得服务和行动上的创意，可以上网访问这些网站和组织：

青少年、犯罪与社区（www.ncpc.org，在"计划"一栏中），是全国犯罪预防委员会和街道法律的业务计划，包括反暴力课程和反暴力培训机会的相关信息，以及帮助对抗青少年之间暴力犯罪的预防建议等。

对社会负责的教育工作者（简称ESR，www.esrnational.org），帮助教育工作者创建安全、关爱、尊重和高效的学习环境。其"网上教师中心"包括有关解决冲突方面的各种议题的资讯，内容涵盖从国家安全到营造和平以及在班里预防暴力。

全国S.A.V.E.协会是"学生无处不在反对暴力"的缩写，网站：www.nationalsave.org，是一个学生运营的组织，鼓励年轻人了解不用暴力的其他选择，练习在学校和社区服务项目中学到的东西。网站包括一个返校安全指南，以及面向学生暴力风险增长的学校所用的预警标识清单。

二、建立与所有课程的关联

某些服务学习活动自然而然地适合于跨学科工作及建立与所有课程的关联。这些课程关联，加强并扩展学生的学习，帮助他们达到学业标准。很可能甚至在学生开始进行服务学习活动之前，你就在寻找这些关联以及鼓励学生的方法了。在整个服务学习的过程中，要保持灵活性，因为任何时候提出的问题或学生所确定的社区需要都可能自发地形成某些课程关联。为了帮助你思考与所有课程的关联以及在哪里找到这些关联，本章的课程关联图（见279页）就该专题如何用于不同学科领域，给出了许多不同方法的实例。（本章下一节列出的服务学习情形，也展示了该专题如何用于不同学科领域的各种方法。）

> 成为一个伟大整体中的局部，比只是小局部的整体更好。
>
> ——弗雷德里克·道格拉斯，废奴主义者

三、服务学习情形：行动创意

做好行动的准备了吗？下列对服务学习的描述，是小学、初中或高中学生在校内或与社区组织一起成功完成的实例。这些情形和实例中，大多数明确包括调查研究、准备和计划、行动、

第十四章 安全和强大的社区

安全和强大的社区课程关联图

英语 / 语言艺术
- 创作故事或短剧，描写受到欺凌或嘲笑的人物以及他们应对的方法。
- 举办一次图书馆书展，展出讲授友谊的书籍。
- 阅读和书写那些把社区建设当作要务的普通人的故事。

社会研究 / 历史
- 会见当地历史协会的代表，了解他们在建设强大社区方面的角色作用。
- 研究关于仇恨犯罪和进行干预的组织。
- 跟踪那些展示政府和草根组织为解决国际动乱而努力的活动事件，对策略和结果加以比较。

外语
- 研究不同国家用于公共安全的符号。
- 学习用多种语言说与和平有关的词汇。
- 制作多种语言海报，宣传和平及化解同伴冲突。

戏剧、音乐及视觉艺术
- 创作并演出短剧，展现在冲突发生的场合下，诸如午餐期间、校车里或游乐场上，同伴的调解技能和解决问题的方式。
- 研究不同国家有关和平歌曲的来源并演唱这些歌曲。
- 寻找政治卡通片，用图像评述在世界舞台上与犯罪、暴力、欺凌和冲突有关的主题，随后创作原创卡通。

安全和强大的社区

数学
- 研究并制作有关当地犯罪统计的报告。
- 在同伴调解或冲突化解项目执行前后进行监测，提交处理违纪事件的比率。
- 对学生进行调查，找出他们受欺侮、取笑和被迫顺从同伴的频度，将统计数据做成列表和报告。

体育
- 开展非竞争性体育活动并开创新活动。
- 学习在有风险情况下的应对策略，一定要用适龄的实例。
- 在体育运动中辅导年幼的孩子，作为社区建设的一种手段。

计算机
- 利用互联网，阅读不同国家的报纸或不同组织报道的有关全球性建设和平的事件，比较研究结果。
- 研究那些讨论诸如枪支安全、和平论坛和反欺凌运动等安全议题，由学生创建的网站。
- 集思广益讨论计算机怎么能建设社区，例如通过新闻信息发送、电子邮件名单、信息布告板、网站或博客等，来讨论社区问题及事件。

科学
- 研究"幸福理论"：那些把自己的技能和才干用于服务他人的人，体会到更大的快乐。
- 调查战争对自然资源造成的短期和长期影响。
- 研究通过环境活动进行社区建设的故事，诸如清理海岸、社区花园和学生带领的回收运动等。

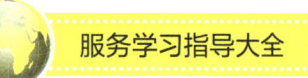

反思及展示的某些层面，并且全都有很强的课程关联。这些情形可以成为激发你取得创意的丰富源泉。请记住，年级水平仅做参考，大多数情况可以调整适用于更低或更高年级的学生，许多情况适合跨年龄的合作。

和平维护者无处不在：学前班—5年级

一所小学的管理层决定教育儿童学习减少欺凌和取笑的方法。经教师和学生委员会同意，他们请当地一家非营利组织的教育者们来主持研讨会，并为教师开设有关解决冲突和同伴调解方面的培训课程。还召开了家长信息会，并在返校通讯上介绍这个新活动。学校对所有班级进行关于解决冲突的教育。为了增进学生的技能和参与，80名3—5年级的学生参加了研讨会，在操场和校车上担当"和平维护者"和同伴调解者。学生做得很有成效，并由此形成了演出队，在该地区的学校里表演非暴力和用友谊取代欺凌的演出。

60亿条通向和平之路：学前班—12年级

明尼苏达州布莱克学校在一次全校集会上，向学生介绍了新活动"60亿条通向和平之路"。随着学生更受鼓舞去拓展自己的想法，对话交流也在不断涌现。这项新活动的影响涉及了学校里不同学科和年级的日常教学。学生创建并积极参与到让自己、近邻和世界邻居都共同受益的各种服务学习中。这一响应行动仍在持续，到第一年结束时已经有如下产生效果的实例：

- 有10名学生各自设计了从自己的长处和才能出发而形成的服务项目。一位学生为全校每个班级制作了一份年历，另一位学生每周走访一家老年活动中心演奏小提琴。
- 师生合作在这所高中创办了"差异文化周"并举办"1400条通向和平之路"挑战赛。
- 学生在学习有关本地和国际的饥饿问题之后，向肯尼亚一家孤儿院捐赠奶牛，包装干粮配料运往海外，并为本地庇护所做三明治和毛毯。
- 设计暑期"60亿条通向和平之路"夏令营。

伸手相助，跨越全球：学前班—12年级

全美各地学校的学生，已经找到方法跨越地域，支援战乱国家和受到自然灾害破坏的地方。他们已经：

- 为由于战争而不得不背井离乡的人们制作健康包。这种工具包可以由如红十字会等紧急救援机构分发，包里放了一条毛巾、一把牙刷和一块肥皂。
- 制作T恤衫在社区集市活动中出售，为小母牛组织筹款。小母牛组织为世界各地的家庭购

买牛、羊和母鸡。

- 为地震灾民募集罐装食物。

- 参与骑自行车马拉松，为"要自行车，不要炸弹"组织筹款，这个团体收集旧自行车，修复后再捐给其他国家里买不起自行车的人。

- 为"视力的礼物"收集旧眼镜，这是狮子会的一个活动计划，他们把眼镜修好送给其他国家的人。万圣节时，这个计划资助了"视力之夜"。在10月后期，孩子们在邻居的门上留下通知，让他们知道孩子们要来收集眼镜。随后，在万圣节之夜，他们在上门讨糖时也收集眼镜。收集的眼镜经过清洁、修理，由光学和医学代表团到访发展中国家时亲手送出。

社区寻找英雄：1—5年级

作为对2001年9·11事件的回应，加州西好莱坞市的小学生受当地市议会之邀，就几个主题献诗献画，如"为世界许愿""我们给予感谢"及"我们的英雄"。开展适合孩子年龄的讨论，让他们分享想法和感受，向成人提问，并将学生的诗和画放在市政厅展览。在观看了学生找出的英雄之后，教师和课后活动的专家们安排走访，通过现场访问让这些人与孩子们面对面接触。学生两人一组（每组一男一女），采访医生和警官。消防员们在消防站接待1年级的来访者，3年级一个班的学生在当地农贸市场和农民们见面。学生对他们的英雄进行了详尽的采访，并出版了系列丛书《我们的英雄》，配以文字和画作。

减速，你开得太快了！3年级

威斯康星州的3年级学生观察到他们学校前面经过的车辆限速过高，决定对此做点什么。他们与当地警察合作记录汽车经过的速度并创作一张图表，显示车开得有多快。接着，他们举办了一次汽车清洗活动，并就学校前的车速对成人做问卷调查。最后，他们为市议会准备了一次介绍展示，要求市议会立即降低学校前的车辆限速。当学生进行介绍展示时，市议会成员们的印象如此深刻，他们当晚就取消了现有的规定，并且投票表决降低限速。结果呢？学校前的限速降低了，孩子们更安全了。

传播解决冲突的主意：4—5年级

在加州一次由某市政府赞助的年度活动上，两所学校的小学生共聚一堂，庆祝他们的同伴调解计划。冲突魔法师与和平巡视员小组首先进行相互熟悉的活动，随后他们对在游乐场上经常遇到的冲突情况进行角色扮演，比如在游戏规则上发生分歧时的情形。这些小组随后创作了一本螺线圈装订的书。往届学生的书名包括《同伴调解ABC》《和平诗篇》和《为儿童创建安全的

> 改变世界必须从自身做起。
> ——圣雄甘地，政治家

学校》。这些书被分发到当地每所学校和图书馆，也向社区机构提供。作为对学生的奉献所给予的"感谢"，市政府颁发了成绩证书，并且送给每个年轻人一本芭芭拉·刘易斯的作品：《勇敢的孩子：年轻人有所作为的真实故事》。

记录关于战争与和平的故事：4—12年级

社会研究和政府课的教师在讲授战争与冲突时，使用寓言故事《羽毛与傻瓜》来探究斗争与共存的议题。学生将书中故事与历史或现今事件中所面临的具体困境中的类似事件进行对比。由此出发，学生采访了参加过战争的老兵，还有那些虽然没有服役但在家感受到战争冲击的人们。他们提问题，如战争年代的生活经历如何影响到他们在和平年代的生活。这些故事已汇编成书，在社区集会上展示，在网上张贴，用来创建一个"活着的博物馆"，作为戏剧化展示的基本组成部分。

建立友谊：6年级

一位初中6年级的英语/社会研究教师要求学生写下有关友谊或欺凌的最初经历。通过讨论，全班得出结论，小学生往往在两方面都有困难——如何维持并建立深厚的友谊，以及如何对欺凌说不。他们把3年级作为他们可能会有所影响的点，并给邻近一家小学的3年级学生写信确认需要。该项目要做的是带领模拟友谊的互动课程。初中学生用《人们如何交朋友》这本书，创作短剧和搭建场景，并为小孩子们表演，他们创作海报，放在教室里。学生每周访问三个班级，共三周。在访问间隔，3年级老师的反馈让反思课具有了指导意义，不仅改进了该项目，也丰富了所有参与者的经历。

克里克伍德初中第一次世界大战中的模范人物：6—8年级

对得克萨斯州汉布尔市克里克伍德初中的学生群体而言，描绘老年人的故事具有重大意义。在一位老师带来弗兰克·巴克尔斯的新闻故事之后，整个学校都参与进来了。弗兰克是美国最后一位活着的一战老兵，当时108岁。曾经采访过他而且还拍摄了12名活到最后的一战美国老兵的摄影师也参与进来了。这些让学生更投入地去了解这场战争的总体历史以及这些人各自的特殊经历。这场全校参与的体验以让1000多人受益的社区教育活动告终。6—8年级学生布置了一个展览来展现他们的所学，其中展出了上述照片，并用第一人称讲述了这12位卓越老兵的故事，还展出了从老兵的家人那儿收集到的文物和故事。学生组织了一次募款集会，来支持弗兰克·巴克尔斯的梦想，即在华盛顿特区修建一座第一次世界大战纪念碑。一名团体代表坐飞机到弗吉尼亚州向弗兰克赠予一张12000美元的支票，表彰他的努力和梦想。

第十四章　安全和强大的社区

社区的历史，社区的骄傲：6—12年级

在纽约州北部的阿尔比恩中心学区，学生为建设一个强大的社区而工作，社区继承自身的历史并引以为傲。学生：

- 开发并带领一次幽灵步行，讲述那些与当地的历史建筑或重要事件有关联的以往著名居民的故事，有600多名社区成员参加。
- 在镇中心设计一个信息台，醒目地展示中心广场中那些有建筑学意义的建筑物，它们被列入国家注册名录的历史遗址中。
- 为历史遗迹"阿尔比恩山墓地"开发各种信息册，凸显阿尔比恩山的著名人物，并列出墓地各处各种墓碑标志的含义。
- 设计一个石碑，纪念奥尔良郡62位黑人拓荒者。
- 为鹅卵石博物馆开发解说板以及活动用书，为到访者重点介绍博物馆历史。
- 在（原）村庄学区入口处竖立一块"欢迎来到历史犹在的阿尔比恩"木制标牌。
- 协助一家社区组织，进行题为"重要地址"的运动，该运动由国家历史保护基金赞助，重点展示社区中众多有历史意义的房屋和建筑结构。

和平研讨会：6—12年级

把学生和社区带到一起，提供学习、社区建设和合作行动的机会。在9·11袭击之后，明尼苏达州圣克劳德市的成年人和学生设计了一个专题讨论会，一起花时间审视大家共同关注的问题。主题包括宗教宽容、争端化解、青少年自杀以及当地难民计划等。学生邀请机构代表访问班级，这些机构邀请年轻人参加社区论坛和规划会议。

青少年暴力：7—10年级

7年级学生阅读《给男孩一支枪》一书，将其作为语文研究课的内容。学生在讨论故事中呈现的多种观点时，就本地区青少年暴力的真实事例提出问题。他们与老师一起设计了解该议题的学习课程。他们的研究包括从互联网上收集关于青少年暴力的文章，邀请一位当地记者来班上讨论负责任的新闻报道。基于所学，他们为家长和其他学生组织了一次夜晚教育活动。他们朗读《给男孩一支枪》的节选，讨论如何让家长与儿童的沟通保持互相尊重并持续进行。后来，他们为校报写了一篇文章，文中记录了讨论后得出的结论，推荐意见中还包括"与你的青少年子女交谈的小技巧"。

一位高中老师了解到7年级学生的项目，把这个过程调整用在她的10年级班里，用的书是

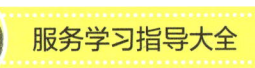

《大嘴巴和丑姑娘》。这些高中学生针对打破小团体、去接触被认为"独来独往"或仅仅是"与众不同"的学生时所面临的挑战，进行了讨论。他们发动了一次"混合日"活动，一些学生同意在活动中与随意指定的人一起午餐，并且在随后的三周与他们的午餐伙伴每周聚一次。第二学期，活动再次举行，这回有两倍的学生参加。后来，学生甚至鼓动了一个改善教师之间互动的类似项目。反思期间，学生反映他们在宽容和感激心方面有所提高，甚至影响到未曾参加活动的师生。

关于暴力的口述史：9年级

旧金山市的学生在学习技能课上进行了一次针对社区需要的问卷调查之后，选择研究暴力问题。学生研究四种暴力"仇恨犯罪、关系暴力、帮派暴力、警察暴行"中的一种。学生阅读传记、虚构作品、剧本、报纸文章以及记叙文。他们与当地组织形成联盟，筹划了一次社区大会，提出议题并讨论暴力问题。学生在采访了一位受过警察暴行伤害的前教师之后，还采访了对他人施暴者和暴行受害者。他们把这些人的故事汇编成书，《我也曾强壮过：暴力口述史》，发给许多当地的机构和学校。

改造"欺凌者"：9—10年级

在加州中部，参与"青少年探索者计划"的高中生，与当地执法部门一起工作，去接触幼儿。他们选择《跺脚兽和毛毛虫》作为他们"友谊活动"的理想读本。学生创作海报，突出介绍该故事的要点。在课后安排中，这些探索者用幽默故事和戏剧效果抓住小朋友们的注意力，并带领小组讨论友谊以及如何把我们生活中的"欺凌者"转变过来。

"真相"运动：9—12年级

当佛罗里达州的高中学生在开发"真相"运动中有机会发出自己的声音时，他们的创造性达到了顶峰。"真相"运动是使用烟草赔偿金进行的反吸烟社会推广活动。该活动的坦率、真诚和对青少年的吸引，降低了佛罗里达州青少年的吸烟率。现在，他们的公共服务广告已经上了全国性广播。在美国另一端的夏威夷州，学生上演戏剧劝阻吸烟。他们用青少年观看该剧前后的测试对比结果来确定这次原创戏剧表演的效果。结果是：与他们在佛罗里达的同伴相似，青少年的戏剧演出比成人的阻止行为所产生的影响更有效。

用摇滚乐推广宽容：11—12年级

佛罗里达州的高中学生利用流行文化向同龄人传送关于宽容的重要信息。学生集思广益，针对与偏见相关的三个话题：种族、身体差异和性别歧视，创作了一首歌曲。通过校园媒体中心，学生学习了创作摇滚视频的必要技能，用视频描绘歧视情景，并引起观看者对自己个人行为的思考。

> 多么奇妙啊，任何人一刻都不用等就可以着手改变世界。
>
> ——安妮·弗兰克，日记作家

四、安全和强大的社区书架

安全和强大的社区书架（见286—288页）涵盖的话题广泛。为帮助你找到与你的具体项目有关的书籍，书目总表把书籍按几个主题分类：个人自信与安全、欺凌、冲突化解、地方暴力、仇恨犯罪、我们的今日世界、历史保护以及社区建设。

总的来说，本书架有以下特点：

- 书目带注释，按非虚构类（N）、图画书（P）和虚构类（F）进行一般分类，根据书名字母的顺序排列。对于非虚构类和虚构类，还注上总页数，并推荐适用的年级水平。图画书的所有书目都没有推荐年级水平，因为它们可以成功地用于各年龄段。
- 有一张按照主题和类别分类的图表，帮助你找到具体项目的相关图书。
- 来自服务学习同行和专家的书目推荐，包括摘要介绍和与服务学习相关联的创意。（推荐的书籍数量在每个书架中有所不同。）
- 请注意：该类别的附加书目列在光盘中，一些是绝版书但仍有查找价值。

非虚构类：安全和强大的社区

《阿富汗梦想：阿富汗年轻人的声音》

Afghan Dreams: Young Voices of Afghanistan

作者：Tony O'Brien 和 Mike Sullivan　出版方：Bloomsbury Children's Books　出版时间：2008年

罗赫尔·阿里，14岁，做过汽车修理工，现在受雇于喀布尔的一家面包店。纳西，13岁，早晨在集市上出售塑料盒，下午学习。他们以及其他来自阿富汗不同背景和地区的孩子们，在战争中带着希望坚强地生活。他们每人都有关于自己未来的梦想——教师、新闻记者、助产士。本书通过他们的语句和对应的照片，描绘了那里的人民和他们国家的美丽与悲伤。共80页，适用于4—12年级。

《艾伦的战争：军人艾伦·科普的回忆》

Alan's War: The Memories of G.I. Alan Cope

作者：Emmanuel Guibert　出版方：First Second　出版时间：2008年

这篇绘本小说回忆录讲述了一个老兵在"二战"中服役的经历、战后生活的挑战和欢乐，以及他在战争结束很久以后所看到的其他战友的生活。这本口述史的美丽画面最为引人入胜。艾伦死于 1999 年。这部致敬之作是必读之物。共 304 页，适用于 9—12 年级，有成人主题。

《黄星猫：在泰雷津集中营成长》
The Cat with the Yellow Star: Coming of Age in Terezin
作者：Susan Goldman Rubin 连同 Ela Weissberger　出版方：Holiday House　出版时间：2006 年

当埃拉一家被迫住进泰雷津集中营——"二战"期间布拉格郊外一个纳粹集中营时，她被迫失去了童年。在严酷的环境里，其他被拘禁的成人给她们教课，让生活稍微容易忍受一些。埃拉学习艺术和音乐。当"大黄蜂"——一出儿童歌剧，写成并演出时，她扮演主角，一只猫。埃拉失去亲人的故事体现了她的生存是多么有赖于创造力、友谊和爱。这出有关抗争的歌剧至今仍在演出。共 40 页，适用于 5—12 年级。

《战争儿童：伊拉克难民之声》
Children of War: Voices of Iraqi Refugees
作者：Deborah Ellis　出版方：Groundwood Books　出版时间：2009 年

作者德博拉·埃利斯到约旦旅行，去收集关于被忽视的伊拉克儿童难民声音的故事，这些儿童从 2003 年战争开始时就流离失所。她的每一篇文章都以一段短小且尖锐的背景介绍开始，提出当事人所触及的主题，如缺少健康服务或学校教育，难以得到服务，以及战争对生活的巨大扰乱。共 144 页，适用于 7—12 年级。

《巴黎大清真寺：穆斯林在大屠杀期间营救犹太人的故事》
The Grand Mosque of Paris: A Story of How Muslims Rescued Jews During the Holocaust
作者：Karen Gray Ruelle 和 Deborah Durland DeSaix　出版方：Holiday House　出版时间：2009 年

这个鲜为人知的故事显示了大清真寺人们的勇敢以及卡比尔人的抵抗，他们以此保护了许多犹太人并把他们带到安全的难民地。本书通过对幸存者广泛而深入的研究汇编而成。共 40 页，适用于 4—12 年级。

安全和强大的社区书架主题

主　题	书　籍	类　别
个人自信与安全 个人安全包括对我们的技能和才干有信心，并知道在家里、学校以及社区的各种不同情况下，如何照顾自己。	《德丽塔：我的小老乡》	虚构类（F）
	《男孩手册：一本小说》	见 139 页
	《寻宝小子》（见光盘中）	虚构类（F）
	《善良被子》	图画书（P）
	《了解人身安全事实》	非虚构类（N）
	《看起来像我》	图画书（P）
	《离天堂一步之遥》	见 252 页
	《闲言惹事》	图画书（P）

第十四章 安全和强大的社区

（续表）

主　　题	书　　籍	类　　别
欺凌 每个在操场上有欺凌行为的儿童内心，都需要得到帮助。这些书审视了同伴压力、孤立隔绝、"与众不同"，以及如何交朋友。	《笨蛋》	非虚构类（N）
	《哈利·波特与魔法石》	虚构类（F）
	《嗨，小蚂蚁》	图画书（P）
	《一百件礼服》	虚构类（F）
	《无人能比的拉拉》	虚构类（F）
	《加布里埃尔·金的解放》	虚构类（F）
	《不合群者》	虚构类（F）
	《我们的友谊获胜》	图画书（P）
	《毒蔓藤：3个恶霸，2个男友，1次审讯》	虚构类（F）
	《快走开》*	见178页
	《谢谢你，法尔克先生》	见272页
	《这就是乔》	虚构类（F）
冲突化解 保护自己的最好方法与打人、踢人、拳头重击无关。寻找宽容及和平解决的工具，有助于让社区更安全。	《定义"正常"》	虚构类（F）
	《鼹鼠的音乐》	图画书（P）
	《玩战争游戏》	图画书（P）
	《悉达多》（见光盘中）	虚构类（F）
	《那条裙子》	见252页
	《那年夏天，我父亲10岁》	见191页
地方暴力 理解暴力始终是一种挑战。这些书籍为我们提供一个安全的港湾，来研究我们的社区发生的事件，并帮助我们思考自己的选择。	《小小善举》	见250页
	《棒6》（见光盘中社会改变书架）	虚构类（F）
	《给男孩一支枪》	虚构类（F）
	《如果你能温和些》（见光盘中社会改变书架）	虚构类（F）
	《跳过》	虚构类（F）
	《罗密欧与朱丽叶》（见光盘中）	虚构类（F）
仇恨犯罪 打破仇恨循环需要采取坚定的立场。当我们读到一个人愿意冒个人安危去保护他人或是一个社区团结在一起时，就会受到激励，更加坚强。	《另一种英雄》（见光盘中移民书架）	虚构类（F）
	《通向自由之路：杉原的故事》	见316页
	《当瘟疫袭来：黑死病、天花和艾滋病》	见102页

(续表)

主 题	书 籍	类 别
我们的今日世界 了解世界其他地方所面临的挑战，帮助我们获取知识，激发我们的同理心。从中国西藏到爱尔兰，到苏丹，到纽约市，我们增进对其他人的了解，成为世界公民。	《阿富汗梦想：阿富汗年轻人的声音》	非虚构类（N）
	《群山后面》（见光盘中移民书架）	虚构类（F）
	《斗牛士》	虚构类（F）
	《战争儿童：伊拉克难民之声》	非虚构类（N）
	《泥土弹珠》	见 251 页
	《免税》（见光盘中社会改变书架）	虚构类（F）
	《像我一样的生命：世界各地的孩子们如何生活》（见光盘中社会改变书架）	非虚构类（N）
	《在世界中间：世界难民来到我们镇》	见 248 页
	《离家上战场：军人孩子的声音》	非虚构类（N）
	《摄影师：与无国界医生进入战火纷飞的阿富汗》	见 321 页
	《紫心勋章》	虚构类（F）
	《振作，振作》	虚构类（F）（GN）
	《拍摄月亮》	虚构类（F）
	《无声的音乐：巴格达的故事》	图画书（P）
	《捍卫你的权利》*（见光盘中社会改变书架）	非虚构类（N）
	《费卢杰的日出》	虚构类（F）（GN）
	《士兵的重负》（见光盘中）	虚构类（F）
	《巴勒斯坦和以色列孩子说出的三个愿望》	非虚构类（N）
	《要妈妈》	虚构类（F）
历史保护 我们了解历史获得知识，带着人们和他们的故事继续向前，并为我们的未来做出更有效的选择。	《艾伦的战争：军人艾伦·科普的回忆》	非虚构类（N）（GN）
	《黄星猫：在泰雷津集中营成长》	非虚构类（N）
	《爆！越南最好的狗》	虚构类（F）
	《加利波利的驴子：第一次世界大战中关于勇气的真实故事》	图画书（P）
	《巴黎大清真寺：穆斯林在大屠杀期间营救犹太人的故事》	非虚构类（N）
	《那幢房子》	图画书（P）
	《威廉斯先生》	见 136 页
	《一千个描图：医治第二次世界大战的创伤》	图画书（P）
社区建设 大家一起来建设一个多样化和繁荣的社区，这是值得记忆的经历。该类别中的书籍提供了可供研究的范例和可以模仿的故事。	《给美国 14 头奶牛》	图画书（P）
	《修理工艾伯特》	图画书（P）
	《孩子的花园：希望的故事》	图画书（P）
	《撒种人》*	见 192 页
	《哈奇先生，有人爱你》	见 138 页
	《美好》*（见光盘中社会改变书架）	图画书（P）
	《故事毯子》*	图画书（P）
	《烦人村的奇人》	见 176 页

注：对出现在其他书架中的书籍，列出参照页码。

*：这些书籍包括年轻人在提供服务的角色上的实例。

GN：这些书籍是绘本小说。

第十四章　安全和强大的社区

《了解人身安全事实》

Know the Facts About Personal Safety

作者：Judith Anderson　　出版方：Rosen Central　　出版时间：2009年

如今，青少年们面临哪些威胁？每一章都考查一个涉及青少年的主题——家里和家外的安全、同伴压力、欺凌、手机以及互联网使用等。本书包括事实、样本情景以及如何保持安全的建议。共48页，适用于5—8年级。

《离家上战场：军人孩子的声音》

Off to War: Voices of Soldiers' Children

作者：Deborah Ellis　　出版方：Groundwood Books　　出版时间：2008年

本书讲述军人家庭分离的生活，由对加拿大和美国儿童的采访汇编而成，这些孩子的父母在军中服役。本书生动地勾画出了他们的日常经历、忧虑和关心的问题。估计在美国有120万名儿童有一名家长在军队里，加拿大的数量少一些。这些故事对那些做出重大牺牲的各种家庭表达谢意，并记录了士兵及其子女为国家服务所付出的代价。共176页，适用于4—12年级。

《巴勒斯坦和以色列孩子说出的三个愿望》

Three Wishes Palestinian and Israeli Children Speak

作者：Deborah Ellis　　出版方：Groundwood Books　　出版时间：2004年

德博拉·埃利斯的书向读者提供了来自儿童的第一手报道。这些孩子自2001年巴勒斯坦暴动开始，就生活在以色列与巴勒斯坦的冲突中。每个故事均以简要的历史介绍开始，让读者了解每个儿童的看法以及冲突的深度。照片为个人生活和不断挣扎的故事增添了色彩。故事交叉讲述，一个是巴勒斯坦的，一个是以色列的，作者鼓励读者倾听双方的声音。在这本书出版之时，429名儿童已经死于冲突，他们的名字列在书中。共106页，适用于5—12年级。

图画书：安全和强大的社区

《给美国14头奶牛》

14 Cows for America

作者：Carmen Aga Deedy　　出版方：Peachtree Publishers　　出版时间：2009年

9·11当天，一名马赛伊男子就在纽约市。当他返回家乡时，向人们描述了发生的事情。老人们给予祝福，社区想要给予更多。他们邀请美国外交官到他们的村庄，送给他14头奶牛。对于马赛伊人来说，"奶牛便是生命"。他们送这个礼物，是"因为没有一个国家强大到可以不受伤害，没有一个民族小到不能提供强大的慰藉"。本书基于一个真实的故事写成。

《修理工艾伯特》

Albert the Fix-It Man

作者：Janet Lord　　出版方：Peachtree　　出版时间：2008年

艾伯特为社区里的人修理任何东西——钟、杯子、卡车。但是，当艾伯特自己需要一些帮助时，怎么样呢？他的邻居确切地知道如何给予帮助。

《孩子的花园：希望的故事》

A Child's Garden: A Story of Hope

作者：Michael Foreman　出版方：Candlewick Press　出版时间：2009 年

这是关于一个男孩的美丽故事，他在自己破落的小镇一角养育生命，照看一株植物直到它繁衍成一个花园。他的坚持感染了他人，小镇虽然破落，但是住在带刺铁丝网栅栏两侧附近的孩子们，把色彩和人与人之间的联系带回他们的世界里。

《加利波利的驴子：第一次世界大战中关于勇气的真实故事》

The Donkey of Gallipoli: A True Story of Courage in World War I

作者：Mark Greenwood　出版方：Candlewick Press　出版时间：2008 年

这是一个男孩的真实故事。杰克离开英格兰家乡到澳大利亚工作。当他得到机会参军在第一次世界大战中作战时，他抓住机会为国家服务，并希望挣得一张回家的车票。可是，他被送到埃及受训，在土耳其加利波利战场上作战。在那里，他英雄般地在 24 天里救了 300 多人，用他某天找到的一头驴，把受伤的人领回营地。虽然杰克从未回老家，但人们记得他，因为他的兄弟也是获救者之一。

《笨蛋》

The Dunderheads

作者：Paul Fleischman　出版方：Candlewick Press　出版时间：2009 年

如果教师是个霸徒，该怎么办？如果教师没收了一个男孩的猫，这是男孩送给母亲的礼物，该怎么办？班上的学生被老师布雷克邦小姐叫作"开小差、闲混、打盹儿、无知的笨蛋"，他们能用自己独特的技能和才干营救这只猫，反败为胜吗？

《嗨，小蚂蚁》

Hey, Little Ant

作者：Philip Hoose 和 Hannah Hoose　出版方：Tricycle Press　出版时间：1998 年

在这本由歌曲改编的书中，一个男孩刚要踩到一只蚂蚁时，蚂蚁说话了："请，噢，请别踩扁我。"在男孩和蚂蚁接下来的对话中，男孩与自己的良知、同伴的压力以及这只微小生物的逻辑进行角力。歌的乐谱也在书中。

《那幢房子》

The House

作者：J. Patrick Lewis　出版方：Creative Editions　出版时间：2009 年

这幢房子建于 1656 年黑死病大瘟疫蹂躏社区之时，书中讲述和展示了几十代人的故事。情

节复杂的画面，显示这幢房子和它的居民几百年来的变化，配以短小的四行诗——鼓励读者去想象其中的生活。噢！如果墙壁能说话的话，在《那幢房子》一书里，它们能。

《善良被子》
The Kindness Quilt

作者：Nancy Elizabeth Wallace　　出版方：Marshal Cavendish Children　　出版时间：2007 年

当明娜和班上的同学读到一个关于善良的故事时，他们决定也要做善良的事。他们画出自己的善良之举，带到学校。很快，他们教室的墙壁变成了一条被子，变成了关于合作学习、化理念为行动，以及交流善良所带来的欢乐等的一堂课。

《看起来像我》
Looking Like Me

作者：Walter Dean Myers 和 Christopher Myers　　出版方：EgmontUSA　　出版时间：2009 年

随着嘻哈音乐的鼓点，通过这对父子二人组，描写了一个男孩对自己身份的庆贺：儿子、兄弟、赛跑者、朋友等——清单没完没了，正应如此。

《鼹鼠的音乐》
Mole Music

作者：David McPhail　　出版方：Henry Holt　　出版时间：1999 年

鼹鼠整天挖隧道，这使他开始感觉到生活中缺失了某些东西。在听到电视上美妙的音乐之后，他"也想制作美妙的音乐"。他大量练习拉琴，小提琴声通宵回响。他想象他的音乐触及人们的心灵，消除愤怒，并且将"改变着世界"。他不知道，他已经在改变世界。

《一千个描图：医治第二次世界大战的创伤》
One Thousand Tracings: Healing the Wounds of World War II

作者：Lita Judge　　出版方：Hyperion Books for Children　　出版时间：2007 年

一个小女孩和母亲通过收集罐装食品、肥皂和鞋子，帮助了许多"二战"以后在德国挨饿的家庭。这个故事提醒我们，战争的艰难并未终止于暴力的结束，有许多途径去帮助他人，即使他们生活在大洋的另一边。

《我们的友谊获胜》
Our Friendship Rules

作者：Peggy Moss 和 Dee Dee Tardif　　出版方：Tilbury House　　出版时间：2007 年

当一个新来的"受欢迎"的女孩在学校出现时，亚历山德拉着迷于与她成为朋友的前景，以至于背叛了自己最好的朋友。当她看到她给自己如此深爱的人所造成的痛苦时，她很快对自己的过错感到后悔了。亚历山德拉讲述并描绘了关于自己的长久友谊和宽恕的力量的故事。

《玩战争游戏》

Playing War

作者：Kathy Beckwith　　出版方：Tilbury House　　出版时间：2005 年

当一群朋友在炎热的夏天觉得昏昏欲睡、玩不动篮球时，他们决定玩战争游戏……直到一个朋友，萨米尔向他们讲述了自己真实的战争故事。

《无声的音乐：巴格达的故事》

Silent Music: A story of Baghdad

作者：James Rumford　　出版方：Roaring Brook Press　　出版时间：2008 年

在当今巴格达有一个男孩，无论是在足球场上、舞台上还是纸面上，都很享受生命的韵律。当他的城市遭受战火时，他记起 800 多年前这座城市遭受一场攻击时，有一位伟大的古代书法家逃到一座高塔上，用书写渡过难关的故事。阿里也用类似的方法，艰难地组织着词语，并用词语的力量，来反思和影响他周围的世界。

《故事毯子》

The Story Blanket

作者：Ferida Wolff 和 Harriet May Savitz　　出版方：Peachtree　　出版时间：2008 年

所有的孩子都聚在芭芭·扎拉的漂亮羊毛毯上，听她讲故事。随后，芭芭的毯子开始变得越来越小——怎么回事？与邮递员所需的围巾、儿童用的袜子或校长的手套有关吗？

《闲言惹事》

Trouble Talk

作者：Trudy Ludwig　　出版方：Tricycle Press　　出版时间：2008 年

这本书是对流言传播时的动态特性的观察。一个人讲别人的闲话，就会有孩子被排斥在外。书中探讨了当有人"嘴真大"因而总是让其他女孩受伤害时，年轻女孩之间的关系。书中包括作者的注释、供讨论的问题以及资料来源。

虚构类：安全和强大的社区

《斗牛士》

Bull Rider

作者：Suzanne Morgan Williams　　出版方：Margaret K. McElderry Books　　出版时间：2009 年

卡姆对家传运动斗牛不感兴趣，直到他的兄弟因头部受伤从伊拉克回来变了一个人。为了给他兄弟的未来提供金钱，卡姆放下他的滑板，以坚定的决心参加了一个巨奖斗牛竞赛。共 241 页，适用于 6—9 年级。

《爆！越南最好的狗》

Cracker! The Best Dog in Vietnam

作者：Cynthia Kadohata　　出版方：Aladdin Paperbacks　　出版时间：2007年

　　这个故事是关于一对不常见的双人组：一名刚被部署到越南的年轻焦躁的士兵，一条英勇的、能嗅到敌方的武器和士兵的德国牧羊犬。本书用简洁的对话，让读者置身人物身旁，展现了离开战争回家的艰难路程。共312页，适用于6—9年级。

《定义"正常"》

Define "Normal"

作者：Julie Anne Peters　　出版方：Little, Brown　　出版时间：2000年

　　当特优生安东尼娅同意作为所在中学的同伴辅导员去会见贾丝明时，她从没想到这个涂着黑唇膏、眉毛上扎洞的女"阿飞"，会帮她解决严重的家庭问题，并成为她珍贵的朋友。共196页，适用于6—8年级。

《德丽塔：我的小老乡》

Drita: My Homegirl

作者：Jenny Lombard　　出版方：Scholastic　　出版时间：2006年

　　这个故事从两个女孩的角度来讲述：一位是刚从科索沃搬到纽约的德丽塔，另一位是与她同班的马克茜。马克茜在学校里很受欢迎，总是居高临下，不怎么善解人意。当马克茜对德丽塔的迎接方法让老师不高兴时，她被安排做一个项目去开发同理心……项目的对象就是德丽塔。两个女孩都学到对友谊保持开放头脑的重要性，即便事情并非你预期的那样。共135页，适用于3—5年级。

> 光盘中
>
> **来自实地的推荐**
>
> 《哈利·波特与魔法石》
>
> *Harry Potter and the Sorcerer's Stone*
>
> 作者：J. K. Rowling　　出版方：Scholastic
>
> 出版时间：1998年
>
> 共309页，适用于4—12年级。
>
> 《寻宝小子》
>
> *Holes*
>
> 作者：Louis Sachar
>
> 出版方：Farrar, Straus and Giroux
>
> 出版时间：1998年
>
> 共233页，适用于青年。

《给男孩一支枪》

Give a Boy a Gun

作者：Todd Strasser　　出版方：Simon & Schuster　　出版时间：2000年

　　在经受学校运动员两年不断的骚扰和殴打之后，两个男孩带着枪狂扫学校舞会来报复。本书提供了关于学校暴力的问题，有来自多方面的声音——学校辅导员、家长、教师以及受困扰的孩子们。该书提供了有关美国暴力事件的大量事实，并坚持让我们考虑，这种悲剧是否原本

可以预防，以及我们现在能做的事情。共 208 页，适用于 7—12 年级。

《跳过》
Jumped

作者：Rita Williams-Garcia　出版方：Harper　出版时间：2009 年

特丽纳，是一位无忧无虑的年轻艺术家。一天在学校里，她走到多米妮克及其朋友中间，没意识到自己已经引起了麻烦。对多米妮克来说，这是一种侮辱，她当场攻击特丽纳。利蒂西娅看着这一切发生，可是她会卷入其中吗？这是对少女暴力的有力叙述。共 168 页，适用于青年。

《无人能比的拉拉》
Larger-Than-Life Lara

作者：Dandi Daley MacKall　出版方：Dutton　出版时间：2006 年

拉拉长得很胖，作为学校里新来的女生，被人嘲弄取笑，学校的一场演出本应该由她做主角，也没找她。学生和老师们把她当成局外人，拉拉用微笑和即兴原创诗坚强应对。她在学校演出中受到恶劣捉弄，被迫和家人搬走。这时，她的同学和老师们才认识到自己行为的错误，但已经为时太晚。这是对欺凌如何伤害整个社区的生动描绘。拉拉的同学——莱尼利用课堂上学到的写作技能，用第一人称讲述了这个故事。共 151 页，适用于 3—5 年级。

《加布里埃尔·金的解放》
The Liberation of Gabriel King

作者：K. L. Going　出版方：G. E. Putnam's Sons　出版时间：2005 年

1976 年夏季，弗丽达和加布里埃尔在应对种族、欺凌、友谊和勇气等问题时，互相分享自己的恐惧心情和冒险经历。在小镇乔治亚，这两位大不相同的朋友都在考虑，进入 5 年级和在充满紧张的社会和种族关系的镇上成长将会面临的危险。共 153 页，适用于 4—7 年级。

《不合群者》
The Misfits

作者：James Howe　出版方：Antheneum　出版时间：2002 年

四名在初中学校不合群的学生创建了学生会选举中的第三派：无名派。这些好朋友在一起欢笑，公开讨论他们的烦恼，并谈论重大问题。这个"五人帮"——他们称自己有"五个人"来消除他人的介心——进入了关于青少年人气、政治、爱情和损失等充满挑战的世界。在这个过程中，他们也永远地改变了学校。共 274 页，适用于 4—7 年级。

《毒蔓藤：3 个恶霸，2 个男友，1 次审讯》
Poison Ivy: 3 Bullies, 2 Boyfriends, 1 Trial

作者：Amy Goldman Koss　出版方：Roaring Brook Press　出版时间：2006 年

当美国政府课的老师戈尔德女士询问关于诉讼的话题时，没人提建议。不过，艾薇写文章愤怒地控诉班上最受欢迎的三位女孩多年来不断欺负她。这给戈尔德女士提供了理想的话题。

八位学生在模拟审讯中，扮演社会环境中的不同角色。有趣的叙述和不同的视角显示：外表往往比想象的更加复杂，而事件常常比人们所希望的更可预见。共 176 页，适用于 6—9 年级。

《紫心勋章》

Purple Heart

作者：Patricia McCormick　出版方：HarperCollins　出版时间：2009 年

马特试图回想起某一天在巴格达小巷中发生的事情，当时他头部受创。后来他慢慢地记起了当时的事情，战争的复杂性变得真实生动。而阿里，一个看起来更像福星而不是威胁的小孩，被击毙。"有罪"与"无辜"的概念互相缠绕着，越来越难以理解。共 199 页，适用于青年。

《振作，振作》

Refresh, Refresh

作者：Danican Novgorodoff　出版方：First-Second　出版时间：2009 年

这部绘本小说记载了三名高中学生所面临的困境，他们的父亲在伊拉克服役。当他们即将毕业时，二人计划参军，一人想上大学。他们在一起玩耍、打架、参加派对、打猎、追逐女孩、混进酒吧——但仍时刻感受到父亲的缺席。共 138 页，适用于 9—12 年级，有成人主题。

《拍摄月亮》

Shooting the Moon

作者：Frances O'Roark Dowell　出版方：Atheneum　出版时间：2008 年

12 岁的杰米·德克斯特在哥哥参军乘船去越南时很兴奋。杰米收到从前线寄来的东西不是信件，而是胶卷，哥哥只信任她去冲洗照片。在这些照片里，杰米通过哥哥的眼睛看到战争的艰难，战争的神秘被真实的子弹和无法弥补的损失所取代。故事基于作者在军事基地成长的回忆改编。杰米花在休闲中心的时间和纸上栩栩如生的人物使故事变得鲜活起来。对任何与摄影有关的服务学习项目来说，这都是一本优秀读物。共 163 页，适用于 5—8 年级。

《费卢杰的日出》

Sunrise Over Fallujah

作者：Walter Dean Myers　出版方：Scholastic　出版时间：2008 年

罗宾·"鸟人"·佩里远离他在哈勒姆的家，作为一名青年战士参加伊拉克战争。作为一名

> 光盘中
>
> 来自实地的推荐
>
> 《罗密欧与朱丽叶》
>
> *Romeo and Juliet*
>
> 作者：William Shakespeare
>
> 出版方：Cambridge University Press
>
> 出版时间：1999/1595 年
>
> 共 224 页，适用于青年。
>
> 《悉达多》
>
> *Siddhartha*
>
> 作者：Hermann Hesse　出版方：Bantam
>
> 出版时间：1982/1992 年
>
> 共 152 页，适用于青年。

民政事务人员，他和他的中队本应通过与伊拉克人民的成功交往来保证费卢杰地区的安全。问题在于识别好人坏人，在于接受战争与损失的惨痛经历。通过与单位里其他人的互相关照，"鸟人"以无法想象的方式成长着，在生命中寻找有价值和意义的事情，取代"胜利"和"失败"的概念。共 290 页，适用于 7—12 年级。

《这就是乔》

Totally Joe

作者：James Howe　出版方：Ginee Seo Books　出版时间：2005 年

这是《不合群者》的续集，故事以学生选举班干部结束为开始，让我们看到在"无侮辱日"发生的事。不过，这是乔的叙述，是他为完成作业而写的 ABC 字母形式的自传，每个故事都带有自身的经验或教训。在《不再做受害者》一章中，乔揭露了欺凌如何影响他自己和其他人，现在是彻底终止这种行为的时候了。共 208 页，适用于 6—9 年级。

《要妈妈》

Wanting Mor

作者：Rukhsana Khan　出版方：Groundwood Books　出版时间：2009 年

詹米拉为妈妈而心痛，"mor"是普什图语妈妈一词。她的妈妈已经在 2001 年的阿富汗战争期间得病而亡。当她的父亲再婚时，她的继母先是虐待詹米拉，然后说服詹米拉的父亲把孩子遗弃在喀布尔的市场里。这个女孩找到了善良的人们帮她，并把她送进孤儿院，在那里她能上学并做兔唇修复手术。当她与父亲和他的家庭再度相会时，她已长成坚强的人。故事来自真实的事件。附有书中使用的所有普什图语的词汇表。共 190 页，适用于 5—9 年级。

光盘中

来自实地的推荐

《士兵的重负》

The Things They Carried

作者：Tim O'Brien

出版方：McClelland & Stewart

出版时间：1990 年

共 256 页，适用于青年。

光盘中

作者访谈：故事背后的故事

在随书附送的光盘中，你会找到对以下作者的采访：莎林·科利克特，《踩脚兽和毛毛虫》的作者；菲利普·胡斯，《嗨，小蚂蚁》《我们也经历过！》《克劳德特·科尔文》《拯救大神鸟的竞赛》和《这也是我们的世界！》的作者；詹姆斯·豪，《不合群者》《这就是乔》《"粉团"、雷克斯和欺凌者》《暴毙客栈》的作者；杰里·斯皮内利，《星星女孩》《小杀手》《狂人马吉》《图书卡》的作者。他们讲述了书的"故事背后的故事"。

第十五章　社会改变：议题和行动

> 如果说我们从自己的过去学到了什么的话，那就是自己经历过那些苦难和浩劫之后不要沉默；我们必须让大家知道，并把它们转变为发自良心的行动。
>
> ——伊利·威塞尔，作家和大屠杀幸存者

社会改变需要行动。改变需要意识、动作和冲劲。无法容忍往往是社会改变的根源，可能针对种族或民族、宗教、性别、贫困、性取向、身体能力、移民身份，诸如此类。简单无知或成见可能演变为偏见、歧视甚至仇恨和犯罪。我们要对无法容忍的所有众多层面加以识别、讨论并最终加以应对。课堂讨论可以打开相似的思路和眼界，然而，这仅仅是开始。作为教育工作者，我们必须一起努力，用准确的信息、相互理解和相互欣赏的体验，取代偏见和成见。

对改变的需要往往导致社会行动。这些行动可能包括写信给编辑来提升社区里的关注意识，制作公益广告在互联网或当地有线电视上播放，在市议会发言或给国会写信来参与实际的民主过程。学生已经得到参与的机会，诸如创建一个急需的社区青少年中心，为政府顾问委员会的包容性而努力，公开反对社会不公如苏丹的奴隶制度。社会改变从范围和目标上看，可以是当地的，或是全球的。

社会改变也可能是服务学习达到真正深度的关键切入点，如促使学生调研公共政策，向周围世界提出问题，把他们的实践扩展到新领域，鼓励同伴积极参与公共事务过程等。不过，探究社会改变，可能需要花费时间才能实现，而课程表的要求可能催着你进行下一节课或下一个活动，从而错失机会。

还有可能，你发现与自己一起做事的学生麻木不仁、心不在焉、无精打采或者愤怒不已，因为他们觉得无能为力："我们只是孩子。我们能干什么？"有些学生只是勉强参与。别人告诉他们："你需要回馈社区。"可是他们并不认为自己已经从社区得到很多，或是社区需要他们贡献有限的能力。参与公共事务和民主过程，对一些学生而言似乎并不真实，因为他们参与"治理"的唯一机会就是学校选举，这种学校选举宣传往往注重人气，而不是有实质内容的想法。

好消息是我们可以对服务学习进行有序安排，让学生把公共事务课里的一个公共政策议题传到下一个班，继续推进。大量原本默不作声的孩子，与老师或青少年团体的领导者建立了联系，因为这些人倾听他们的关注，尊重他们的声音，并帮助他们实现想法，打开机会大门。领导者们学习如何缓解这些挑战，加强忍耐力、承受力和毅力，这些都是青少年参与中不可缺少的方面。社会改变正在通过服务学习得以实现。

在学习社会改变议题时，学生会对自己的各种假设产生怀疑。人们都有平等的投票渠道

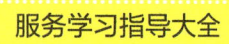

吗？移民在新国家里总是比留在原地的人们生活得更好吗？经济地位如何影响休闲、教育以及就业的机会？为什么我们社会中最弱势的人——儿童和老年人——往往面临他人的盘剥？这些问题鼓励学生以新的方式看待熟悉的议题。这些问题需要各种教学策略来推动深入调查，并吸引孩子，让他们保持活力。

随着学生去了解身边的世界——议题、难题、人，并帮助开启社会改变的项目——他们开始发现自己作为社会行动者的位置。无论只是勉强参与，还是充满热忱的学生都一样。各个年龄的年轻人都想让自己的信念和行动有价值、有意义，他们应对所面临的挑战，即便要进行艰难的努力和奋斗。而且他们往往会惊喜地发现，有了集体努力和坚强的意志与决心，是能够做成许多事的。

> 直到大量民众对彼此的福利充满责任感，社会公正才能实现。
> ——海伦·凯勒，作家

一、准备：为社会改变方面的服务学习做好准备

下列活动可以用来促进有关社会改变方面的学习和技能开发。这些活动在调查研究、准备和计划等阶段很容易调整适用于不同年级，帮助学生通过研究来审视关键问题，分析社区的需要，并获取所需的知识，从而有效地去设计服务计划出力。这些活动往往可以融入反思和展示的阶段中，因为学生可以带领有关活动，与他人一起建立关注意识。文献资料往往是准备过程的一个重要部分，你可以在本章后面的社会改变：议题和行动书架中查找与该专题有关的推荐书目。

活动：重要词汇。偏见、成见、歧视、宽容——这些都是塑造我们的理念和行动的影响因素。这些词汇的含义是什么？即便是年幼的孩子都能学习这些词语和概念，并识别那些在人际交往中促进积极方式或制止负面方式的行为。下面的活动可以鼓励学生思考自己的信念及当地社会议题，开发自己启动项目计划的能力，这些计划促进在学校和社区更大范围的交流与宽容相待。

- **查看偏见**。学生可以检查和讨论偏见（prejudice）一词的词根，pre 和 judge。偏见是怎样产生的？我们怎么学会对待他人的态度？学生可以讨论格言"不要从封面判断一本书（不要以貌取人）"，然后找出他们以往用来判断他人的各种"封面"或类别。这些"封面"的例子可能包括：身材、种族、语言能力、运动技能、宗教、性取向或财富等。

- **识别成见**。从该词的词根开始检查这一术语。成见可以定义为对某一特殊群体、种族或性别过于简单化的概括，通常带有贬损的含义。学生可以用各种媒体形式来学习如何识别成见，包括互联网网页、电视节目、印刷广告、儿童书籍等。创建一个简单的清单，供学生去辨别表面文章、不准确的信息、偏袒和嘲弄。

第十五章　社会改变：议题和行动

- **歧视存在**。学生可以查看歧视的历史事例，尤其是与年轻人有关的。让学生列出词汇和短语，描述他们作为年轻人感到受歧视的一次经历。然后，把这些词语变成全班合作的诗篇、短文、有创意的非虚构类故事或散文。从自己的经历开始，进而审视他人遭受的歧视——族裔群体、老年人、贫困人群及其他等。

- **教导宽容**。请每个学生思考一下他或她感到"另类"时的体验。学生常常想到的有：戴眼镜、讲与别人不同的语言、击不中棒球、在社交聚会时感觉格格不入。年幼一些的孩子可以分享这些故事，并谈论如何增进对他人的尊重和更多理解他人经历的方法。年长一些的学生可以在一张纸顶端画一幅图，代表他们的经历。在图下面列出两栏，在每一栏的顶端分别标上"尊重他人""知识和理解"。在相应的栏目中，学生把自己的想法和感受表达出来。从这些活动中，让学生考虑"什么是宽容"，我们如何能尊重、了解并欣赏他人——那些与我们既相似又不同的人。

活动：社会评论。在今日媒体中，我们在哪里查找社会评论呢？人们如何把自己的想法和意见带给公众呢？这些都是学生在准备为改变社会努力时要回答的重要问题。有很多不同种类的媒体，可以供学生探索并学着去使用。考虑这些可选项：

- **是事实，还是想法？** 比较报纸上议题类似的两篇文章——一则标准的新闻故事和一则编辑评论。让学生找出尽可能多的相似点和不同点。然后，制作一张图表，在相似和不同这两个类别中分别列出应该做的和不应该做的。他们可以继续研究，如阅读阐明差异性的书籍，或者请一个发言人到班里来。对小学或初中班来说，一位高中报纸编辑是理想的来宾，或者可以联系当地的报纸媒体。

- **亲爱的编辑**。选择几封给编辑的信让学生评阅。让学生组成小组，每组一封信。找出这种写作形式与新闻文章或编辑评论有什么差别？要求每组试着写一封致编辑的信，传达一个想法、一种情感或两者兼顾。

- **政治漫画**。寻找一些不同话题的政治卡通画。根据学生的年龄，让他们找出这种媒介如何利用幽默或讽刺来陈述观点。有重复出现的主题或符号吗？（例如，驴代表民主党，象代表共和党。）为什么卡通作家选择这些符号？展示几张卡通来说明这些艺术家所使用的各种手法。

- **公益广告**。公益广告（简称PSA）为人们传达各种议题的信息，包括选民注册、消除歧视、枪支安全、吸烟危害等。学生可以研究公益广告如何用于电台、电视、互联网甚至电影院，来进行教育或通告。如果在学校或社区也能使用媒体设施的话，学生可以应用他们学到的东西创建社会营销活动，这可以形成相当大的影响。2年级的孩子已经把公益广告当作载体，就相关的重大议题教育社区居民，提升关注意识并采取社会行动，邀请社区居民更大范围地参与。

二、建立与所有课程的关联

　　某些服务学习活动自然而然地适合于跨学科工作及建立与所有课程的关联。这些课程关联，加强并扩展学生的学习，帮助他们达到学业标准。很可能，甚至在学生开始进行服务学习活动之前，你就在寻找这些关联以及鼓励学生的方法了。在整个服务学习的过程中，要保持灵活性，因为任何时候提出的问题或学生所确定的社区需要都可能自发地形成某些课程关联。为了帮助你思考与所有课程的关联以及在哪里找到这些关联，本章的课程关联图（见301页）就该专题如何用于不同学科领域，给出了许多不同方法的实例。（本章下一节列出的服务学习情形，也展示了该专题如何用于不同学科领域的各种方法。）

三、服务学习情形：行动创意

　　做好行动的准备了吗？下列对服务学习的描述，是小学、初中或高中学生在校内或与社区组织一起成功完成的实例。这些情形和实例中，大多数明确包括调查研究、准备和计划、行动、反思及展示的某些层面，并且全都有很强的课程关联。这些情形可以成为激发你取得创意的丰富源泉。请记住，年级水平仅做参考，大多数情况可以调整适用于更低或更高年级的学生，许多情况适合跨年龄的合作。

年轻的倡导者：幼儿园

　　在加州帕萨迪纳市太平洋橡树幼儿园，一名学生被划伤了，有人给他一枚"肤色"创可贴，可他说："这不是我的'肤色'！"这句评语引发了一次即兴课堂调查。让每个孩子都轮流看一下这枚创可贴是否和自己的皮肤颜色匹配。这间教室里的儿童族裔多样，10%与创可贴的颜色差不多，40%比较接近，但50%肯定不匹配。在讨论了黑色素如何影响皮肤颜色，并阅读了以不同肤色儿童为主角的书籍之后，孩子们决定给创可贴公司写信报告他们的结果。他们还建议这家公司寻找一个新词来描述该产品。该公司回了一封感谢信，外加一盒"肤色"创可贴。不过，行动的种子已经播下了。

> 斗争要有选择性，大到能起作用，小到容易取胜。
> ——乔纳森·科佐尔，作家

会打字的孩子：1年级

　　1年级学生听老师朗读《咯哩、咯啦、哞：会打字的牛》之后，立志要当"会打字的孩子"。他们决定寻找周围需要改进的地方，从写信开始，让事情变得更好。他们绕着学校走动，

第十五章 社会改变：议题和行动

社会改变课程关联图

英语 / 语言艺术
- 阅读一位致力于社会改变的人物的传记。
- 比较报纸编辑评论，学习用来说服公众意见的方法和写作风格。
- 讨论年轻人如何面对成见和偏见，并写一篇短文。

社会研究 / 历史
- 研究政府的每个分支如何直接影响你所在社区的生活。
- 阅读西泽·查维斯及其运动，找出有关现代流动性劳动者的议题。
- 通过学习有关争取妇女选举权的女性、民众权利运动、南非种族隔离时代之后的活动等，学习选举权是如何获得的。

外语
- 用不同的语言创作关于学校、当地政府或提供帮助的组织的公共服务视频，通过当地机构和有线电视途径播放。
- 了解服务其他国家的机会，如和平队。
- 研究在美国的难民的需要，包括面对语言和偏见的挑战。

戏剧、音乐及视觉艺术
- 把一篇关于社会改变的作品改编成一出读者表演剧目。
- 找出民间音乐如何用来沟通社会政治信息，激励人们学习并采取行动。
- 检查作为表达公共意见的艺术和文化方式的壁画，同时也研究涂鸦艺术。

社会改变

数学
- 就社区所关注的议题举办一次民意测验；做问卷调查，列表格，并报告学生的反响。
- 就著名数学家及其工作对社会产生的影响进行写作。
- 检查为帮助社区而进行的募款活动的成本和收益；想出降低成本的措施和保持有效财务记录的方法。

体育
- 研究第九条①如何成为立法标杆，禁止学校中的性别歧视，特别是其对学校体育的影响。
- 研究操场安全信息，走访一个公共操场；记录需要改善的地方，并向合适的当地政府机构提出建议。
- 研究诸如步行马拉松和自行车拉力赛等体能竞技如何带动社区参与并有益于一些社会事业。

计算机
- 对当地社区机构做问卷调研，如庇护所、"上门送餐"，或移民中心，找出学生如何提供在计算机技术上所需要的帮助。
- 创建一个需要学生志愿者的机构的数据库，以及一个关于主意和学生技能的数据库，供社区机构使用。
- 在互联网上研究公共服务方面的职业；创建网页，为遍布你所在社区的服务机构和组织设立网络链接。

科学
- 弄清支持全球性倡导计划的资助，对抗击疾病的运动以及为全球健康和发展中国家稳定化所做的努力，有何影响？
- 研究在低收入住宅群的民众对安全设施如烟雾报警和急救包等的需要。
- 通过研究社交市场营销运动如何用于教育社区与健康有关的议题，如饮用水，了解科学与公共关系之间的联系。

---

① 高等教育法修正案。——译者

发现操场上有几处失修的区域。他们与校长会面，了解如何把操场修好，结果发现学校已经向学区提过三次请求了。孩子们写了一封信，到其他1年级班上朗读并请求同伴签名。寄出的信里有一百多个学生签名。不到三个星期，修理就完成了。对于"会打字的孩子"来说，这会是他们要写的许多信件中的第一封。

帮助庇护所里的儿童：3年级

一个小学生在电视里看到有关因为受到家庭暴力伤害而住在庇护所里的儿童的新闻报道。这名学生在课堂上发起了针对这个议题的讨论，同学们想了解更多并找到提供帮助的办法。一名社会工作者在全班播放适龄视频并回答问题。全班想出一系列帮助办法，并把他们的想法介绍给不同年级的班级。学生为生活在庇护所里的儿童收集所需物品，包括装有学校用品、日记本、钢笔以及流行杂志的书包。他们给当地商家写信，这既有助于学生发展技能，又能获得大量捐赠物品。学生还讨论了如何对生活在各种情况下的同伴给以尊重，包括庇护所里的同伴。

更多关于社会改变的信息：

要更多地了解这些议题并获得服务和行动上的创意，可以上网访问这些网站和组织：

任何孩子（www.randomkid.org），由一个"孩子"创建，致力于驾驭儿童和青少年的给予力和创造力。他们教育、动员、团结世界各地的青年并增强他们的力量，去直接影响地方、国家和全球的广泛需要。

宽容教育网（www.tolerance.org），是南方贫困法律中心的一个网站项目，倡导和支持在美国生活的方方面面反对偏见，向教师、家长和儿童提供如何对抗仇恨和倡导宽容的信息与资讯。请务必查看"一起午餐日"活动。

在国际特赦组织（www.amnestyusa.org）和**国际特赦儿童组织**（www.amnestyusa.org/aikids）的网站上，学生可以了解和参与倡导人权的努力。他们可以加入国际特赦儿童组织的紧急行动网络，接着就会收到一本写信指南，教他们如何给自己的政府官员写信。

有所作为（www.dosomething.org），帮助年轻人通过找出自己关心的议题，并开发出把想法变为行动的项目，参与到自己的社区中。

孩子能做的事（www.whatkidscando.org），宣传全世界年轻人可以用来回应地方或全球性问题，显示决心和创造力的无数方法。该网站还邀请学生分享服务学习故事，强调倾听受排斥的年轻人的声音。

第十五章　社会改变：议题和行动

让人口普查有用：4年级

在马萨诸塞州北亚当斯市沙利文学校，4年级的学生学习联邦人口普查的重要性，以及如果人们不能完成并交回表格，会对本地区有何影响。学生从市政官员处了解到以前表格回收情况不理想，以及这如何影响到联邦政府为满足当地需要的拨款。人口普查数还决定在众议院可以有多少名本州代表。另外，所有的信息都是综合信息；个人信息从不会遭到披露。带着这些信息，学生设计并组织了一次公益宣传活动，教育社区成员关于参加人口普查的重要性。他们创作张贴板、介绍册、广播和电视公益广告，并为当地报纸写评论文章。他们倡导工作的高潮是一次晚间信息活动，帮助社区成员填写人口普查表。

公平贸易和慈善：4年级

在俄克拉何马州俄克拉何马市卡萨迪学校，4年级学生了解了"世界邻居"组织的巧克力公平贸易项目。这是当地一家非营利组织，支持全球偏远乡村的自力更生和领导力开发。孩子们销售巧克力并向高中师生讲授公平交易原则。销售收入按不同百分比捐给学生所选的非营利机构，这个比例由学生在了解并分析每个机构的宗旨、愿景和目标之后决定。

找出女性州英雄：4—5年级

康涅狄格州新迦南乡间学校4年级学生，在为访问州议会做准备时，学习了州花、州歌和州旗。在参观议会大厦时，他们在圆顶大厅发现一尊巨大的男性"州英雄"雕像。学生想知道："有女性州英雄吗？"这个观察改变了他们的学习进程。学生界定什么是英雄和什么是英雄行为，研究州里合适的女性模范，并就他们的选择进行辩论，在这个过程中，他们一步步地展示自己的能力。在学习了提案如何成为法律之后，他们找到一位州议员，愿意发起一项提案，把他们所选定的普鲁登丝·克兰德尔命名为康州女英雄，因为她反对偏见。尽管学生为立法者做了翔实的介绍，他们的提案最后还是失败了。孩子们再接再厉，作为5年级学生，他们创作了一出关于这位女英雄生平的表演，在该州巡回演出，收集老百姓对他们新议案的支持签名。第二回合时，该提案通过了。后来，康州布里斯托尔市埃伦·P.哈伯德学校的4年级学生募集了大量资金，帮助支付在州议会竖立普鲁登丝·克兰德尔雕像的费用。

创建机会网站：6年级

初中计算机班的学生发现自己的才干很有价值。当地非营利组织处于困境，有些组织总是收到大量年轻人做志愿者的请求，负担过重；另一些组织则无人问津。现在需要为这些组织建立带有面向儿童的友好界面、信息丰富的网页，以便年轻人了解具体议题，根据对社会的关注

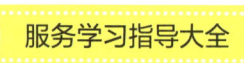

选择参与。一开始，学生认为他们能够瞬间创建很多网页。可是，他们发现，自己必须减速。要先对这些议题有足够的了解，才能创建有意义的关联。在这个过程中，学生在英语课和社会研究课上分享关于这些机构的知识，引发出其他服务学习活动。几个学生开始在课后义务贡献计算机技能，针对机构的需要提供帮助。学生还在高中人文课上做介绍，服务学习是其课程内容的一部分。来自机构的反馈极为正面，许多其他机构也想加入。

团结周：6—8年级

"我们在社会研究课上学习了民众权利运动，决定发起一个学校团结日。但在列出想法后，众多的活动把团结日变成了团结周，我们还需要更多帮助。学校里每个社会研究班都参加进来！"8年级社会研究班的学生惊喜地发现，当每个人都帮忙把可能转变为计划方案时，自己的想法对学生、教师、家长以及社区竟有如此大的影响。学生想要创办一些活动，来刺激正在进行的讨论，形成真实的热点。英语班的学生作业是阅读《骨骨相连》《辗转》或《杰克侠》，讨论社会上的不平等和种族歧视并写出作文。6年级社会研究班选读《我之所见》，7年级和8年级则阅读和讨论摘自《记住小石城：那时候，那些人，那些故事》的选段。学生朗读著名的演说，歌唱班在午餐集会上歌唱和平与和谐之歌。每个社会研究班都邀请机构嘉宾，带领研讨会，谈论有关宽容、移民、特殊需要人士和种族问题有关的本地议题。在"团结夜"，师生们为受邀前来的社区成员表演音乐和诗歌会演。在团结周的最后一天，发起团结周的学生在社会研究课的每个班主持反思会。除了总结所学到的东西，他们也提出问题，即"我们能在学校设立哪些持续进行的活动，继续增进团结，建设社区"。

公共汽车上展现勇气：6—8年级

1955年，克劳德特·科尔文年少时在蒙哥马利市公共汽车上的勇敢行动，为结束美国交通业中的种族隔离做出了重大贡献。"理解勇气"项目让今天的青少年积极讲述她的故事——在缅因州波特兰市的公共汽车上。国王初中的学生和图书馆管理员阅读并讨论《克劳德特·科尔文：再次向正义进发》。缅因州艺术学院艺术教育专业的学生把讨论引向艺术表达，初中学生制作了一系列艺术板，在市公共汽车上展示，这样的行为也正反映了书中所写的勇气可嘉的行为。

建筑设施学生规划者：6—10年级

设施规划与管理课的大学生与当地学区一起，找出一所需要重新装修、扩建或者需要全新设施的学校。他们勘测所有楼房和地面；采访学生、教师和行政人员；研究学校和建筑物的历史。然后，努力重新设计他们认为使用不当的现有区域，同时也为满足现在或将来的需要而设计出额外的空间。初中和高中学生积极参与进来，选修大学课程，提供反馈和想法，准备绘图，

第十五章 社会改变：议题和行动

并向大学生、学校行政人员以及家长们做展示。在学校和其他公共场所创建过程中常常被忽视的学生，在这个过程中变得积极参与，学习社区组织方法，并做出决策。

梦想中的青少年中心：6—12年级

2001年，马里兰州巴尔的摩市的初中学生，意识到孩子们需要一个课后活动场所，以免在街上闲逛。他们提出一个宏大的计划：购买并装修一幢房子，用作社区青少年中心。在教师的支持下，这些"青少年梦想家"采取了行动。通过写信、写基金申请书和电话募捐活动，学生从政府、非营利组织和企业募集到超过60万美元。他们与一位无偿服务的建筑师兼总承包商一起，设计并建造了这所房子。学生现在有了自己的青少年中心，并且在2009年5月，举办了庆祝新房建成的聚会。在完成申请和面试之后，中心的青少年们通过家教、各种课程及康乐活动辅导年幼的成员。青少年梦想家们不断想出服务主意，写基金申请，举办筹款活动，设计和评估活动方案，主持年度拍卖会，在一家免费健康诊所做义工，与成年人合作开班授课等。请浏览他们的网站：www.youthdreamers.org。

用壁画纪念社会改变：7年级

在加州旧金山，霍勒斯·曼初中人文班的学生想在学校外墙上制作一幅壁画。他们一直在读各种传记，希望把他们喜爱的书中人物代表放到壁画上。不过后来有一名学生建议，寻找社区里的真实人物做纪念，其他学生赞成这个完美的提议。为了找到目标，学生为当地电台制作公益广告，并在社区报纸刊登故事以征求提名。他们挑选了八个人物，这些人分别代表社区的不同方面并为社区做出过不同的贡献。学生做人物采访，为他们所选的代表画素描，并在当地艺术家的帮助下，完成了一幅三米长的壁画。学生还将所选代表们的成功事迹写成故事，连同入选理由一起制成小册子，壁画就是小册子的封面。

选民教育：7—8年级

为了影响选民参与2000年选举，芝加哥的学生计划了两种做法。第一种做法是，他们制作一本选民教育指南，重点描述总统候选人。然后，学生研究候选人和各种议题，开发信息指南发给学生、家长及社区居民。第二种做法是通过向家长和社区中未登记的选民呼吁，在学校帮助登记新选民。学生与社区组织合作，登记活动取得了成功。教师反映学生密切跟进选举过程，实实在在地参与其中。接下来，学生和（当地）高中合作，确保每个18岁的学生都收到一张附有选举登记表的生日卡。下一步，学生希望检查学校学生组织的选举程序，把"人气"选举转变为有实质内容和议题的选举。

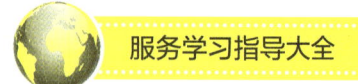

关注遗址：9—11年级

位于洛杉矶的大学高中校园里真有一个神圣的美洲原住民遗址吗？谣传多年之后，美国历史课的一班学生决定研究校址历史，证实这究竟是传说还是事实。学生发现，事实上，校园里有一条小溪，对该地区的原住民来说有重要意义。学生与本地原住民团体合作，一起修复了这个遗址。他们要克服与学区理事会和市政府打交道时的困难，这些工作花费时间并需要技巧。最后这个项目被传到下一届，这样就有更多的学生投入其中。在遗址得到永久性修复并向公众开放的那天，不同文化和年龄的人汇集起来，共同庆祝这一盛大的社区节日。

交流非暴力经验：9—12年级

在罗得岛州普罗维登斯市，青少年讲授非暴力形式的社会改变。他们有一个同伴教育计划"青少年告诉青少年非暴力"（简称 TITAN）。该计划为想要从事社区组织工作的青少年提供所需的知识和技能。其指导原则是：在个人、社区和社会层面上开创积极变革。青少年、成年人及社区之间合作，为年轻人提供领导力培训，让他们能够随后领导和管理社区的推广与教育计划。这些青少年写基金申请，会见市政府和州政府官员，并筹款支持自己的工作。这个过程包括学习美国社会公正运动的历史，用准确的信息代替传说。例如，了解到罗莎·帕克斯在蒙哥马利市公共汽车上拒绝让座之前就已经是一位成功的社区领导者，这会让青少年明白通过集体决定、敢于冒险以及一起行动会出现的结果。这激励并鼓舞他们获得这些技能。TITAN 领导者们致力于初中生教育，因为研究表明，这是需要我们开始传授非暴力教育并鼓励学业优秀的关键年龄。

表演出来：9—12年级

在一家艺术型磁力高中，戏剧班学生认为社区教育是一个重点。学生每周投入数小时创作话剧，为儿童表演。这些话剧具有各种各样的主题，这些主题反映了通过问卷调查和社区反馈而找出的重要社区议题：差异性和宽容、消防安全、校园暴力。学生通过纪录片分享他们把戏剧作为服务学习渠道的实用方法。

> 每当有人坚持自己的理想，或是采取行动改善他人际遇，或是反击不公正，希望的微小涟漪就会被激起，这些来自百万个不同能量和勇气中心的涟漪交汇起来形成一股洪流，可以荡平最强大的压抑或抵制之墙。
>
> —— 罗伯特·F. 肯尼迪，前美国参议员和司法部长

第十五章　社会改变：议题和行动

为经费呼吁：11—12年级

学校削减经费已经造成大量教师流失和活动减少，例如音乐课、工艺班、体育课被削减。孩子们能做什么呢？在受到经济困境沉重打击的社区里，一些学生决定站出来呼吁。17位来自俄亥俄州各地的学生向州议会中小学教育委员会举证，支持一项提案，即要先为公立学校提供足够经费后，才能为特许学校或私立学校教育券计划提供经费。这些青少年为所有同伴呼吁，并指出俄亥俄州中一些学区更缺资源，以及他们的具体需要。学生了解到，即便你还不能投票，你仍然可以讲话。他们认识到学生能为学校改革做出重大贡献，并且他们有权知道学校的真实情况。

失衡的学校：12年级

南加州圣莫尼卡高中的高三学生，认为本校教育存在不公平，想引起大家的关注。在调查了校园内的种族歧视问题之后，他们向学校行政部门提出了一项申请，想筹划并举办一个全天的峰会，指出这些问题并启动一项计划以带来重大改变。这个活动把学生、家长、教师、行政人员、学区总监、社区学院管理层以及社区成员带到了一起。首先，非洲裔和拉丁裔学生针对部分辅导员和教师的偏见行为做证。然后，一位当地的教育政策专家介绍了一项关于该学区内在种族和社会经济背景方面不平等情况的研究。最后，以小组为单位，与会者讨论这些研究结果并提出建议和后续计划，由学生领导小组进行汇编、总结并公布。他们还预订了今后的会议排期，以便在规划把这所高中重组成多个更小的学习型社区时，可以考虑这些信息。

四、社会改变书架

社会改变：议题和行动书架（见309—310页）列出的参考书目涵盖话题广泛，从个人化的议题到社区建设。为帮助你找到与你的具体项目有关的书籍，书目总表把书籍按几个主题分类：历史视角、我们的今日世界、行动计划、偏见与歧视、为改变而努力。

> 我承认人的权利，除此无他——不分男性权利和妇女权利。
> ——安杰利娜·E.格里姆克，为女性争取权利者

总的来说，本书架有以下特点：

- 书目带注释，按非虚构类（N）、图画书（P）和虚构类（F）进行一般分类，根据书名字母的顺序排列。对于非虚构类和虚构类，还注上总页数，并推荐适用的年级水平。图画书的所有书目都没有推荐年级水平，因为它们可以成功地用于各年龄段。

- 有一张按照主题和类别分类的图表，帮助你找到具体项目的相关图书。

- 来自服务学习同行和专家的书目推荐,包括摘要介绍和与服务学习相关联的创意。(推荐的书籍数量在每个书架中有所不同。)

- 请注意:该类别的附加书目列在光盘中,一些是绝版书但仍有查找价值。

非虚构类:社会改变

《1968年》

1968

作者:Michael T. Kaufman　出版方:Roaring Brook Press　出版时间:2009年

那些令人感到痛楚的头条新闻和难忘的照片帮你回想起1968年。十大情景和事件让这一年成为近代史中最重要的一年,书中对这些情景和事件的探究,让人感受到当年的氛围。共148页,适用于青年。

《甘地之后:非暴力抗争一百年》

After Gandhi: One Hundred Years of Nonviolent Resistance

作者:Anne Ibley O'Brien 和 Perry Edmond O'Brien　出版方:Charlesbridge　出版时间:2009年

从1908年至2003年,勇敢者的不懈努力造就了行动主义的一些重要历史时刻。阅读书中每一位勇敢者的故事,从中获取我们每个人都需要的激励,去推动非暴力形式的社会改变。除了像马丁·路德·金博士这样众所周知的英雄外,你还可以了解到一行禅师为越南所做的工作,查尔斯·珀金斯对原住民权利运动的坚守,以及昂山素姬为缅甸民主做出的努力。作者还用一章来反思"非暴力的未来"。书中包括重要的用词和许多难忘的格言。共181页,适用于4—12年级。

《从阿基拉到佐尔坦:改变世界的26位男性人物》

Akira to Zoltán: Twenty-Six Men Who Changed the World

作者:Cynthia Chin-Lee　出版方:Charlesbridge　出版时间:2008年

本书描绘了26位男士,带有彩色拼贴画、简短的文字描述及引述。这些男士来自五湖四海,许多儿童可能不认识他们,但他们的丰功伟绩却影响了世界。共32页,适用于3—6年级。(另见:《从阿梅莉亚到佐拉:改变世界的26位女性人物》。)

《贝尔瓦·洛克伍德:平等权利的先驱》

Belva Lockwood: Equal Rights Pioneer

作者:Jill Norgreen　出版方:Twenty-First Century Books　出版时间:2009年

贝尔瓦·洛克伍德是一位被遗忘在历史中的女性。她是一名律师,在当时的社会里,女性很少有机会进入法学院读书。她是第一位在美国最高法院打官司的女性,也是第二位竞选总统的女性——这都发生在妇女有选举权之前。她毕生为女性和其他所有未得到充分代表的人们争取社会公正。共100页,适用于青年。

第十五章 社会改变：议题和行动

社会改变书架主题

主　　题	书　　籍	类　　别
历史视角 为众人利益而努力的个人和群体采取了行动。关于这些行动的信息和实例，一个丰富的来源就是过去，他们的故事影响着我们自己。	《1968 年》	非虚构类（N）
	《贝尔瓦·洛克伍德：平等权利的先驱》	非虚构类（N）
	《养家糊口者三部曲》	虚构类（F）
	《跨过博克赤托河：乔克托人关于友谊与自由的故事》	图画书（P）
	《把你看见的画出来：泰雷津集中营里一个孩子的画》	非虚构类（N）
	《民主》	非虚构类（N）
	《小石城之火》*	虚构类（F）
	《梦之旅》	虚构类（F）
	《我妈妈，那个啦啦队员》	虚构类（F）
	《通向自由之路：杉原的故事》*	图画书（P）
	《记住小石城：那时候，那些人，那些故事》	非虚构类（N）
	《磐石与河流》	虚构类（F）
	《看他们如何竞选：竞选梦想、选举策略、白宫角逐》	非虚构类（N）
	《我们也经历过！美国历史上的年轻人》*	非虚构类（N）
我们的今日世界 在我们的世界中，我们需要知道哪些真实情况？我们的社会与我们共同的人性之间相互连接，促使我们变得有见识，在相互尊重中创建社会改变。	《钱达的战争》	虚构类（F）
	《每个人拥有权利：清楚自己的权利》	图画书（P）
	《如果地球是一个村庄》	图画书（P）
	《像我的学校一样：世界各地的孩子们是如何学习的》*（见光盘中）	非虚构类（N）
	《今日奴隶制》	非虚构类（N）
	《卖身记》	虚构类（F）
	《人人生来自由：世界人权宣言图画版》	图画书（P）
行动计划 你为行动做好准备了吗？这些书籍可以在关键性的准备阶段提供帮助。各种信息、计划工具和主意随时可用。	《服务项目儿童指南：500 多种服务主意，献给有志于改变的年轻人》（更新后第二版）*	非虚构类（N）
	《小火车做到了》（见光盘中）	图画书（P）
偏见与歧视 这些书籍探究诸如偏见、成见、歧视和种族不宽容等话题。这些故事还告诉我们，精神、品德以及克服不公正的决心所带有的力量。	《小巷对面》	图画书（P）
	《双焦点》*	虚构类（F）
	《骨骨相连》	虚构类（F）
	《第一个十字路口：青少年移民的故事》	见 251 页
	《放羊女士》*	图画书（P）
	《芒果街上的小屋》（见光盘中）	虚构类（F）
	《我是一辆出租车》	虚构类（F）
	《闪耀，椰子月亮》	虚构类（F）

（续表）

主　　题	书　　籍	类　　别
	《六百万个曲别针：儿童发起的大屠杀纪念活动》*（光盘中安全和强大的社区书架）	非虚构类（N）
	《烟雾缭绕的夜晚》（光盘中安全和强大的社区书架）	图画书（P）
	《坚定反对种族歧视》	非虚构类（N）
	《杀死一只反舌鸟》（见光盘中）	虚构类（F）
	另见移民书架中的书目	
为改变而努力 社会改变的道路漫长且同行的人众多，这些实例引导并提醒我们：我们可以完成或实现什么。	《甘地之后：非暴力抗争一百年》*	非虚构类（N）
	《从阿基拉到佐尔坦：改变世界的26位男性人物》*	非虚构类（N）
	《大黄蜂》*	虚构类（F）
	《地毯男孩的礼物》*	图画书（P）
	《克劳德特·科尔文：再次向正义进发》*	非虚构类（N）
	《第三世界近距离接触》*	虚构类（F）
	《实现公正：W.W.劳和争取民众权利的斗争》	图画书（P）
	《埃德温娜胜利了》*	虚构类（F）
	《拉里的福音》*	虚构类（F）
	《医治我们的世界：走进无国界医生》*	非虚构类（N）
	《搭顺风车》*	虚构类（F）
	《我可以！埃丝特·莫里斯为女性争得投票权》	图画书（P）
	《蝴蝶飞舞时》*（见光盘中）	虚构类（F）
	《杰克侠》*	虚构类（F）
	《三个少年犯》	虚构类（F）
	《爱编织的内尔》*（见光盘中）	图画书（P）
	《听风》*	图画书（P）
	《一只母鸡：一份小额贷款如何造就一个大改变》*	图画书（P）
	《揭开真相》*	虚构类（F）
	《摄影师》	虚构类（F）（GN）
	《神圣的叶子》*	虚构类（F）
	《是的，我们能行！洛杉矶清洁工罢工》*	图画书（P）
	《夏天的车轮》*（光盘中安全和强大的社区书架）	图画书（P）
	《这不公平！埃玛·特纳尤卡争取正义的斗争》	图画书（P）
	《三杯茶：一个人改变世界的旅程——每次一个孩子》*	非虚构类（N）
	《万加里和平之树：一个关于非洲的真实故事》*	图画书（P）
	《我们是一体的：贝亚德·拉斯廷的故事》*	非虚构类（N）
	《我们需要去上学：地毯标识孩子们的声音》*	非虚构类（N）

注：对出现在其他书架中的书籍，列出参照页码。
*：这些书籍包括年轻人在提供服务的角色上的实例。
GN：这些书籍系绘本小说。

第十五章 社会改变：议题和行动

《克劳德特·科尔文：再次向正义进发》

Claudette Colvin: Twice Toward Justice

作者：Philip Hoose　　出版方：Farrar, Straus and Giroux　　出版时间：2009 年

克劳德特·科尔文 15 岁时，在公共汽车上拒不向白人让座。从那一刻起，她成了民众权利运动的一分子。虽然那年后期，罗莎·帕克斯被看作抗争活动的"代表人物"，但克劳德特在法庭案件中是原告之一，最终让蒙哥马利市公共汽车对所有族裔开放。这是对事件发生时的历史时刻进行深入刻画的出色书籍。共 144 页，适用于青年。

《民主》

Democracy

作者：James Laxer　　出版方：Groundwood Books　　出版时间：2006 年

作为《基础工作指南》系列丛书之一，该书探究了从远古到现代，民主的发展过程，为读者概述了现今正在发展中的各种民主体制。共 144 页，适用于青年。

《把你看见的画出来：泰雷津集中营里一个孩子的画》

Draw What You See: A Child's Drawings from Theresienstadt/Terezín

作者：Helga Weissova　　出版方：Wallstein Verlag　　出版时间：2008 年

本书收集了一位名叫赫尔加·韦绍瓦的小朋友在泰雷津集中营的生动画作。这是纳粹为了应付红十字会的考察所建造的"模范"集中营，以表明他们对犹太人的"善"待。赫尔加的父亲告诉她："把你看见的画出来。"她这样做了。她的画提供了一份历史记载，如果没有她的画，我们今天就无法看到历史的真实。这些图画有的令人发笑，有的令人痛苦，伴以德语、捷克语和英语三种语言的文字描述，从一个孩子的独特视角为读者展示了被关押者的日常生活。共 168 页，适用于 6—12 年级。

《医治我们的世界：走进无国界医生》

Healing Our World: Inside Doctors Without Borders

作者：David Morley　　出版方：Fitzhenry & Whiteside　　出版时间：2007 年

无国界医生组织的宗旨是帮助建立人道主义世界，其加拿大分会的前执行主管莫利，巧妙地介绍了该机构。本书语言引人入胜，提供了事实数据（例如世界上有 20 亿人的生活中没有安全的卫生设施）、不同专业背景的志愿者所做的日常服务工作（为青少年提供大量了解未来职业的机会），以及在地震或爆炸袭击等紧急情况下志愿者所做的贡献。最后一章是对希望的寄托。共 121 页，适用于青年。

《服务项目儿童指南：500 多种服务主意，献给有志于改变的年轻人》（更新后第二版）

The Kid's Guide to Service Projects: Over 500 Service Ideas for Young People Who Want to Make a Difference (Updated 2nd Edition)

作者：Barbara Lewis　　出版方：Free Spirit Publishing　　出版时间：2009 年

本书为有志于做出改变的青少年提供有关服务的主意，有的简单，有的规模庞大。新近更新并修订，带有在服务中使用互联网的小技巧。共 160 页，适用于 4—12 年级。

《记住小石城：那时候，那些人，那些故事》

Remember Little Rock: The Time, The People, The Stories

作者：Paul Robert Walker　　出版方：National Geographic　　出版时间：2009 年

这是一篇关于取消种族隔离的扣人心弦的故事，它发生在 1957 年小石城市中心高中。第一人称叙述与历史描述穿插在一起，提醒我们在这个方兴未艾的多种族社会里，勇敢和苦难并存在社会的核心中。共 61 页，适用于 5—8 年级。

《看他们如何竞选：竞选梦想、选举策略、白宫角逐》

See How They Run: Campaign Dreams, Election Schemes, and the Race to the White House

作者：Susan E. Goodman 和 Elwood H. Smith　　出版方：Bloomsbury Children's Books　　出版时间：2008 年

这是本有趣的卡通指南，向年轻读者介绍美国本土的历史事件、趣闻轶事和成功当选美国总统的男性（迄今为止），探究美国竞选过程背后的法律和谋略。共 96 页，适用于 4—6 年级。

《今日奴隶制》

Slavery Today

作者：Kevin Bales 和 Becky Cornell　　出版方：Groundwood Books　　出版时间：2008 年

本书是《基础工作指南》系列丛书之一，是介绍现代奴隶制度的重要文献，它提醒我们对人类生命的恶性虐待尚未完全成为历史。本书用统计数据、时间表和简要历史，让我们置身历史之中，去了解这种制度何以持续繁衍，以及我们能做什么，最终实现迟来的了结。共 141 页，适用于青年。

《坚定反对种族歧视》

Taking a Stand Against Racism

作者：Cath Senker　　出版方：Rosen Publishing　　出版时间：2010 年

本书透过历史视角帮助读者理解，为什么出于文化、社会背景或宗教信仰等原因，会产生针对不同群体的种族歧视。种族歧视的这些系统性原因清楚地告诉我们，要克服社会中的阴暗面，需要付出辛勤的劳动并经历很长时间。共 48 页，适用于 6—9 年级。

《三杯茶：一个人改变世界的旅程 —— 每次一个孩子》

Three Cups of Tea: One Man's Journey to Change the World ... One Child at a Time

作者：Sarah Thomson（改编者），Greg Mortenson 和 David Oliver Relin　　出版方：Puffin
出版时间：2009 年

这是成人最佳畅销书《三杯茶》的青少年改编版，详述了莫滕森去往巴基斯坦一个山村的旅程并最终在那里帮助修建学校的故事。本书图文并茂，突出介绍了他的转变和贡献。共 240

页，适用于青年。

《我们是一体的：贝亚德·拉斯廷的故事》

We Are One: The Story of Bayard Rustin

作者：Larry Dane Brimmer　　出版方：Calkins Creek　　出版时间：2007 年

  贝亚德·拉斯廷的母亲是一位贵格会教徒，父亲生来是奴隶，他在这样一个支持自由和正义事业的家庭环境下长大。本书讲述了贝亚德不同寻常的抗争生涯，他是最早在"仅限白人"午餐柜台前就座的黑人之一；"自由搭乘，反对公交车上的种族歧视"运动尚未命名时，他就是指挥者了；他是马丁·路德·金的老师；他组织了"为工作和自由进军"，这是华盛顿特区有史以来最富有传奇色彩和最有影响力的集会活动之一。本书不仅歌颂了为改变而勇敢不屈地行动的故事，还披露了当时社会的恐怖面，如私刑、种族隔离以及仇恨与恐惧的泛滥。本书收集了贝亚德常在演讲结束时使用的照片和歌词，为罗莎·帕克斯和马丁·路德·金的传奇故事提供了时代背景，让人们听到改变了美国的和平愿望。共 48 页，适用于 6—12 年级。

《我们需要去上学：地毯标识孩子们的声音》

We Need to Go to School: Voices of the Rugmark Children

作者：Tanya Roberts-Davis　　出版方：Groundwood Books　　出版时间：2001 年

  16 岁时，作者到尼泊尔旅游，与那些多年被迫在地毯工厂干活的孩子们一起生活。现在，这些孩子在地毯标识康复中心生活、上学，通过口头描述、诗歌和图画讲述自己的故事。本书介绍了积极参与终结童工的机会，以及其他资讯、术语和尼泊尔的概况。共 48 页，适用于 5—12 年级。

《我们也经历过！美国历史上的年轻人》

We Were There, Too! Young People in U.S. History

作者：Phillip Hoose　　出版方：Farrar, Straus and Giroux　　出版时间：2001 年

  年轻人在美国历史上扮演过什么角色？他们如何留下印记、做出贡献？从书中广泛收集的故事和照片中，我们看到，无论是随哥伦布航行的男孩们，还是今天的年轻行动者，都是历史中重要的推动力。本书是美国历史相关课程所不可缺少的参考书，也是一本励志书。共 264 页，适用于 4—12 年级。

图画书：社会改变

《小巷对面》

Across the Alley

作者：Richard Michelson　　出版方：G.P. Putnam's Sons　　出版时间：2006 年

  邻里孩子就寝后隔着小巷交流心得。犹太男孩发现他更擅长棒球而不是小提琴，非裔美国

男孩正相反，于是他们把各自擅长的才能用在自己所在的社区，证明成见未必准确。

《地毯男孩的礼物》

The Carpet Boy's Gift

作者：Pegi Deitz Shea　出版方：Tilbury House　出版时间：2003年

  纳迪姆在巴基斯坦的一家地毯厂工作，不但没有工资，而且工作条件十分恶劣。一天，他收到伊格巴尔写的纸条，纸条告诉他巴基斯坦有一条法律反对童工奴隶。伊格巴尔递给纳迪姆一支笔，点燃了他上学的愿望。伊格巴尔这个角色源自一名童工奴隶，当时这位童工在12岁时就潜入工厂，告诉同胞们他们应有的权利。尽管他的努力得到全世界的赞美，但在一次国际巡回活动后的返乡途中他被杀害了，当时只有12岁。他的勇敢一直激励着儿童和工人们继续他毕生未完成的事业。这本书为那些想要改变这种摧残状况的教育者和读者们提供了资讯。

《跨过博克赤托河：乔克托人关于友谊与自由的故事》

Crossing Bok Chitto: A Choctaw Tale of Friendship and Freedom

作者：Tim Tingle　出版方：Cinco Puntos Press　出版时间：2006年

  这是一部感人的故事书，讲述了美国南部一位非裔奴隶和一位乔克托族女孩之间发展并成熟的既偶然又危险的密切关系。

《实现公正：W.W.劳和争取民众权利的斗争》

Delivering Justice: W.W. Law and the Fight for Civil Rights

作者：Jim Haskins　出版方：Candlewick Press　出版时间：2005年

  这是一篇真实的故事，讲述一名邮局工人在民众权利运动中为正义努力以报效祖国的故事，它提醒读者，许多人都把为正义努力看作自己的日常责任而天天坚守。

《每个人都拥有权利：清楚自己的权利》

Every Human Has Rights: What You Need to Know About Your Human Rights

作者：National Geographic　出版方：National Geographic Society　出版时间：2008年

  这本图画书向年轻读者解释《世界人权宣言》，融合了年轻人的诗歌和世界各地受宣言影响的平民形象。书中用年轻人可以理解并与他们相关的语言翻译了每一项条款。

《放羊女士》

The Goat Lady

作者：Jane Brigoli　出版方：Tilbury Press　出版时间：2008年

  诺埃莉是一位年长的法裔加拿大妇女，在镇里人看来，她的生活一团糟。然而，当一个邻居女孩帮助诺埃莉放山羊时，发现她乐于助人。女孩请求母亲给她的新朋友画像。作者在社区里展出这些艺术画，改变了大家对诺埃莉的看法，引导大家重新认识并尊敬她的善行。源于马

萨诸塞州达特茅斯市的一个真实故事。

《我可以！埃丝特·莫里斯为女性争得投票权》

I Could Do That! Esther Morris Gets Women the Vote

作者：Linda Arms White　　出版方：Farrar, Straus and Giroux　　出版时间：2005 年

这是妇女选举权运动中没有讲出的故事之一，它讲述了埃丝特·莫里斯的真实故事，她知道别人能做到的事，自己也能做到。当她一家搬到怀俄明州后，她举办了多场茶话会，并游说立法机关以保证在选举日当天她自己能投出一票。由于她的不懈努力，怀俄明州成为美国允许妇女参加选举的第一个州。

《如果地球是一个村庄》

If the World Were a Village

作者：David J. Smith 和 Shelagh Armstrong　　出版方：A&C Black　　出版时间：2003 年

想象一下世界是一个由 100 人组成的村庄：9 个人讲英语，25 个人有电视，17 个人不能阅读，如此等等。当我们在一个更容易理解的规模上来描述世界时，世界成为我们可以理解并努力改变的地方。实证表明，虽然财富和食物分配不均，但地球上的资源足以供养每个人。

《听风》

Listen to the Wind

作者：Greg Mortenson　　出版方：Dial
出版时间：2009 年

> 光盘中
>
> 来自实地的推荐
>
> 《爱编织的内尔》
>
> *Knitting Nell*
>
> 作者：Julie Jerslid Roth　　出版方：Houghton Mifflin
>
> 出版时间：2006 年
>
> 《小火车做到了》
>
> *The Little Engine That Could*
>
> 作者：Watty Piper　　出版方：Grosset and Dunlap
>
> 出版时间：1930/1978 年

这是《三杯茶》故事的儿童版，阐述了向其他文化学习的价值以及建立互相尊重并创造教育机会的步骤方法，同时也介绍了巴基斯坦文化。拼贴艺术、照片及剪贴图片很吸引读者。

《一只母鸡：一份小额贷款如何造就一个大改变》

One Hen: How One Small Loan Made a Big Difference

作者：Katie Smith Milway　　出版方：Kids Can Press　　出版时间：2008 年

一笔贷款可以买到一只母鸡。母鸡生的蛋既可以留作家用，也可以卖了挣钱。挣的钱可以买更多的母鸡并为其他人提供就业。这本书讲的是科乔的故事，他生活在加纳的小镇上，还讲到微型贷款过程为世界各地的社区带来了新机会。后记向我们介绍了真实的科乔，他现在致力于社区微型贷款计划以帮助他人。本书还介绍了微型融资的历史以及个人能如何提供帮助的信息。

《通向自由之路：杉原的故事》
Passage to Freedom: The Sugihara Story
作者：Ken Mochizuki　出版方：Lee & Low　出版时间：1997年

　　1940年，日本驻立陶宛领事的儿子杉原弘树才5岁，他看到成百上千来自波兰的犹太难民，在走投无路的情况下，请求杉原领事为他们派发签证以逃离纳粹的威胁。当日本政府拒绝了杉原派发签证的请求时，杉原一家决定竭尽所能来拯救成千生命，即使这样做将把他们自己的生命置于险地。

《是的，我们能行！洛杉矶清洁工罢工》
¡Sí, Se Puede!/Yes, We Can! Janitor Strike in L. A.
作者：Diana Cohn　出版方：Cinco Puentas Press　出版时间：2003年

　　少年卡利托斯以母亲为荣，他母亲是一位清洁工，工作时间长，工资却很低。2000年4月，洛杉矶8000名清洁工放下拖把和扫帚进行罢工，他的母亲是领头人之一。卡利托斯想要帮忙并行动起来：与其他孩子一起制作海报，参加游行。该书包括一篇由作者路易斯·J.罗德里格斯写的短文，他的父亲也是清洁工，书的封套内页是一幅信息丰富的海报，解释了劳动者工会和罢工的作用。该书为英语和西班牙语双语版。

《这不公平！埃玛·特纳尤卡争取正义的斗争》
That's Not Fair! Emma Tenayuca's Struggle for Justice/¡No Es Justo! La lucha de Emma Tenayuca Por la Justicia
作者：Carmen Tafolla　出版方：Wings Press　出版时间：2008年

　　埃玛·特纳尤卡从小就意识到不公平的根源，长大后组织墨西哥裔劳动者争取提高工资。该书为英语和西班牙语双语版。

《万加里和平之树：一个关于非洲的真实故事》
Wangari Trees of Peace: A True Story About Africa
作者：Jeanette Winter　出版方：Harcourt　出版时间：2008年

　　万加里·马塔伊在肯尼亚的农村长大，她创建了绿带运动。这是一个可持续的草根合作项目，旨在改善本国经济以及个人和集体的福利。这是在我们的时代既鼓舞人心又很重要的真实故事。

《人人生来自由：世界人权宣言图画版》
We Are All Born Free: The Universal Declaration of Human Rights in Pictures
作者：Amnesty International　出版方：Frances Lincoln Children's Books & Amnesty International
出版时间：2008年

第十五章 社会改变：议题和行动

该书用图画形式再现《世界人权宣言》，把 30 项条款描绘得栩栩如生。这些图画出自世界各地的艺术家之手，风格迥异，透射出这份珍视生命的重要文件对不同人的生活所产生的影响。

虚构类：社会改变

《双焦点》
Bifocal

作者：Deborah Ellis 和 Eric Walters　　出版方：Fitzhenry & Whiteside　　出版时间：2007 年

　　某城市的高中学校，有一次，在午餐时间被突击搜查，一名学生被当作恐怖分子逮捕。杰伊，初级足球队队员和球队队长一起在屋顶的隐秘处目击了整个过程。他看到哈伦被戴上手铐押上警车，就因为他和疑犯在同一个房间，并且也是"棕色人种"。书中描写两人的章节交替排列，杰伊和哈伦各自质疑自己的身份并检查自己对体育、种族、宗教、学校及家庭的忠诚度。当他们最终相见时，彼此都具备了能为自己的每日行动做决定的力量。共 273 页，适用于 9—12 年级。

《骨骨相连》
Bone by Bone by Bone

作者：Tony Johnston　　出版方：Roaring Brook Press　　出版时间：2007 年

　　故事发生在 1950 年田纳西州的小镇上。本书以细腻的手法，带我们了解年轻的戴维，他的父亲向他灌输思想，要他迷上人体构造，希望他将来能像自己一样成为医生。可是后来，戴维与亲如兄弟的黑人朋友马尔科姆一起反对他父亲的种族歧视，三 K 党把马尔科姆的生命置于危险中。共 184 页，适用于青年。

《养家糊口者三部曲》
The Breadwinner Trilogy

作者：Deborah Ellis　　出版方：Groundwood Books　　出版时间：2009 年

　　这三部曲结合了三个相关联的故事。第一曲《养家糊口者》，发生在阿富汗，11 岁的帕瓦纳为了帮家人找吃的，装扮成一名士兵。第二曲《帕瓦纳寻亲记》，发生在帕瓦纳的父亲去世后，13 岁的她沦为难民，四处打听其他亲人的下落。第三曲《泥城》把焦点转移到 14 岁的肖齐亚身上，她希望离开巴基斯坦去法国寻找新生活。这三则故事扣人心弦，对生存和希望提出了独特的见解。共 520 页，适用于青年。

《大黄蜂》
Brundibar

作者：Tony Kushner 和 Maurice Sendak　　出版方：Hyperion　　出版时间：2003 年

　　安宁库和佩皮塞克发现母亲病了，匆忙赶到镇上找牛奶。他们看到绰号叫"大黄蜂"的手

317

摇风琴表演者，决定像他那样表演挣钱，只为买牛奶。但"大黄蜂"对镇上所有其他卖唱的人蛮横无理，这兄妹俩也难逃一劫。在3只会说话的动物和300位热心学生的帮助下，他们成功赶走了"大黄蜂"。这本书基于一部捷克儿童剧写就，该剧由泰雷津纳粹集中营的孩子表演过55次。共56页，适用于学前班—2年级。

《钱达的战争》

Chanda's Wars

作者：Allan Stratton　　出版方：HarperCollins　　出版时间：2008年

　　该书是《钱达的秘密》续集，讲述钱达一定要找到被拐到非洲充军的兄弟姐妹的故事。这个在当代骇人听闻的议题仍然大量出现在今天的新闻报道中。这篇强有力的故事还生动地体现了战争的毁灭性，它不仅拆散了家庭，还让孩子过早担任成人的角色。钱达的力量和坚韧给我们留下了深刻的印象。共400页，适用于青年。

《第三世界近距离接触》

Close Encounters of a Third-World Kind

作者：Jennifer Stewart　　出版方：Holiday House　　出版时间：2004年

　　安妮的父亲带着家人随医疗队前往尼泊尔工作两个月，安妮对此并不怎么期待。可是，当她结交了一位新朋友时，她的暑假生活发生了戏剧性的改善，她开始在当地的卫生所当起志愿者。这本书展示了生活在异国他乡的所见所感。作者用幽默愉悦的语言，生动地描绘了很多社区成员所面临的挑战，如安妮朋友一家，家里有六个女孩，一个怀孕的单身妈妈。故事引人入胜，难以忘怀。共149页，适用于3—6年级。

《埃德温娜胜利了》

Edwina Victorious

作者：Susan Bonners　　出版方：Farrar, Straus and Giroux　　出版时间：2000年

　　格兰杰市长一直在忙于修缮儿童游玩的操场、改造空地和制订动物园早就需要的改观计划，这些全都源于一位90岁名叫埃德温娜·奥斯古德的社区行动者的来信。但这些信其实都是小埃德温娜以同名姑婆的名义写的！真相大白时，会发生什么呢？共131页，适用于3—6年级。

《小石城之火》

Fire from the Rock

作者：Sharon M. Draper　　出版方：Speak　　出版时间：2007年

　　这篇历史虚构小说生动地再现了1957年发生在阿肯色州小石城的种族斗争。西尔维娅是一名顶尖的学生，当她受邀成为中心高中首批黑人学生时，一开始欣喜万分，但很快变得忧虑不安。种族隔离的废除带来的可能是孤立、孤独及人身伤害的危险。这个故事把民众权利斗争带到个人层面上，让读者自问：如果我是她，会怎么做呢？共240页，适用于青年。

第十五章 社会改变：议题和行动

《拉里的福音》

The Gospel According to Larry

作者：Janet Tashjian　出版方：Henry Holt

出版时间：2001 年

17 岁的乔希是一名孤独少年，他对学习充满热情，想成为最好朋友贝丝的男朋友，还想在世界上有所作为。他以拉里为笔名批评消费者文化的博客出乎意料地大受欢迎，这时，是否选择匿名让他烦恼不已。他的博客帖会让他现身俱乐部和摇滚音乐节，还可能上电视，也可能引起家庭混乱。乔希的真实身份最终会被揭开吗？他会"赢得那个女孩的芳心"吗？他的博客会影响消费主义观念吗？这是一个不可错过的故事，可以从中找到答案。共 227 页，适用于 7—12 年级。

> 光盘中
>
> 来自实地的推荐
>
> 《芒果街上的小屋》
>
> *The House on Mango Street*
>
> 作者：Sandra Cisneros　出版方：Vintage Books
>
> 出版时间：1991 年
>
> 共 110 页，适用于青年。

《搭顺风车》

Hitch

作者：Jeanette Ingold　出版方：Harcourt　出版时间：2005 年

莫斯·特劳思里不喜欢摆在自己面前的人生选择。大萧条期间工作很稀少，他想要打破像酒鬼父亲那样失业、无家可归的模式。17 岁那年，新机会出现了：他加入了罗斯福总统的民间资源保护队——该组织以食物、住所和微薄的薪水为保证来换取辛勤的劳动。此次经历让他收获了许多惊喜：结交好朋友，向领导者发展，有能力关爱他人并面向未来。共 272 页，适用于 7—10 年级。

《我是一辆出租车》

I Am a Taxi

作者：Deborah Ellis　出版方：Groundwood Books　出版时间：2006 年

故事发生在玻利维亚，本书以编年史的形式讲述了一个 12 岁男孩不同寻常的生活，他和妈妈一起生活在女子监狱中。这本小说沿着迭戈在狱中和外部世界的历险展开，他竭尽全力帮助家人洗脱种植可卡因的冤名，却在不知情的情况下，陷入了毒品交易之中，他必须找

> 光盘中
>
> 来自实地的推荐
>
> 《蝴蝶飞舞时》
>
> *In the Time of the Butterflies*
>
> 作者：Julia Alvarez　出版方：Plume Books
>
> 出版时间：1994 年
>
> 共 325 页，适用于 9—12 年级。

319

到一条逃生之路。共 208 页，适用于 5—8 年级。

《杰克侠》
Jakeman

作者：Deborah Ellis　　出版方：Fitzhenry & Whiteside　　出版时间：2007 年

　　杰克和姐姐绍绍娜与其他孩子一起偷偷溜出寄养所，登上长途公共汽车，他们要在母亲节当天匆忙短暂探望囚禁中的母亲们。尽管杰克不被看作好学生，但他是娴熟的卡通漫画家，他创作的带刺铁丝超级英雄"杰克侠"充分展示了他的适应力和决心。当这些孩子被现有社会制度抛弃时，他们坚持让人们听到自己的声音。每一章都以杰克致州长的信为结尾，信中恳求释放他的母亲。全文引人入胜，幽默感人，人物形象令人难忘。共 201 页，适用于 6—12 年级。

《梦之旅》
Journey of Dreams

作者：Marge Pellegrino　　出版方：Frances Lincoln　　出版时间：2009 年

　　这是一个有关托马萨的故事，讲述了她一家人如何逃离危地马拉军队的"焦土"[①]运动。她的母亲和大哥已经逃脱，但托马萨和弟弟妹妹必须紧随爸爸和他所讲的那些充满希望的故事，在前往美国的历险路上，勇敢跨过边境。共 250 页，适用于 6—9 年级。

《三个少年犯》
The Juvie Three

作者：Gordon Korman　　出版方：Hyperion　　出版时间：2008 年

　　道格拉斯·希利为三名少年犯设立了一处实验性过渡住所，他们是格科、特伦斯和阿杰伊。离开拘留中心对他们来说是一个很好的机会，即便他们必须上学、接受治疗并进行社区服务。一次意外让道格拉斯失去记忆住院治疗，三个少年不得不在是非面前做出决定。他们决意要成为模范公民，可是，要获得第二次（第三次或者第四次）机会需要更大的努力和决心，远远超出他们的预料。共 249 页，适用于青年。

《我妈妈，那个啦啦队员》
My Mother, the Cheerleader

作者：Robert Sharenow　　出版方：Harper　　出版时间：2007 年

　　13 岁的路易丝和古怪的母亲住在新奥尔良第九区的寄住宿舍。她的邻里会有什么事呢？她想不出来。后来，种族隔离被废除了，路易丝也被迫退出学校。她的母亲加入了一群"啦啦队员"——这些白人妇女每天早晨堵在威廉·弗朗茨小学的入口处，在走向班级的路上嘲笑并威胁名叫鲁比·布里奇斯的非裔美国女孩。一名男子从城里搬来并对路易丝和她母亲感兴趣，每

[①] 军队撤退时销毁一切敌方可利用之物。——译者

件事情突然变得既对又错，路易丝的世界发生着转变，我们的世界也在这部令人惊愕的小说里发生着转变。共 289 页，适用于 6—12 年级。

《揭开真相》
Peeled
作者：Joan Bauer　出版方：Penguin　出版时间：2008 年

做正确的事情并不总是很容易。学生希尔迪·比德尔和巴内斯维尔高中校报"核心"的工作人员，努力成为伟大的记者，报道事实真相，以微小步伐为道德斗争。一份高中校报能团结整个小镇的力量吗？学生在有钱的开发商、精明的政治官员和有权关掉报社的校长面前还能坚持立场吗？共 247 页，适用于 6—10 年级。

《摄影师：与无国界医生进入战火纷飞的阿富汗》[①]
The Photographer: Into War-torn Afghanistan with Doctors Without Borders
作者：Emmanuel Guibert, Didier Lefèvre 和 Frédéric Lemercier　出版方：First Second
出版时间：2009 年

这本美丽的绘本小说跟随摄影师迪迪埃·勒费伍尔的镜头，记录了他自 1986 年起与无国界医生在阿富汗工作的故事。这本小说将照片穿插于对亲身接触他国文化和重要历史事件的图像化描述之中，这是一段当时他一无所知的历史，一段与今日地缘政治景观仍然极为紧密相关的历史。共 267 页，适用于 9—12 年级。

《磐石与河流》
The Rock and the River
作者：Kekla Magoon　出版方：Aladdin　出版时间：2009 年

故事发生在 1968 年，14 岁的萨姆简直无法忍受父亲和兄长之间日益紧张的关系，他的父亲是非暴力传道者，而兄长参加了芝加哥一个名叫"黑豹"的组织。萨姆打破了父亲的规定和信任，步入了一个信奉远离暴力但在情不得已的情况下实施暴力的圈子。本书形象地描绘了一个分裂的社区，愿意为正义联合起来。共 289 页，适用于 7—12 年级。

《神圣的叶子》
Sacred Leaf
作者：Deborah Ellis　出版方：Groundwood Books　出版时间：2007 年

这本书是《我是一辆出租车》的续集。迭戈被种植古柯的里卡多斯家收留。迭戈的好日子并不长，玻利维亚政府夺走了丰收的古柯叶，想毁掉这些作物。数世纪以来，玻利维亚当地人把神圣的古柯植物入茶入药，但如今古柯被制成了可卡因走私到北美。迭戈加入了进行大规模抗

[①] 简称《摄影师》。——译者

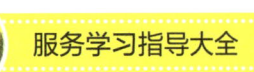

议的农民。对里卡多斯家的忠诚和回家的渴望，让他左右为难。共 206 页，适用于 6—12 年级。

《闪耀，椰子月亮》

Shine, Coconut Moon

作者：Neesha Meminger

出版方：Margaret K. McElderry Books

出版时间：2009 年

  17 岁的萨玛，也叫萨姆，过着完美的生活——上学，结交朋友，还有一个俊俏的男友。后来，9·11 事件发生了，她的舅舅突然出现，带来了母亲刻意保持低调的印度文化传统。难道萨姆真的是一个"椰子"——外棕内白吗？为什么她没有和祖父母或其他亲戚一起生活过？对自己的根如此陌生的她，如何生活在两个世界里？她舅舅受到奚落："回去吧，奥萨马。"那么萨姆能找到自己回家的路吗？共 253 页，适用于 7—10 年级。

《卖身记》

Sold

作者：Patricia McCormick 出版方：Hyperion 出版时间：2006 年

  13 岁时，拉克希米清楚自己想要什么：挣足够的钱帮妈妈为家里的房子买一个铁皮房顶，与被许婚的男孩克里希纳结婚。当继父将她卖给妓院时，她的生活发生了巨大变化。拉克希米本以为是去城市做女佣，她在去加尔各答红灯区的路上最终得以逃脱。这部小说生动地描绘了印度的性交易。共 265 页，适用于青年。

光盘中

来自实地的推荐

《杀死一只知更鸟》

To Kill a Mockingbird

作者：Harper Lee 出版方：Warner

出版时间：1961/1988 年

共 288 页，适用于青年。

作者访谈：故事背后的故事

  在随书附送的光盘中，你会找到对以下作者的采访：德博拉·埃利斯，《我是一辆出租车》《神圣的叶子》《杰克侠》的作者；索尼娅·莱维京，《梦想自由》的作者；黛安娜·科恩，《是的，我们能行！》的作者。他们讲述了书的"故事背后的故事"。

第十六章　特殊需要和残障

> 我最终发现自己只不过是用与众不同的方式观察、感知和接收事物，没什么要紧的，这真让人激动。那是我的常态……无论如何，那就是我们自己特有的不同生活方式，像其他任何人的生活一样丰富多彩且让人满足。
>
> ——利亚娜·霍利迪·威利，教育学博士，
> 作家（谈及阿斯伯格综合征）

有特殊需要或身有残障的儿童数量正在不断增长，你的教室或小组里就可能有一个或几个有特殊需要的年轻人。本章将会探讨如何针对残障或有特殊需要者的实际需要设计服务学习计划，以及教室或小组里的每个人怎样参与服务学习并从中受益。无论你教的班级是面向所有孩子的，还是专门为有特殊需要的学生设立的，有特殊需要或面临挑战的年轻人都可以参加服务学习并做出有价值的贡献；对任何主题来说，都是如此，包括本章的各种主题。特殊需要和残障方面的服务学习体验可以有众多不同的设计形式：学生可以通过游说让社区里的残障人士通行更加便利，或是向服务于特殊需要人士的机构贡献时间或资源，或是直接与有特殊需要的同学一起做事情。

"特殊需要"可以定义为任何需要超出常规照顾或介入的情况，它可能以残障的形式出现，但并非总是如此。某些特殊需要是显而易见的——使用轮椅或用手语交流。其他则是"隐形"的——注意力缺陷多动症或自闭症。通常后者较难为教师和同学所识别，更难让年轻人理解。现在有许多不同形式的信息，可以就有关特殊需要的议题指导师生，并帮助他们培养与社区中有特殊需要的学生和民众建立互相尊重的关系。随着所有学生彼此加深了解，差异就会变得微不足道，相似之处则变得更加重要。持支持态度的成人可以通过提供准确的信息，提高关注意识并鼓励日常开放型交往，来增进理解。

> 不怕慢，就怕站。
>
> ——中国谚语

一、准备：为特殊需要和残障方面的服务学习做好准备

下列活动可以用来促进有关特殊需要和残障方面的学习和技能开发。这些活动在调查研究、准备和计划等阶段很容易调整适用于不同年级，帮助学生通过研究来审视关键问题，分析社区的需要，并获取所需的知识，从而有效地为设计服务计划出力。这些活动往往可以融入反思和

展示的阶段中，因为学生可以带领有关活动，与他人一起建立关注意识。文献资料往往是准备过程的一个重要部分，你可以在本章后面的特殊需要和残障书架中查找与该专题有关的推荐书目。

活动：理解"缺乏—能力"（Dis-Ability）。这个活动探究差异、挑战和残障的概念。首先，在墙板上写下能力（ability）这个词，让学生分享他们有哪些能力。他们通常会罗列出大量广泛而不同的能力，从玩橄榄球到绘画到"我能倒立"。当学生被问及"能力这个词是什么意思"时，答案通常是"某人能做好某件事"。让学生想想熟人的才干："它们都一样吗？"

现在把前缀词缺乏（dis）加到能力（ability）的前面，他们会说"某人不能做好某件事"。这既是普遍的社会看法，也是把"能够"一词转化到其反面的习惯做法，即能力是指"能够做"，而缺乏—能力就是"不能做"。让学生再仔细想想，这的确是真的吗？

例如，盲人看不见，于是你可以提出这样的问题："盲人能学会阅读吗？"学生通常知道盲人可以学会用盲文阅读。所以，盲人可以学会阅读，但他们可能要用不同的方法来学习，而且这个任务可能因为视力残障而更具

> 态度不良才是真正的残障。
> ——佚名

更多关于特殊需要和残障的信息：

要更多地了解这些议题并获得服务和行动上的创意，可以上网访问这些网站和组织：

自闭症之声（www.autismspeaks.org），是美国最大的自闭症科学研究和宣传倡导组织，致力于资助对自闭症的起因、预防、治疗和治愈的研究，提高对自闭症系列障碍的认识，并针对自闭症患者及其家庭的需要提出呼吁倡导。

全国服务包容计划（www.serviceandinclusion.org），是一个培训和技术支持项目，目的是促进残障人士参与社区服务。

特殊奥林匹克运动会（www.specialolympics.org），为180多个国家的250多万有智力残障的儿童和成人提供常年的体育训练和竞技比赛。

最佳伙伴国际（www.bestbuddies.org），致力于通过提供"一对一"友谊和综合就业机会，来改善有智力和发育残障人士的生活，备有专门为初中生和高中生设计的方案。此外，还可以通过 www.ebuddies.org 参加"电子好友"计划。

莱纳斯毯子项目（www.projectlinus.org），是一个非营利的志愿者组织，用志愿制毯者自制的全新可洗涤毛毯和毛毡做礼物，为有重病、精神创伤或其他需要的儿童提供安全、温暖和舒适感。

挑战性。因此，残障，是指某人可以做某件事，但做法可能不同或做起来更困难。一个耳聋的人能学习说话吗？一个坐轮椅的人能打篮球吗？可以——但要用不同的方式。

活动：如果是一颗花生呢？ 这好像很简单，但一颗花生是既有用又好吃的工具，可以作为介绍并讨论特殊需要和残障的组成元素。向每个参加者提供一颗带壳的花生，提出这个问题："这些花生有哪些相似之处？哪些不同之处？"把答案写在排成两列的图表上，把花生一词置于图表的顶部，相似排在一列，不同排在另一列，特征可能包括：

- 相似：基本形状、里面都有相同的东西、大多数人都喜欢它们。
- 不同：外观和形状不同，用途不同。

现在把花生（peanut）一词划掉，只留下首字母 p，改写成 people（人）。再看看表中所列，检查不同的人有哪些相似和不同。原来列出的大部分特征仍然可用，可能需要加上一些新的特征。这个图表可能变得相当详细，甚至覆盖一两面墙壁。除了身体特征以外，要加上情绪、态度、喜欢和不喜欢，等等。

二、建立与所有课程的关联

某些服务学习活动自然而然地适合于跨学科工作及建立与所有课程的关联。这些课程关联，加强并扩展学生的学习，帮助他们达到学业标准。很可能，甚至在学生开始进行服务学习活动之前，你就在寻找这些关联以及鼓励学生的方法了。在整个服务学习的过程中，要保持灵活性，因为任何时候提出的问题或学生所确定的社区需要都可能自发地形成某些课程关联。为了帮助你思考与所有课程的关联以及在哪里找到这些关联，本章的课程关联图（见 326 页）就该专题如何用于不同学科领域，给出了许多不同方法的实例。（本章下一节列出的服务学习情形，也展示了该专题如何用于不同学科领域的各种方法。）

三、服务学习情形：行动创意

做好行动的准备了吗？下列对服务学习的描述，是小学、初中或高中学生在校内或与社区组织一起成功完成的实例。这些情形和实例中，大多数明确包括调查研究、准备和计划、行动、反思及展示的某些层面，并且全都有很强的课程关联。这些情形可以成为激发你取得创意的丰富源泉。请记住，年级水平仅做参考，大多数情况可以调整适用于更低或更高年级的学生，许多情况适合跨年龄的合作。

特殊需要和残障课程关联图

英语 / 语言艺术
- 学习现在通行的用于形容特定残障的尊重性术语，以此来增加词汇量。
- 为那些服务有特殊需要社区的地方组织、机构或宣传推广计划，创建适合儿童的介绍性信息材料。
- 邀请会读盲文的人介绍他们是怎么学习盲文的，并将之与拥有视力的学生学习阅读的过程做对比，有什么相似之处，不同之处？

社会研究 / 历史
- 讨论：如果钱不是问题，如何构建社区才能真正使每个人感到方便。
- 学习了解那些有特殊需要的地方性、全国性和国际性领袖。
- 研究1990年美国残障人士法案以及该法案和其他现代立法的影响。

外语
- 研究使用所学语言的国家里对残障者有影响的法律。
- 只用图形标识进行会话。
- 比较不同国家的手语系统。

戏剧、音乐及视觉艺术
- 创作一个演出剧目，体现具有各种能力的人都能参与社区之中，做出贡献。
- 找出带有重复和简单节奏的音乐，用来教授有发育残障的儿童。
- 与特殊需要班里的年幼学生一起制作艺术品，并为社区举办一次艺术展览。

特殊需要和残障

数学
- 为需要练习识别形状、数数和分类的儿童开发活动，用于为他们开设的数学中心。
- 用数字或几何形状制作一个布告板，每个数字或几何形状都提供不同的触觉体验。
- 找出残障方面的全国性统计数据并绘制成图表。

体育
- 研究在滑雪、骑车、登山和跳伞等运动项目上取得成绩的残障运动员。
- 为有特殊需要的学生准备舞蹈课程。
- 坐在轮椅上打篮球或蒙上眼睛在别人帮助下玩"盲人棒球"。

计算机
- 了解科技如何得以调整改进，用于帮助有特殊需要人士和残障人士拥有独立的能力。
- 对比教授美式手语（简称ASL）的网站；选择一个最容易使用的网站并在学校里宣传。
- 用互联网研究与残障人士一起做事的职业。

科学
- 评估一个户外生态区或自然小径的方便性。
- 学习人类神经系统如何受不同特殊需要状况的影响。
- 选择一种特殊需要，了解让这一人群受益的最新科学研究。

第十六章 特殊需要和残障

做个好邻居：学前班—8年级

密苏里州圣路易斯市"巨大步伐"学校里年幼的自闭症学生，为学校隔壁的养老院的老年人制作并送去情人节礼物。春天，学校里的普通学生帮助有自闭症的同学给陶瓷花盆上色并种上植物。在家长和老师的陪同下，学生亲手把花盆送给养老院里的老年人。在随后的周末，有特殊需要的学生的家长和兄弟姐妹与一些行动敏捷的老年人，一起把养老院里一个迫切需要整理的庭院变成了一个室外花园。一位教师评论道："当家长们退到后面，看着孩子与老年人并肩种植时，有些家长开始哭了。这是他们的孩子第一次为他人服务。儿童一旦适应了养老院，就开始在里面帮忙了。他们在午餐前把餐厅准备就绪，递送邮件和报纸，带领座椅操。每个家长都询问什么时候可以再有这样的活动。孩子们也很高兴。一开始持怀疑态度的人最后都赞成让所有的孩子参与服务学习。"

> 世界上最好和最美的事物是眼睛看不到，甚至手都摸不到的，必须用心感受。
> ——海伦·凯勒，作家

在学校增加残障设施：2—10年级

学生能改善自己校园的残障通行设施吗？2年级学生在停车场增设了一个残障停车位，以前学校一个也没有。7年级学生和技工老师一起，为一个不便于残障人士使用的入口，建造了一条可移动坡道。10年级学生担心学校楼房缺乏身体残障通行设施，就与当地一家机构一起在全校做问卷调查，并向学校理事会提交了一项改进建议。

儿童和狗：3—5年级

在佛罗里达州坦帕市，被鉴定为有情绪障碍的学生参加了一项持续进行的计划，用两节课的时间了解服务犬、它们的训练者以及它们将来预期的主人。这些学生还学习宠物护理方法及拥有一条狗所带来的责任。一个小学生、一只服务犬和一个训练者会一起探访附近的一间养老院，每周一次。这些交往帮助学生开发社交技能、同理心，并通过交往增强其社区意识。准备和进行基本会话的过程，提高了学生的自信心。老年人们也很享受与孩子和动物在一起的时间。

我们会把农场带给你！3—5年级

在路易斯安那州沃克市的乡村社区里，向年轻人讲授农业的历史和过程是极有价值的。作为可持续农业课程的一部分，南沃克小学的特殊教育学生开辟了一个菜园，与预备学前班和学前班共用。他们在教室里孵小鸡，并帮助其他4个班做同样的事。学生还与几个学前班和预备学前班的学生一起照顾刚出生的小山羊。作为职业连接，学生与一名兽医见面，讨论如何照料

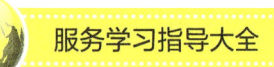

山羊并学习了解这个专业。后来，他们学习并示范了用制作山羊奶酪剩下来的乳清做面包。所有这些与农业有关的活动，培养了生气蓬勃的跨年龄伙伴关系，让年纪大的孩子向较年幼的孩子讲授健康生活和食物分组，很自然地带动了特殊教育生为他们的"小朋友"阅读，并收到明显的效果：阅读流利性的标准考试成绩提高了28%。就服务学习而言，这些本来接受服务的学生，有机会服务他人了。他们还需要面对在人前朗读的恐惧，对一个菜园和小鸡负全责，展示他们的最终产品，等等。从一开始，这些学生就积极主动地规划、决策，并实施计划。

游泳伙伴：4—5年级

在印第安纳州安德森市的一所小学，为了给有特殊需要的学前儿童做负责有效的一对一游泳教练，所有4年级和5年级的学生都学习了必须具备的游泳技能和知识。小学高年级学生全都接受过水上安全和儿童基本看护的训练。当残障意识和敏感性训练交织于阅读、健康、计算机技能和公共事务学习中时，教室融合也会持续发展。随着游泳伙伴寻找到更多方法与学前儿童交往，青少年的声音和选择变得明显了。他们在午餐和课间休息时帮忙，并安排更多特别活动来享受他们全新的互惠关系。

了解独立生活：7—8年级

伊利诺伊州赫林市15名7—8年级的学生，参与了在一家为特殊需要人士服务的独立生活中心举办的课后活动。学生了解了问题所在以及为方便残障人士独立生活所要做的调整。他们学习盲文和经过调整可以使用盲文的电脑，还学习了美式手语。他们亲眼看见人们如何以轮椅代步或使用导盲犬。学生每月两次为盲人、聋哑人和其他身体残障人士服务。在反思中，学生认识到，随着他们成为这些人的朋友和支持者，自己关于残障人士生活的概念也随之变化了。

为服务设定航向：8年级

在参加一次服务学习研讨会之后，亚拉巴马州亨茨维尔市学术与艺术学院中学8年级数学快班的一名学生，找到了应用概念性数学满足真正社区需要的方法。在采访了特殊需要方面的老师、学校护士、图书管理员、艺术教师并研究了学术杂志以后，他用几何方法为学校里的特殊教育生设计了一个室内障碍课程，以促进感官发育。他还就特殊需要游乐场采访了一个城市规划人员并研究了商品目录。他用数学计算材料和用品，向学校管理层提交了一个预算方案。在这个过程中，他找到了吸引他的职业：城市规划、特殊需要倡导者、建筑师。

家庭帮手：9—11年级

在参加了一系列研讨会以熟悉特殊需要儿童的家庭帮手角色之后，高中生们走访了伙伴机

构所指定的家庭。学生总是两个人一起工作。最常见的活动是与有发育残障的儿童玩耍，额外的刺激和交往有益于他们的学习。学生定期与主办机构开会，进行反思、角色扮演和进一步的训练。

锻炼身体：9—12年级

一帮啦啦队员把他们的士气和热情带进有唐氏综合征的青少年班里。在教师的指导下和安排好的定期探访中，他们教授了系列健身操，从简单开始，慢慢向复杂过渡，除了伸展运动和有氧健身操之外，他们还教授流行舞步。

为有精神障碍的同学进行工作上的辅导：9—12年级

佛罗里达州巴拿马市一所高中的领导力和职业探索课的学生为患有精神障碍的同学提供就业准备辅导。在高中四年中，这些学生志愿为托儿服务项目、医院、人道组织、学校和公共图书馆、援救任务团、青少年法庭及其他社区组织服务，每天合计90分钟。做辅导工作的学生制订工作计划并监控工作过程。在这个项目中，从9年级开始，特殊教育学生被安置在校内工作，学习基本的工作技能和实践。在辅导员的帮助下，他们做接线员，把文件归档，复印文件，在图书馆里工作，等等。在随后三年里，每天的第二节课，120名学生乘三辆校车离校90分钟，同车的还有担任辅导工作的普通学生，每三名特殊教育学生配有一名辅导员。10年级学生主要在托儿中心工作，11年级、12年级学生则按兴趣和技能水平进行个性化安排。一旦特殊教育学生能独立承担这些工作，普通学生便承担额外工作来帮助这些机构。招募辅导员从来不是问题，这是一个热门并广受欢迎的计划。

> 任何善良的行动，无论多小，都不会被浪费。
> ——伊索寓言

保护有轨电车的行动者：9—12年级

佛罗里达州巴拿马市的有轨电车项目是由上述案例中讲到的工作辅导计划自然衍生出来的。通过观察、班级讨论以及反思，学生开始理解有些人想要工作但找不到，是因为缺乏信心、有健康缺陷、求职困难或者缺少如何置身职场的知识。交通也是一个决定因素。例如，对于许多有特殊需要的社区成员而言，市里的有轨电车是他们上下班，去公共图书馆，老年活动中心或技术学院的主要交通工具。许多开不了汽车的老年人也乘坐有轨电车。当学生了解到由交通残障基金支持的城市有轨电车要被取消，钱会另作他用时，他们很愤慨，开始发出呼声。他们与其他关注此事的团体合作，说服了市政府管理者，让有轨电车继续运行。学生还向老年群体讲解如何乘坐有轨电车带孙儿们出游。他们自愿教老年人和有特殊需要的学生乘坐有轨电车。学

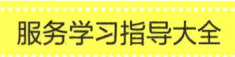

生制作并向外分发的涂色书中介绍了在有轨电车上可以看到的景点，他们还提供野餐地点建议。几乎每天，都有一个学校团体搭乘有轨电车出游。

学生俱乐部：9—12 年级

在纽约市的许多高中里，有残障的学生和无残障的学生每周聚会一次，分享他们的共同点和差别。除了分享午餐时光和大型团体活动外，他们两人或三人一组，一起参加所选择的一个学校活动或服务项目。所有学生都先得到情况介绍，然后参加反思环节，以确保伙伴关系互惠互利，并回答出现的问题。

特殊需要和残障书架主题

主 题	书 籍	类 别
了解特殊需要 当我们对特殊需要有更多的了解时，我们就能更恰当有效地应对。这些书籍增加有关不同种类特殊需要的知识并提高敏感度。	《各种各样的朋友，甚至绿色的！》	非虚构类（N）
	《关于色彩的黑色书》	非虚构类（N）
	《吃星星的男孩》	虚构类（F）
	《你能听到彩虹吗？失聪男孩克里斯的故事》	非虚构类（N）
	《礁岛》（见光盘中老年人书架）	虚构类（F）
	《那一晚那条狗的怪事》	虚构类（F）
	《承担它：关于残障青少年的故事》	虚构类（F）
	《印刷工》	图画书（P）
	《超越视野：失明少年的摄影作品》	非虚构类（N）
	《会唱歌的手》	虚构类（F）
交往及同学关系 常规交往包括：邻居们花时间在一起，兄弟姐妹间的关系，学校里的友谊、要面对和解决的困难。阅读这些交往的动态机制，有助于了解具体的特殊残障并识别出建立成功关系的可能性。	《大自然的意外》	虚构类（F）
	《宇宙的一角》	虚构类（F）
	《失聪的音乐家》	图画书（P）
	《抽搐，加利福尼亚》	虚构类（F）
	《注意听那个球》	非虚构类（N）
	《人鼠之间》（见光盘中）	虚构类（F）
	《规则》	虚构类（F）
	《吸毒者与笨家伙》	虚构类（F）
	《黄金街的珍宝》	图画书（P）

注：对出现在其他书架中的书籍，列出参照页码。

四、特殊需要和残障书架

特殊需要和残障书架（见 330 页）提供了能够帮助学生更有能力地提供服务或与有特殊需要的学生并肩服务的资讯。为帮助你找到与你的具体项目有关的书籍，书目总表把书籍按几个主题分类：了解特殊需要，交往及同学关系。

总的来说，本书架有以下特点：

- 书目带注释，按非虚构类（N）、图画书（P）和虚构类（F）进行一般分类，根据书名字母的顺序排列。对于非虚构类和虚构类，还注上总页数，并推荐适合的年级水平。图画书的所有书目都没有推荐年级水平，因为它们可以成功地用于各年龄段。
- 有一张按照主题和类别分类的图表，帮助你找到具体项目的相关图书。
- 来自服务学习同行和专家的书目推荐，包括摘要介绍和与服务学习相关联的创意。（推荐的书籍数量在每个书架中有所不同。）
- 请注意：该类别的附加书目列在光盘中，一些是绝版书但仍有查找价值。

非虚构类：特殊需要和残障

《各种各样的朋友，甚至绿色的！》

All Kinds of Friends, Even Green!

作者：Ellen B. Senisi　出版方：Woodbine　出版时间：2002 年

摩西说："我很幸运，因为我有很多朋友。"他是一个生来就患有脊柱裂且骶骨发育不全的 7 岁男孩。在他所在的完全包容的班级里，摩西构思着关于朋友的作文作业。他应该写（与他）分享秘密的吉米，还是写也坐轮椅的乔斯琳？摩西选择了一位"绿色"朋友，"在她身体里有些东西和自己是一样的"。共 32 页，适用于学前班—4 年级。

《关于色彩的黑色书》

The Black Book of Colors

作者：Menena Cottin　出版方：Groundwood Books　出版时间：2008 年

这真是一本黑色的书，帮助一个拥有正常视力者体会视力有限或失明者的感受。在黑纸上用凸起的黑色线条作画，用触摸来"看"。文字和盲文对应出现在对开的两面书页上。原版在墨西哥出版，这本书是有才气的珍品。共 24 页，适用于学前班—8 年级。

《你能听到彩虹吗？失聪男孩克里斯的故事》

Can You Hear a Rainbow? The Story of a Deaf Boy Named Chris

作者：Jamee Riggio Heelan　出版方：Peachtree　出版时间：2002 年

克里斯，一位失聪的男孩，讲解他如何使用美式手语、助听器和其他感官进行交流。通过混合在一起的照片和艺术作品，我们看到克里斯踢足球、上学、享受友谊、表演话剧。共 29 页，适用于学前班—5 年级。

《注意听那个球》

Keep Your Ear on the Ball

作者：Genevieve Petrillo　　出版方：Tilbury House　　出版时间：2007 年

当戴维来到他的小学教室时，作为盲人，他的走动自如及对学习的投入，让所有同学印象深刻。可是，玩踢球对他还是很困难，直到全班同学找到了创造性的办法让他一起玩而不是"替"他玩。本书基于一个男孩成长为一位出色男士的真实故事。共 32 页，适用于 3—6 年级。

《超越视野：失明青少年的摄影作品》

Seeing Beyond Sight: Photographs by Blind Teenagers

作者：Tony Deifell　　出版方：Chronicle Books　　出版时间：2007 年

这些照片展现出布景和用光的技能——全部由失明少年摄制。本书包括了对他们的"声影"项目的描述，详细介绍了他们的创作过程，并展示这个创作过程超越各种界限的经过。共 152 页，适用于 5—12 年级。

图画书：特殊需要和残障

《失聪的音乐家》

The Deaf Musicians

作者：Pete Seeger 和 Paul DuBois Jacobs　　出版方：G.P. Putnam's Sons　　出版时间：2006 年

当伟大的爵士音乐家李，失去听力时，他以为他的音乐事业到此结束了。后来他学手语时遇见了另一位曾经的音乐家。在上学和放学乘地铁时，这两个朋友开始用手表演他们喜爱的音乐。最后，他们不仅组成了一个乐队，还找到了不少听众。李认识到音乐是一种强有力的语言，把大家团结到了一起。

《印刷工》

The Printer

作者：Myron Uhlberg　　出版方：Peachtree　　出版时间：2003 年

"我的父亲在孩提时学会了用手说话。成年后，他学会把铅字变为词语和句子。我的父亲热爱当一名印刷工。"讲述者讲述失聪的父亲在一间生产日报的印刷厂里的工作和英勇事迹。因为被其他有听力的工友忽视，当一间噪声嘈杂的印刷室失火时，他的父亲面临着严峻的考验，在没有人能听到他的情况下，他怎样发出警告？作者的笔记讲述了他失聪父亲的故事及其成为一名印刷工的原因。

《黄金街的珍宝》

The Treasure on Gold Street/El tesoro de la Calle Oro

作者：Lee Merrill Byrd　　出版方：Cinco Puentas Press　　出版时间：2003 年

　　这是一则关于一位名叫伊莎贝尔的女孩的真人真事。伊莎贝尔有智力残障，她的附近生活着许多人。一个小女孩名叫汉娜，是伊莎贝尔的好朋友。汉娜喜欢伊莎贝尔——一个不批评人和从不着急的成年人。在伊莎贝尔生日那天，与她同住一条街的所有人都认可她是邻里真正的珍宝。该书为英语和西班牙语双语版。

虚构类：特殊需要和残障

《大自然的意外》

Accidents of Nature

作者：Harriet McBryde Johnson　　出版方：Henry Holt and Company　　出版时间：2006 年

　　珍患有大脑麻痹症，但她始终上"正常"的学校，并且坚信她和其他每个人都一样。然而，在参加了残障儿童夏令营后，她发现了一个她从前不知其存在的"残障"社群。此外，她还交了朋友，友谊改变了她对自己和他人的认识，发掘出了他们之间的不同和相似之处。共 273 页，适用于青年。

《吃星星的男孩》

The Boy Who Ate Stars

作者：Kochka，由 Sarah Adams 翻译　　出版方：Simon & Schuster　　出版时间：2002 年

　　当露西和父母搬到巴黎的新家时，楼上传来很多噪音，于是露西的父亲上去看看到底是怎么一回事。第二天，露西，这个有着强烈好奇心、对语言充满渴求的女孩，要自己上楼去看看，她见到了马修。她很快知道马修有自闭症。但是字典对这个词的定义与她和马修愈发亲密的交往没有共同之处，她认识到词语和标签往往无法捕捉人类体验的丰富性。共 107 页，适用于4—9 年级。

《宇宙的一角》

A Corner of the Universe

作者：Ann M. Martin　　出版方：Scholastic　　出版时间：2002 年

　　这是 1960 年夏天，哈蒂对夏天和即将到来的 12 岁生日津津乐道。但今年的夏天却让她的生活一片混乱，因为她见到了从来没有人向她提起过的亚当叔叔。哈蒂从这个发育迟缓的年轻人身上看到了自己，他打开了她的心扉并且引发出她对父母和祖父母的挑战。共 191 页，适用于青年。

《那一晚那条狗的怪事》

The Curious Incident of the Dog in the Night-Time

作者：Mark Haddon　　出版方：Vintage Contemporaries　　出版时间：2003 年

　　本书的写作巧妙动人。这个故事是以一个自闭症少年的视角写的，他陷入了成人世界道德和情感旋风的失衡之中。在被指责杀害了邻居的狗并被警告"不许介入"后，像任何好奇的少年那样，他开始扮演侦探，要查明真相。真相和他揭开真相的方法，震惊了每一个被牵连其中的人。这是"全校一起读"活动的热门书。共 226 页，适用于青年。

《抽搐，加利福尼亚》

Jerk California

作者：Jonathan Friesen　　出版方：Penguin Group　　出版时间：2008 年

　　萨姆患有多发性抽动综合征。这篇吸引人的故事是关于萨姆在社交和身体方面的少年生活。他的肌肉跳动和脱口而出的脏话让他感到被孤立和寂寞。在对欺凌和排斥的怨恨中，萨姆与美丽的娜奥米成为亲密的朋友。当他们到加利福尼亚旅行时，萨姆支持着娜奥米，在那里他们两人都找到了打造积极向上生活的勇气。这个迷人的冒险故事凸显了对多发性抽动综合征的误解，以及萨姆学着过健康充实生活的勇气。共 327 页，适用于 8—12 年级。

《承担它：关于残障青少年的故事》

Owning It: Stories About Teens With Disabilities

编辑：Donald Gallo　　出版方：Candlewick Press　　出版时间：2008 年

　　本书由一位青少年文学的权威专家编辑。这是一本从残障儿童的角度写作的短篇小说集。故事探讨了承受着各种精神和身体残障折磨的青少年的生活，如酗酒、偏头疼、失明和大脑损伤。它们提醒我们残障并非总是显而易见，而且无论它们辨别的难易，对患者和朋友家人来说，每天与这些残障生活在一起，都需要坚强的力量。共 215 页，适用于 7—12 年级。

《规则》

Rules

作者：Cynthia Lord

出版方：Scholastic　　出版时间：2006 年

　　这年夏天凯瑟琳期待着隔壁的新邻居会变成她最好的朋友。不过，在弟弟的理疗师的办公室里等待弟弟戴维时，她意外地认识了一位有特殊需要的新朋友。她一方面与自己对戴维的失望感搏斗，另一方面知道自己无论如何都会保护他，凯瑟琳认识到你

光盘中

来自实地的推荐

《人鼠之间》

Of Mice and Men

作者：John Steinbeck　　出版方：Penguin

出版时间：1937/1994 年

共 137 页，适用于青年。

对非寻常人也可以有极正常的感受,而且有时候做了勇敢的事情后感觉并不那么勇敢 —— 只是感觉做对了。共 200 页,适用于 6—9 年级。

《会唱歌的手》
Singing Hands
作者:Delia Ray　出版方:Clarion Books　出版时间:2006 年

作者根据她母亲的故事和经历,以丰富的想象力重新塑造了一个富有挑战性的女孩于 1948 年在亚拉巴马州的生活。古茜和两个姐妹听力正常,但父母是失聪人士。通过古茜的探险历程,我们随之见证了扣人心弦的体验:一个女孩不确定她该如何生活在两个隔开的世界中。共 224 页,适用于 5—8 年级。

《吸毒者与笨家伙》
Stoner and Spaz
作者:Ron Koertge　出版方:Candlewick
出版时间:2002 年

患有脑瘫的本,16 岁了,没有父母,没有朋友,也没有学校和电影以外的生活。和吸毒的科琳所建立的意外友谊让他处于危险境地,生平第一次,他必须对个人关系做出选择。投身到青少年的世界里,让人们知道他是一个为人着想、有幽默感并富有创造力的人。共 169 页,适用于青年,有成人主题。

> **光盘中**
>
> **作者访谈:故事背后的故事**
>
> 在随书附送的光盘中,你会找到对以下作者的采访:埃伦·塞尼斯,《还是孩子:探访特殊需要孩子的班级》《各种各样的朋友,甚至绿色的!》的作者;以及辛西娅·洛德,《规则》的作者。采访讲述了书的"故事背后的故事"。

第三部分
服务文化

第十七章 开创服务文化

一、为什么需要服务学习文化？

服务学习可能从一间单独的教室里开始，但这种教育方法会不断增加价值，常常引起全校，甚至全学区的自发主动参与。早年，我们认为不管孩子们正在学习什么科目，加上一个小项目就能实现服务学习。或者通过暂停学业"有所作为"而实现服务学习。来自其他学科或不同年级的教师和学生也产生了兴趣，通过协助、提供信息、提出建议，或者直接将他们的学业课程和服务相结合而参与进来。来自艺术班的学生会制作广告，计算机班会设计和创作关于宣传回收利用的小册子。数学班的学生则可以为公共事务教育或科学研究提供统计学支持。或者，一个开始于9年级班的项目自然延伸为一个有益于全校服务学习过程的活动。

这些情况仍在出现，一个成功的教育者可以有革命性的影响。然而，现在我们知道得更多也更好了。服务学习是一种强有力的教学策略，它创造了一个良性环境，有利于发展可转换的技能和知识、高程度的参与以及内容上的相关性，这三点为学校赋予了意义和目标——既为教师，也为学生。教师们不断告诉我，在服务学习的环境中，他们的学生所达到的，远远超过课堂要求。当他们关心研究的课题并且证实了需要时，学生的内在动力被激发出来，这就是关键所在。

最近在美国，服务学习有来自多方面的启动计划。州教育部门、学校督管以及学区领导层理解并认识到服务学习的优点，而且，学校、学区及全州都在计划开创和扩展一种服务与学业相结合的文化。类似的，对于教师来说，一些大学里的普通课程和教师教育计划能使教师接触到服务学习，它被融入许多不同的课程之

> **光盘中**
>
> **来自实地的声音——传统遗产项目**
>
> "作为初中学生，霍莉·拉康特目睹祖母被癌症夺走了生命。"霍莉没有虚度时光，而是致力于帮助其他面对癌症的人们。当霍莉进入尤里卡高中时，她发现一门课程可以给她采取行动的机会。霍莉选择了环境与空间技术实验室"寻求解决方案"的服务学习选修课。在这门课中，霍莉把她对马匹的热忱与服务他人的愿望相结合，开创了"为生命而骑"项目，支持美国癌症协会。
>
> ——罗恩·佩里，加州尤里卡市尤里卡高中环境和空间技术实验室"寻求解决方案"协调员
>
> 在附带的光盘中阅读完整的文章。

中，从教育心理学到特定科目的分年级课程。非营利性组织也投入了大量人力，研究服务学习如何能最好地向年轻人提供这些课程项目。一些把服务学习融入职业开发体验的全国性教育组织，以主题讲演、全天的会前学习班到研讨会等形式支持这些努力。

服务学习在美国以外的地方也在茁壮成长。海外及美国国际学校都很重视服务学习。国际文凭①计划已经把服务学习和社区服务融入项目之中。服务学习已深深地根植于阿根廷；西班牙有7年级社会公共事务参与研究；根与芽——珍·古道尔研究会的全球青少年计划——有100多个国家的青少年参与；利比亚正在开发服务学习项目，致力于青少年成就和社区发展；英格兰有一个长期的公共参与运动，等等。

> 光盘中
>
> **来自实地的声音：专业发展**
>
> "在北亚当斯市，我们发现，设立在学校的研究生课程在扩大有经验的教师人数、加深实践质量以及培养教师活力和积极性方面是高度有效的。从1995年起，研究生课程进行了多次改变，但总是包括三个核心要素：服务学习方法论、作为教师或学生体验服务学习，以及为了融合重要的问题或趋势所做的特别调整。"
>
> ——安妮·蒂德曼·弗伦奇，马萨诸塞州北亚当斯市北亚当斯公立学校学区，学校社工及服务学习项目主任
>
> 在附带的光盘中阅读完整的文章。

在这种环境中，服务学习改善了深层的文化因素，处理了年轻人的关键需要，这些都在实际上改善了现行教育的实施系统；这是一个必要且巨大的话题！本章探讨"服务文化"的理念，并力求为您和其他同样重视青少年成功，想在我们社会日常生活中改善教育的人们提供一个有活力的会话平台。

把服务学习与学校首要任务连接起来

我在早期开发综合性服务学习的方式时，同洛杉矶联合学区里的30名高中校长逐一会面，想引起他们的兴趣，让他们采纳这种方法。我很快发现，他们的日程表排得满满的，"多一个计划"这一想法很难引起兴趣，最好的情形也就是一场礼节性的会谈。我没有拼命宣传服务学习，只是简单地问："您的首要任务是什么？"这把对话引向探讨服务学习如何能帮助学校社区满足日常必需，并且着眼于对整个系统的改进和学校的改革发展。高质量服务学习的实施为学生取得更好的学业成绩创造条件，这始终是一所学校的首要任务的一部分。服务学习还能解决学校的其他首要任务，诸如如何留住学生以及建立更好的社区关系。研究表明，服务学习能提升

---

① 是国际文凭组织的品牌。——译者

光盘中

来自实地的声音：开始服务学习

"尽管服务学习对于我们这些关注教育的人来说很有意义，但学校管理者、理事会以及学监有他们自己的重要日程表。如果服务学习不符合学区的优先考虑条件，那么它很难获得支持。在我们学区，我们把服务学习和现有的预防辍学计划联系起来，增加了学区领导们的兴趣。服务学习是如何在你们学区帮助满足优先考虑的需要呢？"

——迈克·休里维兹，服务学习协调员，得克萨斯州圆石市圆石独立学区

在附带的光盘中阅读完整的文章。

适应力、增强能力、改善正面社交行为、改善学习动机和提升学生参与度——这些全都是取得学业成功的要素。

我同那 30 名校长初次见面已经过去几年之后，一位洛杉矶校区的管理者问我是否可以开发一个课程项目，帮助学生适应从小学（5 年级）升到初中（6 年级）的过渡过程。作为夏季过渡课程的一部分，数学方面较为薄弱的学生每天将接受两小时的数学补习，接着是每天两小时的"服务学习"。交谈很快转变为如何使服务学习总是与教学内容的大局相关：缺乏数学技能的学生通常也需要读写技能和社会情感发展等方面的帮助，如果将服务学习作为关键方法，就能最大限度地提供这些帮助。服务作为教育方法的一部分，满足了这些学生的需要，并将此项目扩展至从初中到高中的过渡过程。

确定你的首要任务：

什么是你的学校、学区或社区组织的首要任务呢？注意倾听来自各方面不同利益相关者的声音，尤其是年轻人的声音。

- 仔细审查你们学校或组织的使命宣言，思考服务学习如何能帮助实现这些理念？

- 列出你的短期和长期职责。针对服务学习如何能够作为一种关键的方法，集思广益，促进这些职能的实现和满足这些职责需求。

- 找出其他团体为推进这些工作重点，已经做了哪些事情。

研究还会继续揭示有关服务学习的更多重要信息。请记住研究已经表明服务学习能够促进学业，提高出勤率，发展领导力、良好性格以及社交情感品质；并使学生对学校社区产生赞赏和感激之心。

第十七章 开创服务文化

服务学习可以视作健康学校社区的一个基本组成部分，可以为目标成果增加价值。它的实践依附于教育事业——培养在学业和社交方面都相对成熟、能积极参与到丰富的公共和个人生活之中的青少年。作为学校文化的一部分，宣传和灌输这种实践非常有意义。

读写能力、学校风气以及性格发展

环顾世界，作为当今教育者，有3个关键问题需要优先考虑。第一，获得高水平的读写技能是年轻人取得成功所必需的能力，同时也能提高测验成绩和敬业尽责的能力。第二，我们知道，安全的学校意味着孩子们来到学校，相信成人将为他们提供学习所需的关爱，消除外来威胁，平息学校里的欺凌和骚扰行为。第三，每个年轻人可以把体现关爱、体贴周到和工作效能的行为内化，同时构建内心的社会和情感基础，发展优质品德。对于读写能力、学校安全和个人发展方面的相关问题，服务学习是正确的答案吗？

> 光盘中
>
> **来自实地的声音：使命与协调**
>
> "创建一个学校服务目标宣言。例如，布莱克学校服务学习使命声明为：通过在布莱克学校的服务学习，学生加深对自身及所在世界的理解，他们有机会承担责任去改造自身及世界。在布莱克学校的服务学习经历往往来自学生的兴趣，并与课程和许多社区保持强有力的联系。反思会加深学生通过这些经历所获得的理解。布莱克学校参与服务学习的结果是，学生在心灵、头脑、行动方面发展出持续终生的良好习惯，成长为有责任心的世界公民。培养学生在上述领域开发自我是本校的中心任务。"
>
> ——纳恩·彼得森，明尼苏达州明尼阿波利斯市，布莱克学校，服务学习总监
>
> 在附带的光盘中阅读完整的文章。

读写能力：形式和功能

如何定义读写能力？最普通的回答是：阅读、写作和理解的能力。再加上流利性——另一个核心要素，几乎使这些技能成为第二天性——有人会认为这就是完整的答案。是的，然而，这仅仅是读写能力表现出来的外在形式。当我们忽略了读写能力的功能性时，学生往往不明白掌握这些技能所需的过程为何如此辛苦。读写能力的功能需要以应用性读写的形式，赋予其目的和意图，使学生成功参与社会活动，这包括：

- **公共事务方面的读写能力**——参与班级、邻里或社区的动态生活并做出贡献的能力，可能还需要与政府、组织及企业进行互动以改进生活质量。
- **社会方面的读写能力**——在不同环境和人群中表现出与情景相适应的合适行为的能力。

- **文化方面的读写能力** —— 对来自多种背景和生活方式的相似或不同的行为所具有的宽容和理解的能力。
- **任何其他方面的读写能力** —— 这与兴趣相匹配，帮助个人成长以及建设性参与，诸如音乐读写能力、运动读写能力、金融读写能力、媒体读写能力、环境读写能力，等等。

> 光盘中
>
> **来自实地的声音 —— 都市环境的服务学习**
>
> "最近，在芝加哥的一次学生领导力会议上，讨论转向了现行的经济状况。服务学习协调员问道：'有人观察到当前经济状况对你们社区里的人有什么影响吗？'一个学生用力点头并且答道：'我看到在最近几个月里有那么多的房屋被迫抵债，无人居住。我知道好多人失去了他们的家。'在芝加哥，85%的公立学校学生有资格获得免费或减费午餐。这意味着甚至在严重的经济危机出现之前，他们的家庭就生活在社会的边缘。所以这个关于经济的问题实际上应该这样问：'当前经济状况是否使你所认识的任何个人的经济状况进一步恶化？'全国城市中的学生通过服务学习所谈论的社会问题，对他们自己的生活以及他们个人所认识的其他人的生活有着直接和立竿见影的冲击和影响。"
>
> —— 乔恩·施密特，伊利诺斯州芝加哥市，芝加哥公立学校学区服务学习经理
>
> 在附带的光盘中阅读完整的文章。

读写功能依赖于历史、科学、文学、数学、艺术、技术和其他领域的知识。使学生能在各种不同情况下运用知识正是教育工作者面临的挑战。通过精心设计和指导性的服务学习经历以及相关的活动和课程，学生能提高对形式和功能的把握。将已有的和正在获得的知识及技能通过服务学习结合起来加以应用，为学生创建一个结构清晰严谨的平台，学生在实践中体验"实际生活"与所谓"严谨的学业"之间的关系。学校（与学生自身生活的相关性）以及学科之间的相互关联变得很明显。学生不再怀疑"为什么我在学习这个"而替之以"我明白了"。

可转换的技能

实际进行的服务可能包括减少碳足迹或记录小镇的历史事件，但是通过这一过程学到的可转换技能才是至关重要的。想一想学到了哪些技能，想想这些技能内化时，转化为自身固有能力的益处以及是否在任何学习情况下都能利用这些技能和能力。这些基本技能的增长可以有意识地融入服务学习的五个阶段中去，使学生能够：

第十七章　开创服务文化

- 提出问题。

- 倾听和记住。

- 善于观察。

- 识别相似和差异。

- 认识到不同的观点。

- 独立工作，与伙伴协作，或在团队中合作。

- 识别并应用技能和才干。

- 需要时请求帮助。

- 善用资源。

- 收集和管理信息。

- 总结。

- 做笔记。

- 有效解决问题。

- 测试假说。

- 以合理的步骤跟进。

将以上这些以及其他类似技能明确纳入服务学习，会极大地加深服务学习的体验，并可应用于全体学生。不能假设学生已经具备了这些能力，而是要让服务学习以慎重或明显的方式提供开发这些技能的机会，让学生提出问题去调研社区需要，提出步骤连贯的计划，构建有说服力的辩论，扮演不同角色模仿在出现挑战时如何寻求帮助，等等。其结果就是学生能"读懂"周围的世界，知道如何在学习和生活中使用他们的技能。

使用格言和书籍

另外，请考虑使用贯穿本书的格言在开发读写技能上的潜力。通过频繁接触各种鼓舞人心和激发思考的格言，学生学会赞赏文字的重要性及力量。这些简短的文学作品让学生接触到象征、解读、分析、演讲用语、明喻隐喻、精选的词汇以及信息沟通的简洁方式。使用格言还能让学生：

- 通过重复扼要易记的句子，来加强记忆和增加记忆存储。

- 传播如何用很少的词语交流重大讯息。

- 通过阅读他人的众所周知的格言来验证自己已有的思想或感受。

- 介绍代代相传的智慧之言和文化理念——这些往往被认为是普遍的真理。

- 提升对词语如何能振奋精神的认识。

- 想出用词语或格言让他人受益的主意。

当然，读写能力也意味着使用或联系文字内容的核心能力，无论是言词、数字还是其他符号。你可能已经读过本书第三章，注意到每一专题章节的书架部分。服务学习的一个基本部分就是把书籍放到儿童和青少年手中，以此来回答他们的问题，满足他们的个人兴趣，激发好奇心，最终引导他们参加到某种形式的社会活动中去。找到引人入胜的书籍本身便提供了足够的阅读理由，去一而再、再而三地阅读。

学校风气

为了建立更好的学校风气和文化，以人人安全为核心，必须要进行某些改变。这也要求对"改变"的解释要受大家欢迎，不能是学校里校长在职工大会上仅仅提及"改变"二字，那就会让人翻眼珠和扼腕叹息了。艾莉森·戈珀尼克教授在"我们如何学习"一文中，描述了影响着有意义的学习的两个关键原则：行为榜样、带有引导的发现。树立行为榜样，它们展示了积极的改变，并创造一种氛围让所有参与者都可以在其中亲身发现改变的益处，这将带来成功的学校文化。当遍及全校的参与者自愿迈向建设性的改变时，就会创造一种学习氛围，让整个集体蓬勃发展。

抱着这样的理念，为了让学生成为改变的力量，教师必须成为改变的带动者。当这一点以公开的方式进行时，学生会发现改变是什么样的，然后能选择去采取有益的行为，从内至外加以改变。例如，当一位老师在课堂上进行服务学习时，不是采取已经预定好的课程，而是邀请学生共同参与决定，老师为向更加民主的课堂发展做出了改变，这就会吸引学生的注意力。

透过改变的棱镜看

让教师增添一层改变的棱镜去观察学生是如何看待本学科的目的，这对教师有怎样的要求呢？这种视角有什么价值呢？如果我们要寻找策略，如何成为改变的行为榜样，我们可以直接去看所教的内容和技能。每个课程领域都充满改变的实例。熟悉改变的概念并认识到改变是生活的一部分，能帮助学生适应日常所经历的改变。当学生追寻文学作品中角色性格的改变，研究科学上的化学变化，或制订一条贯穿历史和现代事件的改变时间轴时，他们把正在开发之中有关改变的知识应用到了学业技能上。

服务学习作为一个过程可以说是改变的一个缩影。如本书第一部分所描述的那样，年轻人审视自己的需要并制订行动计划，他们推动改变——并且在这个过程中，他们自己成长并转变。正如一位教师在一次研讨会上所说："他们改变着世界，世界也改变着他们。"

通过服务学习，学生自己成为学校里推动改变的力量，意图为社区里的每个学生和成人创建一个安全健康的环境。学校可以看作是他们实践技能的最初实验室。当学生能看到自己的行动所带来的日常好处时，他们开发必要的能力，以便随后走到校外，进入周边环境（甚至更远）并取得更大成绩。

当学生在小说《杰克侠》中寻找书中寄养孩子的改变时，当学生在纪实作品《停战》中探求一战期间圣诞节，双方士兵在自发停火期改变了对战争的理解时，"改变"这一主题能够与学业持续地连在一起。在社会研究课中，学习非营利组织的角色作用，不论是在1年级还是10年级，都能促使年轻人看到社区如何通过合作而发生改变。通过改变这个棱镜来看我们的海洋和水道——它们曾经是什么样子，现在又是什么样子——可以帮助学生克服学习科学课程的困难，并制订行动计划。通过改善学校环境为学生打下一个牢固的基础，于是他们可以起步走向更广阔的世界。

学生主动精神的实例

下面是我近年来从各个学校挑选出的学生主动精神的某些实例。

关于我们的学校——学生制作了一个欢迎新生的视频。这则视频能突出每个学校成员的价值——从管理人员，到办公室员工，到教师、主管人员以及学生——在全校范围内建立相互尊重的关系。

小学辅导——每个4年级学生与一名1年级、2年级或3年级学生结对辅导，每周4天，每天阅读20分钟，第5天复习辅导技能。随着相互尊重的增加，不同年龄之间的关系也发展起来了。

无侮辱周和混合日——这两个全国倡导计划的典范，促使学生采取有益社会的行为，并创造出了解他人的机会。

家庭作业小技巧——家庭作业技能帮助学生取得学业上的成功并建立自信心。学生相互比较家庭作业的应对策略，开创由带有不同能力的学生所带领的全校性活动。他们以"家庭作业灌篮高手"为主题创作了一套学习技巧书签和其他收藏性物品。他们还开办家庭作业研讨会，书写学习指南。

欢迎伙伴——学生找出在学年期间转学来的新同学所面临的困难，设计出一个计划，通过由各种社会团体组成的伙伴团队来向他们提供持续的支持。

和平花园——学生需要一个场地去进行富有思想的对话和反思：一个和平花园。把艺术与设计、科学、历史及英语融合在一起，学生可以创建一个蝴蝶花园，花园里放着用回收材料制成的长凳，并在花丛间"种植"格言和书中段落。

性格发展

服务学习在其最基本的水平上，也许是让学生意识到如何把他们的话语转变成主意进而转变为行动，并且意识到，不论是学生还是他们生活中的成人所用的言辞，都非常重要。这一概念已经在"可引用的格言"（见90页）一节中做了介绍，并且作为一个讯息渗透到整本书中。词语在服务学习中变得生动并有目的和意义，引领着有益于社会的选择和内化的行动，其目标是对个人行为施加影响，使其向好的方面发展，并促使这种好的行为向外扩展到社区。这种个人化和转移性，为教育增添了目的和意义。

当学生意识到他们的才干和技能（见61页的"个人清单"）并将其应用于有意义的服务行动时，他们在某种程度上认识到这重要且有价值，加强了自我意识。在我主持的一次研讨会上，一名教师评论道："我的学生就想着他们自己。"我认为在他们的成长阶段这是正常的！儿童和青少年们需要确认自己是谁及其在世界中的位置。这一点始于自我意识：了解自身所处的时间和地点，了解自己的思想、感情和行动的结果会引发出什么。

在服务学习中发生的各种可能与其他教学法不同的是：通过产生主意和行动——例如，参与全国无侮辱周并减少自己学校里的欺凌现象——让学生意识到，他们的影响范围覆盖了校园。当学生设计并开发了一个食品募捐活动以便让当地食物银行的供应足以满足整个夏季的需求时，他们认识到自己的影响扩展到了社区。同样的，通过"在我们的地球村"项目，当肯尼亚遥远乡村的学生写了一本关于他们社区的书，激励了十多个国家里的学生写书，在国际范围内进行青少年之间关于不同文化的知识交流时，每个青少年参与者的影响范围都得到了扩展，超越城市、国家甚至洲的边界。服务学习通过为真正的学习提供机会，加强了品德和社会情感的体现；这些机会，反过来，提供了自我反思。

光盘中

来自实地的声音——性格和服务

"在这个时代，考试分数几乎完全是判定学校好坏的标准，学区如何能够确认他们是否达到教育儿童成为完善个体的任务呢？阿尔比恩中心学区的任务目标是'成就、性格和人生成功'。这是阿尔比恩社区的信念，社区的很多人参与制订了我们的任务目标，即我们年轻人的性格发展与帮助他们开发学业潜能是同等重要的。而为性格发展提供最大限度的整合性、全面性和公开性展示的教学方法，便是服务学习。通过社区中富有成果的伙伴关系，我们的学生，作为萌芽中的公民，在应对实际问题的过程中，让社区里的人们看到他们的作为。"

——埃达·格拉博夫斯基博士，纽约州阿尔比恩市，阿尔比恩中心学区，学监

可在附带的光盘中阅读完整的文章。

内在与外在的奖励

当竞争是服务学习公式的一部分时，还能实现所有这些好处吗？将一个竞争性的课堂环境与一个重视合作、相互联系并同时支持自己和他人的环境加以比较——这些都是关于社会和感情成长及稳定的指标。在更加注重合作的环境中，人们更重视发展内在的知识和成长的机会，而不是外在奖励。如果学生做"好事"时期望得到奖赏，就会造成外在和内在收益之间的两难局面。这种情况逐渐形成一种模式。如果将罐装食品募捐活动设计成竞赛，带进最多罐头的班级赢得一次比萨派对，那么在学生的头脑中第一位和首要的东西是什么？获胜。同样，如果在学校里，儿童因为做好事或其他有益他人的事情而"被看到"就会得奖时，便存在着这样的风险，即孩子们总是希望，做好事要被看到并得到奖赏，而不是出于真心的慷慨——他们原本可能自然地体验到。

纽约阿尔比恩市的一名教师，指导她的 5 年级学生，把为白血病儿童收集便士的活动转变为真实可信的服务学习经历。学生通过网上资讯、采访医生和受影响的家庭成员以及阅读小说《有点蓝》（见 209 页）等，对癌症进行了研究。这个班分成小组，为校内所有其他班级做演示，原来只是把硬币放入容器的简单经验得到了提升，成为发展真实技能和学习相关知识的体验。接收食物的机构深受感动并通知教师，这个班做得如此之好，他们已经赢得（你能想象吗？）——一个比萨派对！该教师激动地向学生宣布这一成果，以为同学们会为此高兴，没想到一名学生评论说："我们不是为了比萨派对来做这些事的，我们能将买比萨的钱也捐出去吗？"所有学生一致同意这一提议。当老师把这个消息告诉机构代表时，他们答复说："我至少能送一盒糖果吧？"

不为比萨，不为糖果，孩子们可能比成人更好地理解了这个观念。年轻人为一个目标付出辛勤的劳动和时间，无私地奉献是有其真实原因的，如果他们看到或认为任何人或行为对此有失尊重，就会表现出鄙视。如同那些为了改变孩子的生活而进入教育行业的教师一样，孩子们在服务中奉献他们的真心和头脑，为了有所作为以及在公共事业的发展中发挥自己的作用。我们不是在培养竞争，而是开发内在的知识和具有反思性的洞察力——在此过程中，能力和信心携手而来。

二、在你的学校发展服务学习

全校范围人们的兴趣和参与可以吸引整个社区一起发展持续性的服务风气。服务学习的本质就是引导合作和建设社区。当你把服务学习成功地融入课堂或组织时，自然而然地，消息不胫而走，你的同伴也会参与进来。或许，在你们学校，学校管理者、学区或你所在组织的领导者一直在致力于培养服务学习文化。如果你已经成功地把服务学习用在课堂里，你可能会被选派去协调或教育同事，或者参与持续性的对话，在现有的基础上得到成长。

无论你是学校、学区、地区或组织的服务学习协调员，还是正在寻求扩大服务学习实践的教师或青少年工作者，本指导书中的大量材料都可以帮助你有效地工作。这里包含许多练习，如集思广益和跨学科合作等，可以在与其他教师和管理者们一起工作时加以借鉴。这些交往互动可能就会成为服务学习文化在你的学校或组织里形成的开端。同行发起的讨论和研讨会——可以融入教师或员工会议以及专业学习的群体中——能够在这些初始的协作上发展起来。

> 光盘中
>
> **来自实地的声音——合作**
>
> 教育系统真正的成功包括培养能改善社会的公民，而不仅是他们自己的简历。为改善社会，教育中心（小学、中学、大学）必须与社区里的社会代表积极合作：非政府组织、镇或市议会、街坊邻里的社会或教育组织、基金会，等等。应该用一种合作关系网驱动的方式取代孤立工作的文化，服务学习让教育中心能够提供许多机会做到这一点。服务学习不仅是一种教育方法论，还是促进社区发展和增加凝聚力的工具。它既有教育性，也有社会性，要求所有的参与者共同合作。
>
> ——罗泽·巴特列，西班牙，巴塞罗那，加泰罗尼亚服务学习中心
>
> 可在附带的光盘中阅读完整的文章。

无论原动力是什么，参与到服务学习中的人越多，人们获益就越多。考虑周到的服务学习影响着整个学校的文化。年轻人变得能够更能干、更清楚、更投入、更有感情地完成学业。随着教师们对学生服务学习实践进行开发和完善，他们也越来越能帮助学生达到学业要求、开发和维系社区伙伴关系，并激发学生的领导力和主动性。社区能够意识到学生在照顾他人和场所环境时所发挥的作用。听起来像理想主义？其实这是实际上的现实主义。随着时间的推移，以及协作与良好的运作，服务和学习可以很好地融入不断扩展的学校社区及其成员的生活中去。

本章意在帮助你使用本书的信息和策略，与你的利益相关者一起选择模板。帮助他人在课堂、学校和社区中看到服务学习对学生的益处，这些材料将帮助你的同事逐渐认可服务学习，从而加以执行和扩展。充分了解情况的利益相关人士——管理者、其他教职工、学校支持团队（从办公室到监护人）、家长以及社区成员——能提供极多的资源。当每个人都参与贡献，开创一种服务文化时，不管他们是作为行为模范还是参加者，所有人都会受益。

为开创服务文化提供的资讯

本章包括下列资料，可以用来在专业发展研讨会和在岗培训中传达优质服务学习的概念：

- **调整前述模板**——为调整本书先前各章中所提供的模板，提出建议。

- 活动及使用新模板 —— 吸引教师参与并接受服务学习概念和实践的附加办法。
- 小型（和大型）学习型社区 —— 提出可供各种团体（包括专业人士学习社区）使用的开放式问题，以此来检查并促进服务学习的实践和教学法。
- 来自实地的声音 —— 贯穿本章始终，你已经读到服务学习领域有所建树的同行们所贡献的文章摘录，他们提供自己的专长以及想法和建议。来自这些参与者的完整文章可以在本书的附带光盘中查找。

这些工具会让你与同事、合作者以及社区有效地分享自己的知识和经验。在你的学校或组织中，开创一种服务文化需要一心一意的努力，而回报是惊人并持续的 —— 从学生到学生，教师到同事，教师到家长，学校到社区。

来自实地的声音 —— 建立持久的伙伴关系

"学校可以利用频繁和明晰的沟通促进成功的伙伴关系的建立：

- 为伙伴方提供清晰易懂的服务学习定义。它与社区服务有何不同？
- 与伙伴方分享你在学习层面的目的，用通俗的词汇介绍所提议的学业内容和标准。伙伴方方面有什么专长可以使学生在学习上获益？
- 了解组织或机构的使命，以及所提议的计划如何符合该使命。社区伙伴对学生服务的期望是什么？
- 介绍青少年的声音的概念，解释它对学生参与的重要性。伙伴方将如何容纳学生服务经历中的青少年领导力？
- 思考'双赢'。使用什么样的评价手段来展示学习目标和社区需要都得到了满足？"

—— 苏珊·A.阿布拉瓦内尔，美国青少年服务网教育副总裁

可在附带的光盘中阅读完整的文章。

如何开创和建设服务文化：调整前述模板

本指南的头两章所提供的丰富材料，可供你用于向服务学习过程中所涉及的同事及他人解释服务学习的原理和实践。书中第二章的模板尤其有用，包括："建立课程关联：切入点""学前班—12年级优质服务学习实务标准""服务学习的五个阶段""个人清单""针对社区需要收集信息""服务学习规划"。这些模板可用于教职员工发展会议，甚至可以分发到教职员工会议

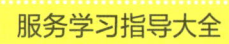

> 光盘中
>
> **来自实地的声音 —— 增强青少年能力**
>
> "如果你的学生受到激发并充满热情,他们将走在开创服务文化的最前列。在我们学区,每学期开始都会进行青少年能力增强培训,由那些参与服务学习计划至少一年和(或)符合青少年能力增强培训者各项条件的学生带领。学区和社区的关键成员受邀参与青少年能力增强培训。领导力培训课程由学生书写。"
>
> —— 伊芙琳·鲁宾逊,佛罗里达州塔瓦里斯市,湖泊郡学区服务学习计划专家
>
> 可在附带的光盘中阅读完整的文章。

中的一些小型研讨会里。下面是分别关于每一种模板的讨论,以及如何用它们开创服务文化的。

建立课程关联(56 页)提供五个启动要点,可用来作为开创服务学习的基础。该模板详述了主意范例和文献资讯。在员工培训或教师教育的背景下,对每个启动要点进行讨论。针对某一特定课堂或年级水平、学业计划或教学风格,考虑哪种方法最适合或可作为首选。教师们分成小组,基于所提供的范例,为每个启动要点开发主意范例。如果该过程和真正的青少年的声音相结合,尤其是在调查社区需要的情况下,选择一个全校范围的启动要点有助于统一员工想法。请参见第一章 21 页上提到的食品募捐活动的转变。

学前班—12 年级服务学习优质实务标准(见 56 页)描述了服务学习的八个基本要素。在服务学习研讨会或教师教育课上可以讨论这些问题:这些基本层面如何在总体上改进学习过程?它们对所提供的服务有何影响?它们如何互为补充?

服务学习的五个阶段(见 57 页)提出了学生遵循的服务学习过程:调研、准备和计划、行动、反思以及展示。在教师研讨会或教师教育课里可讨论下列问题:调研、准备和计划、行动、反思以及展示这些过程或阶段,如何让有意义的学习和服务发掘出最大潜力?每一个阶段如何与其他有效的教学方法和理论保持一致?

首先,带领教师们通过"**个人清单**"的活动过程(见 61 页)聚焦于服务学习的调研阶段。当学生进行此项活动时,他们先完成一个"准备个人清单"(见 61 页)的过程,随后与一名同伴进行面对面访谈,并记录下他们从提问中学到的东西。与教师们进行此项活动时,我改变方式,请教师们从别组的桌子上找一个伙伴,用两分钟时间提问,发现那个人的兴趣所在。之后,我收集他们的反馈,在一张大图纸上列出清单。接着,我请教师们找到一个新伙伴并且重复提问过程,但这一次的任务是发现那个人的技能和才干。之后,我再一次收集并列出回应清单。最后,我们讨论教师们从此经历中学到的东西,以及了解学生的这些方面有何价值,不管他们是否做服务学习。整个过程是愉快的,不仅改进了(教师的)社交技能,并使我们全都超越第一印象,彼此更加熟悉。而大家所收集到的信息对学生在动态学习环境中的参与非常关键,并

且在计划和实施服务学习时有非常重要的价值。

其次，举办教师"研讨会"，做"针对社区需要收集信息"（见 62 页）活动。我越来越发现这对帮助解决学生做研究时所遇到的困难是非常重要的。带领教师原样进行该模板中所描述的活动。在我的研讨会和会议演示中，这是一个令许多教师眼前一亮的环节。此项活动意在帮助学生学会使用研究工作的通用语言，从小学到高中，直至大学和未来的工作中，他们将一直受益。

教师们利用"服务学习规划"模板（见 57—58 页）来设计和规划服务学习活动，找到合作机会。书中和光盘中的模板范例为服务学习在不同话题下、不同地理区域中以及与不同年龄和能力的学生合作时的形态给出了有助益的样板。你可以直接用它们向同事和其他听众——管

活动：为你的学校或团体创建服务学习的定义

要启动关于服务学习的热烈讨论，你的首选方法是什么？合作创建一个服务学习定义，要适用于你的学校、青少年团体或组织。让每个人都参与到这个过程中来，因为你也是在示范一个让人积极参与并可以在每一个课堂上调整使用的教学策略。

在一次会议上或教学服务中：

1. 从描述在你的学校或地区里与课程有明晰关联的服务学习实例开始，或采用本书中的适当实例。如果可能，选择阐明不同切入点的实例，采用照片（一张图片胜过长篇大论），并注明文献链接。选择简要而有力的实例。
2. 随后，提出挑战。将参加者分成小组，给他们 4 分钟时间，要求他们用不超过 10 个词写出他们自己对服务学习的定义。让他们把定义写在纸上，如能分发图表纸和记号笔效果更好，这样就可以在写作的同时呈现视觉化演示。
3. 每个团体展示他们的定义。如果使用了图纸，就把它们贴在墙上。
4. 寻找呈现出来的关键词和概念。最常见的情况是，每个小组都为服务学习在整体上到底是什么添加了不同的层面。如有漏掉的层面或观念，鼓励他们进行讨论。
5. 最后，把所有结果整合为一个完整的定义，并把拷贝分发给每个参加者。

几个月后，当你的同事在他们的班级或小组内有了服务学习的体验以后，再回来看这个定义。他们会做什么改动吗？定义中有哪些在他们的经历中的确最真实？鼓励参与的同事与青少年一起进行此项活动，以帮助他们理解服务学习的价值。他们的学生认为服务学习意味着什么，提出有意思的建议了吗？

比较和分享这些不同的观点可以揭示并有助于为你的学校或小组创建一个动态的定义。

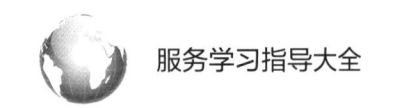

理者、家长、潜在的社区伙伴以及学生——解释并展示服务学习的过程。在一次研讨会中，我请一名参加者给出一个服务学习体验的主意。我们进行集体讨论，通过投影仪在我的电脑上填充模板。参加者们明白这是一种非线性工具，用来收集建议并加以布局，把服务学习作为一项团队运动展现出来。随后教师们形成跨学科小组，或者依据年级水平或学科部门形成小组，开始运用此模板来通盘考虑自己的课程，同时为青少年的声音和选择留下足够的空间。

光盘中有 39 个完整的"服务学习规划实例"——为本书每一个专题章节提供小学、初中和高中的实例样本。实习教师也可根据此模板来创建服务学习活动的样本，可以在方法论的课上加以审阅，在教学实习期间实施。

活动：与课程的关联

通过使用"课程关联图"的空白文件（在光盘中），花时间突出与课程的关联。虽然在本书中有 13 个已经填好的模板，每个专题章节中一个，但是采用这种空白模板能使教师们自己去发现服务学习在学业上丰富的可能性。

为所有教师提供拷贝并要求他们组成小组。一旦他们形成工作小组，选择以下程序选项之一：

- 如果学校或小组有一个首要专题，如"环境"，把它写到模板的顶部，并让每个小组选一个环境专题下属主题，诸如水、污染、回收或气候变化，把它写在模板的中心。

- 如果教师们都有这本书，让他们查看内容，并从第二部分选一个专题，而后合上书。把这个专题填在模板顶部并在模板的中心加上一个可选的主题，或者简单地重复首要专题作为主题。

- 如果你想把现有的全校性社区服务活动转变为服务学习，可预先填好专题及其下属主题然后再分发模板。例如，"食品募捐课程关联图"作为专题填在顶部，"贫困和饥饿"作为一个下属主题填在模板的中心。

每个小组都作为一个团队工作。向他们解释，他们现在要想出各种学习关联，稍后就会想出服务的主意。给他们 4—5 分钟填写模板，随后问他们在这个过程中学到了服务学习的哪些内容。要大家分享一些主意。然后，如果有本书的拷贝，让各小组查看 13 张已完成的模板中与他们自己的专题相关的一张模板，以获取更多的主意。最后，询问他们是否已找到至少一种可以加以实施的主意。请记住，像本书中的所有模板一样，你也可以另外对此空白模板加以调整，并且可以根据学校社区的实际情况，增减条目。

第十七章 开创服务文化

活动：识别服务学习的好处

服务学习的好处是什么？一旦参与者对服务学习的形式和关键组成部分有了感觉，便可以把它们分成4组，给每个组分派一个类别：学生、教师、学校或者社区。提出这样一个问题："学校将服务学习作为一种有效教学方法，对于你这组类别有什么好处？"给各小组一些时间列出一份好处清单。让每个组介绍清单上的头3项好处，征求其他人的意见。把这些好处编制为一个总清单，以便在未来用于讨论服务学习过程中哪些已经到位，以及还需要做什么工作来进一步实现预期的好处。这些好处都实现了吗？有没有哪个小组出现了意料之外的收益呢？

模板："服务学习的好处"（见356页）

本模板在本章末尾提供，作为参考。记住这份清单会根据所针对的人群和所做的实践而有所增加或变更。你也可以利用这个模板以及本节中所推荐的其他材料，向其他人进行演示，来解释和支持服务学习，这些人有可能在服务学习过程中加入进来，如家长、（学校）管理者、社区成员以及学校理事会成员等。

活动：明确角色，让服务学习成功

作为一个到处旅行的观察者，我注意到教师们在服务学习实施过程中比学生做得多得多。教师们不是教导必备的技能，而是自己介入进来将工作完成，因为教师们想要收获完美且及时的成果，而由学生自己来做的时候，结果真实但有时会"乱糟糟的"。服务学习的真正价值在于学生做：学习他们需要知道的东西（包括技能和信息两者），测试他们的主意和理论，以及对发生的事情进行反思。

教师的作用是给予至关重要的指导。

模板："明确角色，让服务学习成功"（见356页）

这份文件引导与那些想要提高服务学习实践的教师们的对话。教师们两人一组或分成小组完成此模板。邀请他们思索一个具体的服务学习经历，在模板顶部，写下真正由教师完成的百分比，以及真正由学生自己完成的百分比。然后在下方，要他们写出他们想要的目标百分比。给他们一些时间交谈并思考如何实现这种转变，并分享主意。让在不同方面做得十分出色的教师主持改进服务学习过程的微型研讨会。记住，服务学习不仅对于学生而言是一种团队运动，对于老师来说也一样。

如何启动开创服务文化的过程：活动及使用新模板

谈论服务学习是开始吸引你的同事加入这个过程的好办法。有许多不同的话题可以用来在多次会议或研讨会的过程中加以讨论。

小型（和大型）学习型社区

考虑举办一系列关于各种相关话题的讨论会，这些话题能吸引对成功的服务学习实践而言必不可少的不同利益团体。管理者、教师或者团体领导者，学校或组织中提供支持的员工、家长、社区组织，当然还有学生，在开创服务文化中全都扮演着重要角色。所展现的观点愈多，成功的可能性就愈大。合作能建立一个牢固的基础。邀请所有参与者对下列模板的话题做讨论，包括在本章结尾处所给出的可复制的模板：

- 为服务学习打基础（见 356 页）
- 建立课程关联（见 357 页）
- 增加青少年的声音和选择（见 357 页）
- 鼓励教师参与（见 357 页）
- 家长参与服务学习（见 357 页）
- 建立真实的社区伙伴关系（见 358 页）

在小组中利用这些模板来激发对话、规划和行动，形成一个系统化的方式，把服务学习整合为你们学校或组织的文化的一部分。在大型或小型群体的背景下，与不同的合作者群体一起使用这些模板。每个模板都包括了所讨论的问题及要探索的关键领域。可根据实际需要对其进行改动。很可能还会出现额外的讨论话题。

最后，本章末尾还提供了一些模板，可以用来作为在服务学习起始阶段进行讨论和在研讨会上分发的参考资料。以下是对这些模板的说明。

服务学习：了解术语（见 358 页）

此模板提供了志愿者、社区服务及服务学习等术语的定义。在会议或研讨会上使用这些定义，讨论这些术语在你们学校或组织里意味着什么。讨论这些术语与学校的首要任务诸如学生个人发展和学业发展等有何关联。

服务学习简要分步指南（见 358 页）

此模板的详细步骤为服务学习过程提供了易遵循的程序，对新进入服务学习领域的教师和作为老师帮手和课室领导者的学生尤其有帮助。将这些分步大纲做成海报，可以为讨论和参考提供一种有用的视觉化的辅助手段。

第十七章 开创服务文化

模板:服务学习词汇表(见358页)

这个模板可以成为有用的参考,便于思索服务学习如何扩展其正在不断发展的词汇表。学前班—12年级的教师们可以用这些主意和词语列表加强学生的辨别性思考技能和语言能力的开发。

> 光盘中
>
> **来自实地的声音 —— 一家当地的服务学习联合会**
>
> "教师们需要什么来促进服务学习?一起会面的时间。教师们需要时间就服务学习、同行故事、支持、主意以及资讯等内容进行集体学习,以建立有效并可持续的全校性整合。教育工作者服务学习联合会由管理者、教师和家长积极分子发起,他们深切赞同服务学习推动了青少年发展及学业上的成功。他们还认为通过相互联合,可以传授概念、交流主意、激发动力,让每个人都提高。现在,16年之后,证据显示:最初的核心理念已经产生了持久的影响。"
>
> ——凯瑟琳·伯杰·科和唐娜·里特,加州洛杉矶市,服务学习教育协会
>
> 可在附带的光盘中阅读完整的文章。

---

* 本章结尾处第356—358页列出了正文中所引述模板的缩印版,光盘中有全尺寸模板。

服务学习的好处

谁从服务学习中受益呢？学生、教师、整个学校和社区都会受益于精心设计的诸多服务学习计划。受益程度取决于计划设计以及在准备、实施、反思和展示过程中出现的具体情况。以下列出由学校和社区中的利益相关者根据服务学习亲身体验所汇编的好处。我们现在知道服务学习能提高抗打击力，增强能力和亲社会行为，激发学习和参与等，检查服务好处的研究仍在继续。这些是学业成功的调和剂，有助于创造条件让学生学得更好。

通过服务学习计划，**学生**可以：
- 提高学习积极性和求知欲。
- 开发责任感、辨别思考、做决定和解决问题。
- 增长学业知识和提高学习成绩，包括写作和沟通能力。
- 培养自我感知能力。
- 发展与他人友好共事的能力。
- 体验互惠互利。
- 尊重他人，摒弃成见。
- 与社会上担当不同角色的成年人交往。
- 见识不同的职业选择，包括公共服务领域。
- 更多地了解所在社区以及学生自己和家人可以使用的资源。
- 体验公共责任。
- 开始形成对公共服务和学习的终身承诺。

通过服务学习计划，**老师**可以：
- 观察学生的学习热情。
- 加强学生之间的沟通和理解。
- 提高教育对学生的相关性。
- 与其他教师和社区伙伴合作开发课程。
- 了解众多不同的社区组织和他们服务民众的方法。
- 找出增加学生受教育机会的资源。
- 将教室和社区联结起来。
- 在专业上和个人发展上受到激发。
- 参与专业发展，成为其他教师的导师。

通过服务学习计划，**学校**可以：
- 将学业发展与公共责任和社会责任结合起来。
- 加强职业宣传计划。
- 开发社区伙伴关系。
- 宣传为学生提供的教育机会。
- 让更多家长参与。
- 让学生感到所学对现实有重要意义。
- 发展更具包容性和合作性的学校氛围及文化。
- 邀请学生成为社区积极分子。
- 增加对学校系统的信心。
- 改善公共关系。

通过服务学习计划，**社区**可以：
- 增加资源来解决问题和处理受到关注的事务。
- 在某一特定议题的领域提供专业指导。
- 更加了解社区的计划和需要。
- 协同规划服务学习项目。
- 参与学生的学习。
- 公开认可年轻人的贡献。

明确角色，让服务学习成功

服务学习体验：_____

目前的参与百分比：_____ 教师 _____ 学生

期望的参与百分比：_____ 教师 _____ 学生

教师的角色——学前班—12年级 服务学习优质实务标准	学生的角色——服务学习的五个阶段
有意义的服务	调研和清单
	个人清单：
课程关联	媒体：
	问卷调查：
反思	访谈：
	观察/体验：
差异性	准备和计划
	行动
青少年的声音	直接服务：
	间接服务：
	倡导：
	研究：
伙伴关系	反思
	日志：
	讨论：
进展监控	视觉：
	运动知觉：
	有创意的非虚构类作品：
持续时间和强度	展示
	所用的才干/技能：

为服务学习打基础

考虑
- 学校内的哪些元素有助于建立服务文化？
- 我们需要采取哪些步骤朝着这个方向迈进？

讨论
- 服务学习的认知和能见度已经到位。
- 明确所有参与者的角色和职责，包括学生、学校管理人员、教师、支持人员、社区伙伴、家长、机构和政府。
- 领导力来自各组内的参与者。
- 对各种挑战有预测。
- 经验丰富的教师为新教员做指导。
- 将服务学习纳入学校和学区的使命宣言。
- 学校时间表具有灵活性，允许有服务学习的机会。
- 校长和其他学校领导明确地支持。

第十七章 开创服务文化

建立课程关联

考虑
- 我们把社区服务算作服务学习吗?
- 我们需要采取哪些步骤去实现良好整合的服务学习?

讨论
- 在师范教育及员工发展上有服务学习机会。
- 在适当的情况下,允许学生既做社区服务,也做服务学习。
- 教师们通过互相帮助、鼓励和相互挑战,来进行合作。
- 课堂活动展示优质实务。
- 期望每个学生都能够拥有服务学习体验。
- 提供支持实务的资源,包括交通、书籍、材料、邮寄、电话、物资、基金申请书协助等。
- 建立服务与学业标准之间的正规联系。
- 将服务部分作为分数和课程正规评估的一部分。

增加青少年的声音和选择

考虑
- 如何给年轻人机会去做真正的选择,他们又有什么样的机会去表达自己深思熟虑的选择并采取行动呢?
- 哪些实务都已经做到位了,哪些将会将我们推向一个新水平?

讨论
- 与学生一起建立服务学习词汇表。
- 开发实实在在的方式,让学生有创意、有投入、做决策、解决问题、帮助设计经过准备的服务活动,并参与项目评估。
- 开发服务学习的适龄顺序。
- 让学生体验成败——去掉成人干预的"保护网"。
- 鼓励内在价值,超越外在奖励。
- 倾听学生的心声,并为其创建论坛让他们分享担忧、疑问和主意。
- 让有经验的学生帮助自己的教师和其他教师做计划并实施项目。

鼓励教师参与

考虑
- 教师如何才能"接受"服务学习并扩大参与和面呢?
- 有无发挥教师领导力和专业进修的机会?

讨论
- 在职教师的各种机会。
- 为教师与教师之间建立联系所提供的合作选项。
- 招聘有服务学习经验或兴趣的教师,为新聘用的教师提供学习机会并配备导师。
- 定期在员工会议上开展服务学习的讨论。
- 每年提供全校性的服务学习新机会。
- 解决交通和自付费用上的挑战。
- 创建一个服务学习文献和资讯材料图书库。
- 为推进执行,与大学就专业学习和伙伴关系建立联系。

家长参与服务学习

考虑
- 家长如何才能成为学校服务学习的倡导者与合作者?
- 家长能否在家里帮助教育孩子服务的价值与主旨?

讨论
- 随时让家长了解情况。
- 为家长寻找有意义的角色。
- 通过研讨会,让家长为自己的角色做好准备。
- 创建一个由家长志愿者运行的系统,来通知他人有关全家服务的机会。
- 为各年级和部门设立服务学习家长联络员。
- 设计让学生跟着家长或家长跟着学生一起工作的活动,如收集口述史或学习其他文化。

注:家长这一术语在此适用于在孩子生命中有重要意义的任何成年人。

357

建立真实的社区伙伴关系

考虑
- 怎样建立有价值、可持续和友善的伙伴关系？
- 什么机构、组织或个人是或可能是服务学习的支持者？

讨论
- 开始理解"社区"是人与人之间的动态交流。
- 伙伴关系需要有变化性和灵活性。
- 促进学校和组织（机构）互相了解的过程。
- 找出政府伙伴。
- 让青少年参与社区拓展。
- 记录伙伴关系。
- 寻找学校和社区组织之间的利益交叉点。

服务学习：了解术语

服务他人有多种形式，有许多说法和含义。在学校环境中，考查不同类型的服务有助于澄清和界定作为一种教学方法的服务学习。

志愿者：无偿付出时间的人。
社区服务：由于选择或法庭要求去帮助社区，与学业、课程或反思的关联有可有可无。
服务学习：一种如下的教学方法：

- 让学生能够学习和应用学业相关知识、社交能力与个人技能去改善社区，使个人持续成长，培养持续一生的服务品德。
- 着重于服务和学习两方面。
- 适合所有学生和所有课程领域。
- 鼓励跨学科的整合。
- 帮助培养公共责任心。
- 为学生提供架构好的时间来反思服务体验。

服务学习简要分步指南

第一步：切入点
选择自己的方法来开始服务学习并与课程建立关联，切入点可以是一个现有的项目计划或活动、课程内容和技能、学习主题或单元、一项由学生或社区找出的需要。

第二步：温习学前班—12年级服务学习优质实务标准
熟悉这八个推荐的标准类别，它们是支持服务学习的最佳做法。参考此模板将会不断提醒你，什么标准能最大限度地影响学习和公共参与。

第三步：制订计划
确定课程目标。写出你对服务学习的课程、社区联络人、文献和五个阶段中的每个阶段的具体主意。

第四步：明确伙伴关系
联络任何合作者：教师、家长、社区成员、机构代表或其他参与的人。讨论并阐明所有参与者的具体角色和职责。

第五步：审查计划和搜集资讯
审查计划。向伙伴机构收集所需的资讯，如书籍、报纸上的文章、网站以及参考材料。安排所有探访、演讲嘉宾或实地走访。请注意，这些都是让学生参与进来的好任务，他们可以因此获得技能和经验。

第六步：开始服务学习过程
启动调研、准备和计划、行动、反思和展示的过程。通过服务学习的过程，鼓励青少年发出声音，做出选择。要灵活！当学生能够看到自己的想法付诸行动时，服务学习的效果最好。继续寻找反思的机会。

第七步：评价服务学习体验
一旦完成展示和总结性反思，就可以回顾和评价所完成的学习、服务所产生的影响、规划过程、对所有参与者的互惠互利，以及下一次如何改进的方法。向所有伙伴做汇报。

服务学习词汇表

在服务学习过程中，学生扩展或加深了对许多术语的理解。有些术语是新的，会被添加到他们持续增长的词汇表中。下面是学生可能会遇到的一些词语：

关心	实施
帮助	反思
社区	合作
尊重	展示
需要	档案记录
目的	结果
计划	相互依托
行动	责任
技能	反馈
才干	承诺
兴趣	服务
团队合作	公共参与
改变	倡导
资讯	研究
提案	灵活性
应急方案	互惠互利
准备	

在课堂上讨论词语，以提高学生的辨别性思维能力。使用书籍和故事，以拓宽学生的思维并引发对这些术语和概念的讨论。同时考虑这些主意：

- 将"本周词语"写在布告板上。
- 使用含有这些词语的格言去启发关于服务和社区参与的主意。
- 将这些词语纳入作文作业或戏剧活动中。
- 随时留意出现在新闻文章中的这些词语。
- 让学生为学校报纸撰写有关服务、文章、诗词，使用部分词语。
- 让学生列出一个词汇表，在开展更全面的服务学习计划时，其他同伴需要学习这些词语；学生可创作一本定义字典作为对学校社区的一项服务。

附录

附录一　作者的一次反思

在我的女儿还很小时，一天晚上快要就寝了，我的大女儿阿里尔问我："什么时候我才可以有你那样的探险经历？"有一段时间，这个问题萦绕在我的脑海里，我明白像所有的年轻人一样，阿里尔渴望有机会展翅去面对未知。作家米兰·昆德拉在他的小说《本性》中把探险定义为拥抱世界的途径。多么美丽的形容啊，当孩子们穿梭于我们的教育系统，编织着自己学习和理解的图样时，这正是我为我们的孩子所想象的。

当服务学习作为学校生活的一个有机组成部分时，年轻人更有可能通过实践获得更好的自我意识。他们不再疑惑"我为什么学习这个主题"，而是变得积极参与。本来似乎零散的学习相互关联在了一起。学习不但发生在课堂上，同时也可以发生在自然保护区、老年活动中心和食物银行。年轻人与他们的社区交往互动，无论是短距离步行到启蒙计划（中心）为学前儿童阅读还是为远在地球另一边的童工发声。渴望探险？进入服务学习的世界就行了。

虽然行动必不可少，但反思仍然是服务的一个关键环节。反思是怎么做的？在《美好》一书中，一个女孩生活的街区充满垃圾，流浪者睡在门廊里，甚至她的家门被人用漆喷上"死亡"二字。她想在此寻找美好。她问邻居"什么是美好的"，答案各不相同：新鞋子、新生儿、红苹果、一块几十年都带在口袋里的小石子。她坐在家门口，望着地上的垃圾和墙上的涂鸦开始反思。在这短暂的停顿中，她有了"创造美好"的念头并考虑自己的能力。然后，她奋袂而起，找来用具把"死亡"二字从前门擦掉。在一个充满忙碌的社会中找到反思的时间看来令人生厌。但是，反思的确能让我们沉浸在以往的经验中并发掘出更多等待揭示的东西。

作家E.L.柯尼斯伯格借一个古老的格言教导反思。在她的著作《天使雕像》中，两个离家出走的孩子，躲藏在纽约大都会艺术博物馆过了几个刺激的夜晚。就在他们的出走快结束时，遇到了奇异的弗兰克韦勒夫人并询问她每天学习新东西的价值。这个问题唤起了我珍藏的记忆，妈妈每天放学后用她那参加过环球母亲合唱团的声音问我的问题："你今天学到些什么啦？"母亲这样提问，当然是认为我每天都应该学到新的东西。这让我对弗兰克韦勒太太不同意每天都学新东西的回答感到惊讶。她说："你应该有时间让你已经学到的东西在你身上膨胀开，直到触及你的全部身心。你可以从内心感觉到。如果你从不花时间这么做，那么你只是在储存事实，它们会在你的身体里翻滚，你可以用它们制造噪音，却不能有所感觉。一切只是空洞。"[①]

服务学习需要在动态过程中取得平衡：用细致周到的整合过程使学习与行动相结合。目的感会伴随着自我发现、知识学习、协作的喜悦以及尽全力改善我们地球家园的能力，得以呈现。

请享受这个探险和反思的过程。

---

① 摘自《天使雕像》，E.L.柯尼斯伯格，35周年纪念版，153页。

附录二　可复制模板清单

章节	可复制模板名称	所在页码
第二章	建立课程关联：切入点	56
	学前班—12年级服务学习优质实务标准	56
	服务学习的五个阶段	57
	服务＋学习＝服务学习	57
	服务学习规划	57—58
	小学服务学习规划实例：环境	58
	初中服务学习规划实例：移民	59
	高中服务学习规划实例：读写能力	59—60
	初中服务学习规划实例：特殊需要和残障	60—61
	准备个人清单	61
	个人清单	61
	针对社区需要收集信息	62
	谁在帮忙？	62
	采取行动	63
	服务学习提案	63
	我们的服务计划	63
	社区联络信息	63
	宣传——将设想付诸行动	64
	行动记录	64
	进展监控	64
	反思顺序	64
	四方格反思工具	65
	社区反响	65
	一有所知，即做展示！	65
	服务学习评估：第一部分	65
	服务学习评估：第二部分	66
	学生自我评价	66
	课程关联图（空白）	66

（续表）

章节	可复制模板名称	所在页码
第三章	文献小组的角色	90
	文献小组	90
	可引用的格言	90
第十七章	服务学习的好处	356
	明确角色，让服务学习成功	356
	为服务学习打基础	356
	建立课程关联	357
	增加青少年的声音和选择	357
	鼓励教师参与	357
	家长参与服务学习	357
	建立真实的社区伙伴关系	358
	服务学习：了解术语	358
	服务学习简要分步指南	358
	服务学习词汇表	358

附录三　光盘中的内容

书中模板

见361—362页可复制模板清单。

附加材料（仅在光盘中）

服务学习规划实例

小学，艾滋病教育和意识
初中，艾滋病教育和意识
高中，艾滋病教育和意识

小学，动物保护与照顾
初中，动物保护与照顾
高中，动物保护与照顾

小学，老年人
初中，老年人
高中，老年人

小学，应急准备就绪
初中，应急准备就绪
高中，应急准备就绪

小学，环境（见书中模板部分）
初中，环境
高中，环境

小学，园艺
初中，园艺
高中，园艺

小学，健康生活、健康选择
初中，健康生活、健康选择
高中，健康生活、健康选择

小学，饥饿、无家可归和贫困
初中，饥饿、无家可归和贫困
高中，饥饿、无家可归和贫困

小学，移民
初中，移民（见书中模板部分）
高中，移民

小学，读写能力
初中，读写能力
高中，读写能力（见书中模板部分）

小学，安全和强大的社区
初中，安全和强大的社区
高中，安全和强大的社区

小学，社会改变：议题和行动
初中，社会改变：议题和行动
高中，社会改变：议题和行动

小学，特殊需要和残障
初中，特殊需要和残障（见书中模版部分）
高中，特殊需要和残障

作者访谈：故事背后的故事

艾滋病教育和意识：作者访谈
詹姆斯·克罗斯·吉布林
艾伦·斯特拉顿

动物保护与照顾：作者访谈
凯西·科亚

老年人：作者访谈
伊芙·邦廷
理查德·米切尔森
艾琳·斯皮内利

应急准备就绪：作者访谈
丹妮卡·诺夫哥罗多夫
达娜·莱因哈特

环境：作者访谈
劳丽·戴维
唐·马登

园艺：作者访谈
帕特·布里森

健康生活、健康选择：作者访谈
乔丹·索南布利克

饥饿、无家可归和贫困：作者访谈
林赛·李·约翰逊
玛里昂·赫斯·波梅兰克

移民：作者访谈
弗朗西斯科·希门尼斯
托妮·约翰斯顿

读写能力：作者和插图者访谈
珍妮特·塔什吉安
杰克·塔什吉安
安·怀特黑德·纳格达

安全和强大的社区：作者访谈
莎林·科利克特
菲利普·胡斯
詹姆斯·豪
杰里·斯皮内利

社会改变：作者访谈
德博拉·埃利斯
索尼娅·莱维京
黛安娜·科恩

特殊需要和残障：作者访谈
埃伦·塞尼斯
辛西娅·洛德

来自实地的声音

（注：这些文章的简略摘要列在书中）

《建立可持续发展的服务学习伙伴关系》
　作者　苏珊·A.阿布拉瓦内尔

《通过协作开创服务文化》
　作者　罗泽·巴特列

《通过专业进修创建和支持服务文化》
　作者　安妮·蒂德曼·弗伦奇

《在全学区范围实施：品德与服务》
　作者　埃达·格拉博夫斯基博士

《启动开创服务文化的过程：得克萨斯州某学区的服务学习开发》
　作者　迈克·休里维兹

《一家本地服务学习协会》
　作者　凯瑟琳·伯杰·科和唐娜·里特

《传承项目：变革模式来自学生的声音》
　　作者　罗恩·佩里

《使命与协调：一所私立学校的视角》
　　作者　纳恩·彼得森

《增强青少年能力，以创建学区服务文化》
　　作者　伊芙琳·鲁宾逊

《城市服务学习》
　　作者　乔恩·施密特

附加书架书目

（注：列表包括"来自实地的推荐"）

艾滋病教育和意识书架

动物保护与照顾书架

老年人书架

环境书架

园艺书架

健康生活、健康选择书架

饥饿、无家可归和贫困书架

移民书架

读写能力书架

安全和强大的社区书架

社会改变书架

特殊需要和残障书架

附录四　资讯

以下组织和机构不断地研究和开发优秀的材料和信息，为拓展服务学习领域做出了重大贡献。

CBK 专业事务所和 ABCD 书源
CBK Associates and ABCD Books
13108 Warren Avenue
Los Angeles, CA 90066
(310) 397-0070
www.cbkassociates.com
www.abcdbooks.org

　　CBK 专业事务所和 ABCD 书源是作者凯瑟琳·伯杰·科有关高品质服务学习和其他重要教育议题的书籍、资讯和课程的门户网站。可以下载文章（在资讯和博客中），可以搜寻新的出版物以及查询凯瑟琳在会议、学校、学区、大学或组织为各种特定主题演讲的相关信息。想了解凯瑟琳到访你所在地区的日期请密切查看所提供的特别学院课程。

拉丁美洲服务学习中心（简称 CLAYSS）
The Latin American Center for Service Learning
Yapeyú283 C1202ACD
City of Buenos Aires, Argentina
(54-11) 4981-5122
www.clayss.org.ar

　　拉丁美洲服务学习中心提倡将服务学习作为拉丁美洲社会发展和教育改善的路径、方法。他们提供资讯、培训和会议。

地球回声国际
EarthEcho International
888 16th Street NW, Suite 800
Washington, DC 20006
(202) 349-9828
www.earthecho.org
现地址：2101 L Street, Suite 800, Washington, DC 20037
电话：(202) 350-3190

地球回声国际是非营利组织，其使命是增强青少年采取行动保护和恢复我们星球食用水的能力。地球回声国际唤起青少年通过满足当地需求来参与并影响全球变化，帮助青少年了解社区的重点工作与目前海洋和淡水相关的严重问题之间非常实在的联系。该组织由菲利普和亚历山德拉·库斯托两姐弟成立，以纪念他们的父亲老菲利普·库斯托 —— 著名的传奇探险家雅克·伊夫·库斯托的儿子。网站上可以找到凯瑟琳·伯杰·科所创作的推广和促进服务学习的免费资讯、视频、课程和行动指南等。

教师教育中的服务学习国际中心

The International Center for Service Learning in Teacher Education

213 West Duke Building

Box 90739

Duke University 27708

(919) 660-3075

http://educationprogram.duke.edu/icslte

该中心致力于与全世界同行分享服务学习在教师教育上的经验、实践和发现。对如何向年轻人提供他们通过在学校和范围更广的社区里的行动参与而能得到的学习机会，不同国家的教育工作者有着不同的看法。该中心为此类交流提供平台，并为大家提供相互学习的机会，共同发展服务学习的理念。

儿童联盟

KIDS Consortium

219 Capitol Street, Suite 5

Augusta, ME 04330

(207) 620-8272

www.kidsconsortium.org

现地址：1300 Old County Road, Waldoboro, ME 04572

电话：(207) 740-2638

儿童联盟（孩子参与做服务学习的简称），是非营利组织，通过支持教育者、组织机构和青少年实施服务学习的最佳实践，培养年轻人成为积极和负责的公民。儿童联盟提供专业培训、免费网络资源和出版物。

全国青少年领导力委员会

National Youth Leadership Council

1667 Snelling Avenue North, Suite D300

St. Paul, MN 55108

(651) 631-3672

www.nylc.org

全国青少年领导力委员会为教育工作者、青少年和其他参与服务学习的成年人提供服务学习培训、刊物、影片和其他相关资讯。

根与芽，珍·古道尔研究会的一个计划

Roots & Shoots, a Program of the Jane Goodall Institute

4245 North Fairfax Drive, Suite 600

Arlington, VA 22203

1-800-592-JANE

www.rootandshoots.org

现地址：1595 Spring Hill Road, Suite 550, Vienna, VA 22182

电话：(703) 682-9220

根与芽是1991年由珍·古道尔博士和一组坦桑尼亚学生成立的非营利组织。根与芽计划为了增强青少年的能力，通过设计和实施以社区为基础的服务学习项目去创造对人、动物及环境持久且正面的改变。根与芽拥有超过120个国家中数以万计的年轻人，其网络分支遍布全球每个角落，连接着各个年龄层的所有年轻人，他们都拥有一个使世界变得更美好的共同愿望。

孩子能做的事

What Kids Can Do

P.O. Box 603252

Providence, RI 02906

(401) 247-7665

www.whatkidscando.org

该组织（简称WKCD）通过使用互联网、印刷品和广播媒体，示范被贫困、种族和语言边缘化的年轻人在得到认真对待并给予必要的机会和支持时，可以取得成功，这是一种力量。WKCD视青少年为知识的创造者，并使他们的故事、建议和资料引起国际社会的关注。该组织记录他人的良好工作并且赞助项目。

美国青少年服务网

Youth Service America

1101 15th Street NW, Suite 200

Washington, DC 20005

(202) 296-2992

www.ysa.org

美国青少年服务网通过增加承诺终生致力于服务、学习、领导力和成就的5—25岁年轻人的人数和差异性，来达到改善社会的目的。活动包括全球青少年服务日和服务学期。可在YSA网站上订阅每周简报和项目资助预报。

附录五 地名对照表

中文地名	外文地名	中文地名	外文地名
阿巴拉契亚	Appalachian	北安顺市	North Anson
阿尔比恩市	Albion	北部领地的滕南特溪	Tennant Creek in Northern Territory
阿尔文市	Alvin		
阿肯色州	Arkansas	北卡罗来纳州	North Carolina
阿卢瓦	Aluva	北亚当斯市	North Adams
阿瑟港市	Port Arthur	贝尔法斯特	Belfast
埃尔多拉多市	Eldorado	贝利市	Bailey
埃尔迈拉市	Elmira	比灵斯市	Billings
埃尔塞里托市	El Cerrito	比尤拉郡	Beulah (County)
埃利斯岛	Ellis Island	宾夕法尼亚州	Pennsylvania
艾奥瓦州	Iowa	波多黎各	Puerto Rico
爱达荷州	Idaho	波卡特洛市	Pocatello
爱沙尼亚	Estonia	波士顿市	Boston
安德森市	Anderson	波特兰市	Portland
奥本市	Auburn	波特纳夫河	Portneuf River
奥尔良郡	Orleans County	伯克利市	Berkeley
奥科伊	Ocoee	伯明翰市	Birmingham
奥克兰市	Oakland	博帕尔	Bhopal
奥马哈市	Omaha	布基纳法索	Burkina Faso
巴尔的摩市	Baltimore	布拉格	Prague
巴厘岛	Bali	布里格斯市	Briggs
巴洛和熊溪岭	Barlow and Bear Creek Ridge	布里斯托尔市	Bristol
		布鲁克莱恩市	Brookline
巴拿马市	Panama	布鲁克林	Brooklyn
巴塞罗那	Barcelona	查尔斯顿市	Charleston
巴士拉市	Basra	查尔斯湖市	Lake Charles
鲍森公园	Powsin Park	楚科奇半岛	Chukchi Peninsula

中文地名	外文地名	中文地名	外文地名
达特茅斯	Dartmouth	贡贝丛林	Jungle of Gombe
大堡礁	Great Barrier Reef	广岛	Hiroshima
代托纳市	Daytona	国会山（华盛顿）	Capitol Hill
德尔福神殿	Oracle at Delphi	哈得孙市	Hudson
得克萨斯州	Texas	哈勒姆	Harlem
德赖托图格斯群岛	Dry Tortugas	哈珀市	Harper
德赖托图格斯群岛国家公园	Dry Tortugas National Park	哈特伍德市	Heartwood
		哈扎	Hadza
德斯特里亨市	Destrehan	海厄利亚市	Hialeah
登顿市	Denton	海峡群岛	Channel Island
狄龙市	Dillon	汉布尔市	Humble
东塞拉	Eastern Sierra	荷马市	Homer
都柏林	Dublin	赫林市	Herrin
杜勒斯市	Dulles	赫马岛	Heimaey Island
俄亥俄州	Ohio	黑藤蔓沼泽	Black Vine Swamp
俄克拉何马市	Oklahoma City	亨茨维尔市	Huntsville
俄克拉何马州	Oklahoma	胡佛荒野（国家公园）	Hoover Wilderness
俄勒冈州	Oregon	湖泊郡	Lake County
俄罗斯米申市	Russian Mission	华雷斯市	Juárez
菲利普斯堡市	Philipsburg	华沙市	Warsaw
费卢杰	Fallujah	华盛顿特区	Washington, D.C.
佛罗里达大沼泽地	Everglades	华盛顿州	Washington
佛罗里达州	Florida	怀俄明州	Wyoming
佛罗里达州群岛	Florida Keys	怀特山阿帕奇保留地	White Mountain Apache Reservation
佛蒙特州	Vermont		
弗吉尼亚州	Virginia	会安市	Hoi An
弗伦兹伍德市	Friendswood	惠特韦尔市	Whitwell
弗农山市	Mount Vernon	霍姆斯特德市	Homestead
甘特斯维尔市	Guntersville	霍伊印第安人保留地	Hoi Indian Reservation
戈尔特市	Galt	加尔各答	Calcutta
哥伦比亚市	Columbia	加利波利	Gallipoli
格罗夫斯市	Groves	加利福尼亚州（简称加州）	California
贡贝	Gombe		

中文地名	外文地名	中文地名	外文地名
金门公园	Golden Gate Park	马林郡	Marin County
喀布尔	Kabul	马尼托巴省	Manitoba
卡罗尔郡	Carroll County	马萨诸塞州（简称麻州）	Massachusetts
卡穆利	Kamuli	马赛伊	Maasai
卡彭桥市	Capon Bridge	迈阿密-戴德郡	Miami-Dade County
堪萨斯市	Kansas	迈阿密市	Miami
康奈尔	Connell	迈尔斯堡	Fort Myers
康涅狄格州（简称康州）	Connecticut	麦迪逊广场公园	Madison Square Park
科德角半岛	Cape Cod	曼哈顿	Manhattan
科罗拉多州	Colorado	梅迪纳市	Medina
科佩尔市	Coppell	梅里特岛	Merritt Island
科森尼斯河保护区	Cosumnes River Preserve	蒙大拿州	Montana
科索沃	Kosovo	蒙哥马利市	Montgomery
克利夫兰市	Cleveland	孟菲斯市	Memphis
肯普	Kemp	米德尔堡市	Middleburg
肯塔基州	Kentucky	密西西比州	Mississippi
肯特菲尔德市	Kentfield	密歇根州	Michigan
库如望歌那泉	Kuruvungna Spring	明尼阿波利斯市	Minneapolis
昆士兰省	Queensland	明尼苏达州	Minnesota
拉塞尔维尔市	Russellville	默特尔海滩市	Myrtle Beach
拉斯顿市	Ruston	姆贝亚	Mbeya
拉斯卡巴迪森林	Las Kabaty Forest	内布拉斯加州	Nebraska
兰伯特湾	Lambert Cove	纳什维尔市	Nashville
里约热内卢	Rio de Janeiro	纳舒厄河	Nashua River
利比市	Libby	南卡罗来纳州	South Carolina
林肯市	Lincoln	尼科迪默斯市	Nicodemus
路易斯安那州	Louisiana	纽芬兰省	Newfoundland
伦敦市	London	纽约市	New York City
罗得岛州	Rhode Island	纽约州	New York
罗塞尔市	Roselle	帕洛阿尔托市	Palo Alto
洛杉矶市	Los Angeles	帕萨迪纳市	Pasadena
马尔罗尼市	Mulroney	皮卡尤恩市	Picayune
马里兰州	Maryland	普莱恩斯市	Plains

中文地名	外文地名	中文地名	外文地名
普罗维登斯市	Providence	瓦哈卡市	Oaxaca
乔治敦市	Georgetown	瓦胡岛	Oahu
切尔诺贝利	Chernobyl	瓦加杜古	Ouagadougou
丘吉尔市	Churchill	威斯康星州	Wisconsin
全国艾滋病纪念林	National AIDS Memorial Grove	韦斯特伍德市	Westwood
		维尔京群岛	Virgin Islands
撒哈拉以南非洲地区	Sub-Saharan Africa	维罗纳	Verona
萨拉·德拉诺·罗斯福公园	Sara Delano Roosevelt Park	沃克市	Walker
		西班牙哈勒姆（位于纽约市的东北部）	Spanish Harlem
萨拉索塔市	Sarasota		
圣安吉洛市	San Angelo	西弗吉尼亚州	West Virginia
圣巴巴拉勒动物园	Santa Barbara Zoo	西好莱坞市	West Hollywood
圣保罗市	St. Paul	西塞勒姆	West Salem
圣迭戈市	San Diego	西雅图市	Seattle
圣克劳德市	St. Cloud	希芒河	Chemung River
圣路易斯市	St. Louis	夏洛特市	Charlotte
圣莫尼卡市	Santa Monica	小石城	Little Rock
圣佩德罗市	San Pedro	谢戈德阿维拉省	Ciego de Avila
水晶河市	Crystal River	谢克内克塔迪市	Schenectady
斯波坎市	Spokane	辛巴营	Kambi ya Simba
斯堪的纳维亚半岛	Scandinavia	新奥尔良市	New Orleans
斯普林菲尔德市	Springfield	新希望市	New Hope
索诺兰沙漠	Sonoran Desert	新英格兰地区	New England
塔尔溪	Tar Creek	新泽西州	New Jersey
塔瓦里斯市	Tavares	休斯敦市	Houston
檀香山	Honolulu	亚拉巴马州	Alabama
坦帕市	Tampa	亚利桑那州	Arizona
特拉基河	Truckee River	亚齐特区	Aceh
特立尼达和多巴哥	Trinidad and Tobago	扬基牧场溪	Yonkee Ranch Creek
特洛伊	Troy	扬克斯市	Yonkers
田纳西州	Tennessee	伊利诺伊州	Illinois
瓦代伊市	Wadeye	银泉市	Silver Spring
瓦尔多斯塔市	Valdosta	印第安纳波利斯市	Indianapolis

中文地名	外文地名	中文地名	外文地名
尤卡坦州	Yucatan	约翰·彭尼坎普珊瑚礁州立公园	John Pennekamp Coral Reef State Park
尤里卡市	Eureka	芝加哥市	Chicago
圆石市	Round Rock	中央谷地	Central Valley
		佐治亚州	Georgia

附录六　人名对照表

中文人名	外文人名	中文人名	外文人名
阿比·卡森	Abby Carson	埃达·格拉博夫斯基	Ada Grabowski
阿迪	Addie, Adi	埃德温娜·奥斯古德	Edwina Osgood
阿蒂克斯	Atticus	埃迪·大久保	Eddy Okubo
阿格尼丝	Agnes	埃迪·李	Eddie Lee
阿杰伊	Arjay	埃尔维斯（猫王）	Elvis
阿卡那·吉米	Akana Jimmy	埃尔默	Elmer
阿莱米斯·斯莱克	Aremis Slake	埃拉	Ela
阿莉娅·穆罕默德·贝克	Alia Muhammad Baker	埃莉	Ellie
阿里	Ali	埃莉诺·科尔	Eleanor Coerr
阿里尔·科	Ariel Kaye	埃里克	Eric
阿伦·兰斯基	Aaron Lansky	埃丽卡·塔马	Erika Tamar
阿罗阿	Aroa	埃利斯	Ellis
阿马迪	Amadi	埃琳	Erin
阿玛达	Amada	埃伦·德杰尼勒斯	Ellen DeGeneres
阿曼达·比尔	Amanda Beale	埃伦·福尼	Ellen Forney
阿梅莉亚·布卢默	Amelia Bloomer	埃伦·塞尼斯	Ellen Senisi
阿米恩	Ameen	埃洛伊丝	Eloise
阿姆特拉·德维	Amtra Devi	埃玛·特纳	Emma Turner
阿琪	Aki	埃玛·特纳尤卡	Emma Tenayuca
阿瑟·阿什	Arthur Ashe	埃米莉	Emily
（阿瑟也译作亚瑟）		埃米利奥	Emilio
阿瑟·戈弗雷	Arthur Godfrey	埃塞尔·珀西·安德勒斯	Ethel Percy Andrus
阿莎	Asha	埃丝特·莫里斯	Esther Morris
阿什莉	Ashley	埃斯佩兰萨·科德罗	Esperanza Cordero
阿泰米斯·博尔德	Artemis Brod	埃文	Evan
阿特·克莱纳	Art Kleiner	艾伯特·施魏策尔	Albert Schweitzer
阿图罗·罗德里格斯	Arturo Rodriguez	艾莉森·戈珀尼克	Alison Gopnik

附录六 人名对照表

中文人名	外文人名	中文人名	外文人名
艾丽斯	Alice, Iris	巴德·斯威特·威廉	Bud Sweet William
艾丽斯·沃特斯	Alice Waters	巴拉克·奥巴马	Barack Obama
艾丽西亚·科罗	Alicia Coro	巴里·吉洛特	Barry Guillot
艾琳·斯皮内利	Eileen Spinelli	巴里·科	Barry Kaye
艾伦·福尼	Allen Forney	巴特	Bart
艾伦·斯特拉顿	Allan Stratton	芭芭·扎拉	Babba Zarrah
艾萨克	Isaac	芭芭拉·格伦纳	Barbara Gruener
艾薇	Ivy	芭芭拉·金索佛	Barbara Kingsolver
埃默森	Emerson	芭芭拉·刘易斯	Barbara Lewis
安·怀特黑德·纳格达	Ann Whitehead Nagda	芭芭拉·塞沃尼	Barbara Cervone
安迪·赞斯基	Andy Zansky	芭芭拉·沃格尔	Barbara Vogel
安东尼奥	Antonio	保罗·亚洛维茨	Paul Yalowitz
安东尼娅	Antonia	贝蒂·伯杰	Betty Berger
安杰利娜·E. 格里姆克	Angelina E. Grimké	贝尔	Belle
安娜	Ana, Anna	贝尔瓦·洛克伍德	Belva Lockwood
安妮	Annie	贝克	Baker
安妮·蒂德曼·弗伦奇	Anne Thidemann French	贝拉维斯塔	Bellavista
安妮·弗兰克	Anne Frank	贝丽尔	Beryl
安妮·希尔	Anne Hill	贝琳达	Belinda
安妮塔·德拉托尔	Anita de la Torre	贝齐·卢因	Betsy Lewin
安妮塔·罗迪克	Anita Roddick	贝丝	Beth
安妮特	Annette	贝亚德·拉斯廷	Bayard Rustin
安宁库	Aninku	本·富兰克林	Ben Franklin
安托瓦妮特·C. 罗克韦尔	Antoinette C. Rockwell	本杰明·珀西	Benjamin Percy
昂山素姬	Aung San Suu Kyi	比阿特丽斯	Beatrice
奥尔德	Auld	比安卡·拉维斯	Bianca Lavies
奥利弗·温德尔·霍姆斯	Oliver Wendell Holmes	彼得·M. 森奇	Peter M. Senge
奥利维娅	Olivia	宾蒂	Binti
奥默·罗森布利斯	Omer Rosenblith	波卡洪塔斯	Pocahontas
奥萨马	Osama	波因蒂	Pointy
奥伊	Oy	博比	Bobby
C. 埃弗里特·库普	C. Everett Koop	博登	Borden
巴勃罗·毕加索	Pablo Picasso	博科	Bokko

中文人名	外文人名	中文人名	外文人名
布克·T. 华盛顿	Booker T. Washington	丹尼尔	Daniel
布莱恩·J. 史密斯	Bryan J. Smith	丹尼丝·道尔	Denise Dowell
布莱恩·肖尔	Blaine Shore	丹尼丝·克拉克·波普	Denise Clark Pope
布兰卡	Blanca	丹	Dan
布朗	Brown	丹增嘉措，第十四世达赖喇嘛	Tenzin Gyatso, the Dalai Lama Fourteenth
布雷克邦	Breakbone		
布鲁斯·乔伊斯	Bruce Joyce	道格拉斯·希利	Douglas Healy
S. H. 比利希	S. H. Billig	德博拉·埃利斯	Deborah Ellis
蔡斯	Chase	德尔夫	Delve
查尔斯·达尔文	Charles Darwin	德雷妮	Dreenie
查尔斯·林德伯格	Charles Lindbergh	德里克	Derek
查尔斯·珀金斯	Charles Perkins	德丽塔	Drita
查利	Charley, Charlie	德日进（本名：皮埃尔·泰亚尔·德夏尔丹）	Pierre Teilhard de Chardin
查利·威尔科克斯	Charlie Wilcox		
陈志勇	Shaun Tan	德斯蒙德·图图	Desmond Tutu
达拉	Dara	德沃拉·科	Devora Kaye
达雷尔	Darrel	德肖恩	DeShawn
达内尔	Darnell	邓布利多	Dumbledore
达娜·莱因哈特	Dana Reinhardt	迪迪埃·勒费伍尔	Didier Lefèvre
大军	Dajun	迪莫普尔·拉拉	Dimple Lala
戴维	Davey, David	迪伊	Dee
戴维·M. 多纳休	David M. Donahue	迪尤	Dew
戴维·扎斯洛夫	David Zasloff	蒂迪	Dede
黛安·范士丹	Dianne Feinstein	蒂米	Timmy
黛安·福西	Diane Fossey	蒂莫西	Timothy
黛安娜·德格罗特	Diana de Groat	蒂姆·奥布莱恩	Tim O'Brien
黛安娜·科恩	Diana Cohn	迭戈	Diego
黛比·蒂利	Debbie Tilley	多拉	Dora
丹妮	Dani	多利托	Dolittle
丹妮卡·诺夫哥罗多夫	Danica Novgorodoff	多米妮克	Dominique
丹尼·比格特里	Danny Bigtree	多特	Dot
丹尼·福	Danny Vo	跺脚兽	Toestomper
丹尼·塔克	Danny Tucker	厄尔	Earl

中文人名	外文人名	中文人名	外文人名
厄萨	Ursa	哥伦姆席勒	Columcille
恩奇奥	Enzio	格科	Gecko
法拉	Farah	格兰杰	Granger
菲比·罗斯	Phoebe Rose	格劳乔·马克思	Groucho Marx
菲利普·胡斯	Phillip Hoose	格雷戈里	Gregory
菲利普·库斯托	Philippe Cousteau	格雷丝·比德尔	Grace Biddle
费尔南多	Fernando	格雷丝·科菲	Grace Coffey
费罗莎	Feroza	格雷丝·林	Grace Lin
粉团（外号）	Pinky	格蕾塔	Greta
弗兰·鲁道夫	Fran Rudoff	格斯	Gus
弗兰克·巴克尔斯	Frank Buckles	格温德琳·里斯顿	Gwendolyn Riston
弗兰克·麦考特	Frank McCourt	古茜	Gussie
弗兰克·斯库利	Frank Scully	哈蒂	Hattie
弗兰克韦勒	Frankweiler	哈莉	Hallie
弗朗西丝·穆尔·拉普	Frances Moore Lappe	哈里	Harry
弗朗西斯·马丁·邓	Francis Mading Deng	哈利·波特	Harry Potter
弗朗西斯科·德尔加多	Francisco Delgado	哈伦	Haroon
弗朗西斯科·希门尼斯	Francisco Jiménez	哈默	Hammer
弗雷德丽卡	Frederika	哈姆扎	Hamza
弗雷德里克·道格拉斯	Frederick Douglass	哈珀·埃文斯	Harper Evans
弗里曼	Freeman	哈奇	Hatch
弗丽达	Frida	海伦·凯勒	Helen Keller
弗洛拉	Flora	海绵宝宝	Sponge Bob
弗洛伦斯·南丁格尔	Florence Nightingale	汉娜·胡斯	Hannah Hoose
弗农	Vernon	豪尔赫·阿格达	Jorge Argueta
芙朗辛	Francine	赫尔加·韦绍瓦	Helga Weissova
福	Vo	黑兹尔·罗克曼	Hazel Rochman
福尔	Foer	亨利	Henri, Henry
富兰克林	Franklin	亨利·戴维·梭罗	Henry David Thoreau
盖尔·M.孔	Gail M. Kong	亨利·科尔	Henry Cole
盖伊·蒙塔格	Guy Montag	亨特·斯科特	Hunter Scott
冈纳·霍姆奎斯特	Gunnar Holmquist	怀特	White
戈尔德	Gold	霍华德·瑟曼	Howard Thurman

中文人名	外文人名	中文人名	外文人名
霍莉·拉康特	Holly LaCount	杰斯	Jess
霍普	Hope	杰西	Jesse
霍奇特	Xóchitl	杰伊	Jay
A.惠特尼·布朗	A. Whitney Brown	金森	Jinsen
B.A.霍兰	B.A. Holland	卡迪贾	Kadija
基尔	Keir	卡尔	Cal
基努·邓斯顿	Keanu Dungston	卡尔·彼得罗斯基	Karl Petrofsky
基什娜	Kishina	卡利托斯	Carlitos
吉本斯	Gibbons	卡里姆·阿布杜拉-贾巴尔	Kareem Abdul-Jabbar
吉恩	Gene		
吉尔·艾迪生-雅各布森	Jill Addison-Jacobson	卡伦·库什曼	Karen Cushman
吉米·卡特	Jimmy Carter	卡罗莱娜·古德曼	Carolina Goodman
吉姆·克罗	Jim Crow	卡萝尔·巴克利	Carol Buckley
加布里埃尔	Gabriel	卡洛斯	Carlos
加里·巴加	Gary Bargar	卡米娜	Carmina
加里·克罗	Gary Crow	卡姆	Cam
贾马尔	Jamal	卡姆布里娅·戈登	Cambria Gordon
贾森	Jason	卡什	Karsh
贾丝明	Jasmine	凯伯尔	Khyber
贾斯廷	Justin	凯杰	Katje
简·雷诺兹	Jan Reynolds	凯莱布	Caleb
杰弗里·马吉	Jeffery Magee	凯瑟琳·伯杰·科	Cathryn Berger Kaye
杰克·甘托斯	Jack Gantos	凯瑟琳·佩特森	Katherine Paterson
杰克·穆恩	Jake Moon	凯文·奥马利	Kevin O'Malley
杰克·塔什吉安	Jake Tashjian	凯西·科亚	Kathe Koja
杰奎琳·B.马丁	Jacqueline B. Martin	科迪	Cody
杰拉尔多·苏珊	Gerardo Suzan	科丁斯基	Kodinski
杰里·斯皮内利	Jerry Spinelli	科尔·马修斯	Cole Matthews
杰里迈亚·沃克	Jeremiah Walker	科菲·安南	Kofi Annan
杰里米	Jeremy	科林·鲍威尔	Colin Powell
杰米·德克斯特	Jamie Dexter	科琳	Colleen
杰茜	Jessie	科琳娜	Corinne
杰茜卡	Jessica	科马克·麦卡锡	Cormac McCarthy

中文人名	外文人名	中文人名	外文人名
科尼利厄斯·范德比尔特	Cornelius Vanderbilt	朗	Lon
科乔	Kojo	劳尔	Raul
克拉丽丝	Clarisse	劳拉·罗格	Laura Rog
克拉丽斯	Clarice	劳丽·戴维	Laurie David
克莱德·罗伯特·布拉	Clyde Robert Bulla	雷·布拉德伯里	Ray Bradbury
克劳德特·科尔文	Claudette Colvin	雷克丝	Rex
克雷格	Craig	雷切尔	Rachel
克里斯	Chris	莉迪娅	Lydia
克里斯蒂	Christy, Kristi	莉莉	Lily
克里斯托弗·加林	Christopher Galyean	莉莲	Lillian
克里希纳	Krishna	莉娜	Lina
肯尼迪	Kennedy	莉齐	Lizzie
E. L. 柯尼斯伯格	E. L. Konigsburg	莉萨·塔克·麦克尔罗伊	Lisa Tucker McElroy
昆西·琼斯	Quincy Jones	莉赛尔·梅明杰	Liesel Meminger
拉尔夫·弗莱彻	Ralph Fletcher	莉莎	Liza
拉菲	Rafi	黎乖	Ngoan Le
拉斐尔·科尔蒂霍	Rafael Cortijo	里基·斯穆兹	Ricky Smootz
拉斐尔·特鲁希略	Rafael Trujillo	里卡多斯	Ricardos
拉格比	Rugby	里莎·尼克尔	Resa Nikol
拉克希米	Lakshmi	理查德·迪亚斯	Richard Diaz（R.D.）
拉拉	Lara	理查德·B. 罗斯	Richard B. Ross
拉里	Larry	理查德·米切尔森	Richard Michelson
拉塞尔·米德尔布鲁克	Russell Middlebrook	丽贝卡·吉姆	Rebecca Jim
拉斯伯里·希尔	Raspberry Hill	丽塔·梅·布朗	Rita Mae Brown
拉斯普京	Ratsputin	利昂	Leon
拉塔莎	LaTasha	利昂娜·尼古拉斯·韦奇尔	Leona Nicholas Welch
莱昂纳多·迪卡普里奥	Leonardo DiCaprio		
莱拉	Leyla	利奥·博洛克	Leo Borlock
莱马	Lema	利奥·洛夫	Leo Love
莱尼	Laney, Lenny	利伯塔德	Libertad
莱茜	Lacey	利蒂西娅	Leticia
莱斯莉·纽曼	Lesléa Newman	利姆	Liem
莱特	Wright	利特尔	Little

中文人名	外文人名	中文人名	外文人名
利亚姆	Liam	罗克珊	Roxanne
利亚娜·霍利迪·威利	Liane Holliday Willey	罗密欧	Romeo
林肯	Lincoln	罗纳德	Ronald
林赛	Lindsey	罗茜	Rosie
林赛·李·约翰逊	Lindsay Lee Johnson	罗塞尔	Roselle
琳达·格拉泽	Linda Glaser	罗莎·帕克斯	Rosa Parks
刘易斯·卡罗尔	Lewis Carroll	罗丝·李	Rose Lee
露皮塔	Lupita	罗斯福	Roosevelt
露丝·勒奇尔·伯恩斯坦	Ruth Lercher Bornstein	罗伊·埃伯哈特	Roy Eberhardt
露西	Lucy	罗泽·巴特列	Roser Batlle
鲁比·布里奇斯	Ruby Bridges	马蒂·达肯菲尔德	Marty Duckenfield
鲁迪	Rudy	马蒂娜	Martine
路德（也译作卢瑟）	Luther	马丁·路德·金	Martin Luther King
路易莎	Louisa	马尔科姆	Malcolm
路易丝	Louise	马科	Marco
路易斯·J. 罗德里格斯	Luis J. Rodriguez	马克斯	Max
伦纳德	Leonard	马克茜	Maxie
伦尼	Renny	马克西姆斯	Maximus
罗比·琼斯	Robbie Jones	马库斯·奥里利厄斯	Marcus Aurelius
罗宾·"鸟人"·佩里	Robin "Birdy" Perry	马特	Matt
罗伯特·F. 肯尼迪	Robert F. Kennedy	马歇尔·麦克卢汉	Marshall McLuhan
罗伯特·巴尔曼	Robert Bhaerman	马修	Matthew
罗伯特·麦克洛斯基	Robert McCloskey	马娅·安杰卢	Maya Angelou
罗伯特·斯滕伯格	Robert Sternberg	玛迪	Maddie
罗伯托·克莱门特	Roberto Clemente	玛尔塔	Marta
罗迪·拉夫安斯	Rowdy Ruffians	玛格丽特·费尔利斯·巴伯	Margaret Fairless Barber
罗恩·佩里	Ron Perry		
罗恩·维根	Ron Wegen	玛格丽特·鲁尔思	Margriet Ruurs
罗弗	Rover	玛格丽特·米德	Margaret Mead
罗赫尔·阿里	Rohul Ali	玛吉·皮尔西	Marge Piercy
罗吉娜·克拉拉·贾德维加·阿纳斯塔其亚·布罗德斯基	Rodzina Clara Jadwiga Anastazya Brodski	玛里昂·赫斯·波梅兰克	Marion Hess Pomeranc
		玛丽·沃特利·蒙塔古	Mary Wortley Montague
		玛丽安·赖特·埃德尔曼	Marian Wright Edelman

中文人名	外文人名	中文人名	外文人名
玛丽娜	Marina	摩西	Moses
玛丽索尔	Marisol	莫拉	Mora
玛丽亚·施莱弗	Maria Shriver	莫莉	Molly
玛丽亚·特雷莎	Maria Teresa	莫利	Morley
玛丽亚·托尔奇夫	Maria Tallchief	莫斯·特劳恩利	Moss Trawnley
玛丽亚·伊莎贝尔	Maria Isabel	莫滕森	Mortenson
玛莎·鲁夫	Marsha Rueff	莫伊拉	Moira
玛娃·N. 柯林斯	Marva N. Collins	B. E. 莫利	B.E. Moely
玛希	Marcy	内尔	Nell
迈尔斯	Miles	内尔达·布朗	Nelda Brown
迈卡	Micah	内特	Nate
迈克·欣森	Mike Hingson	纳迪姆	Nadeem
迈克·休里维兹	Mike Hurewitz	纳恩·彼得森	Nan Peterson
迈克尔·J. 罗森	Michael J. Rosen	纳齐娅	Nazia
迈克尔·波伦	Michael Pollan	纳斯琳	Nasreen
迈克尔·布兰肯内格	Michael Blankenerg	纳塔莉·戈德堡	Natalie Goldberg
迈克尔·卡杜托	Michael Caduto	纳伍斯	Nawuth
梅	Mai	纳西	Nasi
梅比·尼克	Maybe Nick	娜奥米	Naomi
梅布尔·琼	Mabel Jean	南希·里根	Nancy Reagan
梅格·布拉驰	Meg Bratsch	尼基	Nikki
梅拉妮·伊克莱尔	Melanie Eclare	尼克	Nick
梅丽莎	Melissa	尼克洛德昂	Nikelodeon
美利坚（书中人名专用）	América	尼莎·伯根	Nissa Bergen
米尔顿·伯利	Milton Berle	尼扎姆	Nizam
米拉鲍尔	Mirabal	诺埃莉	Noelie
米洛斯·昆德拉	Milos Kundera	诺厄	Noah
米内尔娃	Minerva	诺拉	Nora
米娜	Meena	诺娜	Nona
米切尔	Mitchell	帕尔默	Palmer
米歇尔·奥巴马	Michelle Obama	帕里斯	Paris
米娅塔	Miata	帕琵	Papi
明娜	Minna	帕斯特	Paster

中文人名	外文人名	中文人名	外文人名
帕特·布里森	Pat Brisson	乔治·艾洛特	George Eliot
帕特尔	Patel	乔治·贝克	George Baker
帕特里克	Patrick	乔治·赫伯特	George Herbert
帕特里夏·波拉科	Patricia Polacco	乔治·华盛顿	George Washington
帕特娅	Patria	丘恩	Chun
帕瓦纳	Parvana	让-巴普蒂斯特·马西龙	Jean Baptiste Massillon
庞培·沃克	Pompey Walker	茹灵	Luling
佩格	Peg	瑞安·勒尔杰克	Ryan Hreljac
佩皮塞克	Pepicek	撒哈拉	Sahara
佩珀	Pepper	萨拜茵	Sabine
皮迪	Petey	萨迪卡	Sadiqa
皮帕卢克	Pipaluk	萨尔	Sal
皮雅	Pia	萨卡加维亚	Sacagawea, Sacajawea
平库斯·"粉红"·艾里	Pinkus "Pink" Aylee	萨拉·德拉诺·罗斯福	Sara Delano Roosevelt
平奇	Pinch	萨拉·格里姆克·泰勒	Sarah Grimke Taylor
朴永	Young Park	萨里	Sarie
普鲁登丝·克兰德尔	Prudence Crandall	萨利	Saily
奇科·门德斯	Chico Mendez	萨玛	Samar
奇普·马丁	Chip Martin	萨曼莎	Samantha
钱达	Chanda	萨米·阿亚拉	Sammy Ayala
钱斯	Chance	萨米尔	Sameer
乔·福尔曼	Joe Follman	萨米拉	Sameera
乔·卡普里	Joe Capri	萨姆	Sam
乔·李	Jo Lee	塞巴斯蒂安·巴思	Sebastian Barth
乔奥纳	Choona	塞阔雅	Sequoyah
乔丹·索南布利克	Jordan Sonnenblick	塞莉安	Celiane
乔德	Joad	塞莉纳	Celina
乔恩·施密特	Jon Schmidt	桑达拉	Sundara
乔莫·罗杰斯	Jomo Rogers	桑德拉·西斯内罗斯	Sandra Cisneros
乔纳森·科佐尔	Jonathan Kozol	桑尼·利斯顿	Sonny Liston
乔赛亚斯	Josias	莎林·科利克特	Sharleen Collicott
乔斯琳	Jocelyn	杉原弘树	Hiroki Sugihara
乔希	Josh	绍绍娜	Shoshona

中文人名	外文人名	中文人名	外文人名
圣雄甘地	Mahatma Gandhi	汤姆·鲁宾逊	Tom Robinson
史蒂文·阿尔珀	Steven Alper	唐·马登	Don Madden
斯蒂芬	Stephen	唐·希尔	Don Hill
斯凯利	Skelly	唐纳德	Donald
斯科特·哈德森	Scott Hudson	唐娜·里特	Donna Ritter
斯库特	Scout	特拉维斯	Travis
斯帕德	Spud	特雷弗	Trevor
斯塔奇	Starch	特雷莎·马克斯	Teresa Marks
斯坦利·叶那茨	Stanley Yelnats	特雷西·哈金斯	Tracy Harkins
斯陶乌索斯	Stousos	特里西娅·安	Tricia Ann
斯特拉·路易埃拉	Stella Louella	特丽·皮克洛尔	Terry Pickeral
斯通	Stone	特丽纳	Trina
斯威比·琼斯	Sweeby Jones	特丽莎	Trisha
斯温	Sween	特鲁迪	Trudi
叟素	Sosu	特伦斯	Terence
苏珊·A.阿布拉瓦内尔	Susan A. Abravanel	特莎	Tessa
苏珊·弗米尔	Susan Vermeer	提托	Tito
苏珊·罗思	Susan Roth	图莉	Tuli
苏珊·斯内勒	Susan Sneller	托马萨	Tomasa
苏珊·斯塔克韦瑟	Susan Starkweather	托马斯	Tomás
苏斯	Seuss	托梅克·博加基	Tomek Bogacki
所罗门·刘易斯	Solomon Lewis	托尼·霍克	Tony Hawk
索尔·凯利·琼斯	Sol Kelley-Jones	托尼·普卢默	Toni Plummer
索菲	Sophie	托妮·约翰斯顿	Tony Johnston
索菲娅	Sophia	瓦什蒂	Vashti
索利	Soli, Soly	万达·彼得罗斯基	Wanda Petronski
索尼娅·莱维京	Sonia Levitin	万加里·马塔伊	Wangari Maathai
E. F. 舒马赫	E. F. Schumacher	威尔·罗杰斯	Will Rogers
塔法	Tafa	威尔玛·鲁道夫	Wilma Rudolph
塔米卡	Tamika	威利	Willie
塔舍匡特姆	Tusquantum	威莉	Willy
塔什	Tush	威廉·毕比	William Beebe
泰勒	Tyler	威廉·坎奎姆巴	William Kamkwamba

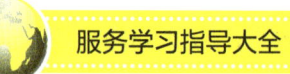

中文人名	外文人名	中文人名	外文人名
威廉·劳埃德·加里森	William Lloyd Garrison	幸子	Sachiko
威廉·莎士比亚	William Shakespeare	雪莉	Shirley
威廉斯	Williams	亚伯拉罕·林肯	Abraham Lincoln
韦林顿	Wellington	亚当	Adam
维多利亚·伍德哈尔	Victoria Woodhull	雅克·伊夫·库斯托	Jacques Yves Cousteau
维克托·迪肯斯	Victor Dickens	亚力克西·亚力克西	Alexy Alexy
维瑞·威克姆	Veray Wickham	亚历克斯（丝）	Alex
温妮·福斯特	Winnie Foster	亚历克斯·安帕罗	Alex Amparo
温斯顿·丘吉尔	Winston Churchill	亚历克斯·格雷戈里	Alex Gregory
文斯·隆巴尔迪	Vince Lombardi	亚历克西	Alexie
沃尔特	Walt	亚历克西斯·索耶	Alexis Soyer
伍蒂·海斯	Wootie Hayes	亚历山德拉	Alexandra
西尔斯-罗巴克	Sears-Roebuck	杨梅	Mai Yang
西尔维娅	Sylvia	叶祥添	Laurence Yep
西蒙·席尔瓦	Simon Silva	一行禅师	Thich Nhat Hanh
西蒙娜	Simone	伊恩	Ian
西泽·E. 查维斯（又译凯撒·E. 查韦斯）	César E. Chávez	伊芙·邦廷	Eve Bunting
		伊芙琳·鲁宾逊	Evelyn Robinson
		伊卡鲁斯·杰克逊	Ikarus Jackson
		伊克巴尔·马西	Iqbal Masih
希尔迪·比德尔	Hildy Biddle	伊莱恩·李伯逊	Elaine Liebsohn
希琳	Shireen	伊丽莎白·戈麦斯	Elizabeth Gómez
希特勒	Hitler	伊丽莎白·格拉泽	Elizabeth Glaser
悉达多	Siddhartha	伊利·威塞尔	Elie Wiesel
茜茜	Sissy	伊莎贝尔	Isabel
夏洛特·罗伯茨	Charlotte Roberts	伊万杰琳·马德	Evangline Mudd
夏扎姆	Shazaam	以赛亚	Isaiah
香农·K. 雅各布斯	Shannon K. Jacobs	尤金	Eugene
小詹姆斯·伯德	James Byrd Jr.	尤拉	Eula
肖恩	Shawn	尤利西斯·S. 格兰特	Ulysses S. Grant
肖齐亚	Shauzia	驭风	Windrider
谢尔登·"说"·柯蒂斯	Sheldon "Say" Curtis	约翰·厄博纳	John Eibner
辛迪	Cindy	约翰·菲茨杰拉德·肯尼迪	John Filzgerald Kennedy
辛西娅·洛德	Cynthia Lord		

附录六 人名对照表

中文人名	外文人名
约翰·明克勒	John Minkler
约翰·缪尔	John Muir
约翰·斯坦贝克	John Steinbeck
约翰·沃思	John Worth
约翰逊	Johnson
约瑟夫·艾迪生	Joseph Addison
约瑟夫·布鲁夏克	Joseph Bruchac
约瑟夫·坎贝尔	Joseph Campbell
月影（小说人物名，意译）	Moon Shadow
允	Yoon
泽蒂	Zettie
曾余津	Yujin Zeng
扎克	Zach
扎娜	Zana
扎伊德	Zayde
詹米拉	Jameela
詹姆斯·邦德	James Bond
詹姆斯·豪	James Howe
詹姆斯·克罗斯·吉布林	James Cross Giblin
詹姆斯·拉塞尔·洛厄尔	James Russell Lowell
詹姆斯·庞寿尔德	James Ponsoldt
贞子	Sadako
珍	Jean
珍·古道尔	Jane Goodall
珍娜	Janna
珍妮	Jeannie
珍妮	Jenny
珍妮特·塔什吉安	Janet Tashjian
朱巴尔·休梅克	Jubal Shoemaker
朱迪·加尔布雷思	Judy Galbraith
朱莉·罗杰斯·巴斯科姆	Julie Rogers Bascom
朱丽叶	Juliet
朱利	Julie
朱利亚诺	Giuliano
朱利叶斯·罗森沃尔德	Julius Rosenwald
朱尼尔	Junior
佐克·崔伯克	Zork Tripork
佐薇	Zoe

附录七　组织机构、项目名称对照表

组织机构、项目中文名称	组织机构、项目外文名称
阿尔比恩中心学区	Albion Central School District
阿拉梅达自行车俱乐部	Alameda Bike Club
阿拉斯加青少年环保行动	Alaska Youth for Environmental Action
阿瓦隆高中	Avalon High School
阿瓦萨儿童项目	Awassa Children's Project
阿瓦萨儿童中心	Awassa Children's Center
埃尔迈拉市水务局	Elmira Water Board
埃伦·P.哈伯德学校	Ellen P. Hubbard School
艾奥瓦州立大学	Iowa State University
爱因斯坦初中	Einstein Middle School
爱之锁	Locks of Love
安尼克出版社	Annick Press
奥克伍德小学	Oakwood Elementary School
奥林匹克委员会	Olympic Committee
奥鲁赫学习中心	Oruj Learning Center
奥伟初中	Awet Secondary School
巴内斯维尔高中	Banesville High
巴塞罗那市议会	Barcelona City Council
巴斯比纪念高中	Busby Memorial High School
巴西可小学	Bacich Elementary School
白石镇女童子军夏令营	White Rock Girl Scout Camp
北亚当斯公立学校学区	North Adams Public Schools
贝利湖小学	Bailey Lake Elementary
比彻小学	Beecher Elementary
比尔及梅琳达·盖茨基金会	Bill and Melinda Gates Foundation
波拉德·麦考尔初中	Pollard McCall Jr. High
波特兰出版社	Portland Press
布莱克斯通学院特许学校	Blackstone Academy Charter School
布莱克学校	The Blake School
布兰代斯·希勒尔走读学校	Brandeis Hillel Day School
布朗森纪念医院	Bronson Memorial Hospital
布鲁金斯研究所	The Brookings Institute
长河高中	Long River High

组织机构、项目中文名称	组织机构、项目外文名称
常青幼儿园	Evergreen Preschool
超级兄弟姐妹	SuperSibs
超级圆顶体育馆	Superdome
成人教育中心	Adult Education
吃得满意食物配餐间	SOVA Food Pantry
从农场到校园	Farm to School
大教堂高中	Cathedral High School
大象禁猎区	The Elephant Sanctuary
大橡树老年活动中心	Grand Oak Senior Center
大学高中	University High School
大自然保护协会	The Nature Conservancy
得克萨斯州公园和野生动物局	Texas Parks and Wildlife
登顿溪小学	Denton Creek Elementary School
地球回声国际	EarthEcho International
地球力量	Earth Force
地球日网络	The Earth Day Network
地毯标识	Rugmark
底特律动物关爱中心	the Detroit Center for Animal Care
第十六街浸礼会教堂	Sixteen Street Baptist Church
东塞拉学院高中	Eastern Sierra Academy High School
东田纳西儿童之家	East Tennessee Children's Home
动物营救俱乐部	Animal Rescue Club
对社会负责的教育工作者（已改名为：参与式学校）	Educators for Social Responsibility (Engaging Schools)
多尔比小学	Dolby Elementary
俄裔社区中心	Russian Community Center
鹅卵石博物馆	Cobblestone Museum
儿童艾滋病基金会	Pediatric AIDS Foundation
儿童帮儿童	Children Helping Children
儿童帮助贫穷者和无家可归者	Children Helping Poor and Homeless People
儿童保护基金	Children's Defense Fund
儿童和贫困研究所	The Institute for Children and Poverty
儿童饥饿网络	Children's Hunger Network
儿童健康	KidsHealth
儿童联盟	KIDS Consortium
儿童援助协会	Children's Aid Society
防止虐待动物协会（简称SPCA）	Society for the Prevention of Cruelty to Animals (SPCA)
非洲野生动物捕猎品远征考察队	African Bushmeat Expedition
费尔韦小学	Fairway Elementary
费尔维尤图书馆	Fairview Library
分享我们的力量	Share Our Strength

组织机构、项目中文名称	组织机构、项目外文名称
佛罗里达州学习和服务队	Florida Learn and Serve
佛罗里达州志愿服务	Volunteer Florida
服务学习教育协会	The Association for Service Learning Education
富兰克林郡警察局	Franklin County Sheriff's Department
富兰克林郡社区教育中心	Franklin County Community Education Center
嘎巴日历/通瓦泉水基金会	Gabrielino/Tongva Springs Foundation
嘎巴日历/通瓦文化传承组织	Gabrielino/Tongva Cultural Heritage Organization
高科技高中	High Tech High
戈顿高中	Gorton High School
格伦维优小学园丁社区	Glen View Elementary School Community of Gardeners
根与芽	Roots & Shoots
固体废物一体化管理委员会	Integrative Waste Management Board
关闭电视者网络	TV-Turn Off Network
国际鹤类基金会	International Crane Foundation
国际环境与发展高级培训项目（简称 LEAD）	L.E.A.D. (Leadership for Environment and Development)
国际街头儿童	Street Kids International
国际救援委员会	International Rescue Committee
国际劳工组织	The International Labour Organization
国际乐施会	Oxfam International
国际仁人家园	Habitat for Humanity International
国际特赦儿童组织（简称 AIKids）	Amnesty International Kids (AIKids)
国际特赦组织	Amnesty International
国际文凭组织	International Baccalaureate
国际小母牛组织	Heifer Project International
国家海洋渔业服务局	National Marine Fishing Services
国家历史保护基金	National Trust for Historic Preservation
国家荣誉协会	National Honor Society
国家森林服务局	National Forest Service
国家意第绪语书籍中心	National Yiddish Book Center
国家与社区服务机构	Corporation for National and Community Service
国家资源保护服务局	National Resources Conservation Services
国王初中	King Middle School
国王小学	King Elementary School
哈佛大学公共卫生学院	Harvard School of Public Health
哈姆莱大学	Hamline University
孩子帮孩子	Kids Helping Kids
孩子的星球	Kids' Planet
孩子能做的事	What Kids Can Do
海滨小学	Marina Elementary School
海龟恢复网络	Sea Turtle Restoration Web

附录七　组织机构、项目名称对照表

组织机构、项目中文名称	组织机构、项目外文名称
海啸赈灾网	Tsunami Relief Network
汉布尔小学	Humble Elementary
号角图书（出版社）	Clarion Books
和平队	Peace Corps
河畔庇护所	Riverside Shelter
黑豹组织	Black Panthers
黑人学生联盟	Black Student Union
亨迪大道小学	Hendy Avenue Elementary
红十字会	Red Cross
湖泊郡学区	Lake County Schools / Lake County School District / Lake School District
华沙美国学校	American School of Warsaw
华沙起义博物馆	Warsaw Uprising Museum
华裔社区行动联盟（简称CCAC）	Chinese Community Action Coalition (CCAC)
环佳	Ecoplus
环境与空间技术实验室	Environment and Spatial Technology（EAST）Lab
惠勒小学	Wheeler Elementary
霍格沃茨魔法学校	Hogwarts School of Wizardry
霍勒斯·曼初中	Horace Mann Middle School
CBK专业事务所和ABCD书源	CBK Associates and ABCD Books
认养一个流域	Adopt-A-Watershed
基督教青年会	Young Men's Christian Association
急救与社区紧急响应队	First Aid and CERT (Community Emergency Response Teams)
疾病控制中心	The Centers for Disease Control
记忆桥	Memory Bridge
加德纳街小学	Gardner Street Elementary
加拿大公民和移民局	Department of Citizenship and Immigration Canada / Citizenship and Immigration Canada
加泰罗尼亚服务学习中心	Centre Promotor Aprenentatage Servei（Service Learning Center of Catalonia）
加泰罗尼亚血液和人体组织库	Blood and Tissue Bank of Catalonia
加州秃鹰恢复小队	California Condor Recovery Team
加州学校网上教育资讯	Schools of California Online Resources for Education
加州渔业和狩猎部	California Department of Fish and Game
家长教师学生联合会	Parent Teacher Student Association
家庭资讯	Family Resources, Inc.
教师教育中的服务学习国际中心	The International Center for Service Learning in Teacher Education
教育工作者服务学习联合会	The Educators Consortium for Service Learning（ECSL）

组织机构、项目中文名称	组织机构、项目外文名称
街道法律	Street Law
杰斐逊小学	Jefferson Elementary
解放儿童	Free the Children
今日青少年	Youth Today
金门猛禽观测站	Golden Gate Raptor Observatory
旧金山考察者报演讲事务处	San Francisco Examiner Speaker's Bureau
救世军	Salvation Army
救助儿童会	Save the Children
巨大步伐（学校）	Giant Steps
卡莱尔印第安学校	Carlisle Indian School
卡罗尔郡公立学校学区	Carroll County Public Schools
卡普道特许学校	Capdau Charter School
卡萨迪学校	Casady School
凯泽家族基金会（凯泽又译为凯撒、凯萨）	The Kaiser Family Foundation
坎特伯雷女子寄宿学校	The Canterbury Female Boarding School
科伯恩小学	Coburn Elementary
科森尼斯河保护区	Cosumnes River Preserve
科学、技术、工程及数学计划（简称STEM）	Science, Technology, Engineering, and Mathematics program
克里克伍德初中	Creekwood Middle School
肯特菲尔德学区	Kentfield School District
跨代同心会	Generations United
宽容教育网	Tolerance.org
宽容博物馆	Museum of Tolerance
拉布兰奇·赫斯特初中湿地守望者	LaBranche Hurst Middle School Wetland Watchers
拉丁美洲服务学习中心	The Latin American Center for Service Learning
莱曼·穆尔初中	Lyman Moore Middle School
莱纳斯毯子项目	Project Linus
朗氏青少年医疗计划	Lang Youth Medical Program
老年人服务队	Senior Corps
联合国艾滋病规划署	UNAIDS
联合国儿童基金会（UNICEF）	United Nations International Children's Emergency Fund (UNICEF)
联合国世界食物计划署	United Nations World Food Program
联合劝募	United Way
邻里法律援助基金会	Neighborhood Legal Assistance Foundation
领导力教育与发展机构	LEADership Education and Development (LEAD)
流域领域未来领袖	Future Leaders of Watersheds
鲁彻高中	Rucher High
罗伯托·克莱门特高中	Roberto Clemente High School

附录七 组织机构、项目名称对照表

组织机构、项目中文名称	组织机构、项目外文名称
罗得岛州计划生育	Planned Parenthood Rhode Island
罗纳德·L. 索多马小学	Ronald L. Sodoma Elementary School
马丁·路德·金科技磁力学校	Martin Luther King Science and Technology Magnet School
马凯雷雷大学	Makerere University
马里兰州教育委员会	Maryland Board of Education
马歇尔郡远离毒品青少年委员会	Drug Free Marshall County Youth Council
玛丽·莱昂学校	Mary Lyon School
玛丽·欧·波廷杰学校	Mary O. Pottenger School
迈阿密—戴德郡公立学校学区	Miami-Dade County Public Schools
迈阿密新闻纪录报	Miami News Record
迈卡高中	Mica High
美国癌症协会	American Cancer Society
美国板栗基金会	The American Chestnut Foundation
美国板栗基金会马里兰州分会	Maryland Chapter of the American Chestnut Foundation
美国防止虐待动物协会	American Society for the Prevention of Cruelty to Animals
美国国会图书馆	U.S. Library of Congress
美国国家公园服务局	National Park Service
美国国税局	Internal Revenue Service
美国国土安全部	U.S. Department of Homeland Security
美国红十字会	America Red Cross
美国乐施会	Oxfam America
美国联邦紧急事务管理署	U.S. Federal Emergency Management Agency
美国陆军通信兵（部队）	Army Signal Corps
美国农业部自然资源保护服务局	Natural Resources Consevation Service
美国青少年服务网	Youth Service America
美国退休人士协会	American Association of Retired Persons (AARP)
美国卫生职业学生协会（简称 HOSA）	Health Occupation Students of America (HOSA)
美国未来农民协会	Future Farmers of America
美国希望联盟	America's Promise Alliance
美国学习和服务队	Learn and Serve America
美国公民及移民服务局（简称美国移民局）	U.S. Citizenship and Immigration Services
美国移民归化服务局（原用名）	Immigration and Naturalization Services
美国志愿服务队	Volunteers In Service To America
密歇根州人道庇护所	Michigan Humane Society Shelter
免费报税服务站	Volunteer Income Tax Assistance Site
缅因州艺术学院	Maine College of Art
苗族社区转介机构	Hmong Community Referral Agency
民间资源保护队	Civilian Conservation Corps

组织机构、项目中文名称	组织机构、项目外文名称
民俗舞团（俱乐部）	Ballet Folklorico
默特尔海滩中间学校	Myrtle Beach Intermediate School
穆列塔谷地高中	Murrieta Valley High School
南沃克小学	South Walker Elementary
内城高中	Inner-city High School
纳马萨加利小学	Namasagali Primary School
奈茨-卡德里基金	Knights-Kaderli (The Richard Knights-Sue Kaderli Memorial Fund)
南方贫困法律中心	Southern Poverty Law Center
南湖高中	South Lake High School
牛油果小学	Avocado Elementary School
纽卡斯尔高中汽车启动项目队	The New Castle Senior High School Project Ignition Team
纽约州阿尔比恩国家自然保护委员会	National Conservation New York of Albion
纽约州梅迪纳市社区成员会	Community Members of Medina, New York
农学院	Agriculture College
女童子军弗吉尼亚州天际线委员会	Girl Scouts of Virginia Skyline Council
女童子军西弗吉尼亚州肖尼委员会	Girl Scouts of Shawnee Council in West Virginia
帕克·惠特尼小学	Parker Whitney Elementary School
帕克兰初中	Parkland Middle School
普纳荷学校	Punahou School
乔治敦高中	Georgetown High
切罗基人全国学习和服务队	Cherokee National Learn and Serve
青少年委员会	Youth Council
青少年、犯罪与社区计划	Teens, Crime and the Community
青少年安全化妆品网	Teens for Safe Cosmetics Web
青少年倡导之声	Voice of Youth Advocates
青少年告诉青少年非暴力	Teens Informing Teens About Nonviolence
青少年梦想家	Youth Dreamers
青少年能力增强计划	Youth Empowerment Project
青少年应急服务	Youth Emergency Services
全国犯罪预防委员会	National Crime Prevention Council
全国服务包容计划	The National Service Inclusion Project
全国服务学习伙伴关系	National Service Learning Partnership
全国服务学习领导力学校	National Service Learning Leadership School
全国服务资讯中心	Naticnal Service Resource Center
全国劳工组织	National Labour Organization
全国老龄化教学学院	The National Academy for Teaching and Learning About Aging
全国贫困儿童中心	National Center for Children in Poverty

附录七 组织机构、项目名称对照表

组织机构、项目中文名称	组织机构、项目外文名称
全国青少年领导力委员会	National Youth Leadership Council
全国无家可归家庭中心	National Center On Family Homelessness
全国野生动物联合会	The National Wildlife Federation
全国有色人种协进会	National Association for the Advancement of Colored People (NAACP)
全国园艺协会	National Gardening Association
全球儿童贫困和疾病研究计划	Global Study on Child Poverty and Disparties
仁人家园	Habitat for Humanity
任何孩子	Randomkid
日常民主	Everyday Democracy
瑞安之井基金会	Ryan's Well Foundation
三K党	Ku Klux Klan
三轮车出版社	Tricycle Press
沙利文学校	Sullivan School
珊瑚滨高中	Coral Shores High School
商会	Chamber of Commerce
上门送餐	Meals on Wheels
少年盲人	Junior Blind
少年园艺大师	Junior Master Gardeners
设菲尔德市学校学区	Sheffield City Schools
社区调解服务中心	Community Mediation Services
社区反对暴力联合会	Community United Against Violence
社区紧急响应队	Community Emergency Response Team
圣巴巴拉高中	Santa Barbara High School
圣迭戈动物学会（又译圣地亚哥动物学会）	Zoological Society of San Diego
圣迭戈媒体艺术中心	Media Arts Center San Diego
圣公会诸圣学校	All Saints Anglican School
圣克拉拉大学	Santa Clara University
圣吕克修道院	the Abbey of St. Luc
圣莫尼卡高中	Santa Monica High School
圣祖德儿童研究医院	St. Jude's Children's Research Hospital
诗歌会	Poetry
食物配餐间	Food Pantry
食物银行	Food Bank
世界基督教协进会	Advocacy for the Christian Solidarity International
世界咖啡馆	The World Cafe
世界邻居	World Neighbors
市民投诉办公室	Office of Citizen Complaints
是的，你行（俱乐部）	Si Si Puede

组织机构、项目中文名称	组织机构、项目外文名称
水质监控委员会	Water Quality Control Board
斯潘塞初中	Spencer Middle School
索普伍德环境中心	Thorpewood Environmental Center
塔科马公园初中	Tacoma Park Middle School
塔利班	Taliban
太平洋橡树幼儿园	Pacific Oaks Preschool
泰雷津（纳粹）集中营	Terezin (Nazi) Concentration Camp
探究中心（学校）	Center for Inquiry
探索教育集团	Discovery Education
特鲁利高中	Drury High School
特殊奥林匹克运动会（简称特奥会）	Special Olympics
启蒙计划（中心）	Head Start
甜美自由学校	Sweet Freedom School
同一份爱剧场	One Love Theater
（美国国内资源部）土地管理局	Bureau of Land Management
威尔·罗杰斯小学	Will Rogers Elementary School
威廉·弗朗茨小学	William Frantz Elementary School
威廉姆斯学院	Williams College
为服务而编织俱乐部	Knit-for-Service Club
为美国而教	Teach for America
韦尔斯利学院（又译卫斯里女子学院）	Wellesley College
韦斯特菲尔德自然保护（中心）	Westfield Conservation (Center)
韦斯特赛德食物银行	Westside Food Bank
韦斯特伍德小学	Westwood Elementary
我的餐盘	MyPlate.gov
卧龙大熊猫繁育中心	Wolong Giant Panda Breeding Center
无国界医生	Doctors without Borders
无国界医生加拿大分部	Canadian section of Doctors Without Borders
五点出版社	Cinco Puntos Press
西尔维奥·康特初中	Silvio Conte Middle School
西好莱坞市社会服务局	Social Services of the City of West Hollywood
西好莱坞市图书馆	West Hollywood Library
西蒙·威森塔尔中心	Simon Wiesenthal Center
西悉尼大学	Univeristy of Western Sydney
西泽·查维斯公共政策公立特许学校	César Chávez Public Charter School for Public Policy
希芒河谷历史博物馆	Chemung Valley History Museum
稀有组织	Rare Organization
锡达堡保护协会	Cedarburg Preservation Society
香农基金会	Shannon Foundation

附录七 组织机构、项目名称对照表

组织机构、项目中文名称	组织机构、项目外文名称
校园盟约	Campus Compact
新地平线高中	New Horizon High School
新迦南乡间学校	New Canaan Country School
雄鹰廊青少年中心	The Eagle Arcade Youth Center
学区服务学习顾问委员会	School District Service Learning Advisory Committee
学区总监办公室	School District Superintendent's Office
学生无处不在反对暴力全国协会	National Association of S.A.V.E.（Students Against Violence Everywhere）
学术与艺术学院	Academy for Academics and Arts
寻找原因	Search for the Cause
亚伯拉罕·克拉克高中	Abraham Clark High School
亚拉巴马州人力资源局	Alabama Department of Human Resources
扬基牧场溪流开垦	Yonkee Ranch Creek Reclamation
扬克斯市紧急事务管理办公室	Yonkers Office of Emergency Management
耶茨学校	Yates School
野生动物守护者	Defenders of Wildlife
一杯知识（咖啡店）	A Cup of Knowledge
一书在手	A Book in Hand
尤里卡高中	Eureka High School
游客中心	Visitor's Center
有所作为	Do Something
园林部	Department of Parks and Gardens
园艺儿童!	KidsGardening.org
圆石独立学区	Round Rock Independent School District
（美国农业部）营养政策与促进中心	Center for Nutrition Policy and Promotion（CNPP）
在我们的村庄	In Our Village
早期教育中心	The Center for Early Education
张开手项目	Project Open Hand
珍·古道尔研究会	The Jane Goodall Institute
芝加哥公立学校学区	Chicago Public Schools
芝加哥人类服务局	Chicago Department of Human Services
只要蚊帐	Nothing But Nets
治愈儿童期癌症协会	CURE Childhood Cancer Association
中心高中	Central High School
中心替代型学校	Central Alternative School
州级教育委员会（联盟）	Education Commission of the States
州立农业保险公司	State Farm
转折点庇护所	Turning Points Shelter
自闭症之声	Autism Speaks

组织机构、项目中文名称	组织机构、项目外文名称
自然资源保护协会	The National Resources Defense Council
组织起来采取抗灾行动的青少年	Youth Organized for Disaster Action
最佳伙伴国际	Best Buddies International
佐勒学校	Zoller School

附录八 作品对照表

作品中文名	作品外文名
《阿富汗梦想：阿富汗年轻人的声音》	Afghan Dreams: Young Voice of Afghanistan
《阿格尼丝呱呱叫》	When Agnes Caws
《阿卡德的诅咒：气候剧变撼动人类历史》（简称《阿卡德的诅咒》）	The Curse of Akkad: Climate Upheavals That Rocked Human History (The Curse of Akkad)
《阿马迪的雪人》	Amadi's Snowman
《埃德温娜胜利了》	Edwina Victorious
《埃丽卡的故事》	Erika's Story
《埃玛》（又译《爱玛》《艾玛》）	Emma
《埃斯佩兰萨的崛起》	Esperanza Rising
《艾伦的战争：军人艾伦·科普的回忆》（简称《艾伦的战争》）	Alan's War: The Memories of G.I. Alan Cope (Alan's War)
《艾滋病：能阻止它的流行吗？》	AIDS: Can This Epidemic Be Stopped?
《艾滋病》	AIDS
《艾滋病毒和艾滋病：在变化着的世界中应对》	HIV and AIDS: Coping in a Changing World
《艾滋病人》	People with AIDS
《艾滋患儿亚历克斯》	Alex, the Kid with AIDS
《爱编织的内尔》	Knitting Nell
《爱丽丝奇遇记》（又译《爱丽丝梦游仙境》）	Alice's Adventures in Wonderland
《爱淋浴的猫头鹰》	There's an Owl in the Shower
《爱冒险的厨师：亚历克西斯·索耶》	The Adventurous Chef: Alexis Soyer
《爱你的莉齐：给一位现役母亲的信》	Love, Lizzie: Letters to a Military Mom
《安妮姥姥，快一点》	Hurry Granny Annie
《安琪拉的灰烬》	Angela's Ashes
《安全地带：人身安全儿童指南》	The Safe Zone: A Kid's Guide to Personal Safety
《奥先生的大提琴》	The Cello of Mr. O
《巴德》	Bud
《巴勒斯坦和以色列孩子说出的三个愿望》	Three Wishes Palestinian and Israeli Children Speak
《巴黎大清真寺：穆斯林在大屠杀期间营救犹太人的故事》	The Grand Mosque of Paris: A Story of How Muslims Rescued Jews During the Holocaust
《巴士拉市的图书馆员：一个来自伊拉克的真实故事》	The Librarian of Basra: A True Story from Iraq

作品中文名	作品外文名
《把爱传下去》	Pay it Forward
《把你看见的画出来：泰雷津集中营里一个孩子的画》	Draw What You See: A Child's Drawings from Theresienstadt/Terezin
《把它变成家：被迫逃离的儿童所讲述的真实生活故事》	Making it Home: Real-Life Stories from Children Forced to Flee
《把它交给蚯蚓！》	Give It to the Worms!
《白丁香》	White Lilacs
《白狼》	White Wolf
《白女巫》	The White Witch
《白色长颈鹿》	The White Giraffe
《搬来搬去：一个孩子眼中的庇护所生活》	Changing Places: A Kid's View of Shelter Living
《办学校：我们正在造就一代压力重重、物质至上、教育失当的学生》	Doing School: How We Are Creating Generation of Stressed-Out, Materialistic, and Miseducated Students
《伴你高飞》（又译《返家十万里》）	Fly Away Home
《帮助他人阅读并成功之儿童指南：如何采取行动！》	A Kids' Guide to Helping Others Read & Succeed: How to Take Action!
《棒6》	Bat 6
《保护地球的水供应》	Protecting Earth's Water Supply
《抱树的人们：民间环保故事》	The People Who Hugged the Trees: An Environmental Folktale
《暴毙客栈》	Drop Dead Inn
《爆！越南最好的狗》（简称《爆》）	Cracker! The Best Dog in Vietnam (Cracker)
《北方针叶林中的生命》	Life in the Boreal Forest
《北极故事》	Arctic Tale
《北极之旅》	Northern Exposures
《贝奥武夫》（又译《贝奥武甫》）	Beowulf
《贝茨草原的模样：湿地的故事》	The Shape of Betts Meadow: A Wetlands Story
《贝尔瓦·洛克伍德：平等权利的先驱》	Belva Lockwood: Equal Rights Pioneer
《备受呵护：弃鸟伤鸟护理中心的幕后场景》	In Good Hands: Behind the Scenes at a Center for Orphaned and Injured Birds
《被拒、被拘、被驱逐：美国移民黑暗面的故事》	Denied, Detained, Deported: Stories from the Dark Side of American Immigration
《被中断的旅程：拯救濒危的海龟》	Interrupted Journey: Saving Endangered Sea Turtles
《被子上的名字：一个关于纪念的故事》	A Name on the Quilt: A Story of Remembrance
《本不该如此：一个关于街坊邻里的故事》	It Doesn't Have to Be This Way: A Barrio Story/No tiene que ser asi: Una historia del barrio
《本性：一本小说》（又译《身份》）	Identity: A Novel
《笨蛋》	The Dunderheads
《比阿特丽斯的山羊》	Beatrice's Goat
《彼得兔》	Peter Rabbit

附录八 作品对照表

作品中文名	作品外文名
《庇护所里的男孩》	Shelter Boy
《边缘人群》	On the Fringe
《别出声,玛丽娜!》	Be Quiet, Marina!
《别开枪!蔡斯·R.不搬到乡村的十大理由》	Don't Shoot! Chase R.'s Top Ten Reasons NOT to Move to the Country
《濒临灭绝:加州秃鹰》	On the Brink of Extinction: The California Condor
《冰冷的手,温暖的心》	Cold Hands, Warm Heart
《波珀先生的企鹅》	Mr. Popper's Penguins
《伯明翰,1963年》	Birmingham, 1963
《不!》	No!
《不懂英语》	No English
《不合群者》	The Misfits
《不可原谅的》	Inexcusable
《不老泉》(又译为《永远的狄家》)	Tuck Everlasting
《不通读写》	Illiteracy
《不通读写和学习障碍》	Illiteracy and Learning Disabilities
《彩虹乔和我》	Rainbow Joe and Me
《草原学校》	Prairie School
《查利·威尔科克斯》	Charlie Wilcox
《缠绕的丝线:一个苗族女孩的故事》(简称《缠绕的丝线》)	Tangled Threads: A Hmong Girl's Story (Tangled Threads)
《长征:乔克托部落为赈济爱尔兰饥荒献出的礼物》(简称《长征》)	The Long March: The Choctaw's Gift to Irish Famine Relief (The Long March)
《超出界限:七个有关冲突和希望的故事》	Out of Bounds: Seven Stories of Conflict and Hope
《超越视野:失明青少年的摄影作品》	Seeing Beyond Sight: Photographs by Blind Teenagers
《成长的地方》	A Place to Grow
《承担它:关于残障青少年的故事》	Owning It: Stories About Teens With Disabilities
《城市服务学习》	Urban Service Learning
《城市绿地》	City Green
《吃动物》	Eating Animals
《吃对!如何做好食物选择》	Eat Right! How Can You Make Good Food Choices
《吃星星的男孩》	The Boy Who Ate Stars
《翅膀》	Wings
《翅膀的重要性》	The Importance of Wings
《冲刷》	Flush
《冲撞》	Slam
《抽搐,加利福尼亚》	Jerk, California
《丑丑的蔬菜》	The Ugly Vegetables
《锄足蟾之夜》	Night of the Spadefoot Toads
《穿越黑暗和狂野的海洋》	Across a Dark and Wild Sea

作品中文名	作品外文名
《传承项目：变革模式来自学生的声音》	The Legacy Project: From Student Voice Comes a Transformative Model
《吹走了！》	Blown Away!
《从阿基拉到佐尔坦：改变世界的 26 位男性人物》	Akira to Zoltán: Twenty-Six Men Who Changed the World
《从阿梅莉亚到佐拉：改变世界的 26 位女性人物》	Amelia to Zora: Twenty-Six Women Who Changed the World
《从苹果到西葫芦：园艺 ABC》	From Apples to Zucchini: The ABCs of Gardening
《搭话易如 ABC、一二三：如何跟丧失记忆的人开始交谈》（简称《搭话易如 ABC、一二三》）	Conversation Starters as Easy as ABC 123: How to Start Conversations with People Who Have Memory Loss (Conversation Starters as Easy as ABC 123)
《搭顺风车》	Hitch
《达尔文看到了什么：改变世界的旅程》	What Darwin Saw: The Journey that Changed the World
《达内尔·罗克的报告》	Darnell Rock Reporting
《大黄蜂》	Brundibar
《大米的一生，生命的一生：一个关于可持续农业的故事》	Cycle of Rice, Cycle of life: A Story of Sustainable Farming
《大自然的意外》	Accidents of Nature
《大嘴巴和丑姑娘》	Big Mouth and Ugly Girl
《戴帽子的猫》	The Cat in the Hat
《胆小的鸭子》	The Sissy Duckling
《当圣诞节再来：西蒙娜·斯潘塞的一战日记》	When Christmas Comes Again: The World War I Diary of Simone Spencer
《当瘟疫袭来：黑死病、天花和艾滋病》（简称《当瘟疫袭来》）	When Plague Strikes: The Black Death, Smallpox, AIDS (When Plague Strikes)
《到达》	The Arrival
《道》	The Way
《德丽塔：我的小老乡》	Drita: My Homegirl
《德肖恩的生活》	DeShawn Days
《登峰造极的气候行动》	Acme Climate Action
《敌人馅饼》	Enemy Pie
《抵制毒品》	Taking Action Against Drug
《地理俱乐部》	Geography Club
《地球反照光》	Earthshine
《地球女孩》	Earthgirl
《地球上亲爱的孩子们》	Dear Children of the Earth
《地球友好型能源》	Earth-Friendly Energy
《地球友好型设计》	Earth-Friendly Design
《地毯男孩的礼物》	The Carpet Boy's Gift
《地狱求生 121 天》（又译《斯莱克在地狱边缘》）	Slake's Limbo

作品中文名	作品外文名
《第三世界近距离接触》	Close Encounters of a Third-World Kind
《第十二夜》	Twelfth Night
《第一个十字路口：青少年移民的故事》	First Crossing: Stories About Teen Immigrants
《钓鱼去了：数字中的海洋生物》（简称《钓鱼去了》）	Gone Fishing: Ocean Life by the Numbers (Gone Fishing)
《定义"正常"》	Define "Normal"
《东西！少用，再用，回收》	Stuff! Reduce, Reuse, Recycle
《动物迷路了，会发生什么？》	What Happens When an Animal Gets Lost?
《动物英雄：真实的救援故事》	Animal Heroes: True Rescue Stories
《斗牛士》	Bull Rider
《毒蔓藤：3个恶霸，2个男友，1次审讯》	Poison Ivy: 3 Bullies, 2 Boyfriends, 1 Trial
《堆肥！从你的垃圾里种出花园》	Compost! Growing Gardens from Your Garbage
《堆肥的小动物们》	Compost Critters
《对抗艾滋病和艾滋病毒感染的大流行：一场全球战斗》	Fighting the Aids and HIV Epidemic: A Global Battle
《多利托博士》	Dr. Dolittle
《多少个熊猫宝宝？》	How Many Baby Pandas?
《多重打击》	Slap Your Sides
《跺脚兽和坏蝴蝶》	Toestomper and Bad Butterflies
《跺脚兽和毛毛虫》	Toestomper and the Caterpillars
《儿童为动物带来改变》	Kids Making a Difference for Animals
《发人深思：食物背后的故事》	Food for Thought: The Stories Behind the Things We Eat
《烦人村的奇人》	The Wartville Wizard
《放羊女士》	The Goat Lady
《飞行》	Flight
《非常重要的一天》	A Very Important Day
《非凡女孩撒哈拉》	Sahara Special
《费尔南多的礼物》	Fernando's Gift/El Regalo de Fernando
《费卢杰的日出》	Sunrise Over Fallujah
《"粉红"和"说"》	Pink and Say
《粉笔盒小孩》	The Chalk Box Kid
《愤怒的葡萄》	The Grapes of Wrath
《丰收》	Harvest
《风暴》	The Storm
《疯女人》	Crazy Lady
《佛童》	Buddha Boy
《弗雷德里克·道格拉斯的人生自述》	The Narrative of the Life of Frederick Douglass
《服务项目儿童指南：500多种服务主意，献给有志于改变的年轻人》（更新后第二版）	The Kid's Guide to Service Projects: Over 500 Service Ideas for Young People Who Want to Make a Difference (Updated 2nd Edition)

作品中文名	作品外文名
《副作用》	Side Effects
《富人坐的桌子》	The Table Where Rich People Sit
《"粉团"、雷克斯和欺凌者》	Pinky and Rex and the Bully
《甘地之后：非暴力抗争一百年》	After Gandhi: One Hundred Years of Nonviolent Resistance
《敢于担当的学生》	Students of Consequence
《冈博林博消失的鳄鱼》	The Missing' Gator of Gumbo Limbo
《高速公路上的猫》	Highway Cats
《搞砸了》	Messed Up
《各种各样的朋友，甚至绿色的！》	All Kinds of Friends, Even Green!
《给老师利特尔小姐的礼物》	Miss Little's Gift
《给妈妈梳头》	Brushing Mom's Hair
《给美国14头奶牛》	14 Cows for America
《给男孩一支枪》	Give a Boy a Gun
《公共事务教育和服务学习教师工具书》	Teacher Tools for Civic Education and Service-Learning
《孤单在世：美国的孤儿和孤儿院》	Alone in the World: Orphans and Orphanages in America
《孤儿火车的搭乘者：一个男孩的真实故事》	Orphan Train Rider: One Boy's True Story
《骨骨相连》	Bone by Bone by Bone
《鼓、女孩和危险的馅饼》	Drums, Girls, and Dangerous Pie
《故事毯子》	The Story Blanket
《关于低收入儿童的基本事实：18岁以下的儿童》	Basic Facts About Low Income Children: Children Uner Age 18
《关于色彩的黑色书》	The Black Book of Colors
《关于我们的学校》	About Our School
《光辉闪耀》	Gleam and Glow
《规则》	Rules
《哈利·波特与密室》	Harry Potter and the Chamber of Secrets
《哈利·波特与魔法石》	Harry Potter and the Sorcerer's Stone
《哈奇先生，有人爱你》	Somebody Loves You, Mr. Hatch
《嗨，小蚂蚁》	Hey, Little Ant
《孩子的花园：希望的故事》	A Child's Garden: A Story of Hope
《海豚之歌》	Dolphin Song
《海啸：互相帮助》	Tsunami: Helping Each Other
《海啸》	Tsunami
《汉克·齐珀》	Hank Zipper
《捍卫你的权利》	Stand Up for Your Rights
《好笑的天气：关于气候变化你不想知道但也许应该了解的一切》	Funny Weather: Everything You Didn't Want to Know About Climate Change but Probably Should Find Out
《和平》	Peace
《和平诗篇》	Poems for Peace

作品中文名	作品外文名
《和平是什么样的？》	What Does Peace Feel Like?
《和平一天：世界和平日的创建》	Peace One Day: The Making of World Peace Day
《和塔拉一起旅行》	Travel With Tarra
《黑暗中的星星》	Stars in the Darkness
《黑土豆：1845—1850年爱尔兰大饥荒的故事》	Black Potatoes: The Story of the Great Irish Famine
《嘿！离开我们的火车》	Hey! Get Off Our Train
《很久很久以前》	Once Upon a Time
《后院营救》	Backyard Rescue
《胡说八道！》	Nonsense!
《蝴蝶》	La Mariposa
《蝴蝶飞舞时》	In the Time of the Butterflies
《蝴蝶男孩》	Butterfly Boy
《蝴蝶与蜥蜴，贝丽尔和我》	Butterflies and Lizards, Beryl and Me
《华氏451度》	Fahrenheit 451
《怀特医生》	Dr. White
《还记得我吗？一个孩子眼中的阿尔茨海默症》	Remember Me? Alzheimer's Through the Eyes of a Child?/ ¿Te acuerdas de mi? Pensamientos de la enfermedad, Alzheimers a travez de los ojos de un niño
《还是孩子：探访特殊需要孩子的班级》（简称《还是孩子》）	Just Kids: Visiting a Class for Children with Special Needs (Just Kids)
《环境问题》	Issues in the Environment
《环境英雄：帮助保护地球的人们的真实故事》	Heroes of the Environment: True Stories of People Who Are Helping to Protect Our Planet
《环境灾害》	Environmental Disasters
《唤醒大众：20位有所作为的女性》	Rabble Rousers: 20 Women Who Made a Difference
《皇帝的眼睛》	Eyes of the Emperor
《黄昏：洛杉矶》	Twilight: Los Angeles
《黄金街的珍宝》	The Treasure on Gold Street/ El tesoro de la Calle Oro
《黄色星章：丹麦国王克里斯蒂安十世传奇》	The Yellow Star: The Legend of King Christian X of Denmark
《黄星猫：在泰雷津集中营成长》	The Cat with the Yellow Star: Coming of Age in Terezin
《回来吧，三文鱼：一群执着的孩子们是怎样接管鸽子小溪并让它恢复生机的》	Come Back, Salmon: How a Group of Dedicated Kids Adopted Pigeon Creek and Brought It Back to Life
《会唱歌的手》	Singing Hands
《火灾！森林再生》	Fire! The Renewal of a Forest
《火灾和旱灾》	Fire and Drought
《获救：得救的动物和它们所改变的人们》	Saved: Rescued Animals and the Lives They Transform
《霍华德·瑟曼的伟大希望》	Howard Thurman's Great Hope
《霍奇特和鲜花》	Xóchitl and the Flowers/Xóchitl, la Nina de las Flores
《积极国民》	Active Citizenship

作品中文名	作品外文名
《基础工作指南》	Groundwork Guides
《基什娜：一个关于大猩猩生存的真实故事》	Kishina: A True Story of Gorilla Survival
《记忆盒》	The Memory Box
《记住小石城：那时候，那些人，那些故事》	Remember Little Rock: the Time, the People, the Stories
《加布里埃尔·金的解放》	The Liberation of Gabriel King
《加分》	Extra Credit
《加利波利的驴子：第一次世界大战中关于勇气的真实故事》	The Donkey of Gallipoli: A True Story of Courage in World War I
《家是我们生活的地方：一个小女孩眼中的庇护所》	Home is Where We Live: Life at a Shelter through a Young Girl's Eyes
《家庭ABC》	The ABCs of Family
《价值》	Worth
《驾驭风的男孩：产生电流和希望》	The Boy Who Harnessed the Wind: Creating Currents of Electricity and Hope
《假扮巨无霸男孩》	Making Up Megaboy
《坚定反对种族歧视》	Taking a Stand Against Racism
《见证：火山和地震》	Eyewitness: Volcanoes & Earthquakes
《见证：飓风和龙卷风》	Eyewitness: Hurricane & Tornado
《建立可持续发展的服务学习伙伴关系》	Building the Sustainable Service Learning Partnership
《礁岛》	The Cay
《接骨师的女儿》	The Bonesetter's Daughter
《揭开真相》	Peeled
《杰克·穆恩毕业了》	The Graduation of Jake Moon
《杰克的花园》	Jack's Garden
《杰克侠》	Jakeman
《杰玛的旅程》	Jemma's Journey
《姐妹实力：美国妇女有所作为》	Sisters in Strength: American Women Who Made a Difference
《解放儿童：一个年轻人反对童工的斗争》	Free the Children: A Young Man's Personal Crusade Against Child Labor
《解决冲突ABC》	The ABCs of Conflict Resolution
《解决问题的一代：年轻人的创意，为了更美好的世界》	Generation Fix: Young Ideas for a Better World
《节约水——我们需要每一滴水》	Sare Water—WeNeed Every Drop
《今日奴隶制》	Slavery Today
《金缕连衣裙》	The Gold-Threaded Dress
《金山上的橘子》	Oranges on Golden Mountain
《警察：加紧！帮助！解救》	Police: Hurring! Helping! Saving!
《精灵鬼》	Shifty
《精灵计划》	The Genie Scheme

附录八 作品对照表

作品中文名	作品外文名
《镜头里的美国：改变美国的摄影师们》	America Through the Lens: Photographers Who Changed the Nation
《镜子里的陌生人》	Stranger in the Mirror
《就骂我蠢》	Just Call Me Stupid
《飓风！》	Hurricane!
《飓风之歌：一本关于新奥尔良的小说》	Hurricane Song: A Novel of New Orleans
《卡茨太太和塔什》	Mrs. Katz and Tush
《卡洛斯和玉米田》	Carlos and the Cornfield/Carlos y la milpa de maíz
《看起来像我》	Looking Like Me
《看他们如何竞选：竞选梦想，选举策略，白宫角逐》	See How They Run: Campaign Dreams, Election Schemes, and the Race to the White House
《康先生，生日快乐》	Happy Birthday Mr. Kang
《靠近：珍·古道尔》	Up-Close: Jane Goodall
《科索沃女孩》	Girl of Kosovo
《可食用的校园：一个通行的做法》	Edible Schoolyard: A Universal Idea
《克劳德特·科尔文：再次向正义进发》（简称《克劳德特·科尔文》）	Claudette Colvin: Twice Toward Justice (Claudette Colvin)
《空地》	The Empty Lot
《口水病大王》	King of the Kooties
《口水病防疫针：针对偏执顽固（症），为孩子、家长和老师提供话剧式防疫针》	Cootie Shots: Theatrical Inoculations Against Bigotry for Kids, Parents and Teachers
《跨过博克赤托河：乔克托人关于友谊与自由的故事》	Crossing Bok Chitto: A Choctaw Tale of Friendship and Freedom
《快餐的恐怖真相》	Chew on This: Everthing You Don't Want to Know About Fast Food
《快走开》	Scat
《狂人马吉》	Maniac Magee
《困难时期的罐子》	The Hard Times Jar
《垃圾大狂欢》	The Great Trash Bash
《拉格比和罗茜》	Rugby and Rosie
《拉里的福音》	The Gospel According to Larry
《狼回来了：恢复黄石公园的自然平衡》	When the Wolves Returned: Restoring Nature's Balance in Yellowstone
《老虎，老虎，斑斓如火》	Tiger, Tiger, Burning Bright
《老虎数学》	Tiger Math
《雷切尔·卡森》	Rachel Carson
《离家上战场：军人孩子的声音》	Off to War: Voices of Soldiers' Children
《离天堂一步之遥》	A Step from Heaven
《利伯塔德》	Libertad
《沥青天使》	Asphalt Angels

作品中文名	作品外文名
《两个博比：一个关于飓风卡特里娜、友谊和幸存的真实故事》	Two Bobbies: A True Story of Hurricane Katrina, Friendship, and Survival
《了解人身安全事实》	Know the Facts About Personal Safety
《林场人》	The Tree farmer
《林肯如何学习阅读：12个伟大的美国人以及造就他们的各种教育》（简称《林肯如何学习阅读》）	How Lincoln Learned to Read: Twelve Great Americans and the Educations that Made Them (How Lincoln Learned to Read)
《林肯先生的方式》	Mr. Lincoln's Way
《琳达·布朗，你不孤单：布朗诉教育局案的判决结果》	Linda Brown, You Are Not Alone: The Brown vs. Board of Education Decision
《灵魂月亮汤》	Soul Moon Soup
《另一个美国：无家可归的青少年》（简称《无家可归的青少年》）	The Other America: Homeless Teens (Homeless Teens)
《另一种英雄》	A Different Kind of Hero
《流浪狗》	Straydog
《流沙：我们生活中的艾滋病毒/艾滋病》	Quicksand: HIV/AIDS in Our Lives
《流星》	Shooting Stars
《六百万个曲别针：儿童发起的大屠杀纪念活动》	Six Million Paper Clips: The Making of a Children's Holocaust Memorial
《咯哩、咯啦、哞：会打字的牛》	Click, Clack, Moo: Cows That Type
《龙的影子》	Shadow of the Dragon
《龙卷风！》	Tornadoes!
《龙翼》	Dragonwings
《龙之王》	The King of Dragons
《露皮塔·玛娜娜》	Lupita Maana
《路》（同名电影译为《末日危途》）	The Road
《路线》	La Linea
《绿色的一代：生态友好型生活之青少年终极指南》	Generation Green: The Ultimate Teen Guide to Living an Eco-Friendly Life
《绿色卡车的园艺赠品：邻居们的故事和年历》	The Green Truck Garden Giveaway: A Neighborhood Story & Almanac
《罗吉娜》	Rodzina
《罗密欧与朱丽叶》	Romeo and Juliet
《罗茜：一条来访的狗的故事》	Rosie: A Visiting Dog's Story
《洛勒莱街上的一个房间》	A Room on Lorelei Street
《妈妈：一头河马宝宝在海啸中失去妈妈，又找到一个新家和新妈妈的真实故事》（简称《妈妈》）	Mama: A True Story in Which a Baby Hippo Loses His Mama During a Tsunami but Finds a New Home and a New Mama (Mama)
《妈妈在远方爱我》	Mama Loves Me from Away
《麻雀的旅途》	Journey of the Sparrows

作品中文名	作品外文名
《马尔科姆·X》	Malcolm X
《马赛克月亮：用诗词提供关爱》	Mosaic Moon: Caregiving Through Poetry
《玛格丽塔和玛格丽特》	Margarita y Margaret（bilingual）
《玛西娅给人化妆》	Makeovers by Marcia
《卖身记》	Sold
《慢风暴》	Slow Storm
《芒果街上的小屋》	The House on Mango Street
《盲从旅馆》	The Blind Faith Hotel
《猫头鹰的叫声》	Hoot
《没有人知道该做什么：一个关于欺凌的故事》	Nobody Knew What to Do: A Story About Bullying
《没有一滴水喝：干渴世界需要的水》	Not a Drop to Drink: Water for a Thirsty World
《梅丽莎·帕金顿漂漂亮亮的头发》	Melissa Parkington's Beautiful, Beautiful Hair
《每个人都拥有权利：清楚自己的权利》	Every Human Has Rights: What You Need to Know About Your Human Rights
《美好》	Something Beautiful
《美好一天咖啡馆》	Have a Good Day Cafe
《美利坚是她的名字》	América Is Her Name
《梦想雕刻者》	Dream Carver
《梦想自由》	Dream Freedom
《梦之旅》	Journey of Dreams
《蜜蜂树》	The Bee Tree
《民主》	Democracy
《名叫"麻烦"的熊》	A Bear Named Trouble
《魔术珠》	The Magic Beads
《姆贝亚地区鸟类实地指南》	A Field Guide to Birds of Mbeya
《木乃伊找妈妈》	The Mummy's Mother
《内裤队长》又译《内裤超人》	Captain Underpants
《那个图书女人》	That Book Woman
《那个圆点》	The Dot
《那年夏天，我父亲10岁》	The Summer My Father Was Ten
《那条裙子》	The Skirt
《那些鞋》	Those Shoes
《那一晚那条狗的怪事》	The Curious Incident of the Dog in the Night-Time
《那幢房子》	The House
《纳斯琳的秘密学校：来自阿富汗的真实故事》	Nasreen's Secret School: A True Story from Afghanistan
《纳廷加难民营里迷失的男孩们：为苏丹青少年难民开办的一所学校》	The Lost Boys of Natinga: A School for Sudan's Young Refugees
《奶奶，什么是癌症？》	Nana, What's Cancer?
《奶奶的唱片》	Grandma's Records
《男孩手册：一本小说》（简称《男孩手册》）	Handbook for Boys: A Novel (Handbook for Boys)

作品中文名	作品外文名
《难解之谜：为美国印第安纳波利斯号航空母舰正名的年轻人》	Left for Dead: A Young Man's Search for Justice for the USS Indianapolis
《难以忽视的真相：全球变暖的危机》	An Inconvenient Truth: The Crisis of Global Warming
《泥巴筑的房子》	The House Is Made of Mud/Esta casa está hecha de lodo
《泥土弹珠》	The Clay Marble
《泥土之下：花园秘密！花园故事！你可以动手做的园艺项目！》	Down to Earth: Garden Secrets! Garden Stories! Garden Projects You Can Do!
《你不能读这个：禁书、遗失的作品、误译和代码》	You Can't Read This: Forbidden Books, Lost Writing, Mistranslations, and Codes
《你的地球需要你！》	Your Planet Needs You!
《你的举动》	Your Move
《你可以叫我威莉：一个写给儿童的关于艾滋病的故事》（简称《你可以叫我威莉》）	You Can Call Me Willy: A Story for Children About AIDS (You Can Call Me Willy)
《你能听到彩虹吗？失聪男孩克里斯的故事》	Can You Hear a Rainbow? The Story of a Deaf Boy Named Chris
《你是地球：认识这颗行星，让它变得更好》	You Are the Earth: Know the Planet So You Can Make It Better
《你忘记穿裙子了，阿梅莉亚·布卢默！》	You Forgot Your Skirt, Amelia Bloomer!
《牛奶》	Milk
《牛仔男孩》	Cowboy Boy
《爬到树上的猫》	Cat Up a Tree
《拍摄月亮》	Shooting the Moon
《磐石与河流》	The Rock and the River
《庞培·沃克的学校》	A School for Pompey Walker
《咆哮的河流》	A River Ran Wild
《跑得远，跑得快》	Run Far, Run Fast
《陪着你走》	Freak the Mighty
《皮迪》	Petey
《皮帕卢克和鲸鱼》	Pipaluk and the Whales
《奇妙的花园》	The Curious Garden
《启动开创服务文化的过程：得克萨斯州某学区的服务学习开发》	Getting Started in the Process of Creating a Culture of Service: Developing Service Learning in a Texas School District
《气候变化》	Climate Change
《气候变化调查》	Investigating Climate Change
《汽车里的庇护所》	A Shelter in Our Car
《钱达的秘密》	Chanda's Secrets
《钱达的战争》	Chanda's War
《乔的希望》	Joe's Wish
《乔赛亚斯，拿住这本书》	Josias, Hold the Book

作品中文名	作品外文名
《乔伊·皮哥撒》系列	Joey Pigza books
《乔治·贝克先生》	Mr. George Baker
《切罗基人塞阔雅：把书写带给他的人民》	Sequoyah: The Cherokee Man Who Gave His People Writing
《亲爱的布里德小姐：日裔美国人在"二战"中被监禁，以及一个有所作为的图书馆员的真实故事》	Dear Miss Breed: True Stories of the Japanese American Incarceration During World War II and a Librarian Who Made a Difference
《亲爱的胡须》	Dear Whiskers
《亲爱的罗森沃尔德先生》	Dear Mr. Rosenwald
《青少年的政治力量：让别人听见你的声音》	Teen Power Politics: Make Yourself Heard
《清凉的饮水》	A Cool Drink of Water
《清洗杨柳树潜鸟》	Washing the Willow Tree Loon
《请记住：废除学校种族隔离的历程》	Remember: The Journey to School Integration
《去一个特别的地方》	Goin' Someplace Special
《全球变暖ABC》	The ABCs of Global Warming
《全球变暖务实指南》	The Down-to-Earth Guide to Global Warming
《全球儿童贫困与差距研究》	The Global Study on Child Poverty and Disparities
《缺钱》	Money Hungry
《群山后面》	Behind the Mountains
《让孩子先吃：爱尔兰大饥荒回忆录》	Feed the Children First: Irish Memories of the Great Hunger
《热带雨林里的早餐：探望山地大猩猩》	Breakfast in the Rainforest: A Visit with Mountain Gorillas
《人们如何交朋友》	How Humans Make Friends
《人人生来自由：世界人权宣言图画版》	We Are All Born Free: The Universal Declaration of Human Rights in Pictures
《人鼠之间》	Of Mice and Men
《日渐年迈》	Growing Older
《如果地球是一个村庄》	If the World Were a Village
《如果你能温和些》	If You Come Softly
《如果我长大》	If I Grow Up
《如果我有一把锤子：与仁人家园共建家园和希望》	If I Had a Hammer: Building Homes and Hope with Habitat for Humanity
《如何建造一幢房子》	How to Build a House
《如何开始盆栽种植》	How to Start a Container Garden
《如何医治折断的翅膀》	How to Heal a Broken Wing
《瑞安和吉米，以及把他们带到一起的一口非洲井》	Ryan and Jimmy and the Well in Africa that Brought Them Together
《撒种人》	Seedfolks
《萨利的旅程》	Saily's Journey
《萨姆和压岁钱》	Sam and the Lucky Money

作品中文名	作品外文名
《三杯茶：一个人改变世界的旅程——每次一个孩子》（简称《三杯茶》）	Three Cups of Tea: One Man's Journey to Change the World... One Child at a Time (Three Cups of Tea)
《三个少年犯》	The Juvie Three
《杀戮海》	The Killing Sea
《杀死一只反舌鸟》（旧译《杀死一只知更鸟》；另译《梅冈城的故事》）	To Kill a Mockingbird
《傻瓜相伴》	A Company of Fools
《闪点》	Flash Point
《闪耀，椰子月亮》	Shine, Coconut Moon
《善待埃迪·李》	Be Good to Eddie Lee
《善良被子》	The Kindness Quilt
《社会行动儿童指南：如何解决你想解决的社会问题——让创造性思考变成积极行动》（简称《社会行动儿童指南》）	The Kid's Guide to Social Action: How to Solve the Social Problems You Choose and Turn Creative Thinking into Positive Action (The Kid's Guide to Social Action)
《摄影师：与无国界医生进入战火纷飞的阿富汗》（简称《摄影师》）	The Photographer: Into War-torn Afghanistan with Doctors Without Borders (The Photographer)
《伸手》	Reaching Out
《深入：自然主义者和探险者威廉·毕比的生活》	Into the Deep: The Life of Naturalist and Explorer William Beebe
《神圣的叶子》	Sacred Leaf
《生长：诗歌小说》	Grow: A Novel in Verse
《生来困惑》	Born Confused
《生命不息》	The Beat Goes on
《生命之树：地球上了不起的生物差异性》	Tree of Life: The Incredible Biodiversity of Life on Earth
《胜利菜园》	The Victory Garden
《圣诞节的光明烛台：一个小镇与仇恨的斗争》	The Christmas Menorahs: How a Town Fought Hate
《圣人的力量》	The Strength of Saints
《失聪的音乐家》	The Deaf Musicians
《失控：濒危动物字母表》	Gone Wild: An Endangered Animal Alphabet
《诗章：献给杰出的女性》	Vherses: A Celebration of Outstanding Women
《十件小事，帮助我的世界：有趣易行的环保小建议》	Ten Things I Can Do to Help My World: Fun and Easy Eco-Tips
《石油》	Oil
《时间线：特洛伊》	Dateline: Troy
《实现公正：W.W.劳和争取民众权利的斗争》	Delivering Justice: W. W. Law and the Fight for Civil Rights
《食物、女孩以及我不能拥有的其他东西》	Food, Girls, and Other Things I Can't Have
《食物金字塔》	The Edible Pyramid

附录八 作品对照表

作品中文名	作品外文名

《使命：行星地球——我们的世界及其气候，以及人类正在如何改变它们》　　*Mission: Planet Earth: Our World and Its Climate and How Humans Are Changing Them*

《使命：拯救地球——你可以做些什么来帮助对抗全球变暖》　　*Mission: Save the Planet: Things You Can Do to Help Fight Global Warming*

《使命与协调：一所私立学校的视角》　　*Mission and Coordination: An Independent School Perspective*

《驶过》　　*Drive-By*

《开往远方的列车》　　*A Train to Somewhere*

《士兵的重负》　　*The Things They Carried*

《世界吃什么？》　　*What the World Eats*

《世界各地的祖父母》　　*Grandparents Around the World*

《是的，我们能行！洛杉矶清洁工罢工》（简称《是的，我们能行！》）　　*Sí, Se Puede!/Yes, We Can! Janitor Strike in L. A. (Sí, Se Puede!/Yes, We Can!)*

《收获色彩：种菜园》　　*A Harvest of Color: Growing a Vegetable Garden*

《收集太阳：西班牙语和英语字母》　　*Gathering the Sun: An Alphabet in Spanish and English*

《书店老鼠》　　*The Bookstore Mouse*

《蔬菜梦想》　　*Vegetable Dreams/Huerto Son ado*

《树的礼物》　　*The Gift of the Tree*

《树叶》　　*Leaf*

《双焦点》　　*Bifocal*

《水晶拖鞋，黄金凉鞋：全世界的灰姑娘》　　*Glass Slipper, Gold Sandal: A Worldwide Cinderella*

《水牛音乐》　　*Buffalo Music*

《水下呼吸》　　*Breathing Underwater*

《睡着的高一新生从不撒谎》　　*Sleeping Freshmen Never Lie*

《说点什么》　　*Say Something*

《说悄悄话的织布：一个难民的故事》（简称《说悄悄话的织布》）　　*The Whispering Cloth: A Refugee's Story (The Whispering Cloth)*

《斯帕德的绿色行动》　　*Spud Goes Green*

《斯特拉：在受欢迎的边缘》　　*Stella: On the Edge of Popularity*

《四十美分小费：纽约移民工人的故事》　　*Forty-Cent Tip: Stories of New York Immigrant Workers*

《四只脚，两只凉鞋》　　*Four Feet, Two Sandals*

《送给凯杰的盒子》　　*Boxes for Katje*

《叟素的呼喊》　　*Sosu's Call*

《素描》　　*Sketches*

《它们来自布朗克斯区：拯救水牛免于灭绝》　　*They Came from the Bronx: How the Buffalo Were Saved from Extinction*

《泰迪熊》　　*The Teddy Bear*

《碳日记，2015年》　　*The Carbon Diaries, 2015*

《特拉维斯·基廷的九条命》　　*The Nine Lives of Travis Keating*

《特鲁迪和皮雅》　　*Trudi & Pia*

作品中文名	作品外文名
《鹈鹕吞掉了我的头：以及其他有关动物园的故事》	A Pelican Swallowed My Head: and Other Zoo Stories
《天气：惊人的事实和民间原创故事》	Weather: Amazing Facts and Original Folktales
《天使雕像》	From the Mixed-Up Files of Mrs. Basil E. Frankweiler
《天堂商店》	The Heaven Shop
《天天回收！》	Recycle Every Day!
《天性亲密：女性与动物的联系》	Intimate Nature: The Bond Between Women and Animals
《跳过》	Jumped
《跳下秋千》	Jumping Off Swings
《听、学、活！与儿童和年轻人一起做世界艾滋病宣传：事实和数据》	Listen, Learn, Live! World AIDS Compaign with Children and Young People: Facts and Figures
《听风》	Listen to the Wind
《听我们说：世界上的童工》	Listen to Us: The World's Working Children
《停战》	Truce
《通过服务学习建设社区：社区伙伴的角色》	Building Community Through Service Learning: The Role of the Community Partner
《通过协作开创服务文化》	Creating a Culture of Service Through Collaboration
《通过专业进修创建和支持服务文化》	Creating and Supporting a Culture of Service Through Professional Development
《通向更安全世界的五十种方法》	50 Ways to a Safer World
《通向自由之路：杉原的故事》	Passage to Freedom: The Sugihara Story
《同伴调解 ABC》	The ABCs of Peer Mediation
《同娄姥姥一起唱歌》	Singing with Momma Lou
《同一个世界，同一天》	One World, One Day
《偷书贼》	The Book Thief
《投票！》	Vote!
《投票给拉里》	Vote for Larry
《突破：〈辗转〉之续集》（简称《突破》）	Breaking Through: Sequel to The Circuit (Breaking Through)
《图书卡》	The library Card
《土拨鼠种菜园》	How Groundhog's Garden Grew
《土豆：来自大萧条的传说》	Potato: A Tale from the Great Depression
《玩战争游戏》	Playing War
《万达的玫瑰》	Wanda's Roses
《万加里和平之树：一个关于非洲的真实故事》	Wangari Trees of Peace: A True Story About Africa
《网上执行》	Doing Time Online
《威尔玛无极限：威尔玛·鲁道夫如何成为世界上跑得最快的女人》	Wilma Unlimited: How Wilma Rudoph Became the World's Fastest Woman
《威利叔叔和热汤坊》	Uncle Willie and the Soup Kitchen
《威廉斯先生》	Mr. Williams

附录八 作品对照表

作品中文名	作品外文名
《威威找记忆》直译《威尔弗里德·戈登·麦克唐纳·帕特里奇》	Wilfrid Gordon McDonald Partridge
《为大象募集一分硬币》	Pennies for Elephants
《为儿童创建安全的学校》	Creating Safe Schools for Kids
《为小鸭子让路》	Make Way for Ducklings
《韦厄拉街上的一座城堡》	A Castle on Viola Street
《韦林顿先生》	Mr. Wellington
《维护和平》	Keeping the Peace
《伟大的木棉树》	The Great Kapok Tree
《温妮的战争》	Winnie's War
《温特的尾巴：一只小海豚如何再次学会了游泳》	Winter's Tail: How One Little Dolphin Learned to Swim Again
《我，海龟卡雷塔》	I, Caretta
《我爱黑猩猩：拯救它们和我们的世界》	The Chimpanzees I love: Saving Their World and Ours
《我从这里到那里的日记》	My Diary from Here to There/Mi diario de aqui hasta allá
《我的第一个花园》	My First Garden
《我的名字叫允》	My Name Is Yoon
《我的名字是玛丽亚·伊莎贝尔》	My Name is Maria Isabel
《我的生活像本书》	My Life as a Book
《我的图书馆员是头骆驼：如何把书带给世界各地的儿童》（简称《我的图书馆员是头骆驼》）	My Librarian Is a Camel: How Books Are Brought to Children Around the World (My Librarian Is a Camel)
《我的兄弟萨米》	My Brother Sammy
《我的学校在雨林：世界各地的儿童是如何上学的》	My School in the Rain Forest: How Children Attend School Around the World
《我饿极了》	I Get So Hungry
《我可以！埃丝特·莫里斯为女性争得投票权》	I Could Do That! Esther Morris Gets Women the Vote
《我妈妈，那个啦啦队员》	My Mother, the Cheerleader
《我们爱瑜伽》	We Love Yoga
《我们被污染的水域》	Our Poisoned Waters
《我们的故事，我们的歌：非洲儿童谈论艾滋病》（简称《我们的故事，我们的歌》）	Our Stories, Our Songs: African Children Talk About AIDS (Our Stories, Our Songs)
《我们的机会就是现在：年轻人改变世界》	Our Time Is Now: Young People Changing the World
《我们的图书馆》	Our Library
《我们的英雄》	Our Heros
《我们的友谊获胜》	Our Friendship Rules
《我们是大多数：美洲印第安人图画书》	We Are the Many: A Picture Book of American Indians
《我们能解决它：儿童如何化解冲突》	We Can Work It Out: Conflict Resolution for Children
《我们能救活它们吗？》	Can We Save Them?
《我们能做到！》	We Can Do It!
《我们是天气制造者：气候变化的历史》	We Are the Weather Makers: The History of Climate Change

413

作品中文名	作品外文名
《我们是一体的：贝亚德·拉斯廷的故事》	We Are One: The Story of Bayard Rustin
《我们需要去上学：地毯标识孩子们的声音》	We Need to Go to School: Voices of the Rugmark Children
《我们也经历过！美国历史上的年轻人》（简称《我们也经历过！》）	We Were There, Too! Young People in U.S. History (We Were There, Too!)
《我们自己的校车》	A Bus of Our Own
《我仍然讨厌阅读》	I Still Hate to Read
《我如何学地理》	How I Learned Geography
《我生活中的困境》	Hole in My Life
《我是一辆出租车》	I Am a Taxi
《我讨厌阅读》	I Hate to Read
《我伟大的胖妈妈》	My Great Big Mamma
《我希望是一只蝴蝶》	I Wish I Were a Butterfly
《我想成为环保人士》	I Want to Be an Environmentalist
《我想念富兰克林·P.沙克尔斯》	I Miss Franklin P. Shuckles
《我想要的地方》	Where I'd Like to Be
《我也曾强壮过：暴力口述史》（简称《暴力口述史》）	I Have Been Strong: Oral Histories on Violence (Oral Histories on Violence)
《我枕头里的一部电影》	A Movie in My Pillow/Una Película en mi almohada
《我之所见》	Through My Eyes
《我知道要做什么：自然灾害儿童指南》	I'll Know What to Do: A Kid's Guide to Natural Disasters
《乌云叔叔》	Uncle Rain Cloud
《无家可归：我们能解决这个难题吗？》	Homelessness: Can We Solve the Problem?
《无家可归：这是谁的难题？》	Homelessness: Whose Problem Is It?
《无家可归》	Homelessness
《无家可归 ABC》	The ABCs of Homelessness
《无家可归的孩子》	Homeless Children
《无家可归的青少年》	Homeless Teens (The Other America: Homeless Teens)
《无人能比的拉拉》	Larger-Than-Life Lara
《无声的音乐：巴格达的故事》	Silent Music: A Story of Baghdad
《五分一毛：在美国捉襟见肘的日子》（简称《五分一毛》）	Nickel and Dimed: On (Not) Getting By in America (Nickel and Dimed)
《午夜驾车者的笔记》（简称《笔记》）	Notes from a Midnight Driver (Notes)
《吸毒者与笨家伙》	Stoner and Spaz
《吸血兔》	Bunnicula
《吸烟》	Smoking
《希望来过》	Hope Was Here
《希望之书》	The Book of Hope
《悉达多》	Siddhartha
《稀奇古怪小朱迪拯救世界》	Judy Moody Saves the World
《喜福会》	The Joy Luck Club

作品中文名	作品外文名
《夏天的车轮》	Summer Wheels
《鲜血和内脏：你自己的身体内部指南》	Blood and Guts: A Working Guide to Your Own Insides
《闲言惹事》	Trouble Talk
《显示方式》	Show Way
《相隔遥远》	Apart
《想交朋友：艾滋病儿童的心声》	Be a Friend: Children Who Live with HIV Speak
《像我的信仰一样：从孩子眼里看世界上的各种宗教信仰》	A Faith Like Mine: A Celebration of the World's Religions Through the Eyes of Children
《像我的学校一样：对世界各地学校的独特庆祝》	A School Like Mine: A Unique Celebration of Schools Around the World
《像我的学校一样：世界各地的孩子们是如何学习的》	A School Like Mine: How Children Learn Around the World
《像我一样的生命：世界各地的孩子们如何生活》	A life Like Mine: How Children Live Around the World
《橡子人》	The Acorn People
《消防员！加速！喷射！解救！》	Firefighters! Speeding! Spraying! Saving!
《消失的鸭子》	Ducks Disappearing
《小步向前：那年我得了小儿麻痹症》	Small Steps: The Year I Got Polio
《小步向前：用我的方式看世界》	Small Steps: Seeing Things My Way
《小岛》	The Little Island
《小豆芽，你从哪个星球来？》	What Planet Are You From, Clarice Bean?
《小火车做到了》	The Little Engine That Could
《小马岛》	Pony Island
《小杀手》	Wringer
《小石城之火》	Fire from the Rock
《小巷对面》	Across the Alley
《小小好事：艾滋病患儿与关心他们的人的故事》	A Small, Good Thing: Stories of Children with HIV and Those Who Care for Them
《小小三个字：一份回忆录》	Three Little Words: A Memoir
《小小善举》	Any Small Goodness
《校舍禁地：普鲁登丝·克兰德尔和学生戏剧性的真实故事》	The Forbidden Schoolhouse: The True and Dramatic Story of Prudence Crandall and Her Students
《谢谢你，法尔克先生》	Thank You, Mr. Falker
《新老师阿格尼丝小姐这一年》	The Year of Miss Agnes
《新生活》	A New Life
《信心有感染力》	Confidence Is Contagious
《星期日鸡宴》	Chicken Sunday
《星星女孩》	Stargirl
《幸存的湿地动物》	Animal Survivors of the Wetlands
《幸福花园》	The Garden of Happiness

作品中文名	作品外文名
《幸福小姐和花朵小姐》	Miss Happiness and Miss Flower
《幸子就是幸福》	Sachiko Means Happiness
《雄鹰之歌》	Eagle Song
《熊之舞》	Bear Dance
《修理工艾伯特》	Albert the Fix-It Man
《学习障碍》	Learning Disabilities
《学校里的朋友》	Friends at School
《学犹太语还太小》	Too Young for Yiddish
《寻宝小子》	Holes
《寻求更美好的世界：在美国的海地族裔》	To Seek a Better World: The Haitian Minority in America
《寻找 X》	Looking for X
《烟雾缭绕的夜晚》	Smoky Night
《鼹鼠的音乐》	Mole Music
《阳光之家》	Sunshine Home
《阳性》	Positively
《养家糊口者三部曲》	The Breadwinner Trilogy
《遥不可及》	Too Far Away to Touch
《药物俱乐部》	Club Meds
《要妈妈》	Wanting Mor
《野火》	Wildfire
《野生动物保护区》	Wildlife Refuge
《野生动物园艺》	Wildlife Gardening
《野生世界的治疗师》	Healers of the Wild
《一把打开心扉的钥匙：阿富汗民间故事集》	A Key to the Heart: A Collection of Afghan Folk Tales
《一百件礼服》	The Hundred Dresses
《一本书》	A Book
《一段时光》	A Window of Time
《一个好苹果：为保护地球，种我们的食物》	One Good Apple: Growing Our Food for the Sake of the Earth
《一个青苹果》	One Green Apple
《一个战争故事的笔记》	Notes for a War Story
《一家本地服务学习协会》	A Local Service Learning Association
《1968 年》	1968
《一口井：地球上水的故事》	One Well: The Story of Water on Earth
《一模一样》	Spitting Image
《一片漆黑》	Pitch Black
《一千个描图：医治第二次世界大战的创伤》	One Thousand Tracings: Healing the Wounds of World War II
《一天的工作》	A Day's Work

附录八 作品对照表

作品中文名	作品外文名
《一位半印第安人的绝对真实的日记》	The Absolutely True Diary of a Part-Time Indian
《一位竞选总统的女性：维多利亚·伍德哈尔的故事》（简称《一位竞选总统的女性》）	A Woman for President: The Story of Victoria Woodhull (A Woman for President)
《一直通向海洋》	All the Way to the Ocean
《一只狗的一生：流浪狗自传》	A Dog's Life: The Autobiography of a Stray
《一只狗的纽约》	It's a dog's New York
《一只母鸡：一份小额贷款如何造就一个大改变》	One Hen: How One Small Loan Made a Big Difference
《伊恩的散步：自闭症的故事》	Ian's Walk: A Story About Autism
《伊克巴尔》	Iqbal
《伊莎贝尔的蝴蝶屋》	Isabel's House of Butterflies
《伊万杰琳·马德的水貂大援救》	Evangeline Mudd's Great Mink Rescue
《医治我们的世界：走进无国界医生》	Healing Our World: Inside Doctors Without Borders
《移民：该怎样掌控？》	Immigration: How Should It Be Controlled?
《以后的以后》	After Ever After
《艺术的拯救力量：从奴隶的被子到犯人的画作》	Art Against the Odds: From Slave Quilts to Prison Paintings
《引你注目：广告的工作原理以及为什么你应该了解》	Made You Look: How Advertising Works and Why You Should Know
《印第安人学校：教授白人之道》	Indian School: Teaching the White Man's Way
《印第安人园艺：献给家庭的故事、项目和食谱》	Native American Gardening: Stories, Projects and Recipes for Families
《印刷工》	The Printer
《英雄猫》	Hero Cat
《营救动物俱乐部》	The Animal Rescue Club
《永远的湿地：恢复美国的重要湿地》	Everglades Forever: Restoring America's Great Wetland
《勇敢的孩子：年轻人有所作为的真实故事》	Kids with Courage: True Stories About Young People Making a Difference
《勇敢说出来》	The Revealers
《用我的方式看见》	Seeing Things My Way
《有点蓝》	Bluish
《有关艾滋病和艾滋病毒的常见问题：能阻止其流行吗？》（简称《有关艾滋病和艾滋病毒的常见问题》）	Frequently Asked Questions About AIDS and HIV: Can This Epidemic Be Stopped? (Frequently Asked Questions About AIDS and HIV)
《有谁看到我的书？》	Stella Louella's Runaway Book
《有所用》	To Be of Use
《有所作为的感恩节》	The Can-Do Thanksgiving
《有一天会长成一棵树》	Someday a Tree
《又少了一条鱼》	One Less Fish
《幼海雀之夜》	Nights of the Pufflings
《与北极熊面对面》	Face to Face with Polar Bears

417

作品中文名	作品外文名
《与列宁午餐》	Lunch with Lenin
《与选举的关联：尼克儿童频道总统选举官方指南》	Election Connection: The Official Nick Guide to Electing the President
《与爷爷的战争》	The War with Grandpa
《与爷爷共舞》	Dancing with Dziadziu
《宇宙的一角》	A Corner of the Universe
《羽毛与傻瓜》	Feathers and Fools
《遇见灵熊》	Touching Spirit Bear
《园丁》	The Gardener
《远远超越》	Far and Beyon'
《约翰·缪尔：美国第一个环境保护主义者》	John Muir: America's First Environmentalist
《杂食者的困境：食物背后的秘密》（青少年版）	The Omnivore's Dilemma: The Secrets Behind What You Eat (Young Readers Edition)
《灾害：洪水和冰》	Disasters: Flood and Ice
《载歌载舞之后》	After the Dancing Days
《在你属于我之前》	Before You Were Mine
《在全学区范围实施：品德与服务》	District-Wide Implementation: Character and Service
《在世界中间：世界难民来到我们镇》	The Middle of Everywhere: The World's Refugees Come to Our Town
《在我们的村庄：本村青少年眼中的辛巴营》（简称《在我们的村庄》）	In Our Village: Kambi ya Simba Through the Eyes of Its Youth (In Our Village)
《在我们的地球村》	In Our Global Village
《在我们的地球村——洛杉矶》	In Our Global Village—Los Angeles
《在我们获得自由之前》	Before We Were Free
《在我母亲脚下》	Beneath My Mother's Feet
《在伍德格林动物收容所的一天》	One Day at Wood Green Animal Shelter
《曾经为狼：野生动物学家是怎样为恢复灰狼而战斗的》	Once a Wolf: How Wildlife Biologists Fought to Bring Back the Gray Wolf
《增进和平：宽容 ABC》（简称《增进和平》）	Increase the Peace: The ABCs of Tolerance (Increase the Peace)
《增强美国青少年能力》	Empowering America's Youth
《增强青少年能力，以开创学区服务文化》	Youth Empowerment to Create a District-Wide Culture of Service
《展翅飞翔》	Taking Wing
《辗转：一个农民工孩子的人生故事》（简称《辗转》）	The Circuit: Stories from the Life of a Migrant Child (The Circuit)
《战争儿童：伊拉克难民之声》	Children of War: Voices of Iraqi Refugees
《照顾你的宠物》	Taking Care of Your Pet
《这不公平！埃玛·特纳尤卡争取正义的斗争》	That's Not Fair! Emma Tenayuca's Struggle for Justice/ No Es Justio! La Lucha de Emma Tenayuca Por la Justica

作品中文名	作品外文名
《这还是一只狗的纽约：一本关于疗伤的书》	It's Still a Dog's New York: A Book of Healing
《这就是乔》	Totally Joe
《这就是生活：海地人关于希望的故事》	Sélavi: That is Life—A Haitian Story of Hope
《这棵树》	The Tree
《这是我的土地》	This Land Is My Land
《这条河的孩子们》	Children of the River
《这也是我们的世界！有所作为的年轻人：他们怎么做的，你也能做到》（简称《这也是我们的世界！》）	It's Our World, Too! Young People Who Are Making a Difference: How They Do it—How You Can Too (It's Our World, Too!)
《贞子与千纸鹤》	Sadako and the Thousand Paper Cranes
《针对无家可归采取行动》	Taking Action Against Homeless
《真正的绿色儿童：为拯救地球，你能做的100件事》	True Green Kids: 100 Things You Can Do to Save the Planet
《振作，振作》	Refresh, Refresh
《拯救大神鸟的竞赛》	The Race to Save the Lord God Bird
《拯救大象莉莉》	Saving Lilly
《拯救鸟类》	Saving Birds
《拯救地球》	Saving the Planet
《只是果汁》	Just Juice
《只为大象》	Just for Elephants
《治愈之法》	The Cure
《种植肯尼亚之树：万加里·马塔伊的故事》	Planting the Trees of Kenya: The Story of Wangari Maathai
《种族歧视问题》	Issues in Racism
《种族屠杀》	Genocide
《仲夏夜之梦》	A Midsummer Night's Dream
《周三的惊喜》	The Wednesday Surprise
《逐渐变老：年轻人应该对衰老有何了解？》（简称《逐渐变老》）	Growing Older: What Young People Should Know About Aging (Growing Older)
《住在3D号公寓里的四只丑猫》	The Four Ugly Cats in Apartment 3D
《注意听那个球》	Keep Your Ear on the Ball
《装有一百个一美分的盒子》	The Hundred Penny Box
《撞毁、捣烂、压碎：垃圾场的天堂之旅》	Crashed, Smashed, and Mashed: A Trip to Junkyard Heaven
《紫心勋章》	Purple Heart
《自己种比萨：儿童园艺计划和食谱》	Grow Your Own Pizza: Gardening Plans and Recipes for Kids
《自然灾害：飓风、海啸和其他破坏性力量》	Natural Disasters: Hurricanes, Tsunamis, and Other Destructive Forces
《自由之夜》	A Good Night for Freedom
《走路上学》	Walking to School

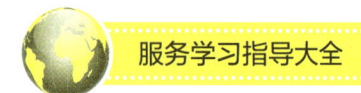

作品中文名	作品外文名
《走向蓝色：拯救我们的海洋和河道之儿童指南》	Going Blue: A Kid's Guide to Saving Our Oceans and Waterways
《阻止欺凌俱乐部》	The Bully Blockers Club
《最后的蛮荒之地》	The Last Wild Place
《最伟大的桌子：一场击败饥饿的盛宴》	The Greatest Table: A Banquet to Fight Against Hunger
《鳟鱼是树做的》	Trout Are Made of Tree
《昨夜我为怪兽唱歌》	Last Night I Sang to the Monster
《作弊者：一本小说》	Cheater: A Novel
《作家的基本素质》	What a Writer Needs
《做好朋友》	Being Good Friends

附录九 "服务学习"的本质、价值与实施

这个世界会好吗？这是一个全球伦理问题。为了让这个世界变得更好些，教育需要培养具有批判意识、民主精神和改造社会的能力的公民。这种公民是"主动的学习者"与"负责任的公民"两种角色的同一。为了培养这样的公民，"服务学习"应运而生。

一、"服务学习"的内涵

"服务学习"（service-learning）是学生在教师指导下通过从事社区服务而学习知识和技能、发展多方面能力、养成公民责任感和健全个性的课程与教学取向。正像这个术语本身所表明的，它是"社区服务"和"学术学习"（academic study）的整合。它把"学会服务"（learn to serve）和"在服务中学习"（serve to learn）两种行为整合起来。它把"为了更好的学生"和"为了更好的公民"两种目的整合起来。

服务学习种类繁多：可以是学校服务学习，如辅导同伴、为儿童的学习与生活提供帮助、清扫校园并进行垃圾分类、美化校园与教室，等等；亦可以是社区服务学习，如为福利院或养老院的孤寡老人提供帮助、为特殊学校的残疾儿童提供帮助、为医院或博物馆等公共场所提供帮助、各种保护环境的活动、各种维持交通安全的活动，等等。无论何种服务学习，其基本特征或要素包括如下四个方面：

第一，明确而真实的学习目标。服务学习的目的不是经济和社会效益，而是学生的学习改善与人格发展。这是服务学习与学生基于经济目的而做出的参与社会的行为（如大学生从事家教或其他"打工"）或单纯为了满足社区需要而做出的服务活动的本质区别。因此，学校的服务学习必须始终与学校课程相联系，与学生在一定学段、年级需要达到的学术标准（学科课程标准）相联系。总之，服务学习需要有明确而真实的学习目标：从事这项服务学习需要学习和运用哪些知识技能，发展哪些能力和情感，形成怎样的公民意识和社区责任感，等等。

第二，适应真实的社区需要。服务学习在本质上是解决学生为什么而学习，即学习的意义问题。每一个人必然生活在特定社区中，社区因而构成一个人的一切活动包括学习活动的"底色"。社区需要就是社区中每一个个人的需要。满足真实的社区需要不仅仅是为服务学习创造好的环境，这本身是寻找学习的意义的过程。这里的"社区需要"首先是"学校社区"的需要，如为儿童提供辅导或其他帮助；其次是学校及其学生所生活于其中的更大社区的需要，如环境保护、为孤寡老人提供帮助等。在满足真实的社区需要的过程中，社区工作者（合作者）会对

学生的工作提供重要帮助，学生及其教师因此获益良多，这就实现了学校与社区的真正融合。

第三，儿童做决定。服务学习是儿童主动寻找学习意义的过程。从发现社区的需要和问题，到形成具体的服务和研究计划，再到具体执行计划和从事服务活动，最后到系统反思、评价研究和服务活动的过程和结果，这一系列环节都是学生主动做决定的。在有些情况下，学生可能自己发现了社区的需要或问题；在其他情况下，也可能是教师向学生呈现得到认可的社区需要，学生参与到制订解决方案的过程中。无论如何，学生一定是服务学习的主动参与者，而不是被动执行别人的决定，更不是从事一项自己不情愿的"苦役"。另一方面，教师的有效指导是保证服务学习质量的前提，在这里，教师发挥的是一个咨询者、组织者、指导者和共同参与者的角色。

第四，分析性反思（analytic reflection）。反思乃思想之"网"。人在学习过程中所收获的任何思想和体验无不是通过反思而进行的。因而，反思是服务学习的关键要素。所谓"分析性反思"就是将经验产生的过程与背景、经验本身在分析的基础上加以反思与综合。反思渗透于服务学习的所有阶段，从制订计划到实施再到评价。反思的内容包括：学生正在运用哪些方法来学习？学生正在学习或应用哪些学科知识？与学生正在探讨的问题有关的更大的问题是什么？这里的关键是，通过反思过程学生们可以明确他们的服务活动与其学习之间的联系。反思和分析可以发生在课堂讨论中、写作中以及理论与经验的比较中。由于服务学习是一种经验学习，经验是建立在反思的基础之上的，因此，对服务学习而言，反思既是一种构成要素，又是一种教学方法。

全美服务学习委员会从校本服务学习（school-based service learning）"是什么"和"不是什么"的维度对之做出进一步剖析，这有助于我们理解。第一，"校本服务学习是一种把社区服务和课程学习结合在一起的教学方法，而不是与学术知识毫无联系的志愿者服务项目或社区服务项目"。这就是说只有将服务活动与学术知识结合起来，才是服务学习。第二，"校本服务学习是与学术课程内容及标准整合起来，而不是'附加'（add-on）在既有的课程中"。这就是说将服务活动表面地附加在学术课程上，不是服务学习。第三，"校本服务学习是学生帮助确定并满足真实的、明确的社区需要，而不是为了毕业而去计算一定数量的服务时间"。这就是说，服务学习是"真服务"，而不是"假服务"。第四，"校本服务学习在本质上是相互的，对社区和学生双方都有益，而不是片面的，或者对学生有益，或者对社区有益"。这就是说服务学习是将学生和社区融合为"一"，而不是维持原先的割裂状态。第五，"校本服务学习是一种鼓励并促进将主动的公民作为公立教育一部分的有效方式，而不是由学校行政人员或法院作为一种惩罚形式所强加的强迫服务"。这就是说，服务学习具有教育目的论意义——为了培养好公民。第六，"只要适合于学习目标，服务学习是可以用于任何课程领域的教学取向，而不是只用于诸如社会科课程、公民课程或'美国政府'课"。这就是说服务学习是一种普遍教学取向，而不隶属于特定科目。第七，"服务学习是可以适用于任何年龄的人，即使是最小的孩子，而不是仅适用于高中生或大学生"。这就是说服务学习具有年龄的普适性。

深入理解服务学习之内涵,还需要明辨它与几个相关概念之关系。这些概念分别是"社区服务""地方本位学习"与"设计本位学习"。

与服务学习关系密切,且常常在理论和实践上被混为一谈的概念是"社区服务"(community service)。二者的共同之处在于都包含旨在满足真实的社区需要的服务活动。但其间的区别是显而易见的。第一,二者分属不同的范畴:"社区服务"属于社会学范畴,而服务学习则属教育学范畴;第二,二者性质不同:"社区服务"只是为了满足社区需要,其外延要宽泛得多;而服务学习则必须同时实现满足社区需要和学习学术课程的双重目的,因此,其服务活动必须与学术内容整合于一体,是学术性知识和技能的社会生活应用。服务学习的根本目的是教育目的,它把理智能力发展和社会性的培养融为一体。

与服务学习密切相关的另一个概念是"地方本位学习"(place-based learning)。"地方本位学习"亦称"地方本位教育"(place-based education),是一种植根于学生自己的生活、社区和地区的课程取向。该课程取向旨在解决杜威100年前所提出的问题,即正规学校教育与学生生活剥离,由此将学习异化为向学生强加的教条。"拥抱地方""解决真实的问题""为学生提供生产知识而不是消费知识的机会""激发学习的愿望"是"地方本位学习"的重要特征。这样看来,"地方本位学习"与服务学习就是极其相似的概念。其间的细微区别只是表现在:"地方本位学习"更强调地方和真实问题的解决,不一定做出服务活动;而服务学习则必须在服务活动中从事学习,而服务的对象未必是自己生活的社区,有可能跨越地区甚至国界来从事服务学习。

服务学习与"设计本位学习"(project-based learning)的关系颇为微妙。"设计本位学习"是源自真实世界和儿童兴趣的研究,旨在探究"世界是什么",不一定有服务活动,如儿童探究"种子的生长"或"蚂蚁的习性"等;而服务学习则是用实际行动回答"这个世界会好吗",一定是在服务中学习。"设计本位学习"主要是探究学习或问题解决学习;而服务学习是一种更为综合的学习,除问题解决学习之外,"体验学习"占很大比例,如照顾孤寡老人和残疾儿童之类的服务学习,情感的升华是重要目的。

另一方面,"设计本位学习"和服务学习之间的内在联系和彼此交叉是显而易见的。"设计本位学习"不是价值中立的,其根本目的也是追求学习的意义,它不仅植根于儿童的生活和社区之中,而且是为了使生活和世界变得更美好。因此,在教育目的上,"设计本位学习"与服务学习是交叉、重合的。服务学习只有包含了问题意识和问题解决行为,才能理性、深刻和富有批判精神,否则会陷入肤浅的"感伤主义"(sentimentalism)。诚如杜威在《我的教育信条》中所言:"我认为除了死板、呆滞、形式主义和千篇一律之外,威胁我们教育的最有害的东西莫过于感伤主义。"这样看来,在性质和内容上,服务学习与"设计本位学习"又是互补的。那么,在教育实践中,二者的关系如何呢?我们考察得出的结论是,在美国的教育实践中,"设计本位学习"与服务学习往往以融合的形态出现,历史上"设计教学法"的基本精神已被融合在今日更为综合的服务学习之中了。

二、服务学习的价值

服务学习给学生带来了什么？服务学习对学生发展的最重要的价值是：改变了学生对待自我、世界及二者之关系的态度——"我能行"；改变了学生看待世界的思维方式——"我的看法不一样"。

自20世纪80年代以来，国外尤其是美国积累了大量系统考察服务学习对学生发展的价值的文献，发现服务学习对学生的学业成绩、个性及社会性发展、公民责任感、职业意识四个方面产生了显著、积极的影响。

关于服务学习对学生的学业成绩或学术性学习（academic learning）之影响，众多研究发现，当服务学习能够明确与学术课程联系起来，并且教师能帮助学生理解其服务经验并从中引出意义的时候，服务学习不仅能降低学校的学业失败率和辍学率，而且还能提高学生标准化测验成绩及学习成绩等级。服务学习之所以有助于学术性学习盖有两个原因：第一，由于服务学习拓展了学习环境、资源和为学生提供的支持的种类，这使学生的学习机会比学校的单一环境大大增加了，学生由此增强了学习动机、深化了对学术知识的理解；第二，服务学习增强了学生的非学术能力（nonacademic competences），如社会的、情绪的、身体的、公民的和职业的能力，这有助于学业成绩的提高，"非学术能力"是影响学术性学习的关键要素。

关于服务学习对学生的个性及社会性发展（personal/social development）之影响，各种研究均发现参与服务学习活动的学生不仅变得更负责任，而且将责任心上升为一种重要价值。与那些未参加服务学习的学生相比，这些学生倾向于将自己视为更具有社会能力的人，也被他人视为更可信赖的人，对他人也更具同情心。研究还发现，参与服务学习的学生获得更多自信、更大自我效能感、更大活力、对多元文化的更大敏感性、避免危险行为（如酗酒、吸烟等）的更大能力。

关于服务学习对学生公民责任感（civic responsibility）或公民性（citizenship）之影响，越来越多的研究发现服务学习能够帮助学生增加关于社区需要的知识，使学生信奉"服务伦理"（ethics of service），并能对政治和道德发展更复杂的理解。他们由此也能获得更大的公民责任感和相信"我能使世界变得不同"的情感，并增强愿意成为社会的积极贡献者的愿望。

关于服务学习对职业意识（career awareness）之影响，研究发现参与服务学习的学生学会了职业和交往技能，增强了关于职业可能性和职业选择的意识，并能发展对职业场所的更为积极的态度。

服务学习不仅有助于学生的发展，而且改变了学校文化和社区的态度。研究发现，采纳服务学习的学校教学中有更多对话，师生间有更多互动。而且，服务学习增强了社区和学校之间的联系，改变了社区成员对学生和学校的态度。

三、服务学习的思想基础

我们从杜威的著作中可以自然引出服务学习的思想基础。

第一,"服务精神"是公共教育的重要目的。一方面,教育是社会进步和社会改革的基本方法;另一方面,教育必须基于社会的精神而组织起来,学校由此成为真实的、理想的社会。当教育与社会生活水乳交融、融合为一个有机的"连续体"的时候,不仅会带来"教育上的天国",而且会奏响社会的福音。杜威在《学校与社会》中写道:"使每个学校都成为一种雏形的社会生活,以反映大社会生活的各种类型的作业进行活动,并充满着艺术、历史和科学的精神。当学校能在这样一个小社会里引导和训练每个儿童成为社会的成员,用服务的精神熏陶他,并授予有效的自我指导的工具时,我们将拥有一个有价值的、可爱的、和谐的大社会的最强大的并且最好的保证。""服务的精神"是民主社会的基本精神,因为民主社会里人与人之间、群体与群体之间是自由互动的,每一个人和群体都同时在"服务着"和"被服务着"。当教育基于民主社会的基本精神而组织起来的时候,必然会把培养服务精神作为重要目的。

第二,"知识科目"与"实用科目"相互渗透、相得益彰。有着自己的学科逻辑体系的科目,如语文、数学、物理、化学、历史、地理等,是"知识科目"。而与社会生活直接相关的内容如纺织、烹饪、木工、金工等,属"实用科目",杜威又将之称为"主动作业"或"实际作业"。在教育史上,这两类科目曾长期分离,"知识科目"在价值上被无限拔高,而"实用科目"又被过度贬损。这反映了专制制度和旧式分工的影响。杜威基于其独特的经验主义哲学观和民主主义的社会理想消解了二者的对立,认为"知识科目"的本质也是主动的操作或实验,而"实用科目"也是理性的、反思的。他在《民主主义与教育》中写道:"'知识'科目不但不和主动的作业对立,而且代表实际作业的理智化。我们要更坚定地掌握这个原理。"杜威的这个观点不仅为林林总总的服务学习内容合法地进入正式课程提供了知识论基础,而且为合理处理服务学习和学术学科的关系指出了方向。

第三,真正的学习是行动和反思的结合。经验是人对环境的主动行动和对行动结果的反思。学习本质上是对经验的重组,是探究、反思和问题解决。杜威在《民主主义与教育》中明确写道:"人们如果想发现某种东西,就必须对事物做一点什么事;他们必须改变环境","除非作为做的产物,否则就没有所谓真正的知识和有效的理解"。杜威的观点不仅有力地说明了为什么服务活动是一种学习,而且指出了"服务学习"成立的条件:把服务和反思结合起来。

第四,儿童的学习要建基于儿童的生活。儿童的生活与成人的生活具有"等价性"。承认这一点是谈论儿童的学习和教育的前提,否则就会导致对儿童的压抑,即使是以"为了儿童的名义"。杜威在《学校与社会》中说:"儿童时代的生活在程度上不亚于成人的生活。"那么,儿童的学习与儿童的生活是什么关系呢?杜威说:"学习?肯定要学习,但生活是首要的,学习是通过这种生活并与之联系起来进行的。当我们这样以儿童的生活为中心并组织儿童的生活时,我们就看到他首先不是一个静听着的人,而是完全相反。""生活是首要的""以儿童的生活为中心"意味着儿童的学习不仅要满足儿童的本能和需要并据此组织起来,而且要变成儿童的主动探究。服务学习是儿童的学习,不是成人的强加。服务学习要尊重儿童的问题、意愿和决定,这是指导服务学习的基本原则。杜威的上述观点是这一原则的根据。

四、服务学习的历史发展

联系美国教育发展史，服务学习的发展大致经历了三个阶段。第一阶段，始于19世纪末，终止于20世纪四五十年代。这一阶段可总体称为服务学习的进步主义与改造主义时代。本阶段的服务学习与设计本位学习或动手学习融为一体。此阶段的服务学习的目的指向民主社会所需要的服务精神和探究精神。从杜威到泰勒均属此阶段。第二阶段，始于20世纪60年代末，流行于70年代。这一阶段可总体称为服务学习的人本主义时代。针对教育中理性主义、学术中心主义的膨胀现象，本阶段的服务学习旨在培养理智与情感均衡发展的丰满人性，强调学校教育的社会适切性（social relevance），关注社会不利阶层。第三阶段，始于20世纪80年代，发展至今。这一阶段可总体称为服务学习的制度化时代。首先，从实践形态看，本阶段的服务学习既高度综合，又日趋多元。它囊括了自19世纪末以来可统称为"经验学习范式"的各种形态，特别是其中的"设计本位学习"。而不同地区、不同学校的服务学习实践又是五彩缤纷、日趋多元的。其次，从理论基础来看，本阶段服务学习不仅囊括了历史上的进步主义、改造主义、人本主义等思潮，而且积极吸收了80年代以来时代精神的发展，特别是解放教育学思潮、生态伦理学、全球化思潮等。再次，从政策层面看，本阶段的服务学习日益受到各级教育行政部门的关注，相应的政策、法规日益完善，其实施日益制度化。

当前，美国教育实践中服务学习的迅猛发展可以下列数据为证：1985年，只有9%的高中提供了正式服务学习，但到1999年，这个数字猛增到接近50%，同时，32%的所有公立学校都将服务学习作为课程的一部分，而且，83%的学校都支持教师将服务学习整合进课程之中，绝大多数学校都把加强学生、学校和社区的联系作为实施服务学习的关键理由；在2000—2001学年，美国有超过一千三百万的学生投入到服务活动和服务学习活动中；服务学习遍布美国的每一个州，许多州确立了服务学习目标，将之作为必修课程或高中毕业要求，同时作为重要的教育改革举措，并提供相应资金支持；在联邦层面，美国国会自1990年开始持续资助服务学习，这成为其迅速扩展的重要动力，服务学习理念还有两个重要法律做保障，即《1990国家和社区服务法案》（The National and Community Service Act of 1990）和《1993社区服务信托法案》（The Community Service Trust Act of 1993），通过这两个法案，联邦政府每年投入大量资金支持学校的服务学习。在当今美国，我们找不到任何一种教育改革举措像服务学习那样在实践中如此广泛地被采用，这本身就说明了服务学习的价值。

引人注目的是，当今美国，从总统到国务卿再到州长和参议员，从教育部长到学区督学，都对服务学习表现了极大的热情和支持。这在一定程度上推进了服务学习的制度化。服务学习制度化的深层原因盖有两个方面：第一，教育中的新自由主义（一切以市场为准绳）和个人主义膨胀，学生的社会意识和服务意识下降；第二，由于学习动机和兴趣的下降导致日益加剧的学业失败现象。制度化尽管有助于服务学习的普及和深入人心，但亦存在潜在危险，就是将服

务学习变成灌输主流意识形态的渠道。成人社会由于功利追逐、文化和意识形态冲突将世界破坏了，不能指望孩子们把它修复好。因此，加强批判意识和反省精神，找回服务学习的个人意义和民主性格，是使这个持续百年的现代教育取向不断发展的必由之路。

五、服务学习的实施

服务学习的发展价值依赖于高质量的实施。与学科教学相比，服务学习更关注学生个性发展本身及学生与社区的关系；更强调对学科逻辑的超越和社会应用；更强调教师对学生活动的共同参与和指导。总结形形色色的研究，可以发现实施高质量的服务学习依赖于如下方面。

（一）将公民素养作为公共教育的重要目的。公共教育必然具有公共目的（public purpose）。为此，必须基于主动的、负责任的公民的要求重塑公共教育目的，强调公民价值观和技能，超越只是为了学业成绩的提高和未来职场上成功的狭隘教育目的观。实践证明，服务学习是发展公民素养的最好途径。为此，全美服务学习委员会建议将"学习成绩"的内涵拓展为包括学生的社区贡献，各级教育行政部门和学校要运用多种措施如"表现评定"（performance assessment）和"档案袋"（portfolio）来评定学生的服务学习。

（二）将服务学习与学术课程有机整合起来。几乎所有的研究都发现，学生的服务学习经验与学术课程的联系越紧密，服务学习的成效就越大。服务学习与学术课程的整合不仅是实施服务学习的关键，而且是服务学习发展到新的历史阶段的重要标志。因此，学校要明确地将服务学习与期望学生掌握的学术领域联系起来；教师要帮助学生理解其服务学习经验的意义并在它与学术课程之间建立明确的联系；教师要经常评估服务学习经验所产生的学术效果，并运用评估结果改善服务学习。

怎样将服务学习与学术课程整合？一个重要途径是将服务学习与学科课程标准和相应教科书相联系。这包括三个方面：第一，将服务学习与一门学科的标准相联系。如美国威斯康星州数学课程标准这样规定："将比例思维（proportional thinking）应用于各种问题情境，这些情境包括比例、比率和百分率，但不只这些。"7年级和8年级的学生运用这些技能分析附近的河流，然后参与河流清污项目。他们也把研究资料和发现呈交其社区合作者及其他相关部门。第二，将服务学习与多门学科的标准相联系。如美国波士顿的小学生在一个研究并尊重退伍军人的课题中达到了英语课程的标准"能够做有效的报告"和"有效理解和运用写作过程"，并实现了社会课程的标准"参与历史分析与解释"。4年级学生利用互联网进行研究并访问了二战老兵，然后计划并实施了一个献给老兵的社区颂歌会。第三，在超越学科界限的最综合的课题（a culminating project）中展示并反思其学科学习。如美国华盛顿州的几所高中要求其毕业班学生根据特定标准设计并实施一项课题，并记录和反思其工作。总之，对任何一项服务学习而言，从制订计划到实施，最后到展示、反思和评价，倘能自觉与相关学科知识融合起来，将达到学

科学习和服务学习的"双赢"。

（三）提供确定的时间进行高质量反思。研究认为，反思活动是影响服务学习质量的最强有力的因素。高质量的服务学习活动会提供持续的（每周至少一次）、结构化的时间，以反思和分析服务学习经验的内容与过程。而且，高质量的反思要超越仅仅总结服务经验或捕捉情感，反思即探究，要全面探究服务学习的问题与结果，要从反思中产生高质量的行动。

（四）学生在服务学习活动中高度自主、充分发挥个人能动性，且与成人形成"同事关系"（collegial relationships）。研究认为，学生在从事服务学习活动的过程中高度自主，感到能够"自由发展和应用自己的思想"或能够"追求我自己的兴趣"，其个人能动性（personal agency）就会充分发挥，这是提高学生自尊心的最强有力的因素。同时，学生能够与教师或其他成人自由讨论经验，由此与成人形成"同事关系"，这是改善学生亲社会的态度和推理技能的最强有力的因素。

（五）创造有关服务学习的教师专业发展体系。服务学习对教师的专业发展有特殊的要求，如它要求教师由"演讲者风格的教学"（presenter-style teaching）转向"教练风格的教学"（coach-style teaching）。为此，需要由相应的教师专业发展体系做保障。全美服务学习委员会提出了三条建议：将服务学习纳入为教师和教育行政人员提供的职前教育体系和资格认证体系之中；从新手到熟练者，在所有水平上为教师提供有关服务学习的持续的在职专业发展内容；为教师创造多媒体专业发展资源，包括更多的网络资源。

上述五个方面是实施服务学习的关键而不是全部。此外，为服务学习提供更多政策和经费支持，学校、家庭和社区协同形成服务学习的系统资源，也非常重要。至关重要的是，服务学习有很强的地方性和个人性，需要创造性地实施。

六、服务学习与我国综合实践活动

我国综合实践活动中的"社区服务和社会实践"内容属于服务学习的范畴。通过对服务学习的系统考察，可以获致下列基本结论：

（一）"社区服务和社会实践"是旨在寻找学习的意义的课程取向，而不是为了向学生传递意识形态和社会规范。个人生活于社区之中，"社区精神"也必然内在于人心之中。因此，为社区做点什么、使社区更美好，是学生个性发展的内在要求。成为一个好公民与成为一个好学生，二者不可分割。具有服务精神和公民素养，既是个性发展的要求，亦是民主社会的要求。设立"社区服务和社会实践"乃至整个综合实践活动绝非权宜之计，而是现代民主教育的内在要求。

（二）正像服务学习与"设计本位学习"呈融合趋势那样，我国的"社区服务与社会实践"与"研究性学习""劳动与技术教育""信息技术教育"也需整合起来。"整合"不只是一种提高效率的策略和手段，更是一种消解割裂和分离、走向共享和互动的价值追求。

（三）"社区服务和社会实践"本质上是服务学习。因此，它一定要与各门学术课程有意识地融合起来，使二者相得益彰。倘二者割裂开来，变成"两张皮"，不仅无助于学生学术课程学习的改善，而且"社区服务和社会实践"本身也难以持续。

（四）"社区服务和社会实践"是服务活动与服务经验反思的结合。消弭或弱化反思，必然走向为活动而活动的"活动主义"（activism）倾向，这非但不能达到人的解放的目的，很有可能使该领域嬗变为灌输意识形态、对人的心灵形成新的控制的一条渠道。

张华

杭州师范大学教育科学研究院院长、教授、博士生导师

国际课程研究促进会荣誉主席

参考文献

[1] National Commission on Service- Learning. (2002). Learning in Deed: The Power of Service- Learning for American Schools.

[2] [美] 约翰·杜威. 民主主义与教育 [M]. 王承绪译. 北京：人民教育出版社, 2001。

[3] National Commission on Service-Learning, op. cit., P.17.

[4] Honig, M., J. Kahne, & M. Mclaughlin (2001). School-Community Connections:Strengthening Opportunity to Learn and Opportunity to Teach. In Richardson, Virginia (Ed.) (2001). Handbook of Research on Teaching (Fourth Edition). Washington, D.C.: American Educational Research Association. P.1011.

[5] Smith, G. (2002). Going Local. Educational Leadership, 60 (1): 30.

[6] [美] 约翰·杜威. 我的教育信条 [A]. 赵祥麟译. [美] 约翰·杜威. 学校与社会·明日之教育 [M]. 赵祥麟, 任钟印, 吴志宏译. 北京：人民教育出版社, 1994.14。

[7] [美] 丹尼尔·坦纳, 劳雷尔·坦纳. 学校课程史 [M]. 崔允漷等译. 北京：教育科学出版社, 2006.176。

[8] Wittroch, M.C. (ed.) (1986). Handbook of Research on Teaching (Third Edition). New York: Macmillan.

[9] National Commission on Service-Learning. (2002). Learning in Deed: The Power of Service- Learning for American Schools. P.42.

[10] Melchior, A. (1997). National Evaluation of Learn and Serve America School and Community-based Programs. Waltham, MA: Center for Human Resources, Brandeis University. Billig, S.(2000). Research on K-12 School-Based Service-Learning: The Evidence Builds. Phi Delta Kappan, 81(9): 658－664.

[11] National Commission on Service- Learning, op. cit., P.25, P27.

[12] Honig, M., J. Kahne, & M. Mclaughlin, op. cit., P.1012, P1013, P1012, P1012.

[13] Billig, S. (2002). Support for K-12 Service-Learning Practice: A Brief Review of the Research. Educational Horizons, Summer 2002:185－186.

[14] National Commission on Service-Learning, op. cit., P.26. Also see Billig, S., op. cit., p.187.

[15] Billig, S. & Jill Conrad (1997). Annual Report: K-12 Service-Learning and Educational Reform in New Hampshire. Denver: RMC Research Corporation.

[16] Kilpatrick, W. H. (1918). The Project Method. Teachers College Record, 19 (4): 319－335.

[17] Hanna, P. (1936). Youth Serves the Community. New York: Appleton Century.

[18] Kwak, Jianping Shen, and Amy L. Kavanaugh (2002). An Overview of the Practice and Development of Service-Learning. Educational Horizons, Summer 2002, p.190, P191－192.

[19] Billig, S., op. cit., p.188, P.188.

[20] Education Commission of the States (2002). Service-Learning and Standards: Achieving Academic Excellence by Serving Communities. Denver, CO: Education Commission of the States.

附录十　作者简介

凯瑟琳·伯杰·科（简称科导师）是美国教师效能策略与专业进修、学校组织管理、服务学习、21 世纪竞争力、青少年社交与情感发展、青少年参与、环境与文化等方面的顶尖创新实操型专家和互动式示范教学最优实践的培训大师。作为 CBK 专业事务所和 ABCD 书源的总裁，她受到美国和世界各地教育机构及政府相关部门的邀请，常年周游世界，提供相关培训课程、大会主题演讲、优选资料和咨询服务。2005 年，科导师获得国家与社区服务机构下属的美国学习和服务队首届"励志精神奖"，奖励她在服务学习领域的创新工作。

科导师在教育相关领域出版的教学工具书，不但赢得行业最高奖项，而且是行业必备的经典用书，如《服务学习指导大全》英文版就曾获得卓越服务学习委员会的"卓越奖章"，在世界各地大学、中学、小学和相关的教育机构及组织里被广泛使用。科导师以其在 21 世纪能力教学方面的卓越的工作业绩及高超的培训和咨询能力赢得国内和国际声誉，近期主要工作包括以下内容：

一、21 世纪能力养成之教学策略

应新加坡教育部特邀，在其品德与国民教育大会做大会主题演讲，在新加坡教师培训学院就 21 世纪能力及教学做教师专业培训；应夏威夷州教育厅之邀特别为中学生开发多年期"21 世纪能力之成功策略：实用学习课程"，包括科学基础能力和服务学习，并在新加坡中小学、上海国际学校、美国的九大城市和印第安保留地十一所学校使用；其"读写能力之成功策略：实用学习课程"在美国洛杉矶教育局有超过五万学生使用，并在夏威夷州、佛罗里达州、伊利诺伊州、马萨诸塞州、纽约州等地使用。

二、服务学习

在南美洲、北美洲、欧洲、亚洲、非洲常年为教育工作者组织服务学习培训营；协助国际文凭组织将社区服务教本改编为服务学习；其"培养社区领导人才"课程在美国北卡罗来纳州 55 所小学课后活动课上使用。

三、与中国教育改革相结合

益公益交流中心筛选、引介、协助并与慈善风险基金会及北京益公公益基金会合作赞助科导师中国之行,通过中国教育学会"中学生领导力培养"课题组、教育部中学校长培训中心、河南郑州教育局、山西晋中教育局的推荐和安排,她分别于 2013 年 7 月和 11 月在北京、上海、郑州和晋中举办多场面向教育局干部、校长、教师或学生的服务学习介绍培训,受到热烈欢迎,得到一致好评。在"教师教育中的服务学习国际中心"2014 年度峰会上,科导师与吴靖博士合作分享在中国介绍服务学习的跨文化经历和心得,受到行业领袖的关注和好评。

科导师原是一名教师,获得组织发展硕士学位。她从事服务学习实践四十余载,擅长激发和增强教育工作者的教学能力和智慧,让他们在全球化信息时代,去满足学生在课业学习和素质发展上独立自主、创新实践的需要。

图书在版编目(CIP)数据

服务学习指导大全 /(美)科著；益公益交流中心译.—北京：商务印书馆，2014
ISBN 978-7-100-10750-1

Ⅰ.①服… Ⅱ.①科… ②益… Ⅲ.①素质教育—教学研究 Ⅳ.①G40-012

中国版本图书馆CIP数据核字(2014)第223131号

所有权利保留。
未经许可，不得以任何方式使用。

服务学习指导大全

〔美〕凯瑟琳·伯杰·科 著

益公益交流中心 译

商务印书馆出版
(北京王府井大街36号 邮政编码100710)
商 务 印 书 馆 发 行
山西人民印刷有限责任公司印刷
ISBN 978-7-100-10750-1

2016年3月第1版　　开本787×1092　1/16
2016年3月山西第1次印刷　印张 28¾
定价：110.00元